전과목
총정리

시설관리직 / 방호직 한국사/사회

9급 공무원 전과목 총정리

시설관리직 / 방호직

개정1판 발행	2025년 01월 17일
개정2판 발행	2026년 01월 15일

편 저 자	공무원시험연구소
발 행 처	㈜서원각
등록번호	1999-1A-107호
주 소	경기도 고양시 일산서구 덕산로 88-45(가좌동)
교재주문	031-923-2051
팩 스	031-923-3815
교재문의	카카오톡 플러스 친구[서원각]
홈페이지	goseowon.com

▷ 이 책은 저작권법에 따라 보호받는 저작물로 무단 전재, 복제, 전송 행위를 금지합니다.
▷ 내용의 전부 또는 일부를 사용하려면 저작권자와 (주)서원각의 서면 동의를 반드시 받아야 합니다.
▷ ISBN과 가격은 표지 뒷면에 있습니다.
▷ 파본은 구입하신 곳에서 교환해드립니다.

국가 공공기관의 순찰, 방호, 경비 업무를 수행하는 방호직과 각급기관의 시설관리 및 유지 등의 업무를 수행하는 시설관리직 공무원은 현재 9급 공무원으로 관심이 날로 증대되고 있습니다.

특히 각 지역의 방호직과 시설관리직 공무원 채용인원이 늘어남에 따라 역할과 활동영역 또한 더욱 확대되는 추세입니다. 9급 방호직과 시설관리직 공무원의 시험과목은 한국사, 사회를 치르고 있습니다. 모두 대다수의 수험생이 고득점을 목표로 하는 과목이기 때문에 한 문제 한 문제가 당락에 영향을 미칠 뿐만 아니라 방대한 양으로 인해 학습에 부담이 있을 수 있지만, 시험의 난도 자체는 높은 편이 아니므로 효율적인 학습전략이 요구됩니다.

본서는 9급 방호직과 시설관리직 공무원 채용시험 대비를 위한 기본서로서 광범위한 내용을 체계적으로 정리하여 수험생으로 하여금 보다 효율적인 학습이 가능하도록 구성하였으며, 핵심이론과 더불어 해당 이론에서 출제될 수 있는 핵심예상문제를 수록하여 실제 출제경향 파악 및 중요 내용에 대한 점검이 가능하도록 하였습니다.

신념을 가지고 도전하는 사람은 반드시 그 꿈을 이룰 수 있습니다. 서원각이 수험생 여러분의 꿈을 응원합니다.

Structure

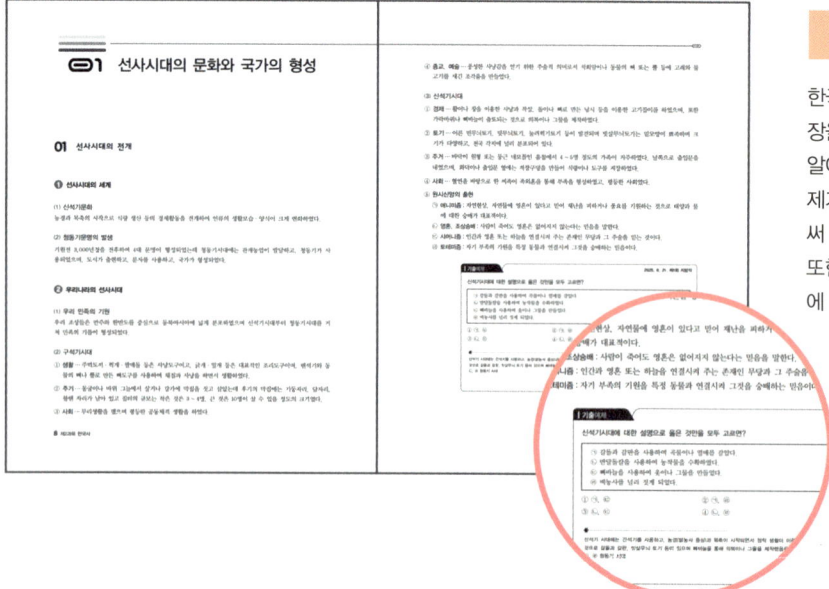

핵심이론정리

한국사와 사회 2과목에 대해 체계적으로 편장을 구분한 후 해당 단원에서 필수적으로 알아야 할 내용을 정리하여 수록했습니다. 출제가 예상되는 핵심적인 내용만을 학습함으로써 단기간에 학습 효율을 높일 수 있습니다. 또한 이론과 기출을 연계하여 기출경향 파악에 도움이 되도록 구성하였습니다.

기출예상문제

실제로 시험에 출제된 문제와 출제가 예상되는 다양한 유형과 난도의 핵심 예상문제를 수록하여 기출경향 파악과 실전에 확실하게 도움이 되도록 구성하였습니다.

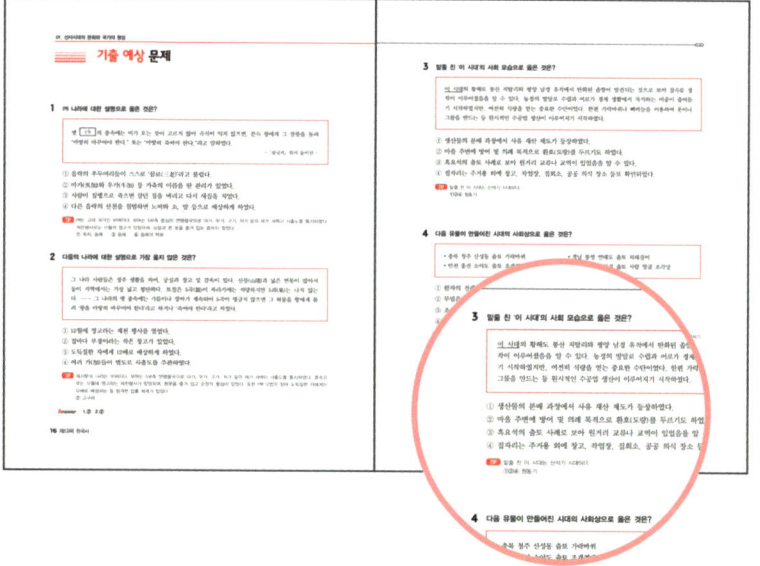

Contents

PART 01 한국사

- 01. 선사시대의 문화와 국가의 형성 ········· 8
- 02. 통치구조와 정치활동 ········· 22
- 03. 경제구조와 경제생활 ········· 68
- 04. 사회구조와 사회생활 ········· 92
- 05. 민족문화의 발달 ········· 110
- 06. 근현대사의 이해 ········· 140

PART 02 사회

01. 법과 정치
- 01. 민주정치와 법 ········· 194
- 02. 민주정치의 과정과 참여 ········· 216
- 03. 우리나라의 헌법 ········· 238
- 04. 개인생활과 법 ········· 260
- 05. 사회생활과 법 ········· 278
- 06. 국제 정치와 법 ········· 300

02. 경제
- 01. 경제생활과 경제문제의 이해 ········· 314
- 02. 경제 주체의 역할과 의사 결정 ········· 330
- 03. 시장과 경제활동 ········· 344
- 04. 국민 경제의 이해 ········· 366
- 05. 세계 시장과 한국 경제 ········· 385
- 06. 경제생활과 금융 ········· 398

03. 사회·문화
- 01. 사회·문화현상의 탐구 ········· 412
- 02. 개인과 사회 구조 ········· 432
- 03. 문화와 사회 ········· 450
- 04. 사회계층과 불평등 ········· 464
- 05. 일상생활과 사회제도 ········· 480
- 06. 현대사회와 사회변동 ········· 494

01
한국사

01 선사시대의 문화와 국가의 형성

01 선사시대의 전개

❶ 선사시대의 세계

(1) 신석기문화
농경과 목축의 시작으로 식량 생산 등의 경제활동을 전개하여 인류의 생활모습·양식이 크게 변화하였다.

(2) 청동기문명의 발생
기원전 3,000년경을 전후하여 4대 문명이 형성되었는데 청동기시대에는 관개농업이 발달하고, 청동기가 사용되었으며, 도시가 출현하고, 문자를 사용하고, 국가가 형성되었다.

❷ 우리나라의 선사시대

(1) 우리 민족의 기원
우리 조상들은 만주와 한반도를 중심으로 동북아시아에 넓게 분포하였으며 신석기시대부터 청동기시대를 거쳐 민족의 기틀이 형성되었다.

(2) 구석기시대
① **생활** ⋯ 주먹도끼·찍개·팔매돌 등은 사냥도구이고, 긁개·밀개 등은 대표적인 조리도구이며, 뗀석기와 동물의 뼈나 뿔로 만든 뼈도구를 사용하여 채집과 사냥을 하면서 생활하였다.
② **주거** ⋯ 동굴이나 바위 그늘에서 살거나 강가에 막집을 짓고 살았는데 후기의 막집에는 기둥자리, 담자리, 불땐 자리가 남아 있고 집터의 규모는 작은 것은 3~4명, 큰 것은 10명이 살 수 있을 정도의 크기였다.
③ **사회** ⋯ 무리생활을 했으며 평등한 공동체적 생활을 하였다.

④ **종교, 예술** ··· 풍성한 사냥감을 얻기 위한 주술적 의미로서 석회암이나 동물의 뼈 또는 뿔 등에 고래와 물고기를 새긴 조각품을 만들었다.

(3) 신석기시대

① **경제** ··· 활이나 창을 이용한 사냥과 작살, 돌이나 뼈로 만든 낚시 등을 이용한 고기잡이를 하였으며, 또한 가락바퀴나 뼈바늘이 출토되는 것으로 의복이나 그물을 제작하였다.

② **토기** ··· 이른 민무늬토기, 덧무늬토기, 눌러찍기토기 등이 발견되며 빗살무늬토기는 밑모양이 뾰족하며 크기가 다양하고, 전국 각지에 널리 분포되어 있다.

③ **주거** ··· 바닥이 원형 또는 둥근 네모꼴인 움집에서 4~5명 정도의 가족이 거주하였다. 남쪽으로 출입문을 내었으며, 화덕이나 출입문 옆에는 저장구덩을 만들어 식량이나 도구를 저장하였다.

④ **사회** ··· 혈연을 바탕으로 한 씨족이 족외혼을 통해 부족을 형성하였고, 평등한 사회였다.

⑤ **원시신앙의 출현**
  ㉠ **애니미즘** : 자연현상, 자연물에 영혼이 있다고 믿어 재난을 피하거나 풍요를 기원하는 것으로 태양과 물에 대한 숭배가 대표적이다.
  ㉡ **영혼, 조상숭배** : 사람이 죽어도 영혼은 없어지지 않는다는 믿음을 말한다.
  ㉢ **샤머니즘** : 인간과 영혼 또는 하늘을 연결시켜 주는 존재인 무당과 그 주술을 믿는 것이다.
  ㉣ **토테미즘** : 자기 부족의 기원을 특정 동물과 연결시켜 그것을 숭배하는 믿음이다.

│기출예제│ 2025. 6. 21. 제1회 지방직

신석기시대에 대한 설명으로 옳은 것만을 모두 고르면?

㉠ 갈돌과 갈판을 사용하여 곡물이나 열매를 갈았다.
㉡ 반달돌칼을 사용하여 농작물을 수확하였다.
㉢ 뼈바늘을 사용하여 옷이나 그물을 만들었다.
㉣ 벼농사를 널리 짓게 되었다.

① ㉠, ㉢   ② ㉠, ㉣
③ ㉡, ㉢   ④ ㉡, ㉣

*
신석기 시대에는 간석기를 사용하고, 농경(밭농사 중심)과 목축이 시작되면서 정착 생활이 이루어졌다. 당시 농경 생활 상을 파악할 수 있는 것으로 갈돌과 갈판, 빗살무늬 토기 등이 있으며 뼈바늘을 통해 의복이나 그물을 제작했음을 파악할 수 있다.
㉡, ㉣ 청동기 시대

답 ①

02 국가의 형성

❶ 고조선과 청동기문화

(1) 청동기의 보급

① **사회 변화** … 생산경제의 발달, 청동기 제작과 관련된 전문 장인의 출현, 사유재산제도와 계급이 발생하게 되었다.

② 유물
  ㉠ 석기: 반달돌칼, 바퀴날도끼, 홈자귀
  ㉡ 청동기: 비파형 동검과 화살촉 등의 무기류, 거친무늬거울
  ㉢ 토기: 미송리식 토기, 민무늬토기, 붉은간토기
  ㉣ 무덤: 고인돌, 돌널무덤, 돌무지무덤

(2) 철기의 사용

① **철기문화의 보급** … 철제 농기구의 사용으로 농업이 발달하여 경제 기반이 확대되었으며, 철제 무기와 철제 연모의 사용으로 청동기는 의식용 도구로 변하였다.

② **유물** … 명도전, 오수전, 반량전을 통하여 중국과의 활발한 교류를 알 수 있으며 경남 창원 다호리 유적에서 나온 붓을 통해 한자를 사용했음을 알 수 있다.

③ **청동기의 독자적 발전** … 비파형 동검은 세형 동검으로, 거친무늬거울은 잔무늬거울로 형태가 변하였으며 거푸집도 전국의 여러 유적에서 발견되고 있다.

| 기출예제 | 2025. 6. 21. 제1회 서울시

〈보기 1〉을 통해 알 수 있는 당시의 사회상을 〈보기 2〉에서 모두 고른 것은?

〈보기 1〉
창원 다호리 고분군은 기원전 1세기 무렵에 조성된 것으로 추정된다. 1호 목관묘의 널 아래에서는 한(漢) 나라의 청동거울, 오수전, 붓, 청동검 등과 함께 쇠도끼, 철검, 쇠투겁창, 쇠꺾창, 따비, 쇠낫 등이 출토되었다.

〈보기 2〉
㉠ 문자가 전래되어 사용되고 있었다.
㉡ 독자적으로 화폐를 주조하여 사용하였다.
㉢ 철제 농기구를 사용하여 농사를 지었다.
㉣ 지배층의 무덤으로 고인돌이 축조되었다.

① ㉠, ㉡
② ㉠, ㉢
③ ㉡, ㉢
④ ㉡, ㉣

★
제시문의 창호 다호리 붓, 오수전 등은 모두 철기 시대의 유물이다. 붓을 통해 당시 한자가 전래되어 사용되고 있었고, 오수전을 통해 중국 한나라와의 교역이 이루어지고 있음을 알 수 있다. 또한 철기의 보급에 따라 철제 무기가 사용되면서 이전 보다 정복 전쟁이 활발해지고, 철제 농기구의 보급에 따라 농업 생산력이 증대되었다.
㉡ 고려 시대(해동통보, 건원중보)
㉣ 청동기 시대

답 ②

(3) 청동기 · 철기시대의 생활

① **경제생활의 발전** … 조, 보리, 콩, 수수 등 밭농사 중심이었지만 일부 저습지에서 벼농사가 시작되었다. 또한 사냥이나 고기잡이도 여전히 하고 있었지만 농경의 발달로 점차 그 비중이 줄어들었고 돼지, 소, 말 등의 가축의 사육이 증가되었다.

② **주거생활의 변화**
   ㉠ 집터 유적 : 대체로 앞쪽에는 시냇물이 흐르고 뒤쪽에는 북서풍을 막아 주는 나지막한 야산이 있는 곳에 우물을 중심으로 자리잡고 있다.
   ㉡ 정착생활의 규모의 확대 : 집터는 넓은 지역에 많은 수가 밀집되어 취락형태를 이루고 있으며, 이는 농경의 발달과 인구의 증가로 정착생활의 규모가 점차 확대되었음을 보여 주는 것이다.

③ **사회생활의 변화** … 여성은 가사노동, 남성은 농경 · 전쟁에 종사하였다. 생산력의 증가에 따른 잉여생산물은 빈부의 격차와 계급의 분화를 촉진하였고 이는 무덤의 크기와 껴묻거리의 내용에 반영되었다.

④ **고인돌의 출현** … 고인돌은 청동기시대의 계급사회의 발생을 보여주는 대표적인 무덤으로 북방식 고인돌이 전형적인 형태이며 우리나라 전역에 걸쳐 분포되어 있는데 당시 지배층이 가진 정치권력과 경제력을 잘 반영해 주고 있다.

⑤ **군장의 출현** … 정치, 경제력이 우세한 부족이 선민사상을 가지고 주변의 약한 부족을 통합하거나 정복하고 공납을 요구하였으며 군장이 출현하게 되었다.

(4) 청동기·철기시대의 예술

청동으로 만든 도구의 모양이나 장식에는 미의식과 생활모습이 표현되었고, 흙으로 빚은 사람이나 짐승모양의 토우는 본래의 용도 외에도 풍요를 기원하는 주술적 의미를 가지고 있다. 울주반구대 바위그림은 사냥과 고기잡이의 성공과 풍성한 수확을 기원하였음을 알 수 있고, 고령 양전동 알터 바위그림은 태양 숭배와 풍요를 기원하는 의미를 가진다.

기출예제 2025. 4. 5. 국가직

다음 설명에 해당하는 문화유산은?

> 고래 잡는 사람, 호랑이, 사슴, 물을 뿜고 있는 고래, 작살이 꽂혀 있는 고래 등이 바위에 묘사되어 있다. 당시 이 지역 사람들의 생활 모습과 신앙, 예술 세계를 이해하는 데 중요한 자료이며 국보로 지정되어 있다.

① 고령 장기리 암각화
② 황해 안악 3호분 행렬도
③ 경주 천마총 장니 천마도
④ 울주 대곡리 반구대 암각화

*
제시문의 문화유산은 울주 대곡리 반구대 암각화이며 당시 사냥이나 어로 등의 생활모습과 풍성한 수확을 기원하는 원시적 신앙을 엿볼 수 있다.
① 태양을 상징하는 동심원이나 삼각형 등의 무늬가 새겨져 있다.
② 고구려 고분 벽화
③ 천마도는 마구 장식

답 ④

---

(5) 단군과 고조선

① **고조선의 건국** … 족장사회에서 가장 먼저 국가로 발전한 고조선은 단군왕검이 건국하였다(B.C. 2333).

② **고조선의 발전** … 초기에는 요령지방, 후기에는 대동강 유역의 왕검성 중심으로 독자적인 문화를 이룩하면서 발전하였다. 부왕, 준왕 같은 강력한 왕이 등장하여 왕위를 세습하였고 상(相), 대부(大夫), 장군 등의 관직을 두었으며 요서지방을 경계로 하여 연(燕)과 대립하였다.

(6) 위만의 집권

① **위만 조선의 성립 및 발전** … 준왕을 축출하고 중국 유이민 집단인 위만이 왕이 되었으며 지리적인 이점을 이용한 중계무역의 이득을 독점하기 위해 한과 대립하였다.

② **고조선의 멸망** … 위만 조선에 위협을 느낀 한의 무제는 대규모 침략을 강행하였으나 고조선은 한의 군대에 맞서 완강하게 대항하여 장기간의 전쟁으로 지배층의 내분이 일어나 왕검성이 함락되어 멸망하였다(B.C. 108). 고조선이 멸망하자 한은 고조선의 일부 지역에 군현을 설치하여 지배하고자 하였으나 고구려의 공격으로 소멸되었다.

(7) 고조선의 사회

① **8조법과 고조선의 사회상** … 권력과 경제력의 차이 및 사유 재산의 발생은 형벌과 노비가 생겨나게 하였다.

② **한 군현의 엄한 율령 시행** … 한 군현의 설치 후 억압과 수탈을 당하던 토착민들은 이를 피하여 이주하거나 단결하여 한 군현에 대항하였다. 이에 한 군현은 엄한 율령을 시행하여 자신들의 생명과 재산을 보호하려 하였으며 법 조항도 60여 조로 증가시켜 풍속도 각박해져 갔다.

② 여러 나라의 성장

(1) 부여

① **정치**
  ㉠ 왕 아래에는 가축의 이름을 딴 마가, 우가, 저가, 구가와 대사자, 사자 등의 관리가 있었다.
  ㉡ 가(加)는 저마다 따로 행정구획인 사출도를 다스리고 있어서 왕이 직접 통치하는 중앙과 합쳐 5부를 이루었다.
  ㉢ 왕의 권력이 미약하여 제가들이 왕을 추대·교체하기도 하였고, 수해나 한해로 농사가 잘 되지 않으면 그 책임을 왕에게 묻기도 하였다. 그러나 왕이 나온 대표 부족의 세력은 매우 강해서 궁궐, 성책, 감옥, 창고 등의 시설을 갖추고 있었다.

② **법률**(부여의 4조목)
  ㉠ 살인자는 사형에 처하고, 그 가족은 데려다 노비로 삼는다.
  ㉡ 절도죄를 지은 자는 12배의 배상을 물린다.
  ㉢ 간음한 자는 사형에 처한다.
  ㉣ 부인이 투기가 심하면 사형에 처하되, 그 시체는 산 위에 버린다. 단, 그 여자의 집에서 시체를 가져가려면 소·말을 바쳐야 한다.

③ 풍습
  ㉠ 순장 : 왕이 죽으면 많은 사람들을 껴묻거리와 함께 묻는 순장의 풍습이 있었다.
  ㉡ 흰 옷을 좋아했고, 형사취수와 일부다처제 풍습이 있었다.
  ㉢ 은력(殷曆)을 사용하였다.
  ㉣ 제천행사 : 12월에 하늘에 제사를 지내고 노래와 춤을 즐기는 영고를 열었다.
  ㉤ 우제점복 : 소를 죽여 그 굽으로 길흉을 점치기도 하였다.

(2) 고구려

① 정치 … 왕 아래 상가, 고추가 등의 대가들이 있었으며, 대가들은 독립적인 세력을 유지하였다. 이들은 각기 사자, 조의, 선인 등의 관리를 거느리고 있었다.

② 풍속
  ㉠ 서옥제 : 혼인을 정한 뒤 신부집의 뒤꼍에 조그만 집을 짓고 거기서 자식을 낳고 장성하면 아내를 데리고 신랑집으로 돌아가는 제도이다.
  ㉡ 제천행사 : 10월에는 추수감사제인 동맹을 성대하게 열었다.
  ㉢ 조상신 제사 : 건국 시조인 주몽과 그 어머니 유화부인을 조상신으로 섬겨 제사를 지냈다.

(3) 옥저와 동예

① 옥저 … 비옥한 토지를 바탕으로 농사를 지었으며, 어물과 소금 등 해산물이 풍부하였으며 민며느리제와 골장제(가족공동무덤)가 유행하였다.

② 동예
  ㉠ 경제 … 단궁(활)과 과하마(조랑말), 반어피(바다표범의 가죽) 등이 유명하였다.
  ㉡ 풍속 … 무천이라는 제천행사를 10월에 열었으며 족외혼을 엄격하게 지켰다. 또한 각 부족의 영역을 함부로 침범하지 못하게 하고 만약 침범하면 노비와 소, 말로 변상하게 하였다(책화)

(4) 삼한

① 진(辰)의 성장과 발전 … 고조선 남쪽지역에는 일찍부터 진이 성장하고 있었는데 고조선 사회의 변동에 따라 대거 남하해 온 유이민에 의하여 새로운 문화가 보급되어 토착문화와 융합되면서 진이 발전하여 마한, 변한, 진한의 연맹체들이 나타나게 되었다.

② 삼한의 제정 분리 … 정치적 지배자 외에 제사장인 천군이 있었다. 그리고 신성지역으로 소도가 있었는데, 이곳에서 천군은 농경과 종교에 대한 의례를 주관하였다.

③ 삼한의 경제 · 사회상
　㉠ 두레조직을 통하여 여러 가지 공동작업을 하였다.
　㉡ **제천행사** : 5월의 수릿날과 10월에 계절제를 열어 하늘에 제사를 지냈다.
　㉢ **변한의 철 생산** : 철이 많이 생산되어 낙랑, 왜 등에 수출하였고 교역에서 화폐처럼 사용되기도 하였다. 마산의 성산동 등지에서 발견된 야철지는 제철이 성하였음을 보여주고 있다.

01. 선사시대의 문화와 국가의 형성

기출 예상 문제

1 (가) 나라에 대한 설명으로 옳은 것은?

> 옛 [(가)] 의 풍속에는 비가 오는 것이 고르지 않아 곡식이 익지 않으면, 문득 왕에게 그 잘못을 돌려 "마땅히 바꾸어야 한다." 또는 "마땅히 죽여야 한다."라고 말하였다.
>
> - 『삼국지』 위서 동이전 -

① 읍락의 우두머리들이 스스로 '삼로(三老)'라고 불렀다.
② 마가(馬加)와 우가(牛加) 등 가축의 이름을 딴 관리가 있었다.
③ 사람이 질병으로 죽으면 살던 집을 버리고 다시 새집을 지었다.
④ 다른 읍락의 산천을 침범하면 노비와 소, 말 등으로 배상하게 하였다.

TIP (가)는 고대 국가인 부여이다. 부여는 5부족 중심의 연맹왕국으로 마가, 우가, 구가, 저가 등의 제가 세력이 사출도를 통치하였다. 제천행사로는 12월의 영고가 있었으며, 순장과 흰 옷을 즐겨 입는 풍속이 있었다.
① 옥저, 동예 ③ 동예 ④ 동예의 책화

2 다음의 나라에 대한 설명으로 가장 옳지 않은 것은?

> 그 나라 사람들은 정주 생활을 하며, 궁실과 창고 및 감옥이 있다. 산릉(山陵)과 넓은 연못이 많아서 동이 지역에서는 가장 넓고 평탄하다. 토질은 5곡(穀)이 자라기에는 적당하지만 5과(果)는 나지 않는다. …… 그 나라의 옛 풍속에는 가뭄이나 장마가 계속되어 5곡이 영글지 않으면 그 허물을 왕에게 돌려 '왕을 마땅히 바꾸어야 한다'라고 하거나 '죽여야 한다'라고 하였다.

① 12월에 영고라는 제천 행사를 열었다.
② 집마다 부경이라는 작은 창고가 있었다.
③ 도둑질한 자에게 12배로 배상하게 하였다.
④ 여러 가(加)들이 별도로 사출도를 주관하였다.

TIP 제시문의 나라는 부여이다. 부여는 5부족 연맹왕국으로 마가, 우가, 구가, 저가 등의 제가 세력이 사출도를 통치하였다. 풍속으로는 12월에 영고라는 제천행사가 있었으며, 흰옷을 즐겨 입고 순장의 풍습이 있었다. 또한 1책 12법이 있어 도둑질한 자에게는 12배로 배상하는 등 엄격한 법률 체계가 있었다.
② 고구려

Answer 1.② 2.②

3 밑줄 친 '이 시대'의 사회 모습으로 옳은 것은?

> 이 시대의 황해도 봉산 지탑리와 평양 남경 유적에서 탄화된 좁쌀이 발견되는 것으로 보아 잡곡류 경작이 이루어졌음을 알 수 있다. 농경의 발달로 수렵과 어로가 경제 생활에서 차지하는 비중이 줄어들기 시작하였지만, 여전히 식량을 얻는 중요한 수단이었다. 한편 가락바퀴나 뼈바늘을 이용하여 옷이나 그물을 만드는 등 원시적인 수공업 생산이 이루어지기 시작하였다.

① 생산물의 분배 과정에서 사유 재산 제도가 등장하였다.
② 마을 주변에 방어 및 의례 목적으로 환호(도랑)를 두르기도 하였다.
③ 흑요석의 출토 사례로 보아 원거리 교류나 교역이 있었음을 알 수 있다.
④ 집자리는 주거용 외에 창고, 작업장, 집회소, 공공 의식 장소 등도 확인되었다.

TIP 밑줄 친 이 시대는 신석기 시대이다.
①②④ 청동기

4 다음 유물이 만들어진 시대의 사회상으로 옳은 것은?

> • 충북 청주 산성동 출토 가락바퀴
> • 인천 옹진 소야도 출토 조개껍데기 가면
> • 경남 통영 연대도 출토 치레걸이
> • 강원 양양 오산리 출토 사람 얼굴 조각상

① 한자의 전래로 붓이 사용되었다.
② 무덤은 일반적으로 고인돌이 사용되었다.
③ 조, 피 등을 재배하는 농경이 시작되었다.
④ 반량전, 오수전 등의 중국 화폐가 사용되었다.

TIP 가락바퀴, 치레걸이, 조개껍데기 가면, 사람 얼굴 조각상과 같은 유물들은 모두 신석기시대를 대표하는 유물들이다. 또한 신석기시대부터 농경이 시작되었기 때문에 이 시대 사회상을 보여주는 보기는 ③번이다.

Answer 3.③ 4.③

5 고조선의 세력 범위가 요동반도에서 한반도에 걸쳐 있었음을 알게 해 주는 유물을 모두 고르면?

> ㉠ 조개 껍데기 가면   ㉡ 거친무늬 거울
> ㉢ 비파형 동검   ㉣ 미송리식 토기

① ㉠㉡
② ㉡㉢
③ ㉠㉡㉢
④ ㉡㉢㉣

> **TIP** 요령지방에서 출토된 비파형동검을 조형으로 한 세형동검이 B.C. 3C 초부터 대동강 일대에서 나타나는 사실로서 알 수 있으며, 고인돌과 비파형동검, 미송리식 토기 등이 대표적인 고조선의 유물에 해당한다.

6 다음 중 단군신화와 관련한 역사적 사실로 옳지 않은 것은?

① 홍익인간의 정신은 평등이념을 성립하게 되었다.
② 사유재산의 성립으로 지배층은 농사일을 하지 않았다.
③ 선민사상을 가지고 있던 부족은 우월성을 과시했다.
④ 각 부족들은 특정한 동물이나 식물을 자신의 부족과 연결하여 숭배하고 있었다.

> **TIP** 단군신화에 나타난 사회의 모습 … 구릉지대에 거주하면서 농경생활을 하고 있었고 선민사상을 가지고 있었으며 사유재산의 성립과 계급의 분화에 따라 사회생활을 주도하였다.

7 다음 중 신석기 시대에 대한 설명으로 옳지 않은 것은?

① 토기를 사용하여 음식을 조리하고 저장하게 되었다.
② 움집생활을 하였으며 중앙에 화로를 두었다.
③ 주식으로 쌀을 먹었다.
④ 조, 피, 수수 등의 잡곡류의 경작과 개, 돼지 등을 목축하였다.

> **TIP** ③ 신석기 시대의 유적지인 황해도 봉산 지탑리와 평양 남경의 유적에서 탄화된 좁쌀이 발견된 것으로 보아 잡곡류를 경작하였다는 것을 알 수 있다.

Answer 5.④ 6.① 7.③

8 다음과 같은 사상이 등장한 사회의 모습은?

> • 영혼이나 하늘을 인간과 연결시켜주는 무당과 그 주술을 믿었다.
> • 사람이 죽어도 영혼은 사라지지 않는다고 믿었다.

① 무리를 이끄는 지도자는 권력을 가지고 있었다.
② 가락바퀴를 이용하여 의복을 제작하였다.
③ 동굴이나 강가에 막집을 짓고 살았다.
④ 벼농사가 일반적으로 행해졌다.

> **TIP** 제시된 사상은 영혼불멸사상과 샤머니즘으로 신석기시대의 신앙의 형태이다.
> ①④ 청동기 ③ 구석기

9 다음 중 청동기시대에 등장한 신앙은?

① 토테미즘   ② 애니미즘
③ 선민사상   ④ 샤머니즘

> **TIP** ① **토테미즘**: 신석기시대의 신앙으로 특정한 동물이나 식물을 자신의 부족과 연결하여 숭배하는 것이다.
> ② **애니미즘**: 신석기시대의 자연물에 영혼이 존재한다는 사상으로 태양과 물에 대한 숭배가 두드러졌다.
> ③ **선민사상**: 청동기시대에 농경이 발달하고 사유재산이 형성되면서 계급이 등장하게 되었다. 이때 지배계층은 자신들이 신의 선택을 받은 특별한 존재라고 여겼다.
> ④ **샤머니즘**: 인간과 영혼을 연결시켜주는 주술사와 그의 주술을 믿는 것으로 신석기 시대에 발생하였으며 여전히 숭배의 대상이다.

10 위만 조선이 한나라의 침입으로 왕검성이 함락되어 멸망하게 된 직접적인 원인으로 옳은 것은?

① 독자적인 문화를 발전시키지 못하였다.
② 철기 문화를 수용하지 못하여 군사력이 약하였다.
③ 상업과 무역이 발달하지 못하여 폐쇄적인 자급자족의 경제였다.
④ 예와 진의 무역을 막고 중계무역의 이득을 독점하였다.

> **TIP** 위만 조선… 본격적으로 철기문화를 수용하고 철기의 사용에 따른 무기생산과 농업이 발달하여 이에 따른 상업과 무역이 융성하였다. 중앙정치조직을 갖추고 우세한 무력을 기반으로 영토를 확장했으며 지리적 이점을 이용하여 예와 진이 직접 중국과 교역하는 것을 막고 중계무역의 이득을 독점하려 하였다. 이에 한나라의 무제는 대규모 공격을 감행하였는데 장기간의 전쟁으로 인한 고조선 지배층의 내분이 원인이 되어 B.C. 108년에 왕검성이 함락되면서 멸망하였다.

Answer 8.② 9.③ 10.④

11 다음 중 신석기시대의 특징으로 옳지 않은 것은?

① 결혼의 상대를 다른 씨족에서 구하는 족외혼이 행해졌다.
② 씨족 중심의 혈연사회이다.
③ 자연물에 영혼이 있다고 믿는 애니미즘적인 신앙을 지니고 있었다.
④ 씨족장의 권위에 대하여 씨족원들은 무조건 복종하였다.

TIP ④ 신석기시대는 평등사회로 지배와 피지배관계가 발생하지 않았으며, 주로 연장자나 경험이 많은 이가 부족을 이끌었다.

12 다음 중 구석기시대에 관한 설명으로 옳지 않은 것은?

① 농경, 목축이 시작되었다.
② 평등한 공동체적 생활을 하였다.
③ 뗀석기와 골각기를 사용하였다.
④ 주술적인 조각품을 남겼다.

TIP ① 농경과 목축이 시작된 시기는 신석기시대이다.

13 다음 중 씨족을 통해 부족을 형성하여 살았던 사람들의 생활상을 잘 재현한 것은?

① 가락바퀴나 뼈바늘로 그물을 손질하는 아낙네
② 반달돌칼로 추수하는 사람들
③ 민무늬토기에 음식을 담는 여자
④ 무리를 이루어 큰 사냥감을 찾아다니며 생활하는 사람들

TIP 씨족을 통한 부족을 이뤘던 시기는 신석기시대이다.
②③ 청동기시대의 생활상이다.
④ 구석기시대의 생활상이다.

14 철기문화의 전래에 관한 설명으로 옳지 않은 것은?

① 새로운 무덤 형태인 독무덤이 출현하였다.
② 한자가 전래되었다.
③ 청동기는 의기화되었다.
④ 지배와 피지배 관계가 형성되었다.

TIP ④ 계급이 발생하고 사유재산제도가 생긴 것은 청동기 시대이다.

Answer 11.④ 12.① 13.① 14.④

15 다음과 같은 생활모습을 지녔던 사회에 대해 역사적 탐구를 하고자 할 때, 가장 거리가 먼 조사활동은?

> • 매년 5월 씨뿌리기가 끝날 때와 10월에 농사가 끝날 때면 제사를 올리고 음주가무를 즐겼다.
> • 철을 생산하여 낙랑 및 왜와 교역하였고, 시장에서 물건을 살 때 화폐처럼 사용하였다.

① 삼국지 동이전의 내용을 분석한다.
② 낙동강 유역의 철 산지를 알아본다.
③ 서남해안의 해류와 고대 항로를 조사한다.
④ 돌무지 덧널무덤의 분포를 조사한다.

TIP 제시된 내용은 삼한의 사회에 대한 설명이다.
④ 돌무지 덧널무덤은 신라에서 주로 만든 무덤으로 삼한 사회에 대한 역사적 탐구에는 적절하지 않다.

16 유적지에서 반달돌칼, 비파형 동검, 바퀴날도끼, 토기 파편, 탄화된 볍씨 등이 발견되었다. 당시의 사회 모습으로 옳지 않은 것은?

① 촌락은 배산임수형태를 가지고 있었다.
② 일부 저습지에서 벼농사가 이루어졌다.
③ 금속제 무기를 사용한 정복활동이 활발하였다.
④ 주로 해안이나 강가에서 농경 생활을 하였다.

TIP 반달돌칼, 바퀴날도끼, 토기 파편, 탄화된 볍씨 등은 청동기시대의 유물이다. 당시의 집자리 유적은 주로 구릉지나 산간지방에서 발견된다.

Answer 15.④ 16.④

02 통치구조와 정치활동

01 고대의 정치

❶ 고대국가의 성립

(1) 초기의 고구려

① 성장 : 졸본성에서 주변 소국을 통합하여 성장하였으며, 국내성으로 도읍을 옮겼다.

② 지배체제의 정비
- ㉠ 태조왕(1세기 후반) : 옥저와 동예를 복속하고, 독점적으로 왕위를 세습하였으며 통합된 여러 집단들은 5부 체제로 발전하였다.
- ㉡ 고국천왕(2세기 후반) : 부족적인 전통의 5부가 행정적 성격의 5부로 개편되었고 왕위가 형제상속에서 부자상속으로 바뀌었으며, 족장들이 중앙귀족으로 편입하는 등 중앙집권화와 왕권 강화가 진전되었다.

(2) 초기의 백제

① 건국(B.C. 18) : 한강 유역의 토착민과 고구려 계통의 북방 유이민의 결합으로 성립되었는데, 우수한 철기문화를 보유한 유이민 집단이 지배층을 형성하였다.

② 고이왕(3세기 중엽) : 한강 유역을 완전히 장악하고, 중국의 문물을 수용하였다. 율령을 반포하였으며 관등제를 정비하고 관복제를 도입하는 등 지배체제를 정비하였다.

(3) 초기의 신라

① 건국(B.C. 57) : 경주의 토착집단과 유이민집단의 결합으로 건국되었다.

② 발전 : 박·석·김의 3성이 번갈아 왕위를 차지하다가 주요 집단들이 독자적인 세력 기반을 유지하면서 유력 집단의 우두머리는 왕(이사금)으로 추대되었다.

③ 지배체제의 정비(내물왕, 4세기) : 활발한 정복활동을 통해 낙동강 유역으로 영역을 확장하고 김씨가 왕위를 세습하였으며 마립간의 칭호를 사용하였다.

(4) 초기의 가야

① **위치** : 낙동강 하류의 변한지역에서는 철기문화를 토대로 한 정치집단들이 등장하였다.

② **전기 가야연맹**(금관가야 중심) : 김해를 주축으로 하여 경남해안지대에 소국연맹체를 형성하였는데 농경문화의 발달과 철의 생산(중계무역 발달)으로 경제적인 발전을 이루었다. 그러나 백제와 신라의 팽창으로 세력이 약화되어(4세기 초) 고구려군의 가야지방 원정으로 몰락하게 되었다. 이에 따라 중심세력이 해체되어 낙동강 서쪽 연안으로 축소되었다.

❷ 삼국의 발전과 통치체제

(1) 삼국의 정치적 발전

① **고구려** … 4세기 미천왕 때 서안평을 점령하고 낙랑군을 축출하여 압록강 중류를 벗어나 남쪽으로 진출할 수 있는 발판을 마련하였고, 고국원왕 때는 전연과 백제의 침략으로 국가적 위기를 맞기도 하였다. 4세기 후반 소수림왕 때에는 불교의 수용, 태학의 설립, 율령의 반포로 중앙집권국가로의 체제를 강화하였다.

② **백제** … 4세기 후반 근초고왕은 마한의 대부분을 정복하였으며, 황해도 지역을 두고 고구려와 대결하기도 하였다. 또한 낙동강 유역의 가야에 지배권을 행사하였고, 중국의 요서지방과 산동지방, 일본의 규슈지방까지 진출하였으며 왕위의 부자상속이 시작되었다.

③ **신라**

㉠ **지증왕**(6세기 초) : 국호(사로국 → 신라)와 왕의 칭호(마립간 → 왕)를 변경하고, 수도와 지방의 행정구역을 정리하였으니 내외직으로 우산국(울릉도)을 복속시켰다.

㉡ **법흥왕**(6세기 중엽) : 병부의 설치, 율령의 반포, 공복의 제정 등으로 통치질서를 확립하였다. 또한 골품제도를 정비하고, 새로운 세력을 포섭하고자 불교를 공인하였다. 독자적 연호인 건원을 사용하여 자주국가로서의 위상을 높였고 금관가야를 정복하여 영토를 확장시켜 중앙집권체제를 완비하였다.

기출예제

2025. 4. 5. 국가직

(가), (나) 사이 시기에 있었던 사실로 옳은 것은?

> (가) 왕이 보병과 기병 5만 명을 보내 신라를 구원하게 하였고, 이에 왜군이 퇴각하였다.
> (나) 백제 왕이 가야와 함께 관산성을 공격하였다. 신주군주 김무력이 나아가 교전을 벌였고, 비장인 도도가 백제 왕을 죽였다.

① 고구려가 낙랑군을 몰아냈다.
② 신라가 금관가야를 병합하였다.
③ 고구려가 안시성에서 당군을 물리쳤다.
④ 백제가 평양성에서 고국원왕을 전사시켰다.

✱
(가)는 신라에 침입한 왜를 격퇴하기 위해 신라 내물왕의 요청으로 광개토대왕이 고구려 군대를 보낸 것이다.(400) 당시 고(나)는 백제와 신라의 관산성 전투(554)로 백제와 신라의 연합군이 고구려군을 물리치고 한강 유역을 수복하였으나 신라가 한강 유역을 독점한 것에 대해 반발하며 백제 성왕이 신라와 관산성에서 전투를 벌였으나 패배하고 그 과정에서 전사하였다.
① 고구려 미천왕(314)
③ 고구려 보장왕(645)
④ 백제 근초고왕(371)

답 ②

기출예제

2025. 6. 21. 제1회 지방직

밑줄 친 '국왕'의 업적으로 옳지 않은 것은?

> 이차돈이 국왕에게 아뢰기를 "신이 거짓으로 왕명을 전하였다고 문책하여 신의 머리를 베시면 만민이 모두 굴복하고 감히 왕명을 어기지 못할 것입니다."라고 하였다. … (중략) … 옥리(獄吏)가 이차돈의 머리를 베니 하얀 젖이 한 길이나 솟았다.

① 율령을 반포하고 상대등을 설치하였다.
② 병부를 설치하고 금관가야를 병합하였다.
③ '건원'이라는 독자적인 연호를 사용하였다.
④ 국호를 '신라'로 정하고 우산국을 정벌하였다.

✱
제시문은 신라 법흥왕 대의 일이다. 법흥왕은 대내적으로 이차돈 순교를 통해 불교를 공인하였고, 율령 반포 및 상대등 설치, 병부 설치, 골품제 정비를 통해 체제를 정비하였다. 대외적으로는 금관가야를 공격하여 병합하였고, '건원'이라는 독자적 연호를 사용하였다.
④ 신라 지증왕
④ 백제 근초고왕(371)

답 ④

(2) 삼국 간의 항쟁

① 고구려의 대제국 건설
   ㉠ **광개토대왕**(5세기) : 영락이라는 연호를 사용하였고 만주지방에 대한 대규모 정복사업을 단행하였으며, 백제를 압박하여 한강 이남으로 축출하였다. 또한 신라에 침입한 왜를 격퇴함으로써 한반도 남부에까지 영향력을 확대하였다.

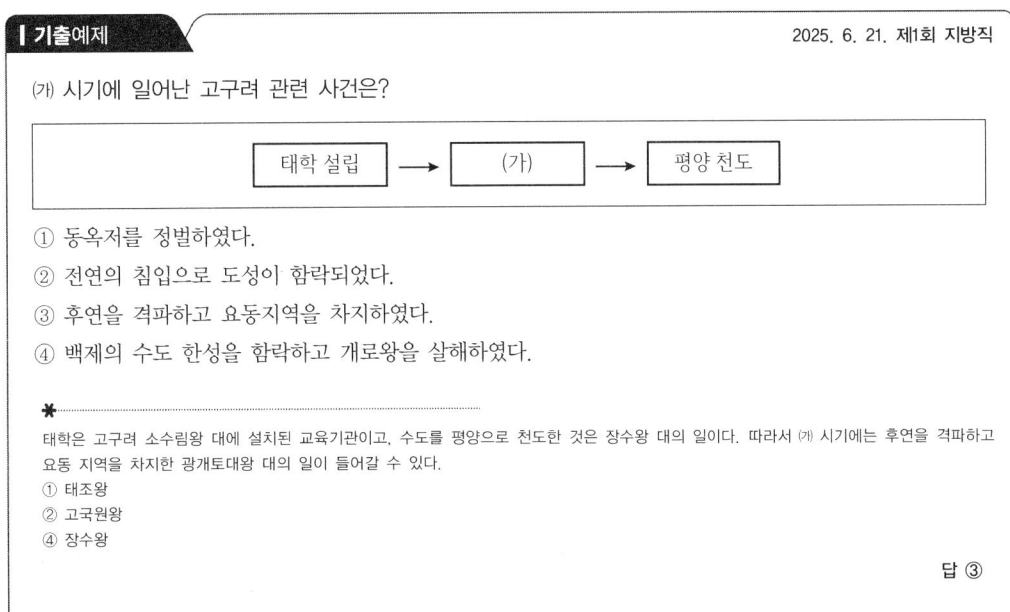

   ㉡ **장수왕**(5세기) : 남북조의 교류 및 평양 천도(427)를 단행하여 백제의 수도인 한성을 함락하였다. 죽령~남양만 이북을 확보(광개토대왕비와 중원고구려비 건립)하여 한강 유역으로 진출하였는데 만주와 한반도에 걸친 광대한 영토를 차지하여 중국과 대등한 지위의 대제국을 건설하였다.

② 백제의 중흥
   ㉠ 5세기 후반 문주왕은 고구려의 남하정책으로 대외팽창이 위축되고 무역활동이 침체되어 서울을 웅진으로 천도하게 되고, 동성왕은 신라와 동맹을 강화하여 고구려에 대항, 무령왕은 지방의 22담로에 왕족을 파견하여 지방통제를 강화하는 등 체제를 정비하고자 하였다.
   ㉡ **성왕**(6세기 중반) : 사비로 천도하고, 남부여로 국호를 개칭하고 중앙은 22부, 수도는 5부, 지방은 5방으로 정비하였다. 불교를 진흥시키고, 일본에 전파하였으며, 중국의 남조와 교류하였다.

③ 신라의 발전(진흥왕, 6세기)
   ㉠ **체제 정비** : 화랑도를 국가적 조직으로 개편하고, 불교를 통해 사상적 통합을 꾀하였다.
   ㉡ **영토 확장** : 한강 유역을 장악하여 경제적 기반을 강화하고 전략적 거점을 확보할 수 있었고 중국 교섭의 발판이 되었다. 북으로는 함경도, 남으로는 대가야를 정복하였다(단양적성비, 진흥왕순수비).

(3) 삼국의 통치체제

① **통치조직의 정비** … 삼국의 초기에는 부족 단위 각 부의 귀족들이 독자적으로 관리를 거느리는 방식으로 귀족회의에서 국가의 중요한 일을 결정하였는데 후에는 왕을 중심으로 한 통치체제로 왕의 권한이 강화되었고, 관등제와 행정구역이 정비되어 각 부의 귀족들은 왕권 아래 복속되고, 부족적 성격이 행정적 성격으로 개편되었다.

② **관등조직 및 중앙관제**

구분	관등	수상	중앙관서	귀족합의제
고구려	10여 관등	대대로(막리지)		제가회의
백제	16관등	상좌평	6좌평, 22부(시비천도 이후)	정사암회의
신라	17관등	상대등	병부, 집사부	화백회의

③ **지방제도**

  ㉠ 지방조직

구분	관등	수상	중앙관서	귀족합의제
고구려	5부	5부(욕살)	3경(평양성, 국내성, 한성)	제가회의
백제	5부	5방(방령)	22담로(지방 요지)	정사암회의
신라	5부	6주(군주)	2소경[중원경(충주), 동원경(강릉)]	화백회의

  ㉡ 지방제도의 정비 : 최상급 지방행정단위로 부와 방 또는 주를 두고 지방장관을 파견하였고, 그 아래의 성이나 군에도 지방관을 파견하여 지방민을 직접 지배하였으나, 말단 행정단위인 촌은 지방관을 파견하지 않고 토착세력을 촌주로 삼았다. 그러나 대부분의 지역은 중앙정부의 지배가 강력히 미치지 못하여 지방세력가들이 지배하게 되었다.

④ **군사조직** … 지방행정조직이 그대로 군사조직이기도 하여 각 지방의 지방관은 곧 군대의 지휘관(백제의 방령, 신라의 군주)이었다.

❸ 대외항쟁과 신라의 삼국통일

(1) 고구려와 수·당의 전쟁

① **수와의 전쟁** … 고구려가 요서지방을 선제공격하자 수의 문제와 양제는 고구려를 침입해왔는데 을지문덕이 살수에서 큰 승리를 거두었다(612).

② **당과의 전쟁** … 당 태종은 요동의 여러 성을 공격하고 전략상 가장 중요한 안시성을 공격하였으나 고구려에 의해 패하였다(645).

(2) 백제와 고구려의 멸망

① **백제의 멸망** … 정치질서의 문란과 지배층의 향락으로 국방이 소홀해진 백제는 황산벌에서 신라에게 패하면서 결국 사비성이 함락되고 말았다. 복신과 흑치상지, 도침 등은 주류성과 임존성을 거점으로 하여 사비성과 웅진성을 공격하였으나 나·당연합군에 의하여 진압되었다.

② **고구려의 멸망** … 지배층의 분열과 국력의 약화로 정치가 불안정한 틈을 타고 나·당연합군의 침입으로 평양성이 함락되었다(668). 검모잠과 고연무 등은 한성과 오골성을 근거지로 평양성을 탈환하였으나 결국 실패하였다.

(3) 신라의 삼국통일

① **과정** … 당은 한반도에 웅진도독부, 안동도호부, 계림도독부를 설치하여 한반도를 지배하려 하였으나 신라·고구려·백제 유민의 연합으로 당 주둔군을 공격하여 매소성과 기벌포싸움에서 승리를 거두게 되고 당군을 축출하여 삼국통일을 이룩하였다(676).

② **삼국통일의 의의와 한계** … 당의 축출로 자주적 성격을 인정할 수 있으며 고구려와 백제 문화의 전통을 수용하여 민족문화 발전의 토대를 마련하였다는 점에서 큰 의의가 있으나 외세의 협조를 받았다는 점과 대동강에서 원산만 이남에 국한된 불완전한 통일이라는 점에서 한계성을 가진다.

❹ 남북국시대의 정치 변화

(1) 통일신라의 발전

① **왕권의 전제화**
   ㉠ 무열왕: 통일과정에서 왕권을 강화하였으며 이후 직계자손이 왕위를 계승하게 되었다.
   ㉡ 유교정치이념의 수용: 통일을 전후하여 유교정치이념이 도입되었고, 중앙집권적 관료정치의 발달로 왕권이 강화되어 갔다.
   ㉢ 집사부 시중의 기능 강화: 상대등의 세력을 억제하였고 왕권의 전제화가 이루어졌다.
   ㉣ 신문왕: 관료전의 지급, 녹읍의 폐지, 국학을 설립하여 유교정치이념을 확립시켰다.

② **정치세력의 변동** … 6두품은 학문적 식견을 바탕으로 왕의 정치적 조언자로 활동하거나 행정실무를 총괄하였다. 이들은 전제왕권을 뒷받침하고, 학문·종교분야에서 활약하였다.

③ **전제왕권의 동요** … 8세기 후반부터 진골귀족세력의 반발로 녹읍제가 부활하고, 사원의 면세전이 증가되어 국가재정의 압박을 가져왔다. 귀족들의 특권적 지위 고수 및 향락과 사치가 계속되자 농민의 부담은 가중되었다.

(2) 발해의 건국과 발전

① **건국** … 고구려 출신의 대조영이 길림성에 건국하였으며 지배층은 고구려인, 피지배층은 말갈인으로 구성되었으나 일본에 보낸 국서에 고려 또는 고려국왕이라는 칭호를 사용하였고, 고구려 문화와 유사성이 있다는 점에서 고구려 계승의식이 나타나고 있다.

> **| 기출예제 |**   2025. 4. 5. 국가직
>
> 밑줄 친 '이 나라'에 대한 설명으로 옳은 것은?
>
> > <u>이</u> 나라는 고구려의 옛 땅이다. … (중략) … 곳곳에 촌락이 있는데 모두 말갈의 부락이다. 그 백성은 말갈이 많고 토인(土人)이 적은데, 모두 토인을 촌장으로 삼는다.
> >
> > — 『유취국사』 —
>
> ① 골품제를 실시하였다.
> ② 군사조직으로 9서당 10정을 두었다.
> ③ 영락이라는 독자적인 연호를 사용하였다.
> ④ 지방 행정 구역을 5경 15부 62주로 나누었다.
>
> ✱
> 제시문의 밑줄 친 나라는 발해이다. 발해는 고구려 유장 출신인 대조영이 지린성 동모산 일대를 중심으로 건국하였다. 주민 구성원 다수는 말갈 부족이었으며, 소수의 고구려 출신(토인)이 지배층을 구성하였다. 발해는 무왕, 문왕, 선왕 대를 거치며 발전하였고, 특히 선왕 대 5경 15부 62주의 지방제도를 확립하였다.
> ① 신라의 폐쇄적 신분제
> ② 신라의 군사제도
> ③ 고구려 광개토대왕 연호
>
> 답 ④

② **발해의 발전**

  ㉠ **영토 확장(무왕)** : 동북방의 여러 세력을 복속시켜 북만주 일대를 장악하였고, 당의 산둥반도를 공격하고, 돌궐·일본과 연결하여 당과 신라에 대항하였다.

  ㉡ **체제 정비(문왕)** : 당과 친선관계를 맺고 문물을 수입하였는데 중경에서 상경으로 천도하였고, 신라와의 대립관계를 해소하려 상설교통로를 개설하였으며 천통(고왕), 인안(무왕), 대흥(문왕), 건흥(선왕) 등 독자적인 연호를 사용하였다.

  ㉢ **중흥기(선왕)** : 요동지방으로 진출하였으며 남쪽으로는 신라와 국경을 접할 정도로 넓은 영토를 차지하고, 지방제도를 완비하였다. 당에게서 '해동성국'이라는 칭호를 받았다.

  ㉣ **멸망** : 거란의 세력 확대와 귀족들의 권력투쟁으로 국력이 쇠퇴하자 거란에 멸망당하였다.

(3) 남북국의 통치체제

① 통일신라

　㉠ **중앙정치체제**: 전제왕권의 강화를 위해 집사부 시중의 지위 강화 및 집사부 아래에 위화부와 13부를 두고 행정업무를 분담하였으며 관리들의 비리와 부정 방지를 위한 감찰기관인 사정부를 설치하였다.

　㉡ **유교정치이념의 수용**: 국학을 설립하였다.

　㉢ **지방행정조직의 정비**(신문왕): 9주 5소경으로 정비하여 중앙집권체제를 강화하였으며 지방관의 감찰을 위하여 외사정을 파견하였고 상수리제도를 실시하였으며, 향·부곡이라 불리는 특수행정구역도 설치하였다.

│ 기출예제　　　　　　　　　　　　　　　　　　　　　　　　　　2025. 4. 5. 국가직

다음 사실이 있었던 왕대의 설명으로 옳은 것은?

　• 김흠돌의 난을 계기로 진골 귀족 세력 등을 숙청하였다.
　• 녹읍을 폐지하여 귀족의 경제적 기반을 약화하고자 하였다.

① 국학을 설립하였다.
② 불교를 공인하였다.
③ 독서삼품과를 시행하였다.
④ 이사부를 보내 우산국을 정벌하였다.

★
제시문은 신라 신문왕 대의 사실이다. 신문왕은 김흠돌의 반란 이후 왕권을 강화하기 위하여 집사부 시중의 권한을 강화하고, 관료전 지급 및 녹읍 폐지 등을 통하여 귀족 세력의 영향력을 약화시켰다. 또한 국학을 설치하여 유학을 장려하고 유교 통치 이념에 밝은 6두품을 기용하였다.
② 법흥왕
③ 원성왕
④ 지증왕

답 ①

　㉣ **군사조직의 정비**
　　• 9서당: 옷소매의 색깔로 표시하였는데 부속민에 대한 회유와 견제의 양면적 성격이 있다.
　　• 10정: 9주에 각 1정의 부대를 배치하였으나 한산주에는 2정(남현정, 골내근정)을 두었다.

② 발해

　㉠ **중앙정치체계**: 당의 제도를 수용하였으나 명칭과 운영은 독자성을 유지하였다.
　　• 3성: 정당성(대내상이 국정 총괄), 좌사정, 우사정(지·예·신부)
　　• 6부: 충부, 인부, 의부, 자부, 예부, 신부
　　• 중정대(감찰), 문적원(서적 관리), 주자감(중앙의 최고교육기관)

　㉡ **지방제도**: 5경 15부 62주로 조직되었고, 촌락은 주로 말갈인 촌장이 지배하였다.

　㉢ **군사조직**: 중앙군(10위), 지방군

(4) 신라 말기의 정치 변동과 호족세력의 성장

① **전제왕권의 몰락** … 진골귀족들의 반란과 왕위쟁탈전이 심화되고 집사부 시중보다 상대등의 권력이 더 커졌으며 지방민란의 발생으로 중앙의 지방통제력이 더욱 약화되었다.

② **농민의 동요** … 과중한 수취체제와 자연재해는 농민의 몰락을 가져오고, 신라 정부에 저항하게 되었다.

③ **호족세력의 등장** … 지방의 행정·군사권과 경제적 지배력을 가진 호족세력은 성주나 장군을 자처하며 반독립적인 세력으로 성장하였다.

④ **개혁정치** … 6두품 출신의 유학생과 선종의 승려가 중심이 되어 골품제 사회를 비판하고 새로운 정치이념을 제시하였다. 지방의 호족세력과 연계되어 사회 개혁을 추구하였다.

02 중세의 정치

❶ 중세사회의 성립과 전개

(1) 고려의 성립과 민족의 재통일

① **고려의 건국** … 왕건은 송악의 호족으로서 처음에는 궁예 휘하로 들어가 한강 유역과 나주지방을 점령하여 후백제를 견제하였는데 궁예의 실정을 계기로 정권을 장악하게 되었으며, 고구려의 후계자임을 강조하여, 국호를 고려라 하고 송악에 도읍을 세웠다.

② **민족의 재통일** … 중국의 혼란기를 틈타 외세의 간섭 없이 통일이 성취되었다.

(2) 태조의 정책

① **취민유도(取民有度)정책** … 조세경감, 노비해방 및 빈민구제기관인 흑창을 설치하였다.

② **통치기반 강화**
  ㉠ 관제 정비: 태봉의 관제를 중심으로 신라와 중국의 제도를 참고하여 정치제도를 만들고, 개국공신과 호족을 관리로 등용하였다.
  ㉡ 호족 통합: 호족과 정략결혼을 하였으며 그들의 향촌지배권을 인정하고, 공신들에게는 역분전을 지급하였다.
  ㉢ 호족 견제: 사심관제도(우대)와 기인제도(감시)를 실시하였다.
  ㉣ 통치 규범: 정계, 계백료서를 지어 관리들이 지켜야 할 규범을 제시하였고, 후손들이 지켜야 할 교훈이 담긴 훈요 10조를 남겼다.

③ 북진정책 … 고구려를 계승하였음을 강조하여 국호를 고려라 하고 국가의 자주성을 강조하기 위해 천수(天授)라는 연호를 사용하였다.

(3) 광종의 개혁정치

왕권의 안정과 중앙집권체제를 확립하기 위하여 노비안검법, 과거제도 실시, 공복제도, 불교 장려, 제위보의 설치, 독자적인 연호 사용 및 송과의 문화적·경제적 목적에서 외교관계를 수립하였으나, 군사적으로는 중립적 자세를 취하였다.

(4) 유교적 정치질서의 강화

① 최승로의 시무 28조 … 유교정치이념을 강조하고 지방관의 파견과 문벌귀족 중심의 정치를 이루게 되었다.
② 성종의 중앙집권화 … 6두품 출신의 유학자를 등용, 12목에 지방관의 파견, 향리제도 실시, 국자감과 향교의 설치 및 과거제도를 실시하고 중앙통치기구는 당, 태봉, 신라, 송의 관제를 따랐다.

❷ 통치체제의 정비

(1) 중앙의 통치조직

① 정치조직(2성 6부)
  ㉠ 2성
    • 중서문하성 : 중서성과 문하성의 통합기구로 문하시중이 국정을 총괄하였다.
    － 재신 : 2품 이상의 고관으로 백관을 통솔하고 국가의 중요정책을 심의·결정하였다.
    － 낭사 : 3품 이하의 관리로 정책을 건의하거나, 정책 집행의 잘못을 비판하는 일을 담당하였다.
    • 상서성 : 실제 정무를 나누어 담당하는 6부를 두고 정책의 집행을 담당하였다.
  ㉡ 중추원(추부) : 군사기밀을 담당하는 2품 이상의 추밀과 왕명 출납을 담당하는 3품의 승선으로 구성되었다.
  ㉢ 삼사 : 화폐와 곡식의 출납에 대한 회계업무만을 담당하였다.
  ㉣ 어사대 : 풍속을 교정하고 관리들의 비리를 감찰하는 감찰기구이다.
  ㉤ 6부 : 상서성에 소속되어 실제 정무를 분담하던 관청으로 각 부의 장관은 상서, 차관은 시랑이었다.

② 귀족 중심의 정치
  ㉠ 귀족합좌 회의기구(중서문하성의 재신, 중추원의 추밀)
    • 도병마사 : 재신과 추밀이 함께 모여 회의로 국가의 중요한 일을 결정하는 곳이다. 국방문제를 담당하는 임시기구였으나, 도평의사사(도당)로 개편되면서 구성원이 확대되고 국정 전반에 걸친 중요사항을 담당하는 최고 정무기구로 발전하였다.
    • 식목도감 : 임시기구로서 재신과 추밀이 함께 모여 국내 정치에 관한 법의 제정 및 각종 시행규정을 다루던 회의기구였다.

ⓒ 대간(대성)제도 : 어사대의 관원과 중서문하성의 낭관으로 구성되었다. 비록 직위는 낮았지만 왕, 고위관리들의 활동을 지원하거나 제약하여 정치 운영의 견제와 균형을 이루었다.
　　　• 서경권 : 관리의 임명과 법령의 개정이나 폐지 등에 동의하는 권리
　　　• 간쟁 : 왕의 잘못을 말로 직언하는 것
　　　• 봉박 : 잘못된 왕명을 시행하지 않고 글로 써서 되돌려 보내는 것

(2) 지방행정조직의 정비

① 정비과정
　　㉠ 초기 : 호족세력의 자치로 이루어졌다.
　　㉡ 성종 : 12목을 설치하여 지방관을 파견하였다.
　　㉢ 현종 : 4도호부 8목으로 개편되어 지방행정의 중심이 되었고, 그 후 전국을 5도와 양계, 경기로 나눈 다음 그 안에 3경·4도호부·8목을 비롯하여 군·현·진을 설치하였다.

② 지방조직
　　㉠ 5도(일반행정구역) : 상설 행정기관이 없는 일반 행정 단위로서 안찰사를 파견하여 도내의 지방을 순찰하게 하였다. 도에는 주와 군(지사)·현(현령)이 설치되고, 주현에는 지방관을 파견하였지만 속현에는 지방관을 파견하지 않았다.
　　㉡ 양계(군사행정구역) : 북방의 국경지대에는 동계와 북계의 양계를 설치하여 병마사를 파견하고, 국방상의 요충지에 군사특수지역인 진을 설치하였다.
　　㉢ 8목 4도호부 : 행정과 군사적 방비의 중심적인 역할을 맡은 곳이다.
　　㉣ 특수행정구역
　　　• 3경 : 풍수설과 관련하여 개경(개성), 서경(평양), 동경(경주, 숙종 이후 남경)에 설치하였다.
　　　• 향·소·부곡 : 천민의 집단거주지역이었다.
　　㉤ 지방행정 : 실제적인 행정사무는 향리가 실질적으로 처리하여 지방관보다 영향력이 컸다(속현, 향, 소, 부곡 등).

(3) 군역제도와 군사조직

① 중앙군
　　㉠ 2군 6위 : 국왕의 친위부대인 2군과 수도 경비와 국경 방어를 담당하는 6위로 구성되었다.
　　㉡ 직업군인 : 군적에 올라 군인전을 지급받고 군역을 세습하였으며, 군공을 세워 신분을 상승시킬 수 있는 중류층이었다. 이들은 상장군, 대장군 등의 무관이 지휘하였다.

② 지방군
　　㉠ 주진군(양계) : 상비군으로 좌군, 우군, 초군으로 구성되어 국경을 수비하는 의무를 지녔다.
　　㉡ 주현군(5도) : 지방관의 지휘를 받아 치안과 지방방위·노역에 동원되었고 농민으로 구성하였다.

(4) 관리임용제도

① 과거제도(법적으로 양인 이상이면 응시가 가능)
　㉠ 제술과 : 문학적 재능과 정책을 시험하는 것이다.
　㉡ 명경과 : 유교경전에 대한 이해능력을 시험하는 것이다.
　㉢ 잡과 : 기술관을 선발하는 것으로 백정이나 농민이 응시하였다.
　㉣ 한계와 의의 : 능력 중심의 인재 등용과 유교적 관료정치의 토대 마련의 계기가 되었으나 과거출신자보다 음서출신자가 더 높이 출세할 수 밖에 없었고, 무과는 실시하지 않았다.
② 음서제도 … 공신과 종실의 자손 외에 5품 이상의 고관의 자손은 과거를 거치지 않고 관직에 진출할 수 있는 제도이다.

③ 문벌귀족사회의 성립과 동요

(1) 문벌귀족사회의 성립

① 지방호족 출신이 중앙관료화된 것으로, 신라 6두품 계통의 유학자들이 과거를 통해 관직에 진출하여 성립되었으며, 대대로 고위관리가 되어 중앙정치에 참여하게 되고, 과거와 음서를 통해 관직을 독점하였다.
② 문벌귀족사회의 모순
　㉠ 문벌귀족의 특권 : 정치적으로 과거와 음서제를 통해 고위 관직을 독점하며 경제적으로 과전, 공음전, 사전 등의 토지 겸병이 이루어지고, 사회적으로 왕실 및 귀족들 간의 중첩된 혼인관계를 이루었다.
　㉡ 측근세력의 대두 : 과거를 통해 진출한 지방 출신의 관리들이 국왕을 보좌하면서 문벌귀족과 대립하였다.
　㉢ 이자겸의 난, 묘청의 서경천도운동 : 문벌귀족과 측근세력의 대립으로 발생한 사건들이다.

(2) 이자겸의 난과 서경천도운동

① 이자겸의 난(인종, 1126) … 문종 ~ 인종까지 경원 이씨가 80여년간 권력을 독점하였다. 여진(금)의 사대관계 요구에 이자겸 정권은 굴복하여 사대관계를 유지하였으나, 인종의 척준경 회유로 이자겸의 왕위찬탈반란은 실패로 돌아가게 되었다. 그 결과 귀족사회의 동요가 일어나고 묘청의 서경천도운동의 계기가 되었다.
② 묘청의 서경천도운동(1135) … 서경(평양) 천도, 칭제건원, 금국 정벌을 주장하였으나 문벌귀족의 반대에 부딪혔으며, 김부식이 이끄는 관군에 의해 진압되고 말았다.

(3) 무신정권의 성립

① 무신정변(1170) … 숭문천무정책으로 인한 무신을 천시하는 풍조와 의종의 실정이 원인이 되어 문신 중심의 귀족사회에서 관료체제로 전환되는 계기가 되었으며 전시과체제가 붕괴되고 무신에 의해 토지의 독점이 이루어져 사전과 농장이 확대되었다.

② **사회의 동요** … 무신정권에 대한 반발로 김보당의 난과 조위총의 난이 일어났으며, 신분해방운동으로 농민 (김사미·효심의 난)·천민의 난(망이·망소이의 난)이 일어났다.

③ **최씨 정권**
  ㉠ 최씨 정권의 기반
    • 정치적 : 교정도감(최충헌)과 정방(최우), 서방(최우)을 중심으로 전개되었다.
    • 경제적 : 광대한 농장을 소유하였다.
    • 군사적 : 사병을 보유하고 도방을 설치하여 신변을 경호하였다.
  ㉡ 한계 : 정치적으로 안정되었지만 국가통치질서는 오히려 약화되었다.

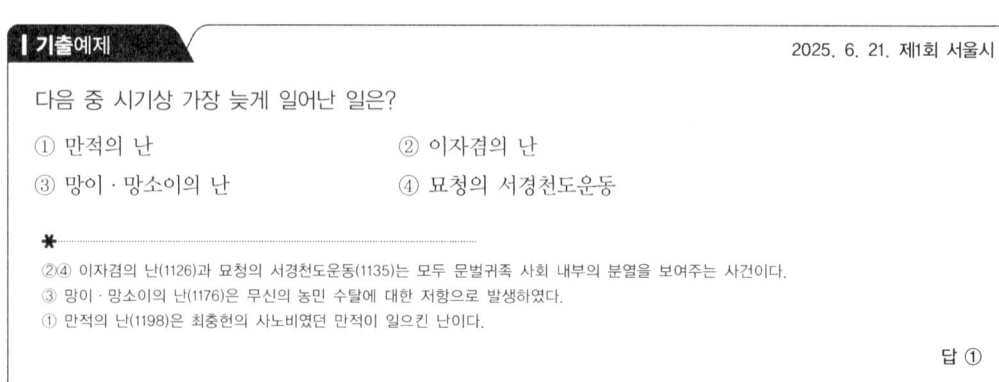

④ 대외관계의 변화

(1) 거란의 침입과 격퇴

① **고려의 대외정책** … 친송배요정책으로 송과는 친선관계를 유지했으나 거란은 배척하였다.

② **거란의 침입과 격퇴**
  ㉠ 1차 침입 : 서희의 담판으로 강동 6주를 확보하였으며, 거란과 교류관계를 맺었다.
  ㉡ 2차 침입 : 고려의 계속되는 친송정책과 강조의 정변을 구실로 침입하여 개경이 함락되었고, 현종의 입조 (入朝)를 조건으로 퇴군하였다.
  ㉢ 3차 침입 : 현종의 입조(入朝)를 거부하여 다시 침입하였으나 강감찬이 귀주대첩으로 큰 승리를 거두어 양국은 강화를 맺었다.
  ㉣ 결과 및 영향 : 고려, 송, 거란 사이의 세력 균형을 유지되고 고려는 나성과 천리장성(압록강~도련포)을 축조하여 수비를 강화하였다.

(2) 여진 정벌과 9성 개척

기병을 보강한 윤관의 별무반이 여진을 토벌하여 동북 9성을 축조하였으나 고려를 침략하지 않고 조공을 바치겠다는 조건을 수락하면서 여진에게 9성을 돌려주었다. 그러나 여진은 더욱 강해져 거란을 멸한 뒤 고려에 대해 군신관계를 요구하자 현실적인 어려움으로 당시의 집권자 이자겸은 금의 요구를 받아들였다.

(3) 몽고와의 전쟁

① 몽고와의 전쟁
  ㉠ 원인 : 몽고의 과중한 공물 요구와, 몽고의 사신 저고여가 피살되는 사건이 일어났다.
  ㉡ 몽고의 침입
   • 제1차 침입(1231) : 몽고 사신의 피살을 구실로 몽고군이 침입하였고 박서가 항전하였으나, 강화가 체결되고 철수되었다.
   • 제2차 침입(1232) : 최우는 강화로 천도하였고, 용인의 김윤후가 몽고의 장군 살리타를 죽이고 몽고 군대는 쫓겨갔다.
   • 제3차 ~ 제8차 침입 : 농민, 노비, 천민들의 활약으로 몽고를 끈질기게 막아냈다.
  ㉢ 결과 : 전 국토가 황폐화되고 민생이 도탄에 빠졌으며 대장경(초판)과 황룡사의 9층탑이 소실되었다.
② 삼별초의 항쟁(1270 ~ 1273) … 몽고와의 굴욕적인 강화를 맺는 데 반발하여 진도로 옮겨 저항하였고, 여·몽연합군의 공격으로 진도가 함락되자 다시 제주도로 가서 김통정의 지휘 아래에 계속 항쟁하였으나 여·몽연합군에 의해 진압되었다.

(4) 홍건적과 왜구의 침입

① 홍건적의 격퇴 … 제1차 침입은 모거경 등 4만군이 서경을 침입하였으나, 이승경, 이방실 등이 격퇴하였으며 제2차 침입은 사유 등 10만군이 개경을 함락하였으나, 정세운, 안우, 이방실 등이 격퇴하였다.
② 왜구의 침략 … 잦은 왜구의 침입에 따른 사회의 불안정은 시급히 해결해야 할 국가적 과제였다. 왜구를 격퇴하고 이 문제를 해결하는 과정에서 신흥무인세력이 성장하였다.

❺ 고려후기의 정치 변동

(1) 원(몽고)의 내정 간섭

① 정치적 간섭
  ㉠ 일본 원정 : 두 차례의 원정에 인적·물적 자원이 수탈되었으나 실패하였다.
  ㉡ 영토의 상실과 수복
   • 쌍성총관부 : 원은 화주(영흥)에 설치하여 철령 이북 땅을 직속령으로 편입하였는데, 공민왕(1356) 때 유인우가 무력으로 탈환하였다.

- 동녕부 : 자비령 이북 땅에 차지하여 서경에 두었는데, 충렬왕(1290) 때 고려의 간청으로 반환되었다.
- 탐라총관부 : 삼별초의 항쟁을 평정한 후 일본 정벌 준비를 위해 제주도에 설치하고(1273) 목마장을 두었다. 충렬왕 27년(1301)에 고려에 반환하였다.

ⓒ 관제의 개편 : 관제를 격하시키고(3성 → 첨의부, 6부 → 4사) 고려를 부마국 지위의 왕실호칭을 사용하게 하였다.

ⓔ 원의 내정 간섭
- 다루가치 : 1차 침입 때 설치했던 몽고의 군정지방관으로 공물의 징수·감독 등 내정간섭을 하였다.
- 정동행성 : 일본 원정준비기구로 설치된 정동행중서성이 내정간섭기구로 남았다. 고려·원의 연락기구였다.
- 이문소 : 정동행성에 설립된 사법기구로 고려인을 취조·탄압하였다.
- 응방 : 원에 매를 생포하여 조달하는 기구였으나 여러 특권을 행사해 폐해가 심하였다.

② 사회·경제적 수탈 … 금·은·베·인삼·약재·매 등의 막대한 공물의 부담을 가졌으며, 몽고어·몽고식 의복과 머리가 유행하고, 몽고식 성명을 사용하는 등 풍속이 변질되었다.

(2) 공민왕의 개혁정치

① 반원자주정책 … 친원세력의 숙청, 정동행서 이문소를 폐지, 몽고식 관제의 폐지, 원의 연호·몽고풍을 금지, 쌍성총관부를 공격하여 철령 이북의 땅을 수복하고 요동지방을 공격하여 요양을 점령하였다.

② 왕권강화책 … 정방을 폐지, 성균관을 통한 유학교육을 강화 및 과거제도를 정비하고 신돈을 등용하여 전민변정도감을 설치한 개혁은 권문세족들의 경제기반을 약화시키고 국가재정수입의 기반을 확대하였다.

③ 개혁의 실패원인 … 개혁추진세력인 신진사대부 세력이 아직 결집되지 못한 상태에서 권문세족의 강력한 반발을 효과적으로 제어하지 못하였고, 원나라의 간섭 등으로 인해 실패하고 말았다.

(3) 신진사대부의 성장

① 학문적 실력을 바탕으로 과거를 통하여 중앙에 진출한 지방의 중소지주층과 지방향리 출신이 많았다. 성리학을 수용하였으며, 불교의 폐단을 비판하였고 권문세족의 비리와 불법을 견제하였다. 신흥무인세력과 손을 잡으면서 사회의 불안과 국가적인 시련을 해결하고자 하였다.

② 한계 … 권문세족의 인사권 독점으로 관직의 진출이 제한되었고, 과전과 녹봉도 제대로 받지 못하는 등 경제적 기반이 미약하다는 한계를 가졌다.

(4) 고려의 멸망

우왕 말에 명은 쌍성총관부가 있던 땅에 철령위를 설치하여 명의 땅으로 편입하겠다고 통보하였다. 이에 최영은 요동정벌론을, 이성계는 4불가론을 주장하여 대립하였는데 최영의 주장에 따라 요동정벌군이 파견되었으나 위화도 회군으로 이성계가 장악하였다. 결국 급진개혁파(혁명파)는 정치적 실권을 장악하고 온건개혁파를 제거 한 후 도평의사사를 장악하여 공양왕의 왕위를 물려받아 조선을 건국하였다.

03 근세의 정치

❶ 근세사회의 성립과 전개

(1) 국왕 중심의 통치체제정비와 유교정치의 실현

① **태조** … 국호를 '조선'이라 하고 수도를 한양으로 천도하였으며 3대 정책으로 숭유억불정책, 중농억상정책, 사대교린정책을 실시하였다.

② **태종** … 왕권 확립을 위해 개국공신세력을 견제하고 숙청하였으며 6조직계제를 실시, 사간원을 독립시켜 대신들을 견제하고, 신문고의 설치, 양전사업의 실시 및 호패법을 시행하고 사원전의 몰수, 노비 해방, 사병을 폐지하였다.

│기출예제│ 2025. 6. 21. 제1회 서울시

다음의 밑줄 친 '왕'에 대한 설명으로 옳은 것은?

> 왕은 6조 직계제를 시행하여 국왕이 직접 행정을 장악하였다. 또한, 호패법을 실시하여 인구를 파악하고 사회 질서를 유지하고자 했으며, 창덕궁을 건립하였다.

① 사병을 혁파하여 왕권을 강화하였다.
② 비변사를 설치하여 국방 체제를 정비하였다.
③ 『경국대전』을 반포하여 통치 체제를 정비하였다.
④ 집현전을 확대·개편하여 학문과 문화를 발전시켰다.

✽
제시문의 왕은 조선 태종이다. 태종은 2차례에 걸친 왕자의 난을 통해 왕위에 오르고 난 후 왕권 강화를 위하여 6조 직계제를 시행하고 사간원을 독립하여 대신들을 견제하였다. 한편 양전사업을 실시하고 사원전 몰수, 호패법 시행 등을 통하여 경제 기반을 확충하면서 동시에 사병을 혁파하였다.
② 중종
③④ 성종

답 ①

---

③ **세종** … 집현전을 설치, 한글 창제 및 6조직계제를 폐지하고 의정부서사제(재상합의제)로 정책을 심의하였으며, 국가행사를 오례에 따라 거행하였다.

(2) 문물제도의 정비

① **세조** … 왕권의 재확립과 집권체제의 강화를 위하여 6조직계제를 실시하고 집현전과 경연을 폐지하였으며, 경국대전의 편찬에 착수하였다.
② **성종** … 홍문관의 설치, 경연의 활성화 및 경국대전의 완성·반포를 통하여 조선의 기본통치방향과 이념을 제시하였다.

❷ 통치체제의 정비

(1) 중앙정치체제

① **양반관료체제의 확립** … 경국대전으로 법제화하고 문·무반이 정치와 행정을 담당하게 하였으며, 18품계로 나누어 당상관(관서의 책임자)과 당하관(실무 담당)으로 구분하였다.
② **의정부와 6조**
　㉠ 의정부 : 최고 관부로서 재상의 합의로 국정을 총괄하였다.
　㉡ 6조 : 직능에 따라 행정을 분담하였다.
　　• 이조 : 문관의 인사(전랑이 담당), 공훈, 상벌을 담당하였다.
　　• 호조 : 호구, 조세, 회계, 어염, 광산, 조운을 담당하였다.
　　• 예조 : 외교, 교육, 문과과거, 제사, 의식 등을 담당하였다.
　　• 병조 : 국방, 통신(봉수), 무과과거, 무관의 인사 등을 담당하였다.
　　• 형조 : 형률, 노비에 대한 사항을 담당하였다.
　　• 공조 : 토목, 건축, 수공업, 도량형, 파발에 대한 사항을 담당하였다.
③ **언론학술기구** … 삼사로 정사를 비판하고 관리들의 부정을 방지하였다.
　㉠ **사간원(간쟁)·사헌부(감찰)** : 서경권을 행사하였다(관리 임명에 동의권 행사).
　㉡ **홍문관** : 학문적으로 정책 결정을 자문하는 기구이다.
④ **왕권강화기구** … 왕명을 출납하는 승정원과 큰 죄인을 다스리는 국왕 직속인 의금부, 서울의 행정과 치안을 담당하는 한성부가 있다.
⑤ **그 밖의 기구** … 역사서의 편찬과 보관을 담당하는 춘추관, 최고 교육기관인 성균관인 성균관 등이 있다.

(2) 지방행정조직

① **지방조직** … 전국을 8도로 나누고, 하부에 부·목·군·현을 설치하였다.
　㉠ 관찰사(감사) : 8도의 지방장관으로서 행정, 군사, 감찰, 사법권을 행사하였다. 수령에 대한 행정을 감찰하는 역할을 담당하였다.

- ⓒ 수령 : 부, 목, 군, 현에 임명되어 관내 주민을 다스리는 지방관으로서 행정, 사법, 군사권을 행사하였다.
- ⓒ 향리 : 6방에 배속되어 향역을 세습하면서 수령을 보좌하였다(아전).

② 향촌사회
- ㉠ 면·리·통 : 향민 중에서 책임자를 선임하여, 수령의 명령을 받아 인구 파악과 부역 징발을 주로 담당하게 하였다.
- ㉡ 양반 중심의 향촌사회질서 확립
  - 경재소 : 유향소와 정부간 연락을 통해 유향소를 통제하여 중앙집권을 효율적으로 강화하였다.
  - 유향소(향청) : 향촌양반의 자치조직으로 좌수와 별감을 선출하고, 향규를 제정하며, 향회를 통한 여론의 수렴과 백성에 대한 교화를 담당하였다.

(3) 군역제도와 군사조직

① 군역제도
- ㉠ 양인개병제 : 양인(현직 관료와 학생을 제외한 16세 이상 60세 이하의 남자)의 신분이면 누구나 병역의 의무를 지는 제도이다.
- ㉡ 보법 : 정군(현역 군인)과 보인(정군의 비용 부담)으로 나눈다.
- ㉢ 노비 : 권리가 없으므로 군역이 면제되고, 특수군(잡색군)으로 편제되었다.

② 군사조직
- ㉠ 중앙군(5위) : 궁궐과 서울을 수비하며 정군을 중심으로 갑사(시험을 거친 직업군인)나 특수병으로 지휘 책임을 문관관료가 맡았다.
- ㉡ 지방군 : 병영(병마절도사)과 수영(수군절도사)으로 조직하였다.
- ㉢ 잡색군 : 서리, 잡학인, 신량역천인(신분은 양인이나 천한 일에 종사), 노비 등으로 조직된 일종의 예비군으로 유사시에 향도 방위를 담당한다(농민은 제외).

③ 교통·통신체계의 정비
- ㉠ 봉수제(통신) : 군사적 목적으로 설치하였으며, 불과 연기를 이용하여 급한 소식을 알렸다.
- ㉡ 역참 : 물자 수송과 통신을 위해 설치되어 국방과 중앙집권적 행정 운영이 한층 쉬워졌다.

(4) 관리등용제도

① 과거 … 문과는 예조에서 담당하였으며 무과는 병조에서 담당하고 28명을 선발하였다. 또한 잡과는 해당 관청에서 역과, 율과, 의과, 음양과의 기술관을 선발하였다.
② 취재 … 재주가 부족하거나 나이가 많아 과거 응시가 어려운 사람이 특별채용시험을 거쳐 하급 실무직에 임명되는 제도이다.
③ 음서와 천거 … 과거를 거치지 않고 고관의 추천을 받아 간단한 시험을 치른 후 관직에 등용되거나 음서를 통하여 관리로 등용되는 제도이다. 그러나 천거는 기존의 관리들을 대상으로 하였고, 음서도 고려시대에 비하여 크게 줄어들었고 문과에 합격하지 않으면 고관으로 승진하기 어려웠다.

④ 인사관리제도의 정비
  ㉠ 상피제 : 권력의 집중과 부정을 방지하였다.
  ㉡ 서경제 : 사헌부와 사간원에서 관리 임명시에 심사하여 동의하는 절차로서 5품 이하 관리 임명시에 적용하는 것이다.
  ㉢ 근무성적평가 : 하급관리의 근무성적평가는 승진 및 좌천의 자료가 되었다.

❸ 사림의 대두와 붕당정치

(1) 훈구와 사림

① 훈구세력 … 조선 초기 문물제도의 정비에 기여하였으며 고위관직을 독점 및 세습하고, 왕실과의 혼인으로 성장하였다.

② 사림세력 … 여말 온건파 사대부의 후예로서 길재와 김종직에 의해 영남과 기호지방에서 성장한 세력으로 대부분이 향촌의 중소지주이다.

(2) 사림의 정치적 성장

① 사화의 발생
  ㉠ 무오사화(1498) · 갑자사화(1504) : 연산군의 폭정으로 발생하였으며 영남 사림은 몰락하게 되었다.
  ㉡ 조광조의 개혁정치 : 현량과를 실시하여 사림을 등용하여 급진적 개혁을 추진하였다. 위훈삭제사건으로 훈구세력을 약화시켰으며, 공납의 폐단을 시정, 불교와 도교행사를 폐지하고, 소학교육을 장려하고, 향약을 보급하였다. 그러나 훈구세력의 반발을 샀으며 기묘사화(1519)로 조광조는 실각되고 말았다.
  ㉢ 을사사화(명종, 1545) : 중종이 다시 사림을 등용하였으나 명종 때 외척 다툼으로 을사사화가 일어나고 사림은 축출되었다.

② 결과 … 사림은 정치적으로 위축되었으나 중소지주를 기반으로 서원과 향약을 통해 향촌에서 세력을 회복하게 되었다.

(3) 붕당의 출현(사림의 정계 주도)

① 동인과 서인 … 척신정치의 잔재를 청산하기 위한 방법을 둘러싸고 대립행태가 나타났다.
  ㉠ 동인 : 신진사림 출신으로서 정치 개혁에 적극적이며 수기(修己)를 강조하고 지배자의 도덕적 자기 절제를 강조하고 이황, 조식, 서경덕의 학문을 계승하였다.
  ㉡ 서인 : 기성사림 출신으로서 정치 개혁에 소극적이며 치인(治人)에 중점을 두고 제도 개혁을 통한 부국안민에 힘을 썼고 이이, 성혼의 문인들을 중심으로 구성되었다.

② 붕당의 성격과 전개 … 정파적 성격과 학파적 성격을 지닌 붕당은 초기에는 강력한 왕권으로의 형성이 불가능하였으나, 중기에 이르러 왕권이 약화되고 사림정치가 전개되면서 붕당이 형성되었다.

(4) 붕당정치의 전개

① 동인의 분당은 정여립의 모반사건을 계기로 세자책봉문제를 둘러싸고 시작되었다. 남인은 온건파로 초기에 정국을 주도하였으며 북인은 급진파로 임진왜란이 끝난 뒤부터 광해군 때까지 정권을 장악하였다.

② 광해군의 개혁정치 … 명과 후금 사이의 중립외교를 펼쳤으며, 전후복구사업을 추진하였으나 무리한 전후복구사업으로 민심을 잃은 광해군과 북인세력은 서인이 주도한 인조반정으로 몰락하였다.

③ 주로 서인이 집권하여 남인 일부가 연합하고, 상호비판 공존체제가 수립되었던 것이 서인과 남인의 경신환국으로 정치 공존이 붕괴되었다.

(5) 붕당정치의 성격

비변사를 통한 여론 수렴이 이루어졌으며, 3사의 언관과 이조전랑의 정치적 비중이 증대되었고 재야의 여론이 수렴되어 재야의 공론주도자인 산림이 출현하였으며, 서원과 향교를 통한 수렴이 이루어졌다. 그러나 국가의 이익보다는 당파의 이익을 앞세워 국가 발전에 지장을 주기도 하였고, 현실문제보다는 의리와 명분에 치중하였으며 지배층의 의견만을 정치에 반영하였다.

❹ 조선 초기의 대외관계

(1) 명과의 관계

명과의 관계에서는 사대외교를 중국 이외의 주변 민족에게는 교린정책을 기본으로 하였다.

(2) 여진과의 관계

① 대여진정책 … 회유책으로 귀순을 장려하였고, 북평관을 세워 국경무역과 조공무역을 허락하였으며 강경책으로 본거지를 토벌하고 국경지방에 자치적 방어체제를 구축하여 진·보를 설치하였다.

② 북방개척
 ㉠ 4군 6진: 최윤덕, 김종서 등은 압록강에서 두만강에 이르는 4군 6진을 설치하였다.
 ㉡ 사민정책: 삼남지방의 주민을 강제로 이주시켜 북방 개척과 국토의 균형 있는 발전을 꾀하였다.
 ㉢ 토관제도: 토착인을 하급관리로 등용하는 것이다.

(3) 일본 및 동남아시아와의 관계

① 대일관계
 ㉠ 왜구의 토벌: 수군을 강화하고 화약무기를 개발해 오던 조선은 왜구가 무역을 요구해오자 제한된 무역을 허용하였으나 왜구의 계속된 약탈로 이종무가 쓰시마섬을 토벌하였다(세종).
 ㉡ 교린정책: 3포(부산포, 제포, 염포)를 개항하여, 계해약조를 맺고 조공무역을 허용하였다.

② **동남아시아와의 교역** ··· 조공, 진상의 형식으로 물자 교류를 하고 특히 불경, 유교경전, 범종, 부채 등을 류큐(오키나와)에 전해주어 류큐의 문화 발전에 기여하였다.

❺ 양 난의 극복과 대청관계

(1) 왜군의 침략

① 조선의 정세
  ㉠ 왜구 약탈 : 3포왜란(임신약조) → 사량진왜변(정미약조) → 을묘왜변(교역 중단)
  ㉡ 국방대책 : 3포왜란 이후 군사문제를 전담하는 비변사가 설치되었다.
  ㉢ 16세기 말 : 사회적 혼란이 가중되면서 국방력이 약화되어 방군수포현상이 나타났다

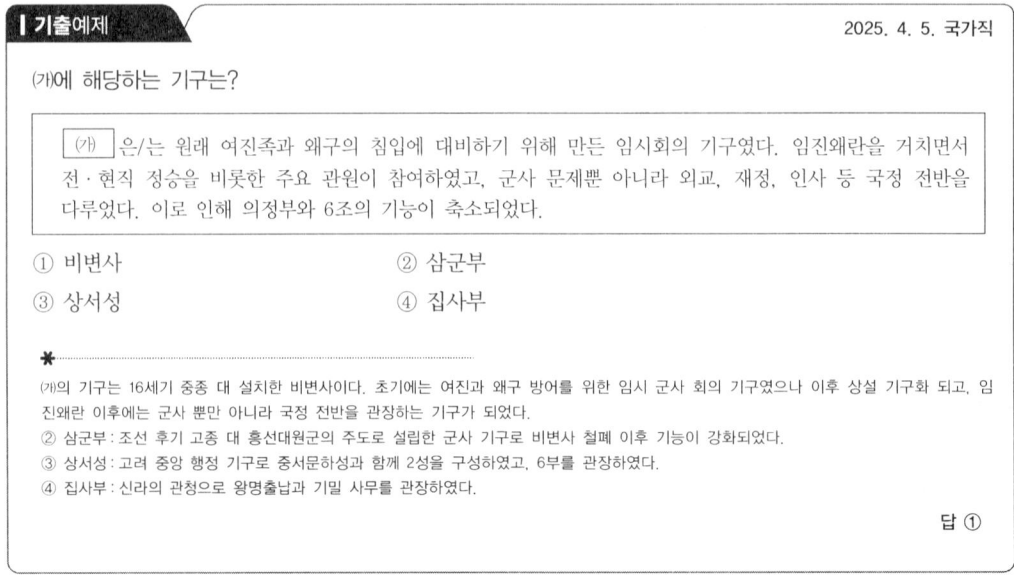

② **임진왜란(1592)** ··· 왜군 20만이 기습하고 정발과 송상현이 분전한 부산진과 동래성의 함락과 신립의 패배로 국왕은 의주로 피난하였다. 왜군은 평양, 함경도까지 침입하였고 명에 파병을 요청하였다.

(2) 수군과 의병의 승리

① 수군의 승리
  ㉠ 이순신(전라좌수사)의 활약 : 판옥선과 거북선을 축조하고, 수군을 훈련시켰다.

ⓒ 남해의 제해권 장악 : 옥포(거제도)에서 첫 승리를 거두고, 사천(삼천포, 거북선을 이용한 최초의 해전), 당포(충무), 당항포(고성), 한산도대첩(학익진 전법) 등지에서 승리를 거두어 남해의 제해권을 장악하였고 전라도지방을 보존하였다.

② 의병의 항쟁
　　㉠ 의병의 봉기 : 농민이 주축이 되어 전직관리, 사림, 승려가 주도한 자발적인 부대였다.
　　ⓒ 전술 : 향토지리와 조건에 맞는 전술을 사용하였다. 매복, 기습작전으로 아군의 적은 희생으로 적에게 큰 타격을 주었다.
　　ⓒ 의병장 : 곽재우(의령), 조헌(금산), 고경명(담양), 정문부(길주), 서산대사 휴정(평양, 개성, 한성 등), 사명당 유정(전후 일본에서 포로 송환) 등이 활약하였다.
　　㉣ 전세 : 관군이 편입되어 대일항전이 조직화되고 전력도 강화되었다.

(3) 전란의 극복과 영향
① 전란의 극복
　　㉠ 조·명연합군의 활약 : 평양성을 탈환하고 행주산성(권율) 등지에서 큰 승리를 거두었다.
　　ⓒ 조선의 군사력 강화 : 훈련도감과 속오군을 조직하였고 화포 개량과 조총을 제작하였다.
　　ⓒ 휴전회담 : 왜군은 명에게 휴전을 제의하였으나, 무리한 조건으로 3년만에 결렬되었다.
　　㉣ 정유재란 : 왜군은 조선을 재침하였으나 이순신에게 명량·노량해전에서 패배하였다.

② 왜란의 영향
　　㉠ 국내적 영향 : 인구와 농토가 격감되어 농촌의 황폐화, 민란의 발생 및 공명첩의 대량 발급으로 인하여 신분제의 동요, 납속의 실시, 토지대장과 호적의 소실, 경복궁, 불국사, 서적, 실록 등의 문화재가 소실·약탈당했으며, 일본을 통하여 조총, 담배, 고추, 호박 등이 전래되었다.
　　ⓒ 국제적 영향 : 일본은 문화재를 약탈하고, 성리학자와 도공을 납치하여 일본 문화가 발전하는 계기가 되었으나 명은 여진족의 급성장으로 인하여 쇠퇴하였다.

(4) 광해군의 중립외교
① 내정개혁 … 양안(토지대장)과 호적을 재작성하여 국가재정기반을 확보하고, 산업을 진흥하였으며 동의보감(허준)을 편찬하고 소실된 사고를 5대 사고로 재정비하였다.
② 대외정책 … 임진왜란 동안 조선과 명이 약화된 틈을 타 여진이 후금을 건국하였다(1616). 후금은 명에 대하여 전쟁을 포고하고, 명은 조선에 원군을 요청하였으나, 조선은 명의 원군 요청을 적절히 거절하면서 후금과 친선정책을 꾀하는 중립적인 정책을 취하였다. 광해군의 중립외교는 국내에 전쟁의 화가 미치지 않아 왜란 후의 복구사업에 크게 기여하였다.

(5) 호란의 발발과 전개

① **정묘호란**(1627) … 명의 모문룡 군대의 가도 주둔과 이괄의 난 이후 이괄의 잔당이 후금에 건너가 조선 정벌을 요구한 것으로 발생하였으며, 후금의 침입에 정봉수, 이립 등이 의병으로 활약하였다. 후금의 제의로 쉽게 화의(정묘조약)가 이루어져 후금의 군대는 철수하였다.

② **병자호란**(1636) … 후금의 군신관계 요구에 조선이 거부한 것이 발단이 되어 발생하였으며, 삼전도에서 항복하고 청과 군신관계를 맺게 되었으며 소현세자와 봉림대군이 인질로 끌려갔다.

(6) 북벌운동의 전개

① 서인세력(송시열, 송준길, 이완 등)은 군대를 양성하는 등의 계획을 세웠으나 실천하지 못하였다.

② **효종의 북벌계획** … 이완을 훈련대장으로 임명하고 군비를 확충하였으나 효종의 죽음으로 북벌계획은 중단되었다.

04 정치상황의 변동

❶ 통치체제의 변화

(1) 정치구조의 변화

① **비변사의 기능 강화** … 중종 초 여진족과 왜구에 대비하기 위해 설치한 임시기구였으나, 임진왜란을 계기로 문무고관의 합의기구로 확대되었다. 군사뿐만 아니라 외교, 재정, 사회, 인사 등 거의 모든 정무를 총괄하였으며, 왕권의 약화, 의정부 및 6조 기능의 약화를 초래하였다.

② **정치 운영의 변질** … 3사는 공론을 반영하기보다 각 붕당의 이해관계를 대변하기에 급급하고 이조·병조의 전랑 역시 상대 붕당을 견제하는 기능으로 변질되어 붕당 간의 대립을 격화시켰다.

(2) 군사제도의 변화

① **중앙군**(5군영)
  ㉠ 훈련도감 : 삼수병(포수·사수·살수)으로 구성되었으며, 직업적 상비군이었다.
  ㉡ 어영청 : 효종 때 북벌운동의 중추기관이 되었다. 기·보병으로 구성되며, 지방에서 교대로 번상하였다.
  ㉢ 총융청 : 북한산성 등 경기 일대의 방어를 위해 속오군으로 편성되었다.
  ㉣ 수어청 : 정묘호란 후 인조 때 설치되어 남한산성을 개축하고 이를 중심으로 남방을 방어하기 위해 설치되었다.

㉢ 금위영: 숙종 때 수도방위를 위해 설치되었다. 기·보병 중심의 선발 군사들로 지방에서 교대로 번상케 하였다.

② 지방군(속오군)

㉠ 지방군제의 변천
- 진관체제: 세조 이후 실시된 체제로 외적의 침입에 효과가 없었다.
- 제승방략체제(16세기): 유사시에 필요한 방어처에 각 지역의 병력을 동원하여 중앙에서 파견되는 장수가 지휘하게 하는 방어체제이다.
- 속오군체제: 진관을 복구하고 속오법에 따라 군대를 정비하였다.

㉡ 속오군: 양천혼성군(양반, 농민, 노비)으로서, 농한기에 훈련하고 유사시에 동원되었다.

(3) 수취제도의 개편

① **전세제도의 개편** … 전세를 풍흉에 관계없이 1결당 미곡 4두로 고정시키는 영정법은 전세율이 다소 낮아졌으나 농민의 대다수인 전호들에게는 도움이 되지 못하였고, 전세 외에 여러 가지 세가 추가로 징수되어 조세의 부담은 증가하였다.

② **공납제도의 개편** … 방납의 폐단으로 토지의 결수에 따라 미, 포, 전을 납입하는 대동법을 시행하였는데 그 결과 농민의 부담을 감소하였으나 지주에게 부과된 대동세가 소작농에게 전가되는 경우가 있었으며, 조세의 금납화 촉진, 국가재정의 회복 및 상공업의 발달과 상업도시의 발전을 가져왔다. 그러나 진상·별공은 여전히 존속하였다.

③ **군역제도의 개편** … 균역법(군포 2필에서 1필로 내게 함)의 실시로 일시적으로 농민부담은 경감되었으나 폐단의 발생으로 인하여 전국적인 저항을 불러왔다.

❷ 정쟁의 격화와 탕평정치

(1) 탕평론의 대두

공리공론보다 집권욕에만 집착하여 균형관계가 깨져서 정쟁이 끊이지 않고 사회가 분열되었으며, 이에 강력한 왕권을 토대로 세력 균형을 유지하려는 탕평론이 제기되었다. 숙종은 공평한 인사 관리를 통해 정치집단 간의 세력 균형을 추구하려 하였으나 명목상의 탕평책에 불과하여 편당적인 인사 관리로 빈번한 환국이 발생하였다.

(2) 영조의 탕평정치

① 탕평파를 육성하고, 붕당의 근거지인 서원을 정리하였으며, 이조전랑의 후임자 천거제도를 폐지하였다. 그 결과 정치권력은 국왕과 탕평파 대신에게 집중되었다. 또한 균역법의 시행, 군영의 정비, 악형의 폐지 및 사형수에 대한 삼심제 채택, 속대전을 편찬하였다.

② 한계 … 왕권으로 붕당 사이의 다툼을 일시적으로 억제하기는 하였으나 소론 강경파의 변란(이인좌의 난, 나주괘서사건)획책으로 노론이 권력을 독점하게 되었다.

(3) 정조의 탕평정치
① **정치세력의 재편** … 탕평책을 추진하여 벽파를 물리치고 시파를 고루 기용하여 왕권의 강화를 꾀하였다. 또한 영조 때의 척신과 환관 등을 제거하고, 노론과 소론 일부, 남인을 중용하였다.
② **왕권 강화 정책** … 규장각의 육성, 초계문신제의 시행, 장용영의 설치, 수원 육성, 수령의 권한 강화, 서얼과 노비의 차별 완화, 금난전권 폐지, 대전통편, 동문휘고, 탁지지 등을 편찬하였다.

❸ 정치질서의 변화

(1) 세도정치의 전개(19세기)
정조가 죽은 후 정치세력 간의 균형이 다시 깨지고 몇몇 유력가문 출신의 인물들에게 집중되었다. 순조 때에는 정순왕후가 수렴청정을 하면서 노론 벽파가 정권을 잡았으나, 정순왕후가 죽자 순조의 장인인 김조순을 중심으로 안동 김씨의 세도정치가 시작되었으며 헌종, 철종 때까지 풍양조씨, 안동 김씨의 세도정치가 이어졌다.

(2) 세도정치의 폐단
① 수령직의 매관매직으로 탐관오리의 수탈이 극심해지고 삼정(전정, 군정, 환곡)이 문란해졌으며, 그 결과 농촌경제는 피폐해지고, 상품화폐경제는 둔화되었다.
② **세도정치의 한계** … 고증학에 치중되어 개혁의지를 상실하였고 지방의 사정을 이해하지 못했다.

❹ 대외관계의 변화

(1) 청과의 관계
① **북벌정책** … 17세기 중엽, 효종 때 추진한 것으로 청의 국력 신장으로 실현가능성이 부족하여 정권 유지의 수단이 되기도 하였으나 양난 이후의 민심 수습과 국방력 강화에 기여하였다.
② **북학론의 대두** … 청의 국력 신장과 문물 융성에 자극을 받아 18세기 말 북학파 실학자들은 청의 문물 도입을 주장을 하였으며 사신들은 천리경, 자명종, 화포, 만국지도, 천주실의 등의 신문물과 서적을 소개하였다.

(2) 일본과의 관계

① 대일외교관계
　㉠ **기유약조(1609)** : 임진왜란 이후 도쿠가와 막부의 요청으로 부산포에 왜관을 설치하고, 대일무역이 행해졌다.
　㉡ **조선통신사 파견** : 17세기 초 이후부터 200여년간 12회에 걸쳐 파견하였다. 외교사절의 역할뿐만 아니라 조선의 선진학문과 기술을 일본에 전파하였다.

② **울릉도와 독도** … 안용복이 일본으로 건너가(숙종) 일본 막부에게 울릉도와 독도가 조선 영토임을 확인받고 돌아왔다. 그 후 조선 정부는 울릉도의 주민 이주를 장려하였고, 울릉도에 군을 설치하고 관리를 파견하여 독도까지 관할하였다.

기출 예상 문제

1 밑줄 친 '이 지역'에 있는 문화유산은?

> 백제는 5세기 고구려의 공격으로 한강 유역을 상실하면서 수도가 함락되어 이 지역으로 도읍을 옮겼다.

① 몽촌토성
② 무령왕릉
③ 미륵사지 석탑
④ 용현리 마애여래삼존상

> **TIP** 제시문의 지역은 충남 공주이다. 5세기 고구려 장수왕은 남하정책을 추진하면서 백제의 한강 유역을 공격하여 개로왕을 사살하였다. 이후 백제는 문주왕 대 현재 충남 공주인 웅진으로 천도하였다.
> ② 공주 송산리 고분군인 무령왕릉은 벽돌 무덤 양식으로 중국 남조의 영향을 받았다.
> ① 한성(서울)
> ③ 전북 익산
> ④ 충남 서산

2 백제에 대한 설명으로 가장 옳지 않은 것은?

① 고이왕 때 관등제를 정비하고 백관의 공복을 제정했다.
② 근초고왕 때 고구려의 평양성을 함락하고 고국원왕을 전사시켰다.
③ 무령왕 때 신라와 혼인동맹을 맺어 고구려에 대항하였다.
④ 성왕 때 사비로 천도하고 국호를 남부여라 하였다.

> **TIP** ③ 신라와 혼인동맹을 맺어 고구려에 대항한 것은 백제 동성왕 대의 일이다.
> ① 고이왕: 한강 유역을 완전히 장악하고, 율령 반포 및 관등제, 관복제를 정비하였다.
> ② 근초고왕: 마한의 대부분을 정복하였으며, 고구려의 평양성을 공격하여 고국원왕을 살해하였다. 또한 가야에 대한 영향력을 행사하고 중국의 요서 및 산둥, 일본의 규슈지방으로 진출하였다.
> ④ 성왕: 수도를 웅진에서 사비로 천도하고 국호를 남부여로 바꾸었다. 또한 체제를 정비하고 불교를 진흥하여 일본에 불교를 전래하였다.

Answer 1.② 2.③

3 다음의 밑줄 친 '대왕'의 재위 시기에 있었던 사실로 가장 옳은 것은?

> 대왕이 나라를 다스린 지 21년 만인 영륭(永隆) 2년 신사에 세상을 떠나니, 유언에 따라 동해 가운데 큰 바위 위에 장사 지냈다. 대왕이 평소에 항상 지의법사에게 이르기를, "짐은 죽은 뒤에 호국대룡이 되어 불법을 받들고 나라를 수호하고자 한다."라고 하였다.
>
> — 『삼국유사』 —

① 원광에게 걸사표를 짓게 하였다.
② 첨성대를 세워 천문 현상을 관측하였다.
③ 매소성과 기벌포에서 당군을 격파하였다.
④ 김춘추를 고구려에 파견하여 군사를 청하였다.

> **TIP** 제시문은 신라의 삼국통일을 이루어 낸 문무왕이다. 나당 연합군에 의해 백제와 고구려 멸망 후 부흥 운동이 전개되었지만 성공하지 못하였고, 이후 신라와 당은 한반도의 주도권을 놓고 대립하였다. 그 결과 신라는 매소성과 기벌포에서 당군을 격파함으로써 삼국통일을 완성하게 되었다.
> ① 진평왕
> ②④ 선덕여왕

4 다음의 밑줄 친 '왕'의 재위 기간에 있었던 일로 가장 옳은 것은?

> 왕은 즉위 후 김흠돌의 난을 진압하고, 귀족 세력을 억제하며 왕권을 강화하였다. 또한, 9주 5소경을 설치하여 지방 행정을 개편하고, 국학을 설립하여 유학 교육을 진흥시켰다.

① 관리들의 녹읍을 폐지하고 관료전을 지급하였다.
② 마한의 남은 세력을 정복하고 고구려 평양성을 공격하였다.
③ 대가야를 정복하고 낙동강 서쪽 지역까지 영토를 확장하였다.
④ 왕위 계승을 둘러싼 혼란을 막기 위해 부자 상속제를 확립하였다.

> **TIP** 제시문은 신라 신문왕 대의 일이다. 신문왕은 김흠돌의 반란을 계기로 진골귀족의 영향력을 축소하고 왕권을 강화하고자 하였다. 이를 위해 관리들의 녹읍을 폐지하고 관료전을 지급하였으며 상대등의 권한을 약화시키고, 집사부 시중의 권한을 강화하였다. 또한 6두품을 등용하고 국학을 설립하여 유학을 장려하였다.
> ② 근초고왕
> ③ 진흥왕

Answer 3.③ 4.①

5 다음 외교문서를 작성한 나라에 대한 설명으로 옳지 않은 것은?

> 무예가 알립니다. "고(구)려의 옛 터전을 회복하고, 부여의 유속(遺俗)을 가지게 되었습니다."

① 당의 등주를 공격하였다.
② 행정구역을 5경 15부 62주로 나누었다.
③ 집사부 장관인 시중이 왕명을 받들어 행정을 총괄하였다.
④ '인안' 등의 연호를 사용하고 국왕을 '황상'이라고 부르기도 하였다.

TIP 제시문의 국가는 발해이다. 발해는 고구려 유장 출신인 대조영이 지린성 동모산 일대를 중심으로 건국하였다. 주민 구성원 다수는 말갈 부족이었으며, 소수의 고구려 출신(토인)이 지배층을 구성하였다. 초기 무왕(무예) 대에는 장문휴로 하여금 당의 등주를 공격하여 당과 대립관계를 형성하였지만, 이후 문왕 대에는 당과 친선 관계를 통해 당의 문물을 수용하였으며, 선왕 대에는 5경 15부 62주의 지방제도를 확립하였다. 또한 발해는 인안, 대흥 등의 독자적 연호를 사용할 정도로 중국과 대등한 관계를 유지하였다.
③ 신라

6 (가) 국왕의 업적으로 옳지 않은 것은?

> ___(가)___ 은/는 김부(金傅)를 경주의 사심관으로 임명하여 부호장(副戶長) 이하의 관직 등에 관한 일을 맡게 하였다. 이에 여러 공신들 역시 이를 본받아 자기 주(州)의 사심이 되었으니, 사심관이 이로부터 비롯되었다.

① 기인제도를 시행하였다.
② 발해 유민을 받아들였다.
③ 개경을 '황도'라고 불렀다.
④ 훈요10조를 남겼다.

TIP 제시문의 국왕은 고려 태조이다. 태조는 고려를 건국하면서 송악으로 천도하였고 민생안정과 호족통합 및 북진정책을 추진하였다. 특히 지방호족을 통합하기 위하여 정략 혼인 및 사성정책을 시행하는 한편 지방 세력 견제를 위하여 기인제도, 사심관 제도를 시행하였다. 사심관 제도 신라 마지막 왕인 경순왕 김부를 경주 사심관으로 임명한 것이 시초였다. 그 외에 발해 유민을 수용하고 '계백료서', '훈요10조' 등을 저술하였다.
③ 광종

Answer 5.③ 6.③

7 다음의 (가)에 대한 설명으로 가장 옳은 것은?

> 삼가 살펴보니 우리 ___(가)___ 께서 왕위에 오르신 그 시기는 난세에 해당하였고 운수는 천년에 합치하였습니다. 처음에 내란을 평정하고 흉악한 무리를 정벌할 때, 하늘이 임시로 그 일을 맡을 군주를 내어 그의 손을 빌리었고, 그 뒤에 도참비기의 예언에 따라 천명을 받고서 왕의 자리에 오르니 사람들이 ___(가)___ 의 덕망을 알고서 따르고 복종하였습니다. 곧 신라가 스스로 멸망하였고 고려가 다시 일어나는 운을 타서 고향을 떠나지 않고 곧 대궐을 지었습니다. 그리고 요하(遼河)와 패수(浿水)의 놀란 파도를 진정시키고 진한(秦韓)의 옛 땅을 얻어 열아홉 해 만에 천하를 통일하였으니, 공적은 더없이 높고 덕망은 한없이 크다고 할 수 있습니다.

① 광군사를 설치하고 광군 30만 명을 조직하여 거란의 침입에 대비하였다.
② 쌍기의 건의에 따라 과거 제도를 실시하여 신진 관리를 채용하였다.
③ 불법으로 노비가 된 자를 조사하는 노비안검법을 실시하였다.
④ 『정계』와 『계백료서』를 지어 관리가 지켜야 할 규범을 제시하였다.

> **TIP** 제시문의 (가)는 고려 태조 왕건이다. 왕건은 고려 건국 후 수도를 송악으로 하여 후삼국을 통일하였다. 통일 후에는 민생 안정을 위하여 취민유도 정책을 시행하고 흑창을 설치하였다. 지방호족을 통합하기 위하여 정략결혼 및 사성정책, 기인제도 및 사심관 제도를 시행하였다. 또한 북진정책을 추진하고, 『정계』, 『계백료서』, 『훈요 10조』 등을 편찬하였다.
> ①, ②, ③ : 고려 광종

8 밑줄 친 '이곳'에 대한 설명으로 옳은 것은?

> • <u>이곳</u>의 고인돌 유적은 유네스코 세계문화유산에 등재되었다.
> • 고려 정부는 <u>이곳</u>으로 천도하여 몽골의 침략에 대항하였다.

① 장보고가 청해진을 설치하였다.
② 정묘호란으로 인조가 피신하였다.
③ 원나라가 탐라총관부를 두었다.
④ 영국군이 러시아를 견제한다는 구실로 주둔하였다.

> **TIP** 제시문의 장소는 강화도이다. 조선 시대 인조반정 이후 집권한 서인 세력이 친명배금 정책을 주장하자 후금의 태종이 대군을 이끌고 침입한 사건이 정묘호란(1627)이다. 당시 인조는 후금의 침략을 피해 강화도로 피신하였다.
> ① 완도 ③ 제주도 ④ 거문도

Answer 7.④ 8.②

9 밑줄 친 '왕'의 재위 기간에 있었던 사실로 옳은 것은?

> 영의정 이원익은 공물 제도가 방납인에 의한 폐단이 크며, 경기도가 특히 심하다고 생각하였다. 그래서 별도의 관청을 만들어 경기 지역 백성들에게 봄과 가을에 토지 1결마다 8두씩 쌀로 거두고, 이것을 방납인에게 주어 수시로 물품을 구입하여 납부하게 하자고 왕에게 건의하였다. 왕은 그 의견을 받아들였다.

① 삼수병으로 구성된 훈련도감을 설치하였다.
② 조광조 등 사림을 등용하여 훈구세력을 견제하였다.
③ 유능한 관료를 재교육하는 초계문신 제도를 시행하였다.
④ 일본과 제한된 범위의 무역을 허용하는 기유약조를 맺었다.

TIP 제시문은 조선 광해군 대에 시행된 대동법이다. 임진왜란 이후 인구 감소 및 토지 황폐화로 인한 조세 수취의 문제를 해결하기 위하여 이원익의 건의에 따라 광해군은 대동법을 시행하였다. 특히 공납의 폐단이 심하여 이를 해결하기 위해 공물 대신 미곡으로 대납할 수 있도록 공납의 전세화(토지세화)를 시도하였다. 그러나 양반 지주들의 반발로 초기에는 경기 지역에 한하여 시행되다가 전국적으로 확대 시행되는데 100여 년의 시간이 소요되었다.
④ 일본과의 기유약조는 광해군 대 체결되었다(1609).
① 조선 선조
② 조선 중종
③ 조선 정조

10 조선 숙종 재위 시기에 있었던 사실로 가장 옳지 않은 것은?

① 즉위 초 서인이 2차 예송논쟁에서 승리하여 집권하였다.
② 서인은 남인 허적이 역모를 꾸몄다고 고발하여 정계에서 축출하였다.
③ 장희빈이 낳은 왕자를 원자로 정하는 과정에서 서인이 몰락하고 남인이 집권했다.
④ 폐위된 인현왕후 복위 과정에서 남인이 몰락하고 노론과 소론이 집권했다.

TIP 예송논쟁은 효종과 효종비에 대한 조대비의 복상 기간을 둘러싸고 서인과 남인 간에 이루어진 논쟁이다. 1차 예송논쟁(기해예송)은 현종 대에 발생했고 당시에는 서인이 승리하였으나, 숙종 대에 발생한 2차 예송논쟁(갑인예송)에서는 남인이 승리하였다. 2차 예송논쟁 이후 숙종 대에는 경신환국(서인 승리)-기사환국(남인 승리: 장희빈)-갑술환국(서인 승리)이 발생하였고 결과적으로 서인과 남인이 예송논쟁과 환국을 통해 정국의 주도권을 장악하기 위해 대립하였으나 최종적으로 서인이 승리하면서 이후 붕당정치의 폐단과 변질이 심화되었다.
① 2차 예송논쟁에서는 남인이 승리하였다.

Answer 9.④ 10.①

11 밑줄 친 '국왕'의 정책으로 옳은 것은?

> 국왕은 성균관 앞에 "두루 사귀되 편당을 짓지 않는 것이 군자의 공정한 마음이요, 편당을 짓고 두루 사귀지 않는 것은 소인의 사사로운 마음이다."라는 내용을 새긴 탕평비를 세웠다.

① 균역법을 실시하였다.
② 수원 화성을 건설하였다.
③ 초계문신제를 시행하였다.
④ 『대전회통』을 편찬하였다.

TIP 제시문의 국왕은 조선 영조이다. 영조는 붕당정치의 폐단을 개혁하기 위하여 탕평책을 실시하였다. 이를 위하여 탕평파를 육성하면서 이조전랑의 권한을 축소하고, 산림의 공론 약화, 서원을 정리하는 등 정책을 시행하였다. 이는 성균관 앞의 탕평비를 통해 탕평의 의지를 확인할 수 있다.
② . ③ 정조
④ 흥선대원군

12 (가)의 재위 기간에 있었던 사실로 옳은 것은?

> 강조의 군사들이 궁문으로 마구 들어오자, 목종이 모면할 수 없음을 깨닫고 태후와 함께 목 놓아 울며 법왕사로 옮겼다. 잠시 후 황보유의 등이 (가) 을/를 받들어 왕위에 올랐다. 강조가 목종을 폐위하여 양국공으로 삼고, 군사를 보내 김치양 부자와 유행간 등 7인을 죽였다.

① 윤관이 별무반 편성을 건의하였다.
② 외적이 침입하여 국왕이 복주(안동)로 피난하였다.
③ 서희의 외교 담판으로 강동 6주 지역을 획득하였다.
④ 불교 경전을 집대성한 초조대장경 조판이 시작되었다.

TIP 제시문은 고려시대 강조의 정변(1009)으로 강조가 목종을 폐위시키고 현종을 옹립한 사건이다. 당시 대외적으로 거란이 침략하는 등의 불안정한 상황이 지속되자 초조대장경을 조판하기 시작하여 불교의 힘으로 외적의 침략을 극복하고자 하였다. 몽골의 침입 과정에서 초조대장경은 소실되었고, 이후 팔만대장경(재조대장경)이 조판되었다.
① 별무반(1104) : 고려 숙종 대 여진정벌을 위해 조직되었다.
② 고려 후기 공민왕이 홍건적의 침입으로 안동(복주)로 피난하였다.
③ 서희 외교담판(993) : 고려 성종 대 거란의 침입과정에서 서희의 활약으로 강동 6주를 확보하였다.

Answer 11.① 12.④

13 조선 세조 대에 있었던 사실로 옳은 것만을 모두 고르면?

> ⊙ 사병을 혁파하였다.
> ⓒ 집현전을 폐지하였다.
> ⓒ 『경국대전』을 완성하였다.
> ⓔ 6조 직계제를 시행하였다.

① ⊙, ⓒ ② ⊙, ⓔ
③ ⓒ, ⓒ ④ ⓒ, ⓔ

> **TIP** 계유정난(1453)은 단종 원년 수양대군이 김종서, 황보인 등을 제거하고 정권을 장악한 사건이다. 이 사건을 계기로 조카인 단종을 몰아내고 수양대군이 왕위에 집권하였다. 집권 후 세조는 왕권 강화를 위하여 6조 직계제를 시행하고, 집현전을 폐지하여 경연을 제한하였다. 한편 통치질서 확립을 위하여 〈경국대전〉 편찬을 시작하였다.
> ⊙ 조선 태종
> ⓒ 조선 성종

14 ㈎~㈑를 시기순으로 바르게 나열한 것은?

> ㈎ 13도 창의군이 결성되었다.
> ㈏ 지방군은 10정으로 조직하였다.
> ㈐ 친위 부대인 장용영을 설치하였다.
> ㈑ 중앙군은 2군 6위제로 운영하였다.

① ㈏→㈑→㈎→㈐ ② ㈏→㈑→㈐→㈎
③ ㈑→㈏→㈎→㈐ ④ ㈑→㈏→㈐→㈎

> **TIP** ㈏ 9서당 10정 : 통일신라
> ㈑ 2군 6위 : 고려
> ㈐ 장용영 : 조선 정조
> ㈎ 13도 창의군 : 정미의병(1907)

Answer 13.④ 14.②

15 다음 사건 이후에 있었던 사실로 옳은 것은?

> 홍서봉 등이 한(汗)의 글을 받아 되돌아왔는데, 그 글에, "대청국의 황제는 조선의 관리와 백성들에게 알린다. 짐이 이번에 정벌하러 온 것은 원래 죽이기를 좋아하고 얻기를 탐해서가 아니다. 본래는 늘 서로 화친하려고 했는데, 그대 나라의 군신이 먼저 불화의 단서를 야기시켰다."라고 하였다.

① 삼전도비가 세워졌다.
② 이괄이 난을 일으켰다.
③ 인조가 강화도로 피난하였다.
④ 정봉수가 용골산성에서 항전하였다.

TIP 제시문은 조선 인조 대 발생한 청의 침입으로 발생한 병자호란(1636)이다. 병자호란의 결과 남한산성으로 피신한 인조는 청 황제에게 항복을 하고 삼전도비를 세웠다.
② 이괄의 난(1624): 인조반정 이후 논공행상에 불만을 품은 이괄이 난을 일으킨 사건
③, ④ 정묘호란(1627)

16 밑줄 친 '반란'에 대한 설명으로 옳은 것만을 모두 고르면?

> 웅천주 도독 헌창이 <u>반란</u>을 일으켜, 무진주·완산주·청주·사벌주 네 주의 도독과 국원경·서원경·금관경의 사신 및 여러 군현의 수령들을 위협하여 자신의 아래에 예속시키려 하였다.

> ㉠ 천민이 승심이 돼 신분 해방 운동 성격을 가졌다.
> ㉡ 반란 세력은 국호를 '장안', 연호를 '경운'이라 하였다.
> ㉢ 주동자의 아버지가 왕이 되지 못한 것에 대한 불만으로 일어났다.
> ㉣ 무열왕 직계가 단절되고 내물왕계가 다시 왕위를 차지하는 결과를 가져왔다.

① ㉠, ㉡
② ㉠, ㉣
③ ㉡, ㉢
④ ㉢, ㉣

TIP 제시문은 신라 헌덕왕 대 발생한 김헌창의 난(822)이다. 웅천주 도독이었던 김헌창은 태종 무열왕계 직계 후손인 자신의 아버지 김주원이 귀족 간 권력 쟁탈 과정에서 왕위에 오르지 못한 것에 대하여 불만을 품고 난을 일으켰다. 국호를 '장안', 연호를 '경운'이라 하였고, 반란은 실패하였으나 그 이후에도 신라의 정치적 불안적은 지속되었다.
㉣ 김지정의 난(780. 혜공왕)

Answer 15.① 16.③

17 밑줄 친 '왕'의 재위 기간에 편찬된 서적으로 옳은 것은?

> • 왕은 집현전을 계승한 홍문관을 설치하고 중단되었던 경연을 다시 열었다.
> • 왕은 훈구 세력을 견제하기 위해 사림 세력을 등용하였다.

① 대전통편
② 동사강목
③ 동국여지승람
④ 훈민정음운해

TIP 홍문관을 설치하여 삼사 체제를 완성하고, 경연 시행, 사림 세력을 등용한 인물은 조선 성종이다.
동국여지승람은 조선 성종 때 간행된 관찬지리지이다.
①, ② : 정조 ④ 영조

18 위화도 회군 이후에 있었던 사실로 옳지 않은 것은?

① 과전법이 실시되었다.
② 정몽주가 살해되었다.
③ 한양으로 도읍을 이전하였다.
④ 황산 대첩에서 왜구를 토벌하였다.

TIP 위화도 회군(1388)은 고려 말 이성계가 요동 정벌 과정에서 압록강 인근에서 회군을 하여 최영을 제거하고 고려 실권을 장악하게 된 사건이다. 고려의 실권을 장악한 이성계는 정도전을 중심으로 하는 혁명파 사대부들과 함께 과전법을 실시하는 등 조선 건국의 기초를 마련하였다. 이 과정에서 고려 멸망과 토지 개혁 등을 반대한 온건파 사대부의 중심인물인 정몽주가 살해되었다.
④ 황산대첩(1380) : 고려 말 지리산 일대 남원 부근에서 노략질을 일삼던 왜구를 이성계가 격퇴한 사건

Answer 17.③ 18.④

19 밑줄 친 '이 나라'에 대한 설명으로 옳은 것은?

> 5세기 후반 가야의 주도 세력으로 성장한 이 나라는 낙동강 유역이라는 지리적 이점과 풍부한 철을 활용하여 후기 가야 연맹의 맹주가 되었다.

① 진흥왕에 의해 멸망하였다.
② 사비로 천도하고 국호를 남부여로 하였다.
③ 지방 행정 구역을 5경 15부 62주로 나누었다.
④ 평양으로 수도를 옮기고 남진 정책을 추진하였다.

TIP 제시문의 이 나라는 대가야이다. 전기 가야 연맹은 김해의 금관가야였으나 고구려의 남하로 인하여 금관가야의 세력이 약화되고, 고령을 중심으로 한 대가야가 후기 가야연맹의 중심국가가 되었다. 이후 금관가야는 신라의 법흥왕에 의해 복속되었고, 대가야는 신라 진흥왕에 의해 복속되었다.
② 백제 성왕 ③ 발해 선왕 ④ 고구려 장수왕

20 밑줄 친 '왕'의 재위 기간에 있었던 사실로 옳은 것은?

> 당초에 강홍립 등이 압록강을 건너게 된 것은 왕이 명 조정의 지원군 요청을 거부하기 어려워 출사시킨 것이었다. 우리나라는 애초부터 그들을 원수로 대하지 않아 싸울 뜻이 없었다. 그래서 왕이 강홍립에게 비밀리에 명령을 내려 오랑캐와 몰래 통하게 하였던 것이다.

① 전국에 「대동법」을 실시하였다.
② 허준이 『동의보감』을 편찬하였다.
③ 자의 대비의 복상 문제로 예송이 일어났다.
④ 청과 국경을 정하기 위해 백두산정계비를 세웠다.

TIP 제시문은 조선 광해군 대 명의 요청으로 파견된 강홍립 부대에 관한 내용이다. 임진왜란 이후 집권한 광해군은 명청교체기에서 중립외교 정책을 실시하였고, 전란으로 인하여 황폐화된 국토와 민생 불안정을 해소하기 위하여 이원익의 건의로 경기도에 한하여 대동법을 시행하였다. 그러나 양반 지주층의 반대로 전국적으로 확대되는데 있어 많은 시간이 소요되었고 숙종 대에 이르러 전국적으로 실시되었다. 또한 허준이 〈동의보감〉을 완성하는 등의 업적을 남기기도 하였다.
①, ④ 대동법이 전국적으로 시행된 것과 백두산 정계비 건립은 모두 조선 숙종 대이다.
③ 자의대비 복상문제로 예송논쟁이 발생한 시기(기해예송)은 조선 현종 대이다.

Answer 19.① 20.②

21 다음 상소문이 올라간 국왕 대에 있었던 사실로 옳은 것은?

> 불교는 몸을 닦는 근본이며 유교는 나라를 다스리는 근원입니다. 몸을 닦는 것은 내생을 위한 것이며 나라를 다스리는 일은 곧 오늘의 할 일입니다. 오늘은 극히 가깝고 내생은 지극히 먼 것이니, 가까운 것을 버리고 먼 것을 구하는 일이 그릇된 일이 아니겠습니까.

① 개경에 나성을 쌓았다.
② 전시과 제도를 처음 실시하였다.
③ 전국의 주요 지역에 12목을 설치하였다.
④ 「노비안검법」을 실시하여 호족 세력을 약화시켰다.

> **TIP** 제시문은 고려 성종 대 최승로가 주장한 〈시무 28조〉이다. 최승로는 〈시무 28조〉를 통해 유교정치이념을 지향하고, 고려 건국 초부터 강력한 영향력을 행사하던 지방 호족에 대한 중앙 통제력을 강화하기 위하여 지방관 파견을 주장하였다. 그 결과 전국에 12목이 설치되고 지방관이 파견되었다.
> ① 거란의 침입을 막기 위하여 나성이 축조된 것은 고려 현종 대이다.
> ② 고려 경종 대 전시과 제도가 처음으로 시행되었다.
> ④ 고려 광종 대 시행된 제도이다.

22 (가) 국가에 대한 설명으로 옳은 것은?

> (가) 의 호암사에는 정사암이란 바위가 있다. 나라에서 장차 재상을 의논할 때에 뽑을 후보 서너 명의 이름을 써서 상자에 넣고 봉해서 바위 위에 두었다. 얼마 후에 열어 보고 이름 위에 도장이 찍힌 자국이 있는 사람을 재상으로 삼았다. 이런 까닭에 정사암이라 했다.
> - 『삼국유사』 -

① 6좌평과 16관등제를 마련하였다.
② 태학이라는 교육기관을 설립하였다.
③ 인안이라는 독자적인 연호를 사용하였다.
④ 골품에 따라 관등이나 관직 승진에 제한이 있었다.

> **TIP** 제시문은 백제의 귀족회의체인 정사암 회의에 관한 내용이다. 고구려에는 제가회의, 신라에는 화백회의라는 귀족합의체가 있었다. 6좌평과 16관등제는 백제의 관제이다.
> ② 고구려 소수림왕 ③ 발해 무왕 ④ 신라

Answer 21.③ 22.①

23 다음과 같은 법이 있었던 국가에 대한 설명으로 옳지 않은 것은?

> • 사람을 죽이면 즉시 사형에 처한다.
> • 남에게 상처를 입히면 곡식으로 배상한다.
> • 남의 물건을 훔친 자는 그 집의 노비로 삼는데, 스스로 죄를 면제받고자 하는 자는 50만을 내야 한다.

① 동맹이라는 제천 행사가 있었다.
② 상, 대부, 장군 등의 관직을 두었다.
③ 위만이 준왕을 몰아내고 왕이 되었다.
④ 중국의 한과 한반도 남부 사이에서 중계무역을 하였다.

> **TIP** 제시문은 고조선의 8조법의 일부로 고조선이 계급사회, 사유재산제, 농경사회였음을 알 수 있다. 고조선은 기원전 3세기 경 부왕, 준왕 등이 왕위를 세습하고 왕 아래에는 상, 대부, 장군의 관직이 있었다. 이후 중국 진한교체기에 한반도로 들어온 위만이 준왕을 몰아내고 왕이 되었으며, 위만조선은 중국의 한나라와 한반도 남부 사이에서 중계무역을 통해 번성하였다. 이후 한 무제가 고조선을 침략하고 장기적인 저항과 내분 등으로 인하여 고조선은 멸망하였다.
> ① 고구려

24 (가)에 해당하는 기구로 옳은 것은?

> 비로소 (가) 을 설치했다. 판사 최무선의 말을 따른 것이다. 이때에 원나라의 염초 장인 이원이 최무선과 같은 동네 사람이었다. 최무선이 몰래 그 기술을 물어서 집의 하인들에게 은밀하게 배워서 시험하게 하고 조정에 건의했다.
> – 『고려사절요』 –

① 교정도감　　　　　　　　　② 대장도감
③ 식목도감　　　　　　　　　④ 화통도감

> **TIP** 제시문은 고려 말 우왕 대 최무선의 건의에 따라 화약제조를 위해 설치된 화통도감(1377)이다. 고려 말기에는 왜구의 침략이 지속적으로 이어지는 가운데 이들을 막기 위하여 화약 및 화포 제조의 필요성이 제기되었고 그 결과 화통도감이 설치되었다.
> ① 교정도감: 고려 무신정권기 최충헌이 설치한 기구로 국정을 총괄하는 최고 기구였다.
> ② 대장도감: 고려시대 몽골의 침입을 막고자 재조대장경을 편찬하기 위하여 설치한 기구이다.
> ③ 식목도감: 대내적 격식 등을 규정하기 위하여 설치한 귀족 합의 기구이다.

Answer　23.①　24.④

25 밑줄 친 '왕'의 재위 기간에 있었던 사실로 옳은 것은?

> 이찬 이사부가 왕에게 "국사라는 것은 임금과 신하들의 선악을 기록하여, 좋고 나쁜 것을 만대 후손들에게 보여 주는 것입니다. 이를 책으로 편찬해 놓지 않는다면 후손들이 무엇을 보고 알겠습니까?"라고 아뢰었다. 왕이 깊이 동감하고 대아찬 거칠부 등에게 명하여 선비들을 널리 모아 그들로 하여금 역사를 편찬하게 하였다.
>
> ― 『삼국사기』 ―

① 정전 지급
② 국학 설치
③ 첨성대 건립
④ 북한산 순수비 건립

TIP 6세기 신라 진흥왕(540~576) 대의 사실이다. 진흥왕은 화랑도를 정비하여 국력을 대외로 확장하여 대가야, 한강 유역, 함경북도까지 진출하는 등 신라 최대의 영토를 확보하였다. 이 과정에서 단양 적성비와 4개의 순수비(창녕비, 북한산 순수비, 황초령비, 마운령비)를 세웠다.
① 신라 성덕왕 대에 왕토사상을 기반으로 백성들에게 정전을 지급하였다.
② 신라 신문왕 때 설치한 교육 기관이다.
③ 신라 선덕여왕 때 설립되었다.

26 다음 정책을 시행한 국왕 대에 있었던 사실로 옳은 것은?

> • 광덕, 준풍 등의 연호를 사용하였다.
> • 개경을 고쳐 황도라 하고 서경을 서도라고 하였다.

① 노비안검법을 시행하였다.
② 전시과 제도를 시행하였다.
③ 개경에 국자감을 설립하였다.
④ 12목을 설치하고 지방관을 파견하였다.

TIP 고려 광종(949~975) 때의 사실이다. 광종은 귀족과 지방호족을 숙청하고 왕권 강화를 시도하였다. 이를 위해 과거제, 노비안검법을 시행하였다. 노비안검법은 불법으로 노비가 된 자들을 해방함으로써 지방호족들의 경제 및 군사적 기반을 약화시키는 동시에 국가 재정을 확충하는데도 기여하였다. 또한 광덕, 준풍 등의 연호를 사용하면서 중국과 대등한 세력이 되었음을 대내외적으로 표방하였다.
② 고려 경종 대에 실시하였다.
③ 고려의 유학 교육 기관으로 성종 대에 정비하였다.
④ 최승로의 '시무 28조' 건의에 따라 성종 대에 시행되었다.

Answer 25.④ 26.①

27 다음 사건 이후에 일어난 일로 옳은 것은?

> 개경을 떠나 피난 중인 왕이 안성현을 안성군으로 승격시켰다. 홍건적이 양광도를 침입하자 수원은 항복하였는데, 작은 고을인 안성만이 홀로 싸워 승리함으로써 홍건적이 남쪽으로 내려오지 못하게 하였기 때문이다.

① 화약 무기를 사용해 진포해전에서 승리하였다.
② 처인성 전투에서 적의 장수 살리타를 사살하였다.
③ 기철 일파를 제거하고 쌍성총관부의 관할 지역을 수복하였다.
④ 적의 침략을 물리치기 위한 염원에서 팔만대장경을 만들었다.

TIP 해당 사건은 홍건적의 난으로 고려 공민왕 대에 발생한 사건이다. 당시 중국은 원명교체기라는 혼란한 상황이었고 이 과정에서 홍건적이 고려로 침입하여 발생한 사건이다. 진포해전은 고려 우왕 대에 왜구가 쌀을 비롯한 물자 약탈을 위해 진포(군산)에 침입한 사건으로 당시 최무선이 개발한 화약 무기를 사용하여 승리할 수 있었다.
② 고려 고종 대 몽골의 2차 침입에서 발생한 사건이다.
③ 공민왕의 반원자주개혁 정책으로 홍건적의 난 이전의 사건이다.
④ 고려 고종 대 몽골의 침입에 저항하는 호국불교의 성격을 보여주는 유물이다.

28 고려시대 군사제도에 대한 설명으로 가장 옳지 않은 것은?

① 북방의 양계지역에는 주현군을 따로 설치하였다.
② 2군(二軍)인 응양군과 용호군은 왕의 친위부대였다.
③ 6위(六衛) 중의 감문위는 궁성과 성문수비를 맡았다.
④ 직업군인인 경군에게 군인전을 지급하고 그 역을 자손에게 세습시켰다.

TIP 고려 지방 행정 체계는 5도 양계로 5도는 일반 행정 구역으로 안찰사를 임명하고 주현군을 설치하였다. 하지만 북방의 군사적 요충지인 양계에는 병마사를 임명하고 그 특수성을 반영하여 주진군을 별도로 설치하였다.
②③④ 고려의 중앙군은 2군 6위로 구성되어 있고, 이들은 모두 직업 군인으로 군인전을 지급받았으며, 직역은 세습되었다.

Answer 27.① 28.①

29 다음 정책을 추진한 국왕 대에 있었던 사실로 옳은 것은?

> 옛적에 관가의 노비는 아이를 낳은 지 7일 후에 입역(立役)하였는데, 아이를 두고 입역하면 어린 아이에게 해로울 것이라 걱정하여 100일간의 휴가를 더 주게 하였다. 그러나 출산에 임박하여 일하다가 몸이 지치면 미처 집에 도착하기 전에 아이를 낳는 경우가 있다. 만일 산기에 임하여 1개월간의 일을 면제하여 주면 어떻겠는가. 가령 저들이 속인다 할지라도 1개월까지야 넘길 수 있겠는가. 상정소(詳定所)로 하여금 이에 대한 법을 제정하게 하라.

① 사형의 판결에는 삼복법을 적용하였다.
② 주자소를 설치하여 계미자를 주조하였다.
③ 국방력 강화를 위해 진관체제를 실시하였다.
④ 도평의사사를 개편하여 의정부를 설치하였다.

TIP 조선 세종에 관한 내용이다. 세종은 노비들에 대한 처우를 개선하려 노력하였고, 사형수에 대해 3심제를 적용하는 금부삼복법을 제정하였다.
②④ 조선 태종 ③ 조선 세조

30 삼국 시대의 정치 제도에 대한 설명으로 옳은 것만을 모두 고르면?

> ㉠ 삼국의 관등제와 관직제도 운영은 신분제에 의하여 제약을 받았다.
> ㉡ 고구려는 대성(大城)에는 처려근지, 그 다음 규모의 성에는 욕살을 파견하였다.
> ㉢ 백제는 도성에 5부, 지방에 방(方)-군(郡) 행정제도를 시행하였다.
> ㉣ 신라는 10정 군단을 바탕으로 영역을 확장하고 삼국 통일을 이룩하였다.

① ㉠, ㉡   ② ㉠, ㉢
③ ㉡, ㉣   ④ ㉢, ㉣

TIP ㉡ 고구려는 대성(大城)에는 욕살, 그 다음 규모의 성에는 처려근지를 파견하였다.
㉣ 10정은 통일 신라의 지방군이다. 신라의 지방군은 6정이다.

Answer 29.① 30.②

31 밑줄 친 '이곳'에서 일어난 일로 옳은 것은?

> 고려 정종 때 이곳으로 천도 계획을 세웠으나 실현되지 못했고, 문종 때 이곳 주위에 서경기 4도를 두었다.

① 이곳에서 현존 세계 최고의 직지심체요절이 간행되었다.
② 지눌이 이곳을 중심으로 수선사 결사 운동을 전개하였다.
③ 조위총이 정중부 등의 타도를 위해 이곳에서 반란을 일으켰다.
④ 강조가 군사를 이끌고 이곳으로 들어와 김치양 일파를 제거하였다.

> **TIP** 밑줄 친 '이곳'은 서경(평양)이다. 고려 정종은 외척과 공신 세력들로부터 벗어나기 위해 풍수지리설을 바탕으로 서경으로 천도 계획을 세웠으나 실현되지 못했다.
> ③ 서경 유수 조위총이 무신 정권에서 소외되자 정중부 등의 타도를 위해 난을 일으켰으나 실패하였다.
> ① 청주 흥덕사 ② 순천 송광사 ④ 개경

32 밑줄 친 '대의(大義)'를 이루기 위해 효종이 한 일로 옳은 것은?

> 병자년 일이 완연히 어제와 같은데, 날은 저물고 갈 길은 멀다고 하셨던 성조의 하교를 생각하니 나도 모르게 눈물이 솟는구나. 사람들은 그것을 점점 당연한 일처럼 잊어가고 있고 대의(大義)에 대한 관심도 점점 희미해져 북녘 오랑캐를 가죽과 비단으로 섬겼던 일을 부끄럽게 생각지 않고 있으니 그것을 생각한다면 그 아니 가슴 아픈 일인가.
>
> - 『조선왕조실록』 -

① 남한산성을 복구하고 어영청을 확대하였다.
② 훈련별대를 정초군과 통합하여 금위영을 발족시켰다.
③ 명과 후금 사이에서 실리를 추구하는 중립외교 정책을 펼쳤다.
④ 호위청, 총융청, 수어청 등의 부대를 창설하여 국방력을 강화하였다.

> **TIP** 밑줄 친 '대의(大義)'는 효종의 북벌론이다. 효종은 남한산성을 복구하고 어영청을 확대하였다.
> ② 금위영이 발족된 것은 숙종 때이다.
> ③ 광해군의 외교정책에 대한 설명이다.
> ④ 인조 때의 일이다.

Answer 31.③ 32.①

33 고구려와 신라의 관계를 다음과 같이 알려주고 있는 삼국시대의 금석문은?

> - 고구려의 군대가 신라 영토에 주둔했던 것으로 이해할 수 있는 기록이 보인다.
> - 고구려가 신라의 왕을 호칭할 때 '동이 매금(東夷 寐錦)'이라고 부르고 있다.
> - 고구려가 신라의 왕과 신하들에게 의복을 하사하는 의식을 거행한 것으로 보인다.

① 광개토왕비
② 집안고구려비
③ 중원고구려비
④ 영일냉수리비

TIP 중원고구려비 … 충청북도 충주시에 있는 고구려의 고비(古碑)로서 현재 국보 제205로 지정되어 있다. 이 비는 고구려 비(碑) 중 한반도에서 발견된 유일한 예로 고구려가 당시 신라를 「동이(東夷)」라 칭하면서 신라왕에게 종속국으로서 의복을 하사했다는 내용이 실려 있는데 이는 「삼국사기(三國史記)」를 비롯한 여러 문헌에는 실려 있지 않은 사실이다. 또한 '신라토내당주(新羅土內幢主)'하는 직명으로 미루어 신라 영토 안에 고구려 군대가 주둔하였음을 확인할 수 있는 등의 내용이 담겨 있어 고구려사를 연구하는 데 많은 영향을 주었다.

34 (가) ~ (다)는 고려시대 대외관계와 관련된 자료이다. 이를 시기 순으로 바르게 나열한 것은?

> (가) 윤관이 "신이 여진에게 패한 이유는 여진군은 기병인데 우리는 보병이라 대적할 수 없었기 때문입니다."라고 아뢰었다.
> (나) 서희가 소손녕에게 "우리나라는 고구려의 옛 땅이오. 그러므로 국호를 고려라 하고 평양에 도읍하였으니, 만일 영토의 경계로 따진다면, 그대 나라의 동경이 모두 우리 경내에 있거늘 어찌 침식이라 하리요."라고 주장하였다.
> (다) 유승단이 "성곽을 버리며 종사를 버리고, 바다 가운데 있는 섬에 숨어 엎드려 구차히 세월을 보내면서, 변두리의 백성으로 하여금 장정은 칼날과 화살 끝에 다 없어지게 하고, 노약자들은 노예가 되게 함은 국가를 위한 좋은 계책이 아닙니다."라고 반대하였다.

① (가)→(나)→(다)
② (나)→(가)→(다)
③ (나)→(다)→(가)
④ (다)→(나)→(가)

TIP (나) 서희(942~998)는 거란의 침입(993) 때 활약했던 인물이다.
(가) 윤관(?~1111)은 1107년 20만 대군을 이끌고 여진을 정복하고 고려의 동북 9성을 설치하여 고려의 영토를 확장시킨 인물이다.
(다) 유승단(1168~1232)은 1232년 최우가 재추회의를 소집하여 강화도로 천도를 논의할 때 반대했던 인물이다.

Answer 33.③ 34.②

35 고려의 대외관계에 대한 설명으로 옳지 않은 것은?

① 송과는 문화적·경제적으로 밀접한 유대를 맺었다.
② 거란의 침입에 대비하여 광군을 조직하기도 하였다.
③ 송의 판본은 고려의 목판인쇄 발달에 영향을 주었다.
④ 고려는 송의 군사적 제의에 응하여 거란을 협공하였다.

> **TIP** 송은 고려에 대하여 정치·군사적 목적을 고려는 송에 대하여 경제·문화적 외교 목적을 갖고 있었다. 즉, 송의 국자감에 유학생을 파견한다든가 의술 및 약재 수입, 불경·경서·사서 등의 서적 구입에 대외관계를 구축하는 등 경제·문화 관계는 유지하였으나 군사적으로 송을 지원하지는 않았다.

36 다음 여러 왕들의 정책들과 정치적 목적이 가장 유사한 것은?

- 신라 신문왕 : 문무 관리에게 관료전을 지급하고 녹읍을 폐지하였다.
- 고려 광종 : 과거 제도를 시행하고 관리의 공복을 제정하였다.
- 조선 태종 : 6조 직계제를 확립하고 사병을 혁파하였다.

① 집사부 시중보다 상대등의 권력을 강화하였다.
② 향약과 사창제를 실시하고 서원을 설립하였다.
③ 장용영을 설치하고 규장각을 확대 개편하였다.
④ 중방을 실질적인 최고 권력 기관으로 만들었다.

> **TIP** ⊙ 신문왕은 왕권 강화의 차원으로 녹읍제를 폐지하고 관료전의 지급을 실시하였다.
> ⓒ 광종은 신진관료 양성을 통한 왕권의 강화를 목적으로 하여 무력이 아닌 유교적 학식을 바탕으로 정치적 식견과 능력을 갖춘 관료층의 형성을 위해 과거제도를 실시하였으며 공복을 제정하여 관료제도의 질서를 통한 왕권의 확립을 꾀하였다.
> ⓒ 태종은 국정운영체제를 도평의사사에서 의정부서사제로, 다시 이를 6조직계제로 고쳐 왕권을 강화하였으며, 사원의 토지와 노비를 몰수하여 전제개혁을 마무리하고, 개인의 사병을 혁파하고 노비변정도감이라는 임시관청을 통해 수십만의 노비를 해방시키는 등 국가 재정과 국방을 강화하기 위한 노력을 하였다.

Answer 35.④ 36.③

37 일본에 사신을 보내면서 스스로를 '고려국왕 대흠무'라고 불렀던 발해 국왕대에 있었던 통일신라의 상황으로 옳은 것은?

① 귀족세력의 반발로 녹읍이 부활되었다.
② 9주 5소경 체제의 지방행정조직을 완비하였다.
③ 의상은 당에서 귀국하여 영주에 부석사를 창건하였다.
④ 장보고는 청해진을 설치하고 남해와 황해의 해상무역권을 장악하였다.

> **TIP** 발해 문왕(737 ~ 793)은 스스로를 황제라 칭하였으며, 이 시기 통일신라에서는 757년 경덕왕 시절 내외관의 월봉인 관료전이 폐지되고 녹읍이 부활하였다.
> ②③ 7C
> ④ 신라 하대

38 영조 집권 초기에 일어난 다음 사건과 관련된 설명으로 옳지 않은 것은?

> 충청도에서 정부군과 반란군이 대규모 전투를 벌였으며 전라도에서도 반군이 조직되었다. 반란에 참가한 주동자들은 비록 정쟁에 패하고 관직에서 소외되었지만, 서울과 지방의 명문 사대부 가문 출신이었다. 반군은 청주성을 함락하고 안성과 죽산으로 향하였다.

① 주요 원인 중의 하나는 경종의 사인에 대한 의혹이다.
② 반란군이 한양을 점령하고 왕이 피난길에 올랐다.
③ 탕평책을 추진하는데 더욱 명분을 제공하였다.
④ 소론 및 남인 강경파가 주동이 되어 일으킨 것이다.

> **TIP** 이인좌의 난(영조 4년, 1728년) … 경종이 영조 임금에게 독살되었다는 경종 독살설을 주장하며 소론과 남인의 일부가 영조의 왕통을 부정하여 반정을 시도한 것이다. 영조의 즉위와 함께 실각 당하였던 노론이 다시 집권하고 소론 대신들이 처형을 당하자 이에 불만을 품은 이인좌 등이 소론·남인세력과 중소상인, 노비를 규합하여 청주에서 대규모 반란을 일으켜 한성을 점령하려고 북진하다가 안성과 죽산전투에서 오명환이 지휘한 관군에게 패하여 그 목적이 좌절되었다.

Answer 37.① 38.②

39 18세기 조선 사상계의 동향에 대한 설명으로 옳지 않은 것은?

① 북학사상은 인물성동론을 철학적 기초로 하였다.
② 낙론은 대의명분을 강조한 북벌론으로 발전되어 갔다.
③ 인물성이론은 대체로 충청도지역 노론학자들이 주장했다.
④ 송시열의 유지에 따라 만동묘를 세워 명나라 신종과 의종을 제사지냈다.

TIP ② 북벌의 대의명분을 강조한 것은 호론에 해당한다.
※ **낙론** … 화이론을 극복하고 북학사상의 내재적 요인으로 인간과 짐승이 본질적으로 같은 품성을 갖는다고 파악하였다. 또한 인간과 자연 사이에 도덕적 일체화를 요구하여 심성위주의 사고에서 벗어나 새로운 물론을 성립시켰으며 이로 인해 자연관의 변화, 경제지학, 상수학 등에 대한 관심을 증대시키고 이를 기반으로 북학사상을 수용하였다. 성인과 범인의 마음이 동일하다는 것을 강조하고 당시 성장하는 일반민의 실체를 현실로 인정하며 이들을 교화와 개혁책으로 지배질서에 포섭하여 위기를 타개해 나가려 하였다.

40 보기의 대화를 읽고 대화내용에 해당하는 시기의 사건으로 옳은 것은?

> A : 현량과를 실시해서, 이 세력들을 등용하여 우리들의 세력이 약해졌어.
> B : 맞아. 위훈삭제로 우리 공을 깎으려고 하는 것 같아.

① 기묘사화가 발생하였다.
② 조광조 등 사림들이 개혁정치를 펼쳤다.
③ 훈구파가 제거되었다.
④ 김종직의 '조의제문'이 문제가 되어 일어났다.

TIP **기묘사화** … 1519년(중종 4)에 일어났는데, 조광조의 혁신정치에 불만을 품은 훈구세력이 위훈 삭제 사건을 계기로 계략을 써서 중종을 움직여 조광조 일파를 제거하였다. 이로 인하여 사림세력은 다시 한 번 크게 기세가 꺾였다.

Answer 39.② 40.②

03 경제구조와 경제생활

01 고대의 경제

❶ 삼국의 경제생활

(1) 삼국의 경제정책

① **정복활동과 경제정책** … 정복지역의 지배자를 내세워 공물을 징수하였고 전쟁포로들은 귀족이나 병사에게 노비로 지급하였다.

② **수취체제의 정비** … 노동력의 크기로 호를 나누어 곡물·포·특산물 등을 징수하고 15세 이상 남자의 노동력을 징발하였다.

③ **농민경제의 안정책** … 철제 농기구를 보급하고, 우경이나·황무지의 개간을 권장하였으며, 저수지를 축조하였다.

④ **수공업** … 노비들이 무기나 장신구를 생산하였으며, 수공업 생산을 담당하는 관청을 설치하였다.

⑤ **상업** … 도시에 시장이 형성되었으며, 시장을 감독하는 관청을 설치하였다.

⑥ **국제무역** … 왕실과 귀족의 수요품을 중심으로 공무역의 형태로 이루어졌다. 고구려는 남북조와 북방민족을 대상으로 하였으며 백제는 남중국, 왜와 무역하였고 신라는 한강 확보 이전에는 고구려, 백제와 교류하였으나 한강 확보 이후에는 당항성을 통하여 중국과 직접 교역하였다.

(2) 경제생활

① **귀족의 경제생활** … 자신이 소유한 토지와 노비, 국가에서 지급받은 녹읍과 식읍을 바탕으로 하였으며 귀족은 농민의 지배가 가능하였으며, 기와집, 창고, 마구간, 우물, 주방을 설치하여 생활하였다.

② **농민의 경제생활** … 자기 소유의 토지(민전)나 남의 토지를 빌려 경작하였으며, 우경이 확대되었다. 그러나 수취의 과중한 부담으로 생활개선을 위해 농사기술을 개발하고 경작지를 개간하였다.

❷ 남북국시대의 경제적 변화

(1) 통일신라의 경제정책

① 수취체제의 변화
  ㉠ 조세 : 생산량의 10분의 1 정도를 수취하였다.
  ㉡ 공물 : 촌락 단위로 그 지역의 특산물을 징수하였다.
  ㉢ 역 : 군역과 요역으로 이루어져 있었으며, 16~60세의 남자를 대상으로 하였다.

② 민정문서
  ㉠ 작성 : 정부가 농민에 대한 조세와 요역 부과 자료의 목적으로 작성된 것으로 추정되며, 자연촌 단위로 매년 변동사항을 조사하여 3년마다 촌주가 작성하였다. 토지의 귀속관계에 따라 연수유전답, 촌주위답, 관모전답, 내시령답, 마전 등으로 분류되어 있다.
  ㉡ 인구조사 : 남녀별, 연령별로 6등급으로 조사하였다. 양인과 노비, 남자와 여자로 나누어 기재되어 있다.
  ㉢ 호구조사 : 9등급으로 구분하였다.

③ 토지제도의 변화
  ㉠ 관료전 지급(신문왕) : 식읍을 제한하고, 녹읍을 폐지하였으며 관료전을 지급하였다.
  ㉡ 정전 지급(성덕왕) : 왕토사상에 의거 백성에게 정전을 지급하고, 구휼정책을 강화하였다.
  ㉢ 녹읍 부활(경덕왕) : 녹읍제가 부활되고 관료전이 폐지되었다.

(2) 통일신라의 경제

① 경제 발달
  ㉠ 경제력이 성장
    • 중앙 : 동시(지증왕) 외에 서시와 남시(효소왕)가 설치되었다.
    • 지방 : 지방의 중심지나 교통의 요지에서 물물교환이 이루어졌다.
  ㉡ 무역의 발달
    • 대당 무역 : 나·당전쟁 이후 8세기 초(성덕왕)에 양국관계가 재개되면서 공무역과 사무역이 발달하였다. 수출품은 명주와 베, 해표피, 삼, 금·은세공품 등이었고 수입품은 비단과 책 및 귀족들이 필요로 하는 사치품이었다.
    • 대일 무역 : 초기에는 무역을 제한하였으나, 8세기 이후에는 무역이 활발하였다.
    • 국제무역 : 이슬람 상인이 울산을 내왕하였다.
    • 청해진 설치 : 장보고가 해적을 소탕하였고 남해와 황해의 해상무역권을 장악하여 당, 일본과의 무역을 독점하였다.

② 귀족의 경제생활
- ㉠ 귀족의 경제적 기반 : 녹읍과 식읍을 통해 농민을 지배하여 조세와 공물을 징수하고, 노동력을 동원하였으며 국가에서 지급한 것 외에도 세습토지, 노비, 목장, 섬을 소유하기도 하였다.
- ㉡ 귀족의 일상생활 : 사치품(비단, 양탄자, 유리그릇, 귀금속)을 사용하였으며 경주 근처의 호화주택과 별장을 소유하였다(안압지, 포석정 등).

③ 농민의 경제생활
- ㉠ 수취의 부담 : 전세는 생산량의 10분의 1 정도를 징수하였으나, 삼베·명주실·과실류를 바쳤고, 부역이 많아 농사에 지장을 초래하였다.
- ㉡ 농토의 상실 : 8세기 후반 귀족이나 호족의 토지 소유 확대로 토지를 빼앗겨 남의 토지를 빌려 경작하거나 노비로 자신을 팔거나, 유랑민이나 도적이 되기도 하였다.
- ㉢ 향·부곡민 : 농민보다 많은 부담을 가졌다.
- ㉣ 노비 : 왕실, 관청, 귀족, 사원(절) 등에 소속되어 물품을 제작하거나, 일용 잡무 및 경작에 동원되었다.

(3) 발해의 경제 발달

① 수취제도
- ㉠ 조세 : 조·콩·보리 등의 곡물을 징수하였다.
- ㉡ 공물 : 베·명주·가죽 등 특산물을 징수하였다.
- ㉢ 부역 : 궁궐·관청 등의 건축에 농민이 동원되었다.

② 귀족경제의 발달 … 대토지를 소유하였으며, 당으로부터 비단과 서적을 수입하였다.

③ 농업 … 밭농사가 중심이 되었으며 일부지역에서 철제 농기구를 사용하고, 수리시설을 확충하여 논농사를 하기도 하였다.

④ 목축·수렵·어업 … 돼지·말·소·양을 사육하고, 모피·녹용·사향을 생산 및 수출하였으며 고기잡이 도구를 개량하고, 숭어, 문어, 대게, 고래 등을 잡았다.

⑤ 수공업 … 금속가공업(철, 구리, 금, 은), 직물업(삼베, 명주, 비단), 도자기업 등이 발달하였다.

⑥ 상업 … 도시와 교통요충지에 상업이 발달하고, 현물과 화폐를 주로 사용하였으며, 외국 화폐가 유통되기도 하였다.

⑦ 무역 … 당, 신라, 거란, 일본 등과 무역하였다.
- ㉠ 대당 무역 : 산둥반도의 덩저우에 발해관을 설치하였으며, 수출품은 토산품과 수공업품(모피, 인삼, 불상, 자기)이며 수입품은 귀족들의 수요품인 비단, 책 등이었다.
- ㉡ 대일 무역 : 일본과의 외교관계를 중시하여 활발한 무역활동을 전개하였다.
- ㉢ 신라와의 관계 : 필요에 따라 사신이 교환되고 소극적인 경제, 문화 교류를 하였다.

02 중세의 경제

❶ 경제 정책

(1) 전시과 제도

① 전시과제도의 특징…토지소유권은 국유를 원칙으로 하나 사유지가 인정되었으며 수조권에 따라 공·사전을 구분하여 수조권이 국가에 있으면 공전, 개인·사원에 속해 있으면 사전이라 하였으며 경작권은 농민과 외거노비에게 있었다. 관직 복무와 직역에 대한 대가로 지급되었기 때문에 세습이 허용되지 않았다.

② 토지제도의 정비과정
  ㉠ 역분전(태조) : 후삼국 통일과정에서 공을 세운 사람들에게 충성도와 인품에 따라 경기지방에 한하여 지급하였다.
  ㉡ 시정전시과(경종) : 관직이 높고 낮음과 함께 인품을 반영하여 역분전의 성격을 벗어나지 못하였고 전국적 규모로 정비되었다.
  ㉢ 개정전시과(목종) : 관직만을 고려하여 지급하는 기준안을 마련하고, 지급량도 재조정하였으며, 문관이 우대되었고 군인전도 전시과에 규정하였다.
  ㉣ 경정전시과(문종) : 현직 관리에게만 지급하고, 무신에 대한 차별대우가 시정되었다.
  ㉤ 녹과전(원종) : 무신정변으로 전시과체제가 완전히 붕괴되면서 관리의 생계 보장을 위해 지급하였다.
  ㉥ 과전법(공양왕) : 권문세족의 토지를 몰수하여 공전에 편입하고 경기도에 한해 과전을 지급하였다. 이로써 신진사대부의 경제적 토대가 마련되었다.

| 기출예제 | 2025. 6. 21. 서울특별시

다음의 (가)~(다)에 대한 설명으로 가장 옳지 않은 것은?

> (가) 경종 1년(976) 11월에 처음으로 직관과 산관 각 품의 전시과를 제정하였다.
> (나) 목종 1년(998) 12월에 문무 양반과 군인들의 전시과를 개정하였다.
> (다) 문종 30년(1076) 12월에 양반전시과를 경정하였다.

① (가)는 인품을 지급 기준으로 고려하였다.
② (나)는 산관이 지급 대상에서 완전히 제외되었다.
③ (다)는 (나)보다 무반에 대한 대우가 상승하였다.
④ (나)와 (다)는 지급 대상을 18과로 구분하였다.

✱
제시문은 고려 전시과 제도이다. 전시과는 관직이나 직역에 대한 반대 급부로 전지와 시지를 지급하고, 원칙적으로 세습이 불가능하였고, 토지의 수조권을 지급하였다.
(가)는 전시과 체제가 처음 시행된 시정전시과 제도로 관품과 인품을 기준으로 전지와 시지를 지급하였다.
(나)는 개정전시과 제도로 기존 지급 기준이었던 인품이 사라지고 관직(18등급)만을 기준으로 지급하였다.
(다)는 경정전시과 제도로 무신 차별을 완화하고, 현직 관리 위주(산관 배제)로 지급하였다.
② 일정한 직무가 없는 산관이 배제되고 현직 관리 위주로 지급한 것은 경정전시과이다.

답 ②

(2) 토지의 소유

고려는 국가에 봉사하는 대가로 관료에게 전지와 시지를 차등있게 나누어 주는 전시과와 개인 소유의 토지인 민전을 근간으로 운영하였다.

❷ 경제활동

(1) 귀족의 경제생활

대대로 상속받은 토지와 노비, 과전과 녹봉 등이 기반이 되었으며 노비에게 경작시키거나 소작을 주어 생산량의 2분의 1을 징수하고, 외거노비에게 신공으로 매년 베나 곡식을 징수하였다.

(2) 농민의 경제생활

민전을 경작하거나, 국유지나 공유지 또는 다른 사람의 토지를 경작하여, 품팔이를 하거나 가내 수공업에 종사하였다. 삼경법이 일반화되었고 시비법의 발달, 윤작의 보급 및 이앙법이 남부지방에서 유행하였다.

(3) 수공업자의 활동

① **관청수공업** … 공장안에 등록된 수공업자와 농민 부역으로 운영되었으며, 주로 무기, 가구, 세공품, 견직물, 마구류 등을 제조하였다.

② **소(所)수공업** … 금, 은, 철, 구리, 실, 각종 옷감, 종이, 먹, 차, 생강 등을 생산하여 공물로 납부하였다.

③ **사원수공업** … 베, 모시, 기와, 술, 소금 등을 생산하였다.

④ **민간수공업** … 농촌의 가내수공업이 중심이 되었으며(삼베, 모시, 명주 생산), 후기에는 관청수공업에서 제조하던 물품(놋그릇, 도자기 등)을 생산하였다.

(4) 상업활동

① **도시의 상업활동** … 개경, 서경(평양), 동경(경주) 등 대도시에 서적점, 약점, 주점, 다점 등의 관영상점이 설치되었고 비정기 시장도 활성화되었으며 물가조절 기구인 경사서가 설치되었다.

② **지방의 상업활동** … 관아 근처에서 쌀이나 베를 교환할 수 있는 시장이 열렸으며 행상들의 활동도 두드러졌다.

③ **사원의 상업활동** … 소유하고 있는 토지에서 생산한 곡물과 승려나 노비들이 만든 수공업품을 민간에 판매하였다.

④ **고려 후기의 상업활동** … 벽란도가 교통로와 산업의 중심지로 발달하였고, 국가의 재정수입을 늘리기 위하여 소금의 전매제가 실시되었고, 관청·관리 등은 농민에게 물품을 강매하거나, 조세를 대납하게 하였다.

(5) 화폐 주조와 고리대의 유행

① **화폐 주조 및 고리대의 성행** … 자급자족적 경제구조로 유통이 부진하였고 곡식이나 삼베가 유통의 매개가 되었으며, 징생고라는 서민금융기관을 통해 사원과 귀족들은 폭리를 취하여 부를 확대하였는데 이로 인하여 농민은 토지를 상실하거나 노비가 되기도 하였다.

② **보(寶)** … 일정한 기금을 조성하여 그 이자를 공적인 사업의 경비로 충당하는 것을 말한다.
  ㉠ **학보(태조)** : 학교 재단
  ㉡ **광학보(정종)** : 승려를 위한 장학재단
  ㉢ **경보(정종)** : 불경 간행
  ㉣ **팔관보(문종)** : 팔관회 경비
  ㉤ **제위보(광종)** : 빈민 구제
  ㉥ **금종보** : 현화사 범종주조 기금

(6) 무역활동

① 공무역을 중심으로 발전하였으며, 벽란도가 국제무역항으로 번성하게 되었다.

② 고려는 문화적·경제적 목적으로 송은 정치적·군사적 목적으로 친선관계를 유지하였으며 거란과 여진과는 은과 농기구, 식량을 교역하였다. 일본과는 11세기 후반부터 김해에서 내왕하면서 수은·유황 등을 가지고 와서 식량·인삼·서적 등과 바꾸어 갔으며 아라비아(대식국)는 송을 거쳐 고려에 들어와 수은·향료·산호 등을 판매하였다. 또한 이 시기에 고려의 이름이 서방에 알려졌다.

③ 원 간섭기의 무역 … 공무역이 행해지는 한편 사무역이 다시 활발해졌고, 상인들이 독자적으로 원과 교역하면서 금, 은, 소, 말 등이 지나치게 유출되어 사회적으로 물의가 일어날 정도였다.

03 근세의 경제

1 경제정책

(1) 과전법의 시행과 변화

① 과전법의 시행 … 국가의 재정기반과 신진사대부세력의 경제기반을 확보하기 위해 시행되었는데 경기지방의 토지에 한정되었고 과전을 받은 사람이 죽거나 반역을 한 경우에는 국가에 반환하였고 토지의 일부는 수신전, 휼양전, 공신전 형태로 세습이 가능하였다.

② 과전법의 변화 … 토지가 세습되자 신진관리에게 나누어 줄 토지가 부족하게 되었다.
　㉠ 직전법(세조) : 현직 관리에게만 수조권을 지급하였고 수신전과 휼양전을 폐지하였다.
　㉡ 관수관급제(성종) : 관청에서 수조권을 행사하고, 관리에게 지급하여 국가의 지배권이 강화하였다.
　㉢ 직전법의 폐지(16세기 중엽) : 수조권 지급제도가 없어졌다.

③ 지주제의 확산 … 직전법이 소멸되면서 고위층 양반들이나 지방 토호들은 토지 소유를 늘리기 시작하여 지주전호제가 일반화되고 병작반수제가 생겼다.

(2) 수취체제의 확립

① 조세 … 토지 소유자의 부담이었으나 지주들은 소작농에게 대신 납부하도록 강요하는 경우가 많았다.
　㉠ 과전법 : 수확량의 10분의 1을 징수하고, 매년 풍흉에 따라 납부액을 조정하였다.
　㉡ 전분6등법·연분9등법(세종) : 1결당 최고 20두에서 최하 4두를 징수하였다.
　　• 전분6등법

- 토지의 비옥한 정도에 따라 6등급으로 나누고 그에 따라 1결의 면적을 달리하였다.
- 모든 토지는 20년마다 측량하여 대장을 만들어 호조, 각도, 각 고을에 보관하였다.
- 연분9등법
  - 한 해의 풍흉에 따라 9등급으로 구분하였다.
  - 작황의 풍흉에 따라 1결당 최고 20두에서 최하 4두까지 차등을 두었다.
- ⓒ 조세 운송 : 군현에서 거둔 조세는 조창(수운창·해운창)을 거쳐 경창(용산·서강)으로 운송하였으며, 평안도와 함경도의 조세는 군사비와 사신접대비로 사용하였다.

| 기출예제 | 2025. 4. 5. 국가직

다음 업적이 있는 왕의 재위 기간에 볼 수 있는 모습은?

- 우리 풍토에 맞는 농서인 『농사직설』을 편찬하였다.
- 최윤덕과 김종서를 파견하여 4군 6진을 개척하였다.

① 송파장에 담배를 사려고 나온 농민
② 금난전권 폐지에 항의하는 시전 상인
③ 전분6등법을 처음 시행하기 위해 찬반 의견을 묻는 관료
④ 천주교 신자가 되어 어머니 제사를 거부하는 유생

★
제시문은 조선 세종 대이다. 세종 대에 조세 수취를 위하여 전분6등법(토지의 비옥도 고려), 연분9등법(풍흉의 정도 고려)의 공법 체제를 확립하였다.
① 담배는 조선 후기 일본으로부터 전래되었다.
② 조선 후기 정조 대 시행되었다.
④ 천주교는 조선 후기 전래되었다.

답 ③

---

② **공납** … 중앙관청에서 각 지역의 토산물을 조사하여 군현에 물품과 액수를 할당하여 징수하는 것으로 납부 기준에 맞는 품질과 수량을 맞추기 어려워 농민들의 부담이 컸다.

③ **역** … 16세 이상의 정남에게 의무가 있다.
  ㉠ 군역 : 정군은 일정 기간 군사복무를 위하여 교대로 근무했으며, 보인은 정군이 복무하는 데에 드는 비용을 보조하였다. 양반, 서리, 향리는 군역이 면제되었다.
  ㉡ 요역 : 가호를 기준으로 정남의 수를 고려하여 뽑았으며, 각종 공사에 동원되었다. 토지 8결당 1인이 동원되었고, 1년에 6일 이내로 동원할 수 있는 날을 제한하였으나 임의로 징발하는 경우도 많았다.

④ **국가재정** … 세입은 조세, 공물, 역 이외에 염전, 광산, 산림, 어장, 상인, 수공업자의 세금으로 마련하였으며, 세출은 군량미나 구휼미로 비축하고 왕실경비, 공공행사비, 관리의 녹봉, 군량미, 빈민구제비, 의료비 등으로 지출하였다.

❷ 양반과 평민의 경제활동

(1) 양반 지주의 생활
농장은 노비의 경작과 주변 농민들의 병작반수의 소작으로 행해졌으며 노비는 재산의 한 형태로 구매, 소유 노비의 출산 및 혼인으로 확보되었고, 외거노비는 주인의 땅을 경작 및 관리하고 신공을 징수하였다.

(2) 농민생활의 변화
① 농업기술의 발달
- ㉠ 밭농사 : 조·보리·콩의 2년 3작이 널리 행해졌다.
- ㉡ 논농사 : 남부지방에 모내기 보급과 벼와 보리의 이모작으로 생산량이 증가되었다.
- ㉢ 시비법 : 밑거름과 덧거름을 주어 휴경제도가 거의 사라졌다.
- ㉣ 농기구 : 쟁기, 낫, 호미 등의 농기구도 개량되었다.
- ㉤ 수리시설의 확충

② 상품 재배 … 목화 재배가 확대되어 의생활이 개선되었고, 약초와 과수 재배가 확대되었다.

(3) 수공업 생산활동
① 관영수공업 … 관장은 국역으로 의류, 활자, 화약, 무기, 문방구, 그릇 등을 제작하여 공급하였고, 국역기간이 끝나면 자유로이 필수품을 제작하여 판매할 수 있었다.

② 민영수공업 … 농기구 등 물품을 제작하거나, 양반의 사치품을 생산하는 일을 맡았다.

③ 가내수공업 … 자급자족 형태로 생활필수품을 생산하였다.

(4) 상업활동
① 시전 상인 … 왕실이나 관청에 물품을 공급하는 특정 상품의 독점판매권(금난전권)을 획득하였으며, 육의전(시전 중 명주, 종이, 어물, 모시, 삼베, 무명을 파는 점포)이 번성하였다. 또한 경시서를 설치하여 불법적인 상행위를 통제하였고 도량형을 검사하고 물가를 조절하였다.

② 장시 … 서울 근교와 지방에서 농업생산력 발달에 힘입어 정기 시장으로 정착되었으며, 보부상이 판매와 유통을 주도하였다.

③ 화폐 … 화(태종, 조선 최초의 지폐)와 조선통보(세종)를 발행하였으나 유통이 부진하였다. 농민에겐 쌀과 무명이 화폐역할을 하였다.

④ 대외무역 … 명과는 공무역과 사무역을 허용하였으며, 여진과는 국경지역의 무역소를 통해 교역하였고 일본과는 동래에 설치한 왜관을 통해 무역하였다.

(5) 수취제도의 문란

① **공납의 폐단 발생** … 중앙관청의 서리들이 공물을 대신 납부하고 수수료를 징수하는 것을 방납이라 하는데 방납이 증가할수록 농민의 부담이 증가되었다. 이에 이이·유성룡은 공물을 쌀로 걷는 수미법을 주장하였다.

② **군역의 변질**
   ㉠ 군역의 요역화 : 농민 대신에 군인을 각종 토목공사에 동원시키게 되어 군역을 기피하게 되었다.
   ㉡ 대립제 : 보인들에게서 받은 조역가로 사람을 사서 군역을 대신시키는 현상이다.
   ㉢ 군적수포제 : 장정에게 군포를 받아 그 수입으로 군대를 양성하는 직업군인제로서 군대의 질이 떨어지고, 모병제화되었으며 농민의 부담이 가중되는 결과를 낳았다.

③ **환곡** … 농민에게 곡물을 빌려 주고 10분의 1 정도의 이자를 거두는 제도로서 지방 수령과 향리들이 정한 이자보다 많이 징수하는 폐단을 낳았다.

04 경제상황의 변동

❶ 수취체제의 개편

(1) 영정법의 실시(1635)

① **배경** … 15세기의 전분 6등급과 연분 9등급은 매우 번잡하여 제대로 운영되지 않았고, 16세기에는 아예 무시된 채 최저율의 세액이 적용되게 되었다.

② **내용** … 풍흉에 관계 없이 전세로 토지 1결당 미곡 4두를 징수하였다.

③ **결과** … 전세율은 이전보다 감소하였으나 여러 명목의 비용을 함께 징수하여 농민의 부담은 다시 증가하였으며 또한 지주전호제하의 전호들에겐 적용되지 않았다.

(2) 공납의 전세화

① 방납의 폐단을 시정하고 농민의 토지 이탈을 방지하기 위해서 대동법을 실시하였다. 과세기준이 종전의 가호에서 토지의 결수로 바뀌어 농민의 부담이 감소하였다.

② **영향** … 공인의 등장, 농민부담의 경감, 장시와 상공업의 발달, 상업도시의 성장, 상품·화폐경제의 성장, 봉건적 양반사회의 붕괴 등에 영향을 미쳤으나 현물 징수는 여전히 존속하였다.

③ **의의** … 종래의 현물 징수가 미곡, 포목, 전화 등으로 대체됨으로써 조세의 금납화 및 공납의 전세화가 이루어졌다.

(3) 균역법의 시행

① **균역법의 실시** … 농민 1인당 1년에 군포 1필을 부담 하였으며 지주에게는 결작으로 1결당 미곡 2두를 징수하고, 상류층에게 선무군관이라는 창호로 군포 1필을 징수하였으며 어장세, 선박세 등 잡세 수입으로 보충하였다.

② **결과** … 농민의 부담은 일시적으로 경감하였지만 농민에게 결작의 부담이 강요되었고 군적의 문란으로 농민의 부담이 다시 가중되었다.

│기출예제│ 　　　　　　　　　　　　　　　　　　　　　　　　　2025. 6. 21. 서울특별시

다음에서 균역법의 시행으로 감소된 재정을 보충하는 방법에 해당하는 것은?

> ㉠ 지주에게 토지 1결당 미곡 4두를 부담시켰다.
> ㉡ 어장세, 염전세, 선박세 등 잡세 수입으로 보충하게 하였다.
> ㉢ 공인이라는 어용상인을 통해 필요한 물품을 사서 납부하게 하였다.
> ㉣ 일부 상류층에 선무군관이라는 칭호를 주고 군포 1필을 납부하게 하였다.

① ㉠, ㉡　　　　　　　　　　　　② ㉠, ㉢
③ ㉡, ㉢　　　　　　　　　　　　④ ㉡, ㉣

✱
균역법은 군역 대신 군포 2필을 납부함으로써 군역을 대신하게 하는 기존의 제도를 군포 1필 납부로 경감한 것이다. 이 과정에서 1필의 부족분을 보충하기 위하여 결작이라 하여 토지 1결당 미곡 2두를 수취, 선무군관포, 선박세, 어장세, 염전세 등으로 보충하였다.
㉠ 영정법: 풍흉에 상관없이 토지 1결당 미곡 4두를 수취하였다.
㉢ 대동법: 공납 대신 미곡(토지 1결당 미곡 12두), 포, 전(화폐)로 납부하게 한 제도인데 이 과정에서 국가가 필요한 물품을 대납하게 하는 어용상인인 공인이 등장하였다.

답 ④

---

② 서민경제의 발전

(1) 양반 지주의 경영 변화

상품화폐경제의 발달로 소작인의 소작권을 인정하고, 소작료 인하 및 소작료를 일정액으로 정하는 추세가 등장하게 되었으며, 토지 매입 및 고리대로 부를 축적하거나, 경제 변동에 적응하지 못한 양반이 등장하게 되었다.

(2) 농민경제의 변화

① **모내기법의 확대** … 이모작으로 인해 광작의 성행과 농민의 일부는 부농으로 성장하였다.

② **상품작물의 재배** … 장시가 증가하여 상품의 유통(쌀, 면화, 채소, 담배, 약초 등)이 활발해졌다.

③ **소작권의 변화** … 소작료가 타조법에서 도조법으로 변화하였고, 곡물이나 화폐로 지불하였다.

④ **몰락 농민의 증가** … 부세의 부담, 고리채의 이용, 관혼상제의 비용 부담 등으로 소작지를 잃은 농민은 도시에서 상공업에 종사하거나, 광산이나 포구의 임노동자로 전환되었다.

(3) 민영수공업의 발달

① **민영수공업** … 관영수공업이 쇠퇴하고 민영수공업이 증가하였다.

② **농촌수공업** … 전문적으로 수공업제품을 생산하는 농가가 등장하여, 옷감과 그릇을 생산하였다.

③ **수공업 형태의 변화** … 상인이나 공인으로부터 자금이나 원료를 미리 받고 제품을 생산하는 선대제수공업이나 독자적으로 제품을 생산하고 판매하는 독립수공업의 형태로 변화하였다.

(4) 민영 광산의 증가

① **광산 개발의 증가** … 민영수공업의 발달로 광물의 수요가 증가, 대청 무역으로 은의 수요가 증가, 상업자본의 채굴과 금광 투자가 증가하고, 잠채가 성행하였다.

② **조선 후기의 광업** … 덕대가 상인 물주로부터 자본을 조달받아 채굴업자와 채굴노동자, 제련노동자 등을 고용하여 분업에 토대를 둔 협업으로 운영하였다.

❸ 상품화폐경제의 발달

(1) 사상의 대두

① **상품화폐경제의 발달** … 농민의 계층 분화로 도시유입인구가 증가되어 상업활동은 더욱 활발해졌으며 이는 공인과 사상이 주도하였다.

② **사상의 성장** … 초기의 사상은 농촌에서 도시로 유입된 인구의 일부가 상업으로 생계를 유지하여 시전에서 물건을 떼다 파는 중도아(中都兒)가 되었다가, 17세기 후반에는 시전상인과 공인이 상업활동에서 활기를 띠자 난전이라 불리는 사상들도 성장하였고 시전과 대립하였다. 이후 18세기 말, 정부는 육의전을 제외한 나머지 시전의 금난전권을 폐지하였다.

(2) 장시의 발달

① 15세기 말 개설되기 시작한 장시는 18세기 중엽 전국에 1,000여개 소가 개설되었으며, 보통 5일마다 열렸는데 일부 장시는 상설 시장이 되기도 하였으며, 인근의 장시와 연계하여 하나의 지역적 시장권을 형성하였다.

② **보부상의 활동** … 농촌의 장시를 하나의 유통망으로 연결하여 생산자와 소비자를 이어주는 데 큰 역할을 하였고, 자신들의 이익을 지키기 위하여 보부상단 조합을 결성하였다.

(3) 포구에서의 상업활동

① 포구의 성장
   ㉠ 수로 운송 : 도로와 수레가 발달하지 못하여 육로보다 수로를 이용하였다.
   ㉡ 포구의 역할 변화 : 세곡과 소작료 운송기지에서 상업의 중심지로 성장하였다.
   ㉢ 선상, 객주, 여각 : 포구를 거점으로 상행위를 하는 상인이 등장했다.

② 상업활동
   ㉠ 선상 : 선박을 이용하여 포구에서 물품을 유통하였다.
   ㉡ 경강상인 : 대표적인 선상으로 한강을 근거지로 소금, 어물과 같은 물품의 운송과 판매를 장악하여 부를 축적하였고 선박의 건조 등 생산분야에까지 진출하였다.
   ㉢ 객주, 여각 : 선상의 상품매매를 중개하거나, 운송·보관·숙박·금융 등의 영업을 하였다.

(4) 중계무역의 발달

① **대청 무역** … 7세기 중엽부터 활기를 띠었으며, 공무역에는 중강개시, 회령개시, 경원개시 등이 있고, 사무역에는 중강후시, 책문후시, 회동관후시, 단련사후시 등이 있었다. 주로 수입품은 비단, 약재, 문방구 등이며 수출품은 은, 종이, 무명, 인삼 등이었다.

② **대일 무역** … 왜관개시를 통한 공무역이 활발하게 이루어졌고 조공무역이 이루어졌다. 조선은 수입한 물품들을 일본에게 넘겨 주는 중계무역을 하고 일본으로부터 은, 구리, 황, 후추 등을 수입하였다.

③ **상인들의 무역활동** … 의주의 만상, 동래의 내상 개성의 송상 등이 있다.

(5) 화폐 유통

① **화폐의 보급** … 인조 때 동전이 주조되어, 개성을 중심으로 유통되다가 효종 때 널리 유통되었다. 18세기 후반에는 세금과 소작료도 동전으로 대납이 가능해졌다.

② **동전 부족(전황)** … 지주, 대상인이 화폐를 고리대나 재산 축적에 이용하자 전황이 생겨 이익은 폐전론을 주장하기도 하였다.

③ **신용화폐의 등장** … 상품화폐경제의 진전과 상업자본의 성장으로 대규모 상거래에 환·어음 등의 신용화폐를 이용하였다.

03. 경제구조와 경제생활

기출 예상 문제

1 고려의 경제 상황에 대한 설명으로 옳은 것은?

① 진대법이라는 구휼 제도를 시행하였다.
② 건원중보가 발행되었으나 널리 이용되지 못하였다.
③ 광산 경영 방식에서 덕대제가 유행하기 시작하였다.
④ 전통적 농업 기술을 정리한 『농사직설』이 편찬되었다.

> **TIP** 건원중보는 고려 성종 때 발행된 화폐지만 고려에서는 화폐가 널리 유통되지 못하였다.
> ① **진대법**: 고구려 고국천왕 대 시행된 구휼제도
> ③ **덕대제**: 조선 후기 민영 광산 발달과 관련된 제도
> ④ **『농사직설』**: 조선 세종 때 편찬

2 (가)~(라)를 시기 순으로 바르게 나열한 것은?

> (가) 지주에게 결작이라 하여 토지 1결당 미곡 2두씩을 부담시켰다.
> (나) 전세를 풍흉에 관계없이 토지 1결당 미곡 4~6두로 고정시켰다.
> (다) 조세는 토지 1결당 수확량 300두의 10분의 1 수취를 원칙으로 삼았다.
> (라) 조세를 토지 비옥도와 풍흉의 정도에 따라 1결당 최고 20두에서 최하 4두로 하였다.

① (다)→(라)→(가)→(나)
② (다)→(라)→(나)→(가)
③ (라)→(다)→(가)→(나)
④ (라)→(다)→(나)→(가)

> **TIP** (다) 과전법(고려 공양왕, 1391)
> (라) 공법(조선 세종, 1444)
> (나) 영정법(조선 인조, 1635)
> (가) 균역법(조선 영조, 1750)

Answer 1.② 2.②

3 다음과 같이 주장한 인물에 대한 설명으로 옳은 것은?

> 이용할 줄 모르니 생산할 줄 모르고, 생산할 줄 모르니 백성은 나날이 궁핍해지는 것이다. 비유하건대, 대체로 재물은 우물과 같다. 퍼내면 가득 차고, 버려두면 말라 버린다. 그러므로 비단을 입지 않아서 나라에 비단 짜는 사람이 없게 되면, 여공이 쇠퇴한다. 쭈그러진 그릇을 싫어하지 않고 기교를 숭상하지 않아서 공장이 숙련되지 못하면 기예가 망하게 된다.

① 청과의 통상과 수레의 이용을 주장하였다.
② 양명학을 연구하여 강화학파를 형성하였다.
③ 토지의 매매를 제한하는 한전론을 주장하였다.
④ 지전설을 주장하여 중국 중심의 세계관을 비판하였다.

TIP 제시문은 조선 후기 상공업 중심의 개혁론을 주장한 이용후생학파(중상학파) 실학자 박제가의 주장이다. 박제가는 〈북학의〉를 저술하여 청의 문물을 적극적으로 수용하고 청과의 통상 강화, 수레와 선박의 이용 등을 강조하였다. 또한 소비 진작을 통해 생산을 늘려나갈 것을 주장하였다.
② 정제두 ③ 이익 ④ 홍대용

4 통일신라의 경제상황에 대한 설명으로 옳지 않은 것은?

① 왕경에 서시전과 남시전이 설치되었다.
② 어아주, 조하주 등 고급비단을 생산하여 당나라에 보냈다.
③ 촌락의 토지 결수, 인구 수, 소와 말의 수 등을 파악하였다.
④ 시비법과 이앙법 등의 발달로 농민층에서 광작이 성행하였다.

TIP 시비법과 이앙법의 발달로 광작이 성행한 시기는 조선 후기이다. 광작의 유행은 농민층의 분화를 심화시켜 조선 후기 신분제를 동요시키는 계기가 되었다.

Answer 3.① 4.④

5 〈보기〉의 고려 토지제도 (가)~(라) 각각에 대한 설명으로 가장 옳지 않은 것은?

> 〈보기〉
> (가) 조신(朝臣)이나 군사들의 관계(官階)를 따지지 않고 그 사람의 성품, 행동의 선악(善惡), 공로의 크고 작음을 보고 차등 있게 역분전을 지급하였다.
> (나) 경종 원년 11월에 비로소 직관(職官), 산관(散官)의 각 품(品)의 전시과를 제정하였다.
> (다) 목종 원년 12월에 양반 및 군인들의 전시과를 개정하였다.
> (라) 문종 30년에 양반전시과를 다시 개정하였다.

① (가) – 후삼국 통일 전쟁에 공이 있는 사람들에게 지급하였다.
② (나) – 인품을 반영하여 토지를 지급하였다.
③ (다) – 실직이 없는 산관은 토지 지급대상에서 제외되었다.
④ (라) – 현직 관리에게만 토지가 지급되고, 문·무관의 차별이 거의 사라졌다.

> **TIP** (가) 역분전(태조) : 고려 개국에 공을 세운 신하들에게 지급한 논공행상의 성격을 지닌 토지제도이다.
> (나) 시정전시과(경종) : 직관과 산관 모두에게 관품과 인품에 따라 전지와 시지를 차등 지급하였다.
> (다) 개정전시과(목종) : 직관과 산관 모두에게 관품을 기준으로 토지를 지급하였다. 인품은 사라졌다.
> (라) 경정전시과(문종) : 현직 관료 위주로 토지를 지급하였으며 무신에 대한 차별을 완화하였다.
> ③ 개정전시과 체제에서 산관은 여전히 토지를 지급받았으며, 경정전시과에서 산관에 대한 토지 지급은 소멸되었다.

6 조선 태종 대의 주요 정책에 대한 설명으로 가장 옳은 것은?

① 사섬서를 두어 지폐인 저화를 발행하였다.
② 상평통보를 발행하여 화폐경제를 촉진하였다.
③ 지계를 발급하여 토지소유권을 공고히 하였다.
④ 연분 9등법과 전분 6등법을 시행하여 조세제도를 개편하였다.

> **TIP** 조선 태종은 저화의 유통과 보급을 위해 사섬서를 설치하였다. 하지만 저화에 대한 백성들의 불신 때문에 제대로 유통되지 못하였고, 이후 조선통보(1425)가 발행되면서 저화의 유통량은 더욱 줄어들게 되었다.
> ② 숙종 ③ 고종(대한제국 광무개혁) ④ 세종

Answer 5.③ 6.①

7 〈보기〉의 토지 개혁안을 주장한 조선 후기 실학자를 옳게 짝지은 것은?

---- 보기 ----

㉠ 지금 농사를 하고자 하는 사람은 토지를 얻고, 농사를 하지 않는 사람은 토지를 얻지 못하도록 한다. 즉 여전(閭田)의 법을 시행하면 나의 뜻을 이룰 수 있을 것이다. … 무릇 1여의 토지는 1여의 사람들로 하여금 공동으로 경작하게 하고, 내 땅 네 땅의 구분 없이 오직 여장의 명령만을 따른다. 매 사람마다의 노동량은 매일 여장이 장부에 기록한다. 가을이 되면 무릇 오곡의 수확물을 모두 여장의 집으로 보내어 그 식량을 분배한다. 먼저 국가에 바치는 공세를 제하고, 다음으로 여장의 녹봉을 제하며, 그 나머지를 날마다 일한 것을 기록한 장부에 의거하여 여민들에게 분배한다.

㉡ 국가는 마땅히 한 집의 재산을 헤아려 전(田) 몇 부(負)를 한정하여 1호(戶)의 영업전(永業田)을 삼기를 당나라의 조제(租制)처럼 해야 한다. 그렇다고 해서 많이 소유한 자의 것을 줄이거나 빼앗지 않고, 모자라게 소유한 자라고 해서 더 주지 않는다. 돈이 있어 사고자 하는 자는 비록 천백 결(結)이라도 모두 허가하고, 토지가 많아 팔고자 하는 자도 단지 영업전 몇 부 이외에는 역시 허가한다.

	㉠	㉡
①	정약용	이익
②	박지원	유형원
③	정약용	유형원
④	이익	박지원

TIP ㉠은 정약용의 여전론, ㉡은 이익의 한전론이다. 정약용과 이익은 유형원과 더불어 조선 후기를 대표하는 중농주의 실학자들이다. 이들은 토지 개혁을 통한 민생 안정을 주장하였다. 정약용은 마을 단위로 토지의 공동 소유와 공동 분배를 주장하였다. 이익은 토지 소유의 하한선을 주장하며 영업전을 보장하여 이의 매매를 금지할 것을 주장하였다. 유형원은 토지 소유의 균등한 분배를 주구하는 균전론을 수상하였나.

Answer 7.①

8 (가) 시기에 볼 수 있는 장면으로 적절한 것은?

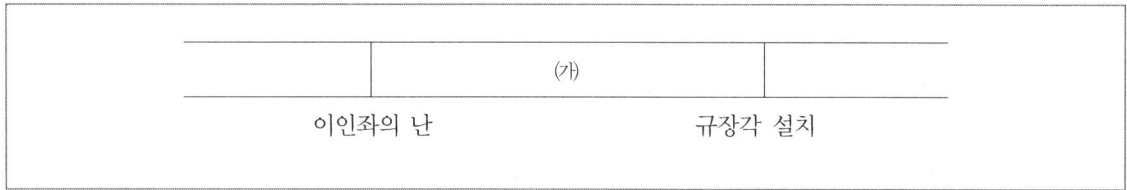

① 당백전으로 물건을 사는 농민
② 금난전권 폐지를 반기는 상인
③ 전(錢)으로 결작을 납부하는 지주
④ 경기도에 대동법 실시를 명하는 국왕

> **TIP** 이인좌의 난은 1728년에 일어났고 규장각은 1776년에 설치되었다.
> ③ 균역법은 영조 26년(1750)에 실시한 부세제도로 종래까지 군포 2필씩 징수하던 것을 1필로 감하고 그 세수의 감액분을 결미(結米)·결전(結錢), 어(漁)·염(鹽)·선세(船稅), 병무군관포, 은·여결세, 이획 등으로 충당하였다.
> ① 당백전은 1866년(고종 3) 11월에 주조되어 약 6개월여 동안 유통되었던 화폐이다.
> ② 금난전권은 1791년 폐지(금지)되었다.
> ④ 대동법은 1608년(광해군 즉위년) 경기도에 처음 실시되었다.

9 통일신라시대 귀족경제의 변화를 말해주고 있는 밑줄 친 '이것'에 대한 설명으로 옳은 것은?

> 전제왕권이 강화되면서 신문왕 9년(689)에 이것을 폐지하였다. 이를 대신하여 조(租)의 수취만을 허락하는 관료전이 주어졌고, 한편 일정한 양의 곡식이 세조(歲租)로서 또한 주어졌다. 그러나 경덕왕 16년(757)에 이르러 다시 이것이 부활되는 변화과정을 겪었다.

① 이것이 폐지되자 전국의 모든 국토는 '왕토(王土)'라는 사상이 새롭게 나오게 되었다.
② 수급자가 토지로부터 조(租)를 받을 뿐 아니라, 그 지역의 주민을 노역(勞役)에 동원할 수 있었다.
③ 삼국통일 이후 국가에 큰 공을 세운 육두품 신분의 사람들에게 특별히 지급하였다.
④ 촌락에 거주하는 양인농민인 백정이 공동으로 경작하였다.

> **TIP** ② 녹읍: 신라 및 고려 초기 관리들에게 관직 복무의 대가로 일정 지역의 경제적 수취를 허용해 준 특정 지역이다.

Answer 8.③ 9.②

10 고려시대의 경제 활동에 대한 설명으로 옳지 않은 것은?

① 전기에는 관청 수공업과 소 수공업 중심으로 발달하였다.
② 상업은 촌락을 중심으로 발달하였다.
③ 대외 무역에서 가장 큰 비중을 차지한 것은 송과의 무역이었다.
④ 사원에서는 베, 모시, 기와, 술, 소금 등의 품질 좋은 제품을 생산하였다.

> **TIP** 고려시대에는 상품화폐경제가 발달하지 못하였고 상업은 촌락이 아니라 도시를 중심으로 발달하였다.

11 다음과 같은 문화 활동을 전후한 시기의 농업 기술 발달에 관한 내용으로 옳은 것을 모두 고르면?

- 서예에서 간결한 구양순체 대신에 우아한 송설체가 유행하였다.
- 고려 태조에서 숙종 대까지의 역대 임금의 치적을 정리한 「사략」이 편찬되었다.

㉠ 2년 3작의 윤작법이 점차 보급되었다.
㉡ 원의 「농상집요」가 소개되었다.
㉢ 우경에 의한 심경법이 확대되었다.
㉣ 상품 작물이 광범위하게 재배되었다.

① ㉠㉡
② ㉡㉢
③ ㉠㉡㉢
④ ㉡㉢㉣

> **TIP** 구양순체는 고려 전기의 유행서체이며 송설체가 유행한 시기는 고려 후기에 해당한다. 또한 13세기 후반 성리학의 수용으로 대의명분과 정통의식을 고수하는 성리학과 사관이 도입되었는데 이제현의 「사략」은 이 시기의 대표적인 역사서이다. 따라서 고려 후기의 농업 기술 발달에 관한 내용을 선택하여야 하며 상품작물이 광범위하게 재배된 것은 조선 후기의 특징에 해당하므로 제외하여야 한다.
>
> ※ 고려 후기의 농업 발달
> ㉠ 밭농사에 2년 3작의 윤작법이 보급되었다.
> ㉡ 원의 사농사에서 편찬한 화북지방의 농법 「농상집요」를 전통적인 것을 보다 더 발전시키려는 노력의 일단으로 소개 보급하였다.
> ㉢ 소를 이용한 심경법이 널리 보급되었다.

Answer 10.② 11.③

12 보기의 세 사람이 공통적으로 주장한 내용으로 옳은 것은?

| • 유형원 | • 이익 | • 정약용 |

① 자영농을 육성하여 민생을 안정시키자고 주장하였다.
② 상공업의 진흥과 기술혁신을 주장하였다.
③ 개화기의 개화사상가들에 의해 계승되었다.
④ 농업부문에서 도시제도의 개혁보다는 생산력 증대를 중요시 하였다.

TIP 중농학파(경세치용)
 ㉠ 농촌 거주의 남인학자들에 의해 발달
 ㉡ 국가제도의 개편으로 유교적 이상국가의 건설을 주장
 ㉢ 토지제도의 개혁을 강조하여 자영농의 육성과 농촌경제의 안정을 도모
 ㉣ 대원군의 개혁정치, 한말의 애국계몽사상, 일제시대의 국학자들에게 영향

13 조선시대 토지제도에 대한 설명이다. 변천순서로 옳은 것은?

 ㉠ 국가의 재정기반과 신진사대부세력의 경제기반을 확보하기 위해 시행되었다.
 ㉡ 현직관리에게만 수조권을 지급하였다.
 ㉢ 관청에서 수조권을 행사하여 백성에게 조를 받아, 관리에게 지급하였다.
 ㉣ 국가가 관리에게 현물을 지급하는 급료제도이다.

① ㉠ - ㉡ - ㉢ - ㉣
② ㉡ - ㉠ - ㉢ - ㉣
③ ㉢ - ㉡ - ㉠ - ㉣
④ ㉣ - ㉡ - ㉢ - ㉠

TIP 토지제도의 변천
 ㉠ **통일신라시대**: 전제왕권이 강화되면서 녹읍이 폐지되고 신문왕 관료전이 지급되었다.
 ㉡ **고려시대**: 역분전 → 시정전시과 → 개정전시과 → 경정전시과 → 녹과전 → 과전법의 순으로 토지제도가 변천되었다.
 ㉢ **조선시대**: 과전법 → 직전법 → 관수관급제 → 직전법의 폐지와 지주제의 확산 등으로 이루어졌다.

Answer 12.① 13.①

14 영조 때 실시된 균역법에 대한 설명으로 옳지 않은 것은?

① 군포를 1년에 2필에서 1필로 경감시켰다.
② 균역법의 실시로 모든 양반에게도 군포를 징수하였다.
③ 균역법의 시행으로 감소된 재정은 어장세·염전세·선박세로 보충하였다.
④ 결작이라 하여 토지 1결당 미곡 2두를 부과하였다.

> **TIP** ② 균역법의 시행으로 감소된 재정은 결작(토지 1결당 미곡 2두)을 부과하고 일부 상류층에게 선무군관이라는 칭호를 주어 군포 1필을 납부하게 하였으며 선박세와 어장세, 염전세 등으로 보충하였다.

15 다음 중 민정문서(신라장적)에 대한 설명으로 옳은 것은?

① 천민 집단과 노비의 노동력은 기록하지 않았다.
② 소백 산맥 동쪽에 있는 중원경과 그 주변 촌락의 기록이다.
③ 인구를 연령별로 6등급으로 나누어 작성하였다.
④ 5년마다 촌락의 노동력과 생산력을 지방관이 작성하였다.

> **TIP** ③ 연령과 성별에 따라 6등급으로, 호는 인구수에 따라 9등급으로 나누어 기록하였다.

16 신문왕 때 폐지되었던 녹읍이 경덕왕 때 다시 부활한 이유로 옳은 것은?

① 왕권 강화　　　　　　　　② 귀족 세력의 반발
③ 피정복민의 회유　　　　　④ 농민의 생활 안정

> **TIP** ② 경덕왕때 귀족의 반발로 녹읍제가 부활되어 국가경제가 어렵게 되었다.

Answer 14.② 15.③ 16.②

17 다음은 통일신라 때의 토지 제도에 대한 설명이다. 이에 관한 설명으로 옳은 것은?

> 통일 후에는 문무 관료들에게 토지를 나누어 주고, 녹읍을 폐지하는 대신 해마다 곡식을 나누어 주었다.

① 농민 경제가 점차 안정되었다.
② 귀족들의 농민 지배가 더욱 강화되었다.
③ 귀족들의 기반이 더욱 강화되었다.
④ 귀족에 대한 국왕의 권한이 점차 강화되었다.

TIP 제시된 내용은 관료전을 지급하는 대신 녹읍을 폐지한 조치에 대한 설명이다. 녹읍은 토지세와 공물은 물론 농민의 노동력까지 동원할 수 있었으나 관료전은 토지세만 수취할 수 있었다.

18 다음 중 통일신라의 무역활동과 관계 없는 것은?

① 한강 진출로 당항성을 확보하여 중국과의 연결을 단축시켰다.
② 산둥반도와 양쯔강 하류에 신라인 거주지가 생기게 되었다.
③ 통일 직후부터 일본과의 교류가 활발해졌다.
④ 장보고가 청해진을 설치하고 남해와 황해의 해상무역권을 장악하였다.

TIP ③ 일본과의 무역은 통일 직후에는 일본이 신라를 견제하고, 신라도 일본의 여·제 유민을 경계하여 경제교류가 활발하지 못하였으나 8세기 이후 정치의 안정과 일본의 선진문화에 대한 욕구로 교류가 활발해졌다.

19 고대 여러 나라의 무역활동에 관한 설명으로 옳지 않은 것은?

① 고구려 – 중국의 남북조 및 유목민인 북방 민족과 무역하였다.
② 백제 – 남중국 및 왜와 무역을 하였다.
③ 발해 – 당과 평화관계가 성립되어 무역이 활발하게 이루어졌다.
④ 통일신라 – 삼국통일 직후 당, 일본과 활발하게 교류하였다.

TIP ④ 통일 이후 일본과의 교류를 제한하여 무역이 활발하지 못하였으며, 8세기 이후부터 다시 교역이 이루어졌다.

Answer 17.④ 18.③ 19.④

20 삼국시대의 수공업 생산에 대한 설명으로 옳은 것은?

① 국가가 관청을 두고 기술자를 배치하여 물품을 생산하였다.
② 도자기가 생산되어 중국에 수출하였다.
③ 수공업의 발달은 상품경제의 성장을 촉진하였다.
④ 노예들은 큰 작업장에 모여 공동으로 생산활동을 하였다.

  TIP 초기에는 기술이 뛰어난 노비에게 국가가 필요로 하는 물품을 생산하게 하였으나, 국가체제가 정비되면서 수공업 제품을 생산하는 관청을 두고 수공업자를 배치하여 물품을 생산하였다.

21 다음에서 발해의 경제생활에 대한 내용으로 옳은 것을 모두 고르면?

> ㉠ 밭농사보다 벼농사가 주로 행하였다.
> ㉡ 제철업이 발달하여 금속가공업이 성행하였다.
> ㉢ 어업이 발달하여 먼 바다에 나가 고래를 잡기도 하였다.
> ㉣ 가축의 사육으로 모피, 녹용, 사향 등이 생산되었다.

① ㉠㉡ ② ㉠㉢
③ ㉠㉣ ④ ㉡㉢㉣

  TIP ㉠ 발해의 농업은 기후가 찬 관계로 콩, 조 등의 곡물 생산이 중심을 이루었고 밭농사가 중심이 되었다.

Answer 20.① 21.④

04 사회구조와 사회생활

01 고대의 사회

❶ 신분제 사회의 성립

(1) 삼국시대의 계층구조

왕족을 비롯한 귀족·평민·천민으로 구분되며, 지배층은 특권을 유지하기 위하여 율령을 제정하고, 신분은 능력보다는 그가 속한 친족의 사회적 위치에 따라 결정되었다.

(2) 귀족·평민·천민의 구분

① 귀족 ··· 왕족을 비롯한 옛 부족장 세력이 중앙의 귀족으로 재편성되어 정치권력과 사회·경제적 특권을 향유하였다.

② 평민 ··· 대부분 농민으로서 신분적으로 자유민이었으나, 조세를 납부하고 노동력을 징발당하였다.

③ 천민 ··· 노비들은 왕실과 귀족 및 관청에 예속되어 신분이 자유롭지 못하였다.

❷ 삼국사회의 풍습

(1) 고구려

① 형법 ··· 반역 및 반란죄는 화형에 처한 뒤 다시 목을 베었고, 그 가족들은 노비로 삼았다. 적에게 항복한 자나 전쟁 패배자는 사형에 처했으며, 도둑질한 자는 12배를 배상하도록 하였다.

② 풍습 ··· 형사취수제, 서옥제가 있었고 자유로운 교제를 통해 결혼하였다.

(2) 백제

① 형법 ··· 반역이나 전쟁의 패배자는 사형에 처하고, 도둑질한 자는 귀양을 보내고 2배를 배상하게 하였으며, 뇌물을 받거나 횡령을 한 관리는 3배를 배상하고 종신토록 금고형에 처하였다.

② 귀족사회 … 왕족인 부여씨와 8성의 귀족으로 구성되었다.

(3) 신라

① 화백회의 … 여러 부족의 대표들이 함께 모여 정치를 운영하던 것이 기원이 되어, 국왕 추대 및 폐위에 영향력을 행사하면서 왕권을 견제 및 귀족들의 단결을 굳게 하였다.

② 골품제도 … 관등 승진의 상한선이 골품에 따라 정해져 있어 개인의 사회활동과 정치활동의 범위를 제한하는 역할을 하였다.

③ 화랑도
  ㉠ 구성 : 귀족의 자제 중에서 선발된 화랑을 지도자로 삼고, 귀족은 물론 평민까지 망라한 많은 낭도들이 그를 따랐다.
  ㉡ 국가조직으로 발전 : 진흥왕 때 국가적 차원에서 그 활동을 장려하여 조직이 확대되었고, 원광은 세속 5계를 가르쳤으며, 화랑도 활동을 통해 국가가 필요로 하는 인재가 양성되었다.

❸ 남북국시대의 사회

(1) 통일신라와 발해의 사회

① 통일 후 신라 사회의 변화
  ㉠ 신라의 민족통합책 : 백제와 고구려 옛 지배층에게 신라 관등을 부여하였고, 백제와 고구려 유민들을 9서당에 편성시켰다.
  ㉡ 통일신라의 사회모습 : 전제왕권이 강화 되었고 6두품이 학문적 식격과 실무 능력을 바탕으로 국왕을 보좌하였다.

② 발해의 사회구조 … 지배층은 고구려계가 대부분이었으며, 피지배층은 대부분이 말갈인으로 구성되었다.

(2) 통일신라 말의 사회모순

① 호족의 등장 … 지방의 유력자들을 중심으로 무장조직이 결성되었고, 이들을 아우른 큰 세력가들이 호족으로 등장하였다.

② 빈농의 몰락 … 토지를 상실한 농민들은 소작농이나 유랑민, 화전민이 되었다.

③ 농민봉기 … 국가의 강압적인 조세 징수에 대하여 전국 각지에서 농민봉기가 일어나게 되었다.

02 중세의 사회

❶ 고려의 신분제도

(1) 귀족

① **귀족의 특징** … 음서나 공음전의 혜택을 받으며 고위 관직을 차지하여 문벌귀족을 형성하였으며, 가문을 통해 특권을 유지하고, 왕실 등과 중첩된 혼인관계를 맺었다.

② **귀족층의 변화** … 무신정변을 계기로 종래의 문벌귀족들이 도태되면서 무신들이 권력을 장악하게 되었으나 고려 후기에는 무신정권이 붕괴되면서 등장한 권문세족이 최고권력층으로서 정계 요직을 장악하였다.

③ **신진사대부** … 경제력을 토대로 과거를 통해 관계에 진출한 향리출신자들이다.

(2) 중류

중앙관청의 서리, 궁중 실무관리인 남반, 지방행정의 실무를 담당하는 향리, 하급 장교 등이 해당되며, 통치체제의 하부구조를 맡아 중간 역할을 담당하였다.

(3) 양민

① **양민** … 일반 농민인 백정, 상인, 수공업자를 말한다.

② **백정** … 자기 소유의 민전을 경작하거나 다른 사람의 토지를 빌려 경작하였다.

③ **특수집단민**
　㉠ 향·부곡: 농업에 종사하였다.
　㉡ 소: 수공업과 광업에 종사하였다.
　㉢ 역과 진의 주민: 육로교통과 수로교통에 종사하였다.

(4) 천민

① **공노비** … 공공기관에 속하는 노비이다.

② **사노비** … 개인이나 사원에 예속된 노비이다.

③ **노비의 처지** … 매매·증여·상속의 대상이며, 부모 중 한 쪽이 노비이면 자식도 노비가 될 수밖에 없었다.

❷ 백성들의 생활모습

(1) 농민의 공동조직
① **공동조직** … 일상의례와 공동노동 등을 통해 공동체의식을 함양하였다.
② **향도** … 불교의 신앙조직으로, 매향활동을 하는 무리들을 말한다.

(2) 사회시책과 사회제도
① **사회시책** … 농번기에 잡역을 면제하여 농업에 전념할 수 있도록 배려하였고, 재해 시 조세와 부역을 감면해 주었다. 또한 법정 이자율을 정하여 고리대 때문에 농민이 몰락하는 것을 방지하였다. 황무지나 진전을 개간할 경우 일정 기간 면세해 주었다.
② **사회제도**
   ㉠ 의창 : 흉년에 빈민을 구제하는 춘대추납제도이다.
   ㉡ 상평창 : 물가조절기관으로 개경과 서경 및 각 12목에 설치하였다.
   ㉢ 의료기관 : 동·서대비원, 혜민국을 설치하였다.
   ㉣ 구제도감, 구급도감 : 재해 발생 시 백성을 구제하였다.
   ㉤ 제위보 : 기금을 조성하여 이자로 빈민을 구제하였다.

(3) 법률과 풍속 및 가정생활
① **법률과 풍속** … 중국의 당률을 참작한 71개조의 법률이 시행되었으나 대부분은 관습법을 따랐고, 장례와 제사에 대하여 정부는 유교적 의례를 권장하였으나, 민간에서는 토착신앙과 융합된 불교의 전통의식과 도교의 풍습을 따랐다.
② **혼인과 여성의 지위** … 일부일처제가 원칙이었으며, 왕실에서는 근친혼이 성행하였고 부모의 유산은 자녀에게 골고루 분배되었으며, 아들이 없을 경우 딸이 제사를 받들었다.

❸ 고려 후기의 사회 변화

(1) 무신집권기 하층민의 봉기
수탈에 대한 소극적 저항에서 대규모 봉기로 발전하였으며, 만적의 난, 공주 명학소의 망이·망소이의 봉기, 운문·초전의 김사미와 효심의 봉기 등이 대표적이다.

| 기출예제 | 2025. 4. 5. 국가직 |

다음 사건 발생 이후에 있었던 사실로 옳은 것은?

> 노비 만적 등 6인이 개경의 북산에서 나무하다가 공노비와 사노비들을 불러 모의하기를, "정중부의 반란과 김보당의 반란 이후로 고관이 천민과 노비에서 많이 나왔다. 장상(將相)의 씨가 따로 있으랴!"라고 하였다.

① 정방 설치
② 동북 9성 축조
③ 노비안검법 실시
④ 상수리 제도 시행

✱
제시문은 고려 무신정권기 최충헌의 노비였던 만적이 일으킨 만적의 난(1198)이다. 당시 최충헌은 이의민을 제거하고 최씨 무신정권을 확립하여 이후 최우, 최항, 최의까지 이어졌다. 특히 최충헌의 뒤를 이은 최우는 정방을 설치하여 인사권을 장악하였다.
② 동북 9성은 윤관이 별무반을 이끌고 여진족을 정벌한 후 축조하였다(1107).
③ 노비 안검법은 광종이 시행하였다(956).
④ 상수리 제도는 지방 세력 견제를 목적으로 신라 시대 시행되었다.

답 ①

(2) 몽고의 침입과 백성의 생활

최씨무신정권은 강화도로 서울을 옮기고 장기항전 태세를 갖추었으며, 지방의 주현민은 산성이나 섬으로 들어가 전쟁에 대비하였으나 몽고군들의 살육으로 백성들은 막대한 희생을 당하였다.

(3) 원 간섭기의 사회 변화

① **신흥귀족층의 등장** … 원 간섭기 이후 전공을 세우거나 몽고귀족과의 혼인을 통해서 출세한 친원세력이 권문세족으로 성장하였다.

② **원의 공녀 요구** … 결혼도감을 통해 공녀로 공출되었고 이는 고려와 원 사이의 심각한 사회문제로 대두되었다.

③ **왜구의 출몰**(14세기 중반) … 원의 간섭하에서 국방력을 제대로 갖추기 어려웠던 고려는 초기에 효과적으로 왜구의 침입을 격퇴하지 못하였으며, 이들을 소탕하는 과정에서 신흥무인세력이 성장하였다.

03 근세의 사회

❶ 양반관료 중심의 사회

(1) 양반
① 문무양반만 사족으로 인정하였으며 현직 향리층, 중앙관청의 서리, 기술관, 군교, 역리 등은 하급 지배신분인 중인으로 격하시켰다.
② 과거, 음서, 천거 등을 통해 고위 관직을 독점하였으며 각종 국역이 면제되고, 법률과 제도로써 신분적 특권이 보장되었다.

(2) 중인
좁은 의미로는 기술관, 넓은 의미로는 양반과 상민의 중간계층을 의미하며 전문기술이나 행정실무를 담당하였다.

(3) 상민
평민, 양인으로도 불리며 백성의 대부분을 차지하는 농민, 수공업자, 상인을 말한다. 과거응시자격은 있으나 과거 준비에는 많은 시간과 비용이 들었으므로 상민이 과거에 응시하는 것은 사실상 어려웠다.

(4) 천민
천민의 대부분은 비자유민으로 재산으로 취급되어 매매·상속·증여의 대상이 되었다.

❷ 사회정책과 사회시설

(1) 사회정책 및 사회제도
① **목적** … 성리학적 명분론에 입각한 사회신분질서의 유지와 농민의 생활을 안정시켜 농본정책을 실시하는 데 그 목적이 있다.
② **사회시책** … 지주의 토지 겸병을 억제하고, 농번기에 잡역의 동원을 금지시켰으며, 재해시에는 조세를 감경해 주기도 하였다.
③ **환곡제 실시** … 춘궁기에 양식과 종자를 빌려 준 뒤에 추수기에 회수하는 제도로 의창과 상평창을 실시하여 농민을 구휼하였다.

④ **사창제** … 향촌의 농민생활을 안정시켜 양반 중심의 향촌질서가 유지되었다.

⑤ **의료시설** … 혜민국, 동·서대비원, 제생원, 동·서활인서 등이 있었다.

(2) 법률제도

① **형법** … 대명률에 의거하여 당률의 5형 형벌과 반역죄와 강상죄와 같은 중죄에는 연좌제가 적용되었다.

② **민법** … 지방관이 관습법에 따라 처리하였다.

③ **상속** … 종법에 따라 처리하였으며, 제사와 노비의 상속을 중요시하였다.

④ **사법기관**
　㉠ 중앙 : 사헌부·의금부·형조(관리의 잘못이나 중대사건을 재판), 한성부(수도의 치안), 장례원(노비에 관련된 문제)이 있다.
　㉡ 지방 : 관찰사와 수령이 사법권을 행사하였다.

③ 향촌사회의 조직과 운영

(1) 향촌사회의 모습

① **향촌의 편제** … 행정구역상 군현의 단위인 향은 중앙에서 지방관을 파견하였으며, 촌에는 면·리가 설치되었으나 지방관은 파견되지 않았다.

② **향촌자치**
　㉠ 유향소 : 수령을 보좌, 향리를 감찰, 향촌사회의 풍속교정기구이다.
　㉡ 경재소 : 중앙정부가 현직 관료로 하여금 연고지의 유향소를 통제하게 하는 제도이다.
　㉢ 유향소의 변화 : 경재소가 혁파되면서 향소·향청으로 명칭이 변경, 향안 작성, 향규를 제정하였다.

③ **향약의 보급** … 면리제와 병행된 향약조직이 형성되었고, 중종 때 조광조에 의하여 처음 시행되었으며, 군현 내에서 지방 사족의 지배력 유지수단이 되었다.

(2) 촌락의 구성과 운영

① **촌락** … 농민생활 및 향촌구성의 기본 단위로서 동과 리(里)로 편제되었으며 면리제와 오가작통법을 실시하였다.

② **촌락의 신분 분화**
　㉠ 반촌 : 주로 양반들이 거주하였으며, 18세기 이후에 동성 촌락으로 발전하였다.
　㉡ 민촌 : 평민과 천민으로 구성되었고 지주의 소작농으로 생활하였다.

③ 촌락공동체
  ㉠ 사족 : 동계 · 동약을 조직하여 촌락민을 신분적, 사회 · 경제적으로 지배하였다.
  ㉡ 일반 백성 : 두레 · 향도 등 농민조직을 형성하였다.
④ 촌락의 풍습
  ㉠ 석전(돌팔매놀이) : 상무정신 함양 목적, 국법으로는 금지하였으나 민간에서 계속 전승되었다.
  ㉡ 향도계 · 동린계 : 남녀노소를 불문하고 며칠 동안 술과 노래를 즐기는 일종의 마을 축제였는데, 점차 장례를 도와주는 기능으로 전환되었다.

4 성리학적 사회질서의 강화

(1) 예학과 족보의 보급
① 예학 … 성리학적 도덕윤리를 강조하고, 신분질서의 안정을 추구하였다.
  ㉠ 기능 : 가부장적 종법질서를 구현하여 성리학 중심의 사회질서 유지에 기여하였다.
  ㉡ 역할 : 사림은 향촌사회에 대한 지배력 강화, 정쟁의 구실로 이용, 양반 사대부의 신분적 우월성 강조, 가족과 친족공동체의 유대를 통해서 문벌을 형성하였다.
② 보학 … 가족의 내력을 기록하고 암기하는 것으로 종족의 종적인 내력과 횡적인 종족관계를 확인시켜 준다.

(2) 서원과 향약
① 서원
  ㉠ 목적 : 성리학을 연구하고 선현의 제사를 지내며, 교육을 하는 데 그 목적이 있다.
  ㉡ 기능 : 유교를 보급하고 향촌 사림을 결집시켰으며, 지방유학자들의 위상을 높이고 선현을 봉사하는 사묘의 기능이 있었다.
② 향약
  ㉠ 역할 : 풍속의 교화, 향촌사회의 질서 유지, 치안을 담당하고 농민에 대한 유교적 교화 및 주자가례의 대중화에 기여하였다.
  ㉡ 문제점 : 토호와 향반 등 지방 유력자들의 주민 수탈 위협의 수단이 되었고, 향약 간부들의 갈등을 가져와 풍속과 질서를 해치기도 하였다.

04 사회의 변동

❶ 사회구조의 변동

(1) 신분제의 동요

① 조선의 신분제 … 법제적으로 양천제를, 실제로는 양반, 중인, 상민, 노비의 네 계층으로 분화되어 있었다.

② 양반층의 분화 … 권력을 장악한 일부의 양반을 제외한 다수의 양반(향반, 잔반)이 몰락하였다.

③ 신분별 구성비의 변화 … 양반의 수는 증가하고, 상민과 노비의 수는 감소하였다.

(2) 중간계층의 신분상승운동

① 서얼 … 임진왜란 이후 납속책과 공명첩을 통한 관직 진출, 집단상소를 통한 청요직에의 진출을 요구, 정조 때 규장각 검서관으로 진출하기도 하였다.

② 중인 … 신분 상승을 위한 소청운동을 전개하였다. 역관들은 청과의 외교업무에 종사하면서 서학 등 외래 문물의 수용을 주도하고 성리학적 가치 체계에 도전하는 새로운 사회의 수립을 추구하였다.

(3) 노비의 해방

① 노비 신분의 변화 … 군공과 납속 등을 통한 신분 상승의 움직임 및 국가에서는 공노비를 입역노비에서 신공을 바치는 납공노비로 전환시켰다.

② 공노비 해방 … 노비의 도망과 합법적인 신분 상승으로 순조 때 중앙관서의 노비를 해방시켰다.

③ 노비제의 혁파 … 사노비의 도망이 일상적으로 일어나던 것이 갑오개혁(1894) 때 노비제는 폐지되었다.

(4) 가족제도의 변화와 혼인

① 가족제도의 변화

  ㉠ 조선 중기 … 혼인 후 남자가 여자 집에서 생활하는 경우가 있었으며 아들과 딸이 부모의 재산을 똑같이 상속받는 경우가 많았다.

  ㉡ 17세기 이후: 성리학적 의식과 예절의 발달로 부계 중심의 가족제도가 확립되었다. 제사는 반드시 장자가 지내야 한다는 의식이 확산되었고, 재산 상속에서도 큰 아들이 우대를 받았다.

  ㉢ 조선 후기: 부계 중심의 가족제도가 더욱 강화되었으며, 양자 입양이 일반화되었다.

② **가족윤리** … 효와 정절을 강조하였고, 과부의 재가는 금지되었으며, 효자와 열녀를 표창하였다.
③ **혼인풍습** … 일부일처를 기본으로 남자의 축첩이 허용되었고, 서얼의 차별이 있었다.

❷ 향촌질서의 변화

(1) 양반의 향촌지배 약화
① **양반층의 동향** … 족보의 제작 및 청금록과 향안을 작성하여 향약 및 향촌자치기구의 주도권을 장악하였다.
② **향촌지배력의 변화** … 부농층은 관권과 결탁하여 향안에 참여하고 향회를 장악하고자 하였으며 향회는 수령의 조세징수자문기구로 전락하였다.

(2) 부농층의 대두
경제적 능력으로 납속이나 향직의 매매를 통해 신분 상승을 이루고 향임을 담당하여 양반의 역할을 대체하였으며 향임직에 진출하지 못한 곳에서도 수령이나 기존의 향촌세력과 타협하여 상당한 지위를 확보하였다.

❸ 농민층의 변화

(1) 농민층의 분화
① **농민의 사회적 현실** … 농민들은 자급자족적인 생활을 하였으나, 양 난 이후 국가의 재정 파탄과 기강 해이로 인한 수취의 증가는 농민의 생활을 어렵게 하였고, 대동법과 균역법이 효과를 거두지 못하자 농민의 불만은 커져 갔다.
② **농민층의 분화** … 부농으로 성장하거나, 상공업으로 생활을 영위 및 도시나 광산의 임노동자가 되기도 했다.

(2) 지주와 임노동자
① **지주** … 광작을 하는 대지주가 등장하였으며, 재력을 바탕으로 공명첩을 사거나 족보를 위조하여 양반의 신분을 획득한 부농층이 나타났다.
② **임노동자** … 토지에서 밀려난 다수의 농민은 임노동자로 전락하였다.

④ 사회 변혁의 움직임

(1) 사회불안의 심화
정치기강이 문란해지고, 재난과 질병이 거듭되어 굶주려 떠도는 백성이 속출하였으나 지배층의 수탈은 점점 심해지면서 농민의식이 향상되어 곳곳에서 적극적인 항거운동이 발생하였다.

(2) 예언사상의 대두
비기·도참을 이용한 말세의 도래, 왕조의 교체 및 변란의 예고 등 낭설이 횡행하였으며 현세의 어려움을 미륵신앙에서 해결하려는 움직임과 미륵불을 자처하며 서민을 현혹하는 무리가 등장하였다.

(3) 천주교의 전파
① 17세기에 중국을 방문한 우리나라 사신들에 의해 서학으로 소개되었다.

② **초기 활동** … 18세기 후반 남인계열의 실학자들이 신앙생활을 하게 되었으며, 이승훈이 베이징에서 영세를 받고 돌아온 이후 신앙활동이 더욱 활발해졌다.

③ 천주교 신앙의 전개와 박해
　㉠ 초기: 제사 거부, 양반 중심의 신분질서 부정, 국왕에 대한 권위 도전을 이유로 사교로 규정하였다.
　㉡ 정조 때: 시파의 집권으로 천주교에 관대하여 큰 탄압이 없었다.
　㉢ 순조 때: 벽파의 집권으로 대탄압을 받았으며 실학자와 양반계층이 교회를 떠나게 되었다.
　㉣ 세도정치기: 탄압의 완화로 백성들에게 전파, 조선 교구가 설정되었다.

(4) 동학의 발생
① **창시** … 1860년 경주의 몰락양반 최제우가 창시하였다.

② **교리와 사상** … 신분 차별과 노비제도의 타파, 여성과 어린이의 인격 존중을 추구하였다. 유불선을 바탕으로 주문과 부적 등 민간신앙의 요소들이 결합되었고 사회모순의 극복 및 일본과 서양국가의 침략을 막아내자고 주장하였다.

③ **정부의 탄압** … 혹세무민을 이유로 최제우를 처형하였다.

(5) 농민의 항거
① **배경** … 사회 불안이 고조되자 유교적 왕도정치가 점점 퇴색되었고 탐관오리의 부정, 삼정의 문란, 극도에 달한 수령의 부정은 중앙권력과 연결되어 갈수록 심해져 갔다.

② **홍경래의 난**: 몰락한 양반 홍경래의 지휘 아래 영세농민과 중소상인, 광산노동자들이 합세하여 일으킨 봉기였으나 5개월 만에 평정되었다.

③ **임술농민봉기**(1862): 진주에서 시작되어 탐관오리와 토호가 탐학에 저항하였으며 한때 진주성을 점령하기도 하였다.

기출 예상 문제

1 삼국의 사회·문화에 관한 설명으로 가장 옳지 않은 것은?

① 고구려는 영양왕 때 이문진이 유기를 간추려 신집 5권을 편찬했다.
② 백제의 승려 원측은 당나라에 가서 유식론(唯識論)을 발전시켰다.
③ 신라의 진흥왕은 두 아들의 이름을 동륜 등으로 짓고 자신은 전륜성왕으로 자처했다.
④ 백제 말기에는 미래에 중생을 구제한다는 미륵신앙이 유행하기도 하였다.

TIP ② 원측은 7세기 신라의 승려이다.

2 〈보기〉에서 밑줄 친 '그'가 활동하던 시대상황에 대한 설명으로 가장 옳지 않은 것은?

― 보기 ―

그가 북산에서 나무하다가 공, 사노비를 불러 모아 모의하기를, "나라에서 경인, 계사년 이후로 높은 벼슬이 천한 노비에게서 많이 나왔으니, 장수와 재상이 어찌 씨가 따로 있으랴. 때가 오면 누구나 할 수 있는데, 우리들이 어찌 고생만 하면서 채찍 밑에 곤욕을 당해야 하겠는가?"라고 하니, 여러 노비들이 모두 그렇게 여겼다.

― 고려사 ―

① 최충의 9재 학당을 비롯한 사학 12도가 융성하였다.
② 경주 일대에서 고려 왕조를 부정하는 신라부흥운동이 일어났다.
③ 정혜쌍수와 돈오점수를 주장하는 수선결사운동이 전개되었다.
④ 소(所)의 거주민은 금, 은, 철 등 광업품이나 수공업 제품을 생산하여 바치기도 하였다.

TIP 고려 최씨 무신집권 초기(고려 신종, 1198) 최충헌의 노비였던 만적이 일으킨 난이다. 무신집권기에는 하극상이 빈번하여 사회가 극도로 혼란하였고, 만적을 비롯한 사노비들이 이 틈을 이용해 신분 해방 운동을 전개했지만 실패하였다. 이외에도 무신집권기에는 농민들에 대한 무신의 수탈 강화와 집권 세력의 이탈로 민생이 불안정해지자 전국에서 각종 민란이 발생하였다. 공주 명학소의 망이·망소이의 난, 운문·초전의 김사미·효심의 난 등이 대표적이다.
① 고려 문종(1046~1083)

Answer 1.② 2.①

3 발해의 사회 모습에 대한 설명으로 가장 옳지 않은 것은?

① 주민은 고구려 유민과 말갈인으로 구성되었다.
② 중앙 문화는 고구려 문화를 바탕으로 당의 문화가 가미된 형태를 보였다.
③ 당, 신라, 거란, 일본 등과 무역하였는데, 대신라 무역의 비중이 가장 컸다.
④ 유학 교육기관인 주자감을 설치하여 귀족 자제에게 유교 경전을 가르쳤다.

> **TIP** ③ 발해의 대외 무역에 있어 가장 비중이 큰 나라는 당이었다. 발해 건국 초기에는 일본과 교류하며 신라를 견제하고자 하였다. 하지만 이후 발해는 신라도를 통해 신라와 교류하였다.

4 다음 글을 지은 사람들의 공통점으로 옳은 것은?

> (가) 낭혜화상백월보광탑비문(朗慧和尙白月葆光塔碑文)
> (나) 대견훤기고려왕서(代甄萱寄高麗王書)
> (다) 낭원대사오진탑비명(朗圓大師悟眞塔碑銘)

① 골품제를 비판하고 호족 억압을 주장하였다.
② 국립 교육기관인 태학(太學)에서 공부하였다.
③ 신라뿐만 아니라 고려왕조에서도 벼슬하였다.
④ 당나라에 유학하여 빈공과(賓貢科)에 급제하였다.

> **TIP** (가) 최치원, (나) 최승우, (다) 최언위의 글이다.
> ④ 최치원, 최승우, 최언위는 신라 3최로 6두품 출신의 학자이다. 당나라에 유학하여 빈공과에 급제하였다.

Answer 3.③ 4.④

5 다음과 같은 풍속이 행해진 국가의 사회모습에 대한 설명으로 옳지 않은 것은?

> 그 풍속에 혼인을 할 때 구두로 이미 정해지면 여자의 집에는 대옥(大屋) 뒤에 소옥(小屋)을 만드는데, 이를 서옥(婿屋)이라고 한다. 저녁에 사위가 여자의 집에 이르러 문밖에서 자신의 이름을 말하고 꿇어 앉아 절하면서 여자와 동숙하게 해줄 것을 애걸한다. 이렇게 두세 차례 하면 여자의 부모가 듣고는 소옥에 나아가 자게 한다. 그리고 옆에는 전백(錢帛)을 놓아둔다.
>
> ―「삼국지」「동이전」―

① 고국천왕 사후, 왕비인 우씨와 왕의 동생인 산상왕과의 결합은 취수혼의 실례를 보여준다.
② 계루부 고씨의 왕위계승권이 확립된 이후 연나부 명림씨 출신의 왕비를 맞이하는 관례가 있었다.
③ 관나부인(貫那夫人)이 왕비를 모함하여 죽이려다가 도리어 자기가 질투죄로 사형을 받았다.
④ 김흠운의 딸을 왕비로 맞이하는 과정은 국왕이 중국식 혼인 제도를 수용했다는 사실을 알려주고 있다.

TIP ④ 신라와 관련된 내용으로 옳지 않다.
①②③ 고구려와 관련된 내용으로 위의 제시문(고구려의 데릴사위제)에 나와 있는 국가의 사회 모습과 일치한다.

6 다음으로 인하여 나타난 변화로 옳은 것은?

> • 조선 후기 이앙법이 전국적으로 시행되면서 광작이 가능해졌으며, 경영형 부농이 등장하였다.
> • 대동법의 시행으로 도고가 성장하였으며, 상업자본이 축적되었다.

① 정부의 산업 주도 ② 양반의 지위 하락
③ 신분구조의 동요 ④ 국가 재정의 확보

TIP 조선 후기에 이르러 경제상황의 변동으로 부를 축적한 상민들이 신분을 매매하여 양반이 되는 등 신분제의 동요가 발생하였다.

Answer 5.④ 6.③

7 다음 글을 남긴 국왕의 재위 기간에 일어난 사실로 옳은 것은?

> 보잘 것 없는 나, 소자가 어린 나이로 어렵고 큰 유업을 계승하여 지금 12년이나 되었다. 그러나 나는 덕이 부족하여 위로는 천명(天命)을 두려워하지 못하고 아래로는 민심에 답하지 못하였으므로, 밤낮으로 잊지 못하고 근심하며 두렵게 여기면서 혹시라도 선대왕께서 물려주신 소중한 유업이 잘못되지 않을까 걱정하였다. 그런데 지난번 가산(嘉山)의 토적(土賊)이 변란을 일으켜 청천강 이북의 수많은 생령이 도탄에 빠지고 어육(魚肉)이 되었으니 나의 죄이다.
>
> —「비변사등록」—

① 최제우가 동학을 창도하였다.
② 공노비 6만 6천여 명을 양인으로 해방시켰다.
③ 미국 상선 제너럴셔먼호가 격침되었다.
④ 삼정 문제를 해결하기 위해 삼정이정청을 설치하였다.

TIP ② 위의 글은 1811년(순조 12) 12월부터 이듬해 4월까지 약 5개월 동안 일어난 홍경래의 난에 대한 내용으로 순조는 1801년(순조 1)에 궁방과 관아에 예속되어 있던 공노비를 혁파하였다.

8 다음의 자료에 나타난 나라에 대한 설명으로 옳은 것은?

> 큰 산과 깊은 골짜기가 많고 평원과 연못이 없어서 계곡을 따라 살며 골짜기 물을 식수로 마셨다. 좋은 밭이 없어서 힘들여 일구어도 배를 채우기는 부족하였다.
>
> — 삼국지 동이전 —

① 국동대혈에서 제사를 지내는 의례가 있었다.
② 가족 공동의 무덤인 목곽에 쌀을 부장하였다.
③ 특산물로는 단궁·과하마·반어피 등이 유명하였다.
④ 남의 물건을 훔쳤을 때에는 50만 전을 배상토록 하였다.

TIP ① 고구려 ② 옥저 ③ 동예 ④ 고조선

Answer 7.② 8.①

9 조선 전기의 상업 활동에 대한 설명으로 옳은 것은?

① 공인(貢人)의 활동이 활발해졌다.
② 시전이 도성 내 특정 상품 판매의 독점권을 보장받기도 하였다.
③ 개성의 송상, 의주의 만상은 대외 무역을 통해 대상인으로 성장하였다.
④ 경강상인들은 경강을 중심으로 매점 활동을 통해 부유한 상업 자본가로 성장하였다.

TIP ①③④ 조선 후기의 상업 활동에 대한 설명이다.
※ 조선 전기의 상업 활동
㉠ 통제 경제와 시장 경제를 혼합한 형태로 장시의 전국적 확산과 대외무역에서 사무역이 발달하였다.
㉡ 지주제의 발달, 군역의 포납화, 농민층의 분화와 상인 증가, 방납의 성행 등으로 장시와 장문이 발달하게 되었다.
㉢ 시정세, 궁중과 부중의 관수품조달 등의 국역을 담당하는 대가로 90여종의 전문적인 특정 상품에 대한 독점적 특권을 차지한 어용상인인 시전이 발달하였다.
㉣ 5일 마다 열리는 장시에서 농산물, 수공업제품, 수산물, 약제 같은 것을 종·횡적으로 유통시키는 보부상이 등장하였다.

10 다음의 내용과 관련 있는 것은?

> 향촌의 덕망있는 인사들로 구성되어 지방민의 자치를 허용하고 자율적인 규약을 만들었고, 중집권과 지방자치는 효율적으로 운영하였다.
>
> ㉠ 승정원　　　　　　　　　㉡ 유향소
> ㉢ 홍문관　　　　　　　　　㉣ 경재소

① ㉠㉡　　　　　　　　　　② ㉡㉣
③ ㉠㉢　　　　　　　　　　④ ㉠㉣

TIP ㉡ **유향소**: 수령을 보좌하고 향리를 감찰하며, 향촌사회의 풍속을 교정하기 위한 기구이다.
㉣ **경재소**: 중앙정부가 현직 관료로 하여금 연고지의 유향소를 통제하게 하는 제도로서, 중앙과 지방의 연락업무를 맡거나 수령을 견제하는 역할을 하였다.

Answer 9.② 10.②

11 다음에 해당하는 세력에 대한 설명으로 옳은 것은?

> 경제력을 토대로 과거를 통해 관계에 진출한 향리출신자들이다. 이들은 사전의 폐단을 지적하고, 권문세족과 대립하였으며 구질서와 여러 가지 모순을 비판하고 전반적인 사회개혁과 문화혁신을 추구하였다. 이들은 온건파와 급진파로 나뉘는데 조선건국을 도운 급진파가 조선의 지배층이 되었다.

① 자기 근거지에 성을 쌓고 군대를 보유하여 스스로 성주 혹은 장군이라 칭하면서, 그 지방의 행정권과 군사권을 장악하였을 뿐 아니라 경제적 지배력도 행사하였다.
② 원간섭기 이후 중류층 이하에서 전공을 세우거나 몽고귀족과의 혼인을 통해서 정계의 요직을 장악하고, 음서로서 신분을 유지하고 광범위한 농장을 소유하였다.
③ 6두품과 호족들이 중앙으로 진출하여 결혼을 통하여 거대한 가문을 이루고 관직을 독점하며 각종 특권을 누렸다.
④ 하급 관리나 향리의 자제 중 과거를 통해 벼슬에 진출하고 성리학을 공부하고 유교적 소양을 갖추고 행정 실무에도 밝은 학자 출신 관료이다.

TIP 신진사대부 … 경제력을 토대로 과거를 통해 관계에 진출한 향리출신자들이다. 사전의 폐단을 지적하고, 권문세족과 대립하였으며 구질서와 여러 가지 모순을 비판하고 전반적인 사회개혁과 문화혁신을 추구하였다.
① 호족 ② 권문세족 ③ 문벌귀족 ④ 신진사대부

12 다음 중 조선시대의 신분제도에 대한 설명으로 옳은 것은?

① 양반은 과거가 아니면 관직에 진출할 수 없었다.
② 농민은 법제적으로는 관직에 진출하는 것이 가능하였다.
③ 향리는 과거를 통하여 문반직에 오를 수 있었고, 지방의 행정실무를 담당하였다.
④ 서얼도 문과에 응시할 수 있었다.

TIP 조선의 신분제 … 법제적으로 양천제를 채택하였지만, 실제로는 양반, 중인, 상민, 노비의 네 계층으로 분화되어 있었다. 양인은 직업에 따른 권리와 의무에 차등이 있었다. 농민은 과거응시권이 있었으나, 공인과 상인은 불가능 하였다. 과거의 응시제한계층은 공인, 상인, 승려, 천민, 재가녀의 자, 탐관오리의 자손, 국사범의 자손, 전과자 등이었다.

Answer 11.④ 12.②

13 다음에 대한 설명으로 옳지 않은 것은?

> 국가가 필요로 하는 인재를 육성하려는 목적으로 조직되어 조직 내에서 일체감을 갖고 활동하면서 교육적·수양적·사교적·군사적·종교적 기능도 가지고 있다.

① 귀족들로 구성되어 국왕과 귀족 간의 권력을 중재하는 기능을 담당하였다.
② 계층 간의 대립과 갈등을 조절·완화하는 기능을 하였다.
③ 진흥왕은 보기의 활동을 장려하여 조직이 확대되었다.
④ 제천의식을 통하여 협동과 단결 정신을 기르고 심신을 연마하였다.

TIP 화랑도는 귀족 출신의 화랑과 평민 출신의 낭도로 구성되어 계급 간의 대립과 갈등을 조절하고 완화하는 기능을 하였다.

14 다음 중 신라 하대의 6두품의 성향으로 옳은 것은?

① 각 지방에서 반란을 일으켰다.
② 새로운 정치 질서의 수립을 시도하지만 탄압과 배척을 당하자 점차 반신라적 경향으로 바뀌었다.
③ 화백회의의 기능을 강화시켰다.
④ 진골에 대항하여 왕권과 결탁하였다.

TIP 6두품의 성향

신라 중대	신라 하대
• 진골귀족에 대항하여 왕권과 결탁 • 학문적 식견과 실무능력을 바탕으로 국왕 보좌 • 집사부 시중 등 관직을 맡으며 정치적으로 진출 • 행정실무 담당	• 중앙권력에서 배제 • 호족과 연결 • 합리적인 유교이념을 내세움 • 개혁이 거부되자 반신라적 경향으로 바뀜 • 선종의 등장에 주된 역할을 함

Answer 13.① 14.②

05 민족문화의 발달

01 고대의 문화

❶ 학문과 사상·종교

(1) 한자의 보급과 교육

① 한자의 전래 … 한자는 철기시대부터 지배층을 중심으로 사용되었다가 삼국시대에는 이두·향찰이 사용되었다.

② 교육기관의 설립과 한자의 보급
  ㉠ 고구려 : 태학(수도)에서는 유교경전과 역사서를 가르쳤으며 경당(지방)에서는 청소년에게 한학과 무술을 가르쳤다.
  ㉡ 백제 : 5경 박사·의박사·역박사에서는 유교경전과 기술학 등을 가르쳤으며, 사택지적 비문에는 불당을 세운 내력을 기록하고 있다.
  ㉢ 신라 : 임신서기석을 통해 청소년들이 유교경전을 공부하였던 사실을 알 수 있다.

③ 유학의 교육
  ㉠ 삼국시대 : 학문적으로 깊이 있게 연구된 것이 아니라, 충·효·신 등의 도덕규범을 장려하는 정도였다.
  ㉡ 통일신라 : 신문왕 때 국학이라는 유학교육기관을 설립하였고, 경덕왕 때는 국학을 태학이라고 고치고 박사와 조교를 두어 논어와 효경 등 유교경전을 가르쳤으며, 원성왕 때 학문과 유학의 보급을 위해 독서삼품과를 마련하였다.
  ㉢ 발해 : 주자감을 설립하여 귀족 자제들에게 유교경전을 교육하였다.

(2) 역사 편찬과 유학의 보급

① 삼국시대 … 학문이 점차 발달되고 중앙집권적 체제가 정비됨에 따라 왕실의 권위를 높이고 백성들의 충성심을 모으기 위해 편찬 하였으며 고구려에는 유기, 이문진의 신집 5권, 백제에는 고흥의 서기, 신라에는 거칠부의 국사가 있다.

② 통일신라
  ㉠ 김대문 : 화랑세기, 고승전, 한산기를 저술하여 주체적인 문화의식을 드높였다.

ⓒ 6두품 유학자: 강수(외교문서를 잘 지은 문장가)나 설총(화왕계 저술)이 활약하여 도덕적 합리주의를 제시하였다.
  ⓓ 도당 유학생: 김운경, 최치원이 다양한 개혁안을 제시하였다. 특히 최치원은 당에서 빈공과에 급제하고 계원필경 등 뛰어난 문장과 저술을 남겼으며, 유학자이면서도 불교와 도교에 조예가 깊었다.
③ 발해 … 당에 유학생을 파견하였고 당의 빈공과에 급제한 사람도 여러 명 나왔다.

(3) 불교의 수용

① 수용 … 고구려는 소수림왕(372), 백제는 침류왕(384), 신라는 법흥왕(527) 때 수용되었다.

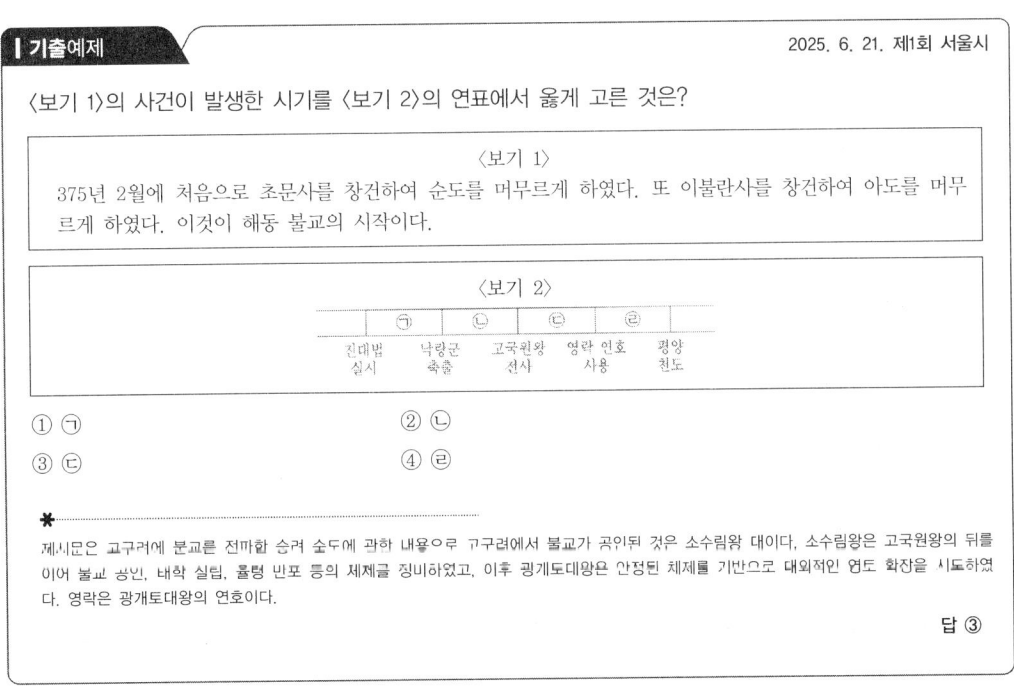

② 불교의 영향
  ⓐ 새로운 국가정신의 확립과 왕권 강화의 결과를 가져왔다.
  ⓑ 신라 시대의 불교는 업설, 미륵불신앙이 중심교리로 발전하였다.

(4) 불교사상의 발달

① 원효 … 불교의 사상적 이해기준을 확립시켰고(금강삼매경론, 대승기신론소), 종파 간의 사상적인 대립을 극복하고 조화시키려 애썼으며, 불교의 대중화에 이바지하였다(아미타신앙).

② 의상 … 화엄일승법계도를 통해 화엄사상을 정립하였고, 현세에서 고난을 구제한다는 관음사상을 외치기도 하였다.

③ 혜초 … 인도에 가서 불교를 공부하였으며, 왕오천축국전을 저술하기도 하였다.

(5) 선종과 풍수지리설

① 선종 … 참선을 중시했고 실천적 경향이 강하였으며, 호족세력과 결합하였다.

② 풍수지리설 … 신라말기의 도선과 같은 선종 승려들이 중국에서 풍수지리설을 들여왔다.
   ㉠ 성격 : 도읍, 주택, 묘지 등을 선정하는 인문지리적 학설을 말하며, 도참사상과 결합하기도 하였다.
   ㉡ 국토를 지방 중심으로 재편성하는 주장으로 발전하였다.

❷ 과학기술의 발달

(1) 천문학과 수학

① 천문학의 발달 … 농경과 밀접한 관련이 있었으며, 고구려의 천문도·고분벽화, 신라의 천문대를 통해 천문학이 발달했음을 알 수 있다.

② 수학의 발달 … 수학적 지식을 활용한 조형물을 통해 높은 수준으로 발달했음을 알 수 있다.
   ㉠ 고구려 : 고분의 석실과 천장의 구조
   ㉡ 백제 : 정림사지 5층 석탑
   ㉢ 신라 : 황룡사지 9층 목탑, 석굴암의 석굴구조, 불국사 3층 석탑, 다보탑

(2) 목판인쇄술과 제지술의 발달

① 배경 … 불교의 발달로 불경의 대량인쇄를 위해 목판인쇄술과 제지술이 발달하였다.

② 무구정광대다라니경 … 세계에서 가장 오래된 목판인쇄물이며, 닥나무 종이를 사용하였다.

(3) 금속기술의 발달

① 고구려 … 철의 생산이 중요한 국가적 산업이었으며, 우수한 철제 무기와 도구가 출토되었다. 고분벽화에는 철을 단련하고 수레바퀴를 제작하는 기술자의 모습이 묘사되어 있다.

② 백제 … 금속공예기술이 발달하였다(칠지도, 백제 금동대향로).

③ 신라 … 금세공기술이 발달하고(금관), 금속주조기술도 발달하였다(성덕대왕 신종).

(4) 농업기술의 혁신

① 철제 농기구의 보급으로 농업생산력이 증가하였다.

② 삼국의 농업기술 … 쟁기, 호미, 괭이 등의 농기구가 보급되어 농업 생산이 증가되었다.

③ 고대인의 자취와 멋

(1) 고분과 고분벽화

① **고구려** … 초기에는 돌무지무덤으로, 장군총이 대표적이며 후기에는 굴식 돌방무덤으로 무용총(사냥그림), 강서대묘(사신도), 쌍영총, 각저총(씨름도) 등이 대표적이다.

② **백제** … 한성시대에는 계단식 돌무지무덤으로서 서울 석촌동에 있는 무덤은 고구려 초기의 고분과 유사하며 웅진시대에는 굴식 돌방무덤과 벽돌무덤이 유행하였다. 사비시대에는 규모는 작지만 세련된 굴식 돌방무덤을 만들었다.

③ **신라** … 거대한 돌무지 덧널무덤을 만들었으며, 삼국통일 직전에는 굴식 돌방무덤도 만들었다.

④ **통일신라** … 굴식 돌방무덤과 화장이 유행하였으며, 둘레돌에 12지 신상을 조각하였다.

⑤ **발해** … 정혜공주묘(굴식 돌방무덤 · 모줄임 천장구조), 정효공주묘(묘지 · 벽화)가 유명하다.

(2) 건축과 탑

① **삼국시대**
　㉠ 사원 : 신라의 황룡사는 진흥왕의 팽창의지를 보여주고, 백제의 미륵사는 무왕이 추진한 백제의 중흥을 반영하는 것이다.
　㉡ 탑 : 불교의 전파와 함께 부처의 사리를 봉안하여 예배의 주대상으로 삼았다.
　　• 고구려 : 주로 목탑 건립(현존하는 것은 없음)
　　• 백제 : 목탑형식의 석탑인 익산 미륵사지 석탑, 부여 정림사지 5층 석탑
　　• 신라 : 몽고의 침입 때 소실된 황룡사 9층 목탑과 벽돌모양의 석탑인 분황사탑

② **통일신라**
　㉠ 건축 : 불국토의 이상을 조화와 균형감각으로 표현한 사원인 불국사, 석굴암 및 인공 연못인 안압지는 화려한 귀족생활을 보여 준다.
　㉡ 탑 : 감은사지 3층 석탑, 불국사 석가탑, 양양 진전사지 3층 석탑이 있다.
　㉢ 승탑과 승비 : 신라 말기에 선종이 유행하면서 승려들의 사리를 봉안하는 승탑과 승비가 유행하였다.

③ **발해** … 외성을 쌓고, 주작대로를 내고, 그 안에 궁궐과 사원을 세웠다.

(3) 불상 조각과 공예

① **삼국시대** … 불상으로는 미륵보살반가상을 많이 제작하였다. 그 중에서도 금동미륵보살반가상은 날씬한 몸매와 자애로운 미소로 유명하다.

② **통일신라**
　㉠ 석굴암의 본존불과 보살상 : 사실적 조각으로 불교의 이상세계를 구현하는 것이다.

ⓒ 조각 : 태종 무열왕릉비의 받침돌, 불국사 석등, 법주사 쌍사자 석등이 유명하다.
ⓒ 공예 : 상원사 종, 성덕대왕 신종 등이 유명하다.

③ 발해
　㉠ 불상 : 흙을 구워 만든 불상과 부처 둘이 앉아 있는 불상이 유명하다.
　㉡ 조각 : 벽돌과 기와무늬, 석등이 유명하다.
　㉢ 공예 : 자기공예가 독특하게 발전하였고 당에 수출하기도 했다.

(4) 글씨 · 그림과 음악
① 서예 … 광개토대왕릉 비문(웅건한 서체), 김생(독자적인 서체)이 유명하다.
② 그림 … 천마도(신라의 힘찬 화풍), 황룡사 벽에 그린 소나무 그림(솔거)이 유명하다.
③ 음악과 무용 … 신라의 백결선생(방아타령), 고구려의 왕산악(거문고), 가야의 우륵(가야금)이 유명하다.

④ 일본으로 건너간 우리 문화

(1) 삼국문화의 일본 전파
① **백제** … 아직기는 한자 교육, 왕인은 천자문과 논어 보급, 노리사치계는 불경과 불상을 전래하였다.
② **고구려** : 담징(종이 먹의 제조방법을 전달, 호류사 벽화), 혜자(쇼토쿠 태자의 스승), 혜관(불교 전파)을 통해 문화가 전파되었다.
③ **신라** … 축제술과 조선술을 전해주었다.
④ 삼국의 문화는 야마토 정권과 아스카 문화의 형성에 큰 영향을 주었다.

(2) 일본으로 건너간 통일신라 문화
① 원효, 강수, 설총이 발전시킨 유교와 불교문화는 일본 하쿠호문화의 성립에 기여하였다.
② 심상에 의하여 전해진 화엄사상은 일본 화엄종의 토대가 되었다.

02 중세의 문화

❶ 유학의 발달과 역사서의 편찬

(1) 유학의 발달

① 고려 초기의 유학 … 유교주의적 정치와 교육의 기틀이 마련되었다.
　㉠ 태조 때 : 신라 6두품 계열의 유학자들이 활약하였다.
　㉡ 광종 때 : 유학에 능숙한 관료를 등용하는 과거제도를 실시하였다.
　㉢ 성종 때 : 최승로의 시무 28조를 통해 유교적 정치사상이 확립되고 유학교육기관이 정비되었다.

② 고려 중기 … 문벌귀족사회의 발달과 함께 유교사상이 점차 보수적 성격을 띠게 되었다.
　㉠ 최충 : 9재학당 설립, 훈고학적 유학에 철학적 경향을 가미하기도 하였다.
　㉡ 김부식 : 보수적이고 현실적인 성격의 유학을 대표하였다.

(2) 교육기관

① 초기(성종) … 지방에는 지방관리와 서민의 자제를 교육시키는 향교를, 중앙에는 국립대학인 국자감이 설치되었다.

② 중기
　㉠ 최충의 9재 학당 등의 사학 12도가 융성하여 관학이 위축되었다.
　㉡ 관학진흥책 : 7재 개설 및 서적포, 양현고, 정연각을 설치하였고, 개성에서는 경사 6학과 향교를 중심으로 지방교육을 강화시켰다.

③ 후기 … 교육재단인 섬학전을 설치하고, 국자감을 성균관으로 개칭하였으며, 공민왕 때에는 성균관을 순수 유교교육기관으로 개편하였다.

(3) 역사서의 편찬

① 삼국사기(김부식) … 기전체로 서술되었고, 신라 계승의식과 유교적 합리주의 사관이 짙게 깔려 있다.

② 해동고승전(각훈) … 삼국시대의 승려 30여명의 전기를 수록하였다.

③ 동명왕편(이규보) … 고구려 동명왕의 업적을 칭송한 영웅 서사시로서, 고구려 계승의식을 반영하고 고구려의 전통을 노래하였다.

④ 삼국유사(일연) … 단군의 건국 이야기를 수록하였고, 불교사를 중심으로 서술되었다.

⑤ **제왕운기**(이승휴) … 우리나라 역사를 단군으로부터 서술하면서 우리 역사를 중국사와 대등하게 파악하려 하였다.

(4) 성리학의 전래

① **성리학** … 송의 주희가 집대성한 성리학은 인간의 심성과 우주의 원리문제를 철학적으로 탐구하는 신유학이었다.

② **영향**
  ㉠ 현실 사회의 모순을 시정하기 위한 개혁사상으로 신진사대부들은 성리학을 수용하게 되었다.
  ㉡ 권문세족과 불교의 폐단을 비판하였다(정도전의 불씨잡변).
  ㉢ 국가사회의 지도이념이 불교에서 성리학으로 바뀌게 되었다.

❷ 불교사상과 신앙

(1) 불교정책

① **태조** … 훈요 10조에서 불교를 숭상하고, 연등회와 팔관회 등 불교행사를 개최하였다.

② **광종** … 승과제도, 국사·왕사제도를 실시하였다.

③ **사원** … 국가가 토지를 지급했으며, 승려에게 면역의 혜택을 부여하였다.

(2) 불교통합운동과 천태종

① **화엄종, 법상종 발달** … 왕실과 귀족의 지원을 받았다.

② **천태종** … 대각국사 의천이 창시하였다.
  ㉠ 교단통합운동 : 화엄종 중심으로 교종통합, 선종의 통합을 위해 국청사를 창건하여 천태종을 창시하였다.
  ㉡ 교관겸수 제창 : 이론의 연마와 실천을 강조하였다.

> **기출예제**　　　　　　　　　　　　　　　　　　　　　　　　　2025. 4. 5. 국가직
>
> 밑줄 친 '그'에 대한 설명으로 옳은 것은?
>
> > 그는 문종의 넷 아들째인데, 출가하여 승려가 되었다. 송나라로 유학을 가서 화엄학과 천태학을 공부하였다. 이후 천태학을 부흥시켜 천태종을 창립하였다.
>
> ① 유·불 일치설을 주장하였다.
> ② 백련사에서 결사를 조직하였다.
> ③ 정혜쌍수의 수행법을 제시하였다.
> ④ 『신편제종교장총록』을 편찬하였다.
>
> ✱ ─────────────────
> 제시문의 인물은 고려 승려 의천이다. 의천은 천태종을 창시하였고 불교의 분열을 막고자 교선통합을 주장하였다. 또한 의천은 속장경 간행을 위해 교장도감을 설치하고 송과 요, 일본의 불교 자료를 수집하여 『신편제종교장총록』을 편찬하였다.
> ① 혜심
> ② 지눌
> ③ 요세
>
> 답 ④

③ 무신집권 이후의 종교운동

　㉠ **지눌** : 당시 불교계의 타락을 비판하고, 조계종 중심의 선·교 통합, 돈오점수·정혜쌍수를 제창하였다.

　㉡ **혜심** : 유불일치설을 주장하고 심성의 도야를 강조하였다.

(3) 대장경 간행

① **초조대장경** … 현종 때 거란의 퇴치를 염원하며 간행하였으나 몽고의 침입으로 소실되었다.

② **속장경(의천)** … 교장도감을 설치하여 속장경을 간행하였는데, 몽고 침입시 소실되었다.

③ **팔만대장경(재조대장경)** … 대장도감을 설치하여 부처의 힘으로 몽고의 침입을 극복하고자 하였다.

(4) 도교와 풍수지리설

① **도교** … 국가의 안녕과 왕실의 번영을 기원하였는데 교단이 성립되지 못하여 민간신앙으로 전개되었다.

② **풍수지리설** … 서경천도와 북진정책 추진의 이론적 근거가 되었으며, 개경세력과 서경세력의 정치적 투쟁에 이용되어 묘청의 서경천도운동을 뒷받침하기도 하였다.

❸ 과학기술의 발달

(1) 천문학과 의학
① **천문학** … 사천대를 설치하여 관측업무를 수행하였고, 당의 선명력이나 원의 수시력 등 역법을 수용하였다.

② **의학** … 태의감에서 의학을 교육하였고, 의과를 시행하였으며, 향약구급방과 같은 자주적 의서를 편찬하였다.

(2) 인쇄술의 발달
① **목판인쇄술** … 대장경을 간행하였다.

② **금속활자인쇄술** … 직지심체요절(1377)은 현존하는 세계 최고(最古)의 금속 활자본이다.

③ **제지술의 발달** … 닥나무의 재배를 장려하고, 종이 제조의 전담관서를 설치하여 우수한 종이를 제조하여 중국에 수출하기도 하였다.

(3) 농업기술의 발달
① **권농정책** … 농민생활의 안정과 국가재정의 확보를 위해 실시하였다.

② **농업기술의 발달**
　㉠ 토지의 개간과 간척: 묵은땅, 황무지, 산지 등을 개간하였으며 해안지방의 저습지를 간척하였다.
　㉡ 수리시설의 개선: 김제의 벽골제와 밀양의 수산제를 개축하였다.
　㉢ 농업기술의 발달: 1년 1작이 기본이었으며 논농사의 경우는 직파법을 실시하였으나, 말기에 남부 일부 지방에 이앙법이 보급되어 실시되기도 하였다. 밭농사는 2년 3작의 윤작법과 우경에 의한 깊이갈이가 보급되어 휴경기간의 단축과 생산력의 증대를 가져왔다.
　㉣ 농서의 도입: 이암은 원의 농상집요를 소개·보급하였다.

(4) 화약무기의 제조와 조선기술
① 최무선은 화통도감을 설치하여 화약과 화포를 제작하였고 진포싸움에서 왜구를 격퇴하였다.

② 대형 범선이 제조되었고 대형 조운선이 등장하였다.

④ 귀족문화의 발달

(1) 문학의 성장
① 전기
   ㉠ 한문학 : 광종 때부터 실시한 과거제로 한문학이 크게 발달하였고, 성종 이후 문치주의가 성행함에 따라 한문학은 관리들의 필수교양이 되었다.
   ㉡ 향가 : 균여의 보현십원가가 대표적이며, 향가는 점차 한시에 밀려 사라지게 되었다.
② 중기 ··· 당의 시나 송의 산문을 숭상하는 풍조가 나타났다.
③ 무신집권기 ··· 현실도피적 경향의 수필문학(임춘의 국순전, 이인로의 파한집)이 유행하였다.
④ 후기 ··· 신진사대부와 민중이 주축이 되어 수필문학, 패관문학, 한시가 발달하였으며, 사대부문학인 경기체가 및 서민의 감정을 자유분방하게 표현한 속요가 유행하였다.

(2) 건축과 조각
① 건축 ··· 궁궐과 사원이 중심이 되었으며, 주심포식 건물(안동 봉정사 극락전, 영주 부석사 무량수전, 예산 수덕사 대웅전)과 다포식 건물(사리원 성북사 응진전)이 건축되었다.
② 석탑 ··· 신라 양식을 계승하였으나 독자적인 조형감각을 가미하여 다양한 형태로 제작되었다(불일사 5층 석탑, 월정사 팔각 9층 석탑, 경천사 10층 석탑).
③ 승탑 ··· 선종의 유행과 관련이 있다(고달사지 승탑, 법천사 지광국사 현묘탑).
④ 불상 ··· 균형을 이루지 못하여 조형미가 다소 부족한 것이 많았다(광주 춘궁리 철불, 관촉사 석조 미륵보살 입상, 안동 이천동 석불, 부석사 소조아미타여래 좌상).

(3) 청자와 공예
① 자기공예 ··· 상감청자가 발달하였다.
② 금속공예 ··· 은입사 기술이 발달하였다(청동 은입사 포류수금문 정병, 청동향로).
③ 나전칠기 ··· 경함, 화장품갑, 문방구 등이 현재까지 전해진다.

(4) 글씨·그림과 음악
① 서예 ··· 전기에는 구양순체가 유행했으며 탄연의 글씨가 뛰어났고, 후기에는 송설체가 유행했으며, 이암이 뛰어났다.
② 회화 ··· 전기에는 예성강도, 후기에는 사군자 중심의 문인화가 유행하였다.

③ 음악
  ㉠ 아악 : 송에서 수입된 대성악이 궁중음악으로 발전된 것이다.
  ㉡ 향악(속악) : 우리 고유의 음악이 당악의 영향을 받아 발달한 것으로 동동·대동강·한림별곡이 유명하다.

03 근세의 문화

❶ 민족문화의 융성

(1) 한글의 창제
① 배경 … 한자음의 혼란을 방지하고 피지배층에 대한 도덕적인 교화에 목적이 있었다.
② 보급 … 용비어천가·월인천강지곡 등을 제작하고, 불경, 농서, 윤리서, 병서 등을 간행하였다.

(2) 역사서의 편찬
① 건국 초기 … 왕조의 정통성을 확보하고 성리학적 통치규범을 정착시키기 위한 것이었다. 정도전의 고려국사와 권근의 동국사략이 대표적이다.
② 15세기 중엽 … 고려역사를 자주적 입장에서 재정리하였고 고려사, 고려사절요, 동국통감이 간행되었다.
③ 16세기 … 사림의 정치·문화 의식을 반영하였고, 박상의 동국사략이 편찬되었다.
④ 실록의 편찬 … 국왕 사후에 실록청을 설치하여 편찬하였다.

(3) 지리서의 편찬
① 목적 … 중앙 집권과 국방 강화를 위하여 지리지와 지도의 편찬에 힘썼다.
② 지도 … 혼일강리역대국도지도, 팔도도, 동국지도, 조선방역지도 등이 있다.
③ 지리지 … 신찬팔도지리지, 동국여지승람, 신증동국여지승람, 해동제국기 등이 있다.

(4) 윤리·의례서와 법전의 편찬
① 윤리·의례서 … 유교적인 사회질서 확립을 위해 편찬하였으며, 삼강행실도, 이륜행실도, 동몽수지 등의 윤리서와 의례서로는 국조오례의가 있다.
② 법전의 편찬
  ㉠ 초기 법전 : 정도전의 조선경국전, 경제문감, 조준의 경제육전이 편찬되었다.

ⓒ 경국대전 : 구성된 법전으로 유교적 통치 질서와 문물제도가 완성되었음을 의미한다.

② 성리학의 발달

(1) 조선 초의 성리학
① 관학파(훈구파) … 정도전, 권근 등의 관학파는 다양한 사상과 종교를 포용하고, 주례를 중시하였다.
② 사학파(사림파) … 길재 등은 고려말의 온건개혁파를 계승하여 교화에 의한 통치를 강조하였고, 성리학적 명분론을 중시하였다.

(2) 성리학의 융성
① 이기론의 발달
　㉠ 주리론 : 기(氣)보다는 이(理)를 중심으로 이론을 전개하였다.
　㉡ 주기론 : 이(理)보다는 기(氣)를 중심으로 세계를 이해하였다.
② 성리학의 정착
　㉠ 이황
　　• 인간의 심성을 중시하였고, 근본적이며 이상주의적 성격이 강하였다.
　　• 주자서절요, 성학십도 등을 저술하여 이기이원론을 더욱 발전시켜 주리철학을 확립하였다.

기출예제　　　　　　　　　　　　　　　　　　　2025. 6. 21. 제1회 지장빅

(가) 인물에 대한 설명으로 옳은 것은?

> (가) 은/는 삼가 두 번 절하고 아뢰옵니다. … (중략) … 성학(聖學)에는 강령이 있고, 심법(心法)에는 지극히 요긴한 것이 있습니다. … (중략) … 이것을 합하여 『성학십도』를 만들어서 각 그림 아래에 또한 외람되게 신의 의견을 덧붙여서 조심스럽게 꾸며 올립니다.

① 한전론을 주장하여 토지 소유를 균등하게 하려고 하였다.
② (가)의 학문은 김장생 등에게 이어져 기호학파가 형성되었다.
③ (가)의 학문은 유성룡 등에게 이어져 영남학파가 형성되었다.
④ 여전제를 주장하여 토지를 마을 단위로 공동소유하게 하였다.

★
제시문의 인물은 이황이다. 이황은 조선 성리학을 체계화한 인물로 주리론을 주장하며 『성학십도』를 편찬하였다. 이황의 학문적 정통성을 계승한 학자들을 중심으로 영남학파가 형성되었으며 붕당정치의 중심이 되었다.
① 이익　② 이이　④ 정약용

답 ③

ⓒ 이이
- 기를 강조하여 일원론적 이기이원론을 주장하였으며 현실적이고 개혁적인 성격이 강하였다.
- 동호문답, 성학집요 등을 저술하였다.

(3) 학파의 형성과 대립

① 동인
  ㉠ 남인 : 이황학파, 서인과 함께 인조반정에 성공하였다.
  ㉡ 북인 : 서경덕학파, 조식학파, 광해군 때 사회개혁을 추진하였다.

② 서인 … 이이학파 · 성혼학파로 나뉘고, 인조반정으로 집권하였으며, 송시열 이후 척화론과 의리명분론을 강조하였다.

(4) 예학의 발달

① 성격 … 유교적 질서를 유지하였고, 예치를 강조하였다.

② 영향 … 각 학파 간 예학의 차이가 예송논쟁을 통해 표출되었다.

❸ 불교와 민간신앙

(1) 불교의 정비

① 불교 정책 … 사원의 토지와 노비를 회수하고, 사찰 및 승려 수를 제한하였으며, 도첩제를 실시하였다.

② 정비과정 … 선 · 교 양종에 모두 36개 절만 인정하였고, 사람들의 적극적인 불교비판으로 불교는 산속으로 들어가게 되었다.

(2) 도교와 민간신앙

① 도교 … 소격서를 설치하고 참성단에서 일월성신에 대해 제사를 지내는 초제를 시행하였다.

② 풍수지리설과 도참사상 … 한양 천도에 반영되었고, 산송문제를 야기하기도 하였다.

③ 민간신앙 … 무격신앙, 산신신앙, 삼신숭배, 촌락제가 성행하게 되었다.

④ 과학기술의 발달

(1) 천문 · 역법과 의학

① 각종 기구의 발명 · 제작
　㉠ 천체관측기구 : 혼의, 간의
　㉡ 시간측정기구 : 해시계(앙부일구), 물시계(자격루)
　㉢ 강우량측정기구 : 측우기(세계 최초)
　㉣ 토지측량기구 : 인지의, 규형(토지 측량과 지도 제작에 활용)

② 역법 … 중국의 수시력과 아라비아의 회회력을 참고한 칠정산을 발달시켰다.

③ 의학분야 … 향약집성방과 의방유취가 편찬되었다.

(2) 농서의 편찬과 농업기술의 발달

① 농서의 편찬
　㉠ 농사직설 : 최초의 농서로서 독자적인 농법을 정리(씨앗의 저장법 · 토질의 개량법 · 모내기법)하였다.
　㉡ 금양잡록 : 금양(시흥)지방을 중심으로 경기지방의 농사법을 정리하였다.

② 농업기술의 발달 … 2년 3작(밭농사), 이모작 · 모내기법(논농사), 시비법, 가을갈이가 실시되었다.

(3) 병서 편찬과 무기 제조

① 병서의 편찬 … 총통등록, 병장도설이 편찬되었다.

② 무기 제조 … 최해산은 화약무기를 제조하였고, 화포가 만어졌다.

③ 병선 제조 … 태종 때에는 거북선과 비거도선을 제조하여 수군의 전투력을 향상시켰다.

⑤ 문학과 예술

(1) 다양한 문학

① 15세기 … 격식을 존중하고, 질서와 조화를 내세웠다.
　㉠ 악장과 한문학 : 용비어천가, 월인천강지곡, 동문선
　㉡ 시조문학 : 김종서 · 남이(패기 넘침)
　㉢ 설화문학 : 관리들의 기이한 행적, 서민들의 풍속 · 감정 · 역사의식을 담았다(서거정의 필원잡기, 김시습의 금오신화)

② 16세기 … 사림문학이 주류를 이루었다.
　㉠ 시조문학 : 황진이, 윤선도(오우기·어부사시사)
　㉡ 가사문학 : 송순, 정철(관동별곡·사미인곡·속미인곡)

(2) 왕실과 양반의 건축
① 15세기 … 궁궐·관아·성곽·성문·학교건축이 중심이 되었고, 건물은 건물주의 신분에 따라 일정한 제한을 두었다.
② 16세기 … 서원건축은 가람배치양식과 주택양식이 실용적으로 결합된 독특한 아름다움을 지녔으며, 옥산서원(경주)·도산서원(안동)이 대표적이다.

(3) 분청사기·백자와 공예
① 분청사기 … 안정된 그릇모양이었으며 소박하였다.
② 백자 … 깨끗하고 담백하며 선비취향이었다.
③ 공예 … 목공예, 화각공예, 자개공예가 주류를 이루었다.

(4) 그림과 글씨
① 그림
　㉠ 15세기 : 안견(몽유도원도), 강희안(고사관수도), 강희맹 등이 있다.
　㉡ 16세기 : 산수화와 사군자가 유행하였으며, 이암, 이정, 황집중, 어몽룡, 신사임당 등이 있다.
② 글씨 … 안평대군(송설체), 양사언(초서), 한호(석봉체)가 유명하였다.

04 문화의 새 기운

1 성리학의 변화

(1) 성리학의 교조화 경향
① 서인의 의리명분론 강화 … 송시열은 주자중심의 성리학을 절대화 하였다.
② 성리학 비판
　㉠ 윤휴 : 유교경전에 대한 독자적으로 해석하였다.

    ⓒ 박세당 : 양명학과 조장사상의 영향을 받아 주자의 학설을 비판하였으나 사문난적으로 몰렸다.
  ③ 성리학의 발달
    ⓐ 이기론 중심 : 이황학파의 영남 남인과 이이학파인 노론 사이에 성리학의 이기론을 둘러싼 논쟁이 치열하게 전개되었다.
    ⓑ 심성론 중심 : 인간과 사물의 본성이 같은가 다른가 등의 문제를 둘러싸고 충청도 지역의 호론과 서울 지역의 낙론이 대립하였다.

(2) 양명학의 수용
  ① 성리학의 교조화와 형식화를 비판하였고, 실천성을 강조하였다.
  ② 강화학파의 형성 … 18세기 초 정제두가 양명학 연구와 제자 양성에 힘써 강화학파라 불리는 하나의 학파를 이루었으나 제자들이 정권에서 소외된 소론이었기 때문에 그의 학문은 집안의 후손들과 인척을 중심으로 가학(家學)의 형태로 계승되었다.

2 실학의 발달

(1) 실학의 등장
  ① 배경 … 사회모순의 해결이 필요했으며, 성리학의 한계가 나타났다.
  ② 새로운 문화운동 … 현실적 문제를 연구했으며, 이수광의 지봉유설, 한백겸의 동국지리지가 편찬되었다.
  ③ 성격 … 민생안정과 부국강병이 목표였고, 비판적·실증적 논리로 사회개혁론을 제시하였다.

(2) 농업 중심의 개혁론(경세치용학파)
① 특징 … 농민의 입장에서 토지제도의 개혁을 추구하였다.
② 주요 학자와 사상
  ⓐ 유형원 : 반계수록을 저술, 균전론 주장, 양반문벌제도·과거제도·노비제도의 모순을 비판하였다.
  ⓑ 이익 : 이익학파를 형성하고 한전론을 주장, 6종의 폐단을 지적했다.
  ⓒ 정약용 : 실학을 집대성, 목민심서·경세유표를 저술, 여전론을 주장하였다.

(3) 상공업 중심의 개혁론(이용후생학파, 북학파)
① 특징 … 청나라 문물을 적극적으로 수용하여 부국 강병과 이용 후생에 힘쓰자고 주장하였다.
② 주요 학자와 사상
  ⓐ 유수원 : 우서를 저술, 상공업 진흥·기술혁신을 강조, 사농공상의 직업평등과 전문화를 주장하였다.

ⓒ **홍대용** : 임하경륜·의산문답을 저술, 기술혁신과 문벌제도를 철폐, 성리학 극복을 주장하였다.
　　ⓒ **박지원** : 열하일기를 저술, 상공업의 진흥 강조(수레와 선박의 이용·화폐유통의 필요성 주장), 양반문벌제도의 비생산성 비판, 농업 생산력 증대에 관심(영농방법의 혁신·상업적 농업의 장려·수리시설의 확충)을 가졌다.

> **기출예제**　　　　　　　　　　　　　　　　　　　　　　　　　　　　2025. 4. 5. 국가직
>
> 밑줄 친 '그'에 대한 설명으로 옳은 것은?
>
> > 그는 『양반전』을 지어 양반 사회의 허위의식을 고발하였다. 그는 상공업 진흥에도 관심을 기울여 수레와 선박의 이용 등에 대해서도 주목하였다.
>
> ① 효종의 북벌 운동을 지지하였다.
> ② 『과농소초』에서 한전제를 주장하였다.
> ③ 화성 건설을 위해 거중기를 설계하였다.
> ④ 우리 역사를 체계화한 『동사강목』을 저술하였다.
>
> ✱
> 제시문은 조선 후기 실학자 박지원이다. 박지원은 상공업 육성 등을 강조한 북학파 실학자로 「열하일기」, 「과농소초」 등을 저술하였다. 특히 『과농소초』에서는 조선과 중국의 농업을 비교하고 우리에게 필요한 농업기술을 장려하며, 토지 소유 상한선의 필요성을 강조하는 '한전론'을 주장하였다.
> ① 송시열(서인 세력)
> ③ 정약용
> ④ 안정복
>
> 답 ②

　　ⓔ **박제가** : 북학의를 저술, 청과의 통상 강화, 수레와 선박 이용, 소비권장을 주장하였다.

(4) 국학 연구의 확대
① **국사**
　　㉠ **이익** : 실증적·비판적 역사서술, 중국 중심의 역사관을 비판하였다.
　　㉡ **안정복** : 동사강목을 저술하였고 고증사학의 토대를 닦았다.
　　㉢ **이긍익** : 조선시대의 정치와 문화를 정리하여 연려실기술을 저술하였다.
　　㉣ **이종휘와 유득공** : 이종휘의 동사와 유득공의 발해고는 각각 고구려사와 발해사 연구를 중심으로 연구 시야를 만주지방까지 확대하여 한반도 중심의 협소한 사관을 극복하고자 했다.
　　㉤ **김정희** : 금석과안록을 지어 북한산비가 진흥왕순수비임을 고증하였다.

③ **국토에 대한 연구**
　　㉠ **지리서** : 한백겸의 동국지리지, 정약용의 아방강역고, 이중환의 택리지가 편찬되었다.
　　㉡ **지도** : 동국지도(정상기), 대동여지도(김정호)가 유명하다.

④ 언어에 대한 연구 … 신경준의 훈민정음운해, 유희의 언문지, 이의봉의 고금석림이 편찬되었다.
⑤ 백과사전의 편찬 … 이수광의 지봉유설, 이익의 성호사설, 서유구의 임원경제지, 홍봉한의 동국문헌비고가 편찬되었다.

❸ 과학기술의 발달

(1) 천문학과 지도제작기술의 발달
① 천문학 … 김석문·홍대용의 지전설은 근대적 우주관으로 성리학적 세계관을 비판하였다.
② 역법과 수학 … 시헌력(김육)과 유클리드 기하학을 도입하였다.
③ 지리학 … 곤여만국전도(세계지도)가 전래되어 세계관이 확대되었다.

(2) 의학의 발달과 기술의 개발
① 의학 … 허준은 동의보감, 허임은 침구경험방, 정약용은 마과회통, 이제마는 동의수세보원을 저술하였다.
② 정약용의 기술관 … 한강에 배다리를 설계하고, 수원 화성을 설계 및 축조하였다(거중기 사용).

(3) 농서의 편찬과 농업기술의 발달
① 농서의 편찬
  ㉠ 신속의 농가집성 : 벼농사 중심의 농법이 소개되고, 이앙법 보급에 기여하였다.
  ㉡ 박세당이 색경 · 곡물재배법, 채소, 과수, 원예, 축산, 양잠 등의 농업기술을 소개하였다.
  ㉢ 홍만선의 산림경제 : 농예, 의학, 구황 등에 관한 농서이다.
  ㉣ 서유구 : 해동농서와 농촌생활 백과사전인 임원경제지를 편찬하였다.
② 농업기술의 발달
  ㉠ 이앙법, 견종법의 보급으로 노동력이 절감되고 생산량이 증대되었다.
  ㉡ 쟁기를 개선하여 소를 이용한 쟁기를 사용하기 시작하였다.
  ㉢ 시비법이 발전되어 여러 종류의 거름이 사용됨으로써 토지의 생산력이 증대되었다.
  ㉣ 수리시설의 개선으로 저수지를 축조하였다(당진의 합덕지, 연안의 남대지 등).
  ㉤ 황무지 개간(내륙 산간지방)과 간척사업(해안지방)으로 경지면적을 확대시켰다.

❹ 문학과 예술의 새 경향

(1) 서민문화의 발달

① **배경** … 서당교육이 보급되고, 서민의 경제적·신분적 지위가 향상되었다.

② **서민문화의 대두** … 중인층(역관·서리), 상공업 계층, 부농층의 문예활동과 상민, 광대들의 활동이 활발하였다.

③ **문학상의 특징** … 인간감정을 적나라하게 표현하고 양반들의 위선적인 모습을 비판하며, 사회의 부정과 비리를 풍자·고발하였다. 서민적 주인공이 등장했으며, 현실세계를 배경으로 설정하였다.

(2) 판소리와 탈놀이

① **판소리** … 서민문화의 중심이 되었으며, 직접적이고 솔직하게 감정을 표현하였다. 다섯마당(춘향가·심청가·흥보가·적벽가·수궁가)이 대표적이며, 신재효는 판소리 사설을 창작하고 정리하였다.

② **탈놀이·산대놀이** … 승려들의 부패와 위선을 풍자하고, 양반의 허구를 폭로하였다.

(3) 한글소설과 사설시조

① **한글소설** … 홍길동전, 춘향전, 별주부전, 심청전, 장화홍련전 등이 유명하였다.

② **사설시조** … 남녀 간의 사랑, 현실에 대한 비판을 거리낌없이 표현하였다.

③ **한문학** … 정약용은 삼정의 문란을 폭로하는 한시를 썼고, 박지원은 양반전, 허생전, 호질을 통해 양반사회의 허구성을 지적하며 실용적 태도를 강조하였다.

(4) 진경산수화와 풍속화

① **진경산수화** … 우리나라의 고유한 자연을 표현하였고, 정선의 인왕제색도·금강전도가 대표적이다.

② **풍속화** … 김홍도는 서민생활을 묘사하였고, 신윤복은 양반 및 부녀자의 생활과 남녀 사이의 애정을 표현하였다.

③ **민화** … 민중의 미적 감각과 소박한 정서를 표현하였다.

④ **서예** … 이광사(동국진체), 김정희(추사체)가 대표적이었다.

(5) 백자·생활공예와 음악

① **자기공예** … 백자가 민간에까지 널리 사용되었고, 청화백자가 유행하였으며 서민들은 옹기를 많이 사용하였다.

② **생활공예** … 목공예와 화각공예가 발전하였다.

③ **음악** … 음악의 향유층이 확대되어 다양한 음악이 출현하였다. 양반층은 가곡·시조, 서민들은 민요를 애창하였다.

05. 민족문화의 발달

기출 예상 문제

1 (가) 인물에 대한 설명으로 옳은 것은?

> (가) 은/는 무신집권기 불교의 세속화를 비판하면서 불교 본연의 정신을 확립하자는 결사 운동을 주도하여 수선사를 결성하였다. 그는 깨달음을 얻은 뒤에도 수행을 게을리하지 않아야 한다는 돈오점수를 내세웠다.

① 천태종을 창시하였다.
② 임제종을 도입하였다.
③ 교종의 입장에서 선종을 통합하려 하였다.
④ 정혜쌍수라는 실천 수행 방법을 제시하였다.

> **TIP** 제시문의 (가)는 조계종을 창시한 고려 승려 지눌이다. 지눌은 불교의 세속화를 비판하며 신앙 결사 운동을 주도하였고, 또한 불교의 분열과 대립을 지양하여 선종 입장에서 교종을 통합하고자 교선통합 운동을 주도하면서 정혜쌍수, 돈오점수 등의 수행 방향을 제시하였다.
> ①, ③ 의천
> ② 보우

2 다음의 글을 지은 인물에 대한 설명으로 가장 옳은 것은?

> 마침 임인년 정월 보제사 담선 법회에 참석하였다. 하루는 동문 10여 인과 더불어 다음과 같이 약속하였다. 마땅히 명예와 이익을 버리고 산림에 은둔하여 같은 모임을 맺자. 항상 선정을 익혀 지혜를 고르는 데 힘쓰며, 예불하고 경전을 읽으며 힘들여 일하는 것에 이르기까지 각자 맡은 바 임무에 따라 경영한다.
>
> - 「권수정혜결사문」 -

① 수선사 결사 운동을 전개하였다.
② 화폐의 주조와 유통을 주장하였다.
③ 강진 만덕사를 중심으로 활동하였다.
④ 교관겸수를 수행의 원칙으로 강조하였다.

> **TIP** 제시문은 고려 후기 신앙 결사 운동을 주도한 지눌이다. 지눌은 불교의 폐단을 개혁하고 종파 대립을 지양하기 위하여 수선사 결사 운동을 전개하였다. 또한 조계종을 창시하여 돈오점수, 정혜쌍수의 수행 방향을 제시하고 선종을 중심으로 교종을 통합하고자 하는 선교 일치 사상을 주장하였다.
> ②, ④ 의천
> ③ 요세

Answer 1.④ 2.①

3 밑줄 친 '가람'에 대한 설명으로 옳은 것은?

> 우리 왕후께서는 좌평 사택적덕의 따님으로 지극히 오랜 세월에 선인(善因)을 심어 이번 생에 뛰어난 과보를 받아 만민을 어루만져 기르시고 삼보(三寶)의 동량(棟梁)이 되셨기에 능히 <u>가람</u>을 세우시고, 기해년 정월 29일에 사리를 받들어 맞이하셨다. 원하옵나니, 영원토록 공양하고 다함이 없이 이 선(善)의 근원을 배양하여, 대왕 폐하의 수명은 산악과 같이 견고하고 치세는 천지와 함께 영구하며, 위로는 정법을 넓히고 아래로는 창생을 교화하게 하소서.

① 목탑의 양식을 간직한 석탑이 있다.
② 대리석으로 만든 10층 석탑이 있다.
③ 성주산문을 개창한 낭혜 화상의 탑비가 있다.
④ 돌을 벽돌 모양으로 만들어 쌓은 모전석탑이 있다.

> **TIP** 제시문은 익산 미륵사지 서탑에서 발견된 〈금제사리봉안기〉에 관한 내용으로 사택적덕은 백제의 좌평으로 그의 딸은 백제 무왕의 비인 사택왕후이다. 사택적덕은 익산 미륵사 창건을 후원하기도 하였고, 제시문의 가람은 미륵사를 지칭한다.
> ① 미륵사에는 목탑 구조를 석탑으로 재현한 석탑이 있다.
> ② 10층 석탑으로는 고려 시대의 경천사지 10층 석탑, 조선 시대 원각사지 10층 석탑이 있다.
> ③ 성주산 낭혜화상 탑비는 신라시대 석비이다.
> ④ 분황사 모전석탑은 신라시대 석탑이다.

4 고려시대 불교계의 동향과 관련된 설명으로 가장 옳지 않은 것은?

① 백련결사를 제창한 요세는 참회와 수행에 중점을 두는 등 복잡한 이론보다 종교적 실천을 강조했다.
② 재조대장경은 고려 전기에 만들어졌던 대장경 판목이 거란의 침입으로 불타버렸기 때문에 무신집권기에 다시 만든 것이다.
③ 각훈은 삼국시대 이래 승려들의 전기를 정리하여 해동고승전을 지었다.
④ 지눌은 깨달음과 더불어 실천을 강조하는 돈오점수를 주장했다.

> **TIP** 재조대장경은 무신집권기인 고려 고종 때 최우가 대장도감을 설치하여 완성하였다. 당시 몽고의 침입으로 전기에 제작된 초조대장경이 불타자 불교의 힘으로 외세의 침입을 막아내고자 만들었다. 초조대장경의 소실은 거란이 아닌 몽고의 침입으로 발생했다.

Answer 3.① 4.②

5 (가)에 해당하는 인물로 옳은 것은?

> (가) 은/는 중앙아시아와 인도지역의 다섯 천축국을 순례하고 각국의 지리, 풍속, 산물 등에 관한 기행문을 남겼다. 이 기행문은 중국의 둔황 막고굴에서 발견되었으며 현재 프랑스 국립도서관에 있다.

① 원광 ② 원효
③ 의상 ④ 혜초

TIP 제시문은 신라의 승려였던 혜초가 서역을 기행하고 저술한 〈왕오천축국전〉이다.
① **원광**: 신라의 승려로 〈세속오계〉를 만들어 신라 삼국통일의 사상적 기반을 마련하였다.
② **원효**: 〈금강삼매경론〉, 〈대승기신론소〉, 〈십문화쟁론〉 등을 저술하였다.
③ **의상**: 신라의 승려로 화엄종을 창시하였다.

6 (가), (나)에 해당하는 건축물을 옳게 짝지은 것은?

> (가) 은 고려시대 건축물이며 배흘림기둥과 주심포양식으로 단아하면서도 세련된 아름다움을 담고 있다.
> (나) 은 우리나라에 남아 있는 조선시대 건축물 중 유일한 5층 목탑이다.

	(가)	(나)
①	영주 부석사 무량수전	김제 금산사 미륵전
②	영주 부석사 무량수전	보은 법주사 팔상전
③	합천 해인사 장경판전	김제 금산사 미륵전
④	합천 해인사 장경판전	보은 법주사 팔상전

TIP 제시문의 (가)는 영주 부석사 무량수전이며, (나)는 보은 법주사 팔상전이다.
김제 금산사 미륵전은 조선 중기 목조건축물이며, 합천 해인사 장경판전은 고려시대 만들어진 팔만대장경을 목판을 보관하는 곳이다.

Answer 5.④ 6.②

7 (가) 문화유산에 대한 설명으로 옳은 것은?

> (가) 은/는 1377년 청주 흥덕사에서 인쇄한 것이다. 독일 구텐베르크가 인쇄한 책보다 70여 년 앞서 간행된 것으로 밝혀졌다. 현재 유네스코 세계 기록 유산으로 등재되어 있다.

① 최윤의 등이 지은 의례서를 인쇄한 것이다.
② 몽골의 침략을 물리치려는 염원을 담고 있다.
③ 현존하는 금속활자본 중에서 가장 오래된 것이다.
④ 우리나라 풍토에 맞는 처방과 약재 등이 기록되어 있다.

TIP 제시문은 고려 백운화상 경한이 저술한 〈직지심체요절〉로 현존하는 세계 최고의 금속활자본이다.
① 상정고금예문
② 재조대장경(팔만대장경)
④ 향약구급방(고려), 향약집성방(조선)

8 밑줄 친 '그'의 저술로 옳은 것은?

> 서울의 노론 집안에서 태어난 그는 『양반전』을 지어 양반사회의 허위를 고발하였다. 그는 또한 한전론을 주장하였으며, 상공업 진흥에도 관심을 기울여 수레와 선박의 이용 등에 대해서도 주목하였다.

① 『북학의』
② 『과농소초』
③ 『의산문답』
④ 『지봉유설』

TIP 조선 후기 북학파 실학자 박지원이다. 실용적, 실제적인 철학 사상을 가진 대표적인 실학자로 여러 분야에 걸쳐 학문에 관심을 가졌을뿐만 아니라 당시 양반 사회를 비판하고 풍자하는 작품을 남겼다. 그를 대표하는 저서로는 〈열하일기〉, 〈허생전〉, 〈광문자전〉, 〈양반전〉 등이 있으며 〈과농소초〉는 중국의 농학과 우리나라의 농학을 비교 연구한 것으로 농법과 토지제도의 개혁 등을 주장하였다.
① 북학의는 조선 후기 실학자 박제가의 저서이다.
③ 의산문답은 조선 후기 실학자 홍대용의 저서이다.
④ 지봉유설은 조선 후기 실학자 이수광의 저서이다.

Answer 7.③ 8.②

9 〈보기〉의 의서(醫書)를 편찬된 순서대로 바르게 나열한 것은?

―――――――――― 보기 ――――――――――
  ㉠ 동의보감(東醫寶鑑)   ㉡ 마과회통(麻科會通)
  ㉢ 의방유취(醫方類聚)   ㉣ 향약구급방(鄕藥救急方)

① ㉠ - ㉡ - ㉢ - ㉣
② ㉢ - ㉣ - ㉡ - ㉠
③ ㉣ - ㉢ - ㉠ - ㉡
④ ㉣ - ㉢ - ㉡ - ㉠

TIP ㉠ 동의보감 : 조선 광해군(1610)
㉡ 마과회통 : 조선 정조(1798)
㉢ 의방유취 : 조선 세종(1445)
㉣ 향약구급방 : 고려 고종(1236)

10 다음과 같은 불교 사상의 영향을 받아 만들어진 문화재는?

> 이 불교 사상은 개인적 정신 세계를 추구하는 경향이 강하였기 때문에 지방에서 독자적인 세력을 이루어 성주나 장군을 자처했던 자들로부터 큰 호응을 받았다.

① 성덕대왕신종
② 쌍봉사 철감선사탑
③ 경천사지 십층 석탑
④ 금동미륵보살 반가사유상

TIP 제시된 내용은 신라 말기에 유행한 선종에 대한 설명이다.
② 쌍봉사 철감선사탑은 신라 말 선종의 영향을 받아 나타난 팔각 원당형의 승탑(부도)이다.
① 성덕대왕신종은 신라 경덕왕이 아버지인 성덕왕의 공덕을 널리 알리기 위해 종을 만들려 했으나 뜻을 이루지 못하고, 그 뒤를 이어 혜공왕이 771년에 완성하였다.
③ 경천사지 십층 석탑은 새로운 양식의 석탑이 많이 출현했던 고려시대의 것으로 그 중에서도 특수한 형태를 자랑하고 있으며, 대리석으로 만들어졌다.
④ 금동미륵보살 반가사유상은 삼국시대의 불상이다.

Answer 9.③ 10.②

11 신라 하대 불교계의 새로운 경향을 알려주는 다음의 사상에 대한 설명으로 옳은 것은?

> 불립문자(不立文字)라 하여 문자를 세워 말하지 않는다고 주장하고, 복잡한 교리를 떠나서 심성(心性)을 도야하는 데 치중하였다. 그러므로 이 사상에서 주장하는 바는 인간의 타고난 본성이 곧 불성(佛性)임을 알면 그것이 불교의 도리를 깨닫는 것이라는 견성오도(見性悟道)에 있었다.

① 전제왕권을 강화해주는 이념적 도구로 크게 작용하였다.
② 지방에서 새로이 대두한 호족들의 사상으로 받아들여졌다.
③ 왕실은 이 사상을 포섭하려는 노력에 관심을 기울이지 않았다.
④ 인도에까지 가서 공부해 온 승려들에 의해 전파되었다.

TIP 위에 설명된 사상은 신라 하대에 유행한 선종(禪宗)에 관한 것으로 선종은 문자에 의존하지 않고 오직 좌선만을 통해 부처의 깨달음에 이르려는 종파이다. 6세기 초에 인도에서 중국으로 건너 온 보리달마를 초조(初祖)로 한다. 선종사상은 절대적인 존재인 부처에 귀의하려는 것이 아니라 각자가 가지고 있는 불성(佛性)의 개발을 중요시하는 성향을 지녔기에 신라 하대 당시 중앙정부의 간섭을 배제하면서 지방에서 독자적인 세력을 구축하려 한 호족들의 의식구조와 부합하였다. 이로 인해 신라 말 지방호족의 도움으로 선종은 크게 세력을 떨치며 새로운 사회의 사상적 토대를 마련하였다.

12 조선 후기 천주교와 관련된 설명으로 옳지 않은 것은?

① 기해사옥 때 흑산도로 유배를 간 정약전은 그 지역의 어류를 조사한 「자산어보」를 저술하였다.
② 안정복은 성리학의 입장에서 천주교를 비판하는 「천학문답」을 저술하였다.
③ 1791년 윤지충은 어머니 상(喪)에 유교 의식을 거부하여 신주를 없애고 제사를 지내 권상연과 함께 처형을 당하였다.
④ 신유사옥 때 황사영은 군대를 동원하여 조선에서 신앙의 자유를 보장받게 해달라는 서신을 북경에 있는 주교에게 보내려다 발각되었다.

TIP ① 정약전은 신유사옥(1801)으로 인해 흑산도로 귀양을 간 후 그 곳에서 자산어보를 지었다.

Answer 11.② 12.①

13 다음 중 해외로 유출된 우리 문화재는?

① 신윤복의 미인도
② 안견의 몽유도원도
③ 정선의 인왕제색도
④ 강희안의 고사관수도

> **TIP** ② 현재 안견의 몽유도원도(夢遊桃源圖)는 일본 덴리대학(天理大學) 중앙도서관에 소장되어 있으며 우리나라에서는 2009년 한국박물관 개관 100주년 기념 특별전으로 전시된 적이 있었다.

14 밑줄 친 '이 농서'가 처음 편찬된 시기의 문화에 대한 설명으로 옳은 것은?

> 「농상집요」는 중국 화북 지방의 농사 경험을 정리한 것으로서 기후와 토질이 다른 조선에는 도움이 될 수 없었다. 이에 농사 경험이 풍부한 각 도의 농민들에게 물어서 조선의 실정에 맞는 농법을 소개한 이 농서가 편찬되었다.

① 현실 세계와 이상 세계를 표현한 「몽유도원도」가 그려졌다.
② 선종의 입장에서 교종을 통합한 조계종이 성립되었다.
③ 윤휴는 주자의 사상과 다른 모습을 보여 사문난적으로 몰렸다.
④ 진경산수화와 풍속화가 유행하였다.

> **TIP** 농사직설(農事直說)은 조선 세종 때 지어진 농서(農書)로 서문에서 밝히는 바와 같이 당시 까지 간행된 중국의 농서가 우리나라의 풍토와 맞지 않아 농사를 짓는 데 있어 어려움이 있다는 이유로 세종이 각 도 감사에게 명해 각 지역의 농군들에게 직접 물어 땅에 따라 이미 경험한 바를 자세히 듣고 이를 수집하여 편찬, 인쇄, 보급한 것이다. 이 책은 지역에 따라 적절한 농법을 수록하여 우리 실정과 거리가 먼 중국의 농법에서 벗어나는 좋은 계기를 마련했다고 볼 수 있다.
> ① 안견의 몽유도원도는 1447년(세종 29)에 안평대군이 도원을 거닐며 놀았던 꿈 내용을 당시 도화서 화가였던 안견에게 말해 안견이 그린 것으로 현재 일본 덴리대학(天理大學) 중앙도서관에 소장되어 있다.

Answer 13.② 14.①

15 다음 역사서 저자들의 정치적 입장에 관한 설명으로 옳지 않은 것은?

① 「여사제강」 – 서인의 입장에서 북벌운동을 지지하였다.
② 「동사(東事)」 – 붕당정치를 비판하였다.
③ 「동사강목」 – 성리학적 명분론을 비판하였다.
④ 「동국통감제강」 – 남인의 입장에서 왕권 강화를 주장하였다.

> **TIP** 동사강목 … 17세기 이후 축적된 국사연구의 성과를 계승 발전시켜 역사인식과 서술내용 면에서 가장 완성도가 높은 저술로서 정통론인식과 문헌고증방식의 양면을 집대성한 대표적인 통사이다. 단군 → 기자 → 마한 → 통일신라 → 고려까지의 유교적 정통론을 완성하였으며 위만조선을 찬탈왕조로 다루고 발해를 말갈왕조로 보아 우리 역사에서 제외시켰는데 이는 조선의 성리학자로서의 명분론에 입각한 것이었다.

16 보기의 내용과 관련있는 사실로 옳은 것은?

• 일본의 다카마스 • 호류사 금당벽화 • 정효공주묘의 모줄임 구조

① 활발한 정복활동과 불교전파   ② 고구려 문화의 대외전파
③ 백제 문화의 대외전파   ④ 신라 문화의 대외전파

> **TIP** ② 고구려는 일본에 주로 의학과 약학을 전해 주었으며 혜자는 쇼토쿠 태자의 스승이 되었다. 또한 담징은 호류사의 금당벽화를 그렸으며, 다카마쓰고분에서도 고구려의 흔적이 나타난다. 정효공주묘의 천장이 모줄임 구조도 고구려적 요소라고 할 수 있다.

17 다음은 고려시대의 목조건축물이다. 다포양식의 건축물은?

① 봉정사 극락전   ② 수덕사 대웅전
③ 성불사 응진전   ④ 부석사 무량수전

> **TIP** ①②④ 기둥 위에만 공포를 짜 올리는 주심포 양식으로 하중이 기둥에만 전달되어 기둥은 굵으며 배흘림 양식이다.
> ③ 기둥과 기둥 사이에 공포를 짜 올리는 다포 양식으로 하중이 고르게 분산되어 지붕이 더욱 커졌다. 이는 중후하고 장엄한 느낌을 준다.

Answer 15.③ 16.② 17.③

18 다음 보기의 내용들을 시대순으로 바르게 나열한 것은?

> ㉠ 충청도 지방의 호론과 서울 지방의 낙론 사이에 성리학의 심성논쟁이 벌어졌다.
> ㉡ 붕당 사이에 예론을 둘러싼 논쟁이 전개되었다.
> ㉢ 이황과 이이 사이에 성리학의 이기론을 둘러싼 논쟁이 전개되었다.

① ㉠ - ㉡ - ㉢
② ㉡ - ㉠ - ㉢
③ ㉢ - ㉠ - ㉡
④ ㉢ - ㉡ - ㉠

TIP ㉠ 제시된 글은 노론 내부에서 펼쳐진 호락논쟁으로 서울지역의 인물성동론은 북학파에, 충청지역의 인물성이론은 위정척사에 영향을 주었다.
㉡ 예송 논쟁이란 예법에 대한 송사와 논쟁으로 제1차는 1659년에 기해 예송, 제2차는 1674년 갑인 예송으로 나타났다.
㉢ 이황은 주리론의 입장에서 학문의 본원적 연구에 치중하였고, 이이는 주기론의 입장에서 현실세계의 개혁에 깊이 관여하였다. 그러나 두 학파 모두 도덕세계의 구현이라는 점에서는 입장이 같다.

19 다음의 사상에 관한 설명으로 옳은 것은?

> (가) 인간과 사물의 본성은 동일하다.
> (나) 인간과 사물의 본성은 동일하지 않다.

① (가)는 구한말 위정척사 사상으로 계승되었다.
② (나)는 실학파의 이론적 토대가 되었다.
③ (나)는 사문난적으로 학계에서 배척당했다.
④ (가)와 (나)는 노론 인사들을 중심으로 이루어졌다.

TIP 제시된 글은 노론 내부에서 펼쳐진 호락논쟁으로 (가)는 서울지역의 인물성동론으로 북학파에, (나)는 충청지역의 인물성이론으로 위정척사에 영향을 주었다.

Answer 18.④ 19.④

20 조선 후기 화풍에 관한 설명으로 옳지 않은 것은?

① 중국의 화풍을 수용하여 독자적으로 재구성하였다.
② 민중의 기복적 염원과 미의식을 표현한 민화가 발달하였다.
③ 강세황의 작품에서는 서양화법의 영향이 드러난다.
④ 뚜렷한 자아의식을 바탕으로 우리의 자연을 직접 눈으로 보고 사실적으로 그리려는 화풍의 변화가 나타났다.

TIP ① 조선 전기 화풍의 특징이다.

21 불교의 교리를 알지 못하여도 '나무아미타불 관세음보살'만 외우면 서방의 극락에서 왕생할 수 있다고 주장한 승려는?

① 원측
② 원효
③ 의상
④ 혜초

TIP ② 원효는 정토신앙을 널리 전파시켜 불교의 대중화에 기여하였다.

22 다음 중 조선 후기에 유행한 사상에 관한 설명으로 옳지 않은 것은?

① 굿과 같은 현세구복적인 무속신앙이 유행하였다.
② 말세도래와 왕조교체 등의 내용이 실린 정감록과 같은 비기·도참서가 유행하였다.
③ 인내천, 보국안민, 후천개벽을 내세운 동학이 창시되었다.
④ 서학(천주교)은 종교로 수용되어 점차 학문적 연구대상으로 변하였다.

TIP ④ 서학은 사신들에 의해 전래되어 문인들의 학문적 호기심에 의해 자발적으로 수용되었다.

Answer 20.① 21.② 22.④

23 다음 중 강서고분, 무용총, 각저총 등 벽화가 남아있는 고분의 형태는?

① 굴식벽돌무덤
② 굴식돌방무덤
③ 돌무지무덤
④ 돌무지덧널무덤

> **TIP** 굴식돌방무덤…판 모양의 돌을 이용하여 널을 안치하는 방을 만들고 널방벽의 한쪽에 외부로 통하는 출입구를 만든 뒤 봉토를 씌운 무덤으로 횡혈식 석실묘라고도 한다. 고대의 예술수준을 알 수 있는 고분벽화는 널방벽에 그려진 것이다.

24 다음 중 실학자의 주장으로 옳은 것은?

① 이익 - 중상주의 실학자로 상공업의 발달을 강조하였다.
② 박제가 - 절약과 저축의 중요성을 강조하였다.
③ 박지원 - 우서에서 우리나라와 중국의 문물을 비교·분석하여 개혁안을 제시하였다.
④ 정약용 - 토지의 공동소유 및 공동경작 등을 통한 집단 농장체제를 주장하였다.

> **TIP** ① 이익은 중농주의 실학자로 토지소유의 상한선을 정하여 대토지소유를 막는 한전론을 주장하였다.
> ② 박제가는 소비와 생산의 관계를 우물물에 비교하면서 검약보다 소비를 권장하였다.
> ③ 유수원에 관한 설명이다.

Answer 23.② 24.④

05. 민족문화의 발달 **139**

06 근현대사의 이해

01 국제 질서의 변동과 근대 국가 수립 운동

❶ 제국주의 열강의 침략과 조선의 대응

(1) 흥선대원군의 개혁 정치
① 흥선 대원군 집권 당시 국내외 정세
   ㉠ 국내 정세 : 세도 정치의 폐단→삼정의 문란으로 인한 전국적 농민 봉기 발생, 평등사상 확산(천주교, 동학)
   ㉡ 국외 정세 : 제국주의 열강의 침략적 접근→이양선 출몰, 프랑스, 미국 등 서구열강의 통상 요구
② 흥선 대원군의 내정 개혁
   ㉠ 목표 : 세도정치 폐단 시정→전제 왕권 강화, 민생 안정
   ㉡ 정치 개혁
     • 세도 정치 타파 : 안동 김씨 세력의 영향력 축소, 당파와 신분을 가리지 않고 능력별 인재 등용
     • 관제 개혁 : 비변사 기능 축소(이후 철폐)→의정부와 삼군부의 기능 부활
     • 법전 편찬 : 통치 체제 재정비→'대전회통', '육전조례'
   ㉢ 경복궁 중건 : 왕실의 권위 회복→재원 조달을 위해 원납전 강제 징수, 당백전 발행, 부역 노동 강화, 양반 묘지림 벌목
     • 결과 : 물가 폭등(당백전 남발), 부역 노동 강화로 인한 민심 악화 등으로 양반과 백성 반발 초래
③ 민생 안정을 위한 노력
   ㉠ 서원 철폐 : 지방 양반세력의 근거지로서 면세 혜택 부여→국가 재정 악화 문제 초래, 백성 수탈 심화
     • 전국의 서원 중 47개소만 남기고 모두 철폐→양반층 반발, 국가 재정 확충에 기여
   ㉡ 수취 체제의 개편 : 삼정의 문란 시정
     • 전정 : 양전 사업 시행→은결을 찾아내어 조세 부과, 불법적 토지 겸병 금지
     • 군정 : 호포제(호 단위로 군포 징수) 실시→양반에게 군포 징수
     • 환곡 : 사창제 실시, 마을(里) 단위로 사창 설치→지방관과 아전의 횡포 방지

| 기출예제 | 2025. 6. 21. 제1회 서울시 보훈청 |

흥선대원군이 실시한 정책에 대한 설명으로 가장 옳지 않은 것은?

① 권력을 공고히 하기 위해 안동 김씨와 결탁하여 종친 세력을 억압하였다.
② 비변사를 폐지하고 의정부와 삼군부의 기능을 부활 시켰다.
③ 경복궁을 중건하였다.
④ 원납전이라는 기부금을 징수하고 당백전을 발행하였다.

고종 즉위 후 흥선대원군은 안동 김씨를 비롯한 세도정치의 폐단을 개혁하고 능력에 따른 인재 기용을 추진하였다. 또한 서원 철폐, 비변사 기능 축소, 경복궁 중건 등을 통해 왕권을 강화했으며 삼정의 문란을 시정하고자 하였다. 경복궁 중건 과정에서는 부족한 재정을 보충하기 위하여 당백전을 발행하고 기부금의 형태로 원납전을 징수하였다. 대외적으로는 쇄국정책을 통해 서양과의 통상에 반대하면서 전국에 척화비를 건립하였다.
② 흥선대원군은 안동 김씨를 중심으로 하는 세도가문을 척결하였다.

답 ①

(2) 통상 수교 거부 정책과 양요

① **배경** … 서구 열강의 통상 요구, 러시아가 청으로부터 연해주 획득, 천주교 교세 확장→열강에 대한 경계심 고조

② **병인양요**(1866)
  ㉠ 배경 : 프랑스 선교사의 국내 활동(천주교 확산), 흥선 대원군이 프랑스를 이용하여 러시아를 견제하려 하였으나 실패→병인박해(1866)로 천주교 탄압
  ㉡ 전개 : 병인박해를 계기로 로즈 제독이 이끄는 프랑스 함대가 강화도 침략→문수산성(한성근), 정족산성(양헌수) 전투에서 프랑스군에 항전
  ㉢ 결과 : 프랑스군은 외규장각 도서를 비롯한 각종 문화재 약탈

③ **오페르트 도굴 사건**(1868)
  ㉠ 배경 : 독일 상인 오페르트의 통상 요구를 조선이 거절
  ㉡ 전개 : 오페르트 일행이 흥선 대원군 아버지 묘인 남연군 묘 도굴을 시도하였으나 실패
  ㉢ 결과 : 서양에 대한 반감 고조, 조선의 통상 수교 거부 정책 강화

| 기출예제 | 2025. 6. 21. 제1회 서울시 |

〈보기 1〉과 관련된 사건이 발생한 시기를 〈보기 2〉의 연표에서 옳게 고른 것은?

〈보기 1〉
흥선대원군 부친의 유품들을 수중에 넣는다면 그것을 통해 그와 거래할 수 있고, 그렇게 되면 그는 부친의 유품들을 되찾기 위해 어떠한 요구든지 기꺼이 받아들이게 될 것이다. 따라서 그는 조약을 체결하여 나라를 개방하겠다는 열의의 증거로 사절을 보내라는 열강들의 요구에 귀 기울일 수밖에 없을 것이다.

〈보기 2〉

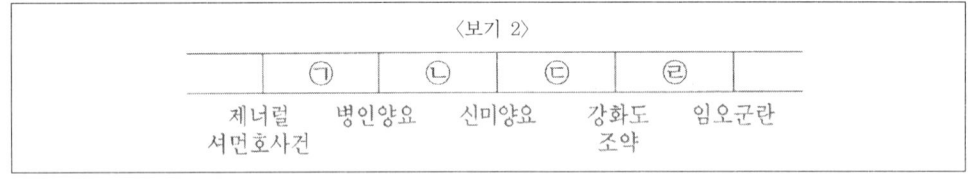

① ㉠
② ㉡
③ ㉢
④ ㉣

★
제시문은 1868년 독일 상인인 오페르트가 통상 교섭에 불만을 품고 흥선대원군의 부친인 남연군묘를 도굴한 사건이다.
- 제너럴셔먼호 사건(1866)
- 병인양요(1866)
- 강화도 조약(1876)
- 임오군란(1882)

답 ②

④ 신미양요(1871)
  ㉠ 배경 : 평양(대동강)에서 미국 상선 제너럴 셔먼호의 통상 요구→평안도 관찰사 박규수의 통상 거부→미국 선원들의 약탈 및 살상 발생→평양 군민들이 제너럴 셔먼호를 불태움
  ㉡ 전개 : 미국이 제너럴 셔먼호을 계기로 배상금 지불, 통상 수교 요구→조선 정부 거부→미국 함대의 강화도 침략→초지진, 덕진진 점령→광성보 전투(어재연)→미군 퇴각(어재연 수(帥)자기 약탈)
  ㉢ 결과 : 흥선 대원군은 전국에 척화비 건립 (통상 수교 거부 의지 강화)

> **기출예제** 2025. 6. 21. 제1회 지방직
>
> (가)~(라)를 시기가 이른 것부터 바르게 나열한 것은?
>
> > (가) 어재연의 부대가 광성보에서 미국군에게 패하였다.
> > (나) 양헌수의 부대가 정족산성에서 프랑스군을 물리쳤다.
> > (다) 독일인 오페르트가 남연군의 묘를 도굴하려다 실패하였다.
> > (라) 미국 상선 제너럴셔먼호가 평양 부근까지 들어와 통상을 요구하였다.
>
> ① (가)→(나)→(다)→(라) ② (나)→(라)→(가)→(다)
> ③ (다)→(나)→(가)→(라) ④ (라)→(나)→(다)→(가)
>
> ＊
> (라) 제너럴셔먼호 사건(1866)
> (나) 병인양요(1866)
> (다) 오페르트 도굴 사건(1868)
> (가) 신미양요(1871)
>
> 답 ④

❷ 문호 개방과 근대적 개화 정책의 추진

(1) 조선의 문호 개방과 불평등 조약 체결

① 통상 개화론의 대두와 흥선 대원군의 하야
　㉠ 통상 개화론: 북학파 실학 사상 계승 → 박규수, 오경석, 유홍기 등이 문호 개방과 서양과의 교류 주장
　→ 개화파에 영향: 통상 개화론의 영향을 받아 급진 개화파(김옥균, 박영효, 홍영식, 서광범 등), 온건 개화파(김홍집, 김윤식, 어윤중 등)로 분화
　　- 온건개화파: 점진적 개혁 추구 (청의 양무운동 모방) → 동도서기론 주장
　　- 급진개화파: 급진적 개혁 추구 (일본의 메이지유신 모방) → 문명개화론 주장, 갑신정변을 일으킴
　㉡ 흥선 대원군 하야: 고종이 친정을 실시하며 통상 수교 거부 정책 완화

② 강화도 조약(1876, 조・일수호 조규)
　㉠ 배경: 일본의 정한론(조선 침략론) 대두와 운요호 사건(1875)
　㉡ 내용: 외국과 체결한 최초의 근대적 조약, 불평등 조약
　　• '조선은 자주국': 조선에 대한 청의 종주권 부정, 일본의 영향력 강화
　　• '부산 이외에 2개 항구 개항': 경제적, 군사적, 정치적 목적을 위해 각각 부산, 원산, 인천항 개항
　　• '해안 측량권 허용 및 영사 재판권(치외법권) 인정': 불평등 조약

ⓒ 부속 조약
- 조·일 수호 조규 부록 : 개항장에서 일본 화폐 사용, 일본인 거류지 설정(간행이정 10리)을 규정
- 조·일 무역 규칙 : 양곡의 무제한 유출 허용, 일본 상품에 대한 무관세 적용

③ 서구 열강과의 조약 체결
ⓐ 조·미 수호 통상 조약(1882) : 제2차 수신사로 파견된 김홍집이 황준헌의 '조선책략' 유입·유포, 청의 알선
- 내용 : 치외 법권(영사 재판권)과 최혜국 대우 인정, 수출입 상품에 대한 관세 부과, 거중 조정
- 성격 : 서양과 맺은 최초의 조약이자 불평등 조약
- 영향 : 미국에 보빙사 파견, 다른 서구 열강과 조약 체결에 영향
ⓑ 다른 서구 열강과의 조약 체결 : 영국(1882), 독일(1882), 러시아(1884), 프랑스(1886)
- 성격 : 최혜국 대우 등을 인정한 불평등 조약

(2) 개화 정책의 추진

① 외교 사절단 파견
ⓐ 수신사 : 일본에 외교 사절단 파견 → 제1차 김기수(1876), 제2차 김홍집(1880) 파견
ⓑ 조사시찰단(1881) : 일본의 근대 문물 시찰, 개화 정책에 대한 정보 수집을 목적으로 파견 – 비밀리에 파견(박정양, 어윤중, 홍영식)
ⓒ 영선사(1881) : 청의 근대 무기 제조술 습득을 목적으로 파견(김윤식) → 귀국 후 기기창 설치
ⓓ 보빙사(1883) : 조미수호통상조약 체결 후 미국 시찰 → 민영익, 홍영식, 유길준 등

② 정부의 개화 정책
ⓐ 통리기무아문(1880) 및 12사 설치 : 개화 정책 총괄
ⓑ 군제 개편 : 신식 군대인 별기군 창설(일본인 교관 초빙), 구식 군대인 5군영은 2영(무위영, 장어영)으로 개편
ⓒ 근대 시설 : 기기창(근대 신식 무기 제조), 박문국(한성순보 발행), 전환국(화폐 발행), 우정총국(우편)

(3) 개화 정책에 대한 반발

① 위정척사 운동의 전개 … 성리학적 질서를 회복하고 서양 문물의 유입 반대 → 양반 유생 중심(반외세)
ⓐ 통상 반대 운동(1860년대) : 서구 열강의 통상 요구 거부 → 이항로, 기정진 등
ⓑ 개항 반대 운동(1870년대) : 강화도 조약 체결을 전후로 개항 반대 주장 → 최익현(왜양일체론 주장)
ⓒ 개화 반대 운동(1880년대) : '조선책략' 유포 반대, 미국과의 수교 거부(영남만인소) → 이만손, 홍재학
ⓓ 항일 의병 운동(1890년대) : 을미사변, 단발령(을미개혁)에 반발 → 유인석, 이소응 등

② 임오군란(1882) … 반외세, 반정부 운동
ⓐ 배경 : 개항 이후 일본으로의 곡물 유출로 물가가 폭등하여 민생 불안정, 구식군인에 대한 차별대우

ⓒ 전개 : 구식 군인의 봉기, 도시 빈민 합세→별기군 일본 교관 살해, 일본 공사관과 궁궐 습격→명성 황후 피신→흥선대원군의 재집권(신식 군대 및 개화 기구 폐지)→청군 개입(흥선 대원군을 청으로 납치)→민씨 정권 재집권(친청 정권 수립)

ⓓ 결과
- 제물포 조약 체결(1882) : 일본에 배상금 지불, 일본 공사관 경비를 위해 일본군의 조선 주둔 허용
- 청의 내정 간섭 심화 : 청군의 주둔 허용, 청의 고문 파견(마건상과 묄렌도르프)
- 조·청 상민 수륙 무역 장정 체결(1882) : 청 상인의 내지 통상권 허용→청의 경제적 침투 강화

(4) 갑신정변(1884)

① 배경 … 친청 정권 수립과 청의 내정 간섭 심화로 개화 정책 후퇴, 급진 개화파 입지 축소, 청·프 전쟁

② 전개 … 급진 개화파가 우정총국 개국 축하연에 정변 일으킴→민씨 고관 살해→개화당 정부 수립→14개조 개혁 정강 발표→청군의 개입으로 3일만에 실패→김옥균, 박영효는 일본 망명

③ 갑신정변 14개조 개혁 정강 … 위로부터의 개혁
  ㉠ 정치적 개혁 : 친청 사대 정책 타파, 내각 중심의 정치→입헌 군주제 지향
  ㉡ 경제적 개혁 : 모든 재정의 호조 관할(재정 일원화), 지조법(토지세) 개정, 혜상공국 혁파, 환곡제 개혁
  ㉢ 사회적 개혁 : 문벌 폐지, 인민 평등권 확립, 능력에 따른 인재 등용 → 신분제 타파 주장

④ 결과
  ㉠ 청의 내정 간섭 심화, 개화 세력 약화, 민씨 재집권
  ㉡ 한성 조약(1884) : 일본인 피살에 대한 배상금 지불, 일본 공사관 신축 비용 부담
  ㉢ 톈진 조약(1884) : 한반도에서 청·일 양국 군대의 공동 출병 및 공동 철수 규정

⑤ 의의와 한계
  ㉠ 의의 : 근대 국가 수립을 위한 최초의 근대적 정치·사회 개혁 운동
  ㉡ 한계 : 급진 개화파의 지나친 일본 의존적 성향과 토지 개혁의 부재 등으로 민중 지지 기반 결여

(5) 갑신정변 이후의 국내외 정세

① 거문도 사건(1885~1887) … 갑신정변 이후 청 견제를 위해 조선이 러시아와 비밀리에 교섭 진행→러시아 견제를 위해 영국이 거문도 불법 점령→청 중재로 영국군 철수

② 한반도 중립화론 … 한반도를 둘러싼 열강의 대립이 격화되자 이를 막기 위해 조선 중립화론 제시→독일 영사 부들러와 유길준에 의해 제시

| 기출예제 | 2025. 4. 5. 국가직

다음 글을 쓴 인물에 대한 설명으로 옳은 것은?

> 대저 우리나라가 아시아의 중립국이 된다면 러시아를 방어하는 큰 기틀이 될 것이고, 또 아시아의 여러 대국이 서로 보전하는 정략도 될 것이다. … (중략) … 이는 비단 우리나라만을 위한 것이 아니라 중국의 이익도 될 것이고, 여러 나라가 서로 보전하는 계책도 될 것이니 무엇이 괴로워서 하지 않겠는가.

① 영남 만인소 사건을 주도하였다.
② 미국에 파견된 보빙사의 일원이었다.
③ 제2차 수신사로 『조선책략』을 조선에 가지고 왔다.
④ 왜양일체론을 내세우며 개항반대운동을 전개하였다.

★
제시문은 조선 중립화론을 주장한 유길준이다. 갑신정변(1884) 이후 조선을 둘러싼 청일 간의 대립이 격화되었고, 러시아의 남하를 견제하고자 영국이 거문도를 불법 점령하는 등 대외 관계가 불안해지자 유길준과 독일 영사인 부들러는 조선의 중립화론을 주장하며, 청의 주도하에 영국, 프랑스, 일본, 러시아가 조선의 중립을 보장할 것을 제안하였다.
② 유길준은 임오군란 이후 미국으로 파견된 보빙사(1883)의 일원이었다.
① 이만손
③ 김홍집
④ 최익현

답 ②

❸ 구국 운동과 근대 국가 수립 운동의 전개

(1) 동학 농민 운동

① 농촌 사회의 동요 … 지배층의 농민 수탈 심화, 일본의 경제 침탈로 곡가 상승, 수공업 타격(면직물 수입)

② 동학의 교세 확장 및 교조 신원 운동
  ㉠ 동학의 교세 확장 : 교리 정비(동경대전, 용담유사), 교단 조직(포접제)
  ㉡ 교조 신원 운동 : 교조 최제우의 억울한 누명을 풀고 동학의 합법화 주장
  • 전개 : 삼례집회(1892) → 서울 복합 상소(1893) → 보은 집회(1893)
  • 성격 : 종교적 운동 → 정치적, 사회적 운동으로 발전(외세 배척, 탐관오리 숙청 주장)

③ 동학 농민 운동의 전개
  ㉠ 고부 농민 봉기 : 고부 군수 조병갑의 횡포(만석보 사건) → 전봉준 봉기(사발통문) → 고부 관아 점령 및 만석보 파괴 → 후임 군수 박원명의 회유로 농민 자진 해산 → 안핵사 이용태 파견

- ⓒ 제1차 봉기 : 안핵사 이용태의 농민 탄압→동학 농민군 재봉기하여 고부 재점령
  - 백산 집결 : 동학 농민군이 보국안민, 제폭구민의 기치를 걸고 격문 발표, 호남 창의소 설치→이후 황토현, 황룡촌 전투에서 관군 격파→전주성 점령(폐정개혁안 12개조 요구)
  - 전주 화약 체결 : 정부는 청에 군사 요청→청·일 양군 출병(톈진조약)→전주 화약 체결(집강소 설치)
  - ⓒ 제2차 봉기 : 전주 화약 체결 후 정부는 청일 양군의 철수 요구→일본이 거부하고 경복궁 무단 점령(청일전쟁)
  - 삼례 재봉기 : 일본군 축출을 위해 동학 농민군 재봉기→남접(전봉준)과 북접(손병희) 합세하여 서울로 북상
  - 우금치 전투(공주) : 관군과 일본군의 화력에 열세→동학 농민군 패배, 전봉준을 비롯한 지도부 체포
- ④ 동학 농민 운동의 의의와 한계
  - ⑦ 의의 : 반봉건 운동(신분제 폐지, 악습 철폐 요구), 반외세 운동(일본 및 서양 침략 반대)→이후 동학 농민군의 일부 요구가 갑오개혁에 반영, 잔여 세력 일부는 항일 의병 운동에 가담
  - ⓒ 한계 : 근대 사회 건설을 위한 구체적인 방안을 제시하지 못함

(2) 갑오·을미개혁
① 배경 … 갑신정변 및 동학 농민 운동 이후 내정 개혁의 필요성 대두→교정청(자주적 개혁) 설치(1894. 6.)
② 제1차 갑오개혁 … 일본군의 경복궁 무단 점령, 개혁 강요→제1차 김홍집 내각 수립(민씨 정권 붕괴, 흥선대원군 섭정), 군국기무처 설치
  - ⑦ 정치 : 왕실 사무(궁내부)와 국정 사무(의정부) 분리, 6조를 8아문으로 개편, 과거제 폐지 등
  - ⓒ 경제 : 탁지아문으로 재정 일원화, 은 본위 화폐제 채택, 도량형 통일, 조세 금납화 시행
  - ⓒ 사회 : 신분제 철폐(공사 노비제 혁파), 봉건적 악습 타파(조혼 금지, 과부 재가 허용), 고문 및 연좌제 폐지
③ 제2차 갑오개혁 … 청·일 전쟁에서 일본의 승세로 내정 간섭 강화→제2차 김홍집·박영효 연립 내각 수립(흥선대원군 퇴진, 군국기무처 폐지, 홍범 14조 반포)
  - ⑦ 정치 : 내각 제도 실시(의정부), 8아문을 7부로 개편, 지방 행정 체계 개편(8도→23부), 지방관 권한 축소, 재판소 설치(사법권을 행정권에서 분리)
  - ⓒ 군사 : 훈련대와 시위대 설치
  - ⓒ 교육 : 교육입국 조서 반포, 신학제(한성 사범 학교 관제, 소학교 관제, 외국어 학교 관제) 마련

> **기출예제**　　　　　　　　　　　　　　　　　　　　　　　　　　　　　2025. 4. 5. 국가직
>
> 밑줄 친 '이 개혁'의 내용으로 옳은 것은?
>
> > 이 개혁에 따라 의정부를 내각으로, 8아문을 7부로 고쳤다. 또한 지방 8도는 23부로 개편하였다.
>
> ① 외국어 통역관 양성을 위한 동문학을 세웠다.
> ② 미국인 교사를 초빙한 육영공원을 창립하였다.
> ③ 교원양성을 위해 한성사범학교 관제를 발표하였다.
> ④ 상공학교와 광무학교 등의 실업학교를 설립하였다.
>
> ＊
> 제시문은 1894년 시행된 2차 갑오개혁이다. 일본의 내정 간섭으로 김홍집, 박영효 연립 내각이 수립되면서 2차 갑오개혁이 실시되었고, 고종은 '홍범 14조'를 반포하였다. 2차 갑오개혁에서는 내각제 실시, 8아문을 7부로 개편, 8도를 23부로 개편, 재판소를 설치하여 사법권 독립을 추진하였으며, 교육입국조서를 반포하면서 한성 사범학교 관제를 마련하는 등 교육 개혁도 추진하였다.
> ① 동문학(1883)
> ② 육영공원(1886)
> ④ 상공학교(1899), 광무학교(1900)
>
> 답 ③

④ **을미개혁**(제3차 갑오개혁)
　㉠ 배경 : 청·일 전쟁에서 일본이 승리 → 일본의 랴오둥반도 차지(시모노세키 조약) → 러시아 주도의 삼국 간섭 → 랴오둥반도 반환 → 조선에서는 친러내각 수립 → 을미사변(명성황후 시해) → 김홍집 내각 수립
　㉡ 주요 개혁 내용
　　• 정치 : '건양' 연호 사용
　　• 군사 : 시위대(왕실 호위), 친위대(중앙), 진위대(지방) 설치
　　• 사회 : 태양력 사용, 소학교 설치, 우체사 설립(우편 제도), 단발령 실시
　㉢ 결과 : 아관파천(1896) 직후 개혁 중단 → 김홍집 체포 및 군중에 피살

⑤ **갑오개혁의 의의와 한계**
　㉠ 의의 : 갑신정변과 동학 농민 운동의 요구 반영(신분제 철폐), 여러 분야에 걸친 근대적 개혁
　㉡ 한계 : 일본의 강요에 의해 추진, 일본의 조선 침략을 용이하게 함, 국방력 강화 개혁 소홀

(3) 독립 협회

① 독립 협회의 창립
  ㉠ 배경 : 아관파천 직후 러시아를 비롯한 열강의 이권 침탈 가속화, 러·일의 대립 격화
  ㉡ 과정 : 미국에서 귀국한 서재필이 독립신문 창간 → 이후 독립문 건립을 명분으로 독립 협회 창립(1896)

② 독립 협회 활동 … 자주 국권, 자유 민권, 자강 개혁 운동을 통해 민중 계몽 → 강연회·토론회 개최
  ㉠ 자주 국권 운동 : 고종 환궁 요구, 러시아의 절영도 조차 저지 및 열강 이권 침탈 저지(만민 공동회 개최)
  ㉡ 자유 민권 운동 : 언론·출판·집회·결사의 자유 주장
  ㉢ 자강 개혁 운동 : 헌의 6조 결의(관민 공동회 개최), 의회 설립 운동 전개(중추원 관제 개편)

③ 독립 협회 해산 … 보수 세력 반발(독립 협회가 공화정 도모한다고 모함) → 고종 해산 명령 → 황국협회의 만민공동회 습격

④ 의의와 한계 … 열강의 침략으로부터 국권 수호 노력
  ㉠ 의의 : 민중 계몽을 통한 국권 수호와 민권 신장에 기여
  ㉡ 한계 : 열강의 침략적 의도를 제대로 파악하지 못함, 외세 배척이 러시아에 한정

(4) 대한제국(1897~1910)

① 대한 제국 수립 … 아관파천으로 국가적 위신 손상 → 고종의 환궁 요구 여론 고조 → 고종이 경운궁으로 환궁
  ㉠ 대한제국 선포 : 연호를 '광무'로 제정 → 환구단에서 황제 즉위식 거행, 국호를 '대한제국'으로 선포
  ㉡ 대한국 국제 반포(1899) : 황제의 무한 군주권(전제 군주제) 규정

② 광무개혁 … 구본신참(舊本新參)의 원칙에 따른 점진적 개혁 추구
  ㉠ 내용
   • 정치 : 황제권 강화(대한국 국제)
   • 군사 : 원수부 설치(황제가 직접 군대 통솔), 시위대·진위대 증강
   • 경제 : 양전 사업 추진(토지 소유자에게 지계 발급), 식산흥업(근대적 공장과 회사 설립), 금본위 화폐제
   • 교육 : 실업 학교 설립(상공 학교, 광무 학교), 기술 교육 강조, 해외에 유학생 파견
   • 사회 : 근대 시설 도입(전차·철도 부설, 전화 가설 등 교통·통신 시설 확충)
  ㉡ 의의와 한계
   • 의의 : 자주독립과 상공업 진흥 등 근대화를 지향한 자주적 개혁
   • 한계 : 집권층의 보수적 성향, 열강의 간섭 등으로 개혁 성과 미흡

❹ 일제의 국권 침탈과 국권 수호 운동

(1) 일제의 침략과 국권 피탈

① 러·일 전쟁(1904)과 일본의 침략

    ㉠ 한반도를 둘러싼 러·일 대립 격화 : 제1차 영·일동맹(1902), 러시아의 용암포 조차 사건(1903)

    ㉡ 러·일 전쟁(1904. 2) : 대한제국 국외 중립 선언→일본이 러시아를 선제 공격

    ㉢ 일본의 한반도 침략

      • 한·일 의정서(1904. 2) : 한반도의 군사적 요충지를 일본이 임의로 사용 가능

      • 제1차 한·일 협약(1904. 8.) : 고문 정치 실시 (외교 고문 美. 스티븐스, 재정 고문 日.메가타 파견)

    ㉣ 일본의 한국 지배에 대한 열강의 인정

      • 가쓰라·태프트 밀약(1905. 7.) : 일본은 미국의 필리핀 지배 인정, 미국은 일본의 한국 지배를 인정

      • 제2차 영·일 동맹(1905. 8.) : 일본은 영국의 인도 지배 인정, 영국은 일본의 한국 지배를 인정

    ㉤ 포츠머스 조약 체결(1905. 9) : 러·일 전쟁에서 일본 승리→일본의 한국 지배권 인정

② 일제의 국권 침탈

    ㉠ 을사늑약(제2차 한일협약. 1905. 11) : 통감 정치 실시

      • 내용 : 통감부 설치(대한제국 외교권 박탈), 초대 통감으로 이토 히로부미 부임

      • 고종의 대응 : 조약 무효 선언, 미국에 헐버트 파견, 헤이그 특사 파견(이준, 이상설, 이위종. 1907)

      • 민족의 저항 : 민영환과 황현의 자결, 장지연의 '시일야방성대곡'(황성신문), 오적 암살단 조직(나철, 오기호), 스티븐스 저격(장인환·전명운. 1908), 안중근의 이토 히로부미 처단(1909)

    ㉡ 한·일 신협약(정미 7조약, 1907. 7) : 차관 정치 실시

      • 배경 : 헤이그 특사 파견→고종의 강제 퇴위, 순종 즉위

      • 내용 : 행정 각 부처에 일본인 차관 임명, 대한 제국 군대 해산(부속 각서)→이후 기유각서(1909) 체결

    ㉢ 한국 병합 조약(1910. 8) : 친일 단체(일진회 등)의 합방 청원→병합조약 체결→조선 총독부 설치

(2) 항일 의병 운동

① 을미의병 … 을미사변, 단발령 실시(1895)를 계기로 발생

    ㉠ 중심세력 : 유인석, 이소응 등의 양반 유생층

    ㉡ 활동 : 친일 관리 처단, 지방 관청과 일본 거류민, 일본군 공격

    ㉢ 결과 : 아관 파천 이후 고종이 단발령 철회, 의병 해산 권고 조직 발표→자진 해산→일부는 활빈당 조직

② 을사의병 … 을사늑약 체결(1905)에 반발하며 발생, 평민 출신 의병장 등장

    ㉠ 중심세력 : 최익현·민종식(양반 유생), 신돌석(평민 출신) 등

    ㉡ 활동 : 전북 태인에서 거병(최익현), 홍주성 점령(민종식), 태백산 일대 평해·울진에서 활양(신돌석)

③ **정미의병** … 고종의 강제 퇴위, 대한 제국의 군대 해산(1907)을 계기로 발생
 ㉠ 특징 : 해산 군인의 가담으로 의병의 전투력 강화(의병 전쟁), 각국 영사관에 국제법상 교전 단체로 인정할 것 요구
 ㉡ 13도 창의군 결성(총대장 이인영, 군사장 허위) : 서울 진공 작전 전개(1908) → 일본군에 패배
③ **호남 의병** … 13도 창의군 해산 이후 호남 지역이 의병 중심지로 부상 → 일제의 '남한 대토벌 작전'(1909)으로 위축
④ **의병 운동의 의의와 한계**
 ㉠ 의의 : '남한 대토벌 작전' 이후 만주와 연해주 등지로 이동하여 무장 독립 투쟁 계승
 ㉡ 한계 : 양반 유생 출신 의병장의 봉건적 신분 의식의 잔존으로 세력 약화

(3) 애국 계몽 운동

① **성격** … 사회진화론의 영향(약육강식) → 점진적 실력 양성(교육, 식산흥업)을 통한 국권 수호 추구
② **애국 계몽 운동 단체**
 ㉠ 보안회(1904) : 일제의 황무지 개간권 요구 반대 운동 전개 → 성공
 ㉡ 헌정 연구회(1905) : 의회 설립을 통한 입헌 군주제 수립 추구 → 일제의 탄압
 ㉢ 대한 자강회(1906) : 헌정 연구회 계승, 전국에 지회 설치 → 고종 강제 퇴위 반대 운동 전개
 ㉣ 신민회(1907)
  • 조직 : 안창호, 양기탁 등을 중심으로 공화정에 입각한 근대 국가 설립을 목표로 비밀 결사 형태로 조직
  • 활동 : 학교 설립(오산 학교, 대성 학교), 민족 산업 육성(태극 서관, 자기 회사 운영), 국외 독립운동 기지 건설(남만주 삼원보에 신흥 강습소 설립)
  • 해체 : 일제가 조작한 105인 사건으로 와해(1911)
 ㉤ 언론 활동 : 대한매일신보, 황성신문 등이 일제 침략 비판, 국채 보상 운동 지원
③ **의의와 한계**
 ㉠ 의의 : 국민의 애국심 고취와 근대 의식 각성, 식산흥업을 통한 경제 자립 추구, 민족 운동 기반 확대
 ㉡ 한계 : 실력 양성(교육, 식산흥업)에만 주력, 의병 투쟁에 비판적인 태도를 취함

(4) 독도와 간도

① **독도**
 ㉠ 역사적 연원 : 신라 지증왕 때 이사부가 우산국 복속, 조선 숙종 때 안용복이 우리 영토임을 확인
 ㉡ 대한 제국 칙령 제41호(1900) : 울릉도를 울도군으로 승격, 독도가 우리 영토임을 선포
 ㉢ 일제의 강탈 : 러·일 전쟁 중 일본이 불법적으로 편입(시네마 현 고시 제 40호, 1905)
② **간도** … 백두산정계비문(1712)의 토문강 해석에 대한 조선과 청 사이의 이견 발생으로 영유권 분쟁 발생
 ㉠ 대한 제국의 대응 : 이범윤을 간도 관리사로 임명, 간도를 함경도 행정 구역으로 편입
 ㉡ 간도 협약(1909) : 남만주 철도 부설권을 얻는 대가로 일제가 간도를 청의 영토로 인정

❺ 개항 이후 경제·사회·문화의 변화

(1) 열강의 경제 침탈

① 청과 일본의 경제 침탈

　㉠ 개항 초 일본의 무역 독점: 강화도 조약 및 부속 조약
　　• 치외 법권, 일본 화폐 사용, 무관세 무역 등의 특혜 독점
　　• 거류지 무역: 개항장 10리 이내로 제한 → 조선 중개 상인 활약(객주, 여각, 보부상 등)
　　• 중계 무역: 영국산 면제품 수입, 쌀 수출(미면 교환 경제) → 곡가 폭등, 조선 가내 수공업 몰락
　㉡ 일본과 청의 무역 경쟁: 임오군란 이후 청 상인의 조선 진출 본격화 → 청·일 상권 경쟁 심화
　　• 조·청 상민 수륙 무역 장정(1882): 청 상인의 내지 통상권 허용(양화진과 한성에 상점 개설)
　　• 조·일 통상 장정(1883): 조·일 무역 규칙 개정, 관세권 설정, 방곡령 규정, 최혜국 대우 인정

│ 기출예제 │　　　　　　　　　　　　　　　　　　　　2025. 6. 21. 제1회 지방직

다음 조약에 대한 설명으로 옳은 것은?

> 제9관 수입 또는 수출되는 각 화물이 해관을 통과할 때는 응당 본 조약에 첨부된 세칙에 따라 관세를 납부해야 한다.
> 제37관 조선국에서 가뭄과 홍수, 전쟁 등으로 인하여 국내에 양식이 결핍될 것을 우려하여 일시 쌀 수출을 금지하려고 할 때에는 1개월 전에 지방관이 일본 영사관에게 통지하여 미리 그 기간을 항구에 있는 일본 상인들에게 전달하여 일률적으로 준수하는 데 편리하게 한다.

① 갑신정변의 영향으로 체결되었다.
② 최혜국 대우에 관한 내용을 담고 있다.
③ 일본 경비병의 공사관 주둔을 명시하였다.
④ 부산 외 2곳에 개항장이 설치되는 결과를 가져왔다.

＊
제시문은 조일통상장정(1883)이다. 임오군란 이후 조선이 청과 조청상민수륙무역장정을 체결하면서 청 상권이 확대되는 것에 대항하여 일본은 조일통상장정을 체결하고 조일무역규칙을 개정. 방곡령 및 최혜국대우 인정을 규정하였다.
① 한성조약(1885)
③ 제물포조약(1882)
④ 강화도조약(1876)

답 ②

---

② 제국주의 열강의 이권 침탈

　㉠ 배경: 아관 파천 이후 열강이 최혜국 대우 규정을 내세워 각종 분야(삼림, 광산, 철도 등)에서 이권 침탈
　㉡ 일본의 재정 및 금융 지배
　　• 재정 지배: 차관 강요(시설 개선 등의 명목)를 통한 대한 제국 재정의 예속화 시도
　　• 금융 지배: 일본 제일 은행 설치(서울. 인천 등)

- 화폐 정리 사업(1905) : 백동화를 일본 제일 은행권으로 교환(재정 고문 메가타 주도) → 민족 자본 몰락
  ⓒ 일본의 토지 약탈 : 철도 부지와 군용지 확보를 위해 조선의 토지 매입, 동양 척식 주식회사 설립(1908)

(2) 경제적 구국 운동

① 방곡령 선포(1889~1890) … 일본으로의 곡물 유출 심화로 곡가 폭등, 농민 경제 악화
  ㉠ 과정 : 함경도, 황해도 등지의 지방관이 방곡령을 선포함(조·일 통상 장정 근거)
  ㉡ 결과 : 일본이 '1개월 전 통보' 규정 위반을 빌미로 방곡령 철회 요구 → 방곡령 철회, 일본에 배상금 지불

② 상권 수호 운동 … 열강의 내지 진출 이후 국내 상권 위축
  ㉠ 시전 상인 : 일본과 청 상인의 시전 철수 요구, 황국 중앙 총상회 조직(1898)
  ㉡ 객주, 보부상 : 상회사 설립 → 대동 상회, 장통 상회 등
  ㉢ 민족 자본, 기업 육성 : 민족 은행과 회사를 설립(조선 은행 등) → 1890년대 이후

③ 이권 수호 운동
  ㉠ 독립 협회 : 만민 공동회 개최 → 러시아의 절영도 조차 요구 저지, 한·러 은행 폐쇄
  ㉡ 황무지 개간권 요구 반대 운동(1904) : 일제의 황무지 개간권 요구 압력에 반대 → 농광 회사, 보안회 설립

④ 국채 보상 운동(1907) … 일본의 차관 강요에 의한 대한 제국 재정의 일본 예속 심화
  ㉠ 과정 : 대구에서 시작(서상돈 중심) → 국채 보상 기성회 설립(서울) → 대한매일신보 후원
  ㉡ 결과 : 전국적인 금주, 금연, 가락지 모으기 운동으로 확산 → 통감부의 탄압과 방해로 실패함

(3) 근대 시설과 문물의 수용

① 근대 시설의 도입
  ㉠ 교통 : 전차(서대문~청량리, 1889), 경인선(1899)을 시작으로 철도 부설(경부선 1905, 경의선 1906)
  ㉡ 통신 : 우편(우정총국, 1884), 전신(1885), 전화(경운궁, 1898)
  ㉢ 전기 : 경복궁에 전등 설치(1887), 한성 전기 회사 설립(1898)
  ㉣ 의료 : 광혜원(제중원으로 개칭, 1885), 세브란스 병원(1904), 대한의원(1907)
  ㉤ 서양식 건축물 : 독립문(1896), 명동성당(1898), 덕수궁 석조전(1910) 등이 만들어짐

② 언론 활동 … 일제의 신문지법(1907) 제정 이전까지 활발한 활동
  ㉠ 한성순보(1883) : 최초의 신문으로 관보의 성격(정부 정책 홍보)을 지님 → 순한문, 박문국에서 발행
  ㉡ 독립신문(1896) : 독립협회가 발간한 최초의 민간 사설 신문 → 한글판, 영문판 발행
  ㉢ 제국신문(1898) : 서민층과 부녀자 대상으로 한 계몽적 성격의 신문 → 순한글
  ㉣ 황성신문(1898) : 양반 지식인을 대상으로 간행, 장지연의 '시일야방성대곡' 게재 → 국한문 혼용
  ㉤ 대한매일신보(1904) : 영국인 베델과 양기탁의 공동 운영, 일제의 국권 침탈 비판 → 순한글

③ 교육 기관
- ㉠ 1880년대 : 원산 학사(최초의 근대 학교. 덕원 주민), 동문학(외국어 교육), 육영 공원(근대적 관립 학교)
- ㉡ 1890년대 : 갑오개혁(교육입국조서 반포, 한성사범학교, 소학교 설립), 대한제국(각종 관립학교 설립)
- ㉢ 1900년대 : 사립 학교 설립→개신교(배재학당, 이화학당, 숭실학교), 민족지사(대성학교, 오산학교 등)

(4) 문화와 종교의 새 경향

① 문화의 새 경향 … 신소설(혈의 누 등), 신체시(해에게서 소년에게) 등장, 창가 및 판소리 유행

② 국학 연구
- ㉠ 국어 : 국문 연구소(지석영 · 주시경, 1907), 조선 광문회(최남선. 1910)
- ㉡ 국사 : 근대 계몽 사학 발달, 민족 의식 고취
  - 위인전 간행(을지문덕전, 이순신전), 외국 역사 소개(월남 망국사 등), 신채호(독사신론, 민족주의 역사학)

③ 종교계의 변화
- ㉠ 유교 : 박은식 '유교 구신론' 저술→성리학의 개혁과 실천 유학 주장(양명학) 개신교 의료 · 교육 활동을 전개함
- ㉡ 불교 : 한용운 '조선불교 유신론' 저술→조선 불교의 개혁 주장
- ㉢ 천도교 : 손병희가 동학을 천도교로 개칭→'만세보' 간행
- ㉣ 대종교 : 나철, 오기호가 창시→단군 신앙 바탕, 국권 피탈 이후 만주로 이동하여 무장 독립 투쟁 전개
- ㉤ 천주교 : 사회 사업 실시(양로원, 고아원 설립)
- ㉥ 개신교 : 교육 기관 설립, 세브란스 병원 설립

02 일제의 강점과 민족 운동의 전개

❶ 일제의 식민 통치와 경제 수탈

(1) 일제의 무단 통치와 경제 수탈(1910년대)

① 일제의 식민 통치 기관 … 조선 총독부(식민통치 최고 기관. 1910), 중추원(조선 총독부 자문 기구)

② 무단 통치 … 헌병 경찰제 도입(즉결 처분권 행사), 조선 태형령 제정, 관리 · 교원에게 제복과 착검 강요, 언론 · 집회 · 출판 · 결사의 자유 제한, 한국인의 정치 단체와 학회 해산

③ 제1차 조선 교육령 … 한국인에 대한 차별 교육 실시(고등 교육 제한), 보통 교육과 실업 교육 강조, 일본어 교육 강조, 사립학교 · 서당 탄압

④ 경제 수탈
  ㉠ 토지 조사 사업(1910~1918) : 공정한 지세 부과와 근대적 토지 소유권 확립을 명분으로 시행→실제로는 식민 지배에 필요한 재정 확보
    • 방법 : 임시 토지 조사국 설치(1910), 토지 조사령 공포(1912)→기한부 신고제로 운영
    • 전개 : 미신고 토지, 왕실·관청 소유지(역둔토), 공유지 등을 조선 총독부로 편입→동양척식주식회사로 이관
    • 결과 : 조선 총독부의 지세 수입 증가, 일본인 이주민 증가, 조선 농민의 관습적 경작권 부정, 많은 농민들이 기한부 소작농으로 전락하거나 만주·연해주 등지로 이주

> **기출예제** 2025. 6. 21. 제1회 서울시 보훈청
>
> 다음의 밑줄 친 '이 사업'에 대한 설명으로 가장 옳은 것은?
>
> > 이 사업은 전국 토지의 소유권을 조사하여 식민 통치에 필요한 재정(지세)을 확보하고, 아울러 방대한 토지를 점탈하려는 것이었다. 이 사업의 결과 총독부는 지세 수입이 크게 늘었고, 미신고 토지나 국·공유지를 차지하였다. 한편 조선인 농민 가운데에는 소작농으로 전락하는 경우가 많아졌다.
>
> ① 구본신참을 기본 방향으로 삼았다.
> ② 재정 고문인 메가타가 주도하였다.
> ③ 신고주의 원칙에 따라 실시되었다.
> ④ 유상 매수 유상 분배의 원칙에 따라 시행되었다.
>
> ✱ 제시문은 1910년대 일제에 의해 시행된 토지 조사 사업이다. 일제는 1912년 토지 조사령을 공포하여 토지 조사 사업을 실시하였고 기한부 신고제를 원칙으로 하였다. 이 과정에서 미신고 토지와 왕실 및 관청 소유지, 공유지 등을 조선 총독부로 편입시키는 등 토지 수탈을 자행하였다. 그 결과 조선 총독부의 지세 수입이 증가하였으나 많은 농민들이 기한부 소작농으로 전락하거나 만주, 연해주 등으로 이주하는 등 자영농이 몰락하게 되었다.
> ① 광무개혁
> ② 화폐정리사업
> ④ 해방 직후 남한의 농지개혁
>
> 답 ③

  ㉡ 각종 산업 침탈
    • 회사령 (1910) : 한국인의 회사 설립 및 민족 자본의 성장 억압→허가제로 운영
    • 자원 침탈 : 삼림령, 어업령, 광업령, 임업령, 임야 조사령 등 제정

(2) 일제의 민족 분열 통치와 경제 수탈(1920년대)
① 문화 통치
  ㉠ 배경 : 3·1 운동(1919) 이후 무단 통치에 대한 한계 인식, 국제 여론 악화
  ㉡ 목적 : 소수의 친일파를 양성하여 민족 분열의 획책을 도모한 기만적인 식민 통치
  ㉢ 내용과 실상

- 문관 총독 임명 가능 : 실제로 문관 총독이 임명된 적 없음
- 헌병 경찰제를 보통 경찰제로 전환 : 경찰 수와 관련 시설, 장비 관련 예산 증액
- 언론·집회·출판·결사의 자유 부분적 허용(신문 발간 허용) : 검열 강화, 식민통치 인정하는 범위 내에서 허용
- 보통학교 수업 연한 연장(제2차 조선 교육령), 대학 설립 가능 : 고등교육 기회 부재, 한국인 취학률 낮음
- 도·부·면 평의회, 협의회 설치 : 일본인, 친일 인사만 참여(친일 자문 기구)
- ㄹ 영향 : 일부 지식인들이 일제와 타협하려 함→민족 개조론, 자치론 주장

② 경제 수탈
  ㉠ 산미 증식 계획(1920~1934)
  - 배경 : 일본의 공업화로 자국 내 쌀 부족 현상을 해결하기 위해 시행
  - 과정 : 농토 개간(밭→논), 수리 시설(수리 조합 설립) 확충, 품종 개량, 개간과 간척 등으로 식량 증산 추진
  - 결과 : 수탈량이 증산량 초과(국내 식량 사정 악화)→한국인의 1인당 쌀 소비량 감소, 만주 잡곡 유입 증가, 식량 증산 비용의 농민 전가→소작농으로 전락하는 농민 증가, 소작농의 국외 이주 심화
  ㉡ 회사령 폐지(허가제→신고제, 1920), 일본 상품에 대한 관세 철폐 : 일본 자본의 침투 심화

(3) 일제의 민족 말살 통치(1930년대 이후)

① 민족 말살 통치
  ㉠ 배경 : 대공황(1929) 이후 일제의 침략 전쟁 확대(만주 사변, 중·일 전쟁, 태평양 전쟁)
  ㉡ 목적 : 한국인의 침략 전쟁 동원→한국인의 민족의식 말살, 황국 신민화 정책 강요
  - 내선일체·일선동조론 강조, 창씨 개명, 신차 참배, 궁성 요배, 황국 신민 서사 암송, 국어·국사 교육 금지
  - 병참기지화 정책 : 전쟁 물자 공급을 위해 북부 지방에 중화학 공업 시설 배치
  ㉢ 결과 : 공업 생산이 북부 지역에 편중, 산업 간 불균형 심화(소비재 생산 위축)

② 경제 수탈
  ㉠ 남면북양 정책 : 일본 방직 산업의 원료 확보를 위해 면화 재배와 양 사육 강요
  ㉡ 농촌 진흥 운동(1932~1940) : 식민지 지배 체제의 안정을 위해 소작 조건 개선 제시→성과 미흡
  ㉢ 국가 총동원법 제정(1938) : 중·일 전쟁 이후 부족한 자원 수탈을 위해 제정→인적·물적 자원 수탈 강화
  - 인적 수탈 : 강제 징용 및 징병, 지원병제(학도 지원병제 포함), 징병제, 국민 징용령, 여자 정신 근로령
  - 물적 수탈 : 공출제 시행(미곡, 금속류), 식량 수탈(산미 증식 계획 재개, 식량 배급제 실시 등), 국방 헌금 강요

③ 식민지 억압 통치 강화
　㉠ 민족 언론 폐간 : 조선일보 · 동아일보 폐간(1940)
　㉡ 조선어 학회 사건(1942) : 치안 유지법 위반으로 조선어 학회 회원들 구속 → 우리말 큰사전 편찬 실패

② 3·1 운동과 대한민국 임시 정부의 활동

(1) 1910년대 국내/국외 민족 운동
① 국내 민족 운동
　㉠ 일제 탄압 강화 : 남한 대토벌 작전과 105인 사건 등으로 국내 민족 운동 약화 → 국외로 이동
　㉡ 비밀 결사 단체
　　• 독립 의군부(1912) : 고종의 밀명을 받아 임병찬이 조직 → 의병 전쟁 계획, 복벽주의 추구
　　• 대한 광복회(1915) : 김좌진, 박상진이 군대식 조직으로 결성 → 친일파 처단, 군자금 모금, 공화정 추진
　　• 기타 : 조선 국권 회복단(단군 숭배, 1915), 송죽회, 기성단, 자립단 등이 조직됨

│ 기출예제 │　　　　　　　　　　　　　　　　　　　　　　　　　　　　　　2025. 4. 5. 국가직

다음 강령을 발표한 단체에 대한 설명으로 옳은 것은?

> 1. 부호의 의연금 및 일본인이 불법 징수하는 세금을 압수하여 무장을 준비한다.
> 6. 일본인 고관 및 한국인 반역자를 수시 수처에서 처단하는 행형부를 둔다.
> 7. 무력이 완비되는 대로 일본인 섬멸전을 단행하여 최후 목적의 달성을 기한다.

① 「조선 혁명 선언」을 활동 지침으로 삼았다.
② 일본에 국권 반환 요구서를 보내려 하였다.
③ 박상진을 총사령으로 하여 공화정체를 지향하였다.
④ 대한민국임시정부의 김구가 중심이 되어 창설하였다.

★
제시문은 1915년 박상진이 중심이 되어 결성한 대한광복회이다. 대한광복회는 군대식 조직으로 결성되어 공화정을 추구하고, 군자금 모집을 위한 친일파 처단, 만주 무관학교 설립을 통한 독립군 양성 등을 추진하였다.
① 의열단(김원봉, 신채호)
② 독립의군부(임병찬)
④ 한인애국단(김구)

답 ③

② 국외 민족 운동
  ㉠ 만주 지역 : 북간도(서전서숙, 명동학교, 중광단), 서간도(삼원보 중심, 경학사·부민단, 신흥강습소 조직)
  ㉡ 중국 관내 : 상하이 신한 청년당→김규식을 파리 강화 회의에 대표로 파견함
  ㉢ 연해주 지역 : 신한촌 건설(블라디보스토크), 권업회 조직→이후 대한 광복군 정부(이상설, 이동휘 중심) 수립

| 기출예제 | 2025. 4. 5. 국가직 |

밑줄 친 '이 지역'에 대한 설명으로 옳은 것은?

> 이 지역에서 권업회라는 독립운동 단체가 조직되었고, 권업회는 국외 무장 독립 단체들을 모아 대한 광복군 정부라는 독립군 조직을 만들었다.

① 동제사가 창립되었다.
② 경학사가 조직되었다.
③ 한인촌인 신한촌이 형성되었다.
④ 대조선 국민 군단이 창설되었다.

✱ 제시문의 지역은 연해주 블라디보스토크이다. 연해주는 남만주와 더불어 국외 독립군의 거점지였으며 특히 블라디보스토크에는 한인 집단 거주지인 신한촌이 형성되었다.
① 상하이
② 남만주
④ 하와이

답 ③

  ㉣ 미주 지역 : 대한인 국민회, 대조선 국민 군단(박용만)

(2) 3·1 운동(1919)
① 배경
  ㉠ 국내 : 일제 무단 통치에 대한 반발 고조, 고종의 사망
  ㉡ 국외 : 윌슨의 민족 자결주의 대두, 레닌의 약소민족 해방 운동 지원, 파리강화회의에 김규식 파견(신한 청년당) 동경 유학생들에 의한 2·8 독립 선언, 만주에서 대한 독립 선언 제창
② 과정 … 초기 비폭력 만세 시위 운동→이후 무력 투쟁의 성격으로 전환
  ㉠ 준비 : 고종 황제 독살설 확산, 종교계 및 학생 중심으로 만세 운동 준비
  ㉡ 전개 : 민족 대표가 종로 태화관에서 독립 선언서 낭독→탑골공원에서 학생·시민들 만세 운동 전개
  ㉢ 확산 : 도시에서 농촌으로 확산→농민층이 가담하면서 무력 투쟁으로 전환→일제 탄압(제암리 사건)→국외 확산

③ 의의 및 영향
  ㉠ 국내 : 최대 규모의 민족 운동, 대한민국 임시 정부 수립에 영향, 식민 통치 방식 변화(무단 통치→문화 통치), 독립 운동의 분수령 역할→무장 투쟁, 노동·농민 운동 등 다양한 민족 운동 전개
  ㉡ 국외 : 중국의 5·4 운동, 인도의 비폭력·불복종 운동 운동 등에 영향

(3) 대한민국 임시 정부 수립과 활동
① 여러 임시 정부 수립 ··· 3·1 운동 이후 조직적인 독립운동의 필요성 자각
  ㉠ 대한 국민 의회(1919. 3) : 연해주 블라디보스토크에서 조직→손병희를 대통령으로 선출
  ㉡ 한성 정부(1919. 4) : 서울에서 13도 대표 명의로 조직→집정관 총재로 이승만 선출
  ㉢ 상하이 임시 정부(1919. 4) : 상하이에서 국무총리로 이승만 선출
② 대한민국 임시 정부의 수립
  ㉠ 각지의 임시 정부 통합 : 한성 정부의 정통성 계승, 외교 활동에 유리한 상하이에 임시 정부 수립
  ㉡ 형태 : 삼권 분립에 입각한 민주 공화정→임시 의정원(입법), 법원(사법), 국무원(행정)
  ㉢ 구성 : 대통령 이승만, 국무총리 이동휘, 국무위원
③ 대한민국 임시 정부의 활동
  ㉠ **연통제, 교통국 운영** : 국내외를 연결하는 비밀 행정 및 통신 조직
  ㉡ 군사 활동 : 광복군 사령부, 국무원 산하에 군무부 설치하고 직할 군단 편성(서로 군정서·북로 군정서)
  ㉢ 외교 활동 : 파리 강화 회의에 독립 청원서 제출(김규식), 미국에 구미 위원부를 설치(이승만)
  ㉣ 독립 자금 모금 : 독립 공채(애국 공채) 발행, 국민 의연금을 모금
  ㉤ 기타 : 독립신문 발간
④ 국민 대표 회의(1923)
  ㉠ 배경 : 연통제와 교통국 해체 후 자금 조달 곤란, 외교 활동 성과 미흡
   • 독립운동 방법론을 둘러싼 갈등 발생 : 외교 독립론과 무장 독립론의 갈등
   • 이승만의 국제 연맹 위임 통치 청원(1919)에 대한 내부 반발
  ㉡ 과정 : 임시 정부의 방향을 둘러싼 창조파와 개조파의 대립 심화
   • 개조파 : 현 임시 정부를 유지하며 드러난 문제점 개선 주장
   • 창조파 : 현 임시 정부의 역할 부정, 임시 정부의 위치를 연해주로 옮겨야 한다고 주장
  ㉢ 결과 : 회의가 결렬 및 독립운동가 다수 이탈
⑤ 대한민국 임시 정부의 개편
  ㉠ 배경 : 국민 대표 회의 결렬 이후 독립 운동가들의 임시 정부 이탈 심화→이승만 탄핵→제2대 대통령으로 박은식 선출 후 체제 개편 추진
  ㉡ 체제 개편 : 대통령제(1919)→국무령 중심 내각 책임제(1925)→국무위원 중심의 집단 지도 체제(1927)→주석 중심제(1940)→주석·부주석제(1944)
  ㉢ 임시정부 이동 : 상하이(1932)→충칭에 정착(1940)

③ 국내 민족 운동의 전개

(1) 실력 양성 운동

① 실력 양성 운동의 대두 … 사회 진화론의 영향 → 식산흥업, 교육을 통해 독립을 위한 실력 양성

② 물산 장려 운동
  ㉠ 배경 : 회사령 폐지(1920), 일본 상품에 대한 관세 철폐(1923)로 일본 자본의 한국 침투 심화 → 민족 기업 육성을 통해 경제적 자립 실현하고자 함
  ㉡ 과정 : 평양에서 조선 물산 장려회 설립(조만식, 1920) → 전국적으로 확산
  ㉢ 활동 : 일본 상품 배격, '내 살림 내 것으로, 조선 사람 조선 것'을 기치로 토산품 애용 장려, 금주·단연 운동 전개
  ㉣ 결과 : 토산품 가격 상승, 사회주의 계열 비판(자본가와 일부 상인에게만 이익), 일제의 탄압으로 실패

③ 민립 대학 설립 운동
  ㉠ 배경 : 일제의 식민지 우민화 교육(보통 교육, 실업 교육 중심) → 고등 교육의 필요성 제기
  ㉡ 과정 : 조선 민립 대학 기성회 조직(이상재, 1920) → 모금 운동('한민족 1천만이 한 사람이 1원씩')
  ㉢ 결과 : 일제의 방해로 성과 저조 → 일제는 한국인들의 불만을 무마하기 위해 경성 제국 대학 설립

④ 문맹 퇴치 운동 … 문자 보급을 통한 민중 계몽 추구
  ㉠ 야학 운동(주로 노동자, 농민 대상), 한글 강습회
  ㉡ 문자 보급 운동 : 조선일보 주도 → "한글 원본" 발간('아는 것이 힘, 배워야 산다')
  ㉢ 브나로드 운동 : 동아일보 주도 → 학생들이 참여하여 농촌 계몽 운동 전개

(2) 민족 협동 전선 운동의 전개

① 사회주의 사상 수용
  ㉠ 배경 : 러시아 혁명 이후 약소국가에서 사회주의 사상 확산(레닌의 지원 선언)
  ㉡ 전개 : 3·1 운동 이후 청년·지식인층을 중심 사회주의 사상 수용 → 조선 공산당 결성(1925)
  ㉢ 영향 : 이념적 차이로 인하여 민족 운동 세력이 민족주의 계열과 사회주의 계열로 분화 → 이후 일제는 사회주의 세력을 탄압하기 위해 치안 유지법 제정(1925)

② 6·10 만세 운동(1926)
  ㉠ 배경 : 일제의 수탈과 차별적인 식민지 교육에 대한 불만 고조, 사회주의 운동 확대, 순종 서거
  ㉡ 전개 : 학생과 사회주의 계열, 천도교 계열이 순종 인산일을 계기로 대규모 만세 시위 계획 → 시민 가담
  ㉢ 의의 : 학생들이 독립 운동의 주체 세력으로 부상, 민족주의 계열과 사회주의 계열의 연대 계기(민족유일당)

③ 신간회 결성(1927~1931)
   ㉠ 배경
      • 국내 : 친일 세력의 자치론 등장, 치안 유지법→민족주의와 사회주의 세력 연대의 필요성 공감
      • 국외 : 중국에서 제1차 국·공 합작 실현
   ㉡ 활동 : 정우회 선언을 계기로 비타협적 민족주의 세력과 사회주의 세력 연대→신간회 결성
      • 이상재를 회장으로 선출하고 전국 각지에 지회 설치
      • 강령 : 정치적·경제적 각성, 민족의 단결 강화, 기회주의 일체 배격
      • 전국적 연회·연설회 개최, 학생·농민·노동·여성 등의 운동 지원, 조선 형평 운동 지원
      • 광주 학생 항일 운동에 조사단을 파견하여 지원
   ㉢ 해체 : 일부 지도부가 타협적 민족주의 세력과 연대 시도, 코민테른 노선 변화→사회주의자 이탈→해체
   ㉣ 의의 : 민족 유일당 운동 전개, 국내에서 가장 규모가 큰 합법적 항일 민족 운동 단체
④ 광주 학생 항일 운동(1929)
   ㉠ 배경 : 차별적 식민 교육, 학생 운동의 조직화, 일본인 남학생의 한국인 여학생 희롱이 발단
   ㉡ 전개 : 광주 지역 학생들 궐기→신간회 및 여러 사회 단체들의 지원→전국적으로 확산
   ㉢ 의의 : 3·1 운동 이후 국내 최대 규모의 항일 민족 운동
⑤ 농민·노동 운동
   ㉠ 농민 운동 : 고율의 소작료 및 각종 대금의 소작인 전가로 소작농 부담 증대
      • 전개 : 조선 농민 총동맹(1927) 주도→소작료 인하, 소작권 이동 반대 주장→암태도 소작쟁의(1923)
   ㉡ 노동 운동 : 저임금, 장시간 노동 등 열악한 노동 환경에 대한 노동자 반발
      • 전개 : 조선 노동 총동맹(1927) 주도→노동 조건의 개선과 임금 인상 요구→원산 노동자 총파업(1929)
   ㉢ 1930년대 농민·노동 운동 : 사회주의 세력과 연계하여 정치적 투쟁의 성격 나타남(반제국주의)
⑥ 각계 각층의 민속 운동
   ㉠ 청년 운동 : 조선 청년 총동맹 결성
   ㉡ 소년 운동 : 천도교 소년회 중심(방정환)→어린이날을 제정, 잡지 "어린이" 발간
   ㉢ 여성 운동 : 신간회 자매 단체로 근우회 조직→여성 계몽 활동 전개
   ㉣ 형평 운동 : 조선 형평사 조직→백정 출신에 대한 사회적 차별 반대, 평등 사회 추구

(3) 민족 문화 수호 운동
① 한글 연구
   ㉠ 조선어 연구회(1921) : 가갸날 제정함, 잡지 "한글" 간행
   ㉡ 조선어 학회(1931) : 조선어 연구회 계승, 한글 맞춤법 통일안과 표준어 제정, 우리말 큰사전 편찬 시도
      →일제에 의한 조선어 학회 사건(1942)으로 강제 해산

② 국사 연구
  ㉠ 식민 사관 : 식민 통치의 정당화를 위해 우리 역사 왜곡→조선사 편수회→정체성론, 당파성론, 타율성론
  ㉡ 민족주의 사학 : 한국사의 독자성과 주체성 강조
    • 박은식 : 근대사 연구, 민족혼을 강조→'한국통사', '한국독립운동지혈사' 저술
    • 신채호 : 고대사 연구, 낭가사상 강조→'조선사연구초', '조선상고사' 저술
    • 정인보 : 조선 얼 강조, 조선학 운동 전개
  ㉢ 사회 경제 사학 : 마르크스의 유물 사관 수용
    • 백남운 : 식민 사관인 정체성론 비판→'조선 사회 경제사' 저술, 세계사의 보편적 발전 법칙에 따라 한국사 이해
  ㉣ 실증 사학 : 객관적 사실 중시
    • 진단 학회 : 이병도, 손진태 등이 결성→'진단 학보' 발간
③ 종교 활동
  ㉠ 불교 : 일제의 사찰령으로 탄압→한용운이 중심이 되어 조선 불교 유신회 조직
  ㉡ 원불교 : 박중빈이 창시→개간 사업, 미신 타파, 저축 운동 등 새생활 운동 전개
  ㉢ 천도교 : 소년 운동 주도, 잡지 '개벽' 발행
  ㉣ 대종교 : 단군 숭배, 중광단 결성(북간도)함→이후 북로 군정서로 확대·개편→항일 무장 투쟁 전개
  ㉤ 개신교 : 교육 운동, 계몽 운동을 전개→신사 참배 거부
  ㉥ 천주교 : 사회 사업 전개(고아원, 양로원 설립), 항일 무장 투쟁 단체인 의민단 조직
④ 문화 활동
  ㉠ 문학 : 동인지 발간 및 신경향파 문학 등장(1920년대) → 저항 문학(이육사, 윤동주)·순수 문학(1930년대)
  ㉡ 영화 : 나운규의 '아리랑(1926)'

❹ 국외 민족 운동의 전개

(1) 1920년대 무장 독립 투쟁
① 봉오동 전투와 청산리 대첩
  ㉠ 봉오동 전투(1920.6) : 대한 독립군(홍범도), 군무 도독부군(최진동), 국민회군(안무) 연합부대가 봉오동에서 일본군 격파
  ㉡ 청산리 대첩(1920. 10) : 봉오동 전투에서 패배한 일본이 만주에 대규모로 일본군 파견(훈춘사건)
   - 북로 군정서(김좌진), 대한 독립군(홍범도) 등 연합 부대 청산리 일대에서 일본군에게 크게 승리

② 독립군의 시련
  ㉠ 간도 참변(1920. 경신참변) : 봉오동 전투, 청산리 대첩에서 패배한 일본군의 복수→간도 이주민 학살
  ㉡ 독립군 이동 : 일본군을 피해 독립군은 밀산에 모여 대한독립군단 결성(총재 서일)→소련령 자유시로 이동
  ㉢ 자유시 참변(1921) : 독립군 내부 분열, 러시아 적군과의 갈등→적군에 의해 강제 무장 해제 당함
③ 독립군 재정비 … 간도 참변, 자유시 참변으로 약화된 독립군 재정비 필요성 대두
  ㉠ 3부 성립 : 자치 정부의 성격→민정 기능과 군정 기능 수행
    - 참의부(대한민국 임시 정부 직속), 정의부, 신민부
  ㉡ 미쓰야 협정(1925) : 조선 총독부와 만주 군벌 장작림 사이에 체결→독립군 체포·인도 합의, 독립군 위축
  ㉢ 3부 통합 : 국내외에서 민족 협동 전선 형성(민족 유일당 운동)
    • 국민부(남만주) : 조선 혁명당, 조선 혁명군(양세봉) 결성
    • 혁신의회(북만주) : 한국 독립당, 한국 독립군(지청천) 결성

(2) 1930년대 무장 독립 투쟁
① 한·중 연합 작전
  ㉠ 배경 : 일제가 만주 사변(1931) 후 만주국을 수립하자 중국 내 항일 감정 고조→한·중 연합 전선 형성
  ㉡ 전개
    • 남만주 : 조선 혁명군(양세봉)이 중국 의용군과 연합→흥경성·영릉가 전투 등에서 승리
    • 북만주 : 한국 독립군(지청천)이 중국 호로군과 연합→쌍성보·사도하자·대전자령 전투 등에서 승리
  ㉢ 결과 : 한중 연합군의 의견 대립, 일본군의 공격 등으로 세력 약화→일부 독립군 부대는 중국 관내로 이동
② 만주 항일 유격 투쟁
  ㉠ 사회주의 사상 확산 : 1930년대부터 조선인 사회주의자들이 중국 공산당과 연합하여 항일 운동 전개→동북 항일 연군 조직(1936)
  ㉡ 조국 광복회 : 동북 항일 연군 일부와 민족주의 세력이 연합→국내 진입(1937. 보천보 전투)
③ 중국 관내의 항일 투쟁
  ㉠ 민족 혁명당(1935) : 민족 협동 전선 아래 독립군 통합을 목표로 조직→한국독립당, 조선혁명군 등 참여
    • 김원봉, 지청천, 조소앙 중심(좌우 합작)→이후 김원봉이 주도하면서 지청천, 조소앙 이탈
    • 이후 조선 민족 혁명당으로 개편→조선 민족 전선 연맹 결성(1937)→조선 의용대 결성(1938)
  ㉡ 조선 의용대(1938. 한커우) : 김원봉 등이 중국 국민당 정부의 지원을 받아 조직
    • 중국 관내에서 조직된 최초의 한인 독립군 부대→이후 한국 광복군에 합류(1942)
    • 분화 : 일부 세력이 중국 화북 지방으로 이동→조선 의용군으로 개편됨(조선 독립 동맹의 군사 기반)
  ㉢ 조선 의용군(1942) : 조선 의용대 일부와 화북 사회주의자들이 연합하여 옌안에서 조직
    • 중국 공산당과 연합하여 항일 투쟁 전개, 해방 이후에는 북한 인민군으로 편입

(3) 의열 투쟁과 해외 이주 동포 시련

① 의열단(1919) … 김원봉을 중심으로 만주 지린에서 비밀 결사로 조직
　㉠ 목표 : 민중의 직접 혁명을 통한 독립 추구(신채호 '조선 혁명 선언')
　㉡ 활동 : 조선 총독부의 주요 인사·친일파 처단, 식민 통치 기구 파괴→김익상, 김상옥, 나석주 등의 의거
　㉢ 변화 : 개별적인 무장 활동의 한계 인식→체계적 군사 훈련을 위해 김원봉을 중심으로 황포 군관 학교 입교→이후 조선 혁명 간부 학교 설립함(독립군 간부 양성)→민족 혁명당 결성 주도

② 한인 애국단(1931) … 김구가 주도
　㉠ 활동 : 일왕 암살 시도(이봉창), 상하이 홍커우 공원 의거(1932, 윤봉길)
　㉡ 의의 : 대한민국 임시 정부와 독립군에 대한 중국 국민당 정부의 지원 약속→한중 연합작전의 계기

③ 해외 이주 동포의 시련
　㉠ 만주 : 한인 무장 투쟁의 중심지→일본군의 간도 참변으로 시련
　㉡ 연해주 : 중·일 전쟁 발발 이후 소련에 의해 중앙아시아로 강제 이주(1937)
　㉢ 일본 : 관동 대지진 사건(1923)으로 많은 한국인들 학살
　㉣ 미주 : 하와이로 노동 이민 시작(1900년대 초)→독립운동의 재정을 지원함

(4) 대한민국 임시정부 재정비와 건국 준비 활동

① 충칭 임시 정부 … 주석 중심제로 개헌, 전시 체제 준비
　㉠ 한국 독립당(1940) : 김구, 지청천, 조소앙의 중심으로 결성
　㉡ 대한민국 건국 강령 발표(1941) : 민주 공화국 수립→조소앙의 삼균주의 반영
　㉢ 민족 협동 전선 성립 : 김원봉의 조선 의용대를 비롯한 민족혁명당 세력 합류→항일 투쟁 역량 강화

② 한국 광복군(1940)
　㉠ 조직 : 중국 국민당 정부의 지원으로 조직된 정규군으로 조선 의용대 흡수, 총사령관에 지청천 임명
　㉡ 활동 : 대일 선전 포고, 연합 작전 전개(인도, 미얀마에서 선전 활동, 포로 심문 활동 전개)
　　• 국내 진공 작전 준비 : 미국 전략 정보국(OSS)의 지원으로 국내 정진군 편성→일제 패망으로 작전 실패

③ 조선 독립 동맹(1942)
　㉠ 조직 : 화북 지역의 사회주의자들 중심으로 조직→김두봉 주도
　㉡ 활동 : 항일 무장 투쟁 전개(조선 의용군), 건국 강령 발표(민주 공화국 수립, 토지 분배 등의 원칙 수립)

④ 조선 건국 동맹(1944)
　㉠ 조직 : 국내 좌우 세력을 통합하여 비밀리에 조직 → 여운형이 주도
　㉡ 활동 : 국외 독립운동 세력과 연합 모색, 민주 공화국 수립 표방 → 광복 직후 조선 건국 준비 위원회로 발전

03 대한민국의 발전과 현대 세계의 변화

❶ 대한민국 정부 수립과 6·25 전쟁

(1) 광복 직후 국내 상황

① 광복 … 우리 민족의 지속적 독립운동 전재, 국제 사회의 독립 약속(카이로 회담, 얄타 회담, 포츠담 회담)
② 38도선의 확정 … 광복 후 북위 38도선을 기준으로 미군과 소련군의 한반도 주둔
  ㉠ 미군 : 38도선 이남에서 미군정 체제 실시 → 대한민국 임시 정부 부정, 조선 총독부 체제 답습
  ㉡ 소련군 : 북위 38도선 이북에서 군정 실시 → 김일성 집권 체제를 간접적으로 지원
③ 자주적 정부 수립 노력
  ㉠ 조선 건국 준비 위원회 : 조선 건국 동맹 계승·발전 → 여운형, 안재홍 중심의 좌우 합작 단체
    • 활동 : 전국에 지부를 설치하고 치안, 행정 담당
    • 해체 : 좌익 세력 중심으로 운영되면서 우익 세력 이탈 → 조선 인민 공화국 선포(1945. 9.) 후 해체
  ㉡ 한국 민주당 : 송진우·김성수를 비롯한 보수 세력이 결성 → 미 군청과 협력
  ㉢ 독립 촉성 중앙 협의회 : 이승만 중심
  ㉣ 임시 정부 요인 : 개인 자격으로 귀국 → 한국 독립당을 중심으로 김구를 비롯한 임시 정부 요인 활동

(2) 통일 정부 수립을 위한 노력

① 모스크바 3국 외상 회의(1945. 12.)
  ㉠ 결정 사항 : 민주주의 임시 정부 수립, 미·소 공동 위원회 설치, 최대 5년간 한반도 신탁 통치 결의
  ㉡ 국내 반응 : 신탁 통치를 둘러싼 좌·우익의 대립 심화로 국내 상황 혼란
    • 좌익 세력 : 초기에는 반탁 주장 → 이후 찬탁 운동으로 변화
    • 우익 세력 : 반탁 운동 전개(김구, 이승만 등)
② 제1차 미·소 공동 위원회(1946. 3) … 임시 정부 수립에 참여할 단체 선정을 위해 개최 → 미·소 의견 대립으로 결렬
③ 좌우 합작 운동(1946)
  ㉠ 배경 : 제1차 미·소 공동 위원회 결렬, 이승만의 정읍 발언(남한 만의 단독 정부 수립 주장)
  ㉡ 좌우 합작 위원회 결성 : 미 군정의 지원 하에 여운형과 김규식(중도 세력) 등이 주도하여 결성
    • 좌우 합작 7원칙 발표 : 토지제도 개혁, 반민족 행위자 처벌 등을 규정
    • 결과 : 토지 개혁에 대한 좌익과 우익의 입장 차이, 여운형의 암살, 제2차 미소 공동 위원회 성과 미흡으로 실패

④ 남한 만의 단독 총선거와 남북 협상
  ㉠ 한국 문제의 유엔 상정 : 미국이 한반도 문제를 유엔에 상정
   • 유엔 총회 : 인구 비례에 따른 총선거 실시안 통과→유엔 한국 임시 위원단 파견→소련은 위원단의 입북 거절
   • 유엔 소총회 : '위원단이 접근 가능한 지역의 총선거' 결의→남한만의 단독 총선거 실시
  ㉡ 남북 협상(1948) : 김구와 김규식이 남한만의 단독 총선거에 반대하며 남북 정치 회담 제안
   • 과정 : 김구와 김규식이 평양 방문→남북 협상 공동 성명 발표(단독 정부 수립 반대, 미·소 양군 공동 철수)
   • 결과 : 성과를 거두지 못함, 김구 암살(1949. 6)→통일 정부 수립 노력 실패

(3) 대한민국 정부 수립
① 정부 수립을 둘러싼 갈등
  ㉠ 제주 4·3 사건(1948) : 제주도 좌익 세력 등이 단독 선거 반대, 통일 정부 수립을 내세우며 무장봉기→제주 일부 지역에서 선거 무산, 진압 과정에서 무고한 양민 학살
  ㉡ 여수·순천 10·19 사건(1948) : 제주 4·3 사건 진압을 여수 주둔 군대에 출동 명령→군대 내 좌익 세력이 반발하며 봉기
② 대한민국 정부 수립
  ㉠ 5·10 총선거(1948) : 우리나라 최초의 민주적 보통 선거→2년 임기의 제헌 국회의원 선출(198명)
   • 과정 : 제헌 국회에서 국호를 '대한민국'으로 결정, 제헌 헌법 제정
   • 한계 : 김구, 김규식 등의 남북 협상파와 좌익 세력이 선거에 불참
  ㉡ 제헌 헌법 공포(1948. 7. 17) : 3·1 운동 정신과 대한민국 임시 정부의 법통을 계승한 민주 공화국 규정
   • 국회에서 정·부통령을 선출, 삼권 분립과 대통령 중심제 채택
  ㉢ 정부 수립(1948. 8. 15) : 대통령에 이승만, 부통령에 이시영 선출
③ 북한 정부 수립
  ㉠ 북조선 임시 인민 위원회 수립(1946) : 토지 개혁과 주요 산업 국유화 추진
  ㉡ 북조선 인민 위원회 조직(1947) : 최고 인민 회의 구성과 헌법 제정→조선 민주주의 인민 공화국 선포(1948. 9.9)

(4) 제헌 국회 활동
① 친일파 청산을 위한 노력
  ㉠ 반민족 행위 처벌법 제정(1948. 9) : 반민족 행위자(친일파) 처단 및 재산 몰수
  ㉡ 반민족 행위 특별 조사 위원회 활동 : 이승만 정부의 비협조와 방해로 친일파 청산 노력 실패
② 농지 개혁(1949) … 유상매수, 유상분배를 원칙으로 농지 개혁 시행→가구당 농지 소유 상한을 3정보로 제한

(5) 6·25 전쟁과 그 영향
① 6·25 전쟁 배경
  ㉠ 한반도 정세: 미·소 양군 철수 후 38도선 일대에서 소규모 군사 충돌 발생, 미국이 애치슨 선언 선포(1950)
  ㉡ 북한의 전쟁 준비: 소련과 중국의 지원을 받음
  ㉢ 남한의 상황: 좌익 세력 탄압, 국군 창설, 한·미 상호 방위 원조 협정 체결(1950. 1.)
② 전쟁 과정
  ㉠ 전개: 북한의 무력 남침(1950. 6. 25) → 서울 함락 → 유엔 안전 보장 이사회의 유엔군 파견 결정 → 낙동강 전투 → 인천 상륙 작전(서울 수복) → 38도선 돌파 → 압록강 유역까지 진격 → 중국군 참전(1950. 10. 25) → 1·4 후퇴 → 서울 재탈환(1951. 3.) → 38도선 일대에서 전선 고착
  ㉡ 정전 협정: 소련이 유엔에서 휴전 제의 → 포로 교환 방식, 군사 분계선 설정 문제로 협상 지연 → 이승만 정부가 휴전 반대 성명을 발표하고 반공 포로 석방 → 협정 체결(군사 분계선 설정)
  ㉢ 전쟁 피해: 인명 피해 및 이산가족 문제 발생, 산업 시설 및 경제 기반 붕괴로 열악한 환경 초래
③ 영향 … 한·미 상호 방위 조약 체결(1953. 10), 남북한의 독재 체제 강화

❷ 자유 민주주의 시련과 발전

(1) 이승만 정부
① 발췌 개헌(1952)
  ㉠ 배경: 제2대 국회의원 선거(1950. 5.) 결과 이승만 반대 성향의 무소속 의원 대거 당선 → 국회의원에 의한 간선제 방식으로 이승만의 대통령 재선 가능성이 희박
  ㉡ 과정: 6·25 전쟁 중 임시 수도인 부산에서 자유당 창당 후 계엄령 선포 → 야당 국회의원 연행·협박
  ㉢ 내용 및 결과: 대통령 직선제 개헌안 통과 → 이승만이 제2대 대통령에 당선
② 사사오입 개헌(1954)
  ㉠ 배경: 이승만과 자유당의 장기 집권 추구를 위해 대통령 중임 제한 규정의 개정 필요
  ㉡ 과정: 개헌 통과 정족수에 1표 부족하여 개헌안 부결 → 사사오입 논리를 내세워 통과
  ㉢ 내용 및 결과: 초대 대통령에 한해 중임 제한 규정 철폐 → 이승만이 제3대 대통령에 당선
③ 독재 체제의 강화 … 1956년 정·부통령 선거에서 민주당의 장면이 부통령에 당선, 무소속 조봉암의 선전 → 진보당 사건(조봉암 탄압), 정부에 비판적인 경향신문 폐간, 국가 보안법 개정(1958)

④ 전후 복구와 원조 경제
  ㉠ 전후 복구 : 산업 시설과 사회 기반 시설 복구, 귀속 재산 처리 등
  ㉡ 원조 경제 : 미국이 잉여 농산물 제공 → 삼백 산업(밀, 사탕수수, 면화) 발달
⑤ 북한의 변화
  ㉠ 김일성 1인 독재 체제 강화 : 반대 세력 숙청, 주체사상 강조
  ㉡ 사회주의 경제 체제 확립 : 소련·중국의 원조, 협동 농장 체제 수립, 모든 생산 수단 국유화

(2) 4·19 혁명과 장면 내각
① 4·19 혁명(1960)
  ㉠ 배경 : 1960년 정·부통령 선거에서 이승만과 이기붕을 당선시키기 위해 3·15 부정 선거 실행
  ㉡ 전개 : 부정 선거 규탄 시위 발생→마산에서 김주열 학생의 시신 발견→전국으로 시위 확산→비상 계엄령 선포→대학 교수들의 시국 선언 발표 및 시위 참여→이승만 하야
  ㉢ 결과 : 허정 과도 정부 구성→내각 책임제와 양원제 국회 구성을 골자로 한 개헌 성립
  ㉣ 의의 : 학생과 시민 주도로 독재 정권을 붕괴시킨 민주 혁명
② 장면 내각(1960)
  ㉠ 성립 : 새 헌법에 따라 치른 7·29총선에서 민주당 압승→대통령 윤보선 선출, 국무총리 장면 지정
  ㉡ 정책 : 경제 개발 계획 마련, 정부 규제 완화
  ㉢ 한계 : 부정 선거 책임자 처벌에 소극적, 민주당 구파와 신파의 대립으로 인한 정치 불안 초래

(3) 5·16 군사 정변과 박정희 정부
① 5·16 군사 정변(1961) … 박정희를 중심으로 군부 세력이 정변 일으킴 → 국가 재건 최고회의 설치(군정 실시)
  ㉠ 정치 : 부패한 공직자 처벌, 구정치인의 활동 금지
  ㉡ 경제 : 경제 개발 5개년 계획을 추진
  ㉢ 개헌 : 대통령 중심제와 단원제 국회 구성을 주요 내용으로 하는 개헌 단행
② 박정희 정부
  ㉠ 성립 : 민주 공화당 창당→박정희가 대통령에 당선(1963)
  ㉡ 한·일 국교 정상화(1965) : 한·미·일 안보 체제 강화, 경제 개발에 필요한 자금을 확보 목적
    • 과정 : 김종필·오히라 비밀 각서 체결→한·일 회담 반대 시위(6·3 시위, 1964)→계엄령 선포
    • 결과 : 한·일 협정 체결
  ㉢ 베트남 전쟁 파병(1964~1973) : 미국의 요청으로 브라운 각서 체결(경제·군사적 지원 약속)→경제 성장
  ㉣ 3선 개헌(1969) : 박정희가 재선 성공 후에 3선 개헌안 통과→개정 헌법에 따라 박정희의 3선 성공(1971)

③ 유신 체제
　㉠ 유신 체제 성립 : 1970년대 냉전 완화(닉슨 독트린), 경제 불황
　　• 과정 : 비상 계엄령 선포, 국회 해산, 정당·정치 활동 금지→유신 헌법 의결·공고(1972)→통일 주체 국민 회의에서 박정희를 대통령으로 선출
　　• 내용 : 대통령 간선제(통일 주체 국민 회의에서 선출), 대통령 중임 제한 조항 삭제, 대통령 임기 6년, 대통령에게 긴급 조치권, 국회 해산권, 국회의원 1/3 추천권 부여
　㉡ 유신 체제 반대 투쟁 : 개헌 청원 100만인 서명 운동 전개, 3·1 민주 구국 선언
　　→긴급 조치 발표, 민청학련 사건과 인혁당 사건 조작
　㉢ 유신 체제 붕괴
　　• 배경 : 국회의원 선거에서 야당 득표율 증가(1978), 경제위기 고조(제2차 석유 파동), YH 무역 사건 과정에서 김영삼의 국회의원 자격 박탈→부·마 항쟁 발생
　　• 결과 : 박정희 대통령 피살(1979. 10·26 사태)로 유신 체제 붕괴

(4) 5·18 민주화 운동과 자유 민주주의의 발전
① 민주화 열망의 고조
　㉠ 12·12 사태(1979) : 10·26 사태 직후 전두환 중심의 신군부 세력이 권력 장악
　㉡ 서울의 봄(1980) : 시민과 학생들이 신군부 퇴진, 유신 헌법 폐지를 요구하며 시위 전개
　　→비상계엄령 선포 및 전국 확대
② 5·18 민주화 운동(1980)
　㉠ 배경 : 신군부 세력 집권과 비상계엄 확대에 반대하는 광주 시민들을 계엄군이 과잉 무력 진압
　㉡ 의의 : 1980년대 민주화 운동의 기반이 됨.
③ 전두환 정부
　㉠ 신군부 집권 과정 : 국가 보위 비상 대책 위원회(국보위) 설치→삼청교육대 설치, 언론 통폐합 등
　㉡ 전두환 집권 : 통일주체 국민회의에서 전두환을 11대 대통령으로 선출(1980. 8)
　　• 개헌 : 대통령을 선거인단에 의해 선출, 대통령 임기는 7년 단임제 적용
　　• 개헌 이후 : 대통령 선거인단에서 전두환을 12대 대통령으로 선출(1981. 2)
　㉢ 전두환 정부 정책
　　• 강압책 : 언론 통제, 민주화 운동 탄압
　　• 유화책 : 두발과 교복 자율화, 야간 통행금지 해제, 프로야구단 창단, 해외여행 자유화
④ 6월 민주 항쟁(1987)
　㉠ 배경 : 대통령 직선제 개헌 운동 고조, 박종철 고문 치사 사건 발생
　㉡ 4·13 호헌 조치 : 전두환 정부는 대통령 직선제 개헌안 요구를 거부하고 간선제 유지를 발표
　　→시민들의 반발 확산, 이한열 사망→호헌 철폐 요구하며 시위 확산

ⓒ 6·29 민주화 선언 : 민주 정의당 대통령 후보인 노태우가 대통령 직선제 개헌 요구 수용
ⓔ 결과 : 대통령 직선제, 5년 단임제의 개헌 실현

(5) 민주화 진전
① 노태우 정부
  ㉠ 성립 : 야권 분열 과정에서 노태우가 대통령에 당선 → 이후 3당 합당(노태우, 김영삼, 김종필)
  ㉡ 성과 : 북방 외교 추진(공산권 국가들과 수교), 서울 올림픽 개최, 5공 청문회, 남북한 유엔 동시 가입
② 김영삼 정부 … 지방 자치제 전면 실시, 금융 실명제 시행, OECD(경제 협력 개발 기구) 가입, 외환위기(IMF) 초래
③ 김대중 정부
  ㉠ 성립 : 선거를 통한 최초의 평화적 여야 정권 교체가 이루어짐
  ㉡ 성과 : 국제 통화 기금(IMF) 지원금 조기 상환, 국민 기초 생활 보장법 제정, 대북 화해 협력 정책(햇볕정책) → 제1차 남북 정상 회담 개최, 6·15 남북 공동 선언 채택(2000)
④ 노무현 정부 … 권위주의 청산 지향, 제2차 남북 정상 회담 개최, 10·4 남북 공동 선언 채택(2007)
⑤ 이명박 정부 … 한·미 FTA 추진, 기업 활동 규제 완화

❸ 경제 발전과 사회·문화의 변화

(1) 경제 발전 과정
① 경제 개발 5개년 계획
  ㉠ 제1차, 2차 경제 개발 5개년 계획(1962~1971) : 노동집약적 경공업 육성, 수출 주도형 산업 육성 정책 추진
    • 베트남 경제 특수 효과, 사회 간접 자본 확충(경부 고속 국도 건설. 1970)
    • 외채 상환 부담 증가, 노동자의 저임금, 정경 유착 등의 문제가 나타남
  ㉡ 제3차, 4차 경제 개발 5개년 계획(1972~1911) : 자본집약적 중화학 공업 육성, 수출액 100억 달러 달성(1977)
    • 정경 유착, 저임금·저곡가 정책으로 농민·노동자 소외, 빈부 격차 확대, 2차례에 걸친 석유 파동으로 경제 위기
② 1980년대 경제 변화 … '3저 호황'(저유가, 저금리, 저달러) 상황 속에서 자동차, 철강 산업 등이 발전
③ 1990년대 이후 경제 변화
  ㉠ 김영삼 정부 : 경제 협력 개발 기구(OECD) 가입, 외환 위기 발생 → 국제 통화 기금(IMF)의 긴급 금융 지원
  ㉡ 김대중 정부 : 금융 기관과 대기업 구조 조정(실업률 증가), 국제 통화 기금(IMF) 지원금 조기 상환

(2) 사회·문화의 변화

① **급속한 산업화·도시화** … 주택 부족, 교통 혼잡, 도시 빈민 등의 사회적 문제 발생

② **농촌의 변화** … 이촌향도 현상으로 농촌 인구 감소, 고령화 문제 출현, 도농 간 소득 격차 확대

③ **새마을 운동**(1970) … 농촌 환경 개선과 소득 증대 목표(근면·자조·협동)

④ **노동 문제** … 산업화로 노동자 급증, 열악한 노동 환경(저임금·장시간 노동) → 전태일 분신 사건(1970) → 6월 민주 항쟁 이후 노동 운동 활발

(3) 통일을 위한 노력

① **7·4 남북 공동 성명**(1972) … 평화 통일 3대 원칙 합의(자주 통일, 평화 통일, 민족적 대단결) → 남북 조절 위원회 설치

② **전두환 정부** … 이산가족 고향 방문단과 예술 공연단 교환(1985)

③ **노태우 정부**(1991) … 남북한 유엔 동시 가입, 남북 기본 합의서 채택(남북 사이 화해와 불가침, 교류와 협력)

④ **김영삼 정부** … 북한에 경수로 원자력 발전소 건설 사업 지원

⑤ **김대중 정부** … 대북 화해 협력 정책(햇볕 정책), 금강산 관광 사업 시작, 남북 정상 회담 개최(6·15 남북 공동 선언)

  ㉠ 6·15 남북 공동 선언(2000) : 남측의 연합제 통일안과 북측의 연방제 통일안의 공통성 인정

  ㉡ 개성 공단 건설, 이산가족 상봉, 경의선 복구 사업 진행

⑥ **노무현 정부** … 제2차 남북 정상 회담(2007) → 10·4 남북 공동 선언

06. 근현대사의 이해

기출 예상 문제

1 다음 설명에 해당하는 기구는?

> 개항 이후 정세 변화에 대응하여 개혁을 추진하기 위해 설립된 기구로 외교, 군사 등 개화와 관련된 정책을 총괄하였다. 또한 그 아래 12사를 두어 실무를 담당하게 하였다.

① 교정청
② 삼정이정청
③ 군국기무처
④ 통리기무아문

TIP 제시문의 기구는 통리기무아문이다. 일본과의 강화도 조약 체결(1876) 이후 조선 정부는 개화 정책을 담당하는 기구로 통리기무아문(1880)을 설치하고 그 아래 12사를 두어 외교 및 군사, 재정, 통상 등의 업무를 담당하게 하였다.
① 교정청은 동학농민운동 과정에서 농민군의 폐정 개혁안 요구를 반영하기 위해 설치한 개혁 기구이다.
② 삼정이정청은 임술농민봉기 이후 삼정의 문란을 시정하기 위해 설치하였다.
③ 군국기무처는 일본의 경복궁 점령 후 설치한 기구로 1차 갑오개혁을 주도하였다.

2 대한민국 임시정부의 상하이 시기 활동에 해당하지 않는 것은?

① 한인애국단의 윤봉길이 훙커우공원 의거를 일으켰다.
② 삼균주의에 바탕한 대한민국 건국강령을 선포하였다.
③ 임시사료편찬회를 통해 『한일관계 사료집』을 편찬 하였다.
④ 워싱턴에 구미위원부를 설치하여 대미 외교활동을 전개하였다.

TIP 대한민국 임시정부는 1919년 상하이에서 설립되었고 연통제와 교통국을 통해 국내외를 연결하는 행정 및 통신 조직을 운영하면서 활동 범위를 국내로 확대하고자 하였다. 또한 외교활동을 위해 미국에 구미위원부를 설치하였고, 독립군자금 모금을 위한 애국공채 발행, 독립신문 및 임시사료편찬회를 통한 『한일관계 사료집』을 편찬하였다. 하지만 독립운동 방향을 놓고 내부 분열이 발생하면서 조직력이 약화되었고 이후 김구가 주석이 되면서 임시정부 활동을 이어가고 한인애국단을 조직하여 이봉창, 윤봉길로 하여금 의열 투쟁을 전개하였다.
1931년 일본이 만주사변을 일으키고 중국 침략을 본격화하면서 상하이 임시정부 1932년 이동을 시작하여 1940년 충칭에 정착하게 된다.
② 조소앙의 삼균주의에 바탕을 둔 대한민국 건국강령은 충칭 임시정부 시기에 발표되었다.

Answer 1.④ 2.②

3 다음의 (가) 국가에 대한 설명으로 가장 옳은 것은?

> 아! __(가)__ 이/가 욕심 많은 진나라처럼 정벌에 힘써 경영해 온 지 3백여 년, 그 첫 대상은 유럽이었고 다음에는 중앙아시아에 이르렀으며, 오늘날에 와서는 다시 동서아시아로 옮겨져 마침 조선이 그 피해를 입게 된 것이다. 따라서 오늘날 조선의 책략은 __(가)__ 을/를 막는 일보다 더 급한 것이 없을 것이다. 그 책략은 어떠한 것인가? 중국과 친하고, 일본과 맺고, 미국과 이어짐으로써 자강(自强)을 도모할 따름이다.
>
> – 『조선책략』 –

① 조선에 절영도 조차를 요구하였다.
② 거문도를 불법 점령하였다.
③ 강화도를 침입하여 외규장각 도서를 약탈해 갔다.
④ 서양 국가 중 처음으로 조선과 국교를 체결하였다.

> **TIP** 제시문은 청의 외교 관리인 황쭌셴이 작성한 『조선책략』이고 (가)의 국가는 러시아이다. 『조선책략』에서는 러시아의 남하를 저지하는 것이 필요하고, 이를 위해 조선이 중국, 일본, 미국과 연대해야 한다고 주장하였다.
> ① 열강의 이권 침탈 과정에서 러시아는 절영도 조차를 요구하였다.
> ② 영국
> ③ 프랑스
> ④ 미국

4 (가) 국가에 대한 설명으로 옳지 않은 것은?

> 제1조 지계아문은 한성부와 13도 각 부·군의 산림, 토지, 전답, 가옥의 계권(契券)을 바로잡기 위해 임시로 설치할 것.
> 제10조 산림, 토지, 전답, 가옥은 [(가)] 인(人) 이외에는 소유주가 될 수 없을 것임. 단, 각 개항장 내에서는 이러한 제한이 없을 것임.

① '광무'라는 연호를 사용하였다.
② 교육 입국의 조서를 반포하였다.
③ 구본신참의 원칙하에 개혁을 추진하였다.
④ 서대문과 청량리 사이에 전차를 부설하였다.

> **TIP** 제시문의 (가)는 대한제국(1897-1910)이다. 아관파천 이후 경운궁으로 환궁한 고종은 대한제국을 선포하고 연호를 '광무'로 정하였다. 고종은 대한국 국제를 반포하여 황제권을 강화하고 구본신참(舊本新參) 원칙에 의거하여 근대적 개혁을 추진하였다. 이를 위해 교육 정책으로 실업 학교를 설립하고 해외에 유학생을 파견하였으며, 전차와 철도 부설, 전화 가설 등 근대적 시설도 도입하였다.
> ② 교육입국조서는 갑오 2차 개혁 과정에서 반포하였다(1895).

Answer 3.① 4.②

5 다음의 밑줄 친 '이 나라'에 대한 설명으로 가장 옳은 것은?

> • 영국은 이 나라를 견제하기 위해 조선의 거문도를 불법 점령하였다.
> • 명성황후 시해 사건 이후 고종은 이 나라의 공사관으로 처소를 옮겼다.
> • 일본은 한반도에서의 주도권을 차지하기 위해 이 나라와 전쟁을 치렀다.

① 병인양요를 일으켰다.
② 신미양요를 일으켰다.
③ 절영도 조차를 요구하였다.
④ 황무지 개간권을 요구하였다.

TIP 제시문의 국가는 러시아이다. 영국은 러시아를 견제하기 위해 거문도를 불법 점령하였고, 고종은 명성황후 시해 후 러시아 공사관으로 피신(아관파천)하였다. 일본은 러일전쟁에서 승리하면서 한반도에 대한 주도권을 확대하였다.
③ 열강의 이권 침탈 과정에서 러시아는 절영도 조차를 요구하였다.
① 프랑스
② 미국
④ 일본

6 다음 조약이 체결된 이후에 있었던 사실이 아닌 것은?

> 제1조 한국 정부는 시정개선(施政改善)에 관하여 통감의 지도를 받을 것.
> 제4조 한국 고등관리의 임면(任免)은 통감의 동의를 받아 이를 집행할 것.
> 제5조 한국 정부는 통감이 추천한 일본인을 한국 관리로 임명할 것.

① 고종이 강제 퇴위당하였다.
② 대한제국의 군대가 해산되었다.
③ 안중근이 이토 히로부미를 저격하였다.
④ 이른바 '남한 대토벌 작전'이 전개되었다.

TIP 제시문은 1907년에 체결된 정미조약(한일신협약)이다. 1905년 을사늑약(2차 한일협약)을 통해 통감부가 설치되고 이토 히로부미가 초대 통감으로 부임하면서 대한제국의 외교권을 강탈하고, 이후 정미조약을 통해 행정권을 장악하였다.
② 대한제국 군대가 해산된 것은 정미조약 체결 이후이다(1907).
③ 안중근이 만주 하얼빈에서 이토 히로부미를 저격한 것은 1909년이다.
④ 정미의병 이후 일본이 의병을 소탕하기 위해 전개한 남한 대토벌 작전은 1909년이다.
① 을사늑약 체결 이후 헤이그 특사 파견을 빌미로 일본이 고종을 강제 퇴위 시킨 것은 정미조약 체결의 배경이 되었다.

Answer 5.③ 6.①

7 다음 자료를 통해 알 수 있는 단체에 대한 설명으로 옳은 것은?

> 남만주로 집단 이주하려고 기도하고, 조선에서 상당한 재력이 있는 사람들을 그곳에 이주시켜 토지를 사들이고 촌락을 세워, … (중략) … 학교를 세워 민족 교육을 실시하고, 무관학교를 설립하여 문무를 겸하는 교육을 실시하면서, 기회를 엿보아 독립 전쟁을 일으켜 구한국의 국권을 회복하려고 하였다.
> － 「105인 사건 판결문」 －

① 만민공동회를 개최하였다.
② 민립대학 설립 운동을 추진하였다.
③ 비밀결사의 형태로 활동을 전개하였다.
④ 광주학생항일운동이 일어나자 진상조사단을 파견하였다.

TIP 제시문의 단체는 신민회이다. 1907년 비밀 결사 조직으로 결성된 신민회는 안창호, 양기탁 등을 중심으로 국권 회복 운동을 전개하였다. 근대 교육 운동으로 오산학교와 대성학교를 설립하고, 태극서관과 자기회사를 운영하였으며, 장기적인 대일 항쟁 투쟁을 위하여 남만주 등지에 국외 독립 운동 기지를 건설하였다. 그러나 1911년 일제가 날조한 105인 사건을 계기로 신민회 회원들이 구속되면서 조직은 해체되었다.
① 독립협회
② 조선 민립 대학 기성회
④ 신간회

8 다음의 조치가 시행된 결과로 가장 옳은 것은?

> 구(舊) 백동화의 품질, 무게, 문양, 모양이 매우 양호하여 화폐로 인정받을 만한 것은 한 개당 금(金) 2전 5리의 비율로 새로운 화폐로 교환한다. 이 기준에 합당하지 않은 부정 백동화는 개당 금 1전의 가격으로 정부에서 사들인다. 만약 매수를 원하지 않는 경우 정부에서 절단하여 돌려준다.

① 보안회의 반대 시위로 철회되었다.
② 일본 화폐가 국내에서 처음으로 유통되었다.
③ 일본의 제일은행권이 법정 통화가 되었다.
④ 동양 척식 주식회사가 설립되어 많은 토지를 점유하였다.

TIP 제시문은 1905년 일본의 재정 고문 메가타가 주도한 화폐 정리 사업이다. 해당 사업은 백동화를 일본 제일 은행권으로 교환하게 한 것인데 이 과정에서 우리에게 교환 비율을 불리하게 적용함으로써 민족 자본이 몰락하는 계기가 되었다.
① 보안회는 일본의 황무지 개간권 요구를 저지하였다.
② 일본 화폐가 처음으로 유통된 것은 강화도 조약 체결 이후이다.
④ 동양 척식 주식회사는 1908년에 설립되었다.

Answer 7.③ 8.③

9 다음 선언으로 시작된 운동에 대한 설명으로 옳은 것은?

> 우리는 지금 우리 조선이 독립국이고 조선인이 자주민임을 선언하노라. 이를 세계 여러 나라에 알려 인류 평등의 대의를 분명히 밝히고, 이를 후손에게 대대로 전하여 민족 자존의 정당한 권리를 영원히 누릴 수 있도록 하노라.

① 형평 운동과 같은 연도에 발생하였다.
② 신간회에서 진상 조사단을 파견하였다.
③ 이 운동 이후 일제는 이른바 '문화 통치'로 통치 방식을 바꾸었다.
④ 운동 준비 과정에서 민족주의 세력과 사회주의 세력이 연대하였다.

TIP 제시문은 1919년 3·1운동의 계기가 된 기미독립선언서이다. 3·1운동은 비폭력 만세운동으로 계급을 초월한 전 민족적 독립운동이었다. 3·1운동은 독립운동의 분수령이 된 사건으로 이후 상하이에는 대한민국 임시정부가 수립되었으며, 중국과 동남아시아의 민족운동에도 영향을 주었다. 한편 일제는 3·1 운동 이후 기존의 식민 지배 통치 방식을 무단통치에서 문화통치로 전환하였다.
① 조선형평운동(1923)
② 광주학생항일운동(1929)
④ 6·10만세운동(1926)

10 다음의 격문이 발표된 민족운동에 대한 설명으로 가장 옳은 것은?

> 슬프도다. 이천삼백만 형제자매들이여, 오늘에 있어 융희 황제에 대해 궁검(弓劍)을 사이에 두고 통곡한다는 것이 과연 어떠한 감동에서 나온 것인가. 사선(死線)에 함몰된 비애로써 우리 모두 울어보자. …… 형제여! 자매여! 눈물을 그치고 절규하자! 전 세계의 피압박민족과 무산자 대중은 모두 함께 정의의 깃발을 들고 우리와 함께 보조를 맞춰 나갈 것이다.

① 일제가 문화 통치를 표방하는 계기가 되었다.
② 민족 말살 통치에 대한 불만을 배경으로 일어났다.
③ 민족 자결주의의 영향을 받아 고종의 인산일에 일어났다.
④ 민족주의계와 사회주의계가 연대하는 계기가 되었다.

TIP 제시문은 1926년 발생한 6·10 만세운동이다. 순종 인산일을 기하여 발생한 6·10 만세 운동은 학생과 사회주의 계열 등이 참여한 민족 운동으로 이후 민족주의 계열과 사회주의 계열이 연대하여 신간회 및 근우회를 조직하며 민족유일당 운동을 전개하였다.
①, ③ 3·1운동(1919)
② 1930년대 이후

Answer 9.③ 10.④

11 다음은 무장 독립 투쟁의 과정을 시간순으로 나열한 것이다. (가)에 들어갈 사실로 가장 옳은 것은?

> 봉오동 전투 승리 → 청산리 전투 승리 → ___(가)___ → 3부 성립

① 독립의군부 조직
② 신흥강습소 설립
③ 자유시 참변 발생
④ 한국광복군 창설

> **TIP** 봉오동 전투와 청산리 전투는 1920년에 발생한 사건으로 홍범도가 이끄는 대한독립군과 김좌진이 이끄는 북로군정서군이 간도 지역 일본군과의 전투에서 승리한 사건이다. 이를 빌미로 일본은 대규모의 군대를 동원하여 간도 지역의 한인 이주민을 대량 학살하는 간도참변(1920)을 일으켰고, 항일 독립군은 일본군의 공격을 피해 소련의 자유시로 이동하여 독립군을 재정비하고자 하였다. 하지만 소련 적색군의 배신으로 자유시 참변을 겪게 되고 이후 만주 지역의 독립군을 통합하여 삼부(참의부, 정의부, 신민부)를 조직하여 민정과 군정 기능을 수행하였다.
> ① 독립의군부(1912): 고종의 밀지를 받아 유생인 임병찬이 조직하였다.
> ② 신흥강습소(1911): 신민회가 주도하여 만주에 설립하였다.
> ④ 한국광복군(1940): 충칭 임시정부에서 조직하였다.

12 다음과 같은 활동을 펼친 인물에 대한 설명으로 옳은 것은?

> • 대한매일신보에 애국적인 논설을 썼다.
> • 유교 개혁의 뜻을 담은 「유교구신론」을 집필하였다.

① 적극적인 의열 활동을 위해 한인애국단을 만들었다.
② 일본의 침략상을 폭로하는 『한국통사』를 저술하였다.
③ 실증사학의 입장에서 연구하는 진단학회를 조직하였다.
④ 김원봉의 요청을 받아들여 「조선혁명선언」을 작성하였다.

> **TIP** 구한 말 역사학자인 박은식이다. 박은식은 기존의 관념적 성격의 성리학 체제를 비판하면서 실천적 유학인 양명학을 강조하는 〈유교구신론〉을 주장하였다. 또한 민족 혼을 강조하면서 〈한국통사〉, 〈한국독립운동지혈사〉를 남겼다.
> ① 김구가 조직한 단체로 이봉창, 윤봉길 의사 등이 애국활동을 전개하였다.
> ③ 랑케의 실증주의 사학의 영향을 받아 조직한 단체로 이병도, 조윤제, 손진태가 주도하였다.
> ④ 〈조선혁명선언〉은 의열단 선언문으로 신채호가 작성하였다.

Answer 11.③ 12.②

13 (가) 시기에 있었던 일로 옳은 것은?

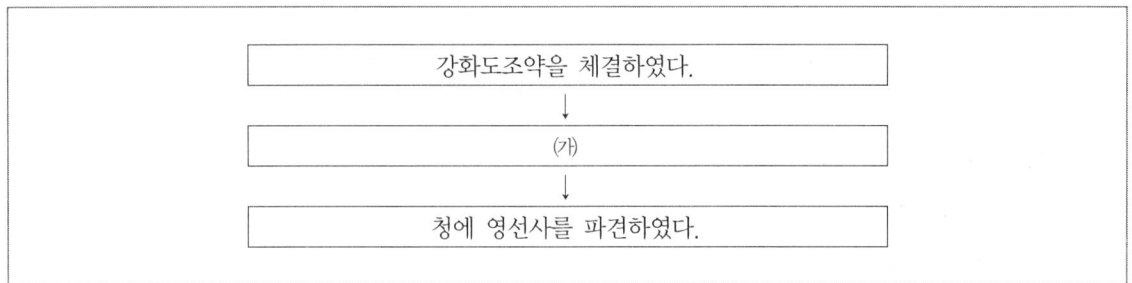

① 군국기무처를 두고 여러 건의 개혁안을 처리하였다.
② 개화 정책을 추진할 기구로 통리기무아문을 설치하였다.
③ 국정 개혁의 기본 방향을 담은 홍범 14조를 공포하였다.
④ 구본신참의 개혁 원칙을 정하고 대한국국제를 선포하였다.

> **TIP** 강화도 조약(1876)은 운요호 사건을 계기로 체결된 우리나라 최초의 근대적 조약이자 영사재판권(치외법권), 해안 측량의 자유권 등을 인정한 불평등 조약이었다. 영선사(1881)는 김윤식을 중심으로 청에 파견된 사절단으로 청의 군사시설을 시찰하기 위한 목적으로 파견되었으며, 귀국 후 기기창 설립에 영향을 주었다. 통리기무아문(1880)은 강화도 조약 체결 이후 개화 정책을 추진하기 위해 설치한 기구이다.
> ① 1차 갑오개혁을 추진하기 위한 기구로 설치되었다.(1894)
> ③ 2차 갑오개혁을 위한 국정 개혁의 기본 방향을 제시하였다.(1894)
> ④ 대한제국 선포 이후 황제권의 강화를 담은 내용이다.(1899)

Answer 13.②

14 (가) 단체로 옳은 것은?

> ┌─(가)─┐ 발기취지(發起趣旨)
>
> 인간 사회는 많은 불합리를 산출한 동시에 그 해결을 우리에게 요구하고 있다. 여성 문제는 그중의 하나이다. …… 과거의 조선 여성운동은 분산되어 있었다. 그것에는 통일된 조직이 없었고 통일된 지도 정신도 없었고 통일된 항쟁이 없었다. …… 우리는 우선 조선 자매 전체의 역량을 공고히 단결하여 운동을 전반적으로 전개하지 아니하면 아니 된다.
>
> — 『동아일보』, 1927. 5. 11. —

① 근우회
② 신간회
③ 신민회
④ 정우회

TIP 1927년에 조직된 여성 단체 근우회이다. 근우회는 1920년대 민족 독립 운동이 사회주의 계열과 민족주의 계열로 분열된 상태에서 독립 달성이라는 동일한 목표를 위해 민족유일당 운동이 전개되면서 설립되었다. 그 결과 신간회가 설립되고 자매 단체로 근우회가 설립되었으며 여성 인권 운동에 앞장섰다.
② 신간회(1927): 민족유일당 운동의 결과 설립된 단체이지만 여성 단체는 아니다.
③ 신민회(1907): 애국 계몽 운동을 전개한 단체로 교육 및 식산흥업, 해외 독립군 기지 건설에 앞장섰다.
④ 정우회(1926): 사회주의 계열 사상 단체로 정우회 선언문이 계기가 되어 민족유일당 운동이 가능했다.

15 다음의 사건을 시기순으로 바르게 나열한 것은?

> (가) 제헌국회가 구성되어 헌법을 제정하였다.
> (나) 여운형과 김규식은 좌우합작위원회를 조직하였다.
> (다) 조선건국동맹을 기반으로 조선건국준비위원회가 조직되었다.
> (라) 민주주의 임시정부 수립을 논의하기 위해 제1차 미·소공동위원회가 열렸다.

① (가) - (다) - (나) - (라)
② (나) - (다) - (라) - (가)
③ (다) - (라) - (나) - (가)
④ (라) - (나) - (가) - (다)

TIP (다) 조선건국준비위원회는 여운형과 안재홍을 중심으로 해방 직후 조직된 좌우합작 성격의 건국 준비 단체이다.(1945. 8.)
(라) 모스크바 3상 회의에서 결정된 신탁통치안에 대해 국내좌우익의 대립이 심해지자 이를 해결하고자 제1차 미·소공동위원회가 열렸다.(1946. 3.)
(나) 제1차 미소공동위원회 결렬 이후 좌우 대립의 문제를 해소하기 위해여운형과 김규식이 좌우합작위원회를 조직하였다.(1946. 7.)
(가) UN 소총회에서 남한만의 단독 총선거가 결정되고, 1948년 5월 10일 제헌의원을 선출하는 총선거가 실시되었다.

Answer 14.① 15.③

16 밑줄 친 '새 헌법'에 대한 설명으로 옳은 것은?

> 정부에서는 6월 15일 국회에서 통과된 개헌안을 이송받자 이날 긴급 국무회의를 소집하고 정식으로 이를 공포하였다. 이로써 개정된 새 헌법은 16일 0시를 기해 효력을 발생케 되었다. 새 헌법이 공포됨으로써 16일부터는 실질적인 내각책임체제의 정부를 갖게 되었으며 허정 수석국무위원은 자동으로 국무총리가 된다.
>
> — 『경향신문』, 1960. 6. 16. —

① 임시수도 부산에서 개정되었다.
② '사사오입'의 논리로 통과되었다.
③ 통일주체국민회의 설치를 규정한 조항이 있다.
④ 민의원과 참의원으로 구성된 국회 조항이 있다.

TIP 1960년에 개정된 3차 개헌이다. 4·19 혁명으로 이승만 정부와 자유당 정권이 붕괴되고 허정 과도 정부가 수립되면서 양원제(민의원, 참의원)와 내각책임제를 규정한 헌법 개정안을 통과시켰다. 이후 윤보선을 대통령, 장면을 내각 총리로 하는 새로운 정부가 수립되었다.
　① 대통령 직선제 개헌을 담은 발췌개헌안이다.(1952)
　② 대통령의 중임 제한을 폐지하는 내용을 담은 개헌안이다.(1954)
　③ 박정희 정부 때 개정된 7차 개헌안으로 유신 헌법을 지칭한다.(1972)

17 〈보기〉의 밑줄 친 (가)국가에 대한 설명으로 가장 옳은 것은?

───── 보기 ─────
> 정부는 (가) 공사의 서울 부임에 답례할 겸 서구의 근대 문물을 시찰하기 위해 1883년 (가)에 보빙사를 파견하였다. 보빙사의 구성원은 민영익, 홍영식, 서광범 등 11명이었다.

① 삼국 간섭에 참여하였다.
② 용암포를 강제 점령하고 조차를 요구하였다.
③ 거문도를 불법으로 점령하였다.
④ 운산 금광 채굴권을 차지하였다.

TIP 보빙사(1883)는 조미수호통상조약 체결 이후 미국을 시찰하기 위해 파견된 사절단이다. 조미수호통상조약 체결 이후 조선은 다른 서구 열강들과 불평등 조약을 연이어 체결하였다. 이후 열강들은 불평등 조약을 빌미로 각종 이권을 강탈하였다. 미국은 평안북도 운산·수안 금광 채굴권을 강탈했다.
　① 청일전쟁에서 승리한 일본이 청으로부터 랴오둥 반도를 할양받자 이에 러시아, 독일, 프랑스가 반대한 사건
　② 러시아
　③ 영국

Answer 16.④　17.④

18 〈보기〉에서 일제강점기의 사건을 발생한 순서대로 바르게 나열한 것은?

─── 보기 ───
㉠ 물산장려운동
㉡ 3·1 운동
㉢ 광주학생항일운동
㉣ 6·10 만세운동

① ㉠→㉡→㉢→㉣
② ㉠→㉢→㉡→㉣
③ ㉡→㉠→㉣→㉢
④ ㉡→㉣→㉢→㉠

> **TIP** ㉠ 물산장려운동 : 1923
> ㉡ 3·1 운동 : 1919
> ㉢ 광주학생항일운동 : 1929
> ㉣ 6·10 만세운동 : 1926

19 〈보기〉의 협약 이후 일어난 사실로 가장 옳지 않은 것은?

─── 보기 ───
제1조 한국정부는 시정 개선에 관하여 통감의 지도를 받는다.
제2조 한국의 법령 제정 및 중요한 행정상의 처분은 미리 통감의 승인을 거친다.
제4조 한국 고등 관리의 임면은 통감의 동의로써 이를 시행한다.
제5조 한국정부는 통감이 추천하는 일본인을 한국 관리에 임명한다.

① 각 부의 차관에 일본인이 임명되어 이른바 차관정치가 시작되었다.
② 대한제국 군대가 해산되었다.
③ 사법권과 경찰권을 빼앗겼다.
④ 만국평화회의에 이상설 등이 파견되었다.

> **TIP** 1907년에 체결된 한일신협약(정미 7조약)이다. 초대 통감이었던 이토 히로부미는 을사늑약 체결 이후 정미조약을 체결하면서 대한제국의 외교권과 행정권을 장악하고 차관 정치를 시행하였다. 당시 헤이그 특사 파견을 빌미로 일제는 고종을 강제 퇴위시키고, 군대를 해산하였다.
> ④ 헤이그 만국평화회의에 특사를 파견한 것은 정미조약 체결 이전이다.

Answer 18.③ 19.④

20 〈보기〉 선언문의 발표 후에 있었던 사건으로 가장 적합하지 않은 것은?

───── 보기 ─────

상아의 진리탑을 박차고 거리에 나선 우리는 질풍과 같은 역사의 조류에 자신을 참여시킴으로써 이성과 진리, 그리고 자유의 대학정신을 현실의 참담한 박토에 뿌리려 하는 바이다. 〈중략〉 무릇 모든 민주주의 정치사는 자유의 투쟁사다. 그것은 또한 여하한 형태의 전제로 민중 앞에 군림하든 '종이로 만든 호랑이' 같이 헤슬픈 것임을 교시한다. 〈중략〉 근대적 민주주의의 근간은 자유다. 〈하략〉

-서울대학교 문리과대학 학생 일동-

① 이승만 대통령이 하야하였다.
② 장면 정권이 수립되었다.
③ 민족자주통일중앙협의회가 조직되었다.
④ 조봉암이 진보당을 결성하였다.

> **TIP** 1960년에 발생한 4·19혁명이다. 4·19혁명은 자유당의 3·15 부정선거를 계기로 일어난 민주화 운동으로 그 결과 이승만 대통령이 하야하고, 자유당 정권을 무너뜨렸다. 이후 허정 과도 정부를 거쳐 윤보선을 대통령, 장면을 총리로 하는 장면 정부가 수립되었다.
> ④ 진보당 사건 : 1958

21 〈보기〉와 같은 내용의 헌법으로 개정된 이후 발생한 사건으로 가장 옳은 것은?

───── 보기 ─────

제39조 대통령은 통일주체국민회의에서 토론 없이 무기명 투표로 선거한다.
제40조 통일주체국민회의는 국회의원 정수의 1/3에 해당하는 수의 국회의원을 선거한다.
제43조 대통령은 조국의 평화적 통일을 위한 성실한 의무를 진다.

① 굴욕적인 한일회담에 반대하는 학생 시위가 전개되었다.
② 재야 인사들이 명동성당에 모여 '3·1 민주구국선언'을 발표하였다.
③ 친일파 청산을 위해 반민족행위특별조사위원회를 설치하였다.
④ 민생안정을 위해 농가 부채 탕감, 화폐 개혁 등을 실시하였다.

> **TIP** 박정희 정권의 유신헌법(1972)이다. 박정희는 영구 집권을 위해 헌법을 개정하는 유신체제를 단행하였고 이 과정에서 대통령 선출 방식을 직선제에서 간선제로 바꾸었다. 당시 재야 인사들이 명동성당에 모여 '3·1 민주구국선언'을 발표하는 등 유신 독재 체제를 반대하는 운동이 전국적으로 일어났다.
> ① 한일협정(1965) 체결 반대
> ③ 반민족행위특별조사위원회 설치 : 1948
> ④ 민생안정을 위해 농가 부채 탕감, 화폐 개혁 등 실시 : 5·16 군사 정변(1961) 직후

Answer 20.④ 21.②

22 다음과 같은 강령을 발표한 조직의 활동으로 옳은 것은?

> 건국 시기의 헌법상 경제체계는 국민 각개의 균등생활 확보 및 민족 전체의 발전 그리고 국가를 건립 보위함과 연환(連環)관계를 가진다. 그러므로 다음에 나오는 기본 원칙에 따라서 경제 정책을 집행하고자 한다.
> 가. 규모가 큰 생산기관의 공구와 수단 …(중략)… 은행·전신·교통 등과 대규모 농·공상 기업 및 성시(城市)공업 구역의 주요한 공용 방산(房産)은 국유로 한다.
> 나. 적이 침략하여 점령 혹은 시설한 일체 사유자본과 부역자의 일체 소유자본 및 부동산은 몰수하여 국유로 한다.

① 이승만을 대통령, 이시영을 부통령으로 선출하였다.
② 자유시 참변을 겪고 러시아 적군에 무장해제를 당하였다.
③ 좌우합작위원회를 구성하고 좌우합작 7원칙을 발표하였다.
④ 미군전략정보국(OSS) 지원 아래 국내 진공작전을 준비하였다.

TIP 대한민국 임시정부는 조소앙의 삼균주의를 건국 강령으로 채택하였다. 조소앙의 삼균주의 정치, 경제, 교육의 균등을 실현하고자 하였다. 대한민국 임시정부는 한국광복군을 조직하여 연합군에 가담하여 대일 항쟁에 나섰고, 동시에 미국 정보기관인 OSS로부터 훈련을 받으며 국내 진공 작전을 준비하였다.
① 대한민국 정부 수립(1948)
② 대한독립군단(1921)
③ 좌우합작위원회(1946)

Answer 22.④

23 다음 자료를 쓴 역사가의 활동으로 옳은 것은?

> 역사란 무엇이뇨. 인류 사회의 아와 비아의 투쟁이 시간부터 발전하며 공간부터 확대하는 심적 활동의 상태의 기록이니, 세계사라 하면 세계 인류의 그리되어 온 상태의 기록이며, 조선사라하면 조선 민족의 그리되어 온 상태의 기록이니라.

① 「여유당전서」를 발간하여 조선후기 실학자들을 재평가하였다.
② 을지문덕, 최영, 이순신 등 애국명장의 전기를 써서 애국심을 고취하였다.
③ 「조선사회경제」를 저술하여 세계사적 보편성 속에서 한국사를 해석하였다.
④ '5천 년간 조선의 얼'이라는 글을 동아일보에 연재하여 민족정신을 고취하였다.

TIP 제시된 사료는 신채호의 「조선상고사」 총론의 일부이다. 「조선상고사」는 단군시대로부터 백제의 멸망과 그 부흥운동까지를 주체적으로 서술하였다.
② 신채호는 「을지문덕전」, 「최도동전」, 「이순신전」 등을 저술하여 애국심을 고취하였다.
① 정약용
③ 백남운
④ 정인보

24 다음 자료에 나타난 사상을 정립한 인물에 대한 설명으로 옳지 않은 것은?

> 우리나라의 건국정신은 삼균제도(三均制度)의 역사적 근거를 두었으니 선조들이 분명히 명한 바 「수미균평위(首尾均平位)하야 흥방보태평(興邦保泰平)하리라」하였다. 이는 사회 각층 각급의 지력과 권력과 부력의 향유를 균평하게 하야 국가를 진흥하며 태평을 보유(保維)하려 함이니 홍익인간(弘益人間)과 이화세계(理化世界)하자는 우리 민족의 지킬 바 최고 공리(公理)임

① 한국독립당을 창당하였다.
② 임시정부의 국무위원이었다.
③ 제헌 국회의원에 당선되었다.
④ 정치·경제·교육의 균등을 주장하였다.

TIP 제시된 사료는 대한민국 건국강령의 일부로 삼균제도는 조소앙에 의해 정립되었다.
③ 조소앙은 남한 단독 정부 수립에 반대하여 제헌 국회의원 선거에 불참하였다.

Answer 23.② 24.③

25 대한민국 정부 수립 이후에 일어난 사건을 〈보기〉에서 모두 고른 것은?

———————————— 보기 ————————————
㉠ 반민족 행위 특별 조사 위원회 설치　　㉡ 농지 개혁법 시행
㉢ 안두희의 김구 암살　　　　　　　　㉣ 제주 4·3 사건 발생
㉤ 여수·순천 10·19 사건 발생

① ㉠, ㉡, ㉤
② ㉠, ㉡, ㉢, ㉤
③ ㉠, ㉡, ㉣, ㉤
④ ㉠, ㉡, ㉢, ㉣, ㉤

> **TIP** ㉣ 제주 4·3 사건은 1948년에 일어난 사건으로 대한민국 정부 수립(1948년 8월 15일) 이전이다.
> ㉠ 1948년 10월
> ㉡ 1949년 제정, 1950~1957년 시행
> ㉢ 1949년 6월
> ㉤ 1948년 10월

26 다음 법령에 대한 설명으로 옳지 않은 것은?

> 제1조 일본 정부와 통모하여 한·일 합병에 적극 협력한 자, 한국의 주권을 침해하는 조약 또는 문서에 조인한 자와 모의한 자는 사형 또는 무기 징역에 처하고, 그 재산과 유산의 전부 혹은 2분의 1 이상을 몰수한다.
> 제2조 일본 정부로부터 작위를 받은 자 또는 일본 제국 의회의 의원이 되었던 자는 무기 또는 5년 이상의 징역에 처하고 그 재산과 유산의 전부 혹은 2분의 1 이상을 몰수한다.
> 제3조 일본 치하 독립운동자나 그 가족을 악의로 살상·박해한 자 또는 이를 지휘한 자는 사형, 무기 또는 5년 이상의 징역에 처하고 그 재산의 전부 혹은 일부를 몰수한다.

① 이 법령에 따라 특별 재판부가 설치되었다.
② 이 법령의 제정은 제헌헌법에 명시된 사항이었다.
③ 이 법령에 따라 반민족행위자들이 실형을 선고받았다.
④ 이 법령은 여수·순천 10·19 사건 직후에 국회에서 통과되었다.

> **TIP** 제시된 사료는 1948년 9월 제정된 「반민족행위처벌법」이다.
> ④ 여수·순천 사건은 1948년 10월 19일 전라남도 여수에 주둔하던 국방경비대 제14연대에 소속의 군인들이 제주 4·3 사건 진압을 거부하며 일으킨 반란 사건이다.

Answer 25.② 26.④

27 다음 내용이 포함된 개혁에 대한 설명으로 옳지 않은 것은?

> • 공·사 노비 제도를 모두 폐지하고, 인신매매를 금지한다.
> • 연좌법을 폐지하여 죄인 자신 외에는 처벌하지 않는다.
> • 과부의 재혼은 귀천을 막론하고 그 자유에 맡긴다.

① 중국 연호의 사용을 폐지하였다.
② 독립 협회 활동의 영향을 받았다.
③ 군국기무처의 주도 하에 추진되었다.
④ 동학 농민 운동의 요구를 일부 수용하였다.

TIP 제시된 내용이 포함된 개혁은 1894년에 일어난 제1차 갑오개혁이다.
② 독립협회는 1896년에 창립되었다.

28 다음 ㉠의 추진 결과 나타난 현상으로 옳지 않은 것은?

> 일본은 1910년대 이후 자본주의 경제가 급속하게 발전하면서 농민들이 도시에 몰려 식량 조달에 큰 차질이 빚어졌다. 이를 해결하기 위해 ㉠ 을 추진하였는데, 이는 토지 개량과 농사 개량을 통해 식량 생산을 대폭 늘려 일본으로 더 많은 쌀을 가져가고 우리나라 농민 생활도 안정시킨다는 목표로 추진되었다.

① 쌀 생산량의 증가보다 일본으로의 수출량 증가가 두드러졌다.
② 만주로부터 조, 수수, 콩 등의 잡곡 수입이 증가하였다.
③ 한국인의 1인당 연간 쌀 소비량이 이전보다 줄어들었다.
④ 많은 수의 소작농이 이를 통해 자작농으로 바뀌었다.

TIP ㉠은 1920년대에 실시한 산미증식계획이다. 산미증식계획으로 증산량보다 많은 양을 수탈해 갔기 때문에 조선의 식량 사정은 악화되어 만주에서 잡곡을 수입하게 되었다. 이 사업의 결과, 수리조합비와 토지개량사업비를 농민에게 전가하여 농민의 몰락이 가속화되었고 많은 수의 자작농이 소작농으로 바뀌었다.

Answer 27.② 28.④

29 다음은 일제 강점기 국외 독립운동에 관한 사실들이다. 이를 시기 순으로 바르게 나열한 것은?

> ⊙ 대한민국 임시 정부가 지청천을 총사령으로 하는 한국광복군을 창설하였다.
> ⓒ 블라디보스토크에서 이상설, 이동휘 등이 중심이 된 대한 광복군 정부가 수립되었다.
> ⓒ 홍범도가 이끄는 대한 독립군을 비롯한 연합 부대는 봉오동 전투에서 대승을 거두었다.
> ⓔ 양세봉이 이끄는 조선 혁명군은 중국 의용군과 연합하여 영릉가 전투에서 일본군을 무찔렀다.

① ⊙ → ⓔ → ⓒ → ⓒ
② ⓒ → ⓒ → ⓔ → ⊙
③ ⓒ → ⓒ → ⓔ → ⊙
④ ⓔ → ⓒ → ⊙ → ⓒ

TIP ⊙ 한국광복군은 1940년 중국 충칭에서 조직되었다.
ⓒ 대한광복군정부는 1914년 러시아 블라디보스토크에 세워졌던 망명 정부이다.
ⓒ 봉오동 전투는 1920년 6월 7일 만주 봉오동에서 홍범도의 대한독립군이 일본 정규군을 대패시킨 전투이다.
ⓔ 영릉가 전투는 1932년 4월 남만주 일대에서 활동하던 조선혁명군이 중국 요령성 신빈현 영릉가에서 일본 관동군과 만주국군을 물리친 전투이다.

30 다음은 간도와 관련된 역사적 사실들이다. 옳지 않은 것은?

① 1909년 일제는 청과 간도협약을 체결하여 남만주의 철도 부설권을 얻는 대가로 간도를 청의 영토로 인정하였다.
② 조선과 청은 1712년 "서쪽으로는 압록강, 동쪽으로는 토문강을 국경으로 한다."는 내용의 백두산 정계비를 세웠다.
③ 통감부 설치 후 일제는 1906년 간도에 통감부 출장소를 두어 간도를 한국의 영토로 인정하였다.
④ 1902년 대한제국 정부는 간도관리사로 이범윤을 임명하는 한편, 이를 한국 주재 청국 공사에게 통고하고 간도의 소유권을 주장하였다.

TIP ③ 통감부 설치 후 일제는 1907년 8월 23일에 간도용정에 간도통감부 출장소를 설치하고, 간도는 조선의 영토이며 출장소를 설치한 것은 간도조선인을 보호하기 위한 것이라 천명하고 청과 외교교섭을 시작했다.

Answer 29.② 30.③

31 다음에 제시된 개혁 내용을 공통으로 포함한 것은?

- 청과의 조공 관계 청산
- 혜상공국 혁파
- 인민 평등 실현
- 재정의 일원화
---

① 갑오개혁의 홍범 14조
② 독립협회의 헌의 6조
③ 동학 농민 운동의 폐정개혁안
④ 갑신정변 때의 14개조 정강

TIP 제시된 지문은 갑신정변 때 개화당 정부의 14개조 혁신 정강의 내용이다.

32 1919년 3·1운동 전후의 국내외 정세에 대한 설명으로 옳지 않은 것은?

① 일본은 시베리아에 출병하여 러시아 영토의 일부를 점령하고 있었다.
② 러시아에서는 볼셰비키가 권력을 장악하여 사회주의 정권을 수립하였다.
③ 미국의 윌슨 대통령이 민족자결주의를 내세워 전후 질서를 세우려 하였다.
④ 산동성의 구독일 이권에 대한 일본의 계승 요구는 5·4 운동으로 인해 파리평화회의에서 승인받지 못하였다.

TIP 파리평화회의 … 제1차 세계대전 종료 후, 전쟁에 대한 책임과 유럽 각국의 영토 조정, 전후의 평화를 유지하기 위한 조치 등을 협의한 1919~1920년 동안의 일련의 회의 일체를 말한다. 이 회의에서 국제문제를 풀어나갈 원칙으로 미국의 윌슨 대통령이 14개 조항을 제시하였는데 각 민족은 정치적 운명을 스스로 결정할 권리가 있다는 민족자결주의와 다른 민족의 간섭을 받을 수 없다는 집단안전보장원칙을 핵심으로 주장하였고 이는 3·1운동에 영향을 주었다.

33 1950년대 이후 한국사회의 상황에 대한 설명으로 옳은 것은?

① 1950년에 시행된 농지 개혁으로 토지가 없던 농민이 토지를 갖게 되었다.
② 1960년대에 임금은 낮았지만 낮은 물가 덕분으로 노동자들이 고통을 겪지는 않았다.
③ 1970년대에 이르러 정부는 노동 3권을 철저히 보장하는 정책을 채택하였다.
④ 1980년대 초부터는 노동조합을 자유롭게 설립할 수 있게 되었다.

TIP 농지 개혁 … 논과 밭을 대상으로 3정보를 초과하는 농가의 토지나 부재지주의 토지를 국가에서 유상으로 매수하고 이들에게 지가증권을 발급하는 제도이다. 농지의 연 수확량의 150%를 한도로 5년간 보상하고 국가에서 매수한 농지는 영세농민에게 3정보를 한도로 유상분배하며 그 대가로 5년간 수확량의 30%씩 상환곡으로 수납하게 하였다. 그러나 개혁 자체가 농민이 배제된 지주층 중심으로 이루어져 소기의 목적을 달성할 수는 없었다.

Answer 31.④ 32.④ 33.①

34 6·25 전쟁 이전 북한에서 일어난 다음의 사건들을 연대순으로 바르게 나열한 것은?

> ㉠ 북조선 5도 행정국 설치
> ㉡ 토지개혁 단행
> ㉢ 북조선 노동당 창당
> ㉣ 조선공산당 북조선 분국 조직

① ㉠㉡㉢㉣
② ㉠㉡㉣㉢
③ ㉡㉠㉣㉢
④ ㉣㉠㉡㉢

TIP ㉣ 1945년 10월
　　　㉠ 1945년 11월
　　　㉡ 1946년 3월
　　　㉢ 1946년 8월

35 다음 보기의 내용과 같은 시기에 일어난 역사적 사실로 옳은 것은?

> 비밀결사조직으로 국권회복과 공화정체의 국민국가 건설을 목표로 하였다. 국내적으로 문화적·경제적 실력양성운동을 펼쳤으며, 국외로 독립군기지 건설에 의한 군사적인 실력양성운동에 힘쓰다가 105인사건으로 해체되었다.

① 차관제공에 의한 경제예속화정책에 반대하여 국민들이 국채보상기성회를 조직하여 모금운동을 벌였다.
② 자주제가 강화되고 소작농이 증가하면서, 고율의 소작료로 인하여 농민들이 몰락하였다.
③ 노동자들은 생존권을 지키기 위하여 임금인상이나 노동조건 개선 등을 주장하는 노동운동을 벌였다.
④ 일본 상품을 배격하고 국산품을 애용하자는 운동을 전개하였다.

TIP ① 일제의 화폐 정리 및 금융 지배에 대해 1907년 국채보상운동을 전개하여 일제의 침략정책에 맞섰으나 일제의 방해로 중단되었다.
　　※ **신민회** … 비밀결사조직으로 국권 회복과 공화정체의 국민국가 건설을 목표로 하였다. 국내적으로 문화적·경제적 실력양성운동을 펼쳤으며, 국외로 독립군기지 건설에 의한 군사적인 실력양성운동에 힘쓰다가 105인사건으로 해체되었다.

Answer 34.④ 35.①

36 다음 중 '을사조약' 체결 당시의 사건에 대한 설명으로 옳은 것은?

① 영국은 일본의 한국에 대한 지배권을 인정하였다.
② 구식군대가 차별대우를 받았다.
③ 일본의 한국에 대한 지배권을 인정하며, 미국의 필리핀 지배를 확인하였다.
④ 러시아, 프랑스, 독일이 일본에 압력을 가했다.

> **TIP** 을사조약 체결(1905. 11) … 러·일전쟁에서 승리한 일본은 조선의 독점적 지배권을 인정받고 조선의 외교권을 박탈하고 통감부를 설치하였다. 이에 초대 통감으로 이토 히로부미가 부임하였으며 고종황제는 조약의 부당성을 알리기 위해 1907년에 개최된 헤이그 만국평화회의에 밀사를 파견하였다.

37 다음과 같은 식민 통치의 근본적 목적으로 옳은 것은?

- 총독은 원래 현역군인으로 임명되는 것이 원칙이었으나, 문관도 임명될 수 있게 하였다.
- 헌병 경찰이 보통 경찰로 전환되었다.
- 민족 신문 발행을 허가하였다.
- 교육은 초급의 학문과 기술교육만 허용되었다.

① 소수의 친일분자를 키워 우리 민족을 이간하여 분열시키는 것이 목적이었다.
② 한반도를 대륙 침략의 병참기지로 삼고 태평양전쟁을 도발하였다.
③ 한국의 산업을 장악하여 상품시장화 하였다.
④ 1910년대의 무단통치에 대한 반성으로 시행하였다.

> **TIP** 문화통치(1919 ~ 1931)
> ㉠ 발단: 3·1운동과 국제 여론의 악화로 제기되었다.
> ㉡ 내용
>   • 문관총독의 임명을 약속하였으나 임명되지 않았다.
>   • 헌병경찰제를 보통경찰제로 바꾸었지만 경찰 수나 장비는 증가하였다.
>   • 교육은 초급의 학문과 기술교육만 허용되었다.
> ㉢ 본질: 소수의 친일분자를 키워 우리 민족을 이간질하여 분열시켰다.

Answer 36.① 37.①

38 다음 보기의 내용과 관련 있는 단체의 업적으로 옳은 것은?

> 동학농민전쟁의 주체이며, 최시형의 뒤를 이은 3세 교주 손병희는 3·1운동 민족대표 33인 중의 한 사람이었다.

① 미신타파
② 고아원 설립
③ 북로군정서 중광단
④ 개벽, 만세보

TIP 천도교 … 제2의 3·1운동을 계획하여 자주독립선언문을 발표하였다. 개벽, 어린이, 학생 등의 잡지를 간행하여 민중의 자각과 근대문물의 보급에 기여하였다.

39 다음 보기의 기본 강령으로 활동한 사회단체에 대한 설명으로 옳은 것은?

> 1. 우리는 정치적·경제적 각성을 촉진한다.
> 2. 우리는 단결을 공공히 한다.
> 3. 우리는 기회주의를 일체 거부한다.

① 비밀 결사 조직으로 국외 독립 운동 기지 건설에 앞장섰다.
② 실력양성운동을 전개하였다.
③ 입헌정체와 정치의식을 고취시켰다.
④ 노동쟁의, 고각쟁의를 지원하는 등 노동운동과 농민운동을 지도하였다.

TIP 신간회 … 민족주의 진영과 사회주의 진영은 민족유일당, 민족협동전선이라는 표어 아래 이상재, 안재홍 등을 중심으로 신간회를 결성하였다. 노동운동과 농민운동을 지도하였고 광주학생항일운동의 진상단을 파견하였다.

Answer 38.④ 39.④

01

법과 정치

01 민주정치와 법

제1편 법과 정치

1 정치의 의미와 기능

(1) 정치의 본질

① 정치의 의미
  ㉠ 일상적 의미 : 소수 정치인이나 고위 공무원에 의하여 이루어지는 정치를 의미한다.
  ㉡ 본질적 의미 : 개인·집단 간의 갈등을 해결해 나가는 과정을 의미한다.
  ㉢ 정치의 기능 : 갈등을 해소하고 사회의 안정을 이룰 수 있다.

② 참여의 여건
  ㉠ 정치 참여자 : 소수의 특정 계층에서 다양한 계층으로 확대되었다.
  ㉡ 갈등의 평화적 해결 : 참여자들 간의 타협, 법과 제도를 통한 해결 등이 있다.

③ 참여의식
  ㉠ 정치참여의 의의 : 시민이 주인인 민주사회에서의 정치과정은 시민의 의사에 따라 움직여야 한다.
  ㉡ 정치적 무관심 : 소수집단에 의한 정치는 독재정부를 출현시킬 수 있다.
  ㉢ 우리나라의 정치참여 : 과거 시민은 정치지배의 대상으로 인식되어 왔으나, 오늘날에는 시민의 참여의식이 개선되고 있다.

(2) 정치의 과정

① 정치 과정의 의미 : 사회적 쟁점에 대해 사회 구성원들이 제기하는 여러 가지 요구나 지지를 토대로 정책을 결정하고 수행하는 활동을 의미한다.

② 정치 과정별 활동
  ㉠ 투입 : 정치에 대한 국민의 요구와 지지가 정책 결정 기구에 투입되는 과정(요구+지지)
  ㉡ 산출 : 요구와 지지가 정책 결정 기구에서 여과되어 하나의 정책으로 사회에 흘러나오는 과정
  ㉢ 환류 : 처음의 요구와 지지가 정책 기구를 통과하는 동안 변형될 수 있으므로 산출된 정책이 다시 정책 결정 기구로 수정되고 추가되어 반영되는 현상

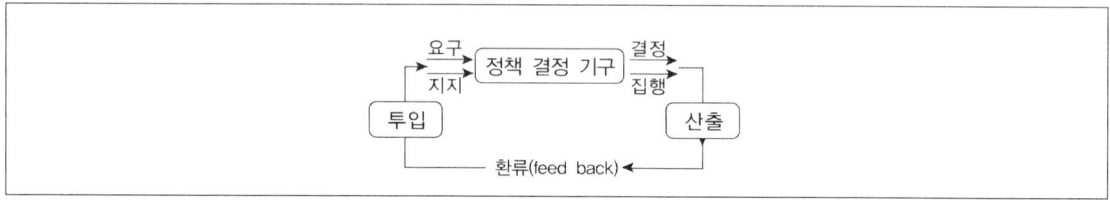

| 기출예제 | 2025. 6. 21. 제1회 서울특별시 |

〈보기〉의 밑줄 친 ㉠~㉣에 대한 설명으로 가장 옳은 것은?

〈보기〉
- 정부는 정책 집행의 효율성을 높이기 위해 ㉠<u>정책 참여 플랫폼</u>을 운영하여 국민의 의견을 수렴하고 있다. 이를 통해 시민들은 특정 정책에 대한 제안을 하거나 피드백을 제공할 수 있다.
- ㉡<u>정부 혁신 어워드</u>는 공공기관에서 추진한 혁신 사례를 평가하여 우수한 사례를 선정하고, 이를 홍보하는 제도이다.
- ㉢<u>국민 정책 제안</u>은 국민이 특정 사회 문제 해결을 위한 정책 아이디어를 온라인 플랫폼을 통해 제출하는 제도로, 일정 수 이상의 공감을 받으면 정부가 공식 검토 절차를 진행한다.
- ㉣<u>국회 청원 심사</u>는 국민이 국회에 청원을 제출하면 관련 상임위원회에서 검토하여 법안 발의 여부를 결정하는 절차이다.

① ㉠은 정치 과정에서 투입, ㉢은 산출에 해당한다.
② ㉡은 ㉢과 달리 정책 결정 과정에서 시민 참여를 직접적으로 요구하는 제도이다.
③ ㉢과 ㉣ 모두 국민이 입법 과정에 영향을 미칠 수 있는 참여 방식이다.
④ ㉢과 달리 ㉣은 시·공간의 제약을 완화하여 정치 참여의 접근성을 높일 수 있다.

✱
① 투입은 사회 구성원의 정치 참여 활동으로서 국가 기관의 정책 결정에 영향을 미치며, 산출은 국가 기관의 정책 결정으로서 사회 구성원의 삶에 영향을 미친다. ㉠, ㉢ 모두 투입에 해당한다.
② ㉢은 ㉡과 달리 정책 결정 과정에서 시민 참여를 직접적으로 요구하는 제도이다.
④ ㉣과 달리 ㉢은 온라인 플랫폼을 통해 시·공간의 제약을 완화하여 정치 참여의 접근성을 높일 수 있다.

답 ③

(3) 정치의 기능

① **사회적 갈등 해결 및 질서유지** … 홉스에 따르면 자연 상태는 '만인의 만인에 대한 투쟁 상태'이며 국가는 이러한 상태를 극복하기 위한 인위적이고 정치적인 산물로, 국가 작용인 정치 역시 이러한 기능을 한다고 본다.

② **지배와 통제** … 근대 시민사회의 성립 이후 20세기 초까지는 입법·사법·행정 작용을 중심으로 국가의 정치 기능을 이해하였다.

③ **정부 정책의 감시와 비판 및 정치적 의사 형성** … 시민단체 등 여러 집단의 정치 참여가 활발한 오늘날에는 다양한 정치의 기능이 생겨나고 있다.

④ **규범적 기능** … 사회적 조건을 개선하고 바람직한 미래의 비전을 제시한다.

❷ 민주주의의 원리와 유형

(1) 민주주의의 이념
① 민주주의의 의미
　㉠ 민주주의 : 고대 그리스어의 demos(민중)와 kratos(권력)의 합성어로, 다수의 민중이 지배하기도 하고 지배받기도 하는 정치형태를 의미한다.
　㉡ 고대 그리스 아테네의 민주주의
　　• 민회와 평의회를 통한 직접 민주정치가 이루어졌다.
　　• 아테네의 직접 민주정치는 소규모 공동체였기 때문에 가능했다.
　　• 여자와 노예 그리고 외국인은 정치에 참여할 수 없는 제한된 민주주의였다.
　㉢ 근대 민주주의
　　• 시민혁명 이후 민주주의로 기본적 인권이 보장되는 실천원리로 작용하였다.
　　• 재산소유정도에 따라 선거권이 결정되어 다수의 노동자, 농민, 빈민들의 정치참여가 제한되었다.
　㉣ 오늘날의 민주주의
　　• 국가 의사결정을 국민의 합의에 두는 특정한 정치형태라는 의미(정치형태로서의 의미)
　　• 자유, 평등과 같은 기본이념을 민주적 방식으로 실현시킨다는 의미(이념실현으로서의 의미)
　　• 국민의 정신적 자세, 생활태도, 행동양식 등을 민주적으로 수행하는 생활양식이라는 의미(생활양식으로서의 의미)

② 자유와 평등
　㉠ 사회계약설 : 자연법론자들에 의하여 주장된 것으로 국가가 결성되기 이전의 상태에서 개인은 아무런 제약이나 차별 없이 평등했으며, 국가의 결성은 자유·평등한 사람들 간의 계약에 의해 이루어졌다는 것으로, 권력보다 자유를 우선시했다.
　　• 홉스 : 인간본성은 이기적이어서 '만인에 대한 만인의 투쟁' 상태이므로, 자기보전을 위해 동의를 하고 권리를 국가에 양도하는 것이다.
　　• 로크 : 시민의 권리가 탐욕스런 사람에 의해 침해당하는 것을 방지하기 위해 계약을 맺고 국가를 구성하는 것이다.
　　• 루소 : 자신의 잠재력을 최대한 발휘하기 위해 자발적으로 정치공동체에 참여하며, 시민은 양도하거나 나눌 수 없는 주권을 행사한다.

구분	홉스	로크	루소
인간의 본성	이기적이고 악한 존재(성악설)	환경과 선택에 따라 결정 (성무 선악설)	선한 성품을 가진 존재(성선설)
자연상태	만인의 만인에 대한 투쟁 상태	극단적 투쟁은 없으나 갈등 상존	자유와 평등 존재
사회계약의 형태	전부 양도 포기설	부분(일부) 양도설	양도 불가설
주권이론	군주 주권론	국민주권론(대의제)	국민주권론(직접 민주주의)
국가형태	절대 군주국(전제 군주정치)	입헌 군주국(대의 민주주의)	민주 공화국(직접 민주주의)
저항권	인정하지 않음	인정	언급 없음

ⓒ **자유권의 발달** : 자연권을 근거로 신앙, 양심의 자유가 요구되었다.
ⓒ **자유권의 변천** : 소극적 자유에서 적극적 자유로 변화하였다.
ⓐ **평등권의 변천** : 신 앞에서의 평등에서 법 앞에서의 평등으로 변화하였다.
ⓜ **실질적 평등** : 기회의 균등, 능력에 따른 평등을 의미한다.

(2) 민주주의와 기본권

① 기본권
  ⓞ **인간존중** : 인간이라는 그 자체만으로도 존중되어야 한다.
  ⓒ **기본적 인권** : 프랑스인권선언, 세계인권선언 등이 대표적이다.

② 기본권의 변천
  ⓞ **자유권적 기본권** : 프랑스인권선언의 영향을 받아 국가권력으로부터 개인의 자유를 보장하고자 한 것으로 신체의 자유, 종교의 자유, 재산권의 보장 등이 그 핵심이다.
  ⓒ **사회권적 기본권** : 산업혁명 이후 인간적인 삶을 누리지 못하는 노동자가 생겨나면서 관심을 갖게 되었으며, 사회 혼란을 막고, 사회적 약자를 보호하고자 한 것이다. 독일의 바이마르 헌법에서 최초 규정되었으며, 교육의 권리, 근로의 권리, 사회보장을 받을 권리 등을 그 기본으로 한다.
  ⓒ **참정권** : 정치적으로 소외되었던 시민들의 지속적인 선거권 획득을 위한 운동의 결과로 20세기에는 보통선거가 확립되었다.

(3) 민주주의의 운영원리

① 다수결의 원리
  ⓞ 소수의 판단보다 다수의 판단에 따르는 것이 보다 합리적이라는 가정 아래 다수결의 원리가 채택되고 있다.
  ⓒ 중우정치나 다수의 횡포가 될 수 있으므로 소수의견을 존중해야 한다.

② 비판, 타협, 관용
  ⓞ **비판** : 보다 창조적인 것을 낳기 위한 인고의 과정으로서, 민주사회에서는 빼놓을 수 없는 생활태도이다.
  ⓒ **타협** : 구체적인 목적에 대한 각자의 처지를 서로 조정함으로써 대립관계를 해소하는 기술이다.
  ⓒ **관용** : 타인과의 공존을 인정하고, 다른 사람의 의견을 수용하는 등 능동적이고 개방적인 자세를 말한다.

(4) 민주주의의 유형

① 직접 민주주의와 대의 민주주의
  ⓞ **직접 민주주의** : 공동체의 정치적 의사를 토론을 통해 시민이 직접 결정하는 방식으로 고대 그리스의 아테네가 그 기원이다. 모든 국민에게 참정권을 부여하는 오늘날과 달리 여자, 노예, 외국인 등에게는 시민권을 부여하지 않아 제한된 민주주의라는 평가를 받는다.

ⓒ 대의 민주주의 : 국민의 대표를 선출하여 입법부를 구성하고 입법부에서 국가 정책에 관한 주요 사항을 결정하는 방식으로, 국민의 대표인 의회를 통해 주권을 행사한다는 점에서 의회 민주주의 또는 간접 민주주의라고도 한다.

② 참여 민주주의 … 오늘날에는 시민단체 등 비정부 기구의 정치와 현상 및 개인 또는 소집단 차원에서 자발적으로 정치에 참여하여 정치적 의사결정에 영향을 미치기도 한다.

③ 전자 민주주의 … 인터넷 등 전자매체를 이용하여 정치과정에 직접 참여하는 민주주의로, 사이버 민주주의, 정보 민주주의, 원격 민주주의 등의 개념이 포함된다.

❸ 민주정치의 발전

(1) 아테네의 민주정치

① 직접 민주정치
　㉠ 민회 : 아테네 최고의 주권기구로, 법제정 및 정책의 심의 결정을 담당하였다.
　㉡ 추첨제, 수당제, 중임제한 등을 통해 아테네의 시민들은 가문, 재산 등에 관계없이 모든 시민이 국정에 참여할 수 있었다.
　㉢ 도편추방제 : 오늘날 국민소환방식에 해당하는 도편추방제를 실시하여 독재정치의 출현을 막고 시민들이 직접 정치를 통제할 수 있는 수단으로 활용하였다. 하지만 점차 정적제거의 수단으로 악용되는 폐해가 발생하기도 하였다.

② 제한 민주정치 … 일정한 연령(만18세)에 도달한 성인 남자만이 정치에 참여할 수 있었으며, 여자와 노예, 외국인은 정치에 참여할 수 없었다.

(2) 시민혁명의 의미와 배경

① 의미 … 봉건 사회 내부에서 성장한 신흥 시민 계급인 부르주아가 중심이 되어 절대왕정을 타도하고 국가권력을 장악한 역사적 변혁으로, 이를 통해 시민사회가 성립되었다.

② 자본주의적 경제의 발전 … 자본주의의 발달로 부르주아의 영향력이 커지면서 자유와 평등을 보장하는 제도를 요구하였다.

③ 계몽사상 … 절대군주제에 대한 비판과 과거의 폐단을 극복하기 위한 합리적인 국가 건설의 사상적 바탕을 이루었다.

④ 로크의 사회계약설 … 권력의 원천을 국민의 동의에 두고 국민과 정부의 계약에 의해 국가권력이 구성된다고 주장하였다.

⑤ **천부인권설** … 인간은 태어나면서부터 불가침의 자연법상의 권리를 갖고 있다는 관점이다.
⑥ **입헌주의** … 기본적 인권을 보장하고 국가 권력의 분립을 규정한 헌법을 제정하여 국가를 운영하자는 이념이다.

기출예제　　　　　　　　　　　　　　　　　　　　　　　　　　2025. 6. 21. 제1회 서울특별시

〈보기 1〉은 A국에서 제정된 법률 조항의 일부이다. 이 법률이 시행되면서 나타날 현상에 대한 설명으로 옳은 것을 〈보기 2〉에서 모두 고른 것은?

〈보기 1〉
정부는 다음의 법률을 제정하여 이를 공포한다. 이 법률로 인해 정부가 헌법을 변경시킬 수 있는 조건이 충족되었음을 확인한다.
제1조 A국의 법률은 헌법이 규정하고 있는 절차에 의하는 것 외에, A국의 정부에 의해서도 의결될 수 있다.
제2조 A국이 외국과 조약을 체결하는 경우 입법권을 가진 다른 기관과의 합의를 필요로 하지 않는다. 행정부는 이러한 조약의 이행에 필요한 법률을 공포할 수 있다.

〈보기 2〉
㉠ 입헌주의의 원리가 지켜지지 않았을 것이다.
㉡ 국민의 자유와 권리의 보장이 어려워졌을 것이다.
㉢ 신속한 정책 결정이 어려워져 정책 수행의 효율성이 떨어졌을 것이다.
㉣ 입법부와 행정부가 권력 분립의 원리에 입각한 통치의 합법성을 실현했을 것이다.

① ㉠, ㉡　　　　② ㉠, ㉣
③ ㉡, ㉢　　　　④ ㉢, ㉣

＊
〈보기 1〉에서 제정된 법률은 '정부가 헌법을 변경시킬 수 있는 조건이 충족되었음을 확인'하고 있다.
㉠㉡ 입헌주의란 국민의 기본적 인권을 보장하기 위하여 통치 및 공동체의 모든 생활이 헌법에 따라서 영위되어야 한다는 정치원리이다. A국에서 〈보기 1〉의 법률이 시행될 경우 입헌주의의 원리가 지켜지지 않을 것이며, 따라서 국민의 자유와 권리 보장이 어려워질 것이다.
㉢㉣ 〈보기 1〉의 법률이 시행될 경우, 입법권을 가진 기관의 동의 없이도 정부가 단독으로 법을 제정할 수 있다. 이는 정부의 권한이 비정상적으로 강화되어 오히려 정책 결정은 신속해질 수 있으나, 입헌주의가 훼손된다. 또한 행정부가 독자적으로 입법하거나 조약을 체결하게 되면 권력 집중으로 이어져 권력 분립 원칙이 무시되는 결과가 초래될 것이다.

답 ①

---

(3) 근대 민주정치의 특징과 한계

① **특징**
　㉠ 간접 민주정치의 지향
　㉡ 정치형태로서의 의미만 가지고 있었던 기존의 민주주의 이념에 자유와 평등과 같은 기본적 인권이 보장되는 새로운 실천원리라는 의미가 추가
　㉢ 법치주의 확립 및 국민주권 구현
　㉣ 개인주의와 자유주의의 확산

② 한계
- ㉠ 여전히 시민권은 부르주아들로 한정
- ㉡ 경제적 부에 따라 선거권을 차등 분배→19세기 노동자와 농민에 의한 선거권 확대운동에 영향

❹ 정치권력과 법치주의

(1) 정치권력의 의미와 성격

① 의미 : 공동체의 목적을 실현하기 위해 국가가 행사할 수 있는 강제력으로, 사회에서 발생하는 이해관계의 대립을 조정한다.

② 정치권력의 성격
- ㉠ **포괄성** : 사회 구성원 전체에게 적용
- ㉡ **강제성** : 개인의 의사와 관계없이 행사
- ㉢ **지속성** : 권력의 소재와 관련 없이 지속됨
- ㉣ **정당성** : 국민들로부터 위임된 정당한 권력

(2) 정치권력의 정당성

① 의미 … 정부의 결정이 시민이 합당한 것으로 수용하는 것으로 국민의 자발적 동의와 지지를 통해 형성한다. 정당성이 없는 정치권력은 진정한 정치권력으로 볼 수 없다.

② 정당성 확보 요건
- ㉠ 실질적으로 합법적이고 도덕적인 권력획득 및 행사·유지가 이루어져야 한다.
- ㉡ 권력에 대한 국민의 지속적 감시와 비판이 필요하다.

③ **정당성과 도덕성의 관계** … 정치권력이 도덕성을 확립하면 국민의 동의와 지지를 얻게 되고, 이 때 정당성 확보가 가능하다.

④ **정당성과 합법성의 관계** … 정당성을 확보하지 못하고 법적 근거만을 가진 채 국민을 지배하면 형식적 합법성만을 가진 권력이 된다. 실질적 합법성을 가진 권력이 되기 위해서는 법적 근거가 요구된다.

⑤ 정치권력에 대한 저항권 행사
- ㉠ **저항권** : 정당하지 못한 정치권력이나 정부정책에 대해 주권자로서의 시민이 불신임하고 거부할 수 있는 권리
- ㉡ **유래** : 로크의 사회계약설에서 유래하며 미국의 독립전쟁이나 프랑스 시민혁명의 사상적 배경을 둔다.

| 기출예제 | 2025. 6. 21. 제1회 서울특별시 |

〈보기〉는 미국 독립 선언의 일부이다. 이 선언이 로크(Locke)의 영향을 많이 받았다고 할 때, 그 근거로 가장 옳은 것은?

〈보기〉
우리는 다음을 자명한 진리로 생각한다. 모든 사람은 평등하게 태어났으며 신은 그들에게 누구도 빼앗을 수 없는 몇 가지 권리를 부여했다. 여기에는 생명과 자유와 행복 추구의 권리가 포함된다. 이 권리를 확보하기 위해 인민은 정부를 만들었으며, 정부의 정당한 권력은 인민의 동의에서 나온다. 정부가 이런 목적을 파괴할 때에는 인민은 언제든지 이를 변혁 내지 폐지하고, 인민의 행복과 안전을 가장 효과적으로 가져다주어야 한다는 원칙에 기초하고 이를 위한 기구를 갖춘 정부를 새로이 조직할 수 있는 권리가 있다.

① 견제와 균형의 원리를 강조하여 사법권의 독립을 추구하였다.
② 국가를 생명, 자유, 행복 추구와 같은 자연권을 보장하기 위한 수단이 아닌 목적으로 보았다.
③ 자연권은 하늘로부터 부여받았기 때문에 위임될 수 없으며 변경될 수도 없다고 주장하였다.
④ 정부가 신탁에 근거한 통치를 위반할 경우에 지지를 철회할 수 있다는 저항권을 인정하고 있다.

✱
로크의 저항권 … 정부와 법은 시민들의 동의로 이루어진 것이므로, 소수의 권력자가 그 법을 넘어서서 권력을 행사하는 것은 모든 시민의 동의를 무시하는 행위이며, 시민들은 그런 부당한 정치권력을 무력 저항으로 쫓아낼 수 있는 권리를 가진다. 이는 폭정으로부터 벗어나기 위한 권리이자 예방적 저항을 허용하는 개념이다.
㉠ 신탁 철회 : 시민은 통치자에게 권력을 위임한 신탁을 철회할 수 있다.
㉡ 정당화 조건 : 정부가 시민의 생명·자유·재산을 자의적으로 침해하거나 절대 권력을 행사할 경우, 저항권이 발동된다.
㉢ 폭력 사용 허용 : 권위 없는 힘에 대항하는 무력 사용을 정당화하며, 이는 '전쟁상태'로 간주된다.

답 ④

(3) 법치주의의 의미와 기능

① **법치주의의 의미** … 국가가 국민의 자유와 권리를 제한하거나 국민에게 새로운 의무를 부과할 때, 객관적인 기준으로서 법에 의하거나 법에 근거가 있어야 한다는 원리로, 권력 통제를 통해 국민의 자유와 권리를 보장하는 것이 목적이다.

② **기능** … 국가 권력의 발동 및 국가 권력의 제한과 통제의 근거가 된다.

③ **법치주의의 유형**
  ㉠ **형식적 법치주의** : 법치주의의 속성 중 형식적 측면만을 고려하여 법의 형식에 따라 통치가 이루어지면 법의 목적이나 내용은 문제 삼지 않는 경우로 "악법도 법"이라는 논리가 도출된다. 통치의 정당성을 무시하여 합법적인 독재를 가능하게 하며 법에 의한 지배(rule by law)로 표현한다.
  ㉡ **실질적 법치주의** : 법의 형식뿐만 아니라 그 목적과 내용도 정의에 합치되어야 한다는 것으로 "악법은 법이 아니다"는 논리가 도출된다. 이러한 실질적 법치주의는 헌법재판제도, 행정재판제도, 사법권의 독립 등으로 구체화된다. 이는 통치자를 비롯한 모든 사람이 법에 종속되는 것을 나타내며 법의 지배(rule of law)로 표현한다.

01. 민주정치와 법

기출 예상 문제

1 〈보기〉의 헌법에 대한 설명으로 옳은 것을 모두 고른 것은?

〈보기〉
㉠ 헌법은 국회에서 제정한 법률과 동일한 수준의 효력을 가진다.
㉡ 헌법에 위배되는 법률의 경우 권리 구제형 헌법 소원심판으로 법률의 효력을 상실하게 한다.
㉢ 헌법은 국민의 자유와 권리를 보장하기 위하여 국가 기관의 구성과 운영에 대한 사항을 규정한다.
㉣ 헌법은 정치권력의 행사 방법과 절차, 그 한계 등을 규율한다.

① ㉠, ㉡
② ㉡, ㉢
③ ㉡, ㉣
④ ㉢, ㉣

TIP ㉠ 헌법은 국회에서 제정한 법률과 동일한 수준의 효력을 가지지 않는다. 헌법은 법률보다 상위의 효력을 가지며, 법률은 헌법에 위배될 수 없다.
㉡ 헌법에 위배되는 법률의 경우 권리 구제형 헌법 소원심판으로 법률의 효력을 상실하지 않는다. 위헌법률심판을 통해 헌법재판소에서 그 법률의 위헌 여부를 판단한다.

Answer 1.④

2 〈보기〉의 밑줄 친 「헌법」상 기본권 A~C에 대한 설명으로 가장 옳은 것은? (단, A~C는 각각 자유권, 사회권, 청구권 중 하나이다.)

〈보기〉

갑(甲)은 과거 시민단체에서 인권 운동가로 활동했는데, 국가기관이 갑(甲)의 인적사항, 가족사항, 정당 및 사회 활동, 대인접촉 관계, 집회 또는 시위 참가 활동 내역 등을 수집하였다는 것을 알게 되어 A를 침해한다고 보았다. 그리하여 갑(甲)은 B를 바탕으로 국가를 상대로 소송을 제기하였고, 대법원은 국가의 책임을 인정하였다. 지친 심신을 회복하기 위해 도시 근교로 이사를 갔지만 주변 공장으로 인한 환경 공해와 자동차 행상들의 확성기 사용으로 인한 소음 공해가 매우 심각하다고 느껴 C 역시 침해 받고 있다.

① A는 소극적 · 열거적 성격의 권리이다.
② B는 국가에 특정 행위를 요구할 수 있는 절차적 권리이다.
③ C는 민주주의 이념 중 하나로 다른 기본권 보장의 전제 조건이 되는 기본권이다.
④ A는 B와 C의 보장과 실현을 위한 수단적 성격의 권리이다.

TIP 개인의 대인접촉 관계, 집회 또는 집회 참가 활동의 자유로운 영역인 A는 자유권이다. 갑은 국가를 상대로 소송을 제기하였는데, 이는 재판청구권을 행사한 것이므로 B는 청구권이다. 환경 공해와 소음 공해는 환경권을 침해 받은 것으로 이는 사회권에 해당한다.
① 자유권(A)은 국민이 자유로운 생활을 영위할 권리이며 소극적이고 방어적 성격의 권리이다. 다만, 헌법 제37조 제1항에 따라 "국민의 자유와 권리는 헌법에 열거되지 아니한 이유로 경시되지 아니한다."라는 규정을 둠으로써 자유권의 다양성과 포괄성을 규정하고 있다.
③④ 다른 기본권 보장의 전제 조건이 되는 수단적, 절차적 기본권이자, 기본권 보장을 위한 기본권은 청구권(B)이다.
※ 자유권의 성격 … 자유권은 소극적이고 방어적 공권의 성격을 갖는데 이는 개인이 국가권력의 간섭이나 침해를 받지 아니하는 권리라는 의미다. 자유권은 절대군주권에 항의하여 최초로 획득한 권리로 천부인권성을 내포한다.

Answer 2.②

3 〈보기〉의 (개)에 해당하는 국가 기관에 대한 설명으로 가장 옳은 것은?

───────────〈보기〉───────────
　(개) 는 A당 의원 19명이 다수당의 일방적 법안 처리를 제한하기 위해 개정된 국회법이 국회의원의 심의·의결권을 침해한다며 국회 의장과 국회 기획 재정 위원장을 상대로 낸 권한 쟁의 심판 청구를 각하 결정했다. 해당 조항은 국회의원들의 표결심의권을 침해하지 않으며 국회의 자율성과 권한을 존중하기 위한 것이라는 점이 각하 이유이다. 즉, 국회법 개정 행위에 대해 법률의 제·개정 행위를 다투는 권한 쟁의 심판의 피청구인은 '국회'가 되어야 한다는 것이다. 이 결정에 대한 재판관 의견은 각하(5명), 기각(2명), 인용(2명) 로 나뉘었다.

① 장은 대통령의 동의를 얻어 재판관 중에서 국회의장이 임명한다.
② 대통령에 대해 탄핵 소추 의결을 한다.
③ 민주적 기본 질서에 위배되는 정당의 해산 여부를 심판한다.
④ 명령·규칙 또는 처분이 헌법이나 법률에 위반되는 여부가 재판의 전제가 된 경우에 이를 최종적으로 심사할 권한을 가진다.

TIP 〈보기〉의 (개)는 권한 쟁의 심판 청구를 다루는 기관인 헌법재판소에 대한 설명이다.
　① 헌법재판소장의 임명은 대통령이 헌법재판소 재판관 중에서 임명한다.
　② 탄핵 소추 의결은 국회에서 한다.
　④ 대법원의 기능이다.

Answer 3.③

4 〈보기〉의 근대 사회 계약론자 갑(甲), 을(乙)에 대한 설명으로 가장 옳은 것은?

―〈보기〉―

- 갑(甲): 자연 상태는 강제할 수 있는 선악의 기준이 전혀 없는 상태이다. 따라서 자연 상태는 일종의 전쟁 상태이고, 인간이 자기 보존을 위해 자연권을 갖고 있다고 해도 오히려 생명의 위험에 처하는 상태가 발생한다. 그러므로 인간은 계약을 맺어 자연권을 포기하고 각 사람이 가지는 힘을 모아 좀 더 큰 집단적 힘을 가지는 정치 사회를 만든다.
- 을(乙): 사람들이 계약에 따라 사회를 이룩한 것은 자연 상태에 대한 절망에서가 아니라 불편함 때문이다. 즉 자연 상태에서는 누구나 자연법의 집행권을 갖고 있으므로 자기 소유물을 지키는 데 불안을 느끼게 된다. 따라서 계약의 절차를 밟아 통치자를 세우는 데 동의하고, 또 통치자에게 자연권을 위임하는 동시에 자연권의 보호를 맡긴다. 통치자와 국민의 관계는 동의와 신탁 위에서만 성립한다.

① 갑(甲)은 국가가 사회 계약을 위반한다면 국민은 국가를 부정할 권리를 가진다고 본다.
② 을(乙)은 국가 권력은 위임 목적에 맞게 행사되도록 분립되어야 한다고 본다.
③ 갑(甲)과 달리 을(乙)은 일반의지에 의한 통치를 강조한다.
④ 갑(甲), 을(乙) 모두 국가를 수단이 아닌 목적으로 간주한다.

TIP 갑은 자연 상태는 일종의 전생 상태이고 인간은 계약을 맺어 자연권을 포기하고 국가를 만들었다고 본다. 이는 홉스의 사회계약론이다. 을은 자연 상태에서 누구나 집행권을 갖고 있다고 보는데, 계약을 통해 통치권을 위임했다는 입장이다. 이는 로크의 사회계약론이다. 로크는 이권분립론을 제시하여 권력을 입법권과 집행권으로 구분하였다.
① 국가가 사회 계약을 위반한다면 국민은 국가를 부정할 권리를 저항권이라고 하는데 이는 로크가 제시하였다.
③ 일반의지에 의한 통치는 루소가 강조하였다.
④ 사회계약론은 공통적으로 국가를 목적이 아닌 수단으로 간주한다.
※ 루소의 일반의지… 루소의 저서 「사회계약론」에 나타나 있는 공익의 핵심적 개념으로 보편의지 또는 총의라고도 한다. 이기적인 개인으로서의 독립성과 사익성을 버리고 공동의 힘을 통해 자신과 재산을 지키고 옹호하는 결합 형식에 기반한다. 이 속에서 자유로운 계약으로 성립하는 국가가 가지는 단일한 의지를 일반의지라 불렀다.

Answer 4.②

5 〈보기 1〉과 관련된 우리나라 헌법의 기본원리를 실현하기 위한 내용으로 옳은 것을 〈보기 2〉에서 모두 고른 것은?

─〈보기 1〉─
헌법재판소는 공연장, 박물관, 미술관, 문화재 등의 시설을 관람하거나 이용하는 사람에게 특별 부담금을 부과하도록 한 구(舊)「문화 예술 진흥법」의 해당 조항을 위헌으로 결정하였다.

─〈보기 2〉─
㉠ 국가는 평생 교육을 진흥하여야 한다.
㉡ 국가는 문화의 보호 및 발전을 위해 노력해야 한다.
㉢ 국가는 균형 있는 국민 경제의 성장 및 안정과 적정한 소득의 분배를 유지해야 한다.
㉣ 의료, 교육, 고용 등의 분야에서 국가가 적극적으로 나서야 한다.

① ㉠㉡
② ㉠㉢
③ ㉡㉣
④ ㉢㉣

> **TIP** 〈보기 1〉의 공연장, 박물관, 미술관, 문화재 등의 시설을 이용하는 것과 관련된 우리나라 헌법의 기본원리는 문화 국가의 원리다. 문화 국가의 원리는 헌법 전문의 "유구한 역사와 전통에 빛나는" 부분과 헌법 제9조에서 규정하고 있는 문화의 보호 및 발전을 위한 국가의 노력, 헌법 제31조 제5항에서 규정하는 국가의 평생 교육 진흥이 해당한다.

6 우리나라의 지방자치제도에 대한 설명으로 옳은 것은?

① 지역 주민들은 조례 제정 및 개폐 청구권을 가진다.
② 기초의회는 비례대표 의원 없이 지역구 의원만으로 구성된다.
③ 지방자치단체장은 지방자치단체의 예산을 심의·확정하고, 결산을 승인한다.
④ 교육자치를 위해 광역자치단체와 기초자치단체에 각각 교육감을 두고 있다.

> **TIP** 우리나라는 헌법적 차원에서 국민 발안은 인정되지 않으나 지방자치적 차원에서 주민들의 조례 제정 및 개폐 청구권을 보유한다. 이때, 일정 수 이상의 주민은 조례 제정안, 개정안이나 폐지안을 지방자치단체장을 거쳐 지방의회에 발의할 수 있다.
> ② 지방의회는 광역의회(서울특별시, 광역시, 도)와 기초의회(일반시, 군, 자치구)가 있으며 국회의원 선거와 동일하게 지역구 의원과 비례대표 의원을 선출한다.
> ※ 우리나라에서 시행하고 있는 직접 민주 정치 제도…우리나라에서 시행하고 있는 직접 민주 정치 제도는 헌법 규정에 따른 국민투표가 있다. 지방자치적 차원에서는 법률에 근거를 두고 주민 투표제, 주민 발안제, 주민 소환제를 시행하고 있다.

Answer 5.① 6.①

7 〈보기〉의 ㈎와 ㈏는 민주정치의 참여방식이다. 이에 대한 설명으로 가장 옳지 않은 것은?

―〈보기〉―

㈎ 주권자인 국민은 선거를 통해 그들이 선출한 대표에게 국가 의사 및 정책의 결정권을 전적으로 위임한다.

㈏ 대의제하에서는 국민의 다양한 의사를 정치과정에 투입하는 데 한계가 있다. 그러므로 국민투표, 국민발안, 국민 소환 제도를 도입하여 대의제를 보완한다.

① ㈎의 정치방식은 민주주의에 부합하지 않는다.
② ㈏는 ㈎에 비해 정책결정의 정당성이 증진될 수 있다.
③ ㈎는 모든 국민이 국가의 의사결정에 참여하는 것은 비현실적이라고 생각한다.
④ ㈏의 정치방식은 시민의 정치적 무관심을 극복하려고 한다.

TIP ㈎는 주권자인 국민이 선거를 통해 그들이 선출한 대표에게 국가 의사 및 정책의 결정권을 위임하는 간접 민주 정치(대의제)다. ㈏는 대의제의 한계를 보완하기 위해 국민투표, 국민발안, 국민소환 등의 직접 민주 정치 제도를 도입하자는 주장이다.
① 대의제와 직접 민주 정치는 주권 행사의 방법이 다를 뿐 모두 민주주의에 해당한다.
② 직접 민주 정치는 국민의 의사를 정치과정에 투입할 수 있으므로 대의제에 비해 정책결정의 정당성이 증진될 수 있다.
③ 인구의 증가와 넓은 영토 등 지리적 한계에 따라 모든 국민이 국가의 의사결정에 참여하는 데 한계가 있다. 이에 대다수 국가는 대의제를 도입하고 있다.
④ 선거 참여의 저조 및 투표율의 하락 등 대의제에서는 정치적 무관심이 나타날 수 있다. 국민투표, 국민발안, 국민 소환 제도와 같은 직접 민주 정치적 제도를 통해 이를 극복하고자 한다.

Answer 7.①

8 〈보기〉와 같은 글을 쓴 근대 사상가에 대한 설명으로 가장 옳은 것은?

―〈보기〉―

인간은 자연 상태에서는 자유롭고 행복하고 선량하지만, 스스로 만든 사회 제도나 문화에 의해 억압당하는 불행한 삶을 살고 있다. …… 다른 사람과 더불어 살면서 자신의 신체와 재산을 지키고 자신에게만 복종하는, 마치 자연 상태와 같이 자유로우려면 사회 계약을 통해 국가를 만들어야 한다. …… 국가는 국민의 자유의사로 만들어진다. 주권자인 국민의 ___㉠___ 에 의해 형성된 국가는 특수한 개인이나 집단의 의지를 초월하는 보편적 가치를 지닌다.

―「인간 불평등 기원론」中 –

① ㉠에는 '보통선거'가 적절하다.
② 프랑스 혁명의 영향을 받은 사상가이다.
③ 자연 상태를 '만인에 대한 만인의 투쟁'으로 보았다.
④ 국가는 개인의 자유로운 계약으로 형성된다고 보았다.

TIP 제시문은 루소의 사회계약론으로 인간은 원래 자유로우며, 따라서 국가의 성립도 인간의 자유의지에 따라야 할 것을 주장하고 있다. 그는 로크를 비롯한 일반 계약론자들의 계약을 피치자와 통치자 내지 통치집단 간의 계약이라고 본 것과 달리 계약은 사회 구성원 전체의 개별적인 의지의 집약인 동시에 그것을 넘어선 일반의지에 따를 것을 약속함으로써 각각 성립하며 이 약속이 바로 사회계약이라 하였다.
① ㉠은 일반의지로 루소가 제시한 공익의 핵심적 개념으로 보편의지 또는 총의(總意)라고도 한다.
② 루소의 사상은 프랑스 혁명의 영향을 받은 게 아니라 반대로 프랑스 혁명의 바탕이 되었다.
③ 자연 상태를 '만인에 대한 만인의 투쟁으로 본 것은 홉스다.
④ 사회계약설은 공통적으로 국민의 계약에 의해 국가가 성립됐다고 본다. 이는 곧 국가 자체를 목적으로 간주하지 않으며 국가를 시민(인민)의 자연권을 보장하기 위한 수단으로 본다.

Answer 8.④

9 다음은 근대 정치사상가 갑과 을의 주장이다. 이들의 견해에 대한 진술로 옳은 것은?

> 갑 : 인간은 자유롭게 태어났지만 어디에서나 쇠사슬에 얽매여 있다. 따라서 인간은 자유와 평등을 제도적으로 보장받기 위하여 계약을 통해 일반의지에 입각한 국가를 구성한다.
> 을 : 자연상태에서 인간은 만인에 대한 만인의 투쟁으로 인하여 야수적이며 단명하는 삶을 영위한다. 이러한 상태에서 벗어나기 위하여 인간은 자신의 권리를 양도하는 계약을 맺고 국가를 수립한다.

① 갑 : 일반의지는 소수의 이익을 대변한다.
② 갑 : 이상적인 정치형태는 입헌군주정이다.
③ 을 : 국가는 수단이 아니라 목적이다.
④ 을 : 정치권력의 정당성은 구성원의 동의에 근거한다.

TIP 갑 : 루소, 을 : 홉스
① 일반의지는 공익의 핵심적 개념으로 공공의 이익을 추구한다.
② 루소는 직접 민주주의를 이상적인 정치형태로 보았다. 입헌군주정을 이상적인 정치형태로 본 사람은 로크이다.
③ 사회계약설에서 국가는 개인들이 자신의 권리를 보장받기 위해 계약을 통해 국가를 구성하였다고 본다. 따라서 국가는 목적이 아니라 수단이다.

10 (가), (나)에 대한 설명으로 옳지 않은 것은?

> (가) '법에 의한 지배(rule by law)'는 법을 통치자의 의사를 실현하는 도구나 수단으로 사용하는 것을 정당화한다.
> (나) '법의 지배(rule of law)'는 누구도 법과 동등한 권위를 지닐 수 없고, 통치자를 비롯한 모든 사람이 법에 종속된다는 것이다.

① (가)는 법치주의를 형식적인 의미로 이해하고 있다.
② (나)는 법의 내용과 목적을 중시하여 통치의 정당성을 강조한다.
③ (나)에 따르면 법치주의와 민주주의는 상호 보완적 관계이다.
④ 전체주의 국가는 (가)보다 (나)로 법치주의를 받아들이고 있다.

TIP (가) 형식적 법치주의, (나) 실질적 법치주의
④ 전체주의 국가는 (나)보다 (가)로 법치주의를 받아들이고 있다.

Answer 9.④ 10.④

11 다음은 정치를 바라보는 갑, 을의 주장이다. 이에 대한 설명으로 옳지 않은 것은?

> 갑: 정치라는 단어는 도시 국가를 의미하는 폴리스(Polis)로부터 유래하였습니다. 따라서 정치는 국가의 통치 기구를 중심으로 행사되는 국가의 기본적인 활동입니다.
> 을: 인간이 집단생활을 하는 곳은 어디에나 정치가 있습니다. 정치는 생활 속에서 나타나는 지배와 복종 관계 내지는 이익 조정을 둘러싼 갈등 해결 과정입니다.

① 갑은 정치를 국가에만 있는 고유한 현상으로 인식한다.
② 갑의 견해는 다원화된 사회의 정치 현상을 설명하기에 적합하다.
③ 을은 정치를 사회 집단의 의사 결정 과정으로 인식한다.
④ 을은 근무 조건 개선을 위한 노사 간의 교섭 활동도 정치로 본다.

TIP 갑은 국가현상설을, 을은 집단현상설을 나타낸다. 따라서 다원화된 사회의 정치 현상을 설명하기에 적합한 것은 집단현상설이 된다.

12 우리 헌법의 기본원리의 하나인 자유 민주주의의 필수적인 내용을 옳게 고른 것은?

> ㉠ 권력의 분립과 견제
> ㉡ 국민의 인간다운 생활
> ㉢ 법치주의
> ㉣ 사법권의 독립
> ㉤ 최저임금제 시행

① ㉠㉡㉢
② ㉠㉢㉣
③ ㉡㉢㉣
④ ㉡㉣㉤

TIP 자유 민주주의의 필수적인 내용 … 인간의 존엄과 가치를 존중하기 위한 기본적 인권의 보장, 상향식(上向式) 의사형성과정의 보장, 권력의 분립과 견제, 법치주의, 법률에 의한 행정, 사법권의 독립 등이다.
㉡㉤ 복지국가의 지향원리이다.

Answer 11.② 12.②

13 고대 그리스 아테네의 민주정치에 대한 설명으로 옳은 것은?

① 고대 그리스의 민주정치는 이미 주어진 것으로서의 공동체를 전제하는 것이 아니고, 사회를 새로이 구성하는 원리로서의 성격이 두드러진다.
② 고대 그리스에서는 선거에 의해 공직자를 결정하였으며, 우연에 의한 추첨제, 윤번제 등은 비민주적으로 간주되어 널리 이용되지 못하였다.
③ 소크라테스를 죽게 한 민주정치의 실패를 경험한 플라톤은 철인정치를 주장하면서 민주정치에 부정적이었다.
④ 고대 그리스에는 많은 폴리스가 존재했고 민주정치란 여러 정치형태 중의 하나에 불과하였지만, 민주주의의 이념인 자유와 평등은 보편적 원리로 그리스 전체를 지배하였다.

TIP 직접 민주정치
　㉠ 도시국가의 구성형태
　　• 도시국가의 성격: 시민공동체
　　• 도시국가의 규모: 소규모 공동체
　　• 시민: 외적의 방어, 공무의 집행, 재판 등의 공적인 일에 종사(18세~20세 이상의 남자에게만 시민권 부여)
　　• 노예: 농토의 경작
　㉡ 아테네의 직접 민주정치
　　• 시민 전원이 참여(실제 시민이란 18세 이상의 성인남자로, 부녀자와 외국인에게는 참정권이 없었으며 노예는 제외)
　　• 윤번제 적용
　　• 다스리는 사람과 다스림을 받는 사람이 동일
　① 그리스의 도시국가는 농촌과 대립되는 도시도 아니고, 오늘날의 주권국가와도 다른 시민공동체였다.
　② 공직자를 추첨제로 선임하고 윤번제를 적용하였기 때문에, 아테네 시민들은 대부분 일생에 한 번 정도는 공직을 맡을 수 있었다.
　④ 아테네에서 시민이란 18세 이상의 성인남자에 한하였고, 부녀자와 외국인에게는 참정권이 없었으며 노예는 제외되어 있었다.

Answer 13.③

14 다음의 주장이 비판하고 있는 사항을 보완하기 위해 가장 적절한 방안은?

> • 의사는 대표될 수 없다.
> • 투표하기 전에는 자유로우나 투표가 끝나면 노예가 된다.

① 중요한 국가정책은 국민투표를 실시한다.
② 진정한 자유를 위해서는 정부가 존재하지 않아야 한다.
③ 인간존중을 위하여 권력분립제도를 채택한다.
④ 선거제도를 적극적으로 활용한다.

TIP 제시된 내용은 루소의 간접 민주정치에 대한 비판으로 현대 민주정치는 이를 보완하기 위하여 직접 민주정치제도를 보충적으로 채택하고 있다. 종류로는 국민투표, 국민소환, 국민발안 등이 있는데 우리나라는 국민투표제만을 실시하고 있다.

15 "의사는 대표될 수 없다."라고 하여 간접 민주정치를 비판하고 직접 민주정치를 옹호한 철학자는?

① 로크
② 루소
③ 홉스
④ 몽테스키외

TIP 홉스, 로크, 루소의 비교

구분	홉스	로크	루소
인간의 본성	성악설(이기적, 충동적)	백지설(자연 빛으로서의 이성)	성선설(이성, 박애)
자연상태	투쟁, 고독	자유, 평등 → 자연권유지 불완전	자유, 평화 → 불평등관계
옹호체제	절대군주제	제한군주체제, 입헌군주제	국민주권주의, 직접 민주정치
사회계약	• 전부양도설 • 자연권의 전면적 양도 • 각 개인의 자연권 포기	• 일부양도설 • 자연권을 국가나 국왕에게 신탁 • 자연권의 보장	• 모든 사람의 의지를 종합·통일 • 공동합의로 자연권 위임, 시민적 자유 획득(교환설) • 모든 사람들의 자연에의 복귀

① 로크는 간접 민주정치와 2권분립을 주장했다.
③ 홉스는 군주주권설을 주장했다.
④ 몽테스키외는 3권분립을 주장했다.

Answer 14.① 15.②

16 아테네에서 직접 민주정치가 탄생할 수 있었던 요건으로서 관계가 적은 것은?

① 민회가 통치기구의 중심이었다.
② 다른 도시국가보다 영토가 크고 인구가 많았다.
③ 여자, 노예, 어린이, 외국인 등은 참정권이 없었다.
④ 시민은 독립적 농민으로 보통은 경작을 하였다.

TIP ② 인구가 많거나 국가의 영토가 크면 국민의 직접참여가 현실적으로 불가능하다.

17 다음 글을 읽고 내용과 관계가 있는 것을 모두 고르면?

> 사회가 발전해감에 따라 국민의 활동은 정치, 경제, 사회문화, 교육 등 많은 분야로 세분화되고 기능이 전문화되어 가고 있다. 다원주의는 이들 각 활동분야가 각각 자율성을 유지해 가면서 다른 분야에 예속되지 않을 것을 보장하자는 원리이다. 따라서 민주정치이념을 제대로 실현하려는 사회는 제도적으로 다원주의를 보장하여야 한다.

> ㉠ 경제적 부는 민주주의의 중요한 토대이다.
> ㉡ 다원주의의 인정은 권력의 집중화를 막는다.
> ㉢ 다양한 이익들의 사회적 조화는 가능하다.
> ㉣ 모든 개인은 사회적 기본권을 가진다.
> ㉤ 민주주의는 올바른 상대주의에 입각하고 있다.

① ㉠㉡㉢
② ㉠㉢㉤
③ ㉡㉢㉤
④ ㉢㉣㉤

TIP 다원주의는 철학상의 다원론에서 나온 것으로, 사회를 구성하는 여러 요소들은 서로 독립적이어서 다른 것으로 환원될 수 없다는 사상이다.

Answer 16.② 17.③

18 홉스, 로크, 루소 등 사회계약론자들이 주장한 사회계약설의 공통점은?

① 인간의 본성이 악하다는 점을 인정하였다.
② 자연상태에서는 천부인권의 보장이 불가능했다.
③ 국가의 권력이 시민과의 계약에서 유래하였다.
④ 시민들의 주권은 주거나 빼앗을 수 없다는 것을 인정하였다.

TIP 사회계약론자의 공통점은 자연상태와 사회상태를 분류한 점과 국가권력이 시민과의 계약으로 유래했다고 보는 점 등이다.

19 다음 중 자치원리에 대한 설명으로 옳은 것은?

① 국민자치원리에 가장 충실한 것은 직접 민주정치제도이다.
② 인구가 적고 영토가 비교적 큰 나라에서는 간접 민주정치의 가능성이 크다.
③ 자치원리는 시민이 직접 주권을 행사하는 경우만 해당된다.
④ 최근 정보통신과 대중매체의 발달로 간접 민주정치제도가 생겨났다.

TIP 자치원리는 직접 민주정치제도와 간접 민주정치제도가 있으며 자치의 원리에 충실한 것은 직접 민주정치이다.

Answer 18.③ 19.①

20 근대 민주주의국가의 정치권력을 정당화하는 주장을 내용에서 바르게 묶은 것은?

> ⊙ 국가의 최고 권력인 주권은 법률이 아니라 도덕에 의해서 제약된다.
> ⓒ 시민에게서는 공공복지를 증진시키지 못하는 정권을 지지할 의무가 없다.
> ⓒ 대부분의 정치변화는 소수에 의하여 이루어지며 시민들은 이에 대해 합리적 판단을 하지 못한다.
> ② 모든 사람은 생명, 자유 및 재산에 대한 권리를 갖는다.
> ⑩ 많은 사람들이 정치에 관심을 갖고 참여할 때 가장 좋은 정부가 된다.

① ㉠㉡㉢
② ㉠㉢㉣
③ ㉡㉢㉣
④ ㉡㉣㉤

TIP 근대 이전의 시민은 참정권이 제한된 지배의 대상이 되어 자유롭게 정치생활을 하지 못했지만 근대의 시민은 적극적으로 사회의 주도권을 장악할 만큼 정치·사회생활의 주체로 등장하여 경제적으로는 자유방임을, 사회적으로 자유와 평등을 요구하게 되었다(로크의 사회계약설).

Answer 20.④

제1편 법과 정치

02 민주정치의 과정과 참여

❶ 정부 형태와 정치 제도

(1) 의원내각제

① 의미 … 행정권을 담당하는 내각이 입법부인 의회의 신임에 의해 구성되고 존립되는 정부 형태로, 입법부와 행정부가 밀접한 관계를 가지고 국정을 운영한다.

② 특징 … 의회 다수당의 대표가 수상이 되어 내각을 구성하고 내각은 행정권을 담당한다. 내각과 의회는 법률안제출권 및 의회발언권에 대한 권리가 있으며 서로 연대책임을 지는 등 기능상 협동관계이다.

③ 의원내각제의 장·단점
　㉠ 장점
　　• 내각이 국민의 대표 기관인 의회에 그 존립과 존속을 의존하게 되므로 민주적 요청에 가장 적합하다.
　　• 내각이 의회에 연대 책임을 지므로 책임정치를 시행할 수 있다.
　　• 의회와 내각이 대립하는 경우 불신임 결의와 의회해산으로 정치적 대립을 신속하게 해결할 수 있다.
　㉡ 단점
　　• 군소정당의 난립 또는 정치인의 타협적 태도가 결여된 상황에서는 연립정권의 수립과 내각에 대한 빈번한 불신임 결의로 정국의 불안정이 초래될 수 있다.
　　• 의회가 정권획득을 위한 투쟁의 장소가 될 수 있다.
　　• 정부가 의회의 의중을 살펴서 연명을 도모하려 하므로, 국민을 위한 강력하고 계속적인 정치가 어렵다.

(2) 대통령 중심제

① 의미 … 국민이 선출한 대통령이 일정한 임기동안 책임지고, 행정권을 담당하는 제도로, 대통령이 국가의 대표인 동시에 행정부의 수반으로 그 권한을 행사한다.

② 목적 … 권력 집중으로 인한 자의적 전제를 방지하고 국민의 자유와 권리를 최대한 보장한다.

③ 대통령제의 일반적인 특징(우리나라 대통령제와는 다름)
　㉠ 대통령의 지위는 국가 원수이자 행정부의 수반이다.
　㉡ 내각 또는 각료는 대통령에 의하여 임명되며, 대통령에게 책임을 져야한다.

ⓒ 권력분립의 원칙상 입법부와 행정부가 서로 다른 부를 제압하는 일을 방지하기 위해 각료는 의원을 겸직할 수 없다.
ⓔ 입법, 행정, 사법의 3권이 완전히 독립된 동격의 기관으로 분리되어 있다.

④ 대통령 중심제의 장·단점
ⓐ 장점
- 대통령이 임기 중에 국회로부터 책임 추궁을 당하지 않기 때문에 대통령의 임기 동안에는 정국의 안정성을 유지한다.
- 소수당의 후보가 대통령으로 당선될 수 있기 때문에, 의회 다수당의 횡포를 방지할 수 있다.

ⓑ 단점
- 행정부와 입법부의 마찰시 원만한 해결을 위한 제도적 장치가 없다.
- 대통령 권한의 비대화로 인하여 독재의 위험성이 있다.

기출예제 2025. 6. 21. 제1회 서울특별시

〈보기〉의 정부 형태 (가), (나)에 대한 설명으로 가장 옳은 것은? (단, (가)와 (나)는 각각 전형적인 대통령제와 의원내각제 중 하나이다.)

〈보기〉
정부 형태는 권력 분배 방식과 운영 방식에서 큰 차이를 보이며, 각국의 역사적 배경과 정치적 상황에 따라 선택된다. (가)는 의회에서 다수당을 차지한 정당의 대표가 총리가 되어 행정부를 구성하며, 입법부와 행정부가 긴밀하게 연계되어 운영된다. 반면, (나)는 국가 원수이자 행정부 수반이 국민에 의해 직접 선출되며, 행정부와 입법부가 독립적으로 운영되는 정부 형태이다.

① (가)는 (나)와 달리 행정부 수반의 임기가 엄격하게 보장된다.
② (나)는 (가)와 달리 연립 내각이 구성되기도 한다.
③ (가)의 입법부는 (나)가 불신임권, 행정부는 의회 해산권을 통해 서로를 견제한다.
④ (나)의 행정부 수반은 법률안 거부권과 법률안 제출권을 가지고 있다.

✱
(가) 의원내각제, (나) 대통령제
① 행정부 수반의 임기가 엄격하게 보장되는 것은 대통령제이다.
② 의원내각제는 연립 내각이 구성되기도 한다.
④ 대통령제의 행정부 수반은 법률안 거부권은 있지만 법률안 제출권은 없다.

답 ③

---

(3) 이원집정부제(이원정부제)

① **개념**: 대통령제와 의원내각제적 요소를 혼합한 정부형태로 현대적 의미에서는 프랑스의 5공화국 정부형태를 예로 들 수 있다.

② 운영상의 특징
- ㉠ 대통령과 의회 의원을 국민이 직접 선출
- ㉡ 대통령과 총리의 권한이 법적으로 구분되어 두 개의 중심부가 존재
- ㉢ **평상시**: 수상(총리) 중심으로 운영되며 대통령은 외교, 국방 문제 등 대외적 상징성을 표상
- ㉣ **비상시**: 대통령의 비상 권한에 따라 실질적 영향력 행사
- ㉤ 대통령은 수상임명권과 의회 해산권을 보유하고 의회는 내각불신임권은 있지만 대통령에 대한 불신임은 불인정
- ㉥ 대통령이 소수당에서 소속돼 있을 경우 다수당 소속의 총리를 임명함으로써 동거정부 수립 가능

(4) 우리나라의 정부 형태

① **대통령 중심제** … 입법부와 행정부의 구성이 엄격히 분립되어 있다.
- ㉠ 행정권은 대통령을 수반으로 하는 정부에 속한다〈헌법 제66조 제4항〉.
- ㉡ 법률안에 이의가 있을 때에는 대통령은 15일 이내에 이의서를 붙여 국회로 환부하고, 그 재의를 요구할 수 있다〈헌법 제53조 제2항〉.
- ㉢ 입법권은 국회에 속한다〈헌법 제40조〉.

② **의원내각제적 요소 가미**
- ㉠ 국무총리제
- ㉡ 행정부의 법률안 제출권
- ㉢ 국회의원의 각료 겸직 가능
- ㉣ 국무위원의 국회 출석 발언권
- ㉤ 국무회의에서 국정 심의
- ㉥ 국회의 동의에 의한 국무총리 임명
- ㉦ 국회의 국무총리와 국무위원 해임 건의권

❷ 선거

(1) 민주정치와 선거

① 선거
- ㉠ **대의민주제**: 국민이 직접 국정에 참여하는 것이 아니라, 선거를 통해 선출된 대표자가 국정을 담당하는 것을 말한다.
- ㉡ **민주정치와 선거**: 선거는 국민이 정책결정과정에 참여하는 기본적인 행위이며, 주권을 행사하는 기본적인 수단이 된다.

ⓒ 선거권의 행사
- 국정참여의 기회 : 선거는 국민이 국가 정책결정과정에 참여할 수 있는 중요한 기회이다.
- 국민의 권리와 의무 : 선거권의 행사는 국민으로서의 권리인 동시에 의무이다.

② 선거의 기능 … 대표자 선출 기능, 정당성 부여 기능, 대표자 통제 기능, 주권의식 향상 기능 등이 있다.

③ 공명선거의 필요성
㉠ 민주선거의 4원칙
- 보통선거 : 일정한 연령에 달하면 어떤 조건에 따른 제한이 없이 선거권을 주는 제도로 제한선거와 대비된다.
- 평등선거 : 투표의 가치에 차등을 두지 않는 제도로 차등선거와 대비된다.
- 직접선거 : 선거권자가 대리인을 거치지 않고 자신이 직접 투표소에 나가 투표하는 제도로 대리선거와 대비된다.
- 비밀선거 : 투표자가 누구에게 투표했는지 알 수 없게 하는 제도로 공개선거와 대비된다.
㉡ 공명선거의 필요성 : 민주정치의 정착을 위해서 반드시 요구된다.

(2) 우리나라의 선거제도

① 선거방식
㉠ 대통령 선거제도 : 제6공화국 이후 국민의 직접선거로 선출한다.
㉡ 국회의원 선거제도 : 제6공화국 이후 소선거구제를 채택하였다.

구분			특징
대통령 선거			전국을 선거구로 하여 상대 다수 대표제에 따라 선출
총선거(국회의원 선거)	지역구 선거		소신거구제, 상대 다수 대표제
	전국구 선거		정당 명부식 비례대표제
지방선거	지방 자치 단체장 선거	광역 자치 단체장	특별시, 광역시, 도에서 상대 다수 대표제에 따라 선출
		기초 자치 단체장	시, 군, 구에서 상대 다수 대표제에 따라 선출
	지방의회 의원 선거	광역의원	지역 대표 : 소선거기구제, 상대 다수 대표제
			비례 대표 : 광역 단위 정당 득표율 적용
		기초의원	지역 대표 : 중선거구제, 소수 대표제
			비례 대표 : 기초 단위 정당 득표율 적용
	특별 자치제 선거		교육감 선거, 교육의원 선거

| 기출예제 | 2025. 6. 21. 제1회 서울특별시 보훈청 |

〈보기 1〉은 질문을 통해 우리나라의 선거 A~C를 구분한 것이다. 이에 대한 설명으로 옳은 것을 〈보기 2〉에서 모두 고른 것은? (단, A~C는 각각 대통령 선거, 국회의원 선거, 기초 의회 의원 선거 중 하나이다.)

〈보기 1〉

질문	A	B	C
4년마다 실시하는 선거인가?	아니요	예	예
법률 제정 및 개정에 관한 권한을 가지는 대표자를 선출하는가?	아니요	아니요	예

〈보기 2〉
㉠ A는 절대 다수 대표제를 채택하고 있다.
㉡ B는 지역구 의원 선거에서 중·대선거구제를 채택하고 있다.
㉢ B는 C와 달리 전국을 하나의 선거구로 하여 실시하고 있다.
㉣ B와 C 모두 비례 대표 의원 선거에서 정당 명부식 비례 대표제를 채택하고 있다.

① ㉠, ㉡
② ㉠, ㉢
③ ㉡, ㉣
④ ㉢, ㉣

★
A 대통령 선거, B 기초 의회 의원 선거, C 국회의원 선거
㉠ 대통령 선거는 상대 다수대표제를 채택하고 있다. 상대 다수대표제는 절대 다수대표제와 다르게 과반수가 아니라 상대적으로 가장 많은 표를 얻은 후보가 당선된다.
㉢ 선거구를 지역 단위로 나누어 각각의 대표자를 선출하는 것을 지역구라 하고, 전국을 하나의 선거구로 묶어 대표자를 선출하는 것을 전국구라 한다.

답 ③

② **선거관리위원회** … 정치적으로 중립적인 국가기관의 기능을 담당하며 선거, 국민투표의 공정한 관리 및 정치자금의 사무 등을 처리한다.

③ **선거공영제**
  ㉠ 개념 : 선거 과정을 국가가 관리하고, 선거 비용의 일부를 국가 또는 지방 자치 단체가 부담하는 제도
  ㉡ 목적 : 선거 과열을 방지하고 선거 운동의 기회 균등보장

④ **선거구제**
  ㉠ 선거구 법정주의 : 법정주의 특정 정당이나 인물에게 유리하도록 선거구를 획정하는 게리맨더링을 방지하고, 유권자의 의사를 공정하게 반영하기 위해 선거구를 국회에서 법률로 확정하도록 하는 것을 의미한다.

  > **TIP** 게리맨더링(gerrymandering) … 특정 정당이나 후보자에게 유리하도록 선거구를 인위적으로 재조정하는 것으로 1812년 매사추세츠 주지사 게리(Gerry)가 선거구를 재조정했는데, 그 모양이 마치 샐러맨더(salamander)와 유사하다고 한 데에서 유래하였다.

ⓒ 선거구제의 종류

구분	소선거구제	중·대선거구제
개념	• 한 선거구에서 한명의 대표자 선출 • 다수대표제와 결합	• 한 선거구에서 두 명 이상의 대표자 선출 • 소수대표제와 결합
장점	• 다수당 출현용이 → 정국 안정 • 지역적으로 협소하여 선거비용 절감 • 선거단속 용이 • 유권자는 인물 파악용이(인물중심의 선거로 투표율이 상대적으로 높아짐) • 투표결과 집계 용이	• 전국적 인물 당선 용이 • 신인의 진출 가능 • 사표 감소 • 군소정당 진출 용이 • 지역주의 완화
단점	• 지방세력가에 유리, 전국적 인물에 불리 • 신인 진출 곤란 • 사표 증가 • 연고주의 폐단 • 대정당에만 유리 • 선거인의 후보자 선택 범위 제한	• 선거비용의 증가 • 후보자의 난립으로 인물 파악 곤란 • 선거단속 어려움 • 전국적 지명도만으로 당선 가능 • 당선자 간의 득표 격차 발생

⑤ 대표결정 방식
  ㉠ 다수대표제 : 최다 득표자 한 명을 대표로 선출하는 제도로 소선거구제와 결합
  ㉡ 소수대표제 : 소수 득표자에게도 당선의 기회가 부여되며 대선거구제와 결합
  ㉢ 비례대표제 : 득표수에 따라 각 정당의 의석을 배정하는 제도로 정당 득표율에 비례해서 대표자를 배분

(3) 선거문화와 민주정치
① 우리나라의 선거 실상
  ㉠ 과거의 선거 : 국민의 정부 선택보다 정치적 정당성에 더 큰 의의를 부여하였으며, 선거풍토의 타락 등이 문제점이었다.
  ㉡ 현재의 선거 : 국민의 의식수준과 정부의 개혁의지가 향상되었다.
② 바람직한 선거문화
  ㉠ 국민의식의 중요성
    • 올바른 선거문화풍토의 조성 : 선거문화는 입후보자와 유권자의 의식이나 행동방식에 의해 결정된다.
    • 입후보자의 선거의식 : 법 준수, 국민의 선거에 대한 관심과 합리적 판단이 요구된다.
    • 유권자의 선거의식 : 유권자가 행사하는 표는 국가의 운명을 좌우하는 중요한 정치적 의사표시이므로 소중하게 행사하고, 선거 후에도 계속해서 국정활동을 감시해야 한다.
  ㉡ 공명한 선거와 정치발전
    • 민주정치의 발전과 선거 : 공명한 선거의 실시는 어느 국가든 민주정치 발전을 위하여 반드시 거쳐야 하는 과정이다.

- 국가권력의 정당성과 선거 : 국민의 자유로운 의사결정과 후보자들의 공정한 경쟁을 통해서 대표가 선출되고 정부가 구성될 때, 국가권력의 정당성이 확립되고 민주정치는 발전하게 된다.
- 민주정치의 확립과 선거 : 선거기능이 제대로 발휘될 때, 참다운 의미의 민주정치가 확립되었다고 할 수 있다.

❸ 정당 · 이익집단과 시민단체

(1) 민주정치와 정당

① 정당의 의의와 역할
  ㉠ 정당 : 정치적 견해를 같이하는 사람들이 정권을 획득함으로써 자신들의 정강을 실현하는 것을 목적으로 조직한 단체를 말한다.
  ㉡ 정당의 기능 : 대표자 선출, 여론 형성, 정부와 의회의 매개역할을 담당한다.

② 민주국가의 정당제도
  ㉠ 원칙 : 일반적으로 복수정당제를 채택한다.
  ㉡ 분류 : 일당제, 양당제, 다수정당제 등이 있다.

    TIP 양대정당제와 다수정당제의 비교

구분	양대정당제	다수정당제
장점	• 정국이 안정됨 • 책임정치가 가능 • 정권의 평화적 교체가 원활	• 국민 c각층의 의견 반영 가능 • 소수자의 이익도 보장 • 정당 간 대립 시 제3자가 중재
단점	• 국민 각층의 의견 반영 곤란 • 다수당 횡포→소수 이익의 보장 곤란 • 양당 충돌 시 해결 곤란	• 정국 불안 가능성(프랑스 제3 · 4공화국) • 강력한 정책 실현 곤란

③ 정당정치와 정치자금 … 정치자금의 공개 및 양성화로 돈 안 드는 선거풍토 정착, 정치자금의 자발적 지원 등이 요구된다.

④ 한국 정당정치의 발전과제
  ㉠ 한국 정당정치의 특성 : 짧은 정당의 수명, 국민의사의 불충분한 반영, 비민주적 구조 등
  ㉡ 발전과제 : 이념과 정책을 중시하는 정치풍토가 조성되어야 한다.

(2) 민주정치와 이익집단

① 이익집단과 정치과정
  ㉠ 이익집단(압력단체) : 이해관계를 공유하는 사람들이 공동의 이익을 실현하기 위하여 정부의 정책에 영향력을 행사하려는 집단이다.

ⓒ 정당과의 관련성 : 이익집단은 그들이 추구하는 이익을 실현하기 위해 정당을 이용하며, 정당은 지지기반을 확보하기 위해 이익집단과 결합한다.

② 이익집단의 출현원인과 종류
- ㉠ 출현원인 : 이익의 다원화, 지역대표의 결함보완, 민주정치의 발달, 정부기능의 통제필요 등이 있다.
- ㉡ 종류
  - 친목을 목적으로 하는 집단 : 정치성 정도가 낮으며, 스포츠클럽, 친목회, 동호회 등이 있다.
  - 특정한 신분의 이익을 목적으로 하는 집단 : 정치적으로 압력을 행사하며 노동자조합, 농민조합, 전문가집단 등이 있다.
  - 특정한 이익을 목적으로 하는 집단 : 정치적으로 압력을 행사하며 환경단체 등 각종 시민단체가 있다.

③ 이익집단의 이익실현
- ㉠ 이익집단의 목표달성 : 구성원들의 적극적인 활동과 지도력이 요구된다.
- ㉡ 이익실현의 방법 : 정부에 직접적으로 압력을 행사하거나 여론을 형성하여 정부가 이익집단의 요구를 인식하고 받아들이게 하는 간접적 방법이 있으며, 개인적 친분을 활용하거나 대표단을 파견하는 등 여러 가지 방법을 이용한다.

④ 공익과 이익집단
- ㉠ 공익을 위한 이익집단 : 정치과정에서 경제적, 사회적, 직업적으로 나타나는 특수한 이익들을 그 성격에 따라 골고루 대표하는 역할을 수행한다.
- ㉡ 공익을 저해하는 이익집단 : 소수의 이익을 보호하기 위한 집단이다.

(3) 시민단체의 특징과 과제

① 등장 … 참여 민주주의가 등장하면서 시민의 정치참여가 활성화되고, 이에 따라 정치뿐만 아니라 경제, 환경, 인권, 복지 등 다양한 분야에 대한 요구가 증가하였다. 그러나 이처럼 다양한 요구를 수용하기 위해서는 정부와 정치권의 능력에 한계가 있었고, 이에 시민은 자발적으로 단체를 만들어 정치과정에 참여하였다.

② 특징 … 시민 단체는 공공선과 공익 추구를 목적으로 한다는 점에서 단체 구성원의 이익 추구를 목적으로 하는 이익집단과 구별되는 특징을 가진다.

③ 영향력과 과제
- ㉠ 시민 단체는 정치권력의 집중과 남용을 감시하고, 부정부패 척결, 깨끗한 선거문화 조성 등 정치 민주화에 이바지 하였으며, 그린피스, 유니세프 등 국제 연대 활동에 적극 참여한다.
- ㉡ 그러나 최근에는 시민의 자발적인 참여가 점점 줄어들어 시민 단체의 활동이 위축되는 경향이 있다. 또한 단체 운영에 필요한 회비와 후원금도 부족한 상황이다.

④ 여론

(1) 여론과 여론정치

① **여론** … 쟁점에 대해 다수의 사회구성원들이 가지는 공통된 의견을 말한다.

② **여론의 중요성과 기능**
  ㉠ **여론의 중요성**: 민주주의가 발전하면서 대중매체의 발달에 따라 점차 그 중요성이 확대되고 있다.
  ㉡ **여론의 기능**: 정치의 방향을 제시하는 정치적 기능, 문화적 기능, 집단행동의 통일성을 확보하는 통일적 기능 그리고 구성원들이 느끼는 심리적 안정감의 기능이 있다.

③ **여론과 사회 안정**
  ㉠ 사회구성에 관련된 본질적인 문제: 기본권 보장, 언론의 자유 등이 있다.
  ㉡ 민주사회의 다양한 의견: 대화와 타협으로 해결한다.
  ㉢ 이익집단과 정당의 활동: 대화와 타협을 주도하고, 국민을 설득하고자 노력한다.

④ **여론정치**
  ㉠ 정당, 언론 등의 의견집단이 여론 형성을 주도한다.
  ㉡ 여론정치: 국민의 여론을 파악하여 정책에 반영하는 정치를 뜻한다.
  ㉢ 여론의 문제점: 여론은 조작가능성 등 내재적 취약성을 가지며, 소수의 의견이 여론이 될 수 있으며, 선전에 의해 왜곡될 수 있다.

(2) 여론과 언론

① **민주정치와 언론의 자유**
  ㉠ 언론의 여론 형성에의 역할: 사회적 사실을 신속·정확하게 전달하고 사회적 쟁점을 규정하며 해설과 비판 등을 제공한다.
  ㉡ 언론의 국민여론 조작: 정치세력의 선전도구로 전락하거나 허위사실을 유포하기도 한다.
  ㉢ 언론의 자유: 정치권력에 대한 비판 기능(감시역할 수행), 엄밀하고 정확한 보도로 사건이 재발하지 않도록 감시하는 역할을 수행한다.

② **언론의 책임** … 언론은 공정성·정확성·신속성을 확보하고 공익을 위해 기능해야 하며, 시민은 언론에 대해 비판과 감시를 해야 한다.

❺ 정치참여와 정치문화

(1) 정치과정에의 참여

① 정치참여의 중요성
  ㉠ **정치참여** : 국민은 선거, 언론매체, 정당, 단체 등을 통해 정치에 참여할 수 있다.
  ㉡ 정치참여는 민주정치를 위한 전제조건이 된다.
  ㉢ 시민 스스로가 다스림과 동시에 다스림을 받는다는 원리에 근거한다.

② 정치참여의 방법과 요건
  ㉠ **투표** : 가장 보편적 · 적극적 · 기본적인 정치참여의 방법으로 거의 모든 국가에서 실시하고 있다.
  ㉡ 기타 **정치참여방법** : 정치에 대한 토론, 선거운동에 직접 참여, 정당활동, 여론 형성, 청원, 집회나 시위 등이 있다.
  ㉢ 진정한 정치참여의 요건
    • 개인의 이익뿐만 아니라 정치 공동체의 이익에 기여하여야 한다.
    • 정당한 절차를 거쳐 확정된 법이나 정책을 준수하면서 참여한다. 자신의 의사와 다르거나 자신의 이익에 배치된다는 이유로 법을 지키지 않거나 따르지 않는 것은 민주정치에 역행하는 행위이다.

(2) 참여와 정치발전

① 대의 민주정치와 참여
  ㉠ **시민참여의 한계** : 시민은 대표선출이나 투표 이외에는 영향력을 행사하기 어려우며, 그 표현방식에도 한계가 있다.
  ㉡ **대의 민주정치의 위기** : 시민의 대표로서 공공의사결정을 책임져야 할 입법부가 사회문제를 직접 해결하지 못하고, 행정부가 공공의사결정을 실질적으로 좌우하게 되는 현상이 발생하였다.
  ㉢ **시민참여의 증가** : 민주주의 사회의 위기의식이 확산되면서 정치참여가 확산되었다.

② 참여와 정치발전
  ㉠ **정치발전** : 사회의 공공문제를 해결할 수 있는 정치체제의 능력이 신장되는 것을 말한다.
  ㉡ **정치발전의 조건** : 정부의 정책결정능력의 강화, 정부 조직구조와 기능의 분화, 국민통합, 참여의 활성화 등이 있다.
  ㉢ **정치발전과 참여** : 정치참여가 활성화되어야 정치가 발전할 수 있다.

③ 참여의 한계와 안정
  ㉠ **참여의 궁극적 목표** : 다수 시민의 이익, 즉 공익증진에 기여하는 것이다.
  ㉡ **과도한 참여의 부작용** : 참여는 공익증진을 위한 바람직한 수단이지만, 대중의 과도한 참여는 사회 및 정치의 갈등을 가져오기도 한다. 따라서 참여와 안정의 조화가 필요하다.

(3) 정치문화

① 정치문화
  ㉠ 정치문화 : 시민들의 정치생활양식, 정치와 정부에 대하여 시민들이 지니고 있는 태도 및 가치관을 의미한다.
  ㉡ 정치문화의 유형
    • 향리형 정치문화 : 정치적 역할이 미분화된 전근대적 전통사회에서 보이는 정치문화로, 정치적 의식과 참여정도가 모두 낮다.
    • 신민형 정치문화 : 중앙집권적 권위주의사회에서 두드러진 정치문화로 정치적 의식은 높으나 참여정도가 낮다.
    • 참여형 정치문화 : 민주사회의 특징적인 정치문화로, 정치적 의식과 참여정도가 모두 높다.

② 정치문화와 정치발전
  ㉠ 정치문화와 정치발전과의 관계 : 정치발전을 이루기 위해서는 정치제도와 그 나라의 독특한 정치문화가 서로 조화를 이루어야 한다.
  ㉡ 우리나라의 정치발전 : 권위주의적 요소가 혼재되어 있으나 점차 참여형 정치문화로 개선되고 있다.

기출 예상 문제

1 그림의 (가)~(다)에 대한 설명으로 옳지 않은 것은? (단, (가)~(다)는 각각 정당, 시민단체, 이익집단 중 하나이다)

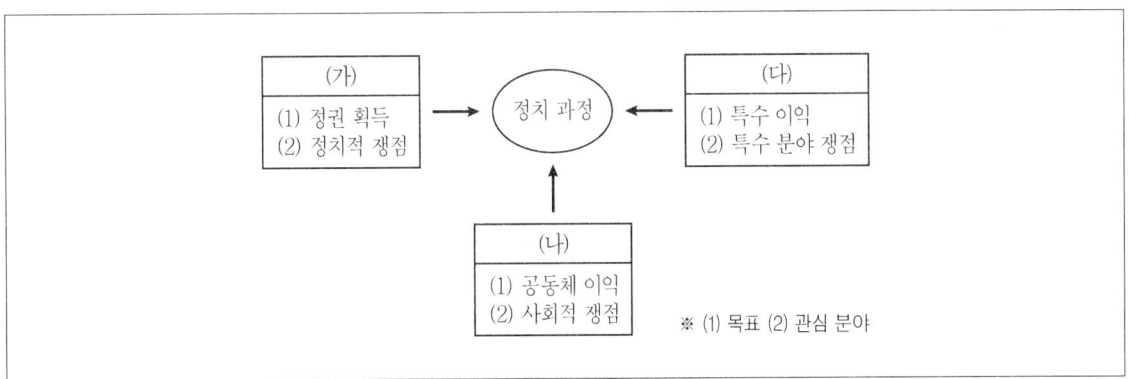

① (가)는 정치적 충원과 여론 형성 및 조직화 기능을 수행한다.
② (나)는 시민들에 의해 자발적으로 구성되는 집단이다.
③ (다)는 사회 전체의 보편적 이익과 충돌하는 활동을 할 우려가 있다.
④ (가)와 (다)는 정치적 책임을 진다는 공통점이 있다.

TIP (가)는 정권 획득과 정치적 쟁점을 다루는 정당에 해당한다. (나)는 공동체의 이익과 사회적 쟁점과 관련된 분야에서 활동하는 시민단체다. (다)는 단체의 특수이익과 특수 분야의 쟁점에서 활동하는 이익집단이다. 정당은 선거에 후보자 및 당선자를 배출하므로 선거과정을 통해 정치적 책임을 부담하게 된다. 이는 정당만의 고유한 특징이다.
① 정당은 정치적 충원과 여론 형성 및 조직화 기능을 수행한다.
② 시민단체는 시민에 의해 자발적으로 구성된 집단이다.
③ 이익집단은 소속집단의 특수이익을 과도하게 추구할 경우 사회 전체의 보편적 이익과 충돌하는 활동을 할 우려가 있다.

Answer 1.④

2 ㉠과 ㉡에 대한 설명으로 옳은 것은?

> • 국회의원 A는 ㉠「도로교통법」 일부 개정 법률안을 대표 발의하려고 한다.
> • 정부는 ㉡「형의 집행 및 수용자의 처우에 관한 법률」 일부 개정 법률안을 국회에 제출하려고 한다.

① ㉠의 발의자는 국회의원 5인 이상이어야 한다.
② ㉠이 가결되어 정부에 이송되면 대통령은 15일 이내에 국회로 환부하여 재의를 요구할 수 있다.
③ 정부는 ㉡을 국회에 제출하기 전에 국회 상임위원회의 심의를 거쳐야 한다.
④ ㉡은 국회의원 임기 만료의 경우를 제외하고는 회기 중에 의결되지 못하면 폐기된다.

TIP 법률안은 국회 본회의에서 심의·의결하여 정부에 이송되면 대통령은 15일 이내에 공포해야 한다. 만약 법률안에 이의가 있을 때에는 정부 이송 후 15일 이내에 이의서를 붙여 국회로 환부하고, 그 재의를 요구할 수 있다.
① 법률안은 국회의원 10인 이상 또는 정부가 발의할 수 있다.
③ 정부는 법률안을 제출하기 전에 국무회의의 심의를 거쳐야 한다. 국회 상임위원회는 법률안 발의 후에 국회의장이 회부 함으로써 각 소관별로 심사를 하게 된다.
④ 법률안은 국회의원 임기 만료의 경우를 제외하고는 회기 중에 의결되지 못한 이유로 폐기되지 않는다.
※ 법률의 제·개정 절차

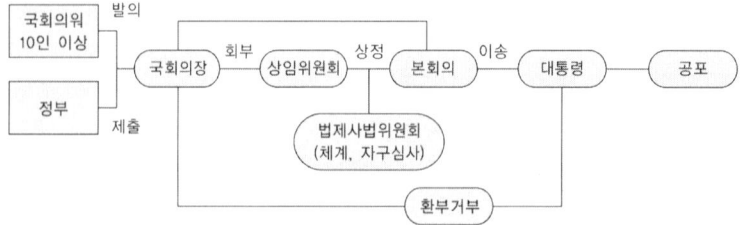

1. 제안: 제안권자는 국회의원·정부, 국회의원은 10인 이상의 찬성 필요. 정부는 국무회의 심의를 거쳐 대통령이 서명하고, 국무총리·관계 국무위원이 부서
2. 회부: 국회의장은 법률안이 제출되면 이를 인쇄하여 의원에게 배부하고 본회의에 보고한 후 소관 상임위원회에 회부하여 심사
3. 상임위원회 심사
4. 법제사법위원회의 체계·지구 심사
5. 전원위원회 심사
6. 본회의 심의·의결
7. 정부이송: 국회에서 의결된 법률안은 정부에 이송되어 15일 이내에 대통령이 공포
8. 대통령의 거부권 행사: 법률안에 이의가 있을 때에는 대통령은 정부 이송 후 15일 이내에 이의서를 붙여 국회로 환부하고, 그 재의를 요구할 수 있음. 재의 요구된 법률안에 대하여 국회가 재적의원 과반수의 출석과 출석 의원 3분의 2 이상의 찬성으로 전과 같은 의결을 하면 그 법률안은 법률로서 확정. 정부이송 후 15일 이내에 대통령이 공포하지 않거나 재의요구를 하지 않은 경우 그 법률안은 법률로서 확정
9. 공포: 대통령은 법률안이 정부에 이송된 지 15일 이내에 공포하여야 함. 재의결에 의해 법률로 확정된 후 5일 이내에 대통령이 이를 공포하지 않을 경우 국회의장이 공포. 법률은 특별한 규정이 없으면 공포한 날로부터 20일을 경과함으로써 효력 발생

Answer 2.②

3 〈보기 1〉의 A, B 선거구제의 특징에 대한 설명 중 옳은 것을 〈보기 2〉에서 모두 고르면?

─── 〈보기 1〉 ───

구분	A	B
내용	한 선거구에서 1명의 대표자를 선출	한 선거구에서 2명 이상의 대표자를 선출

─── 〈보기 2〉 ───

㉠ A 방식에 비해 B 방식에서 국민의 다양한 의사가 선거에 반영된다.
㉡ 일반적으로 A 방식에 비해 B 방식에서 사표(死票)가 많이 발생한다.
㉢ B 방식보다 A 방식이 양당제를 촉진하는 경향이 있다.
㉣ B 방식이 A 방식에 비해 선거 비용이 적게 든다.

① ㉠㉡ ② ㉠㉢
③ ㉡㉣ ④ ㉢㉣

> **TIP** 한 선거구에서 1명의 대표자를 선출하는 A는 소선구제에 해당하고, 한 선거구에서 2명 이상의 대표자를 선출하는 B는 중·대선거구제에 해당한다.
> ㉠ 중·대 선거구제에서는 최다 득표를 하지 않은 후보자에게도 당선의 기회가 부여되므로 국민의 다양한 의사가 선거에 반영될 수 있다.
> ㉡ 소선구제의 경우 당선된 1명을 제외하고 사표가 되므로 사표가 많이 발생한다.
> ㉢ 소선구거제는 최다 득표자 1명만이 당선되므로 거대 정당 후보에게 유리하다. 즉, 군소 정당이나 신인보다는 다수당에 유리하므로 양당제를 촉진하는 경향이 있다.
> ㉣ 중·대 선거구제는 한 선거구에서 두 명 이상의 대표자를 선출하므로 선거 비용이 증가한다.

Answer 3.②

4 〈보기〉의 자료는 갑(甲)국의 t기와 t+1기의 선거 결과를 나타낸 것이다. 이에 대한 분석 및 추론으로 가장 옳은 것은? (단, 갑국은 전형적인 대통령제 국가이다)

〈보기〉

구분	t기	t+1기
A당	40%	60%
B당	32%	37%
C당	25%	2%
기타	3%	1%

※ 두 시기 모두 행정부 수반은 A당 소속임.

① t기에 비해 t+1기에는 다수당의 횡포가 감소할 것이다.
② t+1기와 달리 t기에는 연립 정부가 구성되었을 것이다.
③ t기에 비해 t+1기에는 행정부 수반의 법적 권한이 많아졌을 것이다.
④ t+1기에 비해 t기에는 국민의 다양한 의견이 국정에 반영될 가능성이 클 것이다.

TIP ① t기와 비교하여 t-1기에는 A당이 과반 의석 이상인 60%의 의석을 점하고 있다. 따라서 다수당의 횡포가 나타날 가능성이 있다.
② 의원내각제 국가에서는 과반 의석을 확보한 정당이 없을 경우 둘 이상의 정당이 연립하여 정부를 구성한다. 갑국은 전형적인 대통령제 국가이므로 국민이 선출한 대통령이 정부(내각)를 구성한다.
③ 전형적인 대통령제 국가에서는 대통령이 행정부 수반이면서 국가 원수로서의 막강한 권한을 보유한다. 따라서 t-1기에 여당이 다수당이라고 하여 t기보다 법적 권한이 많아진 것은 아니다.
④ t기에는 과반 의석을 점유한 정당이 존재하지 않으므로 t-1기와 비교하여 국민의 다양한 의견이 국정에 반영될 가능성이 크다.

Answer 4.④

5 〈보기〉 표의 A ~ C는 정치참여집단이다. 이에 대한 설명으로 가장 옳은 것은? (단, A ~ C는 시민단체, 이익집단, 정당 중 하나이다)

〈보기〉

질문내용	A	B	C
정치적 책임을 지는가?	예	아니오	아니오
공익을 사익보다 우선시하는가?	예	예	아니오
(가)	예	예	예

① A는 정권 획득을 목표로 하며 B, C와 달리 사회 구성원에 대한 정치 사회화 기능을 수행한다.
② B는 A와 달리 자발적으로 결성된 집단으로, 정치과정에서 투입 기능을 한다.
③ C는 B와 달리 대의제의 한계를 보완하기 위해 등장한 집단이다.
④ (가)에는 '정책 결정 과정에 영향력을 행사하는가?'가 들어갈 수 있다.

> **TIP** A는 정치적 책임을 지는 정치참여집단으로 정당이다. B는 공익을 사익보다 우선시하는 시민 단체고 C는 이익 집단이다.
> ① 정치 사회화란 사회구성원들이 정치적 태도와 신념, 가치관, 규범을 습득해 나가는 과정을 의미한다. 정치 사회화 기능은 시민 단체, 이익 집단, 정당 모두가 수행한다.
> ② 시민 단체, 이익 집단, 정당 모두는 자발적으로 결성된 집단이며 정치과정에서 투입 기능을 한다.
> ③ B(시민 단체)와 C(이익 집단) 모두 대의제의 한계를 보완하여 국민의 다양한 의견과 이해관계를 대변하기 위해 등장한 집단이다.
> ④ 정당, 시민 단체, 이익 집단은 정책을 결정할 권한은 없으나 정책 결정 과정에 영향력을 행사한다.

Answer 5.④

6 다음 중 의원내각제의 장점과 단점을 바르게 연결한 것은?

> ㉠ 능률적이고 적극적인 정책 수행   ㉡ 군소 정당의 난립 시 정국이 불안
> ㉢ 정책의 지속적인 추진 가능   ㉣ 다수당의 횡포 우려
> ㉤ 정치적 책임과 국민적 요구에 민감   ㉥ 강력한 수상의 권한으로 독재 우려

       장점   단점
① ㉠㉤   ㉡㉣
② ㉠㉢   ㉡㉥
③ ㉢㉤   ㉣㉥
④ ㉢㉤   ㉡㉥

TIP ㉢ 대통령제의 장점 ㉥ 대통령제의 단점
㉠㉤ 의원내각제의 장점 ㉡㉣ 의원내각제의 단점

7 의원내각제의 특성에 대한 설명으로 옳은 것은?

① 내각이 의회에 존립을 의존하게 되므로 민주적 요청에 부적합하다.
② 의회와 내각이 대립하는 경우 신속한 해결이 불가능하다.
③ 내각이 의회에 연대 책임을 지므로 책임정치를 시행할 수 있다.
④ 의회가 정권획득의 투쟁의 장소로 변질될 우려가 적다.

TIP ① 내각이 국민의 대표 기관인 의회에 그 존립과 존속을 의존하게 되므로 민주적 요청에 가장 적합하다.
② 의회와 내각이 대립하는 경우 불신임 결의와 의회해산으로 정치적 대립을 신속하게 해결할 수 있다.
④ 의회가 정권획득을 위한 투쟁의 장소가 될 수 있다는 점이 의원내각제의 단점이다.

Answer 6.① 7.③

8 다음 중 정당과 압력단체의 내용으로 옳지 않은 것은?

① 압력단체는 입법이나 정책결정에 혼란을 가중시키는 단점이 있다.
② 정당은 특수이익을 목적으로 하나 압력단체는 정권획득을 목표로 한다.
③ 정당은 정책에 대해 정치적 책임을 지지만 압력단체는 책임을 지지 않는다.
④ 정당은 국민전체의 이익을 추구하나 압력단체는 특정한 직업적 이익을 추구한다.

TIP ② 정당은 정권획득을 위하여 국민전체의 이익을 추구하지만 압력단체는 특정한 이익을 추구한다.
※ 압력단체(이익집단)과 정당
  ㉠ 공통점 : 정부의 정책결정에 영향력을 행사한다.
  ㉡ 차이점
    • 압력단체 : 자신들의 특수한 이익을 추구하는 것이 목표이다.
    • 정당 : 선거에 승리하여 정권을 획득하는 것이 목표이며, 사회 구성원 모두에게 영향을 주는 광범위한 영역에 관심을 둔다.
  ㉢ 관련성 : 압력단체는 정당을 이용해 자신들의 이익추구를 실현하고 정당은 지지기반을 넓히기 위해 이익집단을 활용한다.

9 다음 글과 같은 상황에서 나타날 수 있는 국민의 정치적 행동을 가장 적절하게 추론한 것은?

> 민주국가의 헌법은 사람에 의한 지배가 아닌 법에 의한 지배를 규정함으로써 권력의 절대화를 막아 국민의 기본적 인권을 보장하려 하고 있다. 그러나 만일 국민의 자유와 권리를 지켜주기보다는 침해하고 제한하는 것으로만 일관한다면 그러한 법 집행은 불신의 대상이 되며 나아가 국민은 법으로부터 멀어지고 정치적 불만이 점점 커지게 되는 것이다.

① 입법활동의 공정성을 촉구한다.
② 사법부의 조직개편을 요구한다.
③ 행정체계의 형평성을 비판한다.
④ 정치권력의 정당성을 문제 삼는다.

TIP 정부권력의 정당성이 부족하다는 것은 국민들의 지지와 동의가 부족하다는 것이다.

Answer 8.② 9.④

10 다음 중 정치문화의 유형에 대한 설명으로 옳은 것은?

① 정치문화는 나라마다 전통에 의해 뚜렷이 나타난다.
② 선진국은 일반적으로 참여형 정치문화의 속성이 강하게 나타난다.
③ 민주정치의 발전을 위해서는 정치문화가 신민형으로 변화하는 것이 바람직하다.
④ 정치에 관심을 가지고 적극적으로 참여하는 태도를 지니는 정치문화를 향리형 정치문화라 한다.

> **TIP** 대부분 선진국일수록 참여형 정치문화의 속성이 강하고 후진국일수록 신민형이나 향리형 정치문화의 속성이 강하다.
> ※ 정치문화의 유형
>   ㉠ 향리형 : 전근대적 전통사회에 나타나며 후진국형이다. 스스로 정치에 참여할 수 있다고 기대하지 않으며, 참여에도 소극적인 유형이다.
>   ㉡ 신민형 : 중앙집권적 권위주의 사회에 나타나며 후진국형이다. 공동체에 대한 의식은 있으나 능동적으로 참여하지는 않는 유형이다.
>   ㉢ 참여형 : 민주사회에 나타나며 선진국형이다. 공동체에 대한 명확한 인식과 정치 참여에도 능동적인 유형이다.

11 다음의 내용들이 추구하는 공통적인 목적은?

- 선거공영제
- 보통선거, 평등선거, 직접선거, 비밀선거
- 선거구법정주의

① 후보자의 난립예방
② 기회권의 평등
③ 공정한 선거관리
④ 돈 안 드는 선거풍토로 개선

> **TIP** ③ 제시된 내용들은 선거과정의 공정성을 확보하기 위해서 필요한 것들이다.

Answer 10.② 11.③

12 다음 자료는 정치과정에서의 참여자의 영향력에 대한 국민들의 의견을 나타내고 있다. 이 자료를 통해 볼 때, "민주주의가 점차 신장되고 있다."는 주장을 뒷받침할 수 있는 근거로 가장 적절한 것은?

참가자＼연도	1980년	1990년	참가자＼연도	1980년	1990년
군부	32.3(%)	12.6(%)	재벌	3.7(%)	14.3(%)
학생	28.5(%)	18.0(%)	중산층	3.3(%)	4.4(%)
국회의원	13.1(%)	23.1(%)	종교인	1.1(%)	1.5(%)
언론인	6.3(%)	6.2(%)	노동조합	0.3(%)	1.8(%)
지식인	4.8(%)	4.1(%)	기타	2.7(%)	2.8(%)
재야세력	3.9(%)	11.2(%)	계	100.0(%)	100.0(%)

응답자 수(명) 1980년 - 1,497 / 1990년 - 1,523

① 재벌들의 로비활동 영향력이 줄어들고 있다.
② 국회의원의 정치적 영향력이 가장 크게 증가되었다.
③ 노동자와 여성들의 정치참여욕구가 증가하고 있다.
④ 정치적 영향력을 갖는 참여집단들이 다양화되고 있다.

TIP 자료에서 보면 정치참여자의 영향력이 1980년에는 군부, 학생 등에 편중되어 있었으나 1990년에는 그 두 집단의 영향력은 줄어들고 다른 집단들의 영향력이 늘어나는 것을 볼 수 있다. 따라서 정치과정에 참여하는 집단들이 다양해지고 있고, 이는 그만큼 민주주의가 신장되고 있음을 알 수 있는 근거가 되는 것이다.

13 현재 우리나라가 채택하고 있는 국회의원선거방법으로 옳지 않은 것은?

① 지역대표제
② 선거구법정주의
③ 소수대표제
④ 소선거구제

TIP ① 지역적 구성을 표준으로 하여 선거구를 설정하고 그 안에서 대표자를 선출하는 선거방법으로 지역구의원이 선출된다.
② 선거구를 특정한 정당이나 후보자에게 유리한 일이 없도록 하기 위해, 선거구를 국회가 법률로써 정하는 제도이다.
③ 득표순위에 따라 대표자를 선출할 수 있는 제도로 대선거구제를 전제로 한다.
④ 한 선거구에서 다수표를 얻은 한 사람의 대표를 선출하는 제도로 다수대표제와 결합되며 우리나라에서 사용되는 선거방법이다.

Answer 12.④ 13.③

14 대중 민주주의에 기여하게 된 선거제도로 옳은 것은?

> 근대에는 중소상공업자들이 정치세력의 주체였다. 현대는 정치세력의 주체가 표면적으로 대중으로 옮아갔다. 그래서 각종 정책결정에 대중의 의사가 중요한 결정요소가 되었다.

① 직접선거
② 평등선거
③ 보통선거
④ 비밀선거

TIP 보통선거 … 일정 연령에 도달한 사람은 성별·재산·종교·교육에 관계없이 누구나 선거를 할 수 있는 제도이다. 이것 때문에 정치인은 뭇사람들(대중)을 정치적 계산에 넣을 수밖에 없게 되었다. 반면, 대중은 특정세력이나 권력집단에 의해 의사결정을 쉽게 바꾸는 경향이 있어 언론 등 여론형성매체의 힘을 기하급수적으로 키우는 결과를 낳았다.
※ 신문이나 방송매체를 입법부, 사법부, 행정부와 견주어 제4부라고 부르기도 한다.

15 민주국가에서의 정당의 성격으로 옳지 않은 것은?

① 정권획득의 목표를 공개적으로 내세운다.
② 여론을 형성·조직화함으로써 국정을 지지·통제한다.
③ 전국적 조직과 함께 활동이 상의하달방식을 취한다.
④ 국민적 이익을 추구하며 정부구성능력을 보유해야 한다.

TIP 정당
㉠ 정당의 뜻: 정당은 정치적 견해를 같이 하는 사람들이 정권을 획득함으로써 자신의 정강을 실현할 것을 목적으로 모인 단체이다.
㉡ 정당정치: 현대민주정치는 대의정치이며, 대의정치는 정당을 통하여 이루어지므로 민주정치를 정당정치라고도 한다.
㉢ 정당의 성격 및 기능
• 정권획득을 목표로 하고 그것을 공개적으로 내세움
• 조직이 민주적이며 국민전체의 이익을 도모한다는 정강을 가짐
• 국민여론을 형성하고 조직화하여 정부에 전달함
• 정부와 의회 간의 매개역할

Answer 14.③ 15.③

16 헌법재판소가 다음과 같은 결정을 내린 것은 민주선거의 4대 원칙 중 어떤 원칙에 위배되기 때문인가?

> '경기 안양시 동안구 선거구'의 경우 전국 선거구의 평균인구수로부터 +57%의 편차를 보이고 있으므로, 그 선거구의 획정은 국회의 재량의 범위를 일탈한 것으로서 청구인의 헌법상 보장된 선거권 및 평등권을 침해하는 것임이 분명하다.

① 비밀선거
② 평등선거
③ 직접선거
④ 보통선거

> **TIP** 선거구 획정에 관하여 국회의 광범한 재량이 인정되지만 그 재량에는 평등선거의 실현이라는 헌법적 요청에 의하여 일정한 한계가 있을 수밖에 없는 바, 선거구 획정에 있어서 인구비례원칙에 의한 투표가치의 평등은 헌법적 요청으로서 다른 요소에 비하여 기본적이고 일차적인 기준이기 때문에, 합리적 이유 없이 투표가치의 평등을 침해하는 선거구 획정은 자의적인 것으로서 헌법에 위반된다[헌재 2001.10.25, 2000헌마92·240(병합)].
> ① 투표자가 누구에게 투표했는지 알 수 없게 하는 제도이다.
> ② 투표의 가치에 차등을 두지 않는 제도이다.
> ③ 선거권자가 대리인을 거치지 않고 자신이 직접 투표 장소에 나가 투표하는 제도이다.
> ④ 일정 연령에 도달한 사람은 어떤 조건에 따른 제한 없이 누구나 선거를 할 수 있는 제도이다.

17 선거에 대한 다음 내용 중 옳지 않은 것은?

① 오늘날 다원화된 사회의 요구에 부응하여, 지역대표제 외에 직능대표제를 병용하기도 한다.
② 오늘날 대중민주주의의 실현에 기여한 선거원칙으로는 평등선거를 들 수 있다.
③ 국회의원 선거소송은 3심제의 예외로 대법원 1심 판결로 한다.
④ 선거공영제는 선거운동의 기회균등과 선거비용의 국가부담을 원칙으로 한다.

> **TIP** ② 보통선거는 선거민의 사회적 신분이나 재산·지위에 관계없이 모든 사람(19세 이상)에게 선거권 및 피선거권을 인정하는 제도로 현대대중민주주의의 실현에 기여하였다.

Answer 16.② 17.②

제1편 법과 정치

03 우리나라의 헌법

❶ 우리나라 헌법의 기초 이해

(1) 헌법의 의미와 특징

① **고유한 의미의 헌법** … 국가의 최고 기관을 조직·구성하는 근본이 되고, 하고 이들 기관의 행위 및 상호관계를 규정한다.

② **근대적·입헌주의적 의미의 헌법** … 근대적 의미의 헌법이 국가 권력을 조직하는 측면보다는 국가 권력을 제한하는 면에 더욱 중점을 둔다면 입헌주의적 의미의 헌법은 국민주권의 원칙, 기본권보장의 원칙, 권력분립의 원칙에 초점을 맞춘다.

③ **현대적 의미의 헌법** … 국민에게 인간다운 생활을 보장하고 나아가 국민의 복지 향상에 치중하며 실질적 평등의 보장을 중시하고 있다.

④ **헌법의 의의**

구분		내용
정치적 의의		• 헌법의 내용과 목적이 국가의 청설이라는 정치적 성격을 지님 • 정치활동을 주도하며 사회 통합을 실현
법적 의의	최고 규범	• 모든 법령의 제정 근거 • 법령의 정당성 평가
	조직 수권규범	국가 통치 조직에 권한을 부여
	권력 제한 규범	• 국가 권력의 분립과 상호 견제 • 국민의 기본권을 실질적으로 보장

⑤ **특징** … 현행 헌법은 1948년 7월 17일 제정 이후 1987년 6월 민주 항쟁을 계기로 9차 개정이 이루어졌으며, 대통령 국민 직선제, 국회 권한 강화, 헌법 재판소 신설, 사생활의 비밀과 자유, 연좌제 금지, 형사 피고인의 무죄 추정, 구속 적부 심사 청구권의 확대, 환경권, 평생 교육권 등을 명시하여 보장하고 있다.

| 기출예제 | 2025. 6. 21. 제1회 서울특별시 |

〈보기〉의 법의 이념과 관련된 설명으로 가장 옳은 것은?

〈보기〉
법의 이념 중 A는 법이 실현하고자 하는 궁극적 목표로 본질적인 내용은 평등이다. 이와 관련된 사례를 찾아보면 우리나라에서는 1948년 5월 10일, 역사상 최초의 ㉠보통선거가 실시됐다. 이 선거를 통해 모든 성인 남녀가 동등한 투표권을 행사할 수 있게 되었고, 해방 후 새롭게 출범한 대한민국 정부는 이를 통해 민주주의 국가로서의 정체성을 확립했다. 그리고 1949년 제정된 소득세법을 통해 공식적인 ㉡누진세 구조가 도입되었는데, 이 제도는 경제적 형평성을 높이고 조세 부담을 공정하게 배분하기 위한 중요한 장치로 평가받고 있다.

① A는 개인의 사회생활이 보호되어 안정된 상태를 의미한다.
② ㉠은 평균적 정의의 대표적인 사례이다.
③ ㉡은 절대적 평등을 추구하는 사례에 해당한다.
④ A를 구현하기 위한 제도로 법률 불소급의 원칙이 있다.

✱
① A는 정의이다.
③ 누진세는 상대적 평등을 추구하는 사례에 해당한다.
④ 법률 불소급의 원칙은 법적 안정성을 구현하기 위한 제도이다.
※ 법의 이념
 ㉠ 정의: 법은 이러한 정의를 실현하는 것을 이념으로 한다.
 ㉡ 합목적성: 법은 국가와 사회가 추구하는 이상적인 어떤 가치를 예상하고 그것에 맞추어 집행한다.
 ㉢ 법적 안정성: 법의 규정이 명확하고 잦은 변경이 없도록 하여 국민이 법에 따라 안심하고 생활할 수 있도록 하여야 한다.

답 ②

(2) 헌법의 개정

① **개념** … 헌법의 개정이란 헌법에 규정된 개정절차에 따라 헌법의 기본적 동일성을 유지하면서 의식적으로 수정, 삭제, 증보함으로써 헌법에 변경을 가하는 작용이다.

② **대한민국 헌법의 개정 절차**
 ㉠ **제안**: 국회 재적 의원 과반수 또는 대통령의 발의로 제안
 ㉡ **공고**: 제안된 헌법 개정안은 대통령이 20일 이상의 기간 동안 공고
 ㉢ **의결**: 국회는 헌법 개정안이 공고된 날로부터 60일 이내에 의결하여야 하며, 국회의 의결은 재적의원 3분의 2 이상의 찬성 필요
 ㉣ **국민투표**: 국회가 의결한 후 30일 이내에 국민투표에 붙여 국회의원 선거권자 과반수의 투표와 투표자 과반수의 찬성 필요
 ㉤ **공포**: 국민투표에 의하여 찬성을 얻은 때에는 헌법 개정은 확정되며, 대통령은 즉시 공포

(3) 우리나라 헌법 기본 원리

① **국민주권주의** … 국가의 의사를 결정하는 최고 권력인 주권이 국민에게 있다.
   ㉠ 국민자치 : 대의 민주주의, 간접 민주주의의 채택
   ㉡ 공정한 선거제도 : 국민주권주의의 확립을 위한 가장 기초적인 제도이다.
   ㉢ 수평적인 권력 분립 : 입법, 사법, 행정의 3권 분립
   ㉣ 수직적인 권력 분립 : 지방자치제도의 실시
   ㉤ 복수정당제도의 도입 : 국민들의 다양한 정치적 견해가 반영
   ㉥ 근거조항
     • 대한민국은 민주 공화국이다〈제1조 제1항〉.
     • 대한민국의 주권은 국민에게 있고 모든 권력은 국민으로부터 나온다〈헌법 제1조 제2항〉.

② **자유 민주주의** … 개인의 자유를 옹호하고 존중하는 '자유주의'와 국가 권력 창출과 권력의 정당성이 국민의 합의에 의해 이루어진다는 '민주주의'가 결합된 원리이다.
   ㉠ 기본적 인권의 보장 : 인간의 존엄성과 인격의 존중
   ㉡ 권력분립의 원리, 책임정치의 원리
   ㉢ 법치행정 : 행정은 법률에 근거가 있는 경우에 법률에 규정된 절차에 따라 행해야 한다.
   ㉣ 정당 활동의 자유의 보장 : 우리 헌법은 복수 정당제와 더불어 정당의 설립과 활동의 자유를 보장
   ㉤ 자유 민주주의 실현을 위한 제도 : 소극적인 방법으로 표현의 자유와 언론의 자유 보장, 정치과정의 공개, 민주적 정당제도의 보장 등이 있으며, 적극적인 방법으로 탄핵제도, 위헌법률심사제도, 헌법소원제도, 위헌 정당 강제 해산제도, 저항권의 행사 등이 있다.
   ㉥ 근거조항
     • 헌법 전문 : 자율과 조화를 바탕으로 자유 민주적 기본 질서를 더욱 공고히 하여……
     • 정당은 그 목적, 조직과 활동이 민주적이어야 하며……〈헌법 제8조 제2항〉.
     • 정당의 목적이나 활동이 민주적 기본 질서에 위배될 때에는 정부는 헌법재판소에 그 해산을 제소할 수 있고, 정당은 헌법 재판소의 심판에 의하여 해산된다〈헌법 제8조 제4항〉.
     • 누구든지 법률에 의하지 아니하고는 체포, 구속, 압수, 수색 또는 심문을 받지 아니하며, 법률과 적법한 절차에 의하지 아니하고는 처벌, 보안 처분 또는 강제 노력을 받지 아니한다〈헌법 제12조 제1항〉.

③ **복지국가의 원리** … 인간의 존엄성을 유지할 수 있는 기본적 생활을 보장하고, 국민의 생활여건을 개선하는 것이 국가의 책임이며, 그것에 대한 요구가 국민의 정당한 권리로 인정된다는 원리이다.
   ㉠ 사회적 기본권의 규정 : 인간다운 생활을 할 권리, 사회 보장 제도를 통해 실질적 구현
   ㉡ 재산권의 제한 : 재산권이 무제한적으로 보장되는 권리가 아니라 사회적 구속성을 가지고 있음을 명시
   ㉢ 시장경제질서의 원리를 원칙으로 하되, 경제의 민주화를 위한 국가의 규제와 조정을 정당화
   ㉣ 근거조항
     • 헌법 전문 : …정치·경제·사회·문화의 모든 영역에서 각인(各人)의 기회를 균등히 하고, 능력을 최고도로 발휘하게 하며, 자유와 권리에 따르는 책임과 의무를 완수하여 안으로는 국민 생활의 균등한 향상을 기하고……

- 모든 국민은 인간다운 생활을 할 권리를 가진다〈헌법 제34조 제1항〉.
- 국가는 사회보장, 사회복지의 증진에 노력할 의무를 진다〈헌법 제34조 제2항〉.
- 재산권의 행사는 공공복리에 적합해야 한다〈헌법 제23조 제2항〉.
- 국가는 균형 있는 국민 경제의 성장 및 안정과 적정한 소득의 분배를 유지하고 시장의 지배와 경제력의 남용을 방지하며 경제 주체 간의 조화를 통한 경제의 민주화를 위하여 경제에 관한 규제와 조정을 할 수 있다〈헌법 제119조 제2항〉.

④ **문화국가의 원리** … 국가가 국민의 교육, 과학 및 생활을 보장하여 사회와 문화 발전을 적극 도모한다는 원리이다.
  ㉠ 의의 : 국가로부터 문화의 자율성을 보장하면서 국가가 문화를 형성하고 보호하는 이중적인 의미를 갖는다.
  ㉡ 문화국가를 실현하기 위한 원칙
  - 문화의 자율성을 보장 : 국가는 문화에 대하여 중립성을 지켜야 하며 간섭해서는 안 된다.
  - 국가는 문화를 보호·육성하기 위한 경제적 지원을 책임진다.
  - 문화적 기본권을 보장한다.

⑤ **국제 평화주의** … 국제 협조와 국제평화의 지향을 이념적 기반으로 하려는 원리이다.
  ㉠ 국제평화주의와 침략전쟁의 부인 : 적의 직접적 공격을 격퇴하기 위한 방위전쟁(자위전쟁)은 인용
  ㉡ 국제법 존중주의 : 우리나라가 가입한 조약과 일반적으로 승인된 국제법규가 국내법과 같은 효력을 가진다는 의미
  ㉢ 외국인의 법적 지위 보장 : 상호주의(상대국의 자국민 보호 정도에 맞추어 상대국 국민의 보호 수준을 결정하려는 입장)의 원리에 따라 규정
  ㉣ 근거조항
  - 헌법 전문 : …밖으로는 항구적인 세계평화와 인류 공영에 이바지함으로써…….
  - 대한민국은 국제 평화의 유지에 노력하고 침략적 전쟁을 부인한다〈헌법 제5조 제1항〉.
  - 헌법에 의하여 체결·공포된 조약과 일반적으로 승인된 국제법규는 국내법과 같은 효력을 가진다〈헌법 제6조 제1항〉.
  - 외국인은 국제법과 조약이 정하는 바에 의하여 그 지위가 보장된다〈헌법 제6조 제2항〉.

⑥ **평화통일의 원리** … 자유 민주적 기본질서에 입각하여 평화적 통일을 추구한다는 원리이다.
  ㉠ 우리나라의 국가적 목표인 동시에 헌법의 기본원리이다.
  ㉡ 근거조항
  - 자유 민주적 기본 질서에 입각한 평화적 통일 정책을 수립하고 이를 추진한다〈헌법 제4조〉.
  - 대통령은 조국의 평화적 통일을 위한 성실한 의무를 진다〈헌법 제66조 제3항〉.
  - 대통령은 필요하다고 인정할 때에는 외교·국방·통일 기타 국가 안위에 관한 중요 정책을 국민투표에 붙일 수 있다〈헌법 제72조〉.
  - 평화통일 정책의 수립에 관한 대통령의 자문에 응하기 위하여 민주 평화 통일 자문회의를 둘 수 있다〈헌법 제92조 제1항〉.

❷ 기본권의 보장과 제한

(1) 국민의 기본권

① **기본권** … 우리 헌법은 천부인권 사상을 표현한 헌법 제10조와 실정법 사상을 표현한 헌법 제37조 제2항을 두어 둘 간의 조화를 이루고 있다.

② 기본권의 내용

　㉠ 일반적이고 원칙적 규정〈헌법 제10조〉
　　• 인간으로서의 존엄과 가치 존중
　　• 행복추구권

　㉡ **평등의 권리** : 본질적으로 기본권으로 "모든 국민은 법 앞에서 평등하다〈헌법 제11조 제1항〉."의 평등은 누구든지 성별, 종교, 사회적 신분 등에 의해 차별받지 않는 상대적·비례적·실질적 평등을 의미한다.

　㉢ **자유권적 기본권** : 평등권과 더불어 본질적인 기본권으로 국가권력으로부터의 개인의 자유를 보장하며, 핵심적이고 소극적이며 포괄적인 권리이다. 종류로는 신체의 자유, 거주·이전의 자유, 직업선택의 자유, 주거의 자유, 사생활 비밀과 자유의 불가침, 통신의 자유, 양심의 자유, 종교의 자유, 언론·출판·집회·결사의 자유, 학문과 예술의 자유, 재산권보장 등이 있다.

　㉣ **참정권** : 민주국가에 있어서 국민이 국가의 정치에 참여할 수 있는 능동적 권리로 공무원 선거권, 공무 담임권, 국민 투표권 등이 있다.

　㉤ **사회적 기본권** : 인간다운 생활을 위해 국가에 대하여 어떤 보호나 생활수단의 제공을 요구할 수 있는 적극적 권리이며 열거적 권리(개별적 권리)로 인간다운 생활을 할 권리, 교육을 받을 권리, 근로의 권리, 근로자의 노동 3권, 환경권, 혼인·가족·모성·보건에 관한 권리 등이 있다.

　㉥ **청구권적 기본권** : 국민의 침해당한 기본권의 구제를 국가에 대해 청구하는 적극적 권리이며 기본권을 보장하기 위한 수단적 기본권으로 청원권, 재판청구권, 형사보상청구권, 국가배상청구권, 범죄피해자의 국가구조청구권 등이 있다.

(2) 기본권 보장을 위한 제도와 기본권의 제한

① 기본권 침해의 법적 구제

구분		내용
청원제도		• 국민이 국가기관에 대해서 의견을 표명하거나 희망을 요구하는 것 • 청원의 대상 : 행정기관, 입법기관, 법원 등
위헌법률 심판제도		• 헌법재판기관이 법률이 헌법에 위반되는지의 여부를 심사하여 헌법에 위반되는 것으로 인정되는 경우 그 법률의 효력을 상실하게 하는 제도 • 위헌법률심판제청권자는 법원으로, 법원이 위헌법률심사제청권을 행사하려면 현재 재판 중인 구체적인 사건에서 판단기준이 되는 법률의 위헌여부가 재판의 결과에 영향을 끼치는 경우여야 한다. • 위헌결정 시 즉시 효력이 상실되지만, 헌법불합치결정 시에는 법이 개정 될 때까지 한시적 효력이 있음
행정 쟁송제도		행정청의 위법, 부당한 처분으로 인해 권리를 침해당한 사람이 이의 시정을 구하는 제도로 행정심판과 행정소송 등이 있다.
헌법소원	권리구제형 헌법소원	공권력의 행사 또는 불행사로 인하여 헌법에 보장된 기본권을 침해당한 국민이 그 권리를 구제 받기 위하여 헌법재판소에 직접 심판을 청구하는 헌법소원
	위헌법률 심사형 헌법소원	위헌적 법률로 인하여 기본권을 침해당한 국민이 법원에 위헌법률심판제청을 해줄 것을 신청하였으나 법원이 이를 기각한 경우 직접 헌법재판소에 심판을 청구하는 헌법소원

기출예제　　　　　　　　　　　　　　　　　　　　　　　　　　　2025. 6. 21. 제1회 서울특별시

〈보기〉의 (가), (나)는 법률이 헌법에 위반되는지 여부가 재판의 전제가 되는 경우에 이용할 수 있는 헌법 재판의 유형이다. 이에 대한 설명으로 가장 옳은 것은?

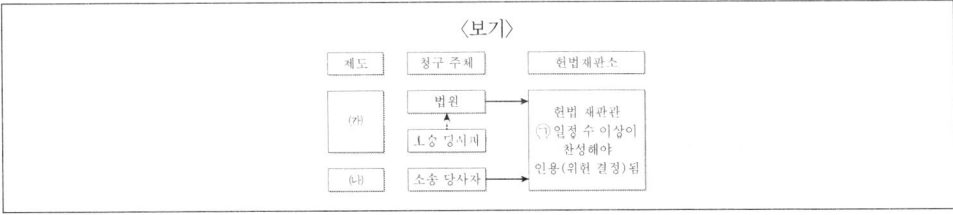

① (가)는 소송 당사자의 신청이 없더라도 당해 사건을 담당하는 법원이 제청할 수 있다.
② (나)는 소송 당사자가 헌법재판소에 (가)를 제청하였으나 그 신청이 기각된 경우에 직접 청구할 수 있다.
③ ⓐ은 (가), (나) 모두 참여 재판관 과반수의 찬성이다.
④ (나)는 국회가 당연히 입법해야 할 사항을 입법하지 않음으로써 기본권을 침해하고 있는 경우에도 청구할 수 있다.

＊
(가) 위헌법률심판, (나) 위헌심사형 헌법소원심판
② 위헌심사형 헌법소원은 법률의 위헌 여부를 직접 헌법재판소에 청구하는 제도로, 재판 중인 당사자가 법원에 위헌법률심판 제청을 신청했으나 기각된 경우, 헌법재판소에 직접 청구할 수 있다.
③ 헌법재판소에서 법률의 위헌결정, 탄핵의 결정, 정당해산의 결정 또는 헌법소원에 관한 인용결정을 할 때에는 재판관 6인 이상의 찬성이 있어야 한다(「헌법」 제113조 제1항).
④ 권리구제형 헌법소원심판을 청구할 수 있다.

답 ①

② 기본권의 제한

구분	내용
목적상	• 국가안전보장, 질서유지, 공공복리를 위한 경우에만 기본권을 제한할 수 있다. –국가안전보장 : 외부로부터 국가의 독립, 영토의 보전, 헌법에 의해 설치된 국가 기관의 유지 –질서유지 : 타인의 권리 유지, 도덕질서 유지, 사회 공공질서 유지를 포함한 공공의 질서 유지 –공공복리 : 국가 구성원 전체를 위한 행복과 이익
형식상	• 원칙 : 기본권 제한은 국회가 제정한 법률에 의해야만 한다. • 예외 : 대통령의 긴급명령, 긴급 재정 경제 명령으로도 기본권을 제한할 수 있으며, 비상계엄 시에는 영장제도나 언론·출판·집회·결사의 자유에 대한 특별조치가 가능하다.
방법상	• 과잉금지의원칙 : 국가의 권력은 무제한적으로 행사되어서는 안 되며, 이는 반드시 정당한 목적을 위하여 필요한 범위 내에서만 행사되어야 한다. • 국가 권력이 기본권을 제한할 때에는 목적의 정당성, 방법의 적정성, 피해의 최소성, 법익균형성을 지켜야 한다. • 기본권을 제한할 때 기본권의 본질적인 내용은 침해할 수 없다.

❸ 국가기관의 구성과 기능

(1) 국회

① 국회의 구성과 운영

 ㉠ 국회의 성격 : 국민의 대표기관, 회의제 입법기관, 민주정치의 핵심기관, 국정의 통제기관

 ㉡ 국회의 구성 : 단원제와 양원제가 있으며, 현재 우리나라는 단원제를 채택하고 있다.

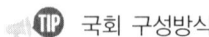
국회 구성방식

구분	단원제	양원제
의의	• 국회를 한 개의 합의체로 구성 • 우리나라, 덴마크, 뉴질랜드 등	• 두 개의 합의체로 구성하여 일치된 의견을 의결 • 미국, 일본, 영국 등
장점	• 신속, 비용절약 • 책임 소재의 명백	• 의회 다수파의 횡포 방지 • 직능 대표제 도입용이 • 의회와 정복의 충돌완화
단점	• 경솔한 입법가능 • 다수파의 횡포 견제 곤란 • 의회와 정부 충돌 시 조정 곤란 • 직능대표제 도입곤란	• 비용낭비, 처리지연 • 책임 전가 • 급진적 개혁방해 • 상원의 보수화·반동화 우려

ⓒ 우리나라 국회의 구성
- 국회의 구성 : 선거에 의해 선출되는 임기 4년의 지역대표(지역구의원)와 각 정당의 득표율 등에 비례하여 선출되는 비례대표의원(전국구의원)으로 구성된다.
- 국회의 기관 : 의장 1인과 부의장 2인, 교섭단체, 각종 위원회가 마련되어 있다.

ⓔ 국회의 의사결정
- 일반 의결 정족수 : 재적의원 과반수의 출석과 출석위원 과반수의 찬성으로 의결, 가부동수일 경우 부결
- 특별의결 정족수
  - 대통령 거부 법률안의 재의결 : 재적의원 과반수 출석, 출석의원 2/3 이상 찬성
  - 헌법개정안의결, 국회의원제명, 대통령 탄핵소추 의결 : 재적의원의 2/3 이상 찬성
  - 계엄해제요구, 국회의장 및 부의장선거 : 재적의원 과반수 찬성
  - 대통령 선거에서 투표자가 2인일 경우 : 재적의원 과반수 출석, 출석의원 다수 찬성
  - 대통령 이외의 탄핵소추발의 : 재적의원 1/3 이상 발의, 재적의원 과반수의 찬성
  - 임시국회의 집회요구 : 재적의원 1/4 찬성
  - 국회 의사정족수 : 재적의원 1/5 찬성
  - 국회 의사비공개결정 : 출석의원 과반수 찬성

  > **TIP** 캐스팅 보트(Casting Vote) … 표결이 가부동수일 경우 의장의 결정 투표권으로 우리나라는 채택하지 않았다.

ⓜ 국회의 회의
- 의사공개의 원칙 : 국회의 회의는 공개한다. 단, 국가의 안정보장을 위해서라면 공개하지 않을 수도 있는데 이때에는 출석의원 과반수의 찬성이나, 의장의 결정이 필요하다.
- 회기계속의 원칙 : 국회의 한 회기 중에 의결하지 못한 안건에 대하여 회기가 끝났더라도 폐기하지 않고 다음 회기에서 계속해서 심의하는 원칙으로 국회의원의 임기가 만료된 때에는 적용되지 않는다.
- 일사부재의의 원칙 : 국회에서 부결된 안건은 같은 회기 내에 다시 제출할 수 없는 원칙으로 소수파의 의사진행 방해를 방지하기 위한 것이다.

  > **TIP** 필리버스터(filibuster) … 합법적으로 의사진행을 방해하는 행위로 오랜 시간 발언, 투표의 지연, 유회·산회 동의, 불신임안의 제출 등의 방법이 있다.

ⓗ 국회의 회기
- 정기회(100일 이내) : 매년 9월 1일 집회, 다음 연도의 예산안 심의·확정, 법률안 및 기타 안건 처리 등
- 임시회(30일 이내) : 대통령 또는 국회재적의원 4분의 1 이상의 요구 시

② 국회의 입법과정
  ㉠ 국회의 권한 : 국민의 대표기관으로서 국회가 지니는 가장 대표적인 권한은 헌법개정권한을 포함한 입법권을 행사하는 것이다.

- ⓒ 입법과정
  - 제안 : 제안권자는 국회의원·정부, 국회의원은 10인 이상의 찬성 필요, 정부는 국무회의 심의를 거쳐 대통령이 서명하고, 국무총리·관계 국무위원이 부서
  - 회부 : 국회의장은 법률안이 제출되면 이를 인쇄하여 의원에게 배부하고 본회의에 보고한 후 소관 상임위원회에 회부하여 심사
  - 상임위원회 심사
  - 법제사법위원회의 체계·자구 심사
  - 전원위원회 심사
  - 본회의 심의·의결
  - 정부이송 : 국회에서 의결된 법률안은 정부에 이송되어 15일 이내에 대통령이 공포
  - 대통령의 거부권 행사 : 법률안에 이의가 있을 때에는 대통령은 정부 이송 후 15일 이내에 이의서를 붙여 국회로 환부하고, 그 재의를 요구할 수 있음. 재의 요구된 법률안에 대하여 국회가 재적의원 과반수의 출석과 출석 의원 3분의 2 이상의 찬성으로 전과 같은 의결을 하면 그 법률안은 법률로서 확정. 정부이송 후 15일 이내에 대통령이 공포하지 않거나 재의요구를 하지 않은 경우 그 법률안은 법률로서 확정
  - 공포 : 대통령은 법률안이 정부에 이송된 지 15일 이내에 공포하여야 함. 재의결에 의해 법률로 확정된 후 5일 이내에 대통령이 이를 공포하지 않을경우 국회의장이 공포. 법률은 특별한규정이 없으면 공포한 날로부터 20일을 경과함으로써 효력 발생
- ⓒ 거부권 : 대통령은 이송된 날로부터 15일 이내에 국회에 보내어 재의결을 요구할 수 있으며, 재의결한 법률은 다시 거부할 수 없으며, 5일 이내에 공포하여야 한다.

③ 국회의 권한과 기능
  - ㉠ 국회의 권한
    - 입법에 관한 권한 : 법률안 제안·의결·공포권, 헌법개정안의 제안·의결권, 조약 체결·비준에 대한 동의권 등을 갖는다.
    - 재정에 관한 권한 : 조세법률제정권, 예산안의 심의·확정권, 결산심사권 등을 갖는다.
    - 일반 국무에 관한 권한 : 중요 공무원 임명에 대한 동의권, 중요 헌법기관의 구성권, 국정조사·감사권, 계엄해제요구권, 탄핵소추의결권 등을 갖는다.
  - ㉡ 국회의원의 특권 : 면책특권, 불체포특권 등이 있다.

(2) 행정부

① 행정과 법치행정
  - ㉠ **행정** : 법률을 집행하고 국가목적이나 공익을 적극적으로 실현하기 위해서 여러 가지 정책을 세우고, 실현하는 국가작용을 의미한다.
  - ㉡ **현대복지국가의 정부업무** : 효율성이 강조되며 전문적 행정 관료가 주도한다.
  - ㉢ **법치행정** : 행정권도 법의 구속을 받고, 법을 준수해야 한다는 것을 의미한다.

- 필요성 : 적법성, 타당성, 정당성을 갖춘 행정을 도모한다.
- 한계점 : 법치행정이 단순히 규칙에 의한 행정 또는 행정에 의한 지배로 타락되어서는 안 된다.

② 행정부와 대통령
  ㉠ 행정부의 조직과 권한
   - 행정부 : 법률과 정책의 내용을 구체적으로 집행하는 국가기관이다.
   - 국무총리 : 국회의 동의를 얻어 대통령이 임명한다.
   - 국무회의 : 국정의 최고 심의기관으로, 대통령의 신중한 권한행사와 국정통일을 위해 주요 정책을 심의한다.
   - 감사원 : 합의제 기관으로서, 대통령에 소속된 헌법상의 필수기관이다.
     - 권한 : 국가의 세입·세출의 결산, 국가 및 법률이 정한 단체에 대한 회계검사권과 행정기관 및 공무원에 대한 직무감찰권이 있다.
     - 특징 : 형식상 대통령에 소속되어 있지만, 직무에 관해서는 독립적인 지위를 갖는 기관이다.
  ㉡ 대통령의 지위와 권한
   - 대통령의 지위 : 행정부수반으로서의 지위와 국가원수로서의 지위가 있다.
   - 대통령의 권한
     - 행정부수반으로서의 권한 : 행정의 최고지휘감독권, 국군통수권, 공무원임면권, 대통령령발포권, 법령집행권 등
     - 국가원수로서의 권한
       · 대외적 국가대표권 : 조약체결·비준권, 외교사절의 신임·접수·파견권, 선전포고와 강화권 등
       · 국가·헌법수호권 : 긴급재정·경제처분 및 명령권, 계엄선포권, 위헌정당해산제소권 등
       · 국정조정권 : 국민투표부의권, 헌법개정안제안권, 임시국회소집요구권 등
       · 헌법기관구성권 : 일정한 헌법기관의 구성
  ㉢ 대통령의 의무와 특권
   - 대통령의 권한수행 : 대통령은 국가의 원수로서, 개별적인 행정업무를 넘어서 국가적 차원의 정치적 판단을 기초로 헌법적 권한을 수행하게 된다.
   - 대통령의 권한행사방식 : 국무회의의 심의, 국회의 동의와 승인, 문서와 부서, 자문기관의 자문 등을 통해서 행해진다.
   - 대통령의 신분상 특권 : 중죄가 아닌 경우 대통령 지위를 보장하여 책임을 완수하게 하기 위해 주어진다.
     - 형사상의 소추 : 대통령은 내란 또는 외환의 죄를 범한 경우를 제외하고는 재직 중 형사상의 소추를 받지 아니한다.
     - 민사상의 소추 : 재직 중에 민사상의 소추는 받을 수 있으며, 재직 중에 범한 범죄에 대해서 퇴직 후에 소추할 수 있다.
  ㉣ 행정의 견제와 통제
   - 현대복지국가 : 행정권력의 비대화현상이 초래된다.
   - 행정권력 비대화의 통제 : 민주적 통제의 필요성이 요청된다.

(3) 법원과 헌법재판소

① 사법권

㉠ 사법의 의의
- 사법 : 국가통치기능의 하나로서, 무엇이 법인가를 판단하고 선언하는 작용을 일컫는 말이다.
- 법원 : 사법권을 가지며, 삼권분립의 기초 위에서 국민의 권익과 자유를 보호하려는 국가작용을 실천하는 국가기관이다.
- 심급제도의 운용 : 공정하고 정확한 재판을 하기 위해 심급제도를 두어 여러 번 재판을 받을 수 있도록 하고 있다.

㉡ 사법권의 독립
- 사법권 독립 : 재판의 독립을 의미한다.
- 사법권 독립의 의의 : 행정권의 영향을 배제하고 독립된 법원이 법과 양심에 따라 공정하고 정당한 재판을 하는 것을 의미한다.
- 사법권 독립의 내용 : 헌법적 규정(독립의 원칙), 법의 독자성 요구(기본권의 실현), 법 적용의 공평성(정의 구현) 등이 있다.

② 법원의 조직과 재판

㉠ 법관의 자격과 지위
- 재판의 독립 : 구체적인 재판에서 법관의 독립으로 발현된다.
- 재판의 독립 내용
  - 법관의 임기 : 헌법으로 규정한다.
  - 법관의 자격 : 법률로 정하도록 규정한다.
- 법관의 독립 : 법관은 헌법, 법률, 양심에 따라 심판할 의무를 지닌다.
- 법관의 임명절차 : 헌법으로 규정한다.

㉡ 법원의 조직 : 대법원, 고등법원, 지방법원 및 지방법원지원, 가정법원, 특별법원 등이 있다.

㉢ 재판의 종류
- 재판의 종류 : 민사재판, 형사재판, 행정재판, 선거재판
- 민주재판제도의 2대 원칙 : 공개재판주의, 증거재판주의
- 법원의 권한 : 재판에 관한 권한, 명령·규칙·처분심사권, 위헌법률심사제청권, 법원의 자율권(규칙 제정권, 법원 행정권)

③ 헌법재판소

㉠ 헌법재판소의 지위 : 헌법에 규정된 헌법재판 기관이자, 기본권을 보장하는 역할을 하고, 권력을 통제하는 위치에 해당한다.

㉡ 헌법재판소의 권한 : 위헌법률심판권, 탄핵심판권, 위헌정당 해산심판권, 권한쟁의 심판권, 헌법소원 심판권

기출 예상 문제

1 〈보기〉의 밑줄 친 ⊙과 관련하여 우리 헌법에서 규정하고 있는 제도는?

〈보기〉

헌법은 법 위의 법이다. 헌법의 목적은 법을 만들고 실행하는 정치가나 관료들이 자신들에게 주어진 권한을 남용하거나 기본 원칙들을 위반하는 것을 막는 것이다. 그러므로 ⊙ 의회에서 어떤 특정한 법안을 통과시킬 때는 그 법안이 헌법이 정한 테두리를 벗어나지 않는지를 먼저 확인하여야 한다. 또한 정부가 함부로 헌법을 바꾸지 못하도록 여러 가지 제도적 장치들을 마련해 놓고 있다. 헌법은 정권이 바뀔 때마다 제정되는 것이 아니며, 가장 기본적이고 신성한 영역으로 간주되어야 한다.

① 탄핵 심판
② 권한 쟁의 심판
③ 위헌 법률 심판
④ 위헌 정당 해산 심판

TIP 의회에서 어떤 특정한 법안을 통과시킬 때는 그 법안이 헌법이 정한 테두리를 벗어나지 않는지를 먼저 확인하여야 하는데 이는 위헌 법률 심판과 관련 있다. 헌법 제107조 제1항에 따라 법률이 헌법에 위반되는 여부가 재판의 전제가 된 경우에는 법원은 헌법재판소에 제청하여 그 심판에 의하여 재판한다는 규정을 두고 있다.
① 탄핵 심판이란 고위 공무원의 직무집행에 있어서 헌법이나 법률을 위반한 이유로 국회의 탄핵 소추 의결을 거쳐 헌법재판소에서 심판하는 절차다.
② 권한 쟁의 심판은 국가기관 상호 간, 국가기관과 지방자치단체 간 및 지방자치단체 상호 간에 권한의 유무 또는 범위에 관하여 다툼이 있을 때에 청구하는 심판이다.
④ 정당 해산 심판은 정당의 목적이나 활동이 민주적 기본질서에 위배될 경우 정부는 국무회의의 심의를 거쳐 헌법재판소에 정당해산심판을 청구하면 그 해산여부를 심판한다.

※ 위헌법률심판의 요건과 효과

구분		개념 요소
심판의 대상		법률이 헌법에 위반되는 여부
제청권자		국민이 아닌 법원이 헌법재판소에 제청하며 위헌 여부 심판의 제청에 관한 결정에 대하여는 항고할 수 없음
재판의 전제성		침해하고 있는 법률이 재판 중에 적용되는 법률이어야 하고, 그러한 법률 때문에 다른 내용의 재판을 하게 될 수 있는 경우
결정 유형	각하결정	청구의 요건을 갖추지 못하여 심사를 하지 않는 경우
	합헌결정	헌법재판소 재판관의 위헌의견이 6인을 넘지 못하는 경우
	위헌결정	헌법재판소 재판관 6인 이상의 위헌이라고 판단한 경우
	헌법 불합치결정	국회의 입법권을 존중하고 법적 공백상태를 방지하기 위해 특정시기까지만 효력이 있고 이후에 새로운 법을 제정 또는 개정하라는 입법촉구결정을 함께 함
위헌 결정 효력		헌법재판소법 제47조에 따라 위헌으로 결정된 법률 또는 법률조항은 결정이 있는 날로부터 효력을 상실함

Answer 1.③

2 〈보기〉는 우리나라 헌법 개정 과정을 나타낸 것이다. 〈보기〉의 ㈎~㈑의 내용으로 가장 옳지 않은 것은?

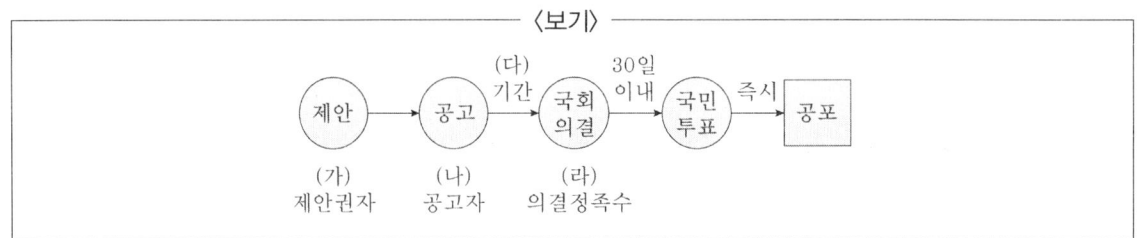

① ㈎ 국회 재적 의원 3분의 1 이상 또는 대통령
② ㈏ 대통령
③ ㈐ 60일 이내
④ ㈑ 국회 재적 의원 3분의 2 이상 찬성

TIP 우리나라 헌법 개정 과정은 제안, 공고, 국회의결, 국민투표, 공포의 과정을 거친다. 헌법 개정안은 헌법 제128조 제1항에 따라 국회 재적 의원 과반수 또는 대통령의 발의로 제안된다.
② 헌법 제129조에 따라 헌법 개정안은 대통령이 20일 이상의 기간 동안 이를 공고하여야 한다.
③④ 헌법 제130조 제1항에 따라 국회는 헌법 개정안이 공고된 날로부터 60일 이내에 의결하여야 하며, 국회의 의결은 재적의원 3분의 2 이상의 찬성을 얻어야 한다.
※ 헌법 개정 절차

구분	헌법 조항	내용
제안	제128조 제1항	국회 재적의원 과반수 또는 대통령의 발의로 제안된다.
공고	제129조	제안된 헌법 개정안은 대통령이 20일 이상의 기간 동안 이를 공고하여야 한다.
의결	제130조 제1항	국회는 헌법 개정안이 공고된 날로부터 60일 이내에 의결하여야 하며, 국회의 의결은 재적의원 3분의 2 이상의 찬성을 얻어야 한다.
국민투표	제130조 제2항	국회가 의결한 후 30일 이내에 국민투표에 붙여 국회의원 선거권자 과반수의 투표와 투표자 과반수의 찬성을 얻어야 한다.
공포	제130조 제3항	국민투표에 의하여 찬성을 얻을 때에는 헌법 개정은 확정되며, 대통령은 즉시 공포하여야 한다.

Answer 2.①

3 연령기준과 관련된 법 규정으로 옳지 않은 것은?

① 「민법」은 '만 18세가 된 사람은 혼인할 수 있다'고 규정하고 있다.
② 헌법은 '대통령으로 선거될 수 있는 자는 선거일 현재 25세에 달하여야 한다'고 규정하고 있다.
③ 「민법」은 '사람은 19세로 성년에 이르게 된다'고 규정하고 있다.
④ 「공직선거법」은 '18세 이상의 국민은 대통령 및 국회의원의 선거권이 있다'고 규정하고 있다.

> **TIP** 피선거권은 선거에 출마하여 당선되어 선거직 공무원이 될 수 있는 권리다. 대통령의 피선거권은 만 40세 이상이어야 하고, 국회의원, 지방의회 의원 및 지방자치단체 장의 피선거권은 25세 이상의 국민에게 인정된다.
> ① 민법 제807조에 따라 만 18세가 된 사람은 혼인할 수 있다.
> ③ 민법 제4조에 따라 사람은 19세로 성년에 이르게 된다.
> ④ 공직선거법 제15조 제1항에 따라 국민은 대통령 및 국회의원의 선거권이 있다.
>
> ※ 외국인의 참정권
>
> | 인정여부 | 법령 | 내용 |
> |---|---|---|
> | 권리인정 ○ | 주민투표법 (제5조 제1항 제2호) | 출입국관리 관계 법령에 따라 대한민국에 계속 거주할 수 있는 자격(체류자격변경허가 또는 체류기간연장허가를 통하여 계속 거주할 수 있는 경우를 포함한다)을 갖춘 외국인으로서 지방자치단체의 조례를 정한 사람은 주민투표권이 인정됨 |
> | 권리인정 × | 정당법(제22조 제2항) | 대한민국 국민이 아닌 자는 당원이 될 수 없음 |
> | | 정치자금법 (제31조 제1항) | 외국인, 국내·외의 법인 또는 단체는 정치자금을 기부할 수 없음 |
> | | 공직선거법 (제16조 제3항) | "주민으로서 25세 이상의 국민은 그 지방의회의원 및 지방자치단체의 장의 피선거권이 있다."고 명시하여 국민에게만 피선거권이 인정하고 있음 |

4 다음 국회의 권한 중 바른 설명만을 고르면?

> (가) 국회는 재적의원 3분의 1로 헌법 개정안을 발의한다.
> (나) 헌법재판소 재판관 3인을 선출할 수 있다.
> (다) 중앙선거관리위원회 위원 3인을 선출할 수 있다.
> (라) 장관임명에 대한 동의권을 행사한다.
> (마) 국무총리와 국무위원에 대한 해임을 건의할 수 있다.

① (가)(나)
② (가)(나)(다)
③ (나)(다)(마)
④ (가)(다)(라)

> **TIP** 헌법 개정안은 국회의원 재적 과반수로 발의되며 장관임명에 대해서 국회의 동의절차는 필요 없고 대통령이 임명한다. 이외에도 국무총리, 대법원장, 대법관, 감사원장, 헌법재판소장 임명에 대한 동의권을 보유한다.

Answer 3.② 4.③

5 헌법재판소에 대한 설명으로 옳지 않은 것은?

① 헌법재판소는 법관의 자격을 가진 9인의 재판관으로 구성하며, 재판관은 대통령이 임명한다.
② 명령·규칙 또는 처분이 헌법이나 법률에 위반되는 여부가 재판의 전제가 된 경우에는 헌법재판소는 이를 최종적으로 심사할 권한을 가진다.
③ 탄핵소추의 의결을 받은 사람은 헌법재판소의 심판이 있을 때까지 그 권한 행사가 정지된다.
④ 헌법재판소에서 법률의 위헌결정, 탄핵의 결정, 정당해산의 결정 또는 헌법소원에 관한 인용결정을 할 때에는 재판관 6인 이상의 찬성이 있어야 한다.

TIP ② 헌법 제107조 제2항에 따르면 명령·규칙 또는 처분이 헌법이나 법률에 위반되는 여부가 재판의 전제가 된 경우에는 대법원은 이를 최종적으로 심사할 권한을 가진다.

6 다음 헌법조항에서 공통으로 나타나는 기본권에 대한 설명으로 옳지 않은 것은?

> 제31조 ① 모든 국민은 능력에 따라 균등하게 교육을 받을 권리를 가진다.
> 제32조 ① 모든 국민은 근로의 권리를 가진다. 국가는 사회적·경제적 방법으로 근로자의 고용의 증진과 적정임금의 보장에 노력하여야 하며, 법률이 정하는 바에 의하여 최저임금제를 시행하여야 한다.
> 제34조 ① 모든 국민은 인간다운 생활을 할 권리를 가진다. ② 국가는 사회보장·사회복지의 증진에 노력할 의무를 진다.
> 제35조 ① 모든 국민은 건강하고 쾌적한 환경에서 생활할 권리를 가지며, 국가와 국민은 환경보전을 위하여 노력하여야 한다.

① 복지국가·사회국가 원리에 기초하고 있다.
② 주로 국회의 입법권 행사에 의해 실현되는 권리이다.
③ 원칙적으로 국민만이 누리는 권리이나, 기본권의 성질에 따라서는 외국인에게도 보장된다.
④ 국가권력으로부터의 침해를 배제하는 소극적·방어적 성격의 권리이다.

TIP 제시된 헌법조항에서 공통으로 나타나는 기본권은 사회적 기본권이다.
④ 자유권적 기본권에 대한 설명이다.

Answer 5.② 6.④

7 우리 헌법상의 국제평화주의와 국제법에 대한 설명으로 옳지 않은 것은?

① 국회는 주권의 제약에 관한 조약의 체결·비준에 대한 동의권을 가진다.
② 국제연합은 침략에 대한 정의를 세계인권선언을 통하여 천명하고 있으며, 세계인권선언은 법적 규범력을 가진다는 것이 헌법재판소의 판례이다.
③ 국제평화주의는 모든 국가들이 국제적인 협조와 국제평화의 지향을 이념으로 삼고 이에 따라 국제질서를 존중하는 원리를 말한다.
④ 우리 헌법 제5조 제1항은 "대한민국은 국제평화의 유지에 노력하고 침략적 전쟁을 부인한다."라고 규정함으로써, 국제평화주의를 지향하고 있으나 자위권 행사까지 부인하는 것은 아니다.

> **TIP** ② 세계인권선언 : 1948년 12월 10일 국제연합 총회에서 당시 가입국 58개국 중 50개국이 찬성하여 채택된 인권에 관한 세계 선언문으로 360개 언어로 번역되어 가장 많이 번역된 유엔 총회 문건이며 비록 세계 인권선언은 국제연합의 결의로써 법적 구속력은 없지만 오늘 날 많은 국가의 헌법이나 기본법에 그 내용이 반영되어 있어 실효성이 크다.

8 다음 사례를 분석한 것으로 가장 적절한 것은?

> 출판사를 경영하는 A씨는 최근 출간한 책이 정치인을 비방했다는 이유로 정부의 검열을 받게 되었다. 이에 A씨는 직업수행의 자유, 출판의 자유가 침해되었음을 이유로 시정을 요구하였다.

① 방송보도가 개인의 사생활을 침해하는 경우와 유사하다.
② 일반법과 특별법에 모두 해당할 경우 일반법을 우선 적용한다.
③ 사례는 특정 주체와 또 다른 주체의 기본권이 충돌하는 경우에 해당한다.
④ 침해된 사건과 가장 밀접한 관계에 있는 기본권을 우선 적용하여 해결한다.

> **TIP** 사례는 기본권의 경합에 해당한다. 이는 개인이 둘 또는 그 이상의 기본권 침해를 주장하는 경우이다. 예로서, 종교단체의 간행물 발간에 대해 국가가 검열의 형태로 방해하는 경우, 헌법 제20조의 종교의 자유와, 헌법 제21조의 출판의 자유를 동시에 주장하는 경우를 볼 수 있다. 기본권 경합 시 특별법 우선 적용, 직접 관련되는 기본권 우선 적용에 따라 해결한다.

Answer 7.② 8.④

9 성문법을 설명한 ㈎와 ㈏에 대한 분석으로 잘못된 것을 고르면?

㈎ 기본권과 국민의 의무를 규정한 법규범이다.
㈏ 국회의 의결을 거쳐 제정된 법규범이다.

㉠ 헌법에 의하여 체결·공포된 조약은 ㈎와 같은 효력을 갖는다.
㉡ ㈎는 입법부, 행정부, 사법부 등 국가 통치조직을 규정하고 있다.
㉢ 일반적으로 승인된 국제법규는 ㈏보다 상위의 효력을 갖는다.
㉣ ㈏는 국회가 의결하면 정부에 이송되어 대통령이 공포함으로써 효력이 발생한다.

① ㉠㉡
② ㉠㉢
③ ㉢㉣
④ ㉡㉣

TIP ㈎는 헌법을, ㈏는 법률을 나타낸다.
㉠ 헌법에 의하여 체결·공포된 조약은 법률인 ㈏와 같은 효력을 갖는다.
㉢ 일반적으로 승인된 국제법규는 법률인 ㈏의 효력을 보유하므로 ㈎보다는 하위의 효력을 갖는다.

10 다음의 기본권을 설명한 ㈎~㈐를 보고 추론한 사실로 〈보기〉에서 옳은 설명만을 고르면?

대헌장 → ㈎ 의회의 승인없는 과세 금지 → 권리장전 → ㈏ 독립선언 → ㈐ 인간과 시민의 권리 선언

〈보기〉
㉠ ㈎는 영국의 인신보호법을 말한다.
㉡ ㈏는 천부인권을 인정한 측면에서 ㈎와 구분된다.
㉢ ㈏는 저항권을 규정한 측면에서 ㈎와 구분된다.
㉣ ㈐는 ㈏와 함께 유럽 최초의 근대적 인권 선언이라는 점에서 역사적 가치를 찾을 수 있다.

① ㉠
② ㉡
③ ㉠㉢
④ ㉢㉣

Answer 9.② 10.②

TIP (개)는 영국의 권리청원, (내)는 미국의 독립선언, (대)는 프랑스 인권선언이다.
㉠ (개)는 영국의 권리청원임으로 틀린 설명이다.
㉡ (내)는 생명, 자유, 행복추구권을 천부적 권리로 선언하였기 때문에 옳은 설명이다.
㉢ 저항권은 독립선언 바로 직전인 버지니아 권리장전에 명시되었으므로 틀린 설명이다.
㉣ (내)는 미국, (대)는 프랑스와 관련이 있으므로 틀린 설명이다.

11 〈보기〉는 헌법 개정 절차이다. 밑줄 친 ㉠~㉣에 대한 설명으로 가장 옳은 것은?

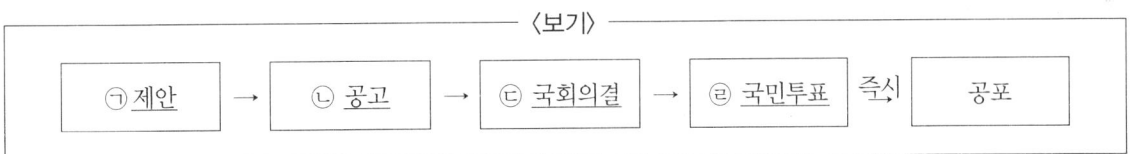

① 국회에서 ㉠을 하기 위해서는 국회재적의원 과반수의 찬성을 얻고, 국무회의 심의를 거쳐야 한다.
② ㉡은 20일 이상의 기간 동안 국회의장이 한다.
③ ㉢은 헌법개정안이 공고된 날로부터 90일 이내에 이루어져야 하며, 국회재적의원 2/3 이상의 찬성을 얻어야 한다.
④ ㉣은 헌법개정안을 국회가 의결한 후 30일 이내에 이루어져야 하며, 국회의원선거권자 과반수의 투표와 투표자 과반수의 찬성을 얻으면 헌법개정안은 확정된다.

TIP ① 헌법 개정은 국회재적의원 과반수 또는 대통령의 발의로 제안된다. 즉, 국회에서 제안할 경우는 국회재적의원 과반수의 찬성만 있으면 된다.
② 제안된 헌법개정안은 국회의장이 아닌 대통령이 20일 이상의 기간 동안 공고한다.
③ 국회는 헌법개정안이 공고된 날로부터 60일 이내에 의결하여야 하며, 국회재적의원 2/3 이상의 찬성을 얻어야 한다.
④ 국민투표는 헌법개정안을 국회가 의결한 후 30일 이내에 이루어져야 하며, 국회의원선거권자 과반수의 투표와 투표자 과반수의 찬성을 얻으면 헌법개정안은 확정된다.

Answer 11.④

12 기본권 보장을 위한 기본권에 속하는 것은?

① 공무담임권
② 언론·출판·집회·결사의 자유
③ 환경권
④ 재판청구권

> **TIP** 청구권적 기본권
> ㉠ 성격:침해당한 기본권의 구제를 국가에 대해 청구하는 적극적 권리로서, 그 자체가 권리의 목적이 아니라 다른 기본권을 보장하기 위한 수단적 성격의 기본권이다.
> ㉡ 내용:청원권, 재판청구권, 형사보상청구권, 국가배상청구권, 구속적부심사청구권, 변호인의 조력을 받을 권리, 타인의 범죄행위로 인한 피해에 대해 국가구조를 받을 권리 등이다.

13 기본권 침해시 국가기관에 취할 수 있는 행동에 관한 설명 중 옳은 것은?

① 청원 – 국가기관에 문서로 한다.
② 헌법소원 – 대법원에 청구한다.
③ 행정소송 – 행정기관에 청구한다.
④ 행정상 손해배상 – 적법한 행정행위에 의해 가해진 손해를 전보하여 주는 것이다.

> **TIP** ② 헌법소원은 헌법재판소에 구제를 청구한다.
> ③ 행정소송은 법원에 구제를 청구한다.
> ④ 행정상 손해배상은 위법한 행정행위에 의해 가해진 손해를 전보하여 주는 것이다.

14 다음 중 법률로 정하는 것이 아닌 것은?

① 조세의 종목과 세율
② 국회의원의 선거구
③ 계약의 종류와 내용
④ 행정각부의 설치

> **TIP** ① 조세법률주의〈헌법 제59조〉
> ② 선거구법정주의〈헌법 제41조 제3항〉
> ③ 미풍양속에 위배되지 않으면 사인 간에 자유로이 정할 수 있다.
> ④ 정부조직의 입법화〈헌법 제96조〉

Answer 12.④ 13.① 14.③

15 국가형벌권의 한계를 제시하여 그 남용을 방지함으로써 국민의 인권을 보장하기 위한 형법의 가장 중요한 기본원칙은?

① 관습형벌의 배제
② 죄형법정주의
③ 일사부재리의 원칙
④ 형벌불소급의 원칙

TIP 죄형법정주의
ㄱ 의의 : 공동생활의 질서를 해하는 행위인 범죄와 이에 대한 제재인 형벌의 내용을 미리 법률로 정해야 한다는 원칙이다. 죄형법정주의는 국가형벌권의 한계를 제시하여 그 남용을 방지함으로써 국민의 인권을 보장한다.
ㄴ 죄형법정주의의 파생원칙 : 관습법 적용의 금지, 유추해석의 금지, 형벌불소급의 원칙, 절대적 부정기형의 금지 등이 있다.

16 법의 이념에 대한 내용으로 옳지 않은 것은?

① 자연법의 정신은 실정법을 통해 구체화되고 실정법의 내용은 헌법에 근거하여 그 타당성을 인정받을 수 있다.
② 정의는 오늘날의 평등·공정 및 기본적 인권의 존중 등으로 파악되는 것이 일반적인 경향이다.
③ 합목적성이란 그 국가와 사회가 추구하는 법적 가치와 목표를 말한다.
④ 법적 안정성을 위해서는 법의 내용이 명확하고 자주 변경되어서는 안되며, 국민의 법의식에 합당해야 한다.

TIP ① 자연법의 정신은 실정법을 통해서 구체화되고 실정법의 내용은 자연법에 근거하여 그 타당성을 인정받는다.
※ 법의 이념(법의 목적)
ㄱ 정의
• 사회의 평화·번영·안정의 필요조건
• 오늘날에는 평등·공정 및 기본적 인권의 존중 등으로 파악
• 사회구성원 개개인의 인간으로서의 존엄과 가치를 최대한 보장, 사회공동체의 조화와 복리증진을 실현
ㄴ 합목적성 : 국가와 사회가 전체적으로 어떤 가치를 추구하는 것이 이상적인가를 예상하고 그것에 맞추어 방향을 설정
ㄷ 법적 안정성
• 국민들이 법에 따라 안심하고 생활할 수 있는 것
• 법의 내용이 명확하고, 함부로 변경되지 않으며, 국민의 의식에 합당해야 함

Answer 15.② 16.①

17 〈보기〉의 우리나라 헌법 기관 A, B에 대한 설명으로 가장 옳지 않은 것은?

〈보기〉	
○월 ○일 대통령 일정	
10:00	행정 기관 및 공무원의 직무에 관한 감찰을 주 임무로 하는 A의 장에게 임명장 수여
13:00	행정부 최고 심의 기관인 B에 참석하여 주요 국정 현안 협의

① A의 기능에는 세입·세출의 결산 검사가 있다.
② A의 장을 임명할 때에는 국회의 동의가 필요하다.
③ B의 의장은 국무총리이다.
④ 국회의원은 B의 구성원이 될 수 있다.

TIP ③ 〈보기〉의 A는 감사원, B는 국무회의에 해당한다. 국무회의의 의장은 대통령이고 국무총리는 부의장이다.

18 다음 법 규정들이 공통적으로 추구하는 법이념으로 가장 적절한 것은?

> • 민법 제162조 제1항: 채권은 10년간 행사하지 아니하면 소멸 시효가 완성된다.
> • 헌법 제13조 제1항: 모든 국민은 행위 시의 법률에 의하여 범죄를 구성하지 아니하는 행위로 소추되지 아니하며, 동일한 범죄로 거듭 처벌받지 아니한다.

① 정의
② 정당성
③ 합목적성
④ 법적 안정성

TIP 법적 안정성 … 법에 의하여 보호 또는 보장되는 사회생활의 안정성을 의미하며 법이 자주 변경되면 사회 안정을 해치게 되므로 법의 제정은 신중하게 이루어져야 한다.
① 정의란 같은 것은 같게, 다른 것은 다르게 취급한다는 추상적 이념이다.
③ 합목적성은 같은 것과 같지 않은 것을 구별하게 해 주는 구체적 기준이 된다.

Answer 17.③ 18.④

19 국민의 의무를 헌법에 규정하고 있는 근본적인 목적은?

① 국가의 목적달성을 위하여
② 헌법에 규정이 없는 새로운 의무를 부과하지 못하도록 하기 위해서
③ 국민 모두가 국민된 도리를 다하게 하기 위하여
④ 국민에게 의무의 중요성을 인식시키기 위하여

> **TIP** 국민의 기본적 의무를 헌법에 규정하고 있는 것은 국민에게 의무를 강조하자는 데에 그 뜻이 있는 것이 아니라 헌법에 규정된 경우와 헌법이 정하는 방법과 절차에 의하지 아니하고는 새로운 의무를 부과하지 못하게 하려는 데 원래의 목적이 있다.

20 〈보기〉는 질문 (가)~(다)를 통해 시대별 민주주의를 구분한 것이다. 이에 대한 설명으로 가장 옳은 것은? (단, A~C는 각각 고대 아테네 민주주의, 근대 민주주의, 현대 민주주의 중 하나이다.)

― 〈보기〉 ―

구분	A	B	C
(가)	예	예	아니요
(나)	아니요	아니요	예
(다)	㉠	예	㉡

① (가)에는 '직접 민주제를 바탕으로 합니까?'가 들어갈 수 있다.
② (나)에는 '국민주권의 원리를 기초로 합니까?'가 들어갈 수 있다.
③ A가 고대 아테네 민주주의라면 (나)에는 '권력분립의 원리에 따라 견제와 균형이 이루어졌습니까?'가 들어갈 수 있다.
④ (다)에 '성별을 이유로 참정권을 제한합니까?'가 들어가고 ㉠이 '아니요'라면 ㉡은 '예'이다.

> **TIP** ④ 성별을 이유로 참정권을 제한하는 민주주의는 고대 아테네 민주주의와 근대 민주주의이다.
> ① 직접민주제를 시행하는 것은 고대 아테네 민주주의만 해당한다. 근대 민주주의와 현대 민주주의는 대표 민주제이므로 '예'가 두개가 들어가는 (가)에 '직접 민주제를 바탕으로 합니까?' 질문은 적절하지 않다.
> ② 국민주권의 원리를 기초로 하는 민주주의는 근대 민주주의와 현대 민주주의입니다. '아니오'가 두 개가 들어가는 (나)에는 '국민주권의 원리를 기초로 합니까?' 질문이 적절하지 않다.
> ③ 고대 아테네 민주주의에는 권력분립의 원리에 따라 견제와 균형이 나타나지 않는다. 단일기관에서 지배하였고 견제와 균형은 제한적이었다.

Answer 19.② 20.④

04 개인생활과 법

제1편 법과 정치

❶ 민법의 기초 이해

(1) 민법의 의미

① 공법(公法)과 사법(私法)의 구분
  ㉠ 공법 : 국가와 같은 공적 기관이 개입하여 사회질서 및 공공의 생활을 규율하는 법으로, 헌법, 형법, 행정법 등이 이에 해당한다.
  ㉡ 사법 : 개인 간의 법적 관계를 규율하는 법으로, 민법, 상법 등이 이에 해당한다.

② 민법 … 개인 간의 법적 관계를 규율함에 있어 일반적으로 적용되는 법으로, 로마 제국 시대의 시민법이 유럽으로 보급되고, 시민 혁명을 거치면서 형성되었다.

(2) 민법의 원칙

① 근대 민법의 3대 원칙
  ㉠ 소유권 절대의 원칙(사유 재산권 존중의 원칙) : 개인의 사유 재산에 대한 절대적 지배를 인정하며, 국가나 타인의 간섭을 배제한다.
  ㉡ 사적 자치의 원칙(계약 자유의 원칙) : 계약 체결 여부, 상대방 선택, 계약 내용 형성 등 개인은 자신의 자유로운 의사에 기초하여 법률관계를 형성할 수 있다.
  ㉢ 과실 책임의 원칙(자기 책임의 원칙) : 개인이 타인에게 끼친 손해에 대해서는 고의 또는 과실이 있을 때만 책임을 지며, 타인의 행위에 대해서는 책임을 지지 않는다.

② 근대 민법의 3대 원칙의 실천에 따른 제약
  ㉠ 법률행위나 계약이 강행 법규, 선량한 풍속, 그 밖의 사회 질서에 반하면 무효이다.
  ㉡ 채무의 이행에는 신의와 성실이 요구된다.
  ㉢ 소유권의 행사에는 법률의 제한이 따르며, 소유권을 타인에게 해를 끼칠 목적으로 행사할 수 없다.

③ 현대 민법의 3대 기본 원리

구분	내용
소유권 공공의 원칙	• 개인의 재산권은 법에 의해 보장되지만, 사회 전체의 이익을 위해 그 권리의 행사가 제한될 수 있음 • 근거조항 : 재산권의 행사는 공공복리에 적합하도록 하여야 한다〈헌법 제23조 제2항〉.
계약 공정의 원칙	• 공정성을 잃은 계약은 법의 보호를 받을 수 없음 • 근거조항 : 당사자의 궁박(窮迫), 경솔 또는 무경험으로 인하여 현저하게 공정을 잃은 법률행위는 무효로 한다〈민법 제104조〉.
무과실 책임의 원칙	과실이 없는 경우에도 일정한 상황에 대해서는 관계있는 자에게 책임을 물을 수 있음

❷ 계약과 불법 행위

(1) 계약의 의미와 과정

① **계약의 개념** … 계약이란 법률 효과의 발생을 목적으로 2인 이상의 당사자의 합의하에 성립하는 법률행위를 의미한다.

② **계약의 효력**
  ㉠ 계약을 체결한 당사자에게 일정한 권리와 의무가 발생한다.
  ㉡ 계약에 따른 의무를 제대로 이행하지 않을 경우, 채무자는 채무불이행에 따른 손해배상 책임을 지게 된다.

③ **계약의 성립과 효력 발생**
  ㉠ 계약의 성립 시점 : 계약을 체결하고 싶다는 의사 표시인 청약과 이를 받아들이겠다는 의사 표시인 승낙이 합치된 때에 계약이 성립한다.
  ㉡ 계약서 작성 : 계약은 구두로도 성립하므로 계약서 작성이 필수적 요건은 아니나, 계약의 내용을 명확히 하고, 당사자 간의 특약 사항, 계약 체결 일시 및 장소를 기재한다.

④ **미성년자(제한능력자)와의 계약**
  ㉠ 제한능력자 측은 법률행위 시 취소권을 갖고 있으므로 거래한 상대방은 불리한 지위에 놓이게 된다.
  ㉡ 민법은 제한능력자를 보호함과 동시에 거래 상대방을 보호하기 위하여 상대방에게 확답을 촉구할 권리, 철회권과 거절권, 속임수에 따른 취소권의 배제를 규정하고 있다.

(2) 불법행위의 이해

① **의미** … 고의 또는 과실로 위법하게 타인에게 손해를 입힌 가해자의 행위

② **성립 요건** … 가해행위, 위법성, 고의 또는 과실, 손해의 발생, 가해행위와 손해 간의 인과관계, 책임 능력

③ **특수한 불법행위** … 일반적인 불법행위의 성립 요건과 달리 책임의 성립 요건이 경감되거나 타인의 가해 행위에 대해서도 책임을 지는 경우

책임무능력자의 감독자의 책임	다른 자에게 손해를 가한 사람이 미성년자, 심신상실자의 책임능력에 따라 책임이 없는 경우에는 그를 감독할 법정 의무가 있는 자가 그 손해를 배상할 책임이 있다. 다만, 감독의무를 게을리하지 아니한 경우에는 그러하지 아니하다〈민법 제755조 제1항〉.
사용자의 배상책임	타인을 사용하여 어느 사무에 종사하게 한 자는 피용자가 그 사무집행에 관하여 제삼자에게 가한 손해를 배상할 책임이 있다. 그러나 사용자가 피용자의 선임 및 그 사무 감독에 상당한 주의를 한 때 또는 상당한 주의를 하여도 손해가 있을 경우에는 그러하지 아니하다〈민법 제756조 제1항〉.
공작물 등의 점유자·소유자 책임	• 공작물의 설치 또는 보존의 하자로 인하여 타인에게 손해를 가한 때에는 공작물점유자가 손해를 배상할 책임이 있다. 그러나 점유자가 손해의 방지에 필요한 주의를 해태하지 아니한 때에는 그 소유자가 손해를 배상할 책임이 있다〈민법 제758조 제1항〉. • 동물의 점유자는 그 동물이 타인에게 가한 손해를 배상할 책임이 있다. 그러나 동물의 종류와 성질에 따라 그 보관에 상당한 주의를 해태하지 아니한 때에는 그러하지 아니하다〈민법 제759조 제1항〉.
공동불법 행위자의 책임	• 수인이 공동의 불법행위로 타인에게 손해를 가한 때에는 연대하여 그 손해를 배상할 책임이 있다〈민법 제760조 제1항〉. • 공동 아닌 수인의 행위 중 어느 자의 행위가 그 손해를 가한 것인지를 알 수 없는 때에도 전항과 같다〈민법 제760조 제2항〉.

(3) 손해배상

① **의미** … 타인에게 입힌 손해를 전보(塡補)하고, 손해 발생 이전과 똑같은 상태로 회복시키는 것

② **손해배상의 범위**
 ㉠ 채무불이행으로 인한 손해배상은 통상의 손해를 그 한도로 한다.
 ㉡ 특별한 사정으로 인한 손해는 채무자가 그 사정을 알았거나 알 수 있었을 때에 한하여 배상의 책임이 있다.

③ **손해배상의 방법** … 금전 배상이 원칙이며, 명예훼손의 경우에는 손해 배상과 함께 사죄 광고 등과 같은 명예회복에 필요한 처분을 명할 수 있다.

❸ 개인 간의 분쟁 해결

(1) 개인 간의 분쟁 해결을 위한 간편한 절차

① 내용증명우편 … 우체국에서 발송인이 언제, 누구에게, 어떤 내용의 문서를 발송했는지 증명해주는 제도

② 민사조정제도 … 소송 이전에 법관이나 조정 위원회에서 타협안을 제시하여 당사자들이 수용하도록 하는 제도

③ 소액사건심판 … 2천만 원 이하의 작은 액수를 빌려 준 경우

(2) 민사소송의 이해

① 민사소송 … 개인 간의 문제에 대해 법원이 개입하여 분쟁을 해결·조정해주는 정식 절차로 가장 강제적인 분쟁 해결 수단이다.

② 절차

단계	내용
재산 확보	가압류 신청 등과 같이 채무자의 재산을 미리 확인하고 확보해 주는 조치
재판 및 판결	• 돈을 받을 권리가 있음을 법원으로부터 확인 • 객관적으로 증명할 수 있는 자료 제시 • 변호사의 도움을 받을 수 있음
강제 집행	• 국가의 힘을 빌려 권리를 실현 • 가압류된 재산을 매각하거나 채무자가 타인에 대해 가지고 있는 채권을 대신 행사 • 미리 공증을 받은 경우, 재판 절차 없이 바로 강제 집행 가능

(3) 분쟁을 해결하는 다른 방법

① 대안적 분쟁 해결 방법
　㉠ 협상 : 분쟁 당사자들이 대화를 나누어 자율적으로 해결책 모색
　㉡ 조정 : 분쟁과 관련이 없는 타인이 개입하여 당사자 간의 대화를 주선하는 경우로 주로 민사 사건에 활용
　㉢ 중재 : 제3자에게 결정을 맡기는 해결 방식으로 법적 구속력이 있으며, 주로 언론 문제나 노동 문제의 해결에 활용

② 법률 구조 기관
　㉠ 대한법률구조공단 : 민사 사건과 형사 사건에 모두 관여하며 무료 법률 상담 등을 제공하는 비영리 공익 법인이다.
　㉡ 한국가정법률상담소 : 가정 문제를 비롯하여 법률문제 전반에 대한 상담 및 교육을 담당한다.
　㉢ 대한변호사협회 : 현직 변호사들이 법률 상담을 제공하고 법률 구조 대상자를 선정하여 변호사 선임 및 소송에 필요한 각종 비용을 지원한다.

④ 생활 속의 법 – (1) 가족관계와 법

(1) 출생

① **출생시점** … 민법은 태아가 살아 있는 상태로 완전히 어머니의 몸 밖으로 나온 때를 출생시점으로 보는 완전 노출설의 입장을 취한다. 태아의 경우 상속, 불법 행위로 인한 손해 배상 청구 등의 경우에 예외적으로 권리 능력을 인정한다.

② **이름 짓기** … 한글 또는 한자 사용이 가능하며, 성을 제외하고 5자 이내로 제한한다.

③ **출생신고** … 출생증명서를 갖추고 주민 센터에서 신고하며, 출생 후 1개월 내에 신고하지 않으면 과태료가 부과된다.

④ **인지** … 혼인 외의 관계에서 태어난 자녀에 대해서는 아버지나 어머니가 자신의 자녀라고 인정하는 절차를 거쳐야 부모와 관련된 법적 권리를 보장받을 수 있다.

⑤ 입양의 경우 양자는 친자녀와 동등한 법적 권리를 가진다.

(2) 결혼과 이혼

① 결혼

㉠ 결혼(법률혼)의 성립요건

구분	내용
실질적 요건	• 혼인하겠다는 의사의 합치가 있어야 함 • 법적으로 혼인이 제한되는 친족 관계가 없어야 함 • 혼인 가능 연령(만 18세, 미성년자의 경우 부모의 동의 필요)에 도달해야 함
형식적 요건	혼인 신고

㉡ **사실혼과 동거**: 혼인 신고 없이 결혼 생활을 하는 사실혼의 경우 제한적 범위에서만 법적 보호를 받으며, 동거의 경우 법적 보호를 받지 못한다.

㉢ 결혼의 효력

- 친족 관계의 발생
- 부부 동거, 부양, 협조, 정조를 지킬 의무 발생
- 성년의제 : 만 18~19세의 미성년자가 혼인하면 민법상 성인으로 간주되어 단독으로 법률 행위가 가능하다.
- 부부 간의 계약 취소권 : 부부사이에서 혼인 중에 맺은 계약은 언제든지 부부의 일방이 이를 취소 할 수 있다.
- 부부 간의 일상 가사 대리권 : 가정생활에 필요로 하는 통상적 사무의 수행은 부부 서로가 상대방을 대리할 수 있다.

② 이혼
　㉠ 협의상 이혼 : 부부의 의사 합치에 의한 이혼으로 이유나 원인을 묻지 않는다. 이혼 의사 확인 후 자녀 양육 문제를 결정하고 법원에 서류를 제출하면, 이혼숙려기간 거쳐 가정 법원에서 이혼 의사 여부를 공적으로 확인한다. 3개월 이내에 등록기준지 또는 주소지 관할 구청에 신고하면 이혼의 과정이 완료된다.
　㉡ 재판상 이혼 : 부부관계가 파탄의 상태에 이르러 부부관계를 더 이상 유지할 수 없지만, 협의를 통한 이혼이 불가능 할 때 주소지 관할 법원에 이혼소송을 청구하여 판결로써 부부관계를 해소할 수 있다.
　㉢ 이혼의 효력
　　• 혼인에 의해 성립한 부부 사이의 모든 권리와 의무, 친족관계 소멸
　　• 부부 공동 재산에 대한 분할 청구권
　　• 유책 배우자에 대한 위자료 청구 및 손해배상청구권 발생

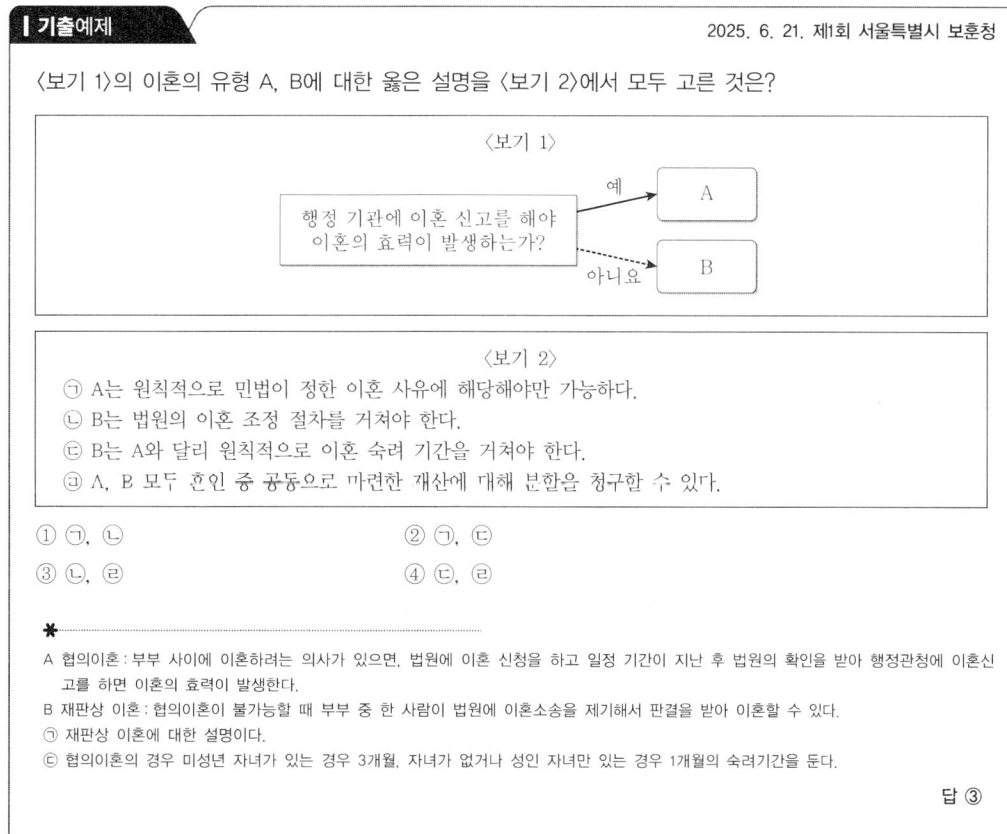

(3) 사망과 상속

① **사망시점** … 사망시점에 대해서는 심장과 폐의 기능이 다하는 시점인 심폐 기능 정지설(민법에서의 일반설)과 뇌의 기능이 돌이킬 수 없는 손상으로 정지되는 시점인 뇌사설(제한적 인정)이 인정된다.

② **유언** … 유언자의 사망과 동시에 일정한 법률 효과를 발생시키기 위한 것으로 자필 증서, 녹음, 공정 증서, 비밀 증서 등과 같은 법에서 정한 형식이나 절차에 맞게 한 유언만 효력을 인정한다.

③ **상속** … 고인의 재산에 관한 권리와 의무가 배우자 및 일정한 범위의 친족에게 승계되는 것으로 재산뿐만 아니라 빚도 상속된다.

　㉠ 종류
　　• 유언 상속 : 피상속인의 유언이 있을 경우 유류분(법정 상속인에게 법으로 보장되는 부분)을 제외하고 유언에 따름
　　• 법정 상속 : 피상속인의 유언이 없을 경우 법에 정해진 대로 상속이 이루어짐

　㉡ 상속인 보호
　　• 상속포기 : 법정 상속을 받지 않겠다는 표시
　　• 한정승인 : 상속받을 재산 범위 내에서만 빚을 갚겠다는 표시
　　• 상속 여부의 재결정 : 뒤늦게 피상속인의 빚이 재산보다 더 많다는 것을 알게 된 경우, 일정 기간 내에 상속 여부를 재결정 할 수 있다.

　㉢ 상속 순위

구분	상속인	비고
제1순위	직계 비속, 배우자	배우자의 경우 직계 비속이나 직계 존속이 있으면 공동으로 상속하며, 그렇지 않을 경우 단독 상속한다.
제2순위	직계 존속, 배우자	
제3순위	형제자매	
제4순위	4촌 이내의 방계 혈족	

　㉣ 상속분과 기여상속분 : 성별, 결혼 여부 등에 관계없이 모두 균등하게 상속받으며, 배우자는 상속분의 50%를 더 받는다. 고인을 특별히 부양하였거나 고인의 재산 형성에 이바지한 공로가 인정되는 상속인에 대해서는 법에 정한 상속분보다 일정액을 더 상속받도록 기여상속분을 인정한다.

5 생활 속의 법 – (2) 부동산 관련 법

(1) 부동산 물권

① 물권법정주의

구분	내용
점유권	물건을 사실상 지배하고 있을 때, 그 상태를 보호해 주기 위한 권리
소유권	대표적 물권으로 물건을 직접적 및 배타적으로 사용, 수익, 처분하거나 그 밖의 방법으로 지배할 수 있는 권리
제한물권	• 물건의 한정된 면만 지배할 수 있는 권리 • 용익물권 : 타인의 물건(토지 또는 건물)을 일정 범위 내에서 사용, 수익할 수 있는 물권으로 지상권, 지역권, 전세권 등이 해당 • 담보물권 : 목적물을 자기 채권의 담보에 제공함을 목적으로 하는 물권으로, 유치권, 저당권 등이 해당

② 물권의 효력
  ㉠ 상호간의 우선적 효력 : 시간적으로 앞서서 성립한 물권은 뒤에 성립한 물권에 우선한다.
  ㉡ 물권과 채권간의 우선적 효력 : 동일물에 대하여 물권과 채권이 병존하는 경우에는 그 성립 시기에 관계없이 항상 물권이 우선한다.

③ 공시
  ㉠ 의미 : 물권의 변동은 거래의 안전을 위하여 당사자는 물론 제3자도 쉽게 그 변동관계를 알 수 있도록 해주는 것으로 언제나 외부에서 인식할 수 있는 방법을 수반해야 한다.
  ㉡ 공시의 방법

구분	물권의 공시	물권변동의 공시
동산	점유	인도
부동산	등기	등기

(2) 부동산 매매와 등기

① 등기 … 등기부라는 공적 장부에 부동산과 관련된 권리를 기재하는 것으로, 필요한 경우 다른 사람이 열람할 수 있으며 부동산의 거래는 등기부상에 내용이 기재되어야만 법적 효력이 발생한다.

② 등기부등본의 구성 … 갑구와 을구에 관계없이 먼저 등기가 된 권리가 우선 보호된다.

구분	내용
표제부	소재지, 면적, 용도, 구조 등이 변경된 순서대로 기재
갑구	소유권에 관한 사항이 접수된 날짜순으로 기재
을구	저당권, 전세권 등 같은 소유권 이외의 권리에 관한 사항 기재

③ 부동산 거래의 절차
  ㉠ 탐색 : 위치, 가격 등을 탐색
  ㉡ 등기부 열람 : 토지나 건물의 소유자 확인, 권리설정관계의 유무 파악
  ㉢ 토지대장 열람 : 등기부와 다른 점 확인, 해당 구청에서 열람
  ㉣ 매매계약 체결 : 매도인이 실소유자가 맞는지 반드시 확인
  ㉤ 계약금 지불 : 계약서 작성 후 통상 매매가의 10%
  ㉥ 중도금 지급 : 계약일과 잔금일의 중간쯤 매매가의 40%
  ㉦ 잔금 지급 : 매매대상물을 인도하는 날, 등기서류 및 부동산 인수
  ㉧ 등기 : 신청서, 등기원인을 증명하는 서면, 매도인의 등기필증(집문서, 땅문서), 매매용 인감증명서 등을 첨부하여 지방법원관할 등기소에 신청

④ 계약 해제
  ㉠ 중도금 지급 전 : 계약의 일방 당사자는 상대방의 합의를 구하지 않아도 매수인은 계약금을 포기, 매도인은 계약금의 배액을 지급하고 계약 해제가 가능하다.
  ㉡ 중도금 지급 후 : 중도금이 지급되면 이행의 착수로 보아 계약은 확정되며 원칙적으로 해제가 불가능하나 예외적으로 양 당사자가 합의한 경우, 약정에 의한 경우, 법에 규정된 사유가 있는 경우는 해제 가능하다.

(3) 부동산 임대차

① 의미 … 임대인이 임차인에게 건물이나 토지 등을 빌려 주고 임차인이 그 대가를 지급하기로 하는 계약으로, 통상적인 전월세 계약을 임대차 계약으로 볼 수 있다.

② 임대차 계약 시 주의사항
  ㉠ 등기부등본을 열람하거나 발급받아 계약 해지 시에 보증금을 안전하게 돌려받을 수 있는지를 확인
  ㉡ 등기부등본에 기재가 안 된 선순위의 임차권자의 보증금이 얼마나 되는지, 해당 부동산이 경매될 경우 매각금액 예측
  ㉢ 잔금 지급 시에 주민 등록 전입신고를 하면서 임대차 계약서에 확정일자를 받음
  ㉣ 주택임대차보호법상의 대항력을 인정받으려면 현실로 주택을 인도받아야 함

③ 주택임대차보호법
  ㉠ 목적 : 세입자의 주거 및 보증금의 회수를 보장하고, 과도한 집세 인상 등에서 세입자를 보호하기 위하여 제정
  ㉡ 대항력 : 계약기간까지 그 주택에 거주할 수 있고, 계약기간이 지났더라도 임차 보증금을 돌려 줄때 까지 계속 거주할 수 있는 권리
  ㉢ 우선변제권 : 임차 주택이 경매 처분될 경우 자신의 임대차 보증금을 후순위 저당권에 우선하여 우선 돌려받을 수 있는 권리

ⓔ **계약기간특례** : 계약기간이 없거나 2년 미만으로 정한 임대차는 그 기간을 2년으로 본다. 또 임대인이 기간 만료 전 갱신 거절이나 조건 변경의 통지를 하지 않았을 경우 이전과 같은 조건으로 다시 계약한 것으로 본다.
ⓜ **임차권 승계** : 임차인의 사실혼 배우자도 임차인이 사망한 경우 임차권을 승계할 수 있다.
ⓗ **소액보증금 최우선 변제권** : 일정 범위의 소액 보증금은 다른 담보물권자보다도 우선하여 최우선으로 변제받을 수 있다.

04. 개인생활과 법

기출 예상 문제

1 〈보기〉의 A~F 중에서 손해 배상 책임을 질 수 있는 사람을 모두 고른 것은?

〈보기〉

- 유치원에 다니는 A(6세)는 엄마 B(35세)가 청소하는 틈을 타 아파트 10층 자신의 집 베란다에 있던 화분을 창밖으로 던졌다. 이 화분이 아파트 화단에서 텃밭을 가꾸고 있던 C의 머리에 맞아 C는 6주 간 치료를 받았다.
- D(34세)는 E(46세)가 운영하는 전자 제품 대리점의 배달 사원으로 고객 F가 구매한 텔레비전을 배달 하였다. 설치하는 과정에서 실수로 텔레비전을 넘어뜨렸고, 옆에 서 있던 F의 발 위로 떨어지면서 발 가락이 골절 되어 F는 4주간 치료를 받았다.

① B, D
② A, B, D
③ A, D, E
④ B, D, E

TIP A(6세): A는 미성년자로 법적으로 책임 능력이 없지만 행위에 대한 일정 책임은 있을 수 있다.
B(엄마, 35세): A의 법정 대리인으로 B는 A의 행위에 감독 의무를 하지 않았기 때문에 손해 배상 책임을 질 수 있다.
D(배달 사원, 34세): D는 직무를 수행하다가 실수로 발생한 사고로 직접적인 손해 배상 책임이 있다.
E(전자 제품 대리점 운영자, 46세): D가 E의 직원으로서 직무를 수행하다가 일어난 사고로 손해 배상 책임이 있다.

Answer 1.④

2 〈보기〉의 밑줄 친 ㉠~㉣ 중 혼인의 효력에 대한 설명으로 가장 옳지 않은 것은?

〈보기〉

혼인한 부부는 원칙적으로 함께 살며 서로 부양하고 협조해야 할 법률상의 의무를 진다. 「민법」은 혼인 하였더라도 ㉠ 부부가 각자의 재산을 따로 소유·관리·처분하는 부부 별산제를 원칙으로 한다. ㉡ 혼인 중 부부가 협력하여 취득한 재산은 명의가 어느 쪽으로 되어 있는지에 따라 부부 각자의 재산으로 본다. 부부는 공동생활에 필요한 비용을 함께 부담해야 하므로 이를 위하여 ㉢ 일상의 가사에 대해 상대방을 대리할 수 있다. ㉣ 일상의 가사에 대해 부부 중 어느 한쪽이 지는 채무는 별도의 의사 표시가 없는 한 부부에게 연대 책임이 있다.

① ㉠
② ㉡
③ ㉢
④ ㉣

> **TIP** 혼인은 가족을 구성하고 사회 질서 속에 편입되는 사회적 제도로써 적법한 혼인은 법이 규율하는 법률관계를 구성하며 법의 보호를 받는다. 민법 제830조 제1항에 따라 부부의 일방이 혼인 중 자기의 명의로 취득한 재산을 그 특유재산으로 한다. 따라서, 혼인 중 부부가 협력하여 취득한 재산은 명의가 어느 쪽으로 되어 있는지에 따라 부부 각자의 재산으로 한다. 즉, 간주의 의미로써 '본다'가 아니라 추정의 의미로써 '한다'가 옳은 설명이다.
> ① 민법 제830조 제1항에 따라 부부가 각자의 재산을 따로 소유·관리·처분하는 부부 별산제를 원칙으로 한다.
> ③ 민법 제827조 제1항의 일상가사 대리권에 따라 부부는 일상의 가사에 대해 상대방을 대리할 수 있다.
> ④ 민법 제832조에 따라 일상의 가사에 대해 부부 중 어느 한쪽이 지는 채무는 별도의 의사 표시가 없는 한 부부에게 연대 책임이 있다.

3 다음 중 민법에 있어서 권리의 주체, 객체 및 법률행위에 대한 내용으로 옳은 것은?

① 물건이라 함은 유체물 및 전기, 기타 관리할 수 있는 자연물을 말한다.
② 법률행위는 누구나 자신의 창의와 책임하에 자유의사에 따라 행동하는 것을 원칙으로 한다.
③ 권리능력을 가진 자는 누구나 단독으로 법률행위를 할 수 있다.
④ 민법상 권리의 주체는 모든 자연인에 한한다.

> **TIP** ① 민법에서 물건이라 함은 유체물 및 전기, 기타 관리할 수 있는 자연력을 말한다〈민법 제98조〉.
> ③ 법률행위는 당사자가 의사능력 및 행위능력을 가지고 있어야 한다.
> ④ 민법상 권리의 주체는 자연인과 법인이다.

Answer 2.② 3.②

4 〈보기〉의 사례에 대한 「민법」상 판단으로 가장 옳은 것은?

---〈보기〉---
갑(甲, 만 17세)은 법정 대리인인 부모의 동의 없이 신형 스마트폰 판매자인 을(乙, 만 40세)과 고가의 스마트폰 매매 계약을 체결하였다. 갑(甲)은 을(乙)과 이에 대한 계약서를 작성하였지만 아직 매매 대금을 지불하지 않았다.

---

① 갑(甲)과 을(乙)의 계약은 당연히 처음부터 효력이 발생하지 않는다.
② 을(乙)은 갑(甲) 본인에게 계약을 취소할 것인지에 대한 확답을 촉구할 권리를 갖는다.
③ 을(乙)은 갑(甲)과 계약을 체결할 당시에 갑(甲)이 미성년자임을 몰랐을 경우에만 철회권을 행사할 수 있다.
④ 매매 계약이 성립되는 시기는 매매 대금이 완납되는 시점부터이다.

> **TIP** 사례에서 갑(甲)은 미성년자로 제한능력자에 해당한다. 제한능력자가 맺은 계약은 추인이 있을 때까지 상대방인 을(乙)이 그 의사표시를 철회할 수 있다. 다만, 상대방이 계약 당시에 제한능력자임을 알았을 경우에는 철회할 수 없다. 다시 말해서, 을(乙)은 갑(甲)과 계약을 체결할 당시에 갑(甲)이 미성년자임을 몰랐을 경우에는 철회권을 행사할 수 있다.
> ① 제한능력자의 법률행위는 취소할 수 있는 법률행위로 법률행위가 유효하게 성립하지만 취소라는 의사표시를 통해 소급적으로 무효가 된다.
> ② 제한능력자의 상대방(을)은 제한능력자(갑)가 능력자가 된 후에 그에게 1개월 이상의 기간을 정하여 그 취소할 수 있는 행위를 추인할 것인지 여부의 확답을 촉구할 수 있다.
> ④ 계약이 성립하려면 당사자들의 의사표시가 합치되어야 하며 청약과 승낙이라는 과정을 거치게 된다. 청약이란 계약을 청하는 의사 표시이고, 승낙이란 이러한 청약에 대해 동의를 하는 의사표시다. 사례에서 매매 대금을 지불하지 않았다고 하더라도 계약서를 작성하였다면 매매계약은 성립한 것이다.

5 개인 간의 생활관계를 규율하는 법의 내용으로 설명이 옳은 것은?

① 물권이 변동될 때는 공시의 원칙에 따라 모두 등기해야 한다.
② 민사상의 분쟁해결은 자력구제의 원칙을 적용한다.
③ 전세권, 질권, 유치권 등은 모두 제한물권이다.
④ 채권의 발생은 계약으로 성립되고, 인도로써 소멸된다.

> **TIP** ③ 제한물권: 물권의 한정된 면만 지배할 수 있는 권리로서 용익물권(지상권, 지역권, 전세권), 담보물권(유치권, 질권, 저당권)이 있다.
> ① 물권변동: 공시의 원칙에 따라 부동산은 등기, 동산은 인도한다.
> ② 민사상 분쟁해결: 자력구제금지의 원칙이 적용된다.
> ④ 채권발생은 계약, 채권소멸은 변제로써 소멸된다.

Answer 4.③ 5.③

6 상점 절도를 저지른 갑~정에 대한 판단으로 옳은 것만을 〈보기〉에서 모두 고르면?

구분	갑	을	병	정
10세 이상의 '소년'인가요?	아니요	아니요	예	예
기소할 수 있는 연령인가요?	예	아니요	아니요	예

─── 〈보기〉 ───
㉠ 갑과 정은 모두 선도조건부 기소유예 처분을 받을 수 있다.
㉡ 정의 연령은 을, 병보다 높지만 갑보다는 낮다.
㉢ 을, 병은 모두 형사 미성년자이다.
㉣ 검사는 정에 대한 피의사건 수사 결과, 보호처분에 해당하는 사유가 있다고 인정한 경우에는 사건을 관할 법원 소년부에 송치하여야 한다.

① ㉠㉢
② ㉡㉣
③ ㉠㉡㉢
④ ㉡㉢㉣

TIP '을'은 10세 이상의 소년이 아니면서 기소할 수 있는 연령도 아니므로 10세 미만의 자다. '정'은 10세 이상의 소년이면서 기소할 수 있는 연령이므로 범죄소년이다. '갑'은 10세 이상의 소년이 아니면서 기소할 수 있는 연령이므로 소년법을 적용받지 않은 19세 이상의 성인이다. '병'은 10세 이상의 소년이면서 기소할 수 없는 연령으로 촉법소년이다.
㉡ 정은 범죄소년으로 14세 이상~19세 미만이다. 을은 10세 미만이고, 병은 촉법소년으로 10세 이상~14세 미만이다. 갑은 19세 이상의 성인이므로 옳은 진술이다.
㉢ 형사미성년자는 형법에 따라 14세가 되지 않은 자로 10세 미만인 을과, 10세 이상~14세 미만인 병이 해당된다.
㉣ 소년 사건의 경우 중죄를 저지른 경우가 아니라면 검사는 사건 및 소년에 대한 조사를 하여 가정 법원 소년부로 송치하며 선도 조건부 기소 유예 처분을 내릴 수 있다.
㉠ 정은 소년법의 적용 대상으로 선도조건부 기소유예 처분을 받을 수 있으나 갑은 19세 이상의 성인이므로 보통의 형사재판을 받게 된다.

Answer 6.④

7 민법의 기본원리인 (가)~(다)에 대한 설명으로 옳은 것만을 〈보기〉에서 모두 고른 것은?

구분	관련 내용
(가)	개인의 재산권은 공공복리에 적합하도록 행사되어야 한다.
(나)	개인은 자유로운 의사에 기초하여 타인과 법률관계를 형성할 수 있다.
(다)	가해자는 직접적인 고의나 과실이 없는 경우에도 일정한 요건에 따라 손해 배상 책임을 질 수 있다.

〈보기〉

㉠ (가)는 개인 소유의 재산에 대해 사적 지배를 인정하지 않는다.
㉡ (나)에 의해 사회적 이익에 반하거나 불공정한 계약은 법적 효력이 없다.
㉢ (다)는 제조물 책임에 대해서 적용되는 원칙이다.
㉣ (가)와 (다)는 개인이나 기업의 사회적 책임을 강조한다.

① ㉠㉡ ② ㉠㉢
③ ㉡㉣ ④ ㉢㉣

TIP (가)는 소유권 공공의 원칙(소유권 행사의 공공복리 적합의무)으로 개인의 재산권은 공공복리에 적합하도록 행사되어야 한다는 현대 민법의 원칙이다. (나)는 사적 자치의 원칙(계약 자유의 원칙)으로 개인의 자유로운 의사에 기초하여 타인과 법률관계를 형성할 수 있는 근대민법의 원칙이다. (다)는 무과실책임의 원칙으로 가해자의 직접적인 고의나 과실이 없는 경우에도 일정한 요건에 따라 손해 배상 책임을 질 수 있다는 현대 민법의 원칙이다.

㉢ 현대 과학기술의 발달에 따라 소비자가 제조업자의 과실을 입증하는 것이 쉽지 않으므로 제조물 책임법이 제정되었다. 입증 책임을 전환시킴으로써 소비자가 제조업자의 과실을 입증하지 않고도 피해를 보상받을 수 있도록 함으로써 무과실책임의 원칙을 실현하고자 한다.

㉣ 소유권 공공의 원칙에 따라 소유권의 행사는 사회 전체의 이익(공공복리)을 위해서 그 권리의 행사가 제한될 수 있다. 또한 무과실책임의 원칙은 고의 혹은 과실이 없는 데도 일정한 상황에서는 관련자에게 책임을 물을 수 있도록 한다. 두 원칙은 모두 개인이나 기업의 사회적 책임을 강조하는 것과 관련된다.

㉠ 소유권 공공의 원칙은 개인 소유의 재산에 대한 사적 지배를 인정하지 않는게 아니라 일정한 경우 제한을 가할 수 있다는 의미다.

㉡ 사적 자체의 원칙은 개인의 자유로운 의사에 기초하여 계약 체결, 상대방 선택, 계약 내용 결정, 방식의 자유를 인정한다.

※ 근대민법의 원칙과 현대민법의 수정 원칙

구분	소유권 절대 원칙	계약 자유 원칙	과실 책임 원칙
폐단	경제적 약자에 대한 유산계급의 지배와 횡포	경제적 강자에게 유리한 계약을 약자에게 일방적 강요	기술과 자본을 통해 고의·과실 없음을 증명하여 책임 회피
수정 (현대민법원리)	소유권 행사의 공공복리 적합의무(원칙)	계약공정의 원칙	무과실 책임의 원칙

Answer 7.④

8 〈보기〉의 사례에 대한 법적 판단으로 가장 옳은 것은?

─────────── 〈보기〉 ───────────
갑(甲)과 을(乙)은 결혼한 후 아이가 생기지 않자, 병(丙)이 홀로 키우던 자녀 A와 B 중에서 A를 적법한 절차를 거쳐 친양자로 입양하였다. 이후 A를 키우던 중 갑과 을은 불화로 재판상 이혼을 하였고, 미성년 자녀인 A에 대한 양육권은 갑이 갖기로 하였다. 1년 뒤, 갑은 교통사고로 3억 원의 재산과 1억 원의 빚을 남기고 사망하였다.

① 갑과 을은 이혼할 때, 이혼 숙려 기간을 거쳤을 것이다.
② A가 받을 수 있는 갑의 상속액은 8천만 원이다.
③ 병이 사망한 경우, 병의 법정 상속인은 B이다.
④ A는 갑과 을의 가족 관계 등록부에 양자로 기재된다.

> **TIP** ① 갑과 을은 재판상 이혼을 하였으므로, 협의 이혼 시 적용되는 숙려 기간은 거치지 않는다.
> ② A는 갑의 직계 비속으로 3억 원의 재산(적극 재산)과 1억 원의 빚(소극 재산)을 단독 상속받으므로 2억 원이 된다.
> ③ 갑과 을은 A를 친양자로 입양하였으므로 A와 병과의 친족 관계는 소멸한다. 따라서 병이 사망할 경우 법정 상속인은 B만 해당된다.
> ④ 친양자는 법률상 양부모의 친생자이므로 입양 사실이 공개되지 않는다.

9 다음 사례에 대한 설명으로 옳지 않은 것은?

─────────────────────────────
갑은 자기 소유의 A아파트를 을에게 2억 3천만 원에 매도하는 매매 계약을 체결하면서 계약금으로 3천만 원을 받았다. 갑은 10일 후 을에게서 중도금 1억 원을 받았으며, 한 달 뒤 잔금 1억 원을 받으면서 을에게 등기에 필요한 모든 서류를 넘겨주었다.

① 을은 등기에 필요한 서류를 받은 시점에 A아파트에 대한 소유권을 취득하였다.
② 을은 계약을 체결하기 전에 A아파트의 등기부를 열람할 법적 의무가 없다.
③ 을은 계약금을 지불한 후에도 중도금을 지급하기 전에는 다른 약정이 없는 한 갑의 동의 없이 계약을 해제할 수 있다.
④ 갑과 을은 각각 대리인을 통해서 매매 계약을 체결할 수도 있다.

> **TIP** ① 민법 제186조(부동산물권변동의 효력)에 따르면, 부동산에 관한 법률행위로 인한 물권의 득실변경은 등기하여야 그 효력이 생긴다. 따라서 을이 소유권이전등기를 한 때에 소유권을 취득했다고 볼 수 있다.

Answer 8.③ 9.①

10 다음 사례와 관련된 설명 중 옳지 않은 것은?

> 갑과 을은 서로 사랑하는 사이로 5년의 연애 끝에 결혼하였다. 외동딸이었던 을은 늙은 어머니가 혼자 남게 될 것을 걱정하여 혼인한 후에 어머니를 모시고 함께 살기로 갑과 약속하였다. 그러나 혼인 신고 후 갑은 함께 사는 장모와 불화가 발생하자 을을 구타하고 장모에게 자주 폭언을 퍼부었다. 그 후 갑은 다른 여자와 밀회하더니 집을 나가 버렸다. 이에 을은 갑과의 이혼을 결심하였다. 갑과 을 사이에는 생후 1년 된 딸이 있다.

① 갑과 을은 원인이나 이유에 관계없이 협의하여 이혼할 수 있다.
② 협의하여 이혼을 하는 경우에 갑과 을은 법원에서 이혼 의사의 확인을 받아야 한다.
③ 을이 재판으로 이혼을 청구할 경우 정신적인 고통에 대해서는 배상을 청구할 수 없다.
④ 을은 혼인 중 갑과 공동으로 마련한 재산에 대하여 그 분할을 청구할 수 있다.

TIP 협의 이혼의 경우는 원인이나 이유를 불문하고 이혼 의사의 합치만 있으면 가능하다. 재판상 이혼으로 갈 경우 정신적 고통에 대해서는 위자료 청구가 가능하다.

11 다음 밑줄 친 내용이 담고 있는 의미는?

> 민법 제2조는 "권리행사와 의무이행은 신의에 좇아 성실히 하여야 한다.", "권리는 남용하지 못한다."라고 규정하여 <u>신의성실</u>과 권리남용 금지의 원칙을 규정하고 있다.

① 정의와 형평 ② 도덕적 양심
③ 국가안전보장 ④ 법률

TIP 신의성실은 원래 사람의 행위나 태도에 대한 윤리적·도덕적 평가를 나타내는 말이지만, 민법 제2조의 신의성실은 구체적인 사건에서 객관적인 법률을 무차별적으로 적용함으로써 발생하는 부작용을 회피하기 위한, 즉 정의와 형평을 의미한다.

Answer 10.③ 11.①

12 다음의 '권리내용' 진술에서 공통적인 성격으로 옳은 것은?

- 타인소유 토지를 통행도로로 이용할 때 그 토지를 대상으로 생긴 권리
- 타인의 토지를 빌려 건물을 신축할 때 빌린 토지에 대해서 건축주가 갖는 권리
- 채무불이행으로 채무자의 집을 매각하여 충당키로 한 계약에서 채권자가 채무자의 집에 대해 갖는 권리

① 지역권, 청구권
② 채권, 소유권
③ 용익물권, 담보물권
④ 제한물권, 용익물권

TIP 용익물권과 담보물권
㉠ 용익물권: 타인의 물건을 일정한 목적을 위하여 사용, 수익하는 것을 내용으로 하는 물권이다.
- 지상권: 건물이나 수목을 소유하기 위하여 다른 사람의 토지를 이용하는 권리
- 지역권: 자기집에 드나들기 위하여 다른 사람의 토지를 통행하는 경우와 같이 서로 인접한 토지에서 자기 편익을 위하여 다른 사람의 토지를 이용할 수 있는 권리
- 전세권: 전세금을 지불하고 다른 사람의 부동산을 그 용도에 따라 사용, 수익할 수 있는 권리
㉡ 담보물권: 자기 채권을 확보하기 위해 다른 사람 소유의 물건에 제한을 가하는 물권이다.
- 유치권: 다른 사람의 동산을 점유한 자가 그 물건 때문에 생긴 채권을 변제받을 때까지 그 물건을 자기의 지배하에 두는 권리
- 질권: 채권의 담보로 받은 동산을 채권자가 가지고 있다가 채권의 변제가 없을 때에는 그 물건을 처분하여 우선변제를 받을 수 있는 권리
- 저당권: 가옥을 담보로 하여 은행 등에서 돈을 빌려주는 경우와 같이 채권의 담보로 내놓은 부동산을 그 제공자의 사용·수익에 맡겨두면서 채권의 변제가 없을 때, 그 물건에서 다른 채권자보다 우선적으로 변제를 받을 수 있는 권리

13 다음 중 우리 민법상 민사에 관하여 법률에 규정이 없으면 제1차로 어느 것이 적용되는가?

① 관습법
② 명령
③ 조례
④ 조리

TIP 민법은 개인 상호 간의 사적 생활관계를 규율하는 일반사법으로, 민사에 관하여 법률에 규정이 없는 경우에는 관습법의 적용을 받는다.

Answer 12.③ 13.①

제1편 법과 정치

05 사회생활과 법

❶ 범죄의 성립과 형사 절차

(1) 형법의 의의

① **범죄와 형벌** … 범죄란 법률로 정해진 공권력을 동원해서라도 금지해야 하는 행동이며, 범죄가 저질러졌을 때 동원되는 공권력을 형벌이라고 한다.

② **죄형법정주의**
　㉠ 의미 : 어떤 행위가 범죄가 되고 그 범죄에 대하여 어떤 처벌을 할 것인가는 미리 성문의 법률로 규정되어 있어야 한다는 근대 형법의 최고 원칙으로, "법률이 없으면 범죄도 없고 형벌도 없다."라는 말로 요약될 수 있다.
　㉡ 목적 : 국가 형벌권의 확장과 남용 방지하여 국민의 자유와 인권 보장하기 위함이다.
　㉢ 원칙
　　• 관습 형법 금지의 원칙 : 법관이 적용할 형벌에 관한 법은 반드시 성문의 법률이어야 하고, 관습법이나 불문법을 적용할 수 없다.
　　• 명확성의 원칙 : 형법에 의하여 금지되는 행위가 무엇인지, 또 그 행위로 부과될 형벌의 종류와 형기가 명확하여 누구나 알 수 있어야 한다.
　　• 유추 해석 금지의 원칙 : 법률에 규정되지 않은 사항에 대해 그것과 유사한 성질을 가지는 사항에 관한 법률을 자의적으로 해석하여 적용할 수 없다. 단, 행위자에게 유리한 우추해석은 가능하다.
　　• 형벌 효력 불소급의 원칙 : 형벌 법규는 그 시행 이후에 이루어진 행위에 대해서만 적용되고, 이전의 행위에까지 소급하여 적용할 수 없다. 단, 행위자에게 신법이 유리한 경우에는 신법을 적용한다.
　　• 적정성의 원칙 : 법률 자체가 적정해야 하고 범죄와 형벌 간에 균형이 이루어져야 한다.

┃기출예제

2025. 6. 21. 제1회 서울특별시

〈보기〉에 대한 설명으로 가장 옳은 것은? (단, A, B는 각각 죄형법정주의의 파생원칙 중 하나이다.)

〈보기〉
□□법은 산업현장에서의 안전사고 예방과 기업의 사회적 책임 강화를 위하여 도입된 법이지만, '경영책임자 등'과 '안전 및 보건 확보 의무'의 개념이 모호하여 A에 위반되며, □□법에서 규정하고 있는 형벌이 과도하여 B에 위배된다는 등 보완점이 제기되었다.

① A가 강조될수록 입법권이 사법권보다 우위에 있음을 인정하는 것이다.
② B는 범죄가 되는 행위와 그에 따른 형벌의 수준은 비례하여야 한다는 것이다.
③ A와 달리 B는 입법자의 자의로부터 국민의 자유를 보호하는 기능을 한다.
④ B는 행위 후에 법률을 제정하여 그 법으로 이전의 행위를 처벌하는 것은 금지한다는 것이다.

✱
A 명확성의 원칙, B 적정성의 원칙
※ 죄형법정주의의 파생원칙
 ㉠ 명확성의 원칙 : 범죄 성립 요건과 형벌이 일반인이 이해할 수 있도록 명확히 규정되어야 한다.
 ㉡ 부정기형 금지 원칙 : 형기를 확정하지 않고 선고하는 부정기형은 허용되지 않으며, 형의 상·하한을 명시해야 한다.
 ㉢ 소급효 금지 원칙 : 형법은 행위 시점의 법률에 따라 적용되며, 과거 행위에 대한 소급 처벌은 금지된다.
 ㉣ 유추해석 금지 원칙 : 법률에 명시되지 않은 사항을 유사한 법에 추적 적용하는 것을 금지한다.
 ㉤ 적정성의 원칙 : 범죄와 형벌은 균형이 유지되어야 하며, 과도한 처벌은 허용되지 않는다.
 ㉥ 관습형법 금지 원칙 : 범죄와 형벌은 성문법에 따라 규정되어야 하며, 관습법이나 관습적 해석은 새로운 구성요건 창에 적용되지 않는다.

답 ②

③ 범죄 성립의 3요소
 ㉠ 구성 요건 해당성 : 구성 요건이란 형법의 규정에 범죄로 규정한 행위로, 즉 형벌 법규에 규정되어 있는 위법 행위의 정형을 말한다. 구성 요건에 해당하면 위법성이 추정된다.
 • 객관적 요소(행위, 인과관계, 결과 등)와 주관적 요소(고의, 과실)가 필요하다.
 • 살해행위, 재물절취 등이 해당한다.
 ㉡ 위법성 : 구성 요건에 해당하는 행위가 전체 법질서로부터 부정적 가치판단이 내려지면 위법성이 인정된다. 단 구성 요건에 해당하는 행위 중 예외적으로 위법성이 인정되지 않는 위법성 조각 사유가 있으면 범죄가 성립하지 않는다.

위법성 조각 사유	근거조항
정당방위	자기 또는 타인의 법익에 대한 현재의 부당한 침해를 방위하기 위한 행위는 상당한 이유가 있는 때에는 벌하지 아니한다〈형법 제21조〉.
긴급피난	자기 또는 타인의 법익에 대한 현재의 위난을 피하기 위한 행위는 상당한 이유가 있는 때에는 벌하지 아니한다〈형법 제22조〉.
정당행위	법령에 의한 행위 또는 업무로 인한 행위 기타 사회상규에 위배되지 아니하는 행위는 벌하지 아니한다〈형법 제20조〉.
자구행위	법정 절차에 의하여 청구권을 보전하기 불능한 경우 그 청구권의 실행 불능 또는 현저한 실행 곤란을 피하기 위한 행위는 상당한 이유가 있는 때에는 벌하지 아니한다〈형법 제23조〉.
피해자 승락	처분할 수 있는 자의 승낙에 의하여 그 법익을 훼손한 행위는 법률에 특별한 규정이 없는 한 벌하지 아니한다〈형법 제24조〉.

ⓒ **책임성** : 어떠한 행위를 이유로 그 행위자가 사회적으로 비난받을 만한 책임이 있어야 하며, 행위자가 법규범의 의미 및 내용을 이해하여 당해 행위를 법률이 금지하고 있다는 것을 인식할 수 있는 통찰능력이 없는 경우나 행위 시의 구체적인 사정으로 보아 행위자가 범죄 행위를 하지 않고 적법행위를 할 것을 기대할 수 있는 가능성이 없는 경우에는 책임성 조각 사유가 된다. 심신미약자, 농아자 등은 책임성 감경 사유에 해당한다.

│기출예제│　　　　　　　　　　　　　　　　　　　　　　　　　2025. 6. 21. 제1회 서울특별시 보훈청

〈보기 1〉의 범죄의 성립 요건 A~C에 대한 옳은 설명을 〈보기 2〉에서 모두 고른 것은?

〈보기 1〉
어떤 행위가 범죄로 성립하려면 형법에서 범죄로 정해 놓은 일정한 행위에 해당해야 함을 의미하는 A가 인정되어야 한다. 어떤 행위에 A가 인정되면 B가 있다고 추정된다. 그 행위가 법질서 전체의 관점에서 볼 때 부정적이라는 가치 판단이 불가능하다면 B가 인정되지 않을 수도 있다. A, B가 모두 인정되는 행위라도 그 행위를 한 사람에게 행위에 대한 C가 인정되어야 한다.

〈보기 2〉
㉠ 12세인 자가 타인의 재물을 절취한 경우는 절도죄의 A가 인정되지 않는다.
㉡ C는 행위자에 대한 법적 비난 가능성을 의미한다.
㉢ A가 인정되는 행위라도 현재의 부당한 침해로부터 자기의 법익을 방위하기 위한 상당한 이유가 있다면, 자구 행위에 해당하여 B가 조각된다.
㉣ 자신의 생명에 대한 저항할 수 없는 폭력에 의해 강요된 행위로 타인에게 상해를 입힌 경우에는 B가 인정되나 C가 조각된다.

① ㉠, ㉡　　　　　　　　　　　　　　② ㉠, ㉢
③ ㉡, ㉣　　　　　　　　　　　　　　④ ㉢, ㉣

✱
A 구성요건해당성, B 위법성, C 책임성
※ 범죄 성립 요건
　㉠ 구성요건해당성 : 형법에 명시된 범죄 구성요건에 해당해야 한다.
　㉡ 위법성 : 구성요건에 해당하더라도 법률상 허용되는 경우(예: 정당방위, 긴급피난)는 위법성이 조각되어 범죄가 성립하지 않는다.
　㉢ 책임성 : 위법한 행위에 대해 행위자에게 비난 가능성이 있어야 한다. 심신상실자나 만 14세 미만자는 책임능력이 없어 처벌되지 않는다.

답 ③

④ 형벌과 보안 처분
  ㉠ 형벌의 종류

종류		내용
생명형	사형	범죄자의 생명을 박탈하는 형벌로, 형법 중에서 최고형
자유형	징역	범죄자를 교도소 내에 가두어 노역을 하게 하는 형벌
	금고	징역형과 마찬가지로 구금형에 해당하지만 교도소에서 노역을 시키지 않는다는 점에서 구별됨
	구류	1일 이상 30일 미만의 기간 동안 교도소 등의 수용 시설에 구금시키는 형벌
명예형	자격상실	• 법원으로부터 사형·무기징역·무기금고의 형의 선고가 있을 때에는 그 효력으로서 당연히 일정한 자격을 상실시키는 형벌 • 공무원이 되는 자격, 공법상의 선거권과 피선거권, 법률로 요건을 정한 공법상의 업무에 관한 자격, 법인의 이사, 감사 또는 기타 법인의 업무에 관한 검사역이나 재산 관리인이 되는 자격 등
	자격정지	일정 자격을 일정 기간 정지시키는 형벌
재산형	벌금	금전으로 과해진 형벌(5만 원 이상)
	과료	일정한 액수를 기준으로 벌금보다 상대적으로 가벼운 재산형(2천 원~5만 원 미만)
	몰수	유죄판결을 선고할 때 범죄 행위에 제공하였거나, 제공하려고 한 물건, 또는 범죄로 말미암아 생겼거나 범죄로 인해 취득한 물건, 그 밖에 이러한 물건의 대가로 취득한 물건을 범죄자의 수중으로부터 국가에 귀속시키는 형벌

  ㉡ 보안처분 : 범죄로부터 사회를 방위하고 범죄자를 사회로 복귀시키기 위해 형벌과 함께 혹은 형벌을 대신하여 부과하는 예방적 조치이다. 책임을 전제로 하는 형벌과는 달리 장래의 범죄적 위험성을 기초로 하며, 보호관찰, 사회봉사, 수강명령, 치료 감호 등이 있다.

(2) 형사 절차의 이해

① 수사 절차와 피해자의 권리
  ㉠ 수사의 의미와 절차 : 수사란 범죄가 저질러졌을 가능성이 있는 경우에 실제 범죄 행위 여부를 확인하는 활동으로, 피해자의 고소 또는 제3자의 고발로 수사가 개시되면, 입건→구속과 불구속→송치→구속 적부 심사를 거쳐 기소여부가 결정된다.
  ㉡ 피의자의 권리 보호
  • 무죄 추정의 원칙 : 피의자는 유죄 판결이 확정될 때까지 무죄로 추정한다.
  • 진술 거부권(묵비권) : 피의자는 진술을 강요당하지 않을 권리가 있다.
  • 변호인의 도움을 받을 권리 : 누구든지 변호인의 도움을 받을 권리가 있다.
  • 구속 적부 심사 제도 : 체포, 구속된 피의자는 절차의 적법성을 심사해 줄 것을 법원에 신청할 수 있다.
  • 미란다 원칙 : 체포 또는 신문 시 피의자에게 체포 및 구속 이유, 변호인의 도움을 받을 권리, 묵비권 행사의 권리 등을 고지해야 한다.

② 형사 재판 절차
　㉠ 기소와 불기소 : 기소란 피의자에게 혐의가 있어 유죄 판결을 기대하며 검사가 재판을 청구하는 것을 말한다. 불기소란 기소하지 않고 사건을 종결하는 것으로, 무혐의 처분이나 기소 유예 등이 이에 해당한다.
　㉡ 형사 재판의 절차 : 기소→법원 구성→재판의 시작→검사의 논거→피고인의 반박→심증 형성→법원의 선고

③ 형의 선고와 집행
　㉠ 형의 선고 : 피고인의 죄가 인정되는 경우 실형을 선고하거나 집행 유예, 선고 유예 등의 유죄 선고를 할 수 있으며, 기소한 사건에 대해 죄를 인정할 만한 증거가 없는 경우 무죄를 선고한다.
　㉡ 상소 : 제1심 판결 선고에 대한 이의 제기는 항소, 제2심 판결에 대한 이의 제기는 상고라고 한다.
　㉢ 형의 집행 : 징역형 또는 금고형의 경우 교도소에 수감한다. 교도소에 갇힌 수형자가 잘못을 뉘우치고 모범적으로 수감 생활을 하는 경우, 법원이 선고한 기간이 지나기 전에 임시로 석방하는 가석방 제도가 있다.

| 기출예제 |　　　　　　　　　　　　　　　　　　　　　　　2025. 6. 21. 제1회 서울특별시 보훈청

〈보기 1〉의 밑줄 친 ㉠～㉤에 대한 옳은 설명을 〈보기 2〉에서 모두 고른 것은?

〈보기 1〉
갑(甲)은 눈이 쌓인 도로에서 승용차를 몰고 과속으로 운행하다 중앙선을 넘어 마주오던 승용차를 들이받아 상대 차량 운전자에게 전치 10주의 상해를 입혀 ㉠<u>교통사고처리 특례법</u>상 치상 혐의로 기소되었다. ○○ 지방 법원은 갑에게 ㉡<u>금고</u> 6월에 ㉢<u>집행 유예</u> 2년을 선고하고, 80시간의 ㉣<u>사회 봉사 명령</u>과 40시간의 준법 운전 강의 ㉤<u>수강 명령</u>을 부과하였다.

〈보기 2〉
㉠ ㉠은 실질적 의미의 형법이다.
㉡ ㉡은 징역과 달리 정해진 노역을 부과하지 않는다.
㉢ ㉢은 유예 기간 동안 범죄를 저지르지 않으면 면소된 것으로 간주하는 것이다.
㉣ ㉣은 ㉤과 달리 대안적 제재 수단이다.

① ㉠, ㉡　　　　　　　　　② ㉠, ㉢
③ ㉡, ㉣　　　　　　　　　④ ㉢, ㉣

＊
㉢ 집행유예는 유죄 판결 후 형 집행을 일정 기간 유예하는 제도이며, 선고유예는 형 선고를 유예해 면소판결을 받을 수 있는 제도이다.
㉣ 사회 봉사 명령과 수강 명령은 모두 대안적 제재 수단이다.

답 ①

---

④ 즉결 심판과 국민 참여 재판
　㉠ 즉결 심판
　　• 20만 원 이하의 벌금형, 30일 이내의 구류형 등이 예상되는 경미한 범죄에 대하여 정식 재판 절차를 거치지 않고 판사가 그 자리에서 바로 형을 선고하는 절차로 즉결 심판 또는 줄여서 즉심이라고 한다.

- 즉결 심판 절차는 약식 절차와 달리 반드시 검사가 청구하지 않아도 되고 경찰서장의 청구에 의해 이루어질 수 도 있다.
- 피고인은 즉결 심판에 이의가 있다면 정식 재판을 청구할 수 있다.

ⓒ 국민 참여 재판
- 일반 시민이 배심원으로 참여하여 유무죄에 관한 평결을 내리고, 유죄로 평결이 내려진 피고인에 대해 선고할 적정한 형벌을 담당 재판관과 토의하는 제도이다.
- 배심원은 만 20세 이상의 국민이면 누구나 가능하며(단, 전과자나 변호사·경찰관 등의 직업을 가진 사람은 예외), 배심원 평결의 효력은 재판부에 권고의 효력만 있다.

(3) 범죄 피해자의 보호와 형사 보상

① 범죄 피해자 구조와 보호
  ㉠ 범죄 피해자 구조 제도 : 범죄로 인해 사망, 상해 또는 재산상의 피해를 보고도 가해자를 알 수 없거나 가해자가 가난하여 피해를 보상받지 못하는 경우, 국가가 피해자 또는 유족에게 구조금을 지급한다. 단, 피해자와 가해자가 친족 관계이거나 범죄를 유발한 경우에는 제외한다.
  ㉡ 범죄 피해자 보호법 : 피해자 상담, 긴급 구호, 의료 및 경제적 지원 등의 정책 시행
  ㉢ 피해자 지원 센터 : 민간 주도로 범죄 피해자를 지원

② 형사 보상 및 명예 회복 제도
  ㉠ 형사 보상 제도 : 불기소 처분을 받거나 무죄 판결을 받은 사람에게 국가가 그에 대한 보상을 해주는 제도
  ㉡ 보상 청구
    - 피고인 : 재판이 확정된 사실을 안 날로부터 3년, 재판이 확정된 날로부터 5년 이내에 무죄 판결을 한 법원에 청구
    - 피의자 : 불기소 처분 통지를 받은 날로부터 3년 이내에 그 처분을 한 검사가 소속된 지검의 피의자 보상 심의회에 청구
  ㉢ 명예 회복 제도 : 형사 보상 제도에 대한 보완책으로 무죄 판결이 확정된 때로부터 3년 이내에 자신을 기소한 검사가 소속된 지검에 무죄판결 관련 재판서를 법무부 홈페이지에 게시해 줄 것을 청구할 수 있다.

③ 배상 명령 제도 … 피해자가 형사 재판 과정에서 간단한 신청만으로 민사상 손해 배상 명령까지 받아낼 수 있는 제도로, 피고인의 재판이 진행 중인 법원에 2심 변론이 끝나기 전까지 배상 명령 신청서를 제출(형사 재판의 증인으로 출석하고 있는 경우에는 구두로도 신청 가능)하면 가능하다.

❷ 법치 행정과 행정 구제

(1) 법치 행정과 시민 참여

① 행정의 원리
- ㉠ 민주행정의 원리 : 국민 주권의 원리에 따라 행정은 국민 모두의 이익과 의사가 반영되는 방향으로 진행되어야 한다.
- ㉡ 법치행정의 원리 : 행정기관의 행정 작용이 법에 위배되어서는 안 되며, 미리 정해진 법률에 의거하여 행정권이 발동되어야 한다.
- ㉢ 복지 행정의 원리 : 행정은 국민의 소극적인 자유권 보호 작용에 머무르는 것이 아니라, 적극적으로 국민의 인간다운 생활을 보장해야 한다. 우리 헌법의 관련 규정으로, 인간다운 생활을 할 권리, 행복추구권, 사회권적 기본권의 보장, 국가의 사회 보장 의무 등이 있다.
- ㉣ 사법 국가주의 : 국민의 권리 보호에 중점을 둔 것으로, 행정에 대한 재판을 행정 재판소에서 하는 행정 국가주의를 지양하고 행정에 대한 개괄적 사법심사를 인정한다.
- ㉤ 지방 분권주의 : 지방 자치 단체는 주민의 복리에 관한 사무를 처리하고, 재산을 관리하며 법령의 범위 안에서 자치에 관한 규정을 제정할 수 있다〈헌법 제117조〉.

② 행정에의 시민 참여
- ㉠ 거버넌스(governance) : 행정에 시민의 참여가 일반화되는 것으로 전통적인 통치인 거번먼트(government)와 구별하여 부르는 용어
- ㉡ 장점 : 분쟁의 예방, 효율적이고 합리적인 행정 작용 도모, 행정에 대한 민주적 통제
- ㉢ 참여 방법 : 청문, 공청회, 의견 제출 등

③ 행정 정보 공개 제도
- ㉠ 의의 : 국민의 알 권리 보장, 행정의 민주화 및 공정화 실현
- ㉡ 한계 : 일반 회사가 아닌 공공 기관에만 청구 가능

(2) 다양한 행정 구제 제도

① **행정상 손해배상제도** … 국가 또는 공공단체의 위법한 행정작용으로 인하여 발생한 개인의 손해를 국가 등의 행정기관이 배상하여 주는 제도이다.
- ㉠ 공무원의 위법한 직무행위로 인한 손해배상 : 국가나 지방자치단체는 공무원 또는 공무를 위탁받은 사인(이하 공무원)이 직무를 집행하면서 고의 또는 과실로 법령을 위반하여 타인에게 손해를 입히거나, 「자동차손해배상 보장법」에 따라 손해배상의 책임이 있을 때에는 이 법에 따라 그 손해를 배상하여야 한다. 다만, 군인·군무원·경찰공무원 또는 예비군대원이 전투·훈련 등 직무 집행과 관련하여 전사·순직하거나 공상을 입은 경우에 본인이나 그 유족이 다른 법령에 따라 재해보상금·유족연금·상이연금 등의 보상을 지급받을 수 있을 때에는 이 법 및 「민법」에 따른 손해배상을 청구할 수 없다〈국가배상법 제2조〉.

ⓒ **영조물의 설치·관리상의 하자로 인한 손해배상**: 도로·하천, 그 밖의 공공의 영조물의 설치나 관리에 하자가 있기 때문에 타인에게 손해를 발생하게 하였을 때에는 국가나 지방자치단체는 그 손해를 배상하여야 한다〈국가배상법 제5조〉.

② **행정상 손실보상제도** … 공공필요에 의한 적법한 공권력 행사에 의하여 개인의 재산에 가하여진 특별한 손해에 대하여 전체적인 평등부담의 견지에서 행하여지는 재산적 보상을 말한다.
  ⊙ **손실보상의 요건**: 손실보상을 받기 위해서는 공공필요를 위해 재산권에 대해 적법한 공권력의 침해가 있고 이로 인한 개인이 특별한 희생이 있어야 한다.
  ⓒ **손실보상의 기준**: 학설은 헌법 제23조 제3항에서 규정하고 있는 정당한 보상에 대하여 완전보상설과 상당보상설이 대립하고 있는데, 현재는 완전보상설이 다수설이라고 할 수 있다.
  ⓒ **손실보상의 절차 및 방법**: 손실보상의 절차에 대해서는 일반법이 없고 각 단행법에서 당사자 간의 협의, 행정청의 재결, 또는 행정 소송에 의하는 경우 등을 개별적으로 규정하고 있다. 손실보상의 지급방법은 금전보상을 원칙으로 한다.
  ② **손실보상에 대한 구제**: 재산권 수용 자체에 불복이 있는 경우 행정심판을 제기하여 이의신청을 하거나 행정소송을 제기할 수 있으며, 보상금의 액수에 대해서만 불만이 있는 경우, 공법상 당사자소송에 의해 토지소유자와 사업시행자가 대등한 관계에서 증액 또는 감액을 다툴 수 있다.

③ **행정쟁송** … 행정상 법률관계에 있어서의 다툼을 심리·판정하는 절차이다.
  ⊙ **행정심판**: 행정기관이 행정법상의 분쟁에 대하여 심리·판정하는 절차이다.
  ⓒ **행정소송**: 법원이 행정법상의 분쟁에 대하여 심리·판정하는 절차이다.
  ⓒ **행정심판과 행정소송**

구분	행정심판	행정소송
공통점	소송대상의 개괄주의, 불고불리의 원칙, 불이익변경금지의 원칙, 직권증거조사주의, 단기제소기간, 집행부정지원칙, 사정재결·사정판결	
본질	행정통제적 성격	행정구제적 성격
대상	위법·부당한 처분, 부작위	위법한 처분, 부작위
판정기관	재결청	법원
절차	약식쟁송	정식쟁송
제소기간	처분이 있음을 안 날로부터 90일, 처분이 있은 날로부터 180일 이내	• 행정심판을 거치는 경우: 재결서의 정본을 송달받은 날로부터 90일, 재결이 있은 날로부터 1년 이내 • 행정심판을 거치지 않는 경우: 처분 등이 있음을 안 날로부터 90일, 처분 등이 있은 날로부터 1년 이내
심리	구술·서면심리	구두변론
공개	비공개원칙	공개원칙
내용	적극적 변경 가능	소극적 변경(일부 취소)만 가능
종류	취소심판, 무효등확인심판, 의무이행심판, 당사자심판, 민중심판, 기관심판	취소소송, 무효등확인소송, 부작위법확인소송, 당사자소송, 민중소송, 기관소송

③ 청소년의 법적 지위와 권리

(1) 청소년의 권리 보호
① 청소년 보호법상의 보호
  ㉠ 목적 : 보편적 인권의 주체인 청소년이 경험과 판단 능력의 부족으로 유해 환경에 노출되거나 범죄의 피해자가 되는 것을 방지하기 위함
  ㉡ 주요내용
    • 만 19세 미만의 청소년에게 술과 담배의 판매 금지
    • 선량한 풍속을 해칠 우려가 있는 장소 출입 금지 및 풍기 문란 행위 규제
    • 음란물(도서 및 음반) 등 소지, 제작, 판매, 대여, 관람금지
② 청소년 근로의 보호
  ㉠ 고용 가능 연령 : 만 15세 이상, 단 15세 미만이라도 고용노동부장관이 발급한 취직 인허증이 있으면 고용 가능
  ㉡ 근로기준법에서 보호대상이 되는 연소자(15세 이상~18세 미만의 미성년자)의 근로계약
    • 근로계약 체결 : 18세 미만의 미성년자는 법정대리인의 동의가 있어야 근로계약이 유효(18세 이상의 미성년자의 경우 법정대리인의 동의 없이 근로 계약의 단독 체결이 가능)
    • 법정 대리인의 대리권 : 법정대리인이 미성년자를 대리하여 근로 계약의 체결 불가능
    • 18세 미만의 미성년자의 근로시간 : 1일 7시간, 1주일에 40시간을 초과하지 못한다. 다만, 당사자 간의 합의에 의하여 1일에 1시간, 1주일에 6시간을 한도로 연장이 가능하다.
    • 사용자는 임산부와 18세 미만자를 오후 10시부터 오전 6시까지의 사이 및 휴일에 근로시키지 못한다. 다만, 본인의 동의와 고용노동부장관의 인가를 받은 경우에는 가능하다.

(2) 청소년 범죄 사건의 처리
① 의의 … 청소년의 건전한 육성을 위해 성인보다 완화된 절차를 밟는다는 것이 특징으로, 형사 처분에 관한 특별 조치를 적용, 가정 법원 소년부에서 재판을 받는다.
② 결정 전 조사 제도 … 검사가 사건의 처분을 결정하기에 앞서 피의자의 주거지 또는 검찰청 소재지를 담당하는 보호 관찰소의 장, 소년 분류 심사원장, 소년원장 등에게 피의자의 품행, 경력, 생활환경 등에 대해 조사하는 제도
③ 선도 조건부 기소 유예 … 사건의 죄질 및 범법 의도를 살펴 재범 가능성이 희박하다고 여겨지는 19세 미만의 청소년 범죄자에 예방 위원의 선도를 조건으로 기소를 유예하는 제도

❹ 소비자의 권리와 법

(1) 소비자의 권리

① 소비자기본법상의 소비자 권리
  ㉠ 안전할 권리 : 물품 또는 용역으로 인한 생명·신체 또는 재산에 대한 위해로부터 보호받을 권리
  ㉡ 알권리 : 물품 등을 선택함에 있어 필요한 지식 및 정보를 제공받을 권리
  ㉢ 선택할 권리 : 물품 등을 사용함에 있어서 거래의 상대방, 구입 장소, 가격, 거래조건 등을 자유로이 선택할 권리
  ㉣ 의견을 반영할 권리 : 소비생활에 영향을 주는 국가 및 지방자치단체의 정책과 사업자의 사업 활동 등에 대하여 의견을 반영시킬 권리
  ㉤ 피해를 보상받을 권리 : 물품 등의 사용으로 인하여 입은 피해에 대하여 신속·공정한 절차에 따라 적절한 보상을 받을 권리
  ㉥ 교육을 받을 권리 : 합리적인 소비 생활을 위하여 필요한 교육을 받을 권리
  ㉦ 단체를 조직·활동할 권리 : 소비자 스스로의 권익을 증진하기 위하여 단체를 조직하고 이를 통하여 활동할 수 있는 권리
  ㉧ 안전하고 쾌적한 소비생활 환경에서 소비할 권리

② 국가 및 지방자치단체와 사업자의 의무
  ㉠ 국가 및 지방자치단체 : 소비자 관계 법령 마련 및 필요한 행정 조직을 정비하고, 소비자의 자주적 조직 활동을 지원해야 한다.
  ㉡ 사업자 : 국가 정책에 적극적으로 협조하고 소비자의 의견을 수렴하며 소비자 피해 발생 시 신속하고 정당한 피해 보상이 될 수 있도록 노력해야 한다.

③ 한국 소비자원 … 소비자의 권익을 증진하고 소비 생활의 향상을 도모하며 국민 경제의 발전에 이바지하고자 국가가 설립한 전문 기관으로 소비자 상담 및 분쟁의 조정, 소비자 관련 정책 연구 및 건의, 소비자에 대한 교육 등을 담당한다.

(2) 소비자 권리의 보호

① 공정거래와 소비자 보호
  ㉠ 필요성 : 경제발전과 산업 구조 고도화, 기업 간의 과열 경쟁으로 인한 상품의 허위·과장 광고 등으로 인한 소비자의 피해가 증가하는 추세이다.
  ㉡ 독점 규제 및 공정거래에 관한 법률 : 부당한 공동 행위 및 불공정 거래 행위 규제하여 자유롭고 공정한 경쟁을 촉진하고, 국민 경제의 균형 있는 발전 및 창의적 기업 활동의 보장, 소비자 보호 등의 근거가 된다.

② 소비자 피해의 구제
  ㉠ 품질 보증 기간 또는 유효 기간 이내의 제조, 유통 과정이나 용역의 이용 과정에서 발생한 소비자의 피해에 대하여 사업자가 행하는 수리나 교환, 환불이나 배상, 해약 등
  ㉡ 당사자 간의 합의
  ㉢ 민간 소비자단체를 통한 조정과 소비자 분쟁 조정위원회에 조정신청
  ㉣ 한국소비자보호원에 피해구제신청
  ㉤ 국가기관에 있는 소비자보호를 위한 기구를 통한 조정신청
  ㉥ 민사소송 : 민사조정제도, 소액사건심판제도
③ 제조물 책임법과 리콜제도
  ㉠ 제조물 책임법 : 상품의 대량 생산 및 복잡한 유통 구조로 발생한 제조물의 결함으로 인한 피해에 대해 제조자나 유통 관여자에게 배상 책임을 강제하는 법으로, 사후적 구제방법의 성격을 가진다.
  ㉡ 리콜제도 : 결함 있는 제품을 회수하여 무상으로 수리해 주거나, 유통을 막는 제도로, 소비자 보호를 위한 사전적 예방 조치이다.

❺ 근로자의 권리와 법

(1) 근로의 권리와 노동3권
① **근로권** … 근로의 능력과 의사를 가진 자가 사회적으로 근로할 수 있는 기회의 보장을 요구할 수 있는 권리
② **노동3권**(근로3권)
  ㉠ 단결권 : 근로자들이 자주적으로 노동조합을 설립할 수 있는 권리
  ㉡ 단체교섭권 : 근로자가 근로 조건을 유지, 개선하기 위하여 조합원이 단결하여 사용자와 교섭할 수 있는 권리로, 노동조합이 합리적인 조건으로 교섭을 요청할 때 사용자는 정당한 이유 없이 이를 거부 또는 회피할 수 없다.
  ㉢ 단체행동권 : 근로자가 사용자에 대해서 근로 조건에 관한 자기 측의 주장을 관철하기 위하여 단결권을 배경으로 각종 쟁의 행위를 할 수 있는 권리

(2) 근로자 권리의 보호

① 근로기준법

   ㉠ 의미 : 최저 근로 조건을 정하고 감독관청으로 하여금 근로 감독을 실시하게 하여 근로자를 보호하려는 법으로, 개별적 근로관계에 있어서 근로자의 근로 조건과 그 밖의 생활 조건을 일정한 수준 이상으로 유지하는 것을 목적으로 한다.

   ㉡ 기본원칙
   - 최저 근로 기준 : 근로기준법에서 정하는 근로 조건은 최저 수준으로, 당사자는 이 기준을 이유로 근로 조건을 저하시킬 수 없다.
   - 자유로운 합의 : 근로 조건은 근로자와 사용자가 동등한 지위에서 자유의사에 의해 결정해야 한다.
   - 계약의 성실 이행 의무 : 근로자와 사용자는 단체협약, 취업 규칙과 근로 계약을 준수해야 하며 성실하게 이행할 의무가 있다.
   - 차별 대우 금지 : 근로자에게 남녀 차별적 대우를 하지 못하며, 기타 국적, 신앙, 사회적 신분 등을 이유로 근로 조건에 대한 차별적 대우를 할 수 없다.
   - 강요, 폭행 금지 : 사용자는 폭행 등의 수단으로 근로자의 자유의사에 반하는 근로를 강요할 수 없으며, 어떠한 이유로도 근로자에 대한 폭행이나 구타 행위가 정당화되지 않는다.

② 근로자 권리의 보호 절차

   ㉠ 사용자가 근로자에게 부당노동행위 또는 부당해고 등을 하면 근로자는 지방노동위원회에 구제를 신청할 수 있다.

   ㉡ 지방노동위원회의 구제명령이나 기각결정에 불복하는 사용자나 근로자는 구제명령서나 기각결정서를 통지받은 날부터 10일 이내에 중앙노동위원회에 재심을 신청할 수 있다.

   ㉢ 중앙노동위원회의 재심판정에 대하여 사용자나 근로자는 재심판정서를 송달받은 날부터 15일 이내에 행정소송법의 규정에 따라 소송을 제기할 수 있다.

   ㉣ 구제명령서나 기각결정서를 통지받은 날부터 10일 이내에 재심을 신청하지 아니하거나 재심판정서를 송달받은 날부터 15일 이내에 행정소송을 제기하지 아니하면 그 구제명령, 기각결정 또는 재심판정은 확정된다.

   ㉤ 부당해고의 경우는 민사소송인 해고 무효 확인 소송을 통해서도 다툴 수 있다.

05. 사회생활과 법

기출 예상 문제

1 〈보기〉에 대한 설명으로 가장 옳은 것은?

― 〈보기〉 ―

우리나라는 사형, 징역, 금고, 구류, 자격 상실, 자격정지, 벌금, 과료, 몰수의 9가지 형벌을 규정하고 있다. 그리고 보안 처분으로는 보호 관찰, 치료 감호, 수강 명령 등이 있다.

① 징역과 구류는 금고와 달리 노역이 부과된다.
② 금고와 구류는 구금 기간의 장단에 따라 구분된다.
③ 우리나라의 9가지 형벌 중 재산형은 벌금, 과료만이다.
④ 형벌과 보안 처분은 모두 과거의 잘못에 대한 제재이다.

> **TIP** ① 구류는 가벼운 형벌 중에 하나로 경범죄에 가해지는 형벌에 해당하고 노역이 부과되지 않는다.
> ③ 재산형에는 벌금, 과료, 몰수가 포함된다.
> ④ 보안 처분은 주로 미래의 범죄 예방을 목적이다.

2 행정주체가 법의 절차에 따라 도시계획사업을 추진하는 경우, 어떤 절차에 따라 개인의 사유재산의 희생을 행정적으로 구제할 수 있는가?

① 손실보상
② 손해배상
③ 민사소송
④ 행정심판

> **TIP** 손실보상 … 적법한 공권력 행사에 의해 가하여진 사유재산상의 특별한 희생에 대하여 사유재산의 보장과 공평부담의 견지에서 행정주체가 이를 조정하기 위하여 행하는 재산적 보상이다.

Answer 1.② 2.①

3 「형법」상 죄형 법정주의를 실현하는 구체적인 원칙과 그에 대한 설명으로 가장 옳지 않은 것은?

① 관습 형법 금지의 원칙 – 불문법인 관습법을 근거로는 처벌할 수 없다.
② 유추 해석 금지의 원칙 – 범죄 행위가 형법에 명확히 규정되어 있지 않은 때에 유사한 규정을 적용해서는 안 된다.
③ 명확성의 원칙 – 무엇이 범죄이고 그 범죄에 어떤 형벌이 부과되는지 법률에 명확히 기재되어 있어야 한다.
④ 소급효 금지의 원칙 – 범죄 행위 당시 그 처벌 규정이 법률에 없었으나 범죄 행위 이후에 그 처벌 규정이 법률에 제정되었다면 반드시 소급하여 처벌해야 한다.

> **TIP** 죄형법정주의란 어떤 행위가 범죄가 되는지, 그러한 범죄를 저지르면 어떤 처벌을 받는지가 미리 성문의 법률에 규정되어 있어야 한다는 원칙이다. 파생원칙 또는 구체적 내용으로 관습 형법 금지의 원칙, 명확성의 원칙, 유추 해석 금지의 원칙, 형벌 불소급의 원칙, 적정성의 원칙이 있다. 이 중 소급효 금지의 원칙(형벌 불소급의 원칙)은 형법 법규는 그 시행 이후에 이루어진 행위에 대해서만 적용되고, 시행이전의 행위에까지 소급하여 적용할 수 없다는 원칙이다.
> ※ 죄형법정주의와 유리한 소급효 적용
> > 형법 제1조 ① 범죄의 성립과 처벌은 행위 시의 법률에 의한다.
> > ② 범죄 후 법률의 변경에 의하여 그 행위가 범죄를 구성하지 아니하거나 형이 구법보다 경한 때에는 신법에 의한다.
> > ③ 제3항 재판확정 후 법률의 변경에 의하여 그 행위가 범죄를 구성하지 아니하는 때에는 형의 집행을 면제한다.

4 다음 형사소송단계에 대한 설명 중 옳은 것으로만 짝지어진 것은?

> ⊙ 피의자임의수사단계 : 현행범일 경우 체포 후에 사후영장을 발부한다.
> ⓒ 구속적부심사 : 판결 전까지 신청할 수 있다.
> ⓒ 보석제도 : 돈을 냄으로 해서 형이 감안되고 풀려난다.
> ② 상소 : 미확정인 재판에 대하여 상급법원에 소를 제기한다.

① ⊙ⓒ ② ⊙ⓒ②
③ ⓒⓒ② ④ ⓒ②

> **TIP** ⓒ 보석제도란 일정한 보증금의 납부를 전제로 구속의 집행을 정지하고, 구속된 피고인을 석방하는 제도를 말한다. 그러므로 단순히 구속만을 정지시킬 뿐 형이 감안되는 것은 아니다.

Answer 3.④ 4.②

5 〈보기〉에서 밑줄 친 부분에 대한 사례 발표로 보기에 가장 어려운 것은?

─〈보기〉─

사회자: 노동 관련법 위반과 관련한 피해 사례를 발표해 주시기 바랍니다.
- 갑(甲): 제가 다니는 회사는 임금을 주는 날짜가 정해져 있지 않습니다. 회사 매출이 많을 때 주다 보니 임금 3개월치를 한꺼번에 받기도 합니다.
- 을(乙): 제대 후 PC방에서 아르바이트를 하는데, 하루에 12시간씩 일합니다. 일이 많아서 휴일도 없이 일주일 내내 일해야 합니다.
- 병(丙): 최근 회사 경영이 어려워졌다면서 여자들을 중심으로 해고를 시작했습니다. 저도 여자라는 이유로 갑자기 해고를 당했습니다.
- 정(丁): 회사가 엔터테인먼트 분야로 사업 영역을 확장하겠다고 합니다. 노동조합에서는 이러한 경영 계획에 반대하고 이 문제에 대한 협의를 위해 단체 교섭을 요청했지만 회사는 이를 거절했습니다.

① 갑(甲) ② 을(乙)
③ 병(丙) ④ 정(丁)

TIP 단체교섭권은 근로자들이 단결권을 기초로 결성한 단체가 사용자 또는 사용자 단체와 자주적으로 교섭하는 권리다. 노동조합과 사용자 단체가 임금, 근로시간 등 근로조건에 관한 협약의 체결을 위하여 대표를 통해 집단적으로 합의점을 찾아가게 된다. 사례에서 사업 영역을 확장하겠다는 회사의 경영 방침은 경영권에 관한 사항으로 근로조건과 직접적 연관성이 없으므로 노동 관련법 위반에 해당하지 않는다.
① 근로기준법 제43조에 제2항에 따라 임금은 매월 1회 이상 일정한 날짜를 정하여 지급해야 한다. 따라서 갑의 사례는 노동 관련법 위반에 해당한다.
② 근로기준법 제50조에 따라 1일의 근로 시간은 휴게시간을 제외하고 8시간을 초과할 수 없고, 동법 제53조에 따라 당사자간에 합의하면 1주간에 12시간을 한도로 근로시간을 연장할 수 있다. 아울러 동법 제55조 제1항에 따라 사용자는 근로자에게 1주에 평균 1회 이상의 유급휴일을 보장해야 하므로 을의 사례는 동법 관련법 위반에 해당한다.
③ 근로기준법 제24조 제1항에 따라 경영상의 필요에 따라 해고를 하는 경우, 합리적이고 공정한 해고의 기준을 정하고 그 대상자를 선정하여야 한다. 동조 제2항에서는 그 대상자를 선정하는데 있어서 남녀의 성을 이유로 차별하여서는 안됨을 규정하고 있다. 따라서 병의 사례는 노동 관련법 위반에 해당한다.
※ 노동법: 노동법은 근로자의 생존권 확보와 사회적 지위 향상을 도모하고, 사용자와 근로자 간 대립과 이해관계를 조정하는 법의 총체다.

헌법규정	근로의 권리와 근로 3권
근로기준법	• 근로자 개인을 보호하기 위한 규정 • 근로조건의 최저기준, 사용자와 근로자 간 동등한 위치에서의 자유의사에 의한 계약, 근로 계약 준수와 성실 이행의무, 사용자의 차별금지, 사용자의 폭행·구타금지 등
노동조합 및 노동관계 조정법	노동조합을 조직하고, 단체교섭을 행하며 단체행동, 분쟁의 조정 등 단체로서의 권리·의무 관계를 규정

Answer 5.④

6 갑에 대한 법적 조언으로 옳은 것은?

> 만 18세인 갑은 친권자인 양부모의 동의를 얻어 을이 사장인 주유소에서 하루 8시간씩 근로를 하게 되었다. 사장인 을은 근무 기간이 3개월이 안 될 경우 유급 휴일이 인정되지 않는다고 하였고, 갑은 3개월간 쉬는 날 없이 성실하게 일하였다. 그 동안 학업을 병행하느라 월급에 대해 신경을 쓰지 못하고 있었는데 알고 보니 양부인 병이 근로 계약서를 작성하여 갑의 임금이 병에게 지급되고 있었다.

① 갑의 근로시간은 1일 7시간을 초과할 수 없다.
② 사용자는 근로자에게 1주에 평균 1회 이상의 유급휴일을 보장하여야 한다.
③ 민사상 미성년자이기 때문에 친권자인 양부모가 대리로 계약을 체결하는 것은 물론, 갑의 임금을 대리지급받는 것도 가능하다.
④ 사용자와의 합의에 따라 휴식시간은 1일 1시간 보장되고, 근로시간은 1일 30분 한도로 연장 가능하다.

> **TIP** 사례에서 갑은 만 18세로 민법상으로는 미성년자이나 근로기준법에서는 일반 근로자와 동일하다. 근로기준법은 만 18세 미만의 자를 연소자로 규정하고 있는데, 갑은 만 18세이기 때문이다. 유급휴일과 관련하여 근로기준법 제55조 제1항에서는 1주에 평균 1회 이상의 유급휴일을 보장할 것을 규정하고 있다.
> ① 갑이 연소자일 경우는 근로 시간은 1일 7시간을 초과할 없으나 연소자가 아니므로 해당되지 않는다.
> ③ 갑은 민사상 미성년자이나 대리계약 체결, 임금갈취를 막기 위해 법정대리인의 동의하에 직접 근로 계약을 체결하고 임금을 받을 수 있도록 하고 있다.
> ④ 근로기준법에는 근로시간이 4시간인 경우에는 30분 이상, 8시간인 경우에는 1시간 이상의 휴게시간을 근로시간 도중에 주어야 한다고만 규정하고 있다.
> ※ 연소자의 근로기준법상 보호
> ⊙ 최저 고용 연령:고용할 수 있는 근로자의 최저 연령을 만15세로 정하고 있다.
> ⓒ 근로 계약 체결권, 임금청구권
> ⓒ 유해노동 사용 금지:만 18세 미만의 자는 도덕상 또는 보건상 유해, 위험한 노동을 시킬 수 없다.
> ⓔ 근로시간 제한:1일 최대 7시간, 1주 최대 35시간까지로 제한한다. 합의하에 근로 시간을 연장하는 경우에도 1일 최대 1시간, 1주 최대 5시간으로 제한하고 있다.

Answer 6.②

7 국회 인사청문회의 청문대상 공직이 아닌 것은?

① 대법원장   ② 감사원 감사위원
③ 국무총리   ④ 대법관

> **TIP** 인사청문회는 인사청문회법에 따라 국회의 입장에서 대통령의 인사권을 통제하고, 정부의 입장에서는 인사권 행사를 신중하게 하는 데 그 목적이 있다. 인사청문의 대상이 되는 공직후보자 가운데 국무총리, 감사원장, 대법원장 및 대법관, 헌법재판소장, 국회에서 선출하는 헌법재판소 재판관 및 중앙선거관리위원회 위원은 국회의 임명동의를 필요로 한다. 그 외 국무위원 및 국가 정보원장, 검찰총장, 국세청장, 경찰청장, 합동참모의장 등은 국회 인준 절차가 없다.
>
> ※ 인사청문회 대상
>
> | 국회의 임명 동의 필요 | • 대법원장 및 대법관, 헌법재판소장, 국무총리, 감사원장
• 국회에서 선출하는 헌법재판소 재판관 및 중앙선거관리위원회 위원 |
> |---|---|
> | 국회 인준 절차 없음 | • 대통령이 임명하는 직책의 후보자:헌법재판소 재판관, 중앙선거관리위원회 위원, 국무위원, 방송통신위원회 위원장, 국가정보원장, 공정거래위원회 위원장, 금융위원회 위원장, 국가인권위원회 위원장, 국세청장, 검찰 총장, 경찰청장, 합동참모의장, 한국은행 총재, 특별감찰관 또는 한국방송공사 사장
• 대통령 당선인이 「대통령직 인수에 관한 법률」에 따라 지명하는 국무위원 후보자
• 대법원장이 지명하는 직책의 후보자 : 헌법재판관 또는 중앙선거관리위원회 위원 |

8 다음 사례에 대한 설명으로 옳은 것을 〈보기〉에서 모두 고른 것은?

> 단독주택 밀집지역에 사는 갑은 자신의 집 앞에 주차한 을과 주차 문제로 다투다가 감정이 격해져 을을 폭행하였다. 갑의 폭행으로 을은 전치 6주의 상해를 입었다.

〈보기〉
㉠ 갑과 을이 폭행에 대한 민사상 손해배상에 합의하면 갑의 형사책임이 면제된다.
㉡ 을은 폭행의 피해자이므로 형사재판의 원고가 될 수 있다.
㉢ 을은 갑에게 손해배상을 요구하는 민사소송을 제기할 수 있다.
㉣ 갑은 유죄의 판결이 확정될 때까지는 무죄로 추정된다.

① ㉠㉡   ② ㉠㉢
③ ㉡㉢   ④ ㉢㉣

> **TIP** ㉠ 민사상 손해배상에 합의하였다고 하여 폭행에 대한 형사책임이 면제되는 것은 아니다.
> ㉡ 형사재판의 당사자는 검사와 피고인이다. 따라서 형사재판의 원고는 검사이다.
> ㉢ 을은 폭행의 피해자이므로 갑에게 손해배상을 요구하는 민사소송을 제기할 수 있다.
> ㉣ 피고인은 무죄추정의 원칙에 따라 유죄의 판결이 확정될 때까지는 무죄로 추정된다.

Answer 7.② 8.④

9 다음에서 소비자의 권리 보호에 대한 설명으로 옳은 것만을 모두 고르면?

> ㉠ 우리 헌법은 국가가 건전한 소비 행위를 계도하고 생산품의 품질 향상을 촉구하기 위한 소비자의 보호 운동을 법률이 정하는 바에 의하여 보장하도록 하고 있다.
> ㉡ 소비자분쟁조정위원회의 위원장으로부터 분쟁조정의 내용을 통지받은 당사자는 그 통지를 받은 날부터 15일 이내에 분쟁조정의 내용에 대한 수락 여부를 소비자분쟁조정위원회에 통보하여야 하며, 이 경우 15일 이내에 의사표시가 없는 때에는 수락을 거부한 것으로 본다.
> ㉢ 제조물의 결함으로 생명·신체 또는 재산에 손해를 입은 사람이 구제를 받으려면 제조물의 제조과정에서 제조업자의 과실이 있었고, 그 과실로 인한 제조물의 결함으로 피해가 발생하였음을 입증하여야 한다.
> ㉣ 국가는 소비자의 합리적인 선택을 방해하고 소비자에게 손해를 끼칠 우려가 있다고 인정되는 사업자의 부당한 행위를 지정·고시할 수 있다.

① ㉠㉡
② ㉠㉣
③ ㉡㉢
④ ㉢㉣

TIP ㉡ 소비자분쟁조정위원회의 위원장으로부터 분쟁조정의 내용을 통지받은 당사자는 그 통지를 받은 날부터 15일 이내에 분쟁조정의 내용에 대한 수락 여부를 조정위원회에 통보하여야 한다. 이 경우 15일 이내에 의사표시가 없는 때에는 수락한 것으로 본다〈소비자보호법 제67조(분쟁조정의 효력 등) 제2항〉.
㉢ 제조물 책임(제조물 책임법 제3조)은 그 하자에 대해 제조업자의 과실을 요하지 않는 무과실 책임이다. 따라서 과실 입증의 책임이 없다.

Answer 9.②

10 다음 (가)와 (나)의 행정구제 제도를 분석한 것으로 옳은 것만을 〈보기〉에서 고르면?

> (가) 행정작용으로 인한 분쟁 발생 시 다른 기관이 아닌 행정기관이 해당 분쟁을 조사하고 조치를 취하기 위한 결정을 내리는 구제 방법이다.
> (나) 행정작용 또는 행정법 적용과 관련하여 위법하게 권리가 침해된 경우 법원이 심리, 판단하여 구제하는 제도를 의미한다.

〈보기〉
㉠ (가)에서의 판결유형에는 각하판결, 기각판결, 인용판결, 사정판결이 있다.
㉡ (나)에서 행정청의 처분에 대한 효력 유무 또는 존재 여부를 확인하는 소송은 부작위 위법 확인소송이다.
㉢ (나)에서는 의무이행 소송이 인정되지 않지만 (가)에서는 의무이행 심판이 인정된다.
㉣ (가)와 (나)는 원칙적으로 구두변론주의를 취하는 점에서 공통적이다.
㉤ (가)와 (나)는 같은 법률에 규정되어 있는 점에서 공통적이다.

① ㉠㉣㉤
② ㉢
③ ㉡㉤
④ ㉢㉣

TIP (가)는 행정심판을 (나)는 행정소송을 나타낸다.

구분	행정심판	행정소송
판정기관	행정기관	법원
대상	위법행위, 부당행위	위법행위
심리방법(절차)	서면심리, 구두(말)변론 병행	원칙적으로 구두변론주의
적용법률	행정심판법	행정소송법

㉠ (가)는 행정심판이므로 판결이라 하지 않고 재결이라 한다. 따라서 틀린 진술이다.
㉡ (나)에서 행정청의 처분에 대한 효력 유무 또는 존재 여부를 확인하는 소송은 무효 등 확인소송이므로 틀린 진술이다.
㉣ (나)만 원칙적으로 구두변론주의를 취하므로 틀린 진술이다.
㉤ (가)는 행정심판법, (나)는 행정소송법이 근거법률이므로 틀린 진술이다.

Answer 10.②

11 다음 중 (개), (내), (대), (래)의 사례를 가장 바르게 분석한 것은?

> (개) 만 10세 미만으로 남의 물건을 훔친 경우
> (내) 만 10세 ~ 만 14세 미만으로 타인을 폭행한 경우
> (대) 만 14세 ~ 만 19세 미만으로 성폭행범죄를 저지른 경우
> (래) 만 10세 ~ 만 19세 미만으로 단체로 몰려다니며 소란을 피우는 경우

① (개)는 형사처벌이 가능하다.
② (내)는 촉법소년이라 하며 형사처벌이 불가능하다.
③ (대)는 보호처분만 가능하며 형사처벌이 불가능하다.
④ (래)는 우범소년이라 하며 형사처벌이 가능하다.

TIP

구분	유형	처벌
만 10세 미만	보호처분 및 형벌 대상 아님.	일체의 처벌불가(형사처벌, 보안처분)
만 10세 ~ 만 14세 미만	촉법소년 : 형벌 법령에 저촉되는 행위를 한 10세 이상 14세 미만의 소년	형사처벌 불가, 보호 처분만 가능
만 14세 ~ 만 19세 미만	범죄소년 : 범죄를 행한 14세 이상 19세 미만의 소년	형사처벌, 보호처분 가능
기타	우범소년 : 만 10세 이상 만 19세 미만인 범죄 우려자	형사처벌 불가, 보호 처분만 가능

12 의사가 환자를 수술하는 행위와 교도관의 사형집행행위가 범죄가 되지 않는 이유는?

① 위법성이 없기 때문이다.
② 책임성이 없기 때문이다.
③ 범죄의 구성요건에 해당되지 않기 때문이다.
④ 자구행위이기 때문이다.

TIP ① 교도관의 행위는 위법성조각사유, 즉 업무로 인한 행위 및 법령에 의한 행위에 해당하므로 범죄가 성립되지 않는다.
※ 범죄의 성립요건
  ㉠ 구성요건해당성 : 그 행위가 형법에서 범죄로 규정하고 있는 구성요건(폭행, 절도 등)에 해당해야 한다.
  ㉡ 위법성 : 구성요건에 해당되는 것으로서 전체 법질서로부터 부정적인 행위라는 판단이 가능해야 하며, 정당방위 등 합당한 이유가 있을 경우에는 위법성이 없다고 본다.
  ㉢ 위법성조각사유 : 어떤 행위가 범죄의 구성요건에는 해당되지만 그 행위의 위법성을 배제하여 적법으로 하는 사유를 말한다(정당행위, 정당방위, 긴급피난, 자구행위, 피해자의 승낙 등).
  ㉣ 책임성조각사유 : 형사미성년자, 심신상실자, 강요된 행위 등인 경우 책임성이 없어지며, 심신장애자, 농아자의 행위는 경감한다.

Answer 11.② 12.①

13 다음 사례에서 갑과 을이 행사한 권리 구제 방법을 바르게 짝지은 것은?

> 갑은 청소년에게 술과 담배를 판매했다는 이유로 과징금 부과처분을 받자, 그 처분의 취소를 행정기관에 청구하였다.
> 을은 법령이 정한 요건을 갖추어 관할 행정기관에 인가신청을 하였으나 아무런 의사 표시를 하지 않고 계속 방치하자, 법원에 소송을 제기하였다.

	(갑)	(을)
①	취소심판	무효 등 확인심판
②	취소소송	무효 등 확인심판
③	취소소송	부작위 위법 확인소송
④	취소심판	부작위 위법 확인소송

TIP 갑은 처분의 취소를 행정기관에 청구하였다고 했기 때문에 취소심판이 된다. 을의 경우는 인가 신청에 대해 아무런 의사 표시를 하지 않고 계속 방치하였기 때문에 부작위 위법 확인 소송의 대상이 된다.

14 다음 사례를 읽고 관련되는 사항을 바르게 연결한 것은?

> (가) 갑은 자신의 돈을 빌려서 외국으로 이민 가려는 채무자를 추격하여 붙잡는 과정에서 몸싸움이 있었다.
> (나) 을은 좁은 인도로 돌진하는 자동차로부터 자신의 생명을 보호하기 위하여 어쩔 수 없이 길 옆 가게로 피하던 중 진열장을 깨뜨렸다.
> (다) 교도관 병은 수형자들을 인도하는 과정에서 신체적 물리력이 가해졌다.

	(가)	(나)	(다)
①	자구행위	긴급피난	정당행위
②	정당방위	정당행위	피해자의 승낙
③	자구행위	피해자의 승낙	정당행위
④	정당행위	자구행위	정당방위

TIP 갑이 한 행동은 자구행위이다. 개인의 신체·재산 등이 타인에 의해 문제가 발생하면 법적인 수단을 이용하여 해결해야 하나, 법적인 수단을 이용하는 시간이 부족하거나 특정한 상황일 경우에는 본인을 위하여 행동할 수 있다.
을의 경우 위급한 상황을 피하기 위해 다른 이익 또는 가치를 침해하지 않고는 달리 피할 방법이 없을 때 인정되는 정당화 사유이다.
병의 경우 법령에 의한 행위 또는 업무로 인한 행위가 사회의 보편적인 규칙에 위배되지 않는 경우로 모두 위법성이 조각된다.

Answer 13.④ 14.①

15 다음 보기의 상황에서 적용되는 행정구제제도는?

> 지방자치단체가 건설한 교량이 시공자의 흠으로 붕괴되어 지역주민들에게 상해를 입혔을 때 지방자치단체가 상해를 입은 주민들의 피해를 구제해 주었다.

① 흠 있는 직무행위로 인한 손해배상
② 적법한 행정작용으로 인한 손실보상
③ 손해전보제도는 국민의 재산성에 국한함
④ 흠 있는 행정작용으로 인한 행정쟁송

TIP 행정구제제도
  ㉠ 행정구제 : 행정작용으로 권리나 이익을 침해당한 국민이 행정기관이나 법원에 대하여 그것의 취소·변경, 손해배상, 손실보상을 요구하는 절차(국민의 기본권을 보장)이다.
  ㉡ 손해전보제도
    • 손해배상제도 : 공무원의 위법한 직무행위, 국가 또는 단체가 관리·경영하는 사업 또는 설비의 설치·관리의 흠으로 인한 손해를 배상해주는 제도
    • 손실보상제도 : 적법한 행정작용으로 인한 희생을 보상하는 제도
  ㉢ 행정쟁송제도
    • 행정심판제도 : 위법하거나 부당한 행정처분으로 말미암아 권익을 침해당한 경우 시정을 구하는 절차
    • 행정소송제도 : 행정심판에 의하여 구제받지 못했을 때, 최종적으로 법원에 구제를 청구하는 제도

Answer 15.①

06 국제 정치와 법

제1편 법과 정치

❶ 국제 사회의 이해

(1) 국제 사회와 국제 관계

① 국제 사회의 성격
   ㉠ 국제 사회는 독립적 주권국가로 구성되며, 구성 국가 간에 연대감이 형성되어 있다.
   ㉡ 국제 사회에는 중앙정부가 존재하지 않는다.
   ㉢ 국제 사회의 구성 국가들은 자국의 이익을 추구한다.
   ㉣ 구성 국가 간에는 공동의 이해관계와 규범이 존재한다.

② 국제 사회의 형성과정
   ㉠ 베스트팔렌 조약과 국제 사회의 형성
   • 독일의 30년 종교전쟁을 끝마치기 위해 1648년 베스트팔렌 조약이 체결되면서 가톨릭 제국으로서의 신성로마 제국이 붕괴되었다.
   • 주권 국가들을 단위로 하는 근대 유럽의 정치구조가 형성되는 계기가 되었다.
   ㉡ 제국주의와 1차 세계대전
   • 19세기 서양 열강들의 식민지 확보를 위한 침략전쟁 전개로 1차 세계대전(1914~1918)이 발발하였다.
   • 1919년 1월부터 제1차 세계대전의 뒤처리를 위하여 전승국들의 강화회의가 파리에서 개최되었고 베르사유 조약이 체결되었다.
   • 1920년 승전국을 주축으로 국제 평화와 안전을 유지하고 경제적·사회적 국제협력을 증진시킨다는 목적으로 국제연맹을 창설하였다.
   ㉢ 전체주의와 2차 세계대전
   • 세계 대공황에 따라 경제적 어려움을 극복한다는 명분으로 국민의 자유와 권리를 억압하고 타국을 침략하는 전체주의가 등장하였다.
   • 제2차 세계대전 중 연합국은 전후 국제평화와 안전을 유지하기 위한 국제기구의 설립의 필요성을 검토하였다.
   • 전쟁이 끝난 1945년 10월 국제 연합헌장이 발효됨으로써 국제 연합이 창설되었다.
   ㉣ **양극체제** : 미국 중심의 자유주의 진영과 소련 중심의 공산주의 진영으로 냉전 체제가 성립되었다.
   ㉤ **탈냉전** : 닉슨 독트린, 몰타 선언, 소련의 해체 등
   ㉥ **다극체제** : 이념대결 종식으로 자국의 경제적 실리에 초점을 둔 국제관계가 형성되었다.

③ 국가와 주권
  ㉠ **주권의 성격** : 국내적으로 최고의 권위를 가지는 동시에 대외적으로 자국의 독립을 뜻한다.
  ㉡ **평등한 국가주권** : 주권국가는 국제법 앞의 평등한 주체이다.
  ㉢ **국가별 주권행사능력의 격차** : 실질적으로 각 국가의 국력이나 주권행사능력에는 차이가 있다.

(2) 국제행위와 행위주체

① **국제행위** … 상호이익을 추구하는 협조행위와 자기이익만을 추구하는 갈등행위가 병존한다.
  ㉠ **국제 관계에서의 협력과 갈등** : 국제 관계에서 행위주체들은 상호이익을 위해 협조하기도 하고, 눈앞의 이익을 위해 다른 행위자들을 배신하고 자기이익만을 추구하여 갈등을 일으키기도 한다.
  ㉡ **국제행위 처벌의 한계성**
    • 국제행위의 특수성 : 상호방위조약, 환경관련협약 등을 맺어 상호이익을 추구하기도 하고, 시대 변화에 따라 우방을 배신하고 다른 나라와 협력관계를 맺기도 한다.
    • 배신행위에 대한 처벌의 한계 : 국제 정치에서는 국내정치와는 달리 행위 자체를 규율할 수 있는 정부가 없기 때문에 배신행위에 대한 처벌에 한계성이 있다.

② **행위 주체**
  ㉠ **국가** : 일정 영토와 국민을 바탕으로 주권을 가진 독립적 주체이다.
  ㉡ **초국가적 행위체**
    • 정부간 기구(IGO) : 국가를 구성원으로 하여 창설된 국제적 조직으로 UN(국제연합), IMF(국제통화기금), WTO(세계무역기구), 국제이주기구, 국제수로기구 등이 대표적이다.
    • 비정부간 기구(NGO) : 민간단체들이 자발적으로 결성한 기구로 봉사, 환경보존, 빈민 구제, 인권활동을 전개하며 국제 적십자사가 대표적이다.
  ㉢ **국가 내부적 행위체** : 한 국가의 일부분에 속하지만 독자적 영역을 보유하고 국제적으로 활동하는 행위체로 소수 인종 연합, 지방자치 단체 등을 들 수 있다.
  ㉣ **개인** : UN사무총장이나 국가 원수처럼 개인이 국제사회에 영향력을 미칠 수 있다.

③ **국제레짐**(International regime) … 스태픈 크래스너(Stephen D. Krasner)는 국제관계상의 개발쟁점에 있어서 행위자들의 기대가 수렴되는 묵시적 또는 명시적인 일련의 원칙, 규범, 규칙, 정책결정절차를 포괄하는 개념으로 국제(개발)레짐을 제시하였다.

❷ 국제 관계와 국제법

(1) 국제 사회와 국제법

① **국제법** … 국제 사회의 법으로서 여러 국가 간의 합의에 의하여 성립되며 주로 국가 상호 간의 관계를 규율하지만 한정된 범위 내에서 국제기구와 개인과 관련된 문제도 규율한다.

② **국제법의 특징** … 국내법과 달리 강제성이 미약하다.

③ **국제법의 종류** … 조약, 관습, 법의 일반 원칙 등이 있다.

기출예제 2025. 6. 21. 제1회 서울특별시 보훈청

〈보기〉의 국제법의 법원(法源) A~C에 대한 설명으로 가장 옳은 것은? (단, A~C는 각각 조약, 국제 관습법, 법의 일반 원칙 중 하나이다.)

〈보기〉
- 'A는 국제 사회 문명국들이 공통으로 승인하여 따르는 법의 보편적 원칙이다.'라는 진술은 거짓이다.
- 'B는 C와 달리 원칙적으로 국제 사회에서 행위 주체들에 대하여 포괄적 구속력을 가진다.'라는 진술은 참이다.

① 국내 문제 불간섭은 A에 해당한다.
② 국제기구는 C의 체결 당사자가 될 수 없다.
③ B는 A와 달리 국제 사법 재판소의 재판 준거가 될 수 있다.
④ A~C는 모두 우리나라에서 헌법과 동등한 지위를 지닌다.

✱
A 법의 일반 원칙, B 국제 관습법, C 조약
② 조약은 국가나 국제기구를 당사자로 하여 상호 간에 체결한다.
③ 국제사법재판소는 국제사법재판소에 회부된 분쟁을 국제법에 따라 재판하는 것을 임무로 하며, 국제협약, 국제관습, 법의 일반 원칙, 판례와 학설만을 적용하여 재판한다.
④ 헌법에 의하여 체결·공포된 조약과 일반적으로 승인된 국제법규는 국내법과 같은 효력을 가진다〈「헌법」 제6조 제1항〉. 국내법과 같은 효력을 가지지만 헌법과 동등한 지위를 지닌다고 볼 수는 없다. 헌법은 가장 상위의 법규범이다.

답 ①

(2) 국제법의 성격과 역할

① **성격** … 세계평화라는 보편적 이익을 대변하려는 이상을 가지고 있으나, 실제로는 강대국들의 이해관계를 반영하고 강대국 중심의 국제질서를 유지하려는 경우가 많다.

② **역할**
  ㉠ 객관적인 규범으로서 확립되면 모든 국가에 구속력을 발휘하여 국제 관계의 협력을 증진시키고 갈등을 줄일 수 있다.
  ㉡ 국제 사회를 만들고 유지해 나가기 위한 상호협력의 방법을 제공할 수 있다.
  ㉢ 국가 간의 대립과 갈등을 제도적으로 해소할 수 있다.

(3) 국제법의 한계와 변화

① **한계**
  ㉠ 효율적인 법 제정의 권위체와 제정된 법의 강제집행을 추진할 기구가 없다.
  ㉡ 국가 간의 합의를 기초로 하기 때문에 무시되거나 유보될 수 있다.
  ㉢ 국가의 동의 없이 국제사법재판소는 국제분쟁을 관할할 수 없다.

② **변화** … 강제성이 미약하므로 이를 보완할 수 있는 효과적 장치가 필요하다.

❸ 국제연합

(1) 총회

① **지위 및 권한** … 국제연합 모든 가입국의 대표로 구성되며 모든 업무를 결정하는 최고의 의결기관이다.

② **주요 기능** … 평화유지, 국제협력, 보고·심의

③ **표결** … 1국 1표 원칙 적용

(2) 안전보장이사회

① **지위 및 권한** … 국제 평화와 안전 보장

② **주요 기능** … 평화에 대한 위협·파괴 또는 침략행위가 있을 시 군사력 사용을 포함하여 강제조치 가능

③ **표결** … 1국 1표 원칙이 적용되며 15개 이사국 중 9개의 이사국의 찬성으로 의결, 5개 상임이사국은 거부권 보유

(3) 국제사법재판소(ICJ)

① **지위** … 국가 간의 분쟁을 법적으로 해결하기 위해 설립한 국제연합의 사법기관이다.

② **역할** … 조약이나 국제 관습법 등의 국제법을 적용하고 심리하여 최종 판결을 한다. 또한 국제기구의 법적 문제와 관련된 자문에 대해 권고를 한다.

③ **한계** … 강제적 관할권이 없어 한쪽 당사자의 청구만으로는 재판이 불가능하며 재판 당사국이 판결에 불복할 경우 제재방법이 없다.

| 기출예제 | 2025. 6. 21. 제1회 서울특별시

〈보기〉의 국제 연합의 주요 기관 A, B에 대한 설명으로 가장 옳지 않은 것은?

〈보기〉
- 러시아의 크림반도·세바스토폴 점령을 규탄하고 지체 없는 군사력 철수를 촉구하는 결의안이 A에서 채택됐다. 이번 결의안은 찬성 63표, 반대 19표로 가결 처리되었다. 전체 193개 회원국 가운데 66개국은 기권했고 45개국은 투표하지 않았다.
- 튀르키예에 시리아 쿠르드족 공격 중단을 요구하는 공동 성명 채택을 위한 B가 소집되었지만 공동 성명 채택에는 실패했다. 대부분의 이사국이 찬성하였지만 갑(甲)국만이 거부권을 행사하였기 때문이다.

① A에서의 의결은 1국 1표로 표결한다.
② 갑국은 B의 상임 이사국에 해당한다.
③ 국제 사법 재판소의 재판관은 A 및 B에서 선출한 서로 국적이 다른 15명의 재판관으로 구성된다.
④ B의 15개 이사국은 모두 A에서 2년에 한 번씩 선출된다.

✱
A 유엔 총회, B 유엔 안전보장이사회
상임이사국 5개국(미국, 영국, 프랑스, 러시아, 중국)은 영구적이며 선출되지 않는다. 비상임이사국 10개국만 총회에서 2년 임기로 선출된다.

답 ④

기출 예상 문제

1 국제사회의 변천 과정에 대한 설명으로 옳지 않은 것은?

① 1648년 베스트팔렌 조약을 기점으로 영토, 국민, 주권을 지닌 국민국가가 국제사회의 주체로 등장하였다.
② 국제연맹은 미국의 참여와 주도에도 불구하고 일본과 독일, 이탈리아의 탈퇴로 실질적인 효과를 거두지 못하였다.
③ 미국은 1947년 트루먼 독트린을 통해 공산주의 세력의 위협을 받는 국가에 군사 및 경제 원조를 제공하였다.
④ 1990년대 들어 냉전이 종식되면서 민족, 종교, 영토, 자원 등으로 인한 분쟁은 오히려 증가했다.

> **TIP** 국제연맹은 승전국을 주축으로 국제 평화와 안전을 유지하고 경제적·사회적 국제협력을 증진시킨다는 목적으로 창설하였다. 그러나 미국의 불참과, 일본과 독일, 이탈리아의 탈퇴, 전쟁 방지 기능의 취약으로 실효를 거두지 못하였다.
> ① 독일의 30년 종교전쟁을 끝마치기 위해 1648년 베스트팔렌 조약이 체결되면서 교황 세력은 후퇴하게 되었다. 이를 배경으로 유럽 국가들은 영토, 국민, 주권을 지닌 국민국가로써 국제사회의 주체로 등장하는 계기가 되었다.
> ③ 미국 중심의 자유주의 진영과 소련 중심의 공산주의 진영으로 양극체제가 형성된 시점에 미국은 트루먼 독트린을 발표하였다. 이는 공산주의 세력의 위협을 받는 국가에 대한 군사 및 경제 원조를 담고 있다.
> ④ 닉슨 독트린과 데탕트 와해, 소련의 개혁과 개방으로 탈냉전의 분위기가 형성되었고, 냉전체제를 종식하는 몰타 선언이 이어졌다. 냉전이 종식되면서 1990년대에는 민족, 종교, 영토, 자원 등으로 인한 분쟁이 증가하고 있다.
> ※ 몰타선언 … 1898년 12월 2일과 3일 지중해의 몰타에서 미국 대통령 부시와 소련 서기장 고르바초프 사이에 이루어진 회담으로 제2차 세계대전 이후의 냉전체제를 종식하고 평화를 지향하는 새로운 세계질서를 수립한다는 역사적 선언을 의미한다.

Answer 1.②

2 국가의 구성요소인 주권에 대한 설명으로 옳은 것만을 모두 고르면?

> ㉠ 일반 사회 집단도 소유할 수 있다.
> ㉡ 국가 원수로서 대통령만이 갖는 권한이다.
> ㉢ 민주주의 국가에서는 그 소재가 국민에게 있다.
> ㉣ 주권은 대내적으로 최고성, 대외적으로 독립성을 갖는다.

① ㉠㉡
② ㉠㉣
③ ㉡㉢
④ ㉢㉣

TIP ㉢ 민주국가의 구성 요소인 주권은 국민주권주의에 따라 그 소재가 국민에게 있다.
㉣ 주권은 대내적으로 최고성, 대외적으로는 독립성을 갖는다.
㉠ 주권은 국가를 구성하는 요소이므로 일반 사회 집단이 소유할 수 없다.
㉡ 국가 원수로서의 대통령은 삼권을 통할하고 국가를 대표하는 권한은 있다. 다만, 주권을 대통령이 독점하는 것은 아니다.

3 국제연맹과 국제연합에 대한 설명으로 옳지 않은 것은?

① 국제연맹은 미국의 불참, 일본과 이탈리아의 탈퇴 등으로 인해 국제분쟁 해결에 무기력한 모습을 보였다.
② 국제연합은 강대국들의 거부권을 인정한 안전보장이사회를 설치하였다.
③ 국제연합은 전쟁 억제 이외에도 경제·사회·문화·인도적 차원에서 국가 간 협력을 추구하고 있다.
④ 국제연합은 사법기관으로 국제형사재판소를 운영하고 있다.

TIP ④ 국제연합은 사법기관으로 국제사법재판소(ICJ ; International Court of Justice)를 운영하고 있다.

Answer 2.④ 3.④

4 국제법의 법원(法源)에 대한 설명으로 옳지 않은 것은?

① 국제 관습법과 법의 일반원칙은 조약과 달리 별도의 체결 절차 없이 일반적으로 국제 사회에서 법적 구속력이 발생한다.
② 법의 일반원칙은 문명국들이 공통으로 승인하여 따르는 법의 보편적인 원칙을 말하며, 신의성실의 원칙, 권리남용금지의 원칙 등이 그 예이다.
③ 국제 관습법은 국제 사회의 반복적인 관행이 법규범으로 승인되어 효력을 갖는 것으로서, 외교관의 특권과 면제, 전쟁 포로에 대한 인도적 대우 등이 그 예이다.
④ 조약은 2개 이상의 국가 사이에 맺은 법적 구속력을 갖는 문서 형식의 합의로서, 우리나라의 경우 대통령이 안전보장에 관한 조약을 체결할 경우 국회의 동의를 필요로 하지 않는다.

TIP ④ 안전보장, 주권제약, 중대한 재정적 부담 등과 관련된 조약의 경우 국회의 동의를 필요로 한다.

5 국제 사회를 바라보는 관점 (개), (내)에 대한 설명으로 가장 옳은 것은?

> (개) 국제 사회란 보편적인 가치나 질서에 의해서 지배되는 것이 아닙니다. 오로지 권력과 같은 힘으로 주도될 뿐이지요. 각국은 각자 자국의 이익을 추구하기 위해 계산적으로 움직이기 때문에 배려나 양보를 기대하는 것은 불합리합니다.
> (내) 국제 사회란 보편적인 선이나 국제 규범에 의해 지배되고 있습니다. 마치 사람들이 모여 사회를 이루고 살듯이, 국제적으로 발생하는 다양한 문제들에 대응하기 위해 국가 간 연합과 협력이 이루어지는 공간이 국제 사회입니다.

① (개)는 국제 관계에서 국가 간 상호 의존적 관계를 중시해야 한다고 본다.
② (내)의 대표적인 사례로 북대서양 조약 기구(NATO), 바르샤바 조약 기구(WTO) 등이 있다.
③ (내)는 집단 안보 체제의 구축이 국제 평화 유지의 방안이 될 수 있다고 본다.
④ (개)는 (내)보다 국제 관습법과 같은 국제법의 중요성을 강조한다.

TIP (개)는 현실주의, (내)는 이상주의적 관점이다.
① 국제 관계에서 국가 간 상호 의존적 관계를 중시해야 한다고 보는 것은 (내)이다.
② NATO, WTO 등은 (개)의 대표적인 사례이다.
④ 국제 관습법과 같은 국제법의 중요성을 강조하는 것은 (내)이다.

Answer 4.④ 5.③

6 다음은 국제 사회의 본질에 대한 두 사람의 대화이다. 을의 관점에 부합하는 진술만을 〈보기〉에서 있는 대로 고른 것은?

> 갑 : 국가들이 서로 신뢰하고 협력할 때 국제 질서와 평화가 달성될 수 있어.
> 을 : 국제 사회에서는 국가 간의 힘의 관계에 의해서 모든 것이 결정된다고 할 수 있어.

〈보기〉
㉠ 힘이 뒷받침되지 않는 평화란 허상에 불과하다.
㉡ 국제 사회에 최선인 것이 자국에도 최선이 된다.
㉢ 집단 안보 체제의 확립이 세계 평화의 안전판이 된다.
㉣ 세력 균형을 유지하는 것이 국가 안보를 위해 중요하다.

① ㉠㉡
② ㉠㉣
③ ㉡㉢
④ ㉠㉢㉣

TIP 갑은 이상주의, 을은 현실주의 관점을 갖고 있다. ㉡의 국제사회를 중시하는 것은 이상주의적 입장이며 ㉢의 집단안보를 중시하는 것도 이상주의의 입장이 된다.

Answer 6.②

7 다음 내용을 종합하여 내릴 수 있는 결론으로 적절한 것은?

> (가) 미국의 유명 식품 회사들을 포함한 6개의 다국적 기업들은 공동으로 협력 관계에 있는 공급 업체들에 대해 이산화탄소 배출량 감소 대책을 제출하도록 요구하기로 했다.
> (나) 유엔은 인권 이사회를 출범시키기로 의결하였다. 인권 이사회는 객관적이고 믿을만한 정보를 바탕으로 모든 회원국들의 인권 상황을 정기적으로 점검하도록 하고 있다.

① 다국적 기업이 세계 경제에 미치는 영향력이 확대되고 있다.
② 초국가적 행위체의 보편적 가치 추구 행위가 나타나고 있다.
③ 정부 간 국제기구의 활동으로 국가 간 갈등 행위가 감소하고 있다.
④ 인권과 환경 보호를 위한 국가 주도의 노력이 실효를 거두고 있다.

TIP 서문의 내용은 유엔과 다국적 기업은 초국가적 행위체로서, 인권과 환경 보호라는 인류의 보편적 가치를 추구하는 행태를 보여주고 있다.

국가	일정한 영토와 국민을 바탕으로 주권을 가진 독립적 주체
초국가적 행위체	국경을 넘어서 영향력을 행사하는 주체로 국제연합, 비정부 국제기구(NGO) 등
국가 내부적 행위체	한 국가의 일부분에 속하지만 독자적 영역을 보유하고 국제적으로 활동하는 행위체로 소수 인종 연합, 지방 자치 단체 등
개인	UN사무총장이나 국가 원수처럼 개인이 국제 사회에 영향력을 미칠 수 있음

8 우리 헌법이 국제 관계에 대해 규정하고 있는 내용이 아닌 것은?

① 국제법 존중
② 외국인의 지위보장
③ 침략전쟁의 부인
④ 국군의 해외파견 금지

TIP 우리나라의 국제 관계 … 국제법규의 준수, 침략전쟁의 부인, 국제법과 국내법의 동일시, 주한 외국인의 보호, 재외국민 보호 등 국제 간의 우호와 평화를 유지하고 증진시키기 위한 내용을 헌법에 규정하고 있다.

Answer 7.② 8.④

9 다음과 같은 국제 사회의 특징에 비추어, 우리나라의 대응방안으로 옳지 않은 것은?

> 국가 간의 관계는 이익이 서로 조화를 이루는 동안에는 우호적인 관계가 유지되지만, 이해관계가 상충되면 적대관계로 변하기도 한다.

① 민족의 통일을 위해서는 우리 민족의 배타적 이익만을 위해 외교정책을 편다.
② 자주국방 · 안보에 힘써야 한다.
③ 미국을 비롯한 자유우방과의 협력관계를 강화한다.
④ 제3세계와 관계 개선 및 북방외교를 통해 러시아, 중국 등 공산권과 협력적 관계를 추구한다.

TIP 국제 사회에서 국가 간의 갈등을 해결하는 수단
  ㉠ 국제기구를 통한 해결: 국제 관계에는 중앙정부가 존재하지 않지만 국제연합 등의 국제기구가 갈등해결의 유력한 수단으로 기능하고 있다.
  ㉡ 국제조정의 방식을 통한 해결: 제3국이나 민간단체의 개입을 통한 갈등해결이 가능하다.
  ㉢ 강제력의 행사: 전쟁이나 무력위협 등을 통한 갈등해결방식이다.

10 다음의 내용을 읽고 오늘날의 국제적 현실을 바르게 추론한 것은?

> • 국제 사회에는 강제적인 규범과 체계적인 권력조직체가 없다.
> • 세계는 생태계 파괴, 환경오염 등의 환경윤리적 과제를 안고 있다.
> • 교통과 통신수단의 발달, 무역의 증진은 국제 관계를 변화시키고 있다.

① 국제 관계는 이제 힘의 논리가 아닌 법의 지배를 통해 규율된다.
② 국제기구의 역할이 확대되면서 각국의 주권은 크게 제한되고 있다.
③ 국가 간의 상호의존성이 심화됨에 따라 전쟁의 가능성이 거의 사라졌다.
④ 국가들은 국제협력을 확대해 나가면서도 개별적 안보노력을 계속하고 있다.

TIP 국제 사회는 힘에 의한 지배사회이지만, 지구촌의 공통적 관심사는 서로 협력해야 한다.

Answer 9.① 10.④

11 다음 자료에 대한 옳은 설명만을 〈보기〉에서 있는 대로 고른 것은?

> 토론진행자 : 국제연합의 주요 기관 A, B에 대해 발표해 보세요.
> 갑 : A는 모든 회원국이 참여하는 기관으로 국제 평화에 관한 권고, B의 비상임 이사국 선출 등의 기능을 해요.
> 을 : B는 국제 평화와 안전 유지에 관한 국제연합의 실질적 의사결정기관이에요.
> 병 : A는 _____(가)_____
> 정 : B의 상임 이사국은 거부권 행사가 가능해요.
> 토론진행자 : 모두 옳게 답했어요.

〈보기〉
㉠ (가)에는 '1국 1표 원칙의 표결 방식을 적용해요.'가 들어갈 수 있다.
㉡ 정의 대답을 통해 국제 사회에 힘의 논리가 적용됨을 알 수 있다.
㉢ A는 국제 사회의 모든 국가가 회원국으로 참여하고 있다.
㉣ B는 침략국에 대한 군사적 개입이나 경제적 제재를 결의할 수 있다.

① ㉠㉢
② ㉠㉣
③ ㉡㉢
④ ㉠㉡㉣

TIP 국제연합의 주요 기구 중 A는 총회, B는 안전보장이사회이다.
  ㉠ 총회에서의 표결 방식은 1국 1표 원칙이 적용된다.
  ㉡ 안전보장이사회의 상임 이사국 중 1개국이라도 거부권을 행사하면 찬성국가 수에 상관없이 안건이 부결된다. 이를 통해 국제 사회에 힘의 논리가 적용됨을 알 수 있다.
  ㉢ 총회는 국제연합의 모든 회원국으로 구성된 것이지, 국제 사회의 모든 국가가 참여하고 있는 것은 아니다.
  ㉣ 안전보장이사회는 국제 분쟁 조정 절차나 방법 권고, 침략국에 대한 경제·외교적 제재나 군사적 개입을 하기도 한다.

Answer 11.④

02 경제

01 경제생활과 경제문제의 이해

제2편 경제

1 경제생활과 경제문제

(1) 경제활동의 이해

① 경제활동의 의미
  ㉠ 경제활동 : 인간에게 필요한 물품이나 서비스를 생산, 분배, 소비하는 사람의 모든 활동을 의미한다.
  ㉡ 경제원칙 : 최소의 비용으로 최대의 효과를 달성하려는 인간 활동의 원리이다.

② 경제활동의 과정
  ㉠ 생산 : 재화나 용역을 창출하는 일체의 활동을 의미한다.
  ㉡ 분배 : 생산활동에 대한 기여를 시장가격으로 보상받는 것을 의미한다.
  ㉢ 소비 : 분배된 소득으로 필요한 재화와 서비스를 구입해서 사용·소모하는 것을 의미한다.

③ 경제활동의 주체와 객체
  ㉠ 경제주체 : 경제활동에 참여하는 경제단위로 가계(소비의 주체), 기업(생산의 주체), 정부(생산과 소비의 주체), 외국(교역의 주체)이 이에 해당한다.
  ㉡ 경제객체 : 경제주체의 경제활동대상이 되는 물적 단위로, 재화(생산된 물품)와 용역(서비스)을 의미한다.

(2) 희소성과 경제문제

① 희소성과 경제재
  ㉠ 경제문제 : 물질적 수단의 희소성 때문에 발생된다.
  ㉡ 희소성의 원칙 : 인간의 무한한 욕구에 비하여 이를 충족시킬 수 있는 자원이 상대적으로 부족한 현상을 의미한다.
  ㉢ 경제활동의 대상 : 경제적 가치가 있는 것(경제재)이다.

② 기본적 경제문제
  ㉠ 자원배분의 문제 : 무엇을, 얼마나 생산할 것인가 하는 문제로 최대 생산의 문제(효율성)와 관련된다.
  ㉡ 생산방법의 문제 : 어떻게 생산해야 할 것인지를 결정하는 문제로 최소 비용의 문제(효율성)와 관련된다.
  ㉢ 소득분배의 문제 : 생산물을 누구에게 분배해야 할 것인지를 결정해야 하는 문제로 공평 분배의 문제(형평성)와 관련된다.
  ㉣ 경제문제의 해결원칙 : 효율성, 형평성, 자주성 등이 있다.

③ 선택과 기회비용
  ㉠ 합리적 선택 : 자원배분이 효율적으로 이루어지도록 하는 선택이며, 만족을 극대화시킬 수 있는 선택을 의미한다.
  ㉡ 기회비용 : 어떤 재화나 용역을 선택하기 위하여 포기하거나 희생한 재화 또는 용역의 가치이다.

❷ 경제체제와 경제목표

(1) 경제체제
① 전통경제체제
  ㉠ 의의 : 전통과 관습에 의해서 경제문제를 해결한다.
  ㉡ 특징
    • 경제활동의 변화가 크지 않고 구성원의 자발적 선택을 찾아보기 어렵다.
    • 변화보다 전통의 연속성과 안정성을 중요하게 생각한다.
② 명령경제체제(계획경제체제)
  ㉠ 의의 : 중앙정부의 명령과 지시에 의해서 경제문제를 해결한다.
  ㉡ 특징
    • 개인의 소유권이 제한되어 개인 및 기업이 생산수단을 소유할 수 없다.
    • 개인의 선택의 자유가 제한되어 본인의 의사와 무관한 작업을 하게 된다.
    • 개인의 이윤추구 동기를 약화시켜 경제성장 동력을 상실하는 한계가 있다.
③ 시장경제체제
  ㉠ 의의 : 개인이 자신의 이익을 추구하기 위해 의사결정을 내려 경제문제를 해결한다.
  ㉡ 특징
    • 소비자는 시장가격에 의해 소비를 결정하고 만족의 극대화를 추구한다.
    • 생산자는 소비자가 원하는 상품을 생산하여 이윤의 극대화를 추구한다.
    • 정부는 외교, 국방, 치안, 경제적 약자 보호의 영역에서만 역할을 한다(작은 정부).
  ㉢ 장점 : 소비자가 원하는 상품을 생산하게 하고, 개인의 창의력 발휘에 대한 동기부여로 기술혁신을 통한 경제성장이 촉진된다.
  ㉣ 단점 : 빈부격차 확대, 시장 실패(불완전한 경쟁 등으로 시장에 의한 자원의 최적 배분 실패) 발생, 구성의 모순(개별적으로는 합리적이지만 전체적으로는 비합리적인 것이 되는 모순) 발생, 유효 수요의 부족으로 극심한 경기 침체(경제 대공황, 1929년) 발생

④ 혼합경제체제
  ㉠ 의의: 명령경제체제와 시장경제체제의 요소를 적절히 결합하여 경제문제를 해결한다.
  ㉡ 특징
    • 시장경제체제에 바탕을 두고 공공부문의 생산이나 시장의 보완에 대해서 정부의 적극적 역할을 강조한다(큰 정부).
    • 경제 대공황을 극복하기 위해 정부가 시장에 직접 개입한 것을 계기로 등장하였으며, 대부분의 나라가 채택하는 방식이다.

    > **TIP** 경제 대공황 … 자유방임주의에 의해 생산력이 증대되면서 총공급이 증가했으나 소득분배의 실패로 총수요가 감소하면서 발생한 디플레이션 현상으로 자유방임주의를 붕괴시켰다.

(2) 우리나라의 경제체제와 경제제도
① **선택의 자유 보장** … 경제적 자유를 통해 자신의 이익을 추구할 권리를 가진다.
② **시장경제체제를 유지하기 위해 필요한 경제제도**
  ㉠ **사유재산권**: 개인 또는 민간 기업이 재산을 소유하고 그것을 자유롭게 관리·사용·처분할 수 있는 권리를 말한다.
    • 사람들은 자신의 재산을 축적하고, 보유 중인 재산을 더 가치 있게 만들려는 동기를 부여한다.
    • 재산 가치를 증가시키기 위해 노력하는 과정에서 보유재산이 다른 사람에게 유익하게 사용된다.
    • 사유재산의 보장으로 다른 사람과의 교환도 발생한다.
  ㉡ **경쟁**: 시장경제체제에서 개인의 이익추구는 경쟁을 전제로 한다.
    • 기업의 생산성을 제고하며, 경쟁력이 떨어지는 기업을 시장에서 솎아내 희소한 자원이 낭비되지 않게 한다.
    • 소비자의 만족도를 높이는 상품 개발, 생산방법 혁신을 통해 저렴한 상품을 생산한다.
    • 재화의 가격에 타당한 가치를 느끼는 소비자만이 구입하게 하여 재화가 꼭 필요한 사람에게 배분된다.
    • 우리나라는 공정한 경쟁을 촉진하기 위해 공정거래법을 제정하였다.
③ **정부의 시장참여**
  ㉠ **공공부문의 생산**: 국방, 치안, 교육, 사회간접자본 등
  ㉡ **개인의 자유를 일부 제한**: 사회적으로 금기시되거나 유해한 상품의 거래와 소비 규제
  ㉢ 국가경제를 이상적인 상태로 이끌기 위해 다양한 경제정책 시행
    • 세금 징수, 재정 지출 통한 특정계층의 경제생활 지원
    • 연구개발비 지원으로 민간부문의 기술개발 촉진, 환경보전을 위한 투자와 규제

(3) 다양한 경제목표

① 국가의 경제목표

　㉠ 효율성 : 주어진 자원으로 최대효과를 달성하거나 의도한 효과를 최소비용으로 달성하는 상태를 말한다.
　㉡ 형평성 : 구성원들이 공정한 대우를 받는 상태를 말한다.
　㉢ 물가안정
　　• 인플레이션 발생 : 가계 구매력 약화, 소비와 투자 억제
　　• 디플레이션 발생 : 장기간의 경기침체에 빠져 투자·고용 위축, 기업·금융기관 부실화
　㉣ 경제성장 : 일자리의 안정성과 질적 개선에 기여, 기업의 부실위험 감소, 삶의 풍요 제공
　㉤ 완전고용 : 실업자가 없는 상태(전직과 개인사정으로 쉬는 사람이 있으므로 현실성 없음)

② 경제목표 간의 충돌(상충관계)

　㉠ 효율성과 형평성 : 능력에 따른 보상은 효율성을 높이지만, 형평성의 달성에는 부적절하다.
　㉡ 완전고용과 물가안정 : 통화량을 늘리면 고용은 증대되나 물가안정을 이루기 어렵다.

❸ 경제문제의 합리적 해결

(1) 합리적 선택

① 비용과 편익

　㉠ 기회비용 : 어떤 것을 선택하기 위해 포기한 것들 가운데 가장 가치 있는 것을 말한다.
　　• 암묵적 비용 : 어떤 것을 선택함으로써 포기한 다른 기회나 가치
　　• 명시적 비용 : 현금의 지출과 같이 직접 명시적으로 지불한 비용
　㉡ 매몰비용 : 지불하고 난 뒤 회수할 수 없는 비용을 말한다.
　㉢ 편익 : 경제행위를 통해 얻게 되는 이득이나 만족을 말한다.
　㉣ 순 편익 : 편익에서 비용을 뺀 것을 말한다.
　㉤ 합리적 선택 : 편익과 비용을 비교하여 편익이 비용보다 크면 선택하고 여러 대안 중에 가장 순 편익이 큰 것을 선택한다(매몰비용은 고려하지 말아야 한다).

② 합리적 의사결정

　㉠ 문제 인식 : 직면한 희소성의 문제가 무엇이고, 추구하는 목적이 무엇인지 정확히 인식한다.
　㉡ 대안 나열 : 취할 수 있는 선택 대안들을 나열한다.
　㉢ 기준 설정 : 나열한 대안의 특성과 장단점을 평가하기 위한 기준을 마련한다.
　㉣ 대안 평가 : 자료와 정보를 수집해 각 선택 대안을 구체적으로 평가하여 의사결정표를 작성한다.
　㉤ 최종 선택 : 의사결정표에서 가장 높은 점수를 얻은 대안을 선택한다.

(2) 경제적 유인

① 경제적 유인
- ㉠ 의의 : 편익이나 비용에 변화를 주어 사람들의 행동 및 선택을 유도하거나 바꿀 수 있는 요인이 유인이며, 돈과 관련된 것을 경제적 유인이라 한다.
  - 긍정적 유인 : 보상이나 이득처럼 편익이 증가하여 어떤 행위를 더하게 한다.
  - 부정적 유인 : 벌금이나 손실처럼 비용이 증가하여 어떤 행위를 덜하게 한다.
- ㉡ 효과 : 경제적 유인은 사람들의 선택에 영향을 주므로 시장경제의 원동력으로 평가된다.

② 경제적 유인의 사례
- ㉠ 시장경제와 유인
  - 유가 상승→소비자는 대중교통 이용, 연비 좋은 차 구매→버스·택시 운행 늘리고, 운전기사 채용 확대→자동차회사는 연비 개선된 차량 생산→에너지회사는 대체 에너지 개발에 박차
  - 경제 주체들이 더 많은 이득을 얻기 위해 경제적 유인에 자발적으로 반응→경제 전체적으로 효율성이 높아진다.
- ㉡ 정부의 유인책 사례 : 과속 운전 범칙금 부과, 쓰레기종량제, 전력요금누진제, 환경오염세, 예방주사 접종 비용 지불 등
- ㉢ 정책의 간접 효과 : 간접 효과가 가져온 손해가 긍정적인 직접 효과를 압도해서 전혀 다른 결과가 나타날 수 있어, 정부는 간접 효과까지 따져보고 정책을 채택해야 한다.
  - 예 영국 정부의 창문세

(3) 비교우위와 거래의 이득

① 생산 가능 곡선
- ㉠ 의미 : 기업이 주어진 생산요소를 이용하여 최대로 생산할 수 있는 상품의 조합들을 연결한 선이다.
- ㉡ 형태 : 자원의 희소성으로 우하향 형태를 나타낸다(음의 기울기).
- ㉢ 생산 가능 곡선의 이해

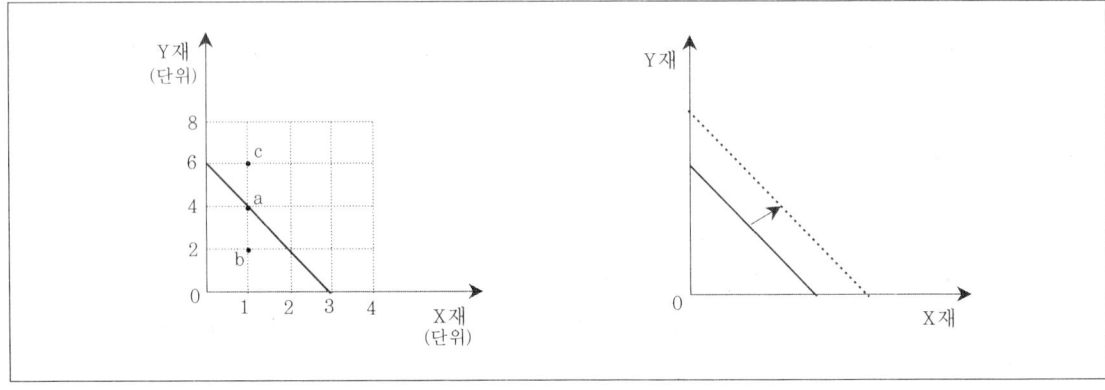

- a : 효율적인 생산 조합
- b : 비효율적인 생산 조합
- c : 불가능한 생산 조합
- 생산 가능 곡선의 기울기 : 기울기의 절댓값은 X재를 1단위 더 생산할 때 발생하는 기회비용
- X재를 1단위 더 생산하는 기회비용은 Y재 2단위
- 경제가 성장하게 되면 생산 가능 곡선이 바깥쪽으로 이동

② 분업과 특화
  ㉠ 분업 : 재화 또는 서비스를 생산하는 과정에서 작업자들이 각기 다른 공정을 담당하는 생산 방식을 말한다.
  ㉡ 특화 : 각자 잘하는 일 또는 자원을 가장 효율적으로 사용할 수 있는 일에 전념한다.
  ㉢ 교환(거래)의 이득 : 특화 생산하여 거래하면 자급자족하는 경우보다 다양한 재화와 서비스를 저렴한 가격으로 구입할 수 있다.

③ 절대 우위와 비교 우위
  ㉠ 절대 우위 : 동일한 자원을 이용하여 다른 생산자보다 더 많이 생산할 수 있는 능력이나 동일한 양을 생산하면서 자원을 더 적게 사용하는 능력을 말한다.
  ㉡ 비교 우위 : 다른 생산자보다 작은 기회비용으로 생산할 수 있는 능력을 말한다.
  - X재의 생산을 늘리기 위해 발생하는 기회비용이 상대방보다 작은 경우에 X재 생산에 비교우위가 있다고 한다.
  - 한 사람이 상대방에 비해 두 재화 모두에서 생산의 절대 우위를 가질 수는 있지만, 비교우위를 가질 수는 없다.

01. 경제생활과 경제문제의 이해

기출 예상 문제

1 〈보기 1〉의 현대 정치 과정 사례에 대한 설명으로 옳은 것을 〈보기 2〉에서 모두 고른 것은?

─〈보기 1〉─

국제 유가가 상승하면 대중교통 운송 사업자들은 어려움을 겪게 될 것이고, 이를 해결하기 위해 행정부에 대중교통비 인상을 요구할 수 있다. 그러나 교통비 지출 부담이 커지는 대중교통 이용자들은 이에 반대할 것이다. 이런 상황에서 행정부는 대중교통비는 인상하되 대중교통 운송 사업자들이 요구한 것보다는 요금 인상 폭을 낮추는 조정안을 선택할 수 있다.

─〈보기 2〉─

㉠ 현대 민주 정치 과정에서 행정부는 정책 결정 기구에 해당한다.
㉡ 대중교통 이용자들이 대중교통비 인상에 반대하는 것은 정치 과정의 투입에 해당한다.
㉢ 행정부가 요금 인상 폭을 낮추는 조정안을 선택하는 것은 정치 과정의 환류에 해당한다.
㉣ 대중교통 운송 사업자들이 행정부에 대중교통비 인상을 요구하는 것은 정치 과정의 산출에 해당한다.

① ㉠, ㉡
② ㉠, ㉢
③ ㉡, ㉣
④ ㉢, ㉣

TIP ㉢ 행정부가 요금 인상 폭을 낮추는 조정안을 선택하는 것은 정치 과정의 산출(결정된 정책이나 법령의 시행)이다.
㉣ 대중교통 운송 사업자들이 행정부에 대중교통비 인상을 요구하는 것은 정치 과정의 투입이다.

Answer 1.①

2 〈보기〉는 합리적 선택을 위한 비용에 대한 설명이다. 이에 대한 설명으로 가장 옳은 것은?

〈보기〉

㈎ = ㉠ 명시적 비용 + ㉡ 암묵적 비용

① ㈎는 매몰비용이다.
② ㉠은 다른 대안을 선택했을 때 얻을 수 있었던 가치이다.
③ ㉡은 대안을 선택할 때 실제 지출하는 비용이다.
④ 순편익은 선택으로 얻게 되는 이득에 ㈎를 뺀 값이다.

TIP ① 이미 지출되어 회수할 수 없는 비용이 매몰비용이다. ㈎는 명시적 비용과 암묵적 비용이 합해진 기회비용에 해당한다.
②③ 다른 대안을 선택했을 때 얻을 수 있었던 가치는 ㉡암묵적 비용이다.

3 효율성만을 중시하는 성장 위주의 경제정책으로 나타난 결과로 보기 어려운 것은?

① 소득분배의 불공평
② 도시와 농촌의 불균형
③ 정부 내지 관(官)의 지도력 약화
④ 내수산업과 수출산업의 불균형

TIP 효율성만을 중시하는 성장 위주의 경제정책으로 나타난 결과
㉠ 소득분배의 불공평(계층 간의 격차 심화)이 나타났다.
㉡ 도시와 농촌의 격차가 심화되었다.
㉢ 내수산업과 수출산업의 불균형이 이루어졌다.
㉣ 대기업과 중소기업의 격차가 심화되었다.
㉤ 기본적 수요충족에서의 불평등이 심화되었다.
㉥ 기업 간의 임금격차가 심화되었다.

Answer 2.④ 3.③

4 〈보기〉는 경제 체제 A와 B를 구분한 것이다. 이에 대한 설명으로 가장 옳은 것은? (단, A와 B는 각각 시장 경제 체제와 계획 경제 체제 중 하나이다.)

〈보기〉

질문	A	B
생산 수단의 사적 소유를 인정하는 경제 체제와 관련이 있는가?	예	아니요
개별 경제 주체들의 자유로운 경제 활동을 보장하는가?	㉠	㉡
(가)	아니요	예

① A는 기본적인 경제 문제의 해결에서 형평성을 더 강조한다.
② B보다 A에서 경제적 유인 체계를 더 중시한다.
③ ㉠에는 '아니요', ㉡에는 '예'가 들어간다.
④ (가)에는 '보이지 않는 손을 중시하는가?'가 들어갈 수 있다.

> **TIP** 생산 수단의 사적 소유를 인정하는 경제체제인 A는 시장 경제 체제고, 그렇지 않은 B는 계획 경제 체제다. 시장 경제 체제는 사적 재산권과 이윤 추구 활동의 이익을 극대화하기 위해 최선을 다하게 된다. 따라서 계획 경제 체제와 비교하여 경제적 유인 체계가 중시된다.
> ① 시장 경제 체제는 기본적인 경제 문제의 해결에 있어서 효율적인 자원 배분을 강조한다. 형평성을 강조하는 것은 계획 경제 체제다.
> ③ "개별 경제 주체들의 자유로운 경제 활동을 보장하는가?"에 대한 응답으로 ㉠은 '예', ㉡은 '아니요'가 들어간다.
> ④ 보이지 않은 손을 중시하는 것은 시장 경제 체제로 A가 '예', B는 '아니요'가 되어야 한다.

Answer 4.②

5 〈보기〉에 대한 설명으로 가장 옳은 것은?

―― 〈보기〉 ――

아래의 표는 갑(甲)국과 을(乙)국이 X재 1개와 Y재 1개를 각각 생산하는 데 필요한 노동자 수를 나타낸 것이다. (단, 양국은 X재와 Y재만을 생산하고 노동만을 생산 요소로 사용하며 양국이 보유한 노동자 수는 각각 100명이다.)

구분	갑(甲)국	을(乙)국
X재(1개)	4명	2명
Y재(1개)	5명	4명

① 갑(甲)국은 Y재를 최대 25개 생산할 수 있다.
② 갑(甲)국의 X재 1개 생산에 따른 기회비용은 Y재 5/4개이다.
③ 갑(甲)국은 X재에, 을(乙)국은 Y재에 비교우위를 가진다.
④ 을(乙)국은 X재 10개와 Y재 20개를 동시에 생산할 수 있다.

TIP 갑(甲)국과 을(乙)국의 X재와 Y재 생산에 필요한 노동량을 통해 을(乙)국에 두 재화 모두 절대 우위가 있음을 알 수 있다. 기회비용을 통해 비교 우위를 살펴보면 다음과 같다.

구 분	갑국	을국
X재 1개 생산의 기회비용	Y재 4/5개=0.8개	Y재 2/4개=0.5개
Y재 1개 생산의 기회비용	X재 5/4개=1.25개	X재 4/2개=2개

이때, 양국이 보유한 노동자 수는 각각 100명이므로 을(乙)국은 X재 10개(20명)와 Y재 20개(80명)를 동시에 생산할 수 있다.
① 갑(甲)국은 Y재 1개를 생산하기 위해 5명이 필요하므로 최대 20개를 생산할 수 있다.
② 갑(甲)국의 X재 1개 생산에 따른 기회비용은 Y재 4/5개이다.
③ 갑(甲)국은 기회비용이 작은 Y재 생산에, 을(乙)국은 기회비용이 작은 X재 생산에 비교우위를 가신다.

Answer 5.④

6 〈보기〉는 질문 (가), (나)에 따라 경제 체제를 분류한 것이다. 이에 대한 설명으로 가장 옳은 것은? (단, A와 B는 각각 시장 경제 체제와 계획 경제 체제 중 하나이다)

〈보기〉

	A	B
(가)	예	아니오
(나)	아니오	예

① A가 계획 경제 체제라면, (나)는 '기본적인 경제 문제가 발생하는가?'가 될 수 있다.
② A가 시장 경제 체제라면, (가)는 '정부의 계획에 의한 자원 배분을 강조하는가?'가 될 수 있다.
③ B가 시장 경제 체제라면, (가)는 '경쟁보다 형평성을 중시하는가?'가 될 수 있다.
④ (나)가 '시장 가격의 자원 배분 기능을 중시하는가?'이면, A는 B보다 경제적 유인체계를 강조한다.

TIP ① 기본적인 경제 문제는 시장 경제 체제와 계획 경제 체제 모두에서 발생할 수 있다.
② 정부의 계획에 의한 자원 배분을 강조하는 것은 계획 경제 체제다. 따라서, A가 시장 경제 체제라면 '예'가 아니라 '아니오'가 되어야 한다. 시장 경제 체제는 경쟁에 원리에 입각한 시장의 가격 기구에 의한 자원 배분이 강조된다.
③ 경쟁보다 형평성을 중시하는 것은 계획 경제 체제다. B가 시장 경제 체제라면 '아니오'가 옳은 설명이다.
④ 시장 가격의 자원 배분 기능을 중시하는 것은 시장 경제 체제다. 이렇게 될 경우 A는 계획 경제 체제, B는 시장 경제 체제가 된다. 이때 경제적 유인체계를 강조하는 것은 B의 시장 경제 체제다.

7 (가), (나) 사례에 대한 〈보기〉의 진술 중 옳은 설명만을 고른 것은?

(가) 태평양의 어느 섬에서는 망고보다 바나나가 더 많이 생산된다. 하지만 바나나가 망고보다 훨씬 높은 가격에 거래된다.
(나) 물은 생존을 위해 반드시 필요한 재화이다. 하지만 물의 가격은 다이아몬드 가격보다 훨씬 낮다.

〈보기〉

㉠ (가)의 사례에서 바나나는 망고보다 희소성이 큰 재화이다.
㉡ (가)와 (나)의 사례에서 가격을 결정한 요인은 유용성보다는 존재량이다.
㉢ (나)에서 다이아몬드가 비싼 이유는 인간에게 더 유용한 재화이기 때문이다.
㉣ 희소성은 재화의 존재량과 인간의 욕구와의 관계에서 상대적으로 결정된다.

Answer 6.③ 7.②

① ㉠㉡ ② ㉠㉢
③ ㉡㉣ ④ ㉣㉢

> **TIP** ㉠㉢ 희소성이 큰 재화일수록 높은 가격에 거래된다. 따라서 망고보다 바나나가 더 희소성이 크다. 희소성은 재화의 존재량과 인간의 욕구와의 관계에서 상대적으로 결정된다.
> ㉡ (개)와 (내) 사례에서 가격을 결정한 요인은 교환가치와 희소성이다.
> ㉣ (내)에서 다이아몬드가 비싼 이유는 교환가치가 더 높기 때문이다.

8 다음 자료에 대한 설명으로 옳은 것은?

> 갑은 ㉠연봉 6천만 원을 받으며 회사에 근무하고 있다. 그런데 갑은 평소 한식 요리에 관심이 있어 요리학원에 ㉡수강료 1백만 원을 내고 요리를 배워서 한식 조리사 자격증을 취득하였다. 이에 갑은 회사를 사직하고 한식 전문 요리점을 차리려고 한다. 갑이 알아본 결과 1년 간 한식 전문 요리점을 운영할 경우, 매출 1억 5천만 원, 인건비 3천만 원, 시설 보수비 1천만 원, 재료비 7천만 원이 발생한다.

① ㉠은 갑이 한식 전문 요리점을 운영하는 데 들어가는 명시적 비용이다.
② ㉡은 갑이 경제적으로 합리적 선택을 하기 위해 고려해야 하는 매몰비용이다.
③ 갑이 한식 전문 요리점을 운영하는 것에 대한 기회비용은 1억 1천만 원이다.
④ 갑이 한식 전문 요리점을 운영하지 않는 것이 경제적으로 합리적인 선택이다.

> **TIP** ③④ 갑이 한식 전문 요리점을 운영하는데 발생하는 기회비용은 연봉 6천만 원+인건비 3천만 원+시설 보수비 1천만 원+재료비 7천만 원으로 총 1억 7천만원으로 매출 1억 5천만원보다 크다. 따라서 운영하지 않는 것이 경제적으로 합리적인 선택이다.
> ① ㉠은 묵시적 비용이다.
> ② 합리적 선택을 하기 위해서는 매몰비용을 고려하지 않는다.

Answer 8.④

9 다음은 경제에 관련된 질문이다. 이 질문에 대한 응답 중 타당한 것은?

> 오늘은 경제학에 있어서 가치 문제에 대해 공부해 봅시다. 물은 모든 생명의 원천이면서도 값이 매우 싼 반면, 다이아몬드는 극히 제한적으로 쓰이는 데 비해 그 값이 아주 비쌉니다. 이것이 '물과 다이아몬드의 역설'이라고 하는 것입니다. 그렇다면 이러한 역설은 왜 생겨날까요?

① 재화의 가격은 희소성과 비례하기 때문입니다.
② 물보다 다이아몬드의 수요가 많기 때문입니다.
③ 재화의 가격과 유용성은 반비례하기 때문입니다.
④ 물은 자유재이고 다이아몬드는 경제재이기 때문입니다.

TIP 시장에서는 다이아몬드가 유용성이 더 적은데도 비싸게 거래됨을 언급한다. 이는 가격을 결정하는 것은 유용성이 아닌 희소성에 있다는 것을 의미한다.

10 그림의 경제순환 과정에 대한 설명으로 가장 적절한 것은?

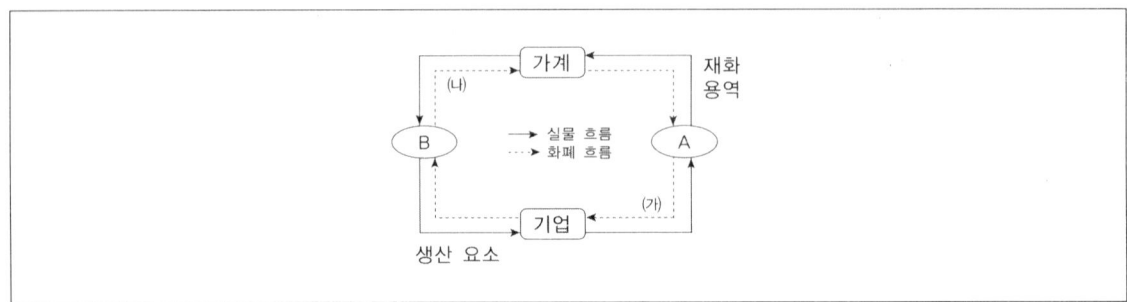

① 지대는 A에서 결정된다.
② 기업은 B에서 공급자의 역할을 한다.
③ 상품에 부과되는 세금인상은 (개)의 증가를 가져온다.
④ 임금이 인상되면 (내)의 크기는 증가할 것이다.

TIP 생산물 시장에서는 기업이 공급자가 되고 가계가 수요자가 된다. 생산 요소 시장은 이와 반대로 가계가 공급자가 되고 기업이 수요자가 된다. 이때 지대는 기업이 생산요소를 활용한 대가로 가계에 지급하는 것이므로 B에서 결정된다. 세금이 인상되면 가격이 인상되어 제품판매수입이 감소하기 때문에 (개)는 감소한다. 만약 임금이 인상될 경우는 기업이 가계에 지급하는 소득의 원천이 커지기 때문에 (내)는 증가한다.

Answer 9.① 10.④

11 다음에서 밑줄 친 경제체제에 대한 설명으로 가장 적절한 것은?

> 경제체제는 크게 시장경제체제와 계획경제체제로 구분할 수 있습니다. 오늘은 이들 경제체제에 대해 알아보겠습니다. …(중략)… 경제체제에 따라 무역을 보는 관점이 달라질 수 있습니다. <u>○○경제체제</u>에서 무역은 정부가 국내 경제를 원활하게 관리하기 위해 필요한 물품을 조달하는 수단일 뿐입니다. 따라서 무역의 대상이 되는 물품과 수량은 정부에 의해 정해지며, 교역 조건 또한 정부 사이의 협상을 통해 조정됩니다.

① 경제적 유인이 경제 운영의 원동력이다.
② 정부 개입으로 인해 시장 실패 현상이 나타난다.
③ 자원의 배분 과정에서 정부가 주도적 역할을 한다.
④ 보이지 않는 손에 의해 시장이 효율적으로 작동한다.

TIP 밑줄 친 경제체제는 무역의 대상이 되는 물품과 수량은 정부에 의해 정해진다는 것을 통해 계획경제임을 알 수 있다. 따라서 자원의 배분 과정에서 시장보다는 정부가 주도적인 역할을 하게 된다.

12 A재의 소비량이 8에서 9로 증가하고 한계효용이 0일 때 가장 적절한 설명은?

① A재를 9단위 소비할 때 총효용은 0이다.
② A재를 9단위 소비할 때의 총효용이 8단위 소비할 때보다 크다.
③ A재를 9단위 이상으로 소비량을 늘리면 총효용은 증가한다.
④ A재를 9단위 소비할 때 최대의 총효용을 얻는다.

TIP 한계효용 … 재화 1단위를 더 소비함으로써 얻어지는 총효용의 증가분으로 총효용의 증가분을 소비량의 증가분으로 나눈 것과 같다. 한계효용이 0일 때 총효용은 최대가 된다.

Answer 11.③ 12.④

13 다음은 경제의 기본 문제와 관련된 글이다. (개)~(대)와 같은 유형의 문제를 바르게 짝지은 것은?

> (가) 갑 회사는 국내 공장의 중국 이전을 고려하고 있다.
> (나) 을 회사는 임금 인상에 관한 노사 협상을 진행 중이다.
> (다) 병 회사는 어떤 차세대 자동차를 생산할지 고민하고 있다.

〈보기〉

정유년에 ⊙전선 7척을 새로 만들기로 하였다. 그런데 여러 읍진에 있는 조선소마다 공정이 들쭉날쭉하고 목수들의 솜씨도 차이가 났기 때문에 ⓒ조선소들을 우수영으로 통합하여 목재와 연장을 나누어 쓰도록 하였다. 전선을 완공한 날에 ⓒ돼지 5마리를 보내 먹게 하였다.

	(가)	(나)	(다)
①	⊙	ⓒ	ⓔ
②	⊙	ⓔ	ⓒ
③	ⓒ	⊙	ⓔ
④	ⓒ	ⓔ	⊙

TIP (가)는 어떻게 생산할 것인가, (나)는 누구에게 분배할 것인가, (다)는 무엇을 얼마나 생산할 것인가의 문제이다.
  ⊙ 전선 7척 생산은 무엇을 얼마나 생산할 것인가의 문제로 (다)에 해당한다.
  ⓒ 조선소들을 통합하여 목재와 연장을 나누어 쓰도록 한 것은 어떻게 생산할 것인가의 문제로 (가)에 해당한다.
  ⓔ 돼지 5마리를 먹게 한 것은 누구에게 분배할 것인가의 문제로 (나)에 해당한다.

Answer 13.④

14 다음의 그래프는 감자와 고구마의 생산조합을 나타낸 것이다. 이에 대한 설명으로 옳은 것은?

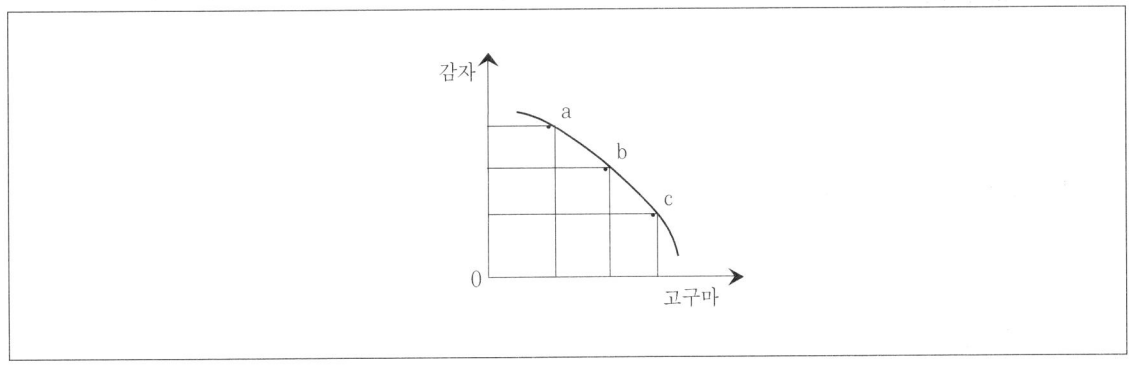

① 감자의 기회비용은 반비례한다.
② 고구마의 기회비용은 반비례한다.
③ c점에서 b점으로 이동하는 과정에서 고구마의 생산을 줄이지 않고도 감자의 생산을 늘릴 수 있다.
④ 일정한 양의 고구마 생산을 늘리기 위해서 포기해야 하는 감자의 양은 b점보다 c점에서 많아진다.

> **TIP** 기회비용 … 제한된 자원과 재화의 이용은 다른 목적의 생산 또는 소비를 포기한다는 전제하에서만 이루어질 수 있다. 이때 포기되거나 희생된 재화 또는 용역을 선택된 재화와 용역의 기회비용이라 한다.

15 시장경제체제에서 경제의 기본문제들을 해결하는 과정을 잘못 설명한 것은?

① 생산방법은 생산요소이 가격에 맞는 것을 선택한다.
② 값을 치를 수 있는 자를 위해 생산이 이루어진다.
③ 소득분배의 몫은 생산가격에 따라 결정된다.
④ 노동력, 토지, 자본 등의 가격이 곧 소득이 된다.

> **TIP** 시장경제체제하에서의 기본적인 경제문제해결은 보이지 않는 손에 의해 이루어진다.

Answer 14.④ 15.③

02 경제 주체의 역할과 의사 결정

제2편 경제

❶ 가계의 역할과 의사 결정

(1) 가계의 소비활동

① 가계와 경제활동
   ㉠ 소비생활: 욕구를 충족시키기 위하여 이루어지는 경제활동이다.
   ㉡ 소비지출의 원천: 가계소득(임금·이자·지대·이윤)이 소비의 원천을 이룬다.
   ㉢ 가계소득의 차이: 생산요소의 종류와 질에 따라 가계의 소득이 달라진다.

② 합리적 소비(소득배분의 합리적 선택)
   ㉠ 합리적 선택: 한정된 소득으로 최대 만족을 보장하는 선택을 의미한다.
   ㉡ 합리적 소비: 주어진 소득범위 내에서 시장에서 거래되는 상품을 적절하게 선택하고, 현재와 미래를 감안하여 가계의 만족을 극대화하는 소비행위이다.
   ㉢ 합리적 소비를 위한 고려사항: 소비액과 저축액의 결정, 구매하고자 하는 상품의 가격, 품질, 만족감, 기회비용 등을 고려하여 선택해야 한다.

> **TIP** 한계효용균등의 법칙 … 각 상품의 소비에 지출하는 비용 1원어치의 한계효용이 서로 같도록 소비할 때, 소비자는 가장 큰 총효용을 얻게 되어 합리적인 소비를 하게 된다(고센의 제2법칙).
>
> $$\frac{X재의\ 한계효용}{X재의\ 가격} = \frac{Y재의\ 한계효용}{Y재의\ 가격} (=화폐\ 1원어치의\ 한계효용)$$
>
> 즉, X재 1원어치의 한계효용=Y재 1원어치의 한계효용(=화폐 1원어치의 한계효용)이다.

(2) 소비와 국민경제

① 소비와 저축
   ㉠ 가계소득의 지출: 생산요소를 제공하고 얻은 소득을 재화와 용역의 소비에 지출하고, 나머지는 저축한다.
   ㉡ 가계소득과 저축: 가계소득이 증가하면 소비가 증가하게 된다. 따라서 장래의 예비를 위한 저축이 필요하다.

② 소비와 국민경제
　㉠ 가계의 소비와 저축
　　• 저축의 증가 : 대출 증가 → 기업 투자 증가 → 경제성장
　　• 저축의 감소 : 대출 감소 → 기업 투자 감소 → 경제위축
　㉡ 소비성향 : 소득 중에서 소비가 차지하는 비율(C / Y)
　㉢ 저축성향 : 소득 중에서 저축이 차지하는 비율(S / Y)
　㉣ 소비성향과 생산활동 : 소비성향이 확산되면 상품에 대한 수요가 증대되고 경제가 활성화되거나 물가가 상승된다.

❷ 기업의 역할과 의사 결정

(1) 기업의 생산활동
① 생산
　㉠ 재화의 생산 : 인간생활에 유용한 유형의 재화를 직접 만들어내는 활동이다.
　㉡ 용역의 생산 : 인간의 활동 즉, 무형재의 재산(보관·저장·운반·판매 등의 간접적 생산활동 포함)을 의미한다.
　㉢ 생산요소의 구입 : 가계로부터 토지, 노동, 자본 등을 구입하고 그 대가로 지대, 임금, 이자 등을 지불한다.
　㉣ 생산의 주체 : 기업(생산을 위한 조직체)
② 기업
　㉠ 기업의 목적 : 이윤 추구
　㉡ 극대 이윤을 위한 기업의 결정 : 총수입을 늘리고 총비용을 줄이는 방향에서 결정해야 총이윤을 극대화시킬 수 있다.

기출예제

2025. 6. 21. 제1회 서울특별시

〈보기〉의 ㉠, ㉡에 들어갈 값을 옳게 짝지은 것은? (단, 주어진 조건 외에는 고려하지 않는다.)

〈보기〉

이윤 극대화를 추구하는 A기업은 X재를 독점 생산하여 물류 회사의 운송 서비스를 이용해 시장에 판매한다. 표는 X재 생산량에 따른 A기업의 총수입을 나타낸다. 단, 생산된 X재는 모두 판매된다.

X재 생산량(개)	1	2	3	4	5
총수입(만 원)	100	180	240	300	325

A기업의 총비용은 생산 비용과 운송 비용으로 구성된다. 생산 비용은 개당 40만 원으로 일정하고, 운송 서비스별 가격은 아래 표와 같다.

구분	내용	가격(만 원)
서비스 Ⅰ	X재 1개 운송	24
서비스 Ⅱ	X재 2개 운송	36
서비스 Ⅲ	X재 3개 운송	50

A기업은 서비스 Ⅰ, Ⅱ, Ⅲ을 자유롭게 조합하여 이용할 수 있다. 예를 들어 X재 2개를 운송할 때는 서비스 Ⅰ을 2회 이용하거나 서비스 Ⅱ를 1회 이용할 수 있다. 현재 A기업은 생산량이 ㉠ 개일 때 이윤이 극대화된다. 만약 서비스 Ⅰ의 가격이 18만 원으로 낮아지면 A기업의 이윤 극대화 생산량은 ㉡ 개 증가할 것이다.

	㉠	㉡		㉠	㉡
①	2	1	②	2	2
③	3	1	④	3	2

★

이윤 = 총수입 - (40X + 운송비)

X재 생산량	총수입	최저 운송비	이윤
1	100	24	100 - (40 + 24) = 36
2	180	36	180 - (40*2 + 36) = 64
3	240	50	240 - (40*3 + 50) = 70
4	300	72	300 - (40*4 + 72) = 68
5	325	86	325 - (40*5 + 86) = 39

㉠ 생산량이 3개일 때 이윤이 극대화된다.
㉡ 이때 서비스 Ⅰ의 가격이 18원으로 낮아지면,

X재 생산량	총수입	최저 운송비	이윤
1	100	18	100 - (40 + 18) = 42
2	180	36	180 - (40*2 + 36) = 64
3	240	50	240 - (40*3 + 50) = 70
4	300	68	300 - (40*4 + 68) = 72
5	325	86	325 - (40*5 + 86) = 39

이윤 극대화가 4개 생산할 때 이루어지므로, 1개 증가할 것이다.

답 ③

(2) 기업의 형태

① **민간기업**과 **정부기업**(기업의 소유 및 운영 주체에 따른 분류)
  ㉠ 민간기업: 민간이 소유, 운영하는 기업으로서 일반적으로 이윤 추구를 목적으로 한다.
  ㉡ 정부기업: 정부가 소유, 운영하는 기업으로서 민간기업에 맡기는 것이 부적절한 재화와 서비스의 생산을 담당한다.

② 민간기업의 종류
  ㉠ 개인기업: 기업 운영에 필요한 자본 전액을 개인이 출자하고, 기업 운영에 따른 위험부담도 모두 개인이 지는 기업형태로 소규모 기업이 이에 속한다.
  ㉡ 회사기업: 많은 사람이 자본을 출자하고 선정된 전문가에게 경영을 맡기는 기업형태이다. 위험부담이 분산될 수 있으며, 대규모 기업이 이에 속한다. 회사는 구성원의 회사 채권에 대한 책임 정도에 따라, 합명·합자·유한·주식회사로 나뉜다.

(3) 기업의 역할과 책임

① **사회적 역할** … 값싸고 품질 좋은 제품을 공급하며 생산설비를 확충하고 새로운 기술을 개발하고 고용기회를 늘리고 부가가치를 증대시킨다.

② **사회적 책임** … 사회구성원으로서의 책임, 근로자 및 소비자의 권리를 보호해야 할 책임, 문화활동 지원 및 공익활동에 대한 참여 등 기업의 사회적 책임이 확대되고 있다.

③ 정부의 역할과 의사 결정

(1) 시장경제의 효율성

① 경쟁시장의 균형
  ㉠ 경쟁시장: 개별 기업이나 소비자가 시장가격에 영향을 줄 수 없는 시장이다.
  ㉡ 균형가격의 형성(시장의 균형): 수요량과 공급량이 같아지면 균형가격이 형성된다.

② 경쟁시장의 효율성
  ㉠ 경쟁시장의 원리: 경쟁시장에서 생산자와 소비자는 모두 시장정보를 바탕으로 개인의 이익을 추구·지향하며 이를 통하여 사회적 이익을 실현하려고 한다. 생산자는 이윤을 극대화 하고자 하며, 소비자는 만족의 극대화를 추구한다.
  ㉡ 개인과 사회 이익의 실현: 생산자와 소비자의 경쟁적 이익 추구 행위는 사회 전체적으로 희소한 재화와 용역의 효율적 배분을 실현시켜 준다.

(2) 정부의 경제적 역할

① **경쟁체제의 유지와 보호** … 정부는 공정한 경쟁 유지, 개인의 재산권 보호, 자유로운 경제활동 보장, 화폐의 공급 및 통화량을 조절하는 기능을 담당한다.

② **경제활동의 규제** … 정부는 독과점 기업의 담합, 불공정한 거래 활동, 공해 유발행위의 규제 등 바람직하지 않은 경제활동에 적절한 규제를 행한다.

③ **사회간접자본의 건설** … 철도, 도로, 항만, 댐 등과 같은 사회간접자본의 건설과 시설 유지 및 관리는 정부나 공기업이 수행하는 중요한 경제적 기능이다.

④ **정부에 의한 생산**
  ㉠ 재화나 용역의 생산을 민간기업이 담당할 경우 나타날 수 있는 폐단을 막기 위하여 정부나 공기업이 사업자가 되어 직접 생산, 공급한다.
  ㉡ 작은 기업들이 나누어 생산하는 것보다는 하나의 대기업이 도맡아 하는 것이 비용이 적게 든다.
  ㉢ 민간기업이 규모의 경제가 존재하는 사업을 맡으면 이윤극대화를 위해 생산량을 제한하고 가격을 지나치게 올릴 수 있으므로, 이것을 방지하기 위하여 정부나 공기업이 직접 생산, 공급한다.

> **TIP** 규모의 경제(Economics to scale) … 생산요소의 투입량 증가 시 생산량이 그 이상으로 크게 증가하는 경우를 말한다. 단위당 생산비(평균비용)는 체감하게 되며, 독점이 발생한다. 이 경우의 독점을 자연독점(Ratural monopoly)이라고 한다.

⑤ **경제의 안정** … 정부는 물가를 안정시키고, 국민경제의 균형적 발전을 도모하는 역할을 수행한다.
  ㉠ 긴축정책 : 경기가 과열되어 물가가 빠르게 오르는 인플레이션이 나타날 때 정부는 재정 및 금융활동에서 긴축정책을 채택한다.
  ㉡ 확장정책 : 불경기가 심화되어 도산하는 기업이 많아지고 실업자가 증가할 경우, 정부는 기업의 생산을 원활하게 하고 근로자에게 일자리를 더 많이 만들어 주기 위해 재정 및 금융활동에서 확장정책을 채택한다.

⑥ **공정한 분배** … 누진소득세제도 채택, 생계비 보조, 사회보장제도 등 소득재분배정책을 실시하고 있다.

(3) 조세의 구조

① **징수 주체에 따른 분류** … 조세는 징수 주체가 누구냐에 따라 정부가 징수하는 국세와 지방 자치 단체가 징수, 관리하는 지방세로 구분한다.

② **세율 기준에 따른 분류** … 과세 대상의 금액이 많을수록 높은 세율을 적용하는 누진세와 조세 부과 대상의 금액에 관계없이 같은 세율을 적용하는 비례세가 있다.

③ **조세 전가 여부에 따른 분류** … 세금을 내는 납세자와 세금을 부담하는 담세자의 일치여부에 따라 직접세와 간접세로 분류한다.

구분	직접세	간접세
특징	• 납세자와 담세자가 일치 • 소득의 원천(수입)에 부과 • 조세 전가성이 없음 • 행정의 편리성이 적음	• 납세자와 담세자의 불일치 • 소득의 지출(소비)에 부과 • 조세 전가성이 있음 • 행정의 편리성이 큼
장점	• 누진세 적용으로 소득 재분배 효과 있음 • 담세 능력에 따른 공평 과세 가능 • 세원이 확실하고 신축성이 있음	• 조세 저항이 적음 • 징수가 간편 • 소비 억제로 저축 효과 있음
단점	• 조세 저항이 나타남 • 과세 기술이 복잡함 • 가계, 기업에 세금 압박을 주게 됨	• 비례세 적용으로 저소득층에 불리 • 물가 상승의 자극 • 세원의 불확실성과 비신축성
종류	소득세, 법인세, 상속·증여세, 종합부동산세	부가가치세, 개별소비세, 주세, 인지세

④ **조세 부과의 목적에 따른 분류** … 조세 부과의 목적에 따라 특정지출 목적에 한정되어 있는 조세를 목적세라 하며, 이러한 구속 없이 일반적인 경비에 충당하기 위하여 설정된 조세를 일반세 또는 보통세라 한다.

02. 경제 주체의 역할과 의사 결정

기출 예상 문제

1 〈보기〉는 세대 내 이동을 이동 방향과 이동 원인에 따라 구분한 것이다. ㈎~㈐에 해당하는 사례로 가장 옳은 것은?

〈보기〉

구분	세대 내 하강 이동	세대 내 상승 이동
개인적 이동	㈎	㈏
구조적 이동	㈐	㈑

① ㈎ - 노비였던 사람이 신분 제도의 철폐로 인해 노비에서 해방되어 최하층에서 벗어났다.
② ㈏ - 회사에서 업적을 인정받아 인사부 평사원에서 홍보부 이사로 승진하였다.
③ ㈐ - 가난한 집안에서 태어나 노점상을 하던 사람이 자수성가하여 기업의 최고 경영자가 되었다.
④ ㈑ - 부유했던 사람이 혁명으로 인해 자신이 모은 전 재산을 몰수당하고 공장 노동자가 되었다.

TIP ① 노비였던 사람이 신분 제도의 철폐로 인해 노비에서 해방되어 최하층에서 벗어나는 것은 ㈐이다.
③ 가난한 집안에서 태어나 노점상을 하던 사람이 자수성가하여 기업의 최고 경영자가 되는 것은 ㈑이다.
④ 부유했던 사람이 혁명으로 인해 자신이 모은 전 재산을 몰수당하고 공장 노동자가 되는 것은 ㈐이다.

Answer 1.②

2 〈보기〉의 밑줄 친 ㉠, ㉡에 대한 설명으로 가장 옳은 것은?

---〈보기〉---
세금을 국가나 지방 자치 단체에 납부하는 사람을 '납세자'라고 하고, 부과된 세금을 실질적으로 부담하는 사람을 '담세자'라고 한다. 납세자와 담세자의 일치 여부에 따라 조세를 분류하면 ㉠<u>간접세</u>와 ㉡<u>직접세</u>로 나뉜다.

---

① ㉠은 납세자와 담세자가 일치하는 조세이다.
② ㉡은 주로 소비 지출에 부과되는 조세이다.
③ ㉠이 ㉡보다 조세에 대한 저항이 더 강하다.
④ ㉡이 ㉠보다 소득 재분배 효과가 더 크다.

TIP 직접세는 납세자와 담세자가 일치하며 소득의 원천(수입)에 세금을 부과한다. 간접세는 납세자와 담세자가 불일치하며 소득의 지출(소비)에 세금을 부과한다. 직접세는 누진세를 적용함으로 비례세를 적용하는 간접세에 비하여 소득 재분배 효과가 크게 나타난다.
① ㉠ 간접세는 납세자와 담세자가 불일치한다.
② ㉡ 직접세는 소득(수입)에 부과되는 조세이다.
③ ㉡ 직접세는 소득세, 법인세, 상속·증여세, 종합부동산세가 있으며 조세 저항이 나타난다.

Answer 2.④

3 〈보기〉는 서로 다른 과세 제도를 나타낸다. 이에 대한 설명으로 가장 옳지 않은 것은?

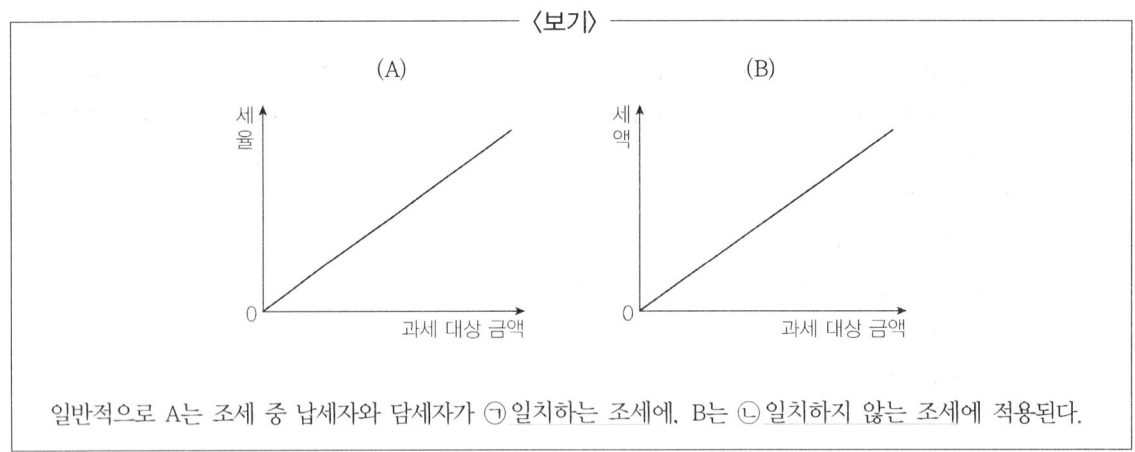

일반적으로 A는 조세 중 납세자와 담세자가 ㉠일치하는 조세에, B는 ㉡일치하지 않는 조세에 적용된다.

① B는 조세부담의 역진성이 나타나 저소득층에게 불리하다.
② A는 경기 자동 안정화 장치로서의 기능을 한다.
③ ㉠은 ㉡에 비해 조세 징수 비용이 크다.
④ ㉡은 ㉠에 비해 소득 재분배 효과가 크다.

TIP A는 과세 대상 금액에 따라 세율이 증가하는 누진세이고, B는 과세 대상 금액에 따라 세액이 증가하는 비례세다. ㉠은 납세자와 담세자가 일치하는 직접세, ㉡은 납세자와 담세자가 일치하지 않는 간접세다.
① 비례세는 조세 부담의 역진성으로 저소득층에게 불리하다.
② 누진세는 소득에 따라 세율이 결정된다. 경기 침체로 소득이 감소할 경우 낮은 세율이 적용되어(가처분 소득 증가) 경기 부양을 기대할 수 있다. 반대로 경기가 과열되어 소득이 증가할 경우 높은 세율이 적용되어(가처분 소득 감소) 경기 과열을 억제하는 효과를 기대할 수 있다.
③ 직접세는 간접세 징수에 비해 조세 저항이 크므로, 조세 징수 비용이 크다.
④ 직접세는 누진세가 적용되므로 비례세가 적용되는 간접세보다 소득 재분배 효과가 크다.

Answer 3.④

4 표는 한 기업의 X재 생산량 증가에 따른 추가 수입과 추가 비용을 나타낸 것이다. 이에 대한 분석으로 옳은 것은?

(단위 : 만 원)

생산량	1개	2개	3개	4개	5개	6개
추가 수입	10	10	10	10	10	10
추가 비용	7	6	6	7	11	13

① 총이윤은 생산량이 2개일 때와 3개일 때 같다.
② 생산량이 1개씩 증가할 때마다 평균 비용은 증가한다.
③ 평균 비용이 가장 작을 때 이윤은 최대가 된다.
④ 위의 사례에서 최대로 얻을 수 있는 총이윤은 14만 원이다.

TIP 생산량에 따른 총수입, 총비용, 총이윤을 구하면 다음과 같다.

생산량	1개	2개	3개	4개	5개	6개
총수입	10	20	30	40	50	60
총비용	7	13	19	26	37	50
총이윤	3	7	11	14	13	10

① 생산량이 2개일 때 총이윤은 7만 원, 3개일 때 총이윤은 11만 원이다.
② 평균 비용은 총비용을 생산량으로 나눈 값으로 다음과 같다.

생산량	1개	2개	3개	4개	5개	6개
평균 비용	7	6.5	6.333…	6.5	7.4	8.333…

③ 평균 비용이 가장 작을 때(3개) 총이윤은 11만 원으로 최대가 아니다.

Answer 4.④

5 그림과 같은 조세제도에 대한 설명으로 옳은 것은?

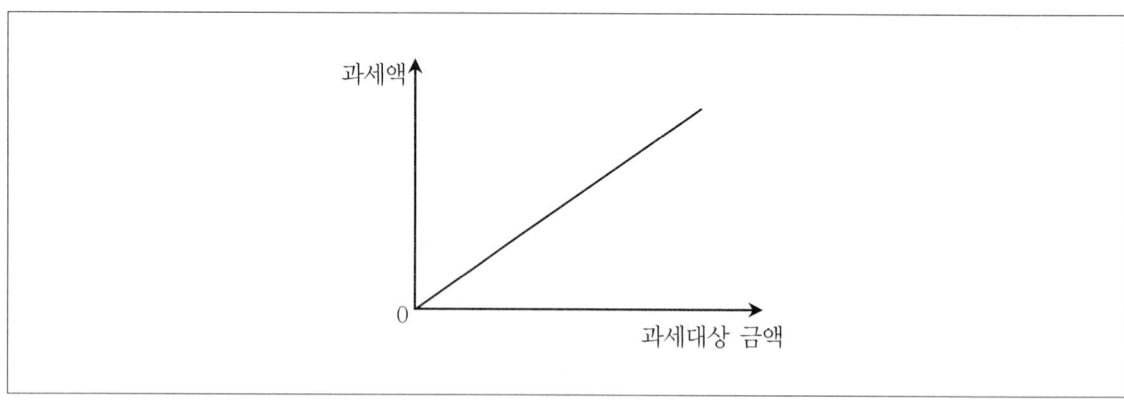

① 과세대상 금액에 관계없이 세율은 일정하다.
② 누진세 방식이다.
③ 우리나라의 소득세에 적용되는 과세방식이다.
④ 저소득 계층에 유리하게 작용한다.

> **TIP** 제시된 그림은 과세대상 금액이 증가함에 따라 과세액이 일정한 비율로 증가하는 비례세에 해당한다. 과세대상 금액 × 세율 = 과세액이라고 할 때, 과세대상 금액과 과세액이 일정한 비율로 증가한다는 것은 세율이 일정하다는 것이다.
> ③ 우리나라의 소득세는 누진세를 적용한다.
> ④ 저소득 계층에 유리하게 작용하는 것은 누진세이다.

6 다음 (개), (내), (대)에 순서대로 들어갈 말은?

> 기업은 생산 요소에 대한 수요자로서 노동에 대해서는 ((개))을/를 지급하고 자본에 대해서는 ((내))을/를 지급하며 토지에 대해서는 ((대))을/를 지불한다.

	(개)	(내)	(대)		(개)	(내)	(대)
①	지대	임금	이자	②	임금	이자	지대
③	이자	지대	임금	④	임금	지대	이자

> **TIP** 기업이 재화와 서비스를 생산하기 위해서는 생산을 담당할 사람(노동), 기계나 장비 및 시설(자본), 생산에 필요한 장소(토지)가 필수적으로 필요하다. 기업은 생산 요소에 대한 수요자로서 노동에 대해서는 임금을 지급하고 자본에 대해서는 이자를 지급하며 토지에 대해서는 지대를 지불한다.

Answer 5.① 6.②

7 표는 어느 기업의 X재 생산과 관련된 자료이다. 이에 대한 분석으로 옳은 것은? (단, 생산량은 모두 판매된다)

생산 요소 투입량(단위)	1	2	3	4	5	6
생산 요소의 단위당 가격(만 원)	3	3	3	3	3	3
X재 생산량(개)	5	12	18	23	27	29
X재 시장 가격(만 원)	1	1	1	1	1	1

① 생산성은 계속 증가하고 있다.
② 얻을 수 있는 최대 이윤은 29만 원이다.
③ 생산 요소를 5단위 투입할 때 이윤이 가장 크다.
④ 생산 요소 투입량이 1단위씩 증가할 때 추가되는 생산 비용은 늘어난다.

> **TIP** 이윤 극대화 생산량은 총수입 – 총비용의 값이 가장 커지는 생산점이 된다. 이윤은 차례대로 2, 6, 9, 11, 12, 11만 원이다. 따라서 생산 요소 5단위 투입해서 27개를 만들 때 최대 이윤 12만 원이 된다.
> ① 생산성은 (생산량 ÷ 생산 요소 투입량)으로 계산할 수 있으므로 두 번째에만 증가하고 이후에는 감소한다.
> ② 최대 이윤은 27개를 생산할 때 12만 원이다.
> ④ 생산 요소의 단위당 가격이 항상 3만 원이므로 생산 요소를 1단위 증가시켜도 늘어나는 생산비용은 일정하다.

8 각국의 조세비율이 다음과 같다고 할 때 다음 중 알맞은 것은?

구분	한국	미국	영국	일본
직접세	44.1	90.9	54.3	72.7
간접세	55.9	9.1	45.7	27.3

① 영국은 미국보다 소득재분배효과가 클 것이다.
② 미국의 저소득층이 가장 불리할 것이다.
③ 일본은 영국보다 조세저항이 적을 것이다.
④ 한국은 타국에 비해 조세징수가 간편할 것이다.

Answer 7.③ 8.④

TIP 조세
  ㉠ 직접세
    • 담세자와 납세자가 같으므로 조세의 전가성이 없다.
    • 누진율이 적용되어 소득재분배효과가 있다.
    • 조세저항이 크고 조세징수가 곤란하다.
    • 선진국은 직접세의 비중이 높다.
    • 종류: 종합소득세, 법인세, 상속세, 재평가세, 이자소득세 등
  ㉡ 간접세
    • 담세자와 납세자가 달라 조세의 부담을 타인에게 전가시킨다.
    • 비례세율의 적용으로 빈부격차가 형성된다.
    • 조세저항이 작고 조세징수가 용이하다.
    • 후진국은 간접세의 비중이 높다.
    • 종류: 부가가치세, 특별소비세, 주세 등
  ㉢ 우리나라 세입구조의 특징
    • 조세수입의 비중이 높다.
    • 간접세의 비중이 높다.
    • 조세징수가 간편하다.

9 다음 그래프는 어떤 세금의 특성을 나타낸 것이다. 이를 옳게 설명한 것은?

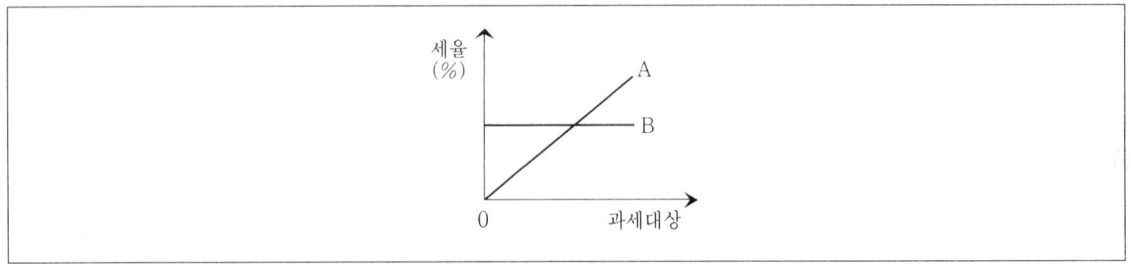

① A는 빈부격차를 완화시켜 소득재분배효과를 가져온다.
② A는 조세의 역진성을 초래할 수 있다.
③ B는 소득세, 특별소비세, 부가가치세 등이 해당된다.
④ B는 소득에 기준을 두고 부과하는 조세이다.

TIP A는 누진세로서 과세대상이 커짐에 따라 세율 자체가 상승하며, 과세대상의 금액이 많을수록 높은 세율을 적용한다. 소득세(직접세) 등이 이에 해당한다. B는 비례세로서 세율이 일정하며 특별소비세, 부가가치세(간접세) 등이 이에 해당한다. 누진세는 소득의 재분배효과가 크기 때문에 빈부의 격차를 해소하는 등 사회정의의 실현에 도움을 줄 수 있다.

Answer 9.①

10 다음 중 재정에 관한 내용으로 옳은 것은?

① 우리나라 세출구조의 특징은 정부주도의 경제개발비의 비중이 점차 높아지고 있어 경직성을 띠고 있는 것이다.
② 간접세의 비율이 높아진 관계로 소득분배를 많이 개선시켰다.
③ 직접세 위주의 조세정책은 간접세에 비해 보다 많은 조세저항을 가져온다.
④ 국민경제가 불경기일 때 긴축재정은 물가를 안정시키고 경기를 회복시킨다.

> **TIP** ① 경제개발비의 비중이 낮아지고 있는 것은 경제개발을 이끌어 나가는 데 있어서 민간부문의 역할이 증대되고 정부의 역할이 감소하는 추세에 있기 때문이다.
> ② 직접세의 비율이 높을수록 소득재분배효과가 있다(종합소득세, 법인세, 상속세, 재산세 등).
> ④ 불경기일 때 정부는 경기회복을 위해서 조세인하, 재정지출 증가 등의 팽창정책을 실시하여 경제안정화를 추구하고 호경기 때에는 반대로 조세인상, 재정지출 감소의 긴축재정을 펼친다.
> ※ 재정과 예산
> ㉠ 재정: 정부의 활동과 관련된 정부의 경제활동
> • 세입(재정수입): 정부의 수입
> • 세출(재정지출): 정부의 지출
> ㉡ 예산: 일정기간(보통 1년)의 정부의 재정수입·지출에 대한 계획서

11 다음은 두 종류의 세금을 대비시킨 것이다. 정부가 세금제도를 ㉡ 중심에서 ㉠ 중심으로 개편했을 때 예상되는 결과로 적절한 것은?

구분	부과기준	세율 적용	종류
㉠	소득원천	누진세율 적용	소득세, 상속세 등
㉡	소비지출	비례세율 적용	부가가치세, 특별소비세 등

① 물가상승이 우려된다.
② 조세저항이 줄어든다.
③ 소득의 불균형을 완화시킨다.
④ 상류층에게 유리하게 적용한다.

> **TIP** 제시된 표에서 ㉠은 직접세, ㉡은 간접세를 각각 나타낸다. 직접세는 세금의 부담자와 납세자가 같은 세금으로 소득에 기준을 두어 부과하며, 소득이 높아질수록 세율이 높아지는 누진세율을 적용한다. 이에 따라 소득의 불균형을 완화시키는 효과가 있다. 그러나 납세자들이 세금을 덜 내기 위해 소득규모를 축소하여 신고하거나 세원(稅源) 노출을 꺼리게 되는 등 조세저항이 강해진다.

Answer 10.③ 11.③

제2편 경제

03 시장과 경제활동

❶ 시장의 수요와 공급·가격 탄력성

(1) 시장의 형태

① 시장형태

　㉠ 완전경쟁시장 : 다수의 거래자들이 참여하고 동질의 상품이 거래되며, 거래자들이 상품의 가격, 품질 등에 대한 완전한 정보를 지니고, 거래자들이 시장에 자유로이 들어가거나 나갈 수 있는 시장을 말한다(주식시장, 쌀시장).

　㉡ 불완전 경쟁시장

　　• 독점시장 : 한 기업이 한 상품을 도맡아 시장에 공급하는 경우에 발생, 가격의 차별화가 가능하다(전력, 상·하수도, 담배).

　　• 독점적 경쟁시장 : 많은 기업들이 각기 질적인 측면에서 조금씩 다른 상품을 공급하는 시장형태로 상품의 차별화가 이루어진다(주유소, 약국).

　　• 과점시장 : 소수의 기업들이 공급에 참여하여 경쟁하는 시장형태로 과점기업들은 서로 담합하기도 하고, 독자적인 행동을 취하기도 한다(가전제품, 자동차).

② **시장형태의 결정요인** … 상품의 공급자와 수요자의 수, 상품의 동질성 정도, 신규 공급자의 시장진입 정도, 기존 기업들의 행동양태 등이 있다.

(2) 시장형태의 특징

① 완전경쟁시장

　㉠ 완전경쟁시장의 특징

　　• 수요자와 공급자의 수가 많아야 한다.

　　• 완전경쟁시장에서 거래되는 같은 상품은 품질과 판매 조건 등이 모두 같아야 한다.

　　• 새로운 기업이 시장으로 들어오는 것과 비능률적인 기업이 시장에서 견디지 못하여 나가는 것 모두가 자유로 워야 한다.

　　• 상품의 가격, 품질 등 시장정보에 대하여 수요자와 공급자가 모두 잘 알고 있어야 한다.

　㉡ 완전경쟁시장의 의의 : 이상적인 시장형태이며, 합리적인 경제활동을 영위하는 길잡이가 된다.

② **독점시장** … 한 상품의 공급이 하나의 기업에 의해서만 이루어지는 시장형태로, 정부가 투자한 공기업, 경쟁 기업의 파산, 특허권과 판권에 의한 독점, 공익을 위한 정부의 독점 등에 의해 생성된다(전력·상수도·담배·철도사업 등).

③ **독점기업의 가격결정**
- ⊙ **독점기업의 특징**: 독점기업은 한 상품의 유일한 공급자이므로 가격과 공급량을 마음대로 정할 수 있어 독점기업의 수요곡선은 우하향 형태를 띤다.
- ⓒ **독점기업의 가격결정**: 최대 이윤을 보장하는 수준에서 생산량과 가격을 결정한다.
  - 생산비가 드는 경우: 한계수입과 한계비용이 일치하는 수준에서 최적 산출량이 결정, 수요곡선과 만나는 점에서 독점가격이 결정된다.
  - 생산비가 들지 않는 경우: 한계수입 = 한계비용 = 0이기 때문에 한계수입이 0일 때의 생산량이 최적 산출량이 된다.

④ **독점적 경쟁시장** … 상품의 특수성에 따른 차별화, 가격 변동에 민감한 반응, 단기적인 시장 지배력의 행사 등의 특징이 있다.

⑤ **과점시장** … 소수의 기업만이 서로 경쟁하면서 한 상품을 생산, 공급하는 시장형태로, 제조업의 주요 업종들이 과점시장의 형태를 이루고 있다. 과점기업 간의 행동 예측 곤란, 높은 가격과 적은 공급량, 과점기업 간의 담합 등 복잡성과 다양성이 나타난다.

구분	경쟁시장	불완전시장		
	완전경쟁시장	독점적경쟁시장	과점시장	독점시장
기업 수	다수	다수	소수(2~3개)	하나
상품의 질	동질	이질-차별화	동질, 이질	동질
가격 결정	시장	기업	기업	기업
진입 장벽	완전 자유(없음)	자유(거의 없음)	제한	차단
특징	가격 수용자, 가격결정	가격경쟁+비가격 경쟁(서비스)	비가격 경쟁(광고)	가격 결정자
사례	주식 시장	주유소, 미용실	이동통신, 정유사	담배, 전력

(3) **수요**

① **수요계획** … 수요자의 구매계획을 의미한다.

② **수요법칙**
- ⊙ **수요법칙**: 상품 가격과 수요량 사이에 역의 관계(상품의 가격이 오르면 수요량을 줄이고, 가격이 내리면 수요량을 늘리는 것)가 성립하는 현상을 말한다.

ⓛ 수요곡선: 동일한 가격수준에서 소비자의 수요량을 모아 합계한 것이다.

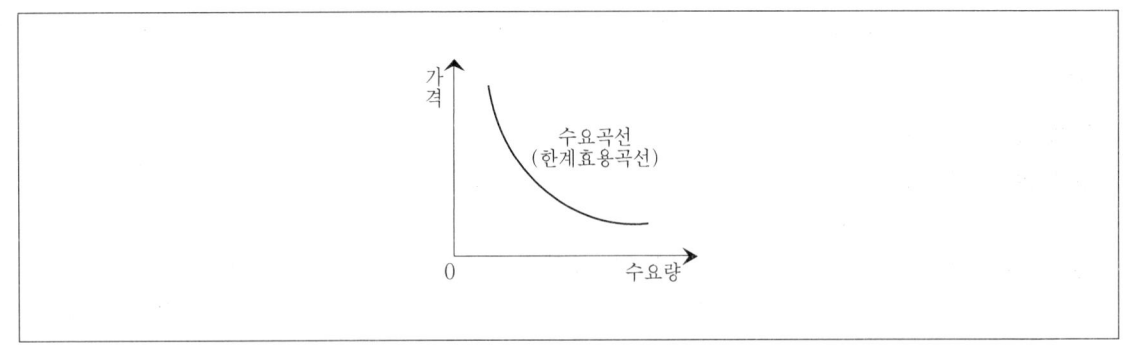

③ 수요의 변동과 수요량의 변동
  ㉠ 수요의 변동: 가격 이외의 요인(기호 변화, 소득 증감, 인구 증감, 대체재와 보완재 가격의 등락 등)이 변동함으로써 일어나는 변동을 뜻하며, 수요곡선의 이동으로 나타난다.
    • 수요의 증가요인: 소비자의 기호상승, 소득증가, 인구증가, 대체재 가격상승, 보완재 가격하락, 재화의 용도 확대 등
  ㉡ 수요량의 변동: 상품의 가격변동에 대응하는 수요량을 나타내는 수요곡선상의 이동을 뜻한다.

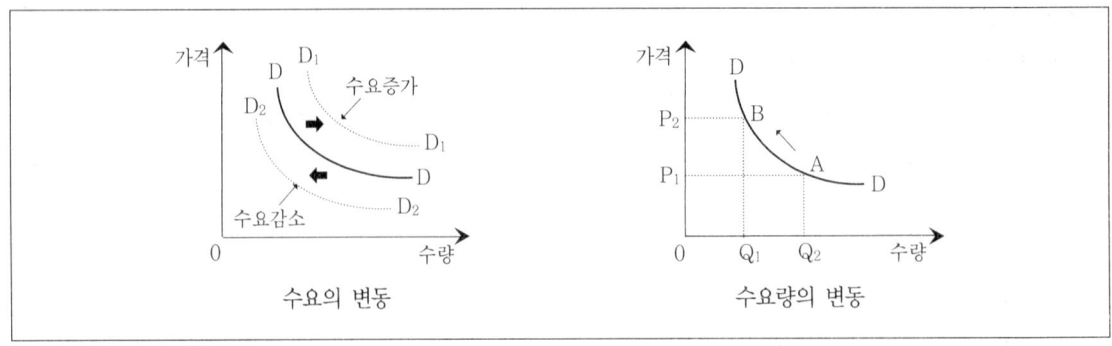

④ 수요의 가격탄력성 … 상품의 가격이 변동될 때 수요량이 변동되는 민감도를 나타낸다.
  ㉠ 탄력성의 크기
    • $e_D = \infty$: 완전탄력적, 수요곡선은 수평
    • $e_D > 1$: 탄력적, 가격변동률 < 수용량의 변동률(사치품)
    • $e_D = 1$: 단위탄력적, 수요곡선은 직각쌍곡선
    • $e_D < 1$: 비탄력적, 가격변동률 > 수용량의 변동률(생활필수품)
    • $e_D = 0$: 완전비탄력적, 수요곡선은 수직
  ㉡ 수입과의 관계: 탄력성이 1보다 큰 탄력적 상품의 경우 가격이 하락하면, 총수요가 늘어 판매수입이 증가하나, 탄력성이 1보다 작은 비탄력적 상품의 경우 가격이 하락해도 수요가 많이 늘지 않아 판매수입은 감소한다.

(4) 공급

① **공급계획** … 공급자의 판매계획을 의미한다.

② **공급법칙**
  ㉠ **공급법칙**: 한 상품의 가격이 오르면 그 상품의 공급량이 증가하고, 가격이 떨어지면 공급량이 감소하는 현상(정의 관계)을 말한다.
  ㉡ **공급곡선**: 동일한 가격수준에서 개별공급곡선을 합하여 나타낸다(개별공급곡선의 수평적 합계).

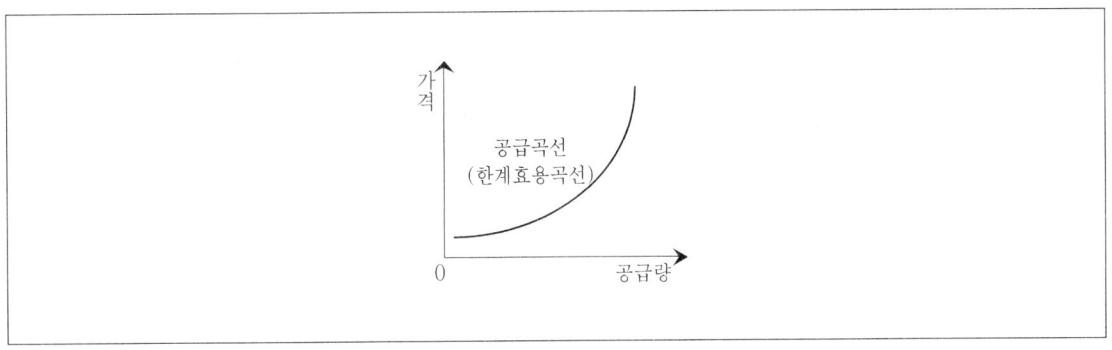

③ **공급의 변동과 공급량의 변동**
  ㉠ **공급의 변동**: 가격 외의 다른 요인(생산요소가격, 소비자 취향, 생산기술의 변화 등)이 변동함으로써 일어나는 공급량의 변동으로 공급곡선 자체의 이동을 표시된다.
    • 공급의 증가요인: 생산요소가격 하락, 생산기술의 진보, 정부의 보조금 지급, 다른 재화의 가격하락 등
  ㉡ **공급량의 변동**: 다른 조건이 일정할 때에 상품 자체의 가격이 변하면 공급량이 변하는데 이러한 변동은 공급곡선상의 움직임으로 표시된다.

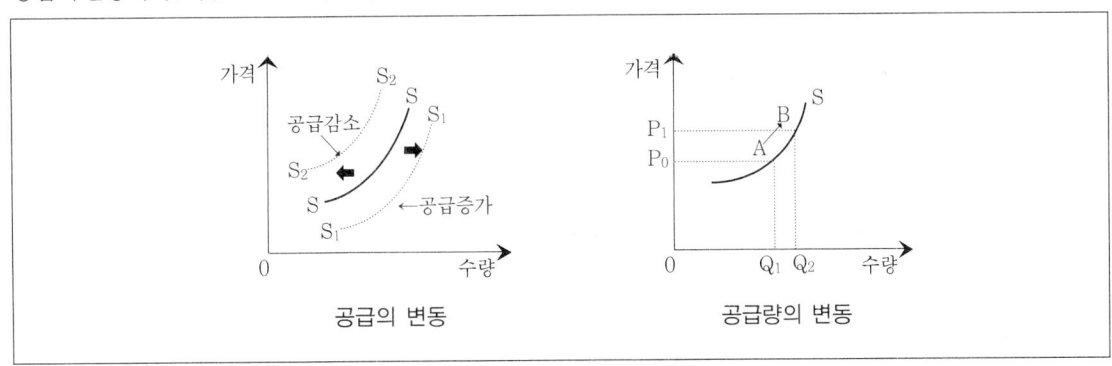

④ **공급의 가격탄력성** … 상품의 가격이 변동될 때 공급량이 변동되는 민감도를 나타내는 지표이다. 공급의 탄력성이 농산물은 작고 공산품은 크다. 또한 공급이 고정되어 있는 재화는 탄력성이 0이다.

| 기출예제
2025. 6. 21. 제1회 서울특별시

〈보기〉는 어떤 제품의 수요와 공급의 변화에 따른 지난 4개월간의 영업실적을 나타낸다. 이에 대한 설명으로 옳은 것을 모두 고른 것은? (단, 〈보기〉의 제품은 수요법칙과 공급법칙을 따른다.)

〈보기〉

구분 \ 월	1월	2월	3월	4월
판매가격(만 원)	3.5	4	4.5	5
판매량(천 개)	20	24	24	22

㉠ 1월부터 2월까지의 변화는 수요가 증가하고 공급이 증가할 경우에 나타날 수 있다.
㉡ 2월부터 3월까지의 변화는 대체재의 가격 상승과 생산비 하락이 발생했을 경우에 나타날 수 있다.
㉢ 3월에 비해 4월의 판매수입이 감소하였다.
㉣ 3월부터 4월까지의 변화는 제품에 대한 선호도가 높아지고 생산비가 상승된 경우에 나타날 수 있다.

① ㉠, ㉢   ② ㉠, ㉣
③ ㉡, ㉢   ④ ㉢, ㉣

✱
㉠ 수요가 증가할 경우 판매가격 상승으로, 공급이 증가할 경우 판매량 증가로 이어질 수 있다.
㉡ 대체재의 가격이 상승하면 수요가 증가하고, 생산비가 하락하면 공급이 증가한다.
㉢ 3월 판매수입은 4.5 × 24 = 108, 4월 판매수입은 5 × 22 = 110으로 증가하였다.
㉣ 제품에 대한 선호도가 높아지면 판매량이 증가로, 생산비가 상승된 경우 공급의 하락으로 이어질 수 있다.

답 ②

❷ 시장 균형 가격의 결정과 변동

(1) 가격의 기능

① **시장** … 수요자와 공급자가 만나 거래가 이루어지는 장소 또는 범위를 말한다.

② 가격의 기능

  ㉠ 가격 : 시장에서 상품 한 단위와 교환되는 화폐단위

  ㉡ 가격의 역할

  • 신호등 역할 : 생산자와 소비자가 경제활동을 어떻게 조절할 것인지를 알려 주는 역할을 한다.

  • 생산물의 배분 : 인위적인 간섭 없이 생산물 배분에 있어서 가장 가격을 높게 지불하려는 사람들의 순으로 공급해 주는 기능을 수행한다.

③ 시장가격의 결정
  ㉠ 초과공급과 가격: 수요부족현상이 발생하여 가격이 하락한다.
  ㉡ 초과수요와 가격: 공급부족현상이 발생하여 가격이 상승한다.
  ㉢ 균형가격의 결정: 시장 공급량과 시장 수요량이 같은 상태에서 균형가격이 결정된다.

(2) 시장 균형 가격의 변동

① 시장의 균형 가격의 변동

구분		공급		
		불변	증가	감소
수요	불변	균형 가격 불변 균형 거래량 불변	균형 가격 하락 균형 거래량 증가	균형 가격 상승 균형 거래량 감소
	증가	균형 가격 상승 균형 거래량 증가	균형 가격 불분명 균형 거래량 증가	균형 가격 상승 균형 거래량 불분명
	감소	균형 가격 하락 균형 거래량 감소	균형 가격 하락 균형 거래량 불분명	균형 가격 불분명 균형 거래량 감소

② **생산 요소 시장에서의 수요와 공급** … 생산 요소 시장에서의 가격은 생산 요소에 대한 수요와 공급에 의해 결정되며, 노동 시장의 가격은 임금, 자본 시장의 가격은 이자율, 토지 시장의 가격은 지대라고 한다.

③ **생산 요소 시장에서 가격 변동** … 수출 경기가 좋아져 기업의 신규 고용이 증가하면 기업의 노동에 대한 수요가 증가한다. 그러나 노동 공급 곡선은 경기의 영향을 받지 않으므로 변화하지 않는다. 노동의 수요곡선이 오른쪽으로 이동하면 균형 가격과 균형 거래량이 증가하고, 노동자들의 임금과 고용량도 동반 상승한다.

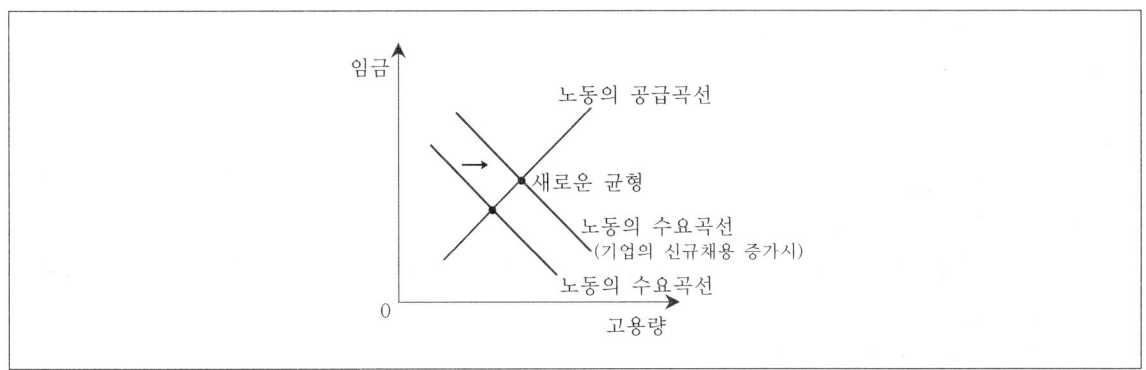

03. 시장과 경제활동 **349**

❸ 시장의 한계와 보완

(1) 시장의 실패

① **불완전한 경쟁시장** … 자원의 비효율적 배분, 공급의 제한과 가격의 상승, 품질의 하락과 비효율성을 증대시킨다.

② **사회적 비용의 발생**
  ㉠ 외부효과
  - 사회적 비용이 발생하는 경우(외부불경제) : 개인의 행위가 정당한 가격의 지불 없이 사회 또는 다른 개인에게 불리한 효과를 미치는 경우이다.
    예 환경오염, 공해
  - 사회적 수익이 발생하는 경우(외부경제) : 어떤 개인의 행위가 정당한 가격의 지불 없이 사회 또는 다른 개인에게 이익을 주는 경우이다.
    예 과수원과 양봉업자, 공원의 조성으로 인한 쾌적성 증가
  ㉡ 환경오염 : 외부효과로 인해 사회적 비용이 발생하는 대표적인 경우이다.

③ **공공재의 공급** … 교육, 국방, 치안, 도로 등과 같이 공익과 관련되어 있는 재화를 공공재라 하며, 공공재는 시장에 의해서 자율적으로 공급되기 어렵다.

④ **시장의 실패** … 시장의 가격기능이 경제의 기본 문제를 자연스럽게 해결하지 못하거나 최선의 답을 제시하지 못하는 경우를 말한다. 독과점 기업, 해로운 외부효과, 공공재공급 등에서 시장실패가 나타난다.

(2) 정부의 규제

① **정부규제의 필요성** … 시장의 실패가 나타나면서 정부의 규제가 필요(인·허가, 가격통제, 독과점 및 불공정거래 규제 등)해졌다.

② **정부의 인·허가**
  ㉠ 특정 업자에 대한 인·허가 : 정부의 규제 가운데 대표적인 것은 특정 산업부문에서의 기업활동을 특정한 업자에게만 인·허가하는 방법이다.
  ㉡ 인·허가 규제를 하는 이유 : 과당 경쟁의 방지, 공익 목적의 실현, 자원의 효율적 관리, 전략 산업의 육성 등을 위해 규제한다.
  ㉢ 정부의 인·허가에 대한 문제점
  - 독과점의 폐해로 인한 손실이 규제에 의한 이익보다 클 수 있다.
  - 보호받는 기업과 보호받지 않는 기업 간의 공평성 문제가 발생할 수 있다.
  - 육성·보호되는 기업이 타성에 젖어 기술개발이나 비용절감, 고객서비스에 대하여 소홀히 할 우려가 있다.

③ **가격통제** … 정부가 최고가격(소비자 보호) 또는 최저가격(생산자 보호)을 정해 가격을 규제하는 방식이다.
  ㉠ 가격규제가 필요한 경우 : 소비자의 보호, 독점기업의 규제, 근로자의 생활 보장, 경기변동의 조정 등을 위해 규제가 필요하다.
  ㉡ 가격규제의 부작용 : 많은 인력과 비용에 따른 비효율성, 수요와 공급의 불균형, 암시장 형성 등
  ㉢ 가격통제의 예 : 근로자 최저임금제 도입, 금융기관의 최고 이자율 설정 등

④ **불공정 거래 및 독과점 규제**
  ㉠ 자원배분의 비효율화 방지 : 기업 간의 담합행위를 금지하고 기업의 결합·합병을 규제한다.
  ㉡ 힘의 우위를 이용한 불공정 거래의 방지 : 정부는 시정명령을 내릴 수 있다.

(3) **공기업의 필요성과 민영화**

① **공기업의 필요성**
  ㉠ 공기업 : 정부가 직접 기업활동을 하거나 출자하여 지배하는 기업을 의미한다.
  ㉡ 공기업 운영의 필요성 : 효율성과 공익성이 높으며 독점기업의 횡포 방지, 공공이익의 보호, 재화의 안정적 공급 등의 역할을 한다.
  ㉢ 공기업의 형태와 종류
   • 정부가 직접 수행하는 사업 : 철도, 우편, 상·하수도, 청소사업 등이 있다.
   • 정부가 주식을 보유하는 사업 : 전력, 가스, 전화, 도로사업, 토지 및 주택개발사업, 자원개발사업, 방송사업 등이 있다.
   • 수익을 주목적으로 하는 사업 : 담배, 인삼 등의 전매사업이 해당된다.
   • 정책목적을 위해 설립하는 사업 : 한국은행, 주택은행 등이 있다.

② **규제 완화의 필요성** … 규제의 현실적 곤란성, 정부 규제의 남발 경향, 경제적 여건과 구조의 변화, 정부기구의 비대화 현상에 따른 자원낭비 우려 등으로 인해 규제를 완화할 필요성이 대두되고 있다.

③ **공기업의 민영화**
  ㉠ 공기업의 부작용 : 경쟁이 배제된 경우가 많아 조직이 방만해지고 관료화되어 비효율적이 될 가능성이 높다.
  ㉡ 공기업의 민영화 효과 : 경쟁원리를 도입하여 서비스의 개선, 가격의 인하, 경영의 효율화에 많은 성과를 거두고 있다.

기출 예상 문제

1 〈보기〉의 ㈎는 X재 시장의 상황을 나타낸다. 〈보기〉 ㈏의 수요와 공급의 변동 요인을 통해 추론할 수 있는 X재 시장의 균형 가격과 균형 거래량의 변화로 가장 옳은 것은? (단, X재와 Y재는 모두 수요법칙과 공급법칙을 따른다.)

〈보기〉

㈎	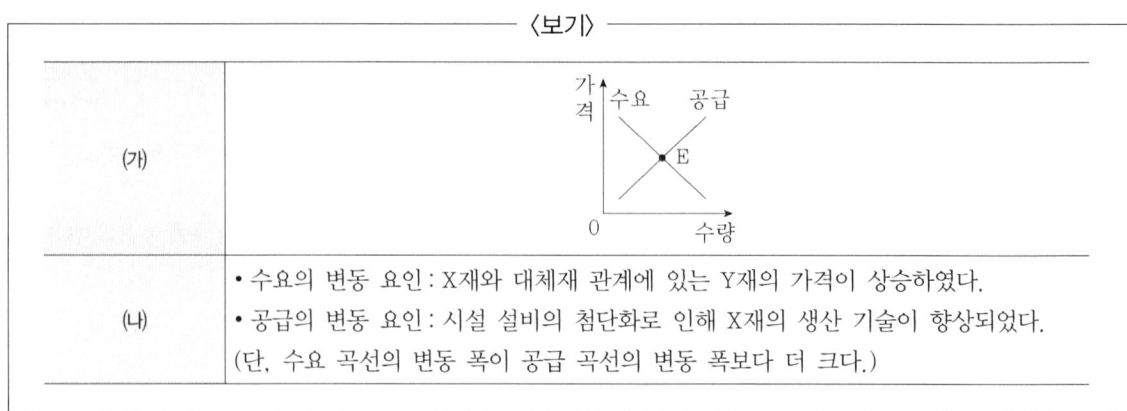
㈏	• 수요의 변동 요인 : X재와 대체재 관계에 있는 Y재의 가격이 상승하였다. • 공급의 변동 요인 : 시설 설비의 첨단화로 인해 X재의 생산 기술이 향상되었다. (단, 수요 곡선의 변동 폭이 공급 곡선의 변동 폭보다 더 크다.)

① 균형 가격은 상승하고, 균형 거래량은 증가한다.
② 균형 가격은 상승하고, 균형 거래량은 감소한다.
③ 균형 가격은 하락하고, 균형 거래량은 증가한다.
④ 균형 가격은 하락하고, 균형 거래량은 감소한다.

TIP X재와 대체재 관계에 있는 Y재의 가격이 상승하였으므로 X재의 수요는 증가하여 수요 곡선은 우측으로 이동한다. 시설 설비의 첨단화로 X재의 생산 기술이 향상되었으므로 공급 역시 증가하여 공급 곡선 또한 우측으로 이동한다. 한편, 수요 곡선이 더 크게 증가하였으므로 균형 가격과 균형 거래량 모두 증가한다.

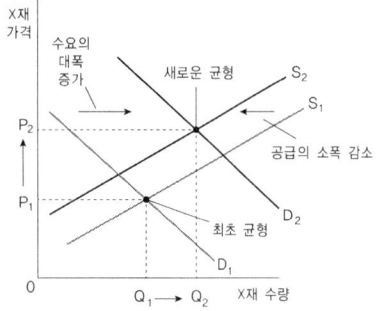

Answer 1.①

※ 대체재와 보완재

구분	대체재	보완재
의미	두 재화의 용도가 서로 비슷하여 한 재화 대신 다른 재화를 사용해도 만족감(효용)에 큰 차이가 없는 관계	두 재화를 서로 함께 사용(소비)할 때 만족감(효용)이 커지는 관계
특징	(A재 가격 - B재 수요 그래프: 우상향 직선) 한 재화의 가격이 상승(하락)할 때 다른 재화의 수요가 증가(감소)	(A재 가격 - B재 수요 그래프: 우하향 직선) 한 재화의 가격이 상승(하락)할 때 다른 재화의 수요가 감소(증가)
사례	커피와 홍차, 쇠고기와 돼지고기, 밥과 빵 등	피자와 콜라, 프린트와 잉크, 자동차와 휘발유 등

2 다음은 외부 효과가 존재하는 경우에 대한 설명이다. 각 빈칸에 적절한 내용으로 옳은 것은? (단, 우하향하는 수요곡선, 우상향하는 공급곡선을 가정한다)

구분	생산 측면의 (가)	소비 측면의 (나)
영향	• 사회적 최적 가격보다 시장 균형 가격이 낮다. • 사회적 최적 거래량에서 사회적 비용이 사적 비용보다 (㉠)	• 사회적 최적 가격보다 시장 균형 가격이 낮다. • 사회적 최적 거래량에서 사회적 편익이 사적 편익보다 (㉡)
문제점	사회적 최적 수준보다 (㉢)	사회적 최적 수준보다 (㉣)
개선책	(㉤)	(㉥)

① (가)는 '외부 경제', (나)는 '외부 불경제'이다.
② ㉠과 ㉡ 모두 '작다'이다.
③ ㉢은 '과다 생산', ㉣은 '과소 소비'이다.
④ ㉤은 '소비자에게 보조금 지급', ㉥은 '소비자에게 세금 부과'이다.

TIP (가)는 사회적 최적 가격보다 시장 균형 가격이 낮은 생산 측면의 외부 불경제를 나타낸다.

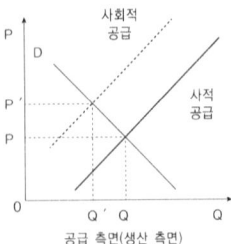
공급 측면(생산 측면)

(나)는 사회적 최적 가격보다 시장 균형 가격이 낮은 소비 측면의 외부 경제를 나타낸다.

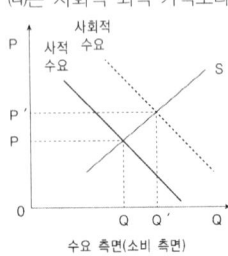
수요 측면(소비 측면)

① (가)는 외부 불경제, (나)는 외부 경제를 나타낸다.
② 생산 측면의 외부 불경제는 사회적 최적 거래량에서 사회적 비용이 사적 비용보다 크다. 소비 측면의 외부 경제는 사회적 최적 거래량에서 사회적 편익이 사적 편익보다 크다. 즉 ㉠과 ㉡ 모두 크다.
③ 생산 측면의 외부 불경제는 사회적 최적 수준보다 과다하게 생산·소비된다. 소비 측면의 외부 경제는 사회적 최적 수준보다 과소하게 생산·소비된다.
④ ㉤은 외부 불경제이므로 세금 부과가 개선책이고, ㉥은 외부 경제이므로 보조금 지급이 개선책이다.

Answer 2.③

3 정부가 시장에 대해 두 가지 가격규제 정책 (가)와 (나)를 시행할 때 나타나는 변화에 대한 설명으로 옳은 것은?

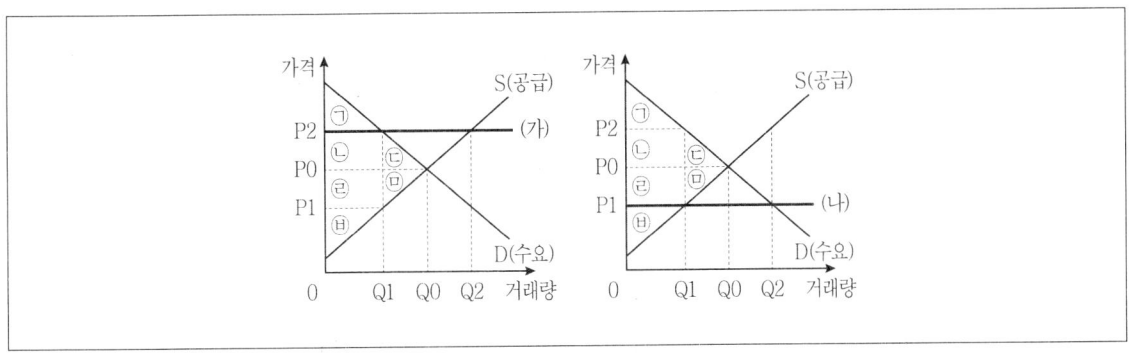

① (가)를 시행하면 Q1 ~ Q2만큼 초과수요가 발생하고, 사회적 잉여 ㉢+㉤이 감소한다.
② (나)를 시행하면 생산자 잉여였던 ㉣+㉤은 소비자 잉여로 바뀐다.
③ (가)와 (나), 두 경우 모두 사회적 잉여 ㉢+㉤이 감소한다.
④ (가)를 시행하면 소비자 잉여가 증가하고, (나)를 시행하면 생산자 잉여가 증가한다.

TIP 정부의 가격 규제 정책이란 시장에서 거래되는 상품의 가격을 수요·공급의 원리에 맡기지 않고 정부가 일정한 수준에서 인위적으로 규제하는 것을 의미한다.
(가)는 최저 가격제로 균형 가격이 너무 낮다고 판단될 때, 정부가 균형 가격보다 높은 수준에서 가격 하한선을 정하는 것이다.
(나)는 최고 가격제로 균형 가격이 너무 높다고 판단될 때, 정부가 균형 가격보다 낮은 수준에서 가격 상한선을 정하는 것이다.
(가)와 (나), 두 경우 모두 거래량은 Q1이므로 균형거래량보다 감소하게 된다. 따라서 사회적 잉여 ㉢+㉤이 감소한다.
① (가)를 시행하면 Q1~Q2만큼 초과공급이 발생한다.

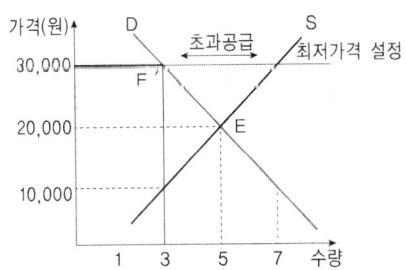

② (나)를 시행하면 생산자 잉여였던 ㉣+㉤ 중에서 ㉣은 소비자 잉여가 되고 ㉤은 사회적 잉여 ㉢과 함께 감소한다.
④ (가)를 시행하면 소비자 잉여는 ㉠+㉡+㉢에서 ㉠으로 감소한다. (나)를 시행하면 생산자 잉여는 ㉣+㉤+㉥에서 ㉥으로 감소한다.

Answer 3.③

4 〈보기〉에 대한 분석으로 가장 옳은 것은?

― 〈보기〉 ―

보일러를 독점 생산하는 K기업은 보일러 가격 10% 인상을 고려하고 있다. 아래의 표는 K기업의 사원 A~D가 예상한 보일러의 가격 인상에 따른 판매수입 변화율을 나타낸다.

구분	A	B	C	D
판매수입 변화율(%)	10	-10	5	0

① A는 보일러의 수요가 가격에 대해 완전비탄력적이라고 본다.
② B는 가격 인상 후 보일러의 수요량에 변화가 없을 것이라고 본다.
③ C는 가격상승률이 수요량 감소율보다 작다고 본다.
④ D는 보일러의 수요가 가격에 대해 탄력적이라고 본다.

TIP ① A는 보일러 가격이 10% 인상될 때 판매 수입도 10% 증가할 것이라 예상하고 있다. 이 경우는 보일러 가격이 오름에도 수요량은 변하지 않는 것으로 보일러의 수요가 가격에 대해 완전비탄력적이라고 보는 것이다.
② B는 보일러 가격이 10% 인상될 때 판매 수입 변화율은 10% 감소할 것이라 예상하고 있다. 이 경우는 가격이 상승한 비율보다 수요량의 감소 비율이 더 큰 것으로, 보일러 수요의 가격 탄력성은 탄력적이다.
③ C는 보일러 가격이 10% 인상될 때 판매 수입 변화율은 5% 증가할 것이라 예상하고 있다. 이 경우는 가격이 상승한 비율보다 수요량의 감소 비율이 더 작은 것으로, 보일러 수요의 가격 탄력성은 비탄력적이다.
④ D는 보일러 가격이 10% 인상될 때 판매 수입 변화율은 변화가 없을 것이라고 예상한다. 이 경우는 가격이 오른 만큼 수요량이 감소하는 것으로 보일러 수요의 가격 탄력성은 단위탄력적이다.

5 X재의 수요와 공급이 균형을 이루고 있다. 다음에서 X재의 균형가격을 높이는 동시에 균형거래량을 줄이는 요인으로 옳은 것은? (단, 이 상품은 정상재이며, 수요와 공급의 법칙에 따른다)

① X재와 대체관계에 있는 상품의 가격 하락
② 소비자들의 소득수준 향상
③ X재 생산에 사용되는 원자재 가격의 상승
④ 해외로부터 X재 수입의 증가

TIP X재의 균형 가격을 높이는 동시에 균형 거래량을 줄이려면 공급 곡선이 왼쪽으로 이동해야 한다. 즉, X재의 공급이 감소해야 한다.
③ X재 생산에 사용되는 원자재 가격이 상승하면 X재의 공급이 감소한다.
① X재와 대체 관계에 있는 상품의 가격이 하락하면 X재의 수요가 감소한다.
② X재는 정상재이므로 소비자들의 소득 수준이 향상되면 소요가 증가한다.
④ 해외로부터 X재 수입이 증가하면 X재 공급이 증가한다.

Answer 4.① 5.③

6 다음은 X재와 Y재 시장에서 각 재화의 가격에 대한 수요량과 공급량을 나타낸 것이다. 두 재화의 주어진 가격 하에서 X재와 Y재의 수요량이 각각 200개 증가할 때, 각 재화 시장에 일어나는 균형 변화에 대한 설명으로 옳은 것은?

재화(개)	가격(원)	80	90	100	110	120
X재	수요량	800	700	600	500	400
	공급량	400	500	600	700	800
Y재	수요량	800	700	600	500	400
	공급량	600	600	600	600	600

① Y재의 균형 가격이 X재의 균형 가격보다 높아진다.
② X재와 달리 Y재의 균형 거래량은 증가한다.
③ Y재의 판매 수입이 X재의 판매 수입보다 많아진다.
④ 각 재화의 균형 가격 상승률과 판매 수입 증가율은 동일하다.

TIP 두 재화의 주어진 가격 하에서 X재와 Y재의 수요량이 각각 200개 증가할 때, 각 재화 시장에서 일어나는 변화를 정리하면 아래와 같다.

재화(개)	가격(원)	80	90	100	110	120
X재	수요량	800	700	600	500	400
	변화된 수요량	1,000	900	800	700	600
	공급량	400	500	600	700	800
Y재	수요량	800	700	600	500	400
	변화된 수요량	1,000	900	800	700	600
	공급량	600	600	600	600	600

① 수요량이 증가한 후 Y재의 균형 가격은 120원으로 X재의 균형가격인 110원보다 높아진다.
② Y재와 달리 X재는 균형 거래량은 증가한다.
③ 수요량이 증가한 후 X재의 판매 수입은 110원 × 700개 = 77,000원이고, Y재의 판매 수입은 120원 × 600개 = 72,000원이다. 따라서 X재의 판매 수입이 Y재의 판매 수입보다 많아진다.
④ 균형 가격 상승률과 판매 수입 증가율이 동일한 것은 공급이 완전 비탄력적인 Y재이다.

Answer 6.①

7 독점기업의 수요곡선이다. 그래프가 다음과 같이 주어져 있을 때, 이를 바르게 추론한 것은?

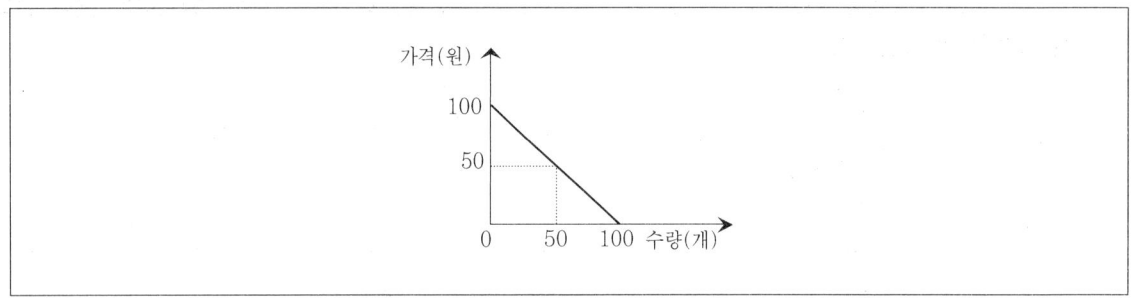

① 기업이 판매량을 늘리려면 가격을 내려야 한다.
② 가격이 100원일 때, 기업의 총수입이 최대가 된다.
③ 기업의 공급곡선은 우상향하는 형태가 될 것이다.
④ 가격을 50원에서 60원으로 올리면 총수입은 증가한다.

TIP ① 독점기업이 가격을 내리면 수요가 늘어나 판매량이 증가한다.
② 가격이 100원일 경우 수요가 0이므로 기업의 수입이 없다.
③ 독점기업은 유일한 공급자이므로 시장 전체의 수요가 곧 그 기업의 상품에 대한 수요가 되어 생산량을 늘리면 가격이 내려가게 되고 생산량을 줄이면 가격이 오르게 된다. 따라서 기업의 공급곡선은 존재하지 않는다.
④ 기업의 총수입은 가격 × 판매량으로 그림에서 보면 가격이 50원일 때 수요량은 50개로 총수입은 50 × 50으로 최대가 된다. 따라서 생산량을 조절하여 가격이 50원보다 낮아지거나 높아지면 총수입은 가격이 50원인 경우보다는 감소하게 된다.

Answer 7.①

8 다음 그림에서 독점시장의 가격결정과 관련된 설명 중 옳지 않은 것은?

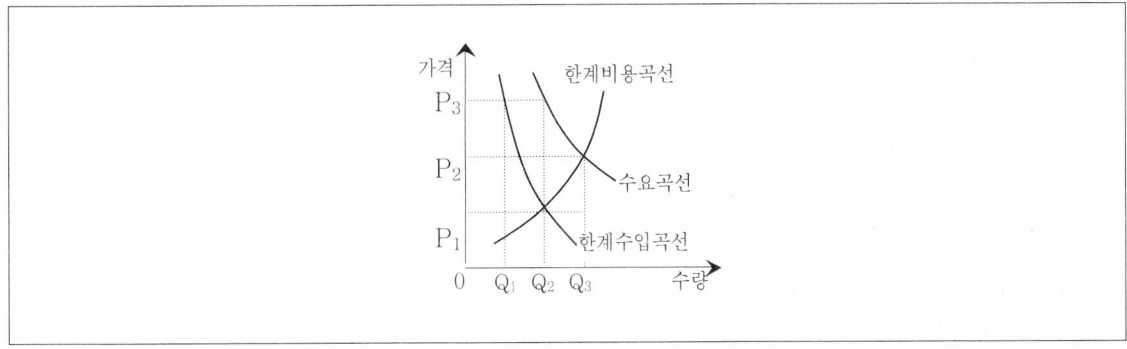

① 독점기업의 한계수입은 시장가격과 일치하지 않는다.
② 독점기업의 한계수입은 시장가격보다 낮다.
③ 독점기업의 공급량은 Q_2에서 결정된다.
④ 독점기업의 균형가격은 P_1에서 결정된다.

> **TIP** 독점기업은 이윤극대화를 위한 가격결정력이 있으므로 한계비용 = 한계수입인 곳에서 이윤극대 생산량을 결정한다(Q_2). 그러나 가격은 그 교차점인 P_1이 아니라 수요곡선상의 한 점인 P_3에서 결정하여 독점이윤을 극대화한다. ①과 ②에서 이윤극대점(Q_2)에서 한계수입은 P_1이고, 시장가격은 P_3이다.
> ※ 완전경쟁시장은 시장가격 = 한계수입 = 한계비용이 된다. 그러나 독점시장에서는 시장가격 > 한계수입 = 한계비용이 된다.

Answer 8.④

9 다음 상황으로 나타나는 결과는?

> • 주식상장하는 기업이 늘고 있다.
> • 외국자본의 주식투자가 늘고 있다.

① 주식거래량은 증가하고, 주가지수는 상승한다.
② 주식거래량은 감소하고, 주가지수는 상승한다.
③ 주식거래량은 증가하나, 주가지수는 알 수 없다.
④ 주식거래량은 감소하나, 주가지수는 알 수 없다.

TIP 설문의 상황은 주식의 수요와 공급이 모두 증가하고 있음을 나타낸다. 따라서 수요곡선과 공급곡선 모두 우측으로 이동하여 주식거래량은 증가하나, 수요량과 공급량의 변화는 알 수 없으므로 주가지수는 알 수 없다.

10 수요의 가격탄력성이 탄력적인 경우 가격이 상승하면?

① 수요량이 감소하고, 그 상품의 소비에 지출되는 금액도 감소한다.
② 수요량이 감소하나, 그 상품의 소비에 지출되는 금액은 증가한다.
③ 수요량이 증가하고, 그 상품의 소비에 지출되는 금액도 증가한다.
④ 수요량이 증가하나, 그 상품의 소비에 지출되는 금액은 감소한다.

TIP 수요의 법칙에 의해 수요량은 감소하고, 가격의 상승효과보다는 수요량의 감소효과가 크므로 가계의 소비지출금액은 감소한다. 그러므로 사치품(탄력적인 재화)의 가격이 오르면 오히려 가계의 소비지출은 줄어들고, 농산물과 같은 생활필수품(비탄력적인 재화)의 가격이 오르면 가계의 소비지출이 증가하여 가계의 부담을 가중시킨다.
① 수요의 가격탄력성이 탄력적인 경우 가격이 상승하면 총판매수입이 감소하고 소비자 총지출액은 감소한다.

Answer 9.③ 10.①

11 다음 그림에서 커피의 수요곡선이 D에서 D₁으로 이동하였을 때 그 원인으로 보기 어려운 것은?

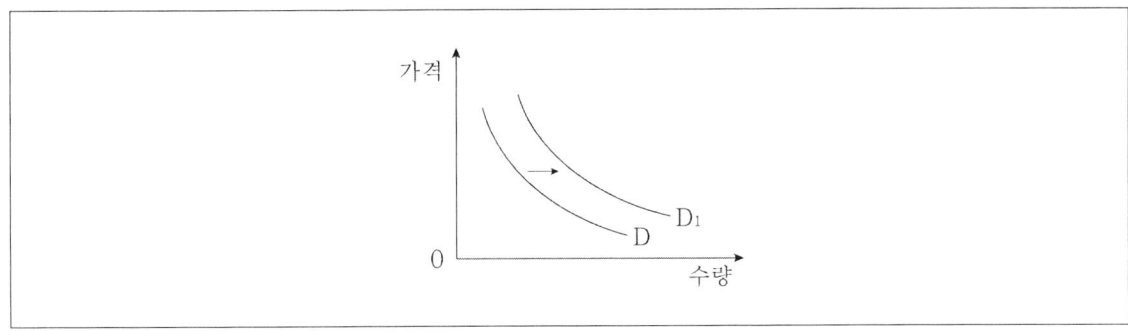

① 커피소비자들의 소득의 증가
② 커피소비인구의 증가
③ 홍차가격의 상승
④ 커피가격의 하락

TIP 수요의 증가요인 … 인구의 증가, 대체재의 가격하락, 보완재의 가격하락 등이 수요를 증가시키는 요인이다.
④ 가격의 하락은 생산비가 감소되어 공급이 증가할 경우이고, 반대로 공급이 감소할 경우 가격은 상승한다.

12 다음의 내용을 종합하여 개념정의를 한다면?

- A는 집주변 공한지를 이용하여 지난해 작황소득이 좋았던 고구마를 심기로 했다.
- B는 생산공장을 확장하면서 노동인력과 기계설비 양자를 놓고 선택의 고민을 하던 중 장기적으로 보아서 인건비 상승이 우려되어 당장은 투자비가 더 들지만 기계설비 쪽을 선택하였다.

① 시장지배
② 시장실패
③ 수요공급
④ 가격기능

TIP 가격과 경제문제
㉠ 가격의 기능: 시장경제체제하에서 기본적인 경제문제를 해결, 가격의 자유로운 변동은 인위적인 계획이나 명령에 의하지 않고도 해결되도록 한다.
㉡ 경제문제해결
• 생산선택의 문제해결
• 생산방법의 문제해결
• 소득분배의 문제해결

Answer 11.④ 12.④

13 다음 그림은 배추의 수요곡선이다. 배추생산량이 Q일 때 시장가격이 P에서 결정되었다. 그러나 배추의 생산이 풍년으로 Q_2만큼 생산되어 P_2로 가격이 폭락했다. 정부가 P_1의 가격을 유지하려면?

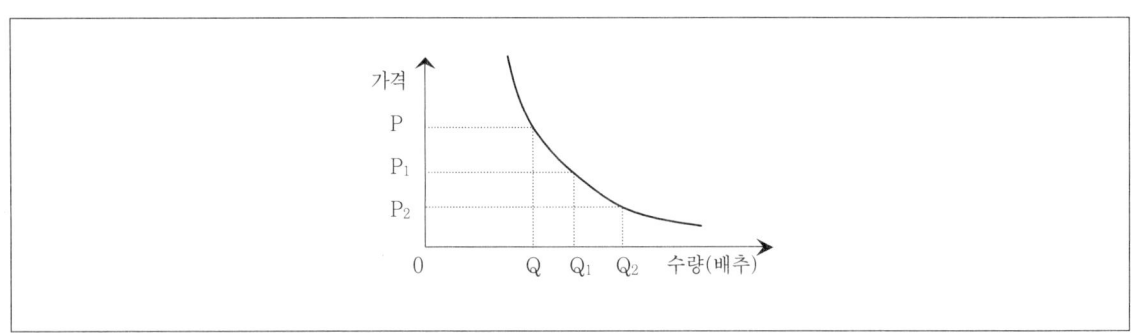

① $Q_2 - Q$만큼 수매한다.
② $Q_2 - Q_1$만큼 수매한다.
③ Q_1만큼 수매한다.
④ Q_2만큼 수매한다.

TIP 정부의 수매정책 … 풍년기근현상이 나타날 때 실시하는 정책으로, 정부가 Q_1, Q_2만큼의 배추를 사들이기로 한다면 배추의 일시적인 공급곡선은 Q_1점에서 위로 올라가는 수직선이 되는 셈이므로 배추가격은 OP_1으로 결정된다. 이때 정부의 농산물 수매가격 역시 P_1이라면 농민의 소득은 $P_1 \times Q_1$이 되어 풍년기근현상을 예방할 수 있다.

14 정부가 사치품에 대해서 가격을 올릴 때 이 가격정책이 최대의 효과를 나타낼 수 있는 경우는?

① 수요의 탄력성이 0일 때
② 수요의 탄력성이 1일 때
③ 수요의 탄력성이 1보다 클 때
④ 수요의 탄력성이 1보다 작을 때

TIP 수요의 가격탄력성
㉠ 사치품: 수요의 가격탄력성이 1보다 큰 상품은 가격을 내릴 때 수요량 증가율이 하락률보다 커서 총판매수익이 증가한다.
㉡ 생필품: 수요의 가격탄력성이 1보다 작으면 가격을 내린 상품의 수요량 증가율이 가격의 하락률보다 작아 총판매수익은 감소한다.

Answer 13.② 14.③

15 일반적인 재화의 수요곡선이 다음 그림과 같은 형태로 나타나는 까닭이라고 보기 어려운 것은?

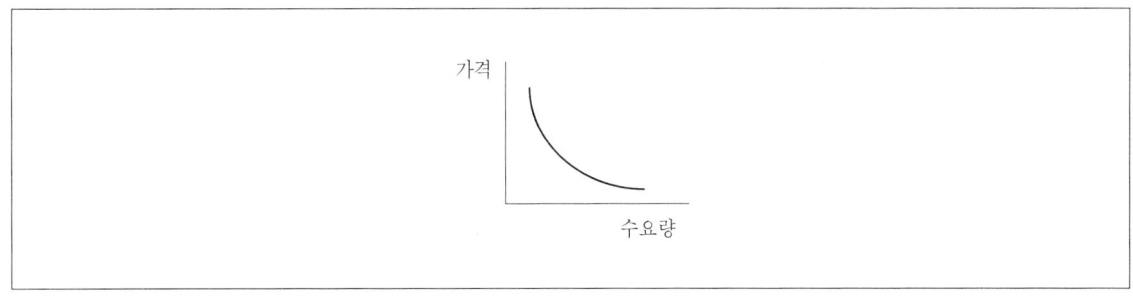

① 소득이 한정되어 있기 때문이다.
② 한계효용체감의 법칙이 작용하기 때문이다.
③ 한계비용체증의 법칙이 작용하기 때문이다.
④ 한계효용균등의 법칙에 따라 소비하기 때문이다.

TIP ③ 한계비용체증의 법칙은 한계생산이 체감하기 때문에 생산량이 늘어남에 따라 한계비용이 점차 증가하는 현상으로 기업의 합리적 생산과 관련이 있다.

※ 합리적인 소비
㉠ 수요곡선 : 한정된 소득으로 합리적인 소비를 하기 위해서는 가격이 오른 재화의 소비를 줄이고 가격이 내린 재화의 소비를 늘려야 한다. 이러한 이유는 한계효용체감의 법칙이 작용하며, 합리적인 소비자는 한계효용균등의 법칙에 따라 소비하기 때문이다.
㉡ 한계효용체감의 법칙 : 재화의 소비가 증가할수록 어느 정도까지는 총효용은 증가하나 총효용의 증가분인 한계효용이 점점 줄어드는 경향을 말한다.
㉢ 한계효용균등의 법칙 : 각 상품의 소비에 지출하는 비용 1원 어치의 한계효용이 서로 같도록 소비할 때 소비자는 가장 큰 효용을 얻게 되어 합리적인 소비를 하게 된다는 것이다.

Answer 15.③

16 다음의 조건하에 쌀시장에서 발생될 수 있는 경제현상으로 옳은 것은?

- 식생활의 개선으로 빵의 수요가 급증
- 쌀시장의 개방

① 가격 하락, 거래량 증가
② 가격 하락, 거래량 감소
③ 가격 상승, 거래량 증가
④ 가격 상승, 거래량 감소

TIP 식생활의 개선으로 빵의 수요가 급증하면 결국은 가격이 하락하게 되고, 쌀시장이 개방되면 거래량이 감소하게 된다.

17 가격이 1,000원인 어떤 상품을 생산함에 있어서 투입되는 가변비용과 그에 따른 생산량의 관계가 다음 도표와 같을 때 합리적인 생산량은 몇 단위인가?

가변비용(만 원)	8	9	10	11	12
생산량(단위)	177	189	200	210	219

① 177단위
② 189단위
③ 200단위
④ 210단위

TIP 합리적인 생산 … 한계비용 = 생산물의 가격

한계비용 = $\frac{가변비용의\ 증가분}{생산량의\ 증가분}$

가변비용(만 원)	8	9	10	11	12
생산량(만 원)	177	189	200	210	219
한계비용		833	909	1,000	1,111

④ 가격이 1,000원이므로 한계비용이 1,000일 때, 즉 생산량 210단위에서 합리적인 생산량이 결정된다.

Answer 16.② 17.④

18 상품 A, B, C의 가격은 각각 100원, 200원, 300원이고 상품수입에 지출할 수 있는 금액은 2,000원이다. 아래의 한계효용표에서 소비자가 최대만족을 얻을 수 있는 각 상품의 구입량은 상품 A, B, C의 순서대로 보아 다음 중 어느 것인가?

상품명 단위	A	B	C
1	10	14	21
2	8	10	15
3	7	6	9
4	5	4	6
5	3	2	3
6	2	1	2
7	1	0	0

① 3단위, 1단위, 1단위
② 4단위, 2단위, 2단위
③ 5단위, 3단위, 3단위
④ 6단위, 3단위, 2단위

TIP 합리적 소비는 한계효용균등의 법칙에 따라

$$\frac{A재\ 한계효용}{A재\ 가격} = \frac{B재의\ 한계효용}{B재\ 가격} = \frac{C재\ 한계효용}{C재\ 가격}$$

∴ A재 $-\frac{3}{100}$, B재 $-\frac{6}{200}$, C재 $-\frac{9}{300}$

즉, A재 5단위, B재 3단위, C재 3단위일 때이다.

Answer 18.③

제2편 경제

04 국민 경제의 이해

❶ 국민 경제 순환과 경제 성장

(1) 국민 경제의 활동과 경제지표

① **국민경제지표** … 국민경제활동을 총량화한 수치로 국민경제의 상태 파악이 가능하다.

② **국내총생산**(GDP) … 한 나라의 국경 안에서 일정기간에 걸쳐 새로이 생산한 재화와 용역의 부가가치 또는 모든 최종재의 값을 화폐단위로 합산한 것을 의미한다.
  ㉠ 국민경제의 전체적인 생산수준을 나타내며, 국내에서 생산된 재화와 용역의 생산물 가치가 포함된다.
  ㉡ 국내총생산 = 각 생산단계의 부가가치의 합계 = 최종 생산물 가치의 합계 = 총생산물액 − 중간 생산물액
  ㉢ **삼면등가의 법칙** : 국내총생산은 생산, 분배, 지출의 어느 측면에서 측정하더라도 같은 금액이 된다.
  ㉣ **국내총생산의 한계** : 국내총생산은 계산상의 어려움으로 시장 외의 거래가 제외되며, 복지수준과 소득분배 파악이 불가능하다.

③ **국민총생산**(GNP) … 한 나라의 국민이 국내와 국외에서 생산한 것의 총합을 의미한다.

④ **국민소득의 기타 개념**
  ㉠ **국민순생산**(NNP) : 국민총생산에서 감가상각비를 제외한 금액으로 국민경제의 순생산액이다.

  > 📢 **TIP** 국민순생산(NNP) = 국민총생산 − 감가상각비
  >   = 소비 + 순투자
  >   = 순생산물의 합계
  >   = 순부가가치의 합계

  ㉡ **국민소득**(NI) : 국민순생산에서 간접세를 빼고 정부보조금을 더한 합계액으로 요소소득의 합계액이다.
  ㉢ **개인소득**(PI) : 개인이 실제로 받는 소득이다.
  ㉣ **가처분소득**(DI) : 개인이 자유롭게 처분할 수 있는 소득이다.
  ㉤ **1인당 국민총생산** : 국민총생산을 국민수로 나눈 것으로 그 나라 국민들의 생활수준을 알 수 있으며, 보통 국제비교를 위해 미 달러화로 표시한다.

(2) 경기 순환과 안정화 정책

① 경기순환과 경기의 네 측면
   ㉠ 경기 : 국민경제의 총체적인 활동수준을 의미한다.
   ㉡ 경기순환 : 국민경제에 있어서 어느 정도의 규칙성을 가지고 호황과 불황이 반복되는 과정을 뜻한다.
   ㉢ 경기순환의 네 국면
   • 호경기 : 생산, 고용, 판매 등의 경제활동이 가장 활발한 시기
   • 후퇴기 : 전반적인 경제활동이 점차 위축되는 시기
   • 불경기 : 전반적인 경제활동이 침체된 시기
   • 회복기 : 생산, 고용, 판매 등의 경제활동이 점진적으로 활발해지는 시기

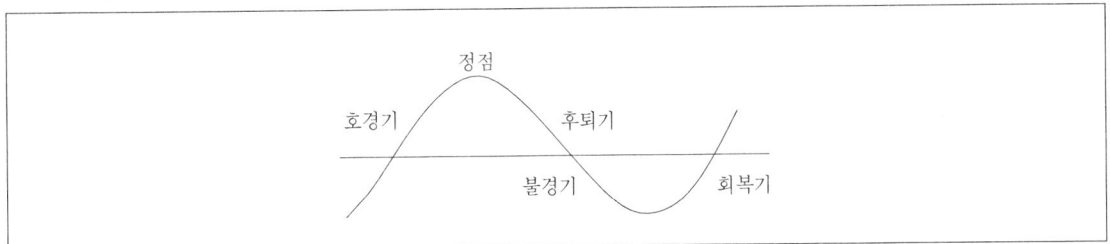

   ㉣ 경기순환의 유형

종류	주기	원인
콘드라티예프 파동	약 50년(주기가 가장 김)	기술혁신, 전쟁, 혁명 등 사회변동
쿠즈네츠 파동	약 20년	인구증가율, 경제성장률의 변동
주글라 파동	10~20년(주순환)	기업의 설비투자 변동
키친 파동	3~4(소순환)	재고, 이자율의 변동

② 경기안정화 정책
   ㉠ 경기안정화 정책 : 국민경제의 지속적·안정적인 성장을 위한 일련의 정책으로 재정정책, 금융정책 등이 있다.
   ㉡ 경기안정화 정책의 수단
   • 경기 과열 시 : 재정지출 축소, 금리·세율 인상→민간투자와 소비 억제→경기 진정
   • 경기 불황 시 : 정부투자 및 소비지출 확대, 금리·세율 인하→민간투자와 소비 증대→경기 회복
   ㉢ 미국의 뉴딜(New Deal) 정책
   • 1929년 발생한 경제 불황을 타개하기 위해 미국의 루즈벨트 대통령이 실시한 경제회복정책이다.
   • 적자재정을 실시하여 새로운 도로와 댐을 건설하고 구매력을 살려 다시 이 구매력을 수요로 연결했다.
   • 케인즈(J. M. Keynes)의 수정자본주의에 이론적 기초를 두었다.

(3) 경제의 성장

① 경제성장과 성장률
- ㉠ **경제성장** : 국민경제 생산능력의 확대를 통한 성장을 의미한다.
- ㉡ **경제성장률** : 국내총생산의 증가율로, 이때의 성장률은 물가의 변동을 제외한 실질 성장률이어야 한다.

$$실질경제성장률 = \frac{금년도\ 국내총생산 - 전년도\ 국내총생산}{전년도\ 국내총생산} \times 100$$

② 경제성장의 요인
- ㉠ **생산요인** : 토지, 자원, 인력, 자본, 기술 등이 있다.
  - 경제성장 초기단계 : 인력과 자본의 기여도가 기술보다 높다.
  - 산업구조의 고도화 단계 : 기술 진보의 중요성이 점차 커지고 있다.
- ㉡ **경제 외적인 요인** : 기업가정신, 정부의 정책과 법제·사회적 관행, 원만한 노사관계, 경제주체의 강한 의지 등이 있다.

③ 경제성장과 경제발전
- ㉠ **경제성장** : 국민경제의 생산이 양적으로 증가하는 것을 의미한다.
- ㉡ **경제발전** : 경제성장이 사회발전과 함께 이루어지는 경제의 질적 성장과정을 의미한다.

❷ 실업과 인플레이션

(1) 총수요와 총공급

① **총수요** … 국민경제의 모든 경제주체들이 소비와 투자를 목적으로 사려고 하는 재화와 용역의 총량이다.

$$총수요 = 민간\ 소비 + 민간\ 투자 + 정부\ 지출 + 수출$$

② **총공급** … 한 나라의 모든 경제주체들이 공급하는 재화와 용역의 총량이다.

$$총공급 = 국내총생산 + 수입$$

③ 총수요와 총공급의 변동
- ㉠ **총수요 > 총공급** : 인플레이션이 발생된다.
- ㉡ **총수요 < 총공급** : 실업이 증가하고 물가가 하락한다.

(2) 실업과 물가

① 고용과 실업

　㉠ 실업 : 노동자가 일자리를 가지고 있지 않은 상태를 뜻한다.

　㉡ 실업의 종류

　　• 자발적 실업 : 개인의 여가를 누리기 위해 스스로 일하지 않으려고 하는 상태

　　• 비자발적 실업 : 개인이 일하려는 의지는 있으나 일자리를 찾지 못하는 상태

　㉢ 실업의 폐해 : 장기간의 실업은 개인적으로는 경제적 곤란과 사회적으로는 인력의 낭비를 야기한다.

　㉣ 고용·실업 관련 지표

구분	계산 공식
경제활동참가율(%)	$\dfrac{\text{경제활동인구}}{\text{15세 이상의 인구}} \times 100$
실업률(%)	$\dfrac{\text{실업자 수}}{\text{경제활동인구}} \times 100$
취업률(%)	$\dfrac{\text{취업자 수}}{\text{경제활동인구}} \times 100$
고용율(%)	$\dfrac{\text{취업자 수}}{\text{15세 이상의 인구}} \times 100$

② 물가와 물가지수

　㉠ 물가 : 개별적인 상품의 가격을 종합하여 평균한 것이다.

　㉡ 물가지수 : 물가수준을 나타내는 지표이다.

$$\text{물가지수} = \dfrac{\text{비교시의 물가지수}}{\text{기준시의 물가지수}} \times 100$$

(3) 인플레이션의 원인과 영향

① 인플레이션의 의미와 종류

　㉠ 인플레이션 : 물가수준이 상당히 높은 비율로 지속적으로 오르는 현상을 말한다.

　㉡ 인플레이션의 원인

　　• 초과수요 : 총수요가 총공급을 웃도는 초과수요에서 비롯된다.

　　• 생산비의 상승 : 원자재 값, 임금 등의 상승으로 생산비가 높아짐에 따라 물가가 오르게 된다.

　　• 독과점기업의 시장 지배 : 독과점기업들이 시장을 지배하여 시장의 수요와 공급과는 관계없이 평균비용에 일정한 이윤율을 더하여 높은 가격을 결정함으로써 물가가 오르기도 한다.

　　• 해외 인플레이션의 국내 파급 : 해외 원자재 가격의 급격한 인상으로 인플레이션이 국내에 파급되는 경우도 있다.

② 인플레이션의 부정적 영향
　㉠ 부와 소득의 불공평한 재분배 : 실물자산(부동산, 상품 재고 등) 소유자, 채무자가 유리하다.
　㉡ 장래 가격에 대한 예측 곤란 : 저축 감소, 소비 증가, 금리 상승, 생산비 상승으로 예측이 곤란하다.
　㉢ 국제수지의 악화 : 수출이 위축되고 수입이 증가한다.
　㉣ 국민경제성장 저해 : 근로의욕이 상실되고 투자활동이 위축되는 등 국민경제성장에 악영향을 미친다.

③ 인플레이션 해결책 … 소비억제, 저축장려, 통화량감축, 대출억제, 폭리단속, 토지가격규제, 공공요금대책 등이 있다.

(4) 물가안정대책

① 물가안정의 필요성
　㉠ 물가불안 : 경제주체들이 자신의 이해득실을 고려하여 제각기 행동하기 때문에 국민경제의 악순환을 초래한다.
　㉡ 물가안정정책 : 정부의 경제정책과 함께 각 경제주체들의 협조가 필요하다.

② 경제주체의 역할
　㉠ 정부의 역할 : 정부가 직접 가격결정에 개입, 금융·재정정책을 통한 총수요 관리 및 안정적인 공급 기반 확충 등 경제안정화 정책을 실시한다.
　㉡ 기업의 역할 : 공정한 경쟁, 경영혁신 등을 통해 물가를 안정시킨다.
　㉢ 가계의 역할 : 건전한 소비풍조조성 등이 필요하다.
　㉣ 근로자의 역할 : 생산성의 범위를 벗어난 임금인상요구를 자제한다.

기출예제

2025. 6. 21. 제1회 서울특별시

〈보기〉에 대한 추론으로 가장 옳은 것은? (단, 주어진 조건 외에는 고려하지 않는다.)

〈보기〉

아래의 표는 매년 2%의 물가 상승률과 3%의 경제 성장률 달성을 목표로 하는 갑(甲)국의 연도별 경제 상황을 나타낸 것이다. A는 목표 물가 상승률에서 실제 물가 상승률을 뺀 값이고, B는 목표 경제 성장률에서 실제 경제 성장률을 뺀 값이다.

구분	A	B
t년	-3	-5
t+1년	5	5

① t년에는 스태그플레이션이 나타났다.
② t년에는 실제 경제 성장률보다 실제 물가 상승률이 더 크다.
③ 중앙은행의 국·공채 매각은 t+1년보다 t년에 적합한 정책 수단이었을 것이다.
④ t+1년에는 긴축 재정 정책 실시가 요구되었을 것이다.

✱

B값이 양수일 경우, 실제 경제 성장률이 목표 경제 성장률보다 낮고, 음수일 경우 실제 경제 성장률이 목표 경제 성장률보다 높다.
① t년에는 실제 물가 상승률과 실제 경제 성장률이 목표보다 높았다. 스태그플레이션(Stagflation)은 침체(stagnation)와 물가상승(inflation)의 합성어로 경제 침체와 물가 상승이 동반되는 현상이다.
② 목표에서 실제를 뺀 값의 절댓값이 B가 더 크다.
④ t+1년은 물가 상승률과 경제 성장률이 모두 목표에 미치지 못했다. 확장 재정 정책의 실시가 요구된다.

답 ③

04. 국민 경제의 이해

기출 예상 문제

1 〈보기 1〉의 대화에서 (가)에 들어갈 내용으로 적절한 것을 〈보기 2〉에서 모두 고른 것은?

─────〈보기 1〉─────
갑(甲): 근로 계약서 작성이나 일을 할 당시에 사용자가 노동 관련 법을 위반한 사실이 있나요?
을(己, 28세): 예. 저는 _____(가)_____

─────〈보기 2〉─────
㉠ 두 달 전에 해고의 사유와 시기를 서면으로 통보 받았습니다.
㉡ 사용자와 합의하여 1주일에 10시간 이내의 연장 근로를 했습니다.
㉢ 근로 계약서에 노동조합에 가입하지 않는다는 내용을 작성했습니다.
㉣ 정당한 절차에 의한 파업에 참여하였는데, 파업에 참여했다는 이유로 지방으로 발령을 받았습니다.

① ㉠, ㉡
② ㉠, ㉢
③ ㉡, ㉣
④ ㉢, ㉣

TIP ㉠ 해고 통보는 정당한 절차를 따랐다면 노동법 위반이 아니다.
㉡ 합의된 근로시간이므로 노동법 위반이 아니다.

Answer 1.④

2 〈보기〉는 A재~D재를 재화의 특성에 따라 분류한 것이다. 이에 대한 설명으로 가장 옳은 것은?

〈보기〉

	A재	B재	C재	D재
대가를 지불하지 않으려는 사람의 소비를 막을 수 있는가?	예	예	아니요	아니요
한 사람의 소비가 다른 사람의 소비 기회를 감소시키는가?	예	아니요	예	아니요

① B재의 사례로는 '막히는 무료도'가 있다.
② 시장에서 거래되는 대부분의 재화는 C재의 속성을 지닌다.
③ C재와 같은 특성을 지닌 재화는 '공유 자원의 비극'이 발생한다.
④ D재와 달리 A재는 '무임승차 문제'가 발생한다.

TIP 〈보기〉에서 '대가를 지불하지 않으려는 사람의 소비를 막을 수 있는가?'는 배제성과 비배제성을 결정하고, '한 사람의 소비가 다른 사람이 소비 기회를 감소시키는가?'는 경합성과 비경합성을 결정한다.

구분		경합성	
		있음	없음
배제성	있음	사용재(A재)	요금재(B재)
	없음	공유재(C재)	공공재(D재)

① B재(요금재)에는 유료 도로, 유료 방송 서비스 등이 해당한다.
② C재(공유재)에는 국방, 공기, 등대 등에 해당한다.
④ A재(사용재)는 무임승차 문제가 발생하지 않는다. 사용재는 음식, 의류, 개인용 자동차 등이 해당한다.

Answer 2.③

3 그림 (가)와 (나)의 인플레이션 유형에 대한 설명으로 옳지 않은 것은? (단, 우하향하는 총수요곡선, 우상향하는 총공급곡선을 가정한다)

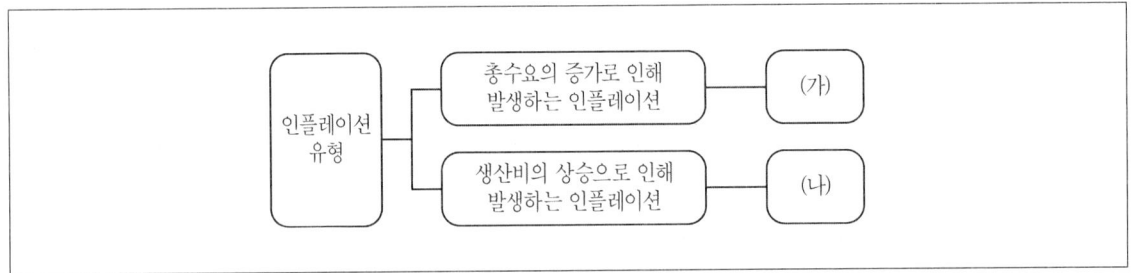

① (가)는 물가 상승과 경기 침체가 함께 발생하는 스태그플레이션(stagflation)을 발생시킬 수 있다.
② (나)의 원인은 임금 상승, 임대료 상승, 원자재 가격 상승 등이다.
③ (가)는 실질 GDP의 증가, (나)는 실질 GDP의 감소를 가져온다.
④ (가)는 총수요곡선의 우측 이동, (나)는 총공급곡선의 좌측 이동으로 나타난다.

> **TIP** 인플레이션이라는 물가가 높은 수준으로 지속적으로 상승하는 현상을 의미한다. (가)는 총수요의 증가로 발생하는 수요 견인 인플레이션이고, (나)는 생산비의 상승으로 발생하는 비용 인상 인플레이션이다. 이때, (나)의 비용 인상 인플레이션은 물가 상승과 경기 침체가 함께 발생하는 스태그플레이션을 발생시킬 수 있다.
>
> ※ 인플레이션의 유형과 대책

구분	수요 견인 인플레이션	비용 인상 인플레이션
의미	• 총수요 증가로 인한 물가 상승 • 주로 경기 호황기에 발생 • 총수요곡선은 우측 이동하여 물가 상승, 실질 GDP 증가	• 비용 인상 또는 총공급 감소로 인한 물가 상승 • 주로 경기 침체기에 발생하며 스태그플레이션 현상이 발생할 수 있음 • 총공급곡선은 좌측 이동하여 물가 상승, 실질 GDP 감소
원인	• 소비 증가, 투자 증가 • 정부 지출 증가, 통화량 증대 • 순수출 증가	• 원자재 가격, 원유 가격 등의 생산비 상승 • 노동조합의 과도한 임금 인상 • 기업의 이윤 인상
대책	• 총수요 억제 • 긴축(흑자) 재정 정책, 긴축 금융 정책(조세 징수 증대, 정부 지출 축소, 통화량 감축) • 기업의 불필요한 투자 억제 • 가계의 과소비 억제	• 총공급 증가 • 기술 혁신, 경영 혁신을 통한 기업의 비용 절감 • 생산성을 초과하는 과도한 임금 인상 요구 억제 • 에너지 가격, 부동산 임대료 등의 상승 억제

Answer 3.①

4 다음은 각 연도의 물가 상승률과 명목 GDP 증가율을 나타낸다. 표에 대한 분석으로 옳은 것은? (단, 물가는 GDP 디플레이터로 측정되며, 실질 GDP 측정의 기준년도는 T-1년이다)

구분	T년	T+1년	T+2년
물가 상승률(전년도 대비, %)	0	3	1
명목 GDP 증가율(전년도 대비, %)	0	3	-1

① T년의 GDP 디플레이터는 100보다 크다.
② T년에 비해 T+1년의 실질 GDP는 증가하였다.
③ 실질 GDP는 T+2년이 가장 크다.
④ GDP 디플레이터는 T+2년이 가장 크다.

> **TIP** GDP 디플레이터는 물가 수준의 지표로서 명목 GDP를 실질 GDP로 나눈 수치에 100을 곱한 값이다.
>
> GDP 디플레이터 = $\frac{명목\ GDP}{실질\ GDP} \times 100$
>
> 자료에서 T년 물가는 0, T+1년 물가는 3%, T+2년 물가는 1% 증가한 것으로 나타난다. 물가 상승은 누적의 개념으로 계속해서 증가하였으므로 T+2년의 GDP 디플레이터가 가장 큰 것이다.
> ① 단서에서 기준연도는 T-1로 주어졌으며 물가지수는 100이 기준이 된다. T년의 물가상승률은 0%이므로 GDP디플레이터 지수는 동일하게 100이다.
> ② 실질 GDP의 증가율은 주어진 표에 따라 명목 GDP 증가율에서 물가 상승률을 뺀 값이다. 이에 따라 T년과 T+1년 모두 0%이므로 실질 GDP 증가율은 변화가 없다.
> ③ 실질 GDP의 증가율은 T년과 T+1년은 0%이고, T+2년에는 -2%(-1-1)이므로 T+2년이 가장 작다.

5 〈보기〉의 밑줄 친 내용으로 가장 적절하지 않은 것은?

〈보기〉

국내 총생산(GDP)은 한 나라의 경제 활동 수준을 측정하는 데 매우 유용하지만, 국민의 삶의 질이나 생활수준을 측정하는 데는 <u>한계</u>가 있다

---

① 지하 경제에서 거래되는 부분은 국내 총생산에 포함되지 않는다.
② 국내 총생산은 생산활동으로 창출된 재화의 가치만 포함하며 서비스의 가치는 포함하지 못한다.
③ 국내 총생산은 총량의 개념이므로 소득 분배 상태를 정확하게 측정하지 못한다.
④ 국내 총생산의 증가가 반드시 국민의 복지 후생 수준의 향상을 의미하지는 않는다.

Answer 4.④ 5.②

TIP ① 국내 총생산은 시장 거래를 통한 경제 활동만을 반영하므로 지하 경제처럼 시장에서 거래되지 않는 활동은 포함되지 않는다.
② 국내 총생산은 생산활동으로 창출된 재화와 서비스의 가치를 모두 포함한다.
③ 국내 총생산은 국내에서 생산된 모든 최종 생산물 가치의 합인 총량의 개념으로 개인별 소득 분배 상태를 정확하게 측정하지 못한다.
④ 국내 총생산은 물질적 생산만을 포함하고 있으므로 공해나 교통 체증 등의 부작용으로 인한 비용은 포함되지 않는다. 즉, 국내 총생산이 높다고 해서 복지 수준이 높은 것은 아니다.

6 〈보기〉의 ㈎, ㈏의 상황 및 그로 인해 나타날 수 있는 변화에 대한 설명으로 가장 옳지 않은 것은? (단, 노동 가능 인구수의 변화는 없다)

〈보기〉

㈎ 직장의 사정으로 인해 일자리가 없어진 갑(甲)은 일자리를 구하고 있는 중이다.
㈏ 직장을 다니던 을(乙)이 학업을 위해 대학원에 진학하게 되면서 직장을 그만두게 되었다.

① 전체 인구			
③ 만 15세 미만 인구	② 노동 가능 인구(만 15세 이상 인구)		
	④ 비경제활동 인구	⑤ 경제활동 인구	
		⑥ 취업자	⑦ 실업자

*실업률 ⑦÷⑤×100   *취업률 ⑥÷⑤×100
*고용률 ⑥÷②×100   *경제활동참가율 ⑤÷②×100

① ㈎의 경우 이전보다 실업률은 상승하고 고용률은 하락한다.
② ㈏의 경우 실업률은 이전과 동일하고, 고용률은 이전보다 하락한다.
③ 갑은 취업자에서 실업자, 을은 취업자에서 비경제활동 인구가 되었다.
④ 경제활동참가율은 ㈎의 경우 이전과 동일하지만, ㈏의 경우 이전보다 하락한다.

TIP 사례에서 갑(甲)은 취업자였지만 일자리가 없어져 일자리를 탐색하고 있는 실업자가 되었다. 을(乙)은 취업자였으나 대학원에 진학하면서 비경제활동 인구가 되었다.
① 실업률은 경제활동 인구에서 차지하는 실업자의 비율로 갑(甲)은 실업자가 되었으므로 실업률은 상승한다. 고용률은 경제활동 인구에서 차지하는 취업자의 비율로 고용률은 하락한다.
② 을(乙)은 취업자인 상태에서 비경제활동 인구가 되었으므로, 실업률은 증가하고, 고용률은 하락한다.
③ 갑(甲)은 취업자에서 실업자가 되었고, 을(乙)은 취업자에서 비경제활동 인구가 되었다.
④ ㈎의 경우 갑(甲)은 취업자에서 실업자가 된 것으로 취업자와 실업자 모두 경제활동 인구에 속한다. 따라서 경제활동참가율은 변화가 없다. ㈏의 경우 을(乙)은 경제활동 인구인 취업자에서 비경제활동 인구가 된 것으로 경제활동참가율은 하락한다.

Answer 6.②

7 스태그플레이션(stagflation)에 대한 설명으로 옳은 것만을 모두 고른 것은?

> ⊙ 1930년대 미국의 대공황은 대표적인 스태그플레이션의 사례이다.
> ⓒ 생산요소 가격상승에 따른 비용인상 인플레이션은 스태그플레이션을 초래한다.
> ⓒ 물가상승과 경기침체가 동시에 일어나는 불황 속의 인플레이션을 말한다.

① ⊙ⓒ
② ⊙ⓒ
③ ⓒⓒ
④ ⊙ⓒⓒ

> **TIP** 스태그플레이션은 스태그네이션(stagnation)과 인플레이션(inflation)을 합성한 신조어로, 경기 침체와 물가 상승이 동시에 일어나는 불황 속의 인플레이션을 말한다.
> ⊙ 1930년대 미국의 대공황은 인플레이션의 사례이다. 스태그플레이션의 대표적인 사례로는 1970년대 오일쇼크가 있다.

8 다음 ⊙ ~ ⓔ에 들어갈 숫자 중 옳은 것으로만 묶은 것은?

> A국 : 생산가능인구(노동인구) 10,000명 중 비경제활동인구가 40%일 때, 실업자가 (⊙)명이면 고용률은 (ⓒ)%이다.
> B국 : 실업률이 2%이고 실업자 300명일 때, 생산가능인구가 (ⓒ)명이면 경제활동참가율은 (ⓔ)%가 된다.

	⊙	ⓒ	ⓒ	ⓔ
①	200	58	30,000	55
②	300	57	25,000	60
③	300	63	25,000	60
④	200	62	30,000	55

> **TIP** • A국 : 생산가능인구 10,000명 중 비경제활동인구가 40%이면 4,000명이므로 경제활동인구는 6,000명이다.
> ⊙이 200일 때, ⓒ은 $\frac{5,800}{10,000} \times 100 = 58\%$ 이고, ⊙이 300일 때, ⓒ은 $\frac{5,700}{10,000} \times 100 = 57\%$ 이다.
> • B국 : 실업자 수가 300명인데 실업률이 2%이므로 B국의 경제활동인구는 15,000명이다. $\left(\because \frac{300}{x} \times 100 = 2 \right)$
> ⓒ이 25,000일 때, ⓔ은 $\frac{15,000}{25,000} \times 100 = 60\%$ 이고, ⓒ이 30,000일 때, ⓔ은 $\frac{15,000}{30,000} \times 100 = 50\%$ 이다.

Answer 7.③ 8.②

9 다음은 중앙은행이 이자율을 인하하는 경우, 총수요에 영향을 미치는 여러 경로를 나타낸 것이다. ㉠~㉢의 변화로 옳은 것은? (단, 유동성함정이 존재하지 않고, 각 경제주체는 경제를 낙관적으로 예상한다)

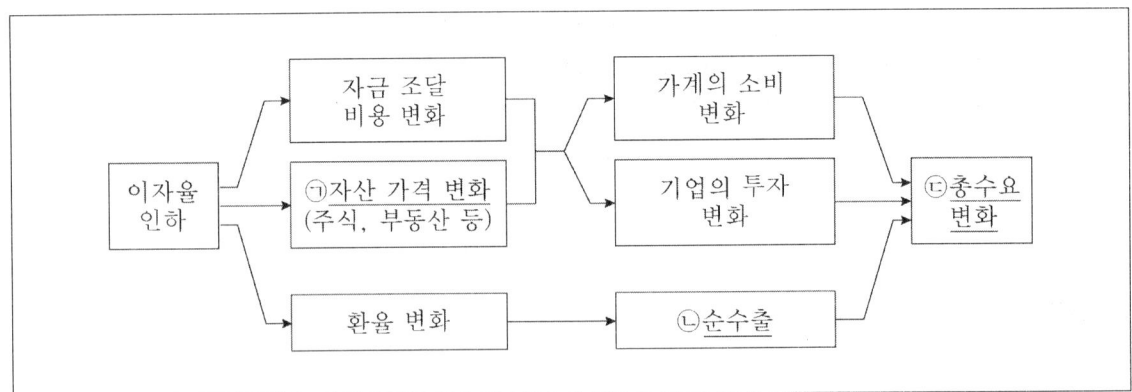

	㉠	㉡	㉢
①	상승	증가	증가
②	상승	감소	증가
③	하락	감소	감소
④	하락	증가	감소

TIP ㉠ 중앙은행이 이자율을 인하하면 저축으로 얻을 수 있는 이자 수익이 줄어들게 되므로, 주식이나 부동산에 투자하려는 사람들이 늘어나 주식, 부동산 등의 자산 가격이 상승한다.
㉡ 중앙은행이 이자율을 인하하면 환율이 상승하여 수출이 증가하고 수입이 감소하므로, 순수출은 증가한다.
㉢ 중앙은행이 이자율을 인하하면 가계 소비와 기업 투자, 순수출이 증가하여 총수요가 증가한다.

Answer 9.①

10 다음 주어진 표를 분석한 것으로 옳은 것만을 〈보기〉에서 고르면?

구분	15 ~ 19세	20 ~ 24세	25 ~ 29세	30 ~ 50세
생산가능인구	3,285	2,651	3,846	22,983
경제활동인구	203	1,305	2,797	17,356
취업자	178	1,181	2,598	16,859
실업자	25	124	199	497
비경제활동인구	3,082	1,346	1,049	5,627

〈보기〉

㉠ 경제활동참가율은 20대보다는 10대가 높다.
㉡ 30 ~ 50대 고용률이 가장 높다.
㉢ 20 ~ 24세보다는 25 ~ 29세에 고용되는 비율이 높다.
㉣ 15 ~ 19세의 실업률이 20 ~ 24세의 실업률보다 3% 가량 낮다.

① ㉠㉡
② ㉡㉢
③ ㉢㉣
④ ㉠㉣

TIP ㉠ 경제활동참가율은 생산가능인구에서 차지하는 경제활동인구의 비율로 15 ~ 19세가 가장 낮으므로 틀린 설명이다.
㉡ 고용률은 생산가능인구에서 차지하는 취업자의 비율로 30 ~ 50세가 가장 높으므로 옳은 설명이다.
㉢ 20 ~ 24세 고용률은 44.5%, 25 ~ 29세의 고용률은 67.5%이므로 옳은 설명이다.
㉣ 실업률은 경제활동인구에서 차지하는 실업자의 비율로 15 ~ 19세는 12.3%, 20 ~ 24세의 실업률은 9.5이므로 틀린 설명이다.

Answer 10.②

11 GDP에 대한 설명으로 잘못된 것은?

① 한 나라의 국민이 국내와 국외에서 생산한 것의 총합을 의미한다.
② 국민경제 전체적인 생산수준을 나타낸다.
③ 국내에서 생산된 재화와 용역의 생산물 가치가 포함된다.
④ 각 생산단계의 부가가치의 합계 혹은 최종 생산물 가치의 합계로, 총 생산물액 – 중간 생산물액을 말한다.

> **TIP** ① 국민총생산인 GNP에 대한 설명이다. 국내총생산인 GDP는 한 나라의 국경 안에서 일정기간에 걸쳐 새로이 생산한 재화와 용역의 부가가치 또는 모든 최종재의 값을 화폐단위로 합산한 것을 의미한다.

12 한 나라의 평균소비성향이 높으면 외자도입이 불가피하게 되는데 그 이유는?

① 소비의 감소로 투자재원이 감소하므로
② 소비의 증가로 물량이 부족하게 되므로
③ 저축성향의 감소로 투자재원이 부족하므로
④ 저축증가로 투자재원이 부족하기 때문에

> **TIP** 소득 = 소비 + 저축, 평균소비성향 = $\frac{소비}{소득}$, 평균저축성향 = $\frac{저축}{소득}$ 이므로 평균소비성향이 높으면 저축성향의 감소로 투자재원이 부족하므로 외자도입이 불가피하게 된다.

13 소득수준과 그에 따른 소비생활에 대한 설명으로 옳지 않은 것은?

① 소득이 높아질수록 소비지출의 증가보다 저축의 증대가 상대적으로 커진다.
② 같은 소득수준일 경우에 가족원의 수가 많을수록 저축액이 상대적으로 많을 가능성이 크다.
③ 가족수가 적을수록 소비지출이 소득에서 차지하는 비중이 상대적으로 작아질 것이다.
④ 소득수준이 높아질수록 음식비의 비중이 상대적으로 작아질 것이다.

> **TIP** 가족원의 수가 많을수록 지출액이 상대적으로 많아져서 저축액은 줄어들 것이다.

Answer 11.① 12.③ 13.②

14 민간의 경제활동이 과열되어 물가상승 등의 문제가 발생할 경우 이를 억제하기 위한 정책으로 옳은 것은?

① 긴축재정과 흑자예산
② 팽창재정과 균형예산
③ 적극재정과 적자예산
④ 팽창재정과 흑자예산

TIP 경기과열시에는 총수요억제 및 소비억제를 위하여 정부지출보다 수입을 늘리는 흑자예산을 편성하고 긴축재정을 실시한다.

15 경기침체 시 경기회복을 위한 정책으로 가장 바람직한 방법은?

① 개인의 소득에 대한 추가적인 세금 부과
② 직접세율의 인상
③ 부가가치세 세율의 인상
④ 중앙은행으로부터의 정부차입금 증가

TIP 경기회복을 위한 정책은 통화량 증대가 필요한 것이며, ①②③은 경기과열 시 필요한 정책이다.

16 경기침체 시 경제안정을 위한 정부의 경기조절대책으로 옳은 것은?

① 재할인율 인상
② 긴축재정
③ 확장재정
④ 유가증권 매각

TIP 정부의 경기조절대책
　㉠ 경기침체시 : 확장재정, 재할인율 인하, 지급준비율 인하, 유가증권 매입 등
　㉡ 경기과열시 : 긴축재정, 재할인율 인상, 지급준비율 인상, 유가증권 매각 등

Answer 14.① 15.④ 16.③

17 다음 그림은 경기순환의 네 국면을 나타낸 것이다. A국면에서 나타나는 현상은?

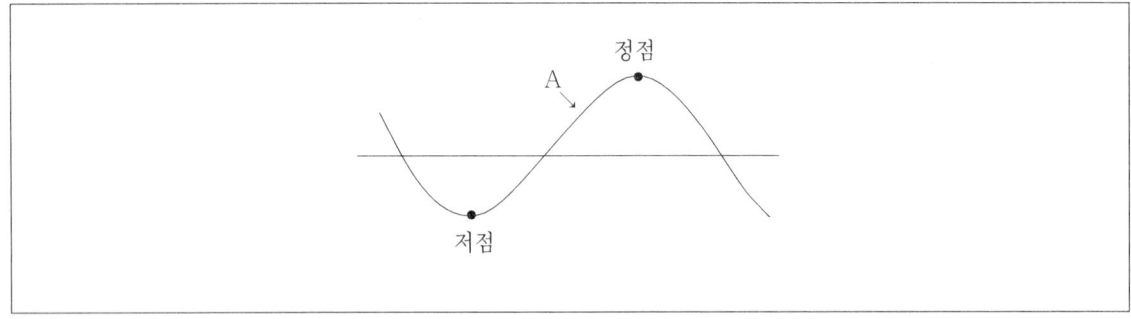

① 국민소득이 증가하고 기업의 이윤도 늘어나므로 설비투자도 활기를 띠게 된다.
② 경제활동이 둔화되고 생산과잉상태가 부분적으로 발생한다.
③ 기업이윤의 감소로 손해가 발생하게 되어 도산하는 기업이 생기고 실업자도 증가한다.
④ 경제활동이 활기를 띠기 시작하며 서서히 수요가 증가하고 생산량이 많아지므로, 실업자도 줄어들게 된다.

> **TIP** A국면은 호경기이다.
> ② 후퇴기 ③ 불경기 ④ 회복기
> ※ 경기순환
>   ㉠ 개념: 한 나라의 경제는 장기적으로는 성장하는 추세를 보이지만, 단기적으로는 호경기와 불경기가 주기적으로 순환하는데, 국민경제의 이와 같은 단기적인 움직임을 경기순환이라 한다.
>   ㉡ 경기순환의 네 국면
>   • 호경기: 경제활동이 가장 활발, 수요·생산·고용 증가, 기업의 이윤 증가
>   • 후퇴기: 경제활동 둔화, 부분적 생산과잉
>   • 불경기: 경제활동 쇠퇴, 기업의 이윤감소, 생산 감소, 실업 증대
>   • 회복기: 경제활동 회복, 점증적인 수요·생산 증가, 실업 감소

Answer 17.①

18 다음 〈보기〉를 통하여 알 수 있는 GNP는?

〈보기〉

나무꾼이 산에서 나무를 1단위 생산하여 종이생산자에게 팔고, 종이생산자는 나무를 가지고 종이를 3단위 생산하여 노트생산자에게 팔았다. 노트생산자는 노트를 5단위 생산하여 판매하였다(단, 나무꾼은 생산요소 중 노동력만 투입하였고, 그 외의 요소는 무시하기로 한다. 나무 1단위 20원, 종이 1단위 30원, 노트 1단위 50원).

① 150원
② 330원
③ 250원
④ 370원

TIP 국민총생산 = 최종생산물의 합계 = 부가가치의 합계 = 총생산물 − 중간생산물
최종생산물이 노트 5단위이므로 5단위 × 50원은 250원이 된다.

19 경기가 침체되어 있을 때 수요가 급증하는 상황에서 채택할 수 있는 정책적 수단은?

① 중앙정부의 세율을 높인다.
② 지급준비율을 내린다.
③ 재할인율을 높인다.
④ 은행대출의 최고금액을 올린다.

TIP ② 지급준비율을 조절할 경우 은행이 대출할 수 있는 자금량과 은행수지에 끼치는 영향이 매우 크다. 지급준비율을 인하하면 일반은행의 대출이 증가되어 통화량이 증가한다.

※ 경기대책

구분	경기과열시(인플레이션)	경기침체시(디플레이션)
재정정책	긴축재정, 세율인상	적극재정, 세율인하
금융정책	• 지급준비율 · 재할인율 인상 • 유가증권 매각	• 지급준비율 · 재할인율 인하 • 유가증권 매입
공공투자정책	대규모 공공사업 억제	대규모 공공사업 추진

Answer 18.③ 19.②

20 다음에서 물가상승을 유발시킬 가능성이 가장 큰 정책으로 옳은 것은?

① 지급준비율의 인하
② 세출의 축소
③ 국·공채의 매각
④ 부가가치세율의 인상

TIP 지급준비율의 인하, 국·공채의 매입, 재할인율 인하 등은 통화증가의 요인으로 물가상승을 초래한다.

21 실업자가 늘고 경기가 좋지 않아 기업의 부도율이 올라간다고 할 때, 정부는 재정정책으로 대처하려 한다. 적당한 재정정책은?

① 정부발주 각종 사업을 일시중단 또는 지체시킨다.
② 흑자예산을 편성한다.
③ 정부의 공공부문 공사를 늘린다.
④ 부가가치세금을 올린다.

TIP 경제안정화정책 … 정부가 인플레이션을 억제하고 완전고용 수준에 가깝도록 실업을 줄이면서 경제성장을 이루고자 재정정책이나 금융정책을 시행하는 것이다.
  ㉠ 불황기: 팽창정책(조세인하, 재정지출 확대) → 국내수요 확대, 실업감소
  ㉡ 호황기: 긴축정책(조세인상, 재정지출 감소) → 국내수요 억제, 물가안정

22 국내총생산(GDP)에 포함되지 않는 것은?

① 자기소유 건물의 임대료
② 도로 건설
③ 노동자에 대한 현물 지급
④ 증여, 상속

TIP ④ 밀수, 밀매, 도박, 상속, 증여 등은 그 행위가 비생산적이어서 국내총생산에 포함되지 않는다.

Answer 20.① 21.③ 22.④

05 세계 시장과 한국 경제

제2편 경제

❶ 국제교역의 의의

(1) 국제교역의 필요성

① **국민경제** … 다른 나라와 상호교류 하는 개방경제를 지향한다.

② **국제경제** … 국가 상호 간의 인적·물적 교류에 의한 활발한 국제경제가 이루어지고 있다.

③ **국제거래의 특징**
  ㉠ 국가 간의 생산요소의 이동은 다른 나라의 법규에 따라야 하므로, 국내에서 만큼 자유롭지 못하다.
  ㉡ 국가 간에는 부존자원, 생산기술 등의 차이가 있으므로, 각국 상품의 생산비와 가격에도 차이가 생긴다.

(2) 국제교역의 대상

상품뿐만 아니라 생산요소, 서비스, 지적 소유권에 이르기까지 매우 다양하다.

(3) 국제교역의 발생

① **국제교역의 발생원인** … 자국의 이익 추구, 생산비와 가격의 차이 등으로 인하여 국가 간의 무역이 발생한다.

② **국제분업** … 생산비가 싼 비교우위상품을 중심으로 국제 분업이 발생하므로 각국이 상대적으로 생산비가 적게 드는 상품을 생산, 교환하면 양국이 모두 이익을 얻게 된다.

(4) 무역의 발생 이론

① **절대우위론**
  ㉠ 스미스가 주창한 것으로 어떤 기업이나 국가가 재화나 서비스를 생산할 때 다른 나라보다 낮은 생산비로 생산할 경우 절대 우위가 있다고 말한다.
  ㉡ 절대우위는 동일한 양의 생산물을 만들어낼 때 생산 요소의 투입량이 적은 것을 의미한다.
  ㉢ 절대우위 산업에 특화하여 이를 상호 교환함으로써 양국 모두 이익이 증가한다고 본다.

② 비교우위론
- ㉠ 비교우위란 한 국가에서 생산하는 상품의 기회비용이 다른 나라보다 낮은 것을 말한다.
- ㉡ 비교우위론은 리카도(David Ricardo)가 주창한 것으로 무역 이익은 양국이 서로 다른 재화에 절대우위가 있을 때에만 발생하는 것이 아니라 어느 한 나라의 두 재화가 모두 절대우위에 있을 때에도 발생하게 된다는 이론이다.

(5) 무역마찰

① **무역마찰의 발생원인** … 각국의 이해관계가 서로 대립되어 국가 간에 무역마찰이 발생한다.

② 선·후진국 간의 무역마찰
- ㉠ 후진국 : 자국 제품의 수출 기간산업과 수입대체산업을 보호, 육성하기 위하여 수입품에 관세를 부과한다.
- ㉡ 선진국 : 증대를 위해 무역장벽을 낮추어 달라는 협상을 요구한다.

③ 자유무역주의와 보호무역주의
- ㉠ **자유무역주의** : 무역에 참가하는 모든 나라가 이익을 얻을 수 있으므로 무역거래를 자유롭게 해야 한다는 주장으로 영국의 스미스가 제창했다. 국내 상업, 생산향상, 기술개발 자극, 물가안정 등의 장점이 있으나, 장기적인 면에서의 국제수지 악화가능성, 국내산업의 기반약화 등의 단점이 있다.
- ㉡ **보호무역주의** : 국제경제력을 갖출 때까지 국내 산업을 보호·육성하고, 대외무역을 통제해야 한다는 주장으로 19세기 후반 독일의 리스트 등에 의해 체계화되었다. 국내 산업을 보호할 수는 있으나 국내기업의 독과점초래, 국제경쟁력 약화 등의 단점이 있다.
- ㉢ **보호무역정책** : 수입품에 대하여 일정 비율의 세금을 징수하는 관세부과조치나 국내 생산업체에 수출보조금과 수입보조금을 지불하는 방법을 사용하고 있다.

(6) 국제거래

① 경상거래
- ㉠ 무역거래 : 재화의 수출입을 말하며, 국제거래 중에서 가장 대표적이다.
- ㉡ 무역외거래 : 운수, 통신, 보험, 관광 등 용역의 수출입이나 해외투자수익, 차관, 이자 등의 수입과 지급을 말한다.
- ㉢ 이전거래 : 국가 간에 반대급부 없이 수취되거나 지급되는 증여, 무상원조, 이민송금 등의 일방적 거래를 말한다.

② **자본거래** … 기업의 해외 직접투자와 금융기관을 통한 간접투자로 구분된다.
- ㉠ 장기자본거래 : 상환기간이 1년 이상인 자본의 이동이다.
- ㉡ 단기자본거래 : 상환기간이 1년 미만인 일시적인 자본의 이동이다.

(7) 국제수지와 구성

① **국제수지** … 일정 기간 동안에 한 나라가 받은 외화와 지급한 외화의 차액을 국제수지라 한다.

② **국제수지의 구성**
- ㉠ 경상수지: 재화 및 서비스의 거래에 따른 외화의 수취와 지급을 말한다.
- ㉡ 자본수지: 차관, 해외투자 등 자본거래에 의한 외화의 수치와 지급을 말한다.
- ㉢ 종합수지: 경상수지와 자본수지의 합을 말한다.
- ㉣ 기초수지: 경상수지와 장기자본수지를 합하여 말한다.

③ **국제수지 불균형의 문제점**
- ㉠ 대내적인 측면
  - 국제수지 흑자: 통화량 증대를 가져와 경제안정을 저해한다.
  - 국제수지 적자: 통화량 감소를 가져와 경제위축을 초래한다.
- ㉡ 대외적인 측면: 만성적인 국제수지 흑자나 적자는 무역마찰을 가져오는 원인이 된다.

❷ 환율의 결정과 변동

(1) 국제거래 결제수단

① **결제수단** … 국제거래에서의 대금의 결제는 각국이 화폐제도를 달리 하고 있으므로 국제통화인 외화를 사용한다.

② **결제방법** … 외화로 표시된 수표나 어음(외국환, 외환)으로 결제한다.

③ **주사용 외화** … 미국의 달러($), 영국의 파운드(£), 독일의 마르크(DM), 일본의 엔(¥)

(2) 환율의 의미와 결정

① **환율** … 통화제도가 다른 나라와 거래를 위해 정해 놓은 자국 화폐와 외국 화폐와의 교환 비율을 뜻한다.

② **환율의 표시** … 외국 화폐 1단위와 교환되는 자국 화폐의 단위로 표시한다.

③ **환율의 결정** … 각국의 화폐가 가지는 구매력으로 결정되는 것이 바람직하다.

④ **환율제도**
- ㉠ **고정환율제도**: 한 나라의 환율을 정부(중앙은행)가 결정, 고시하여 운영하는 제도이다. 수·출입 계획을 세우기가 쉽고 국제 거래가 촉진되며 국내 경제가 안정되나, 무역 분쟁의 원인이 될 수 있다.
- ㉡ **변동환율제도**: 외환시장에서 수요·공급의 법칙에 따라 한 나라의 환율이 적정 수준으로 변동하는 제도이다. '보이지 않는 손'에 의한 자동적 균형유지가 이루어지고 국제수지의 불균형이 조절되나 수·출입 계획을 세우기가 어렵고, 환율의 변동으로 인해 경제가 불안정하다는 단점이 있다.

(3) 환율의 변동(평가절하와 평가절상)

구분	환율인상(평가절하)	환율인하(평가절상)
의미	우리나라 원화 가치의 하락 (1달러 : 1,000원 → 1달러 : 1,200원)	우리나라 원화 가치의 상승 (1달러 : 1,200원 → 1달러 : 1,000원)
효과	• 수출↑, 수입↓(국제수지 개선) • 수입원자재의 가격상승으로 물가상승 • 외채상환 부담증가 • 통화량증가, 물가상승 • 해외여행 불리	• 수출↓, 수입↑ • 수입원자재의 가격하락으로 물가안정 • 외채상환 부담감소 • 통화량감소, 물가하락 • 해외여행 유리

> **TIP** 우리나라 환율제 변천 … 고정환율제 → 단일변동 환율제 → 복수통화 바스켓제 → 시장평균 환율제 → 자율변동 환율제

❸ 국제 경제 환경의 변화와 우리의 대응

(1) 국제 경제 질서의 변화

① 자유무역의 확대 … 국제 분업의 발달과 GATT체제 아래 자유무역이 확대되었다.

② 신보호주의의 등장
   ㉠ 신보호주의 : 1970년대 중반 이래 점차 강화되는 무역 제한 조치를 통틀어서 신보호주의라 한다.
   ㉡ 신보호주의 등장 원인 : 선진국의 경기 침체, 선진국의 일부 산업에서의 경쟁력 상실, 선진국간의 무역마찰 심화 등이 원인이 되었다.
   ㉢ 신보호주의 정책 : 국가와 상품에 따라 선별적으로 취해지는데 신흥공업국의 수출품에 대한 수입 규제, 선진국의 제조업 보호를 위한 비관세 장벽, 신흥공업국에 대한 관세 장벽 등의 방식으로 행해진다.

③ 국제무역의 전개과정
   ㉠ 남북문제의 대두
   • 남북문제 : 선·후진국 간의 소득격차 문제가 생겼다.
   • 남북문제의 원인 : GATT체제하의 관세인하교섭이 선진국 상호 간에 이루어짐에 따라 후진국의 이익을 경시하여 소득격차가 크게 확대되었다.
   ㉡ 무역마찰의 발생
   • 배경 : 세계무역의 다극화 현상이 생겼다.
   • 원인 : 각국 간의 무역 불균형현상이 두드러졌다.
   ㉢ 새로운 자유무역 질서의 성립 : 무역질서의 재편에 대한 노력으로 우르과이라운드협상이 타결됨에 따라 1995년 세계무역기구(WTO)체제가 구축되어 새로운 자유무역 질서가 성립되었다.

(2) 국제 경제 협력의 확대

① 지역적인 경제통합
- ㉠ 경제통합 : 국가와 국가 간에 존재하는 무역 장벽을 헐어 버리고, 자유무역의 무차별 원칙을 지역적으로 적용하려는 국제관계를 뜻한다.
- ㉡ 경제통합의 형태
  - 자유무역지역 : 가맹국 간에 관세가 완전히 철폐되어 자유무역이 실현되지만, 비가맹국에 대해서는 공동관세로 대처하지 않고 독자적인 관세정책을 인정하는 형태로 유럽자유무역지역(EFTA), 북미자유무역지역(NAFTA) 등이 있다.
  - 관세동맹 : 가맹국 간에 자유무역이 실현되면서, 비가맹국에 대해서는 공동관세로 대처하는 형태로 중앙아메리카공동시장(CACM)이 있다.
  - 공동시장 : 관세동맹에서 생산요소의 이동까지 자유로운 형태의 유럽공동시장(EC)이 있다.
  - 경제동맹 : 공동시장에서 더 나아가 국가 간에 재정·금융정책까지 상호협조하게 되는 형태로 유럽연합(EU)이 있다.

② **국제경제협력 증대** … 경제통합의 형태는 아니지만 특정 지역 내의 국가들이 경제협력기구를 만들어, 국제 경제관계를 더욱 긴밀히 하고 있다(OECD, ASEAN).

③ **우리의 경제협력** … 경제협력기구에 적극적으로 참여하여 협력, 국가 간 경제교류 증대, 저개발 국가에 대한 원조를 확대해야 한다.

(3) 국제 경제 환경의 변화와 우리의 대응자세

① 국제경쟁의 심화
- ㉠ 국제 경제 환경의 변동 : 세계경제의 통합, 세계무역기구(WTO)의 출범, 지역주의의 대두 등
- ㉡ 세계경제질서의 과제 : 세계주의와 지역주의의 소화가 가장 중요한 과제
- ㉢ 국제경쟁의 심화 : 기업 활동의 국제화로 인한 국경 없는 경쟁의 심화, 선진국 중심의 신보호주의 경향 심화, 중진국의 경쟁력확보의 어려움, 후발 개발도상국과의 경쟁이 점차 심화

② 우리의 대응자세
- ㉠ 우리 경제의 과제 : 대외적으로는 국제경제 질서의 변화에 능동적으로 대처해야 하며, 대내적으로는 남북통일에 대비하면서 우리 경제를 선진국 수준으로 계속 발전시켜야 한다.
- ㉡ 우리의 대응자세 : 국제경쟁력을 강화하고 세계일류의식을 함양하면서 자주적인 경쟁체제를 마련하고 각 경제주체가 자신의 역할을 충실히 수행해야 한다.

기출 예상 문제

1 다음은 미국 달러화에 대한 각 국가 통화 가치의 변동을 나타낸다. 이에 대한 분석으로 옳은 것은?

구분	원화	엔화
미국 달러화 대비 통화 가치	상승	하락

① 한국 기업의 달러 표시 외채 상환 부담이 증가한다.
② 일본 유학 중인 자녀에게 송금하는 한국 학부모의 학비 부담이 감소한다.
③ 한국으로 여행을 오는 미국 사람들의 여행 경비 부담이 감소한다.
④ 미국 시장에서 일본산 제품과 경쟁하는 한국산 제품의 가격 경쟁력이 강화된다.

> **TIP** 미국 달러화 대비 통화 가치에 대하여 원화는 상승하였고 엔화는 하락하였다. 다시 말해, 원화의 가치는 상승하였고, 엔화의 가치는 하락하였으므로 일본 유학 중인 자녀에게 송금하는 한국 학부모의 학비 부담은 감소하게 된다.
> ① 미국 달러화 대비 원화의 통화 가치는 상승하였으므로 한국 기업의 달러 표시 외채 상환 부담은 감소한다.
> ③ 미국 달러화 대비 원화의 가치는 상승하였으므로 한국으로 여행을 오는 미국 사람들의 여행 경비 부담은 증가한다. 반대로 미국으로 여행가는 한국 사람의 경비 부담은 감소한다.
> ④ 미국 달러화 대비 원화의 가치가 상승하였으므로 한국 상품의 가격은 상승한 것이다. 반면, 엔화 가치는 하락하였으므로 일본 상품의 가격은 하락하게 된다. 따라서 미국 시장에서 일본산 제품과 경쟁하는 한국산 제품의 가격 경쟁력은 약화된다.

Answer 1.②

2 〈보기〉의 밑줄 친 ㉠, ㉡에 대한 설명 중 가장 옳은 것은?

───── 〈보기〉 ─────

매달 A군은 1만 엔을, B군은 100달러를 구입한다. ㉠원/엔 환율 변동과 ㉡원/달러 환율 변동으로 인해 A군과 B군이 각각 엔화와 달러화를 구입하기 위해 매달 지불해야 하는 원화의 양이 아래의 표와 같이 변하였다.

구분	변동 전	변동 후
A군	9만 원	10만 원
B군	11만 원	10만 원

① 엔화의 수요 감소는 ㉠의 요인이다.
② 달러화의 공급 감소는 ㉡의 요인이다.
③ ㉠은 우리나라 대일상품 수지를 개선시키는 요인이다.
④ ㉡은 우리나라 국민의 미국 유학 경비 부담을 증가시키는 요인이다.

TIP 〈보기〉에서 A군은 엔화를 구입하고 B군은 달러화를 구입한다. 표에 따라 A군은 변동 전보다 변동 후에 엔화를 구입하기 위해 지불해야 하는 원화의 양이 많아지고 있다. 이는 원/엔 환율이 상승한다는 것을 나타낸다. B군의 경우 변동 전보다 변동 후에 달러화를 구입하기 위해 지불해야 하는 원화의 양이 작아졌다. 이는 원/달러 환율이 하락함을 나타낸다.
① 원/엔 환율은 상승하고 있는데, 엔화의 수요 감소는 원/엔 환율을 하락시킨다.
② 원/달러 환율은 하락하고 있는데, 달러화의 공급 감소는 원/달러 환율을 상승시킨다.
③ 원/엔 환율이 상승하고 있으므로 우리나라 상품의 가격은 하락하여 일본으로의 수출이 증가된다. 반면, 일본 상품의 가격은 상승하여 일본 상품의 수입은 감소하게 된다. 이는 우리나라 대일상품 수지를 개선시키는 요인이다.
④ 원/달러 환율은 하락하고 있으므로 우리나라 국민의 미국 유학 경비 부담을 감소시키는 요인이다.

Answer 2.③

3 다음은 A국과 B국이 각각 신발과 전화기를 1단위씩 생산하는데 투입한 노동량을 비교한 것이다. 이에 대한 설명으로 옳은 것만을 〈보기〉에서 모두 고른 것은? (단, 두 나라 간에 생산요소 이동은 없고, 생산비에는 노동량만 포함된다고 가정한다)

구분	A국	B국
신발(1단위)	7명	6명
전화기(1단위)	9명	5명

〈보기〉
㉠ 절대우위론에 따르면 두 국가 간의 무역은 이루어지지 않는다.
㉡ 신발 생산에 대한 절대우위와 비교우위는 B국에 있다.
㉢ B국은 신발 생산에 절대우위가, 전화기 생산에 절대우위와 비교우위가 있다.

① ㉠
② ㉡
③ ㉠㉡
④ ㉠㉢

TIP ㉠ 절대우위론에 따르면 B국은 A국에 대해 신발과 전화기 모두에서 우위에 있다. 따라서 절대우위론에 따르면 두 국가 간의 무역은 이루어지지 않는다.
㉡ 신발 1단위를 생산하는 데 드는 기회비용은 A국 전화기 7/9단위, B국 전화기 6/5단위이다. 따라서 신발 생산의 절대우위는 B국에 있지만 비교 우위는 기회비용이 작은 A국에 있다.
㉢ 전화기 1단위를 생산하는 데 드는 기회비용은 A국 신발 9/7단위, B국 5/6단위이다. 따라서 전화기 생산의 절대우위와 비교 우위 모두 B국에 있다.

Answer 3.④

4 2017년 A국의 경상거래 전부가 다음과 같을 때, A국의 국제수지에 대한 설명으로 옳은 것은? (단, 2016년 A국의 경상수지는 0이며, 모든 연도의 오차 및 누락은 0이다)

> • A국 기업의 상품 수출 20억 달러
> • A국 국민의 해외 직접 투자를 통한 배당 소득 50억 달러 수취
> • A국 기업이 사용한 해외 저작권 사용료 50억 달러 지급
> • B국 국민이 A국 여행에 150억 달러 지출
> • C국의 지진 피해에 대한 응급 복구 비용 100억 달러 지원
> • D국 기업으로부터 원자재 수입 30억 달러

① 서비스수지는 음(-) 값을 갖는다.
② 본원소득수지와 이전소득수지의 합은 0이다.
③ 상품수지는 2016년 대비 10억 달러 감소하였다.
④ 자본·금융계정은 2016년 대비 40억 달러 감소하였다.

TIP 제시된 내용을 바탕으로 A국의 경상거래를 정리하면 다음과 같다.
• A국 기업의 상품 수출 20억 달러 → 상품 수지 20억 달러 흑자
• A국 국민의 해외 직접 투자를 통한 배당 소득 50억 달러 수취 → 본원소득수지 50억 달러 흑자
• A국 기업이 사용한 해외 저작권 사용료 50억 달러 지급 → 서비스수지 50억 달러 적자
• B국 국민이 A국 여행에 150억 달러 지출 → 서비스수지 150억 달러 흑자
• C국의 지진 피해에 대한 응급 복구 비용 100억 달러 지원 → 이전소득수지 100억 달러 적자
• D국 기업으로부터 원자재 수입 30억 달러 → 상품수지 30억 달러 적자
따라서 2017년 경상수지 합계는 20 + 50 - 50 + 150 - 100 - 30 = 40억 달러 흑자이다.
④ 국제수지에서 오차 및 누락이 0인 경우 경상수지와 자본·금융계정의 합은 0이다. 2016년 A국의 경상수지가 0으로 제시되어 있으므로 자본·금융계정 또한 0이 된다. 따라서 2017년 경상수지가 +40억 달러이면, 자본·금융계정은 -40억 달러가 되므로 2016년 대비 40억 달러가 감소하였다.
① 서비스수지는 +100억 달러로 양의 값을 갖는다.
② 본원소득수지와 이전소득수지의 합은 -50억 달러이다.
③ 제시된 자료로는 상품수지의 변화를 알 수 없다.

Answer 4.④

5 〈보기〉의 X재와 Y재만 생산하는 갑(甲)국과 을(乙) 국의 생산 가능 곡선을 나타낸 것이다. 갑국과 을국이 비교우위 재화를 특화하여 양 국가 간에만 교역하고자 할 때 이에 대한 설명으로 가장 옳은 것은?

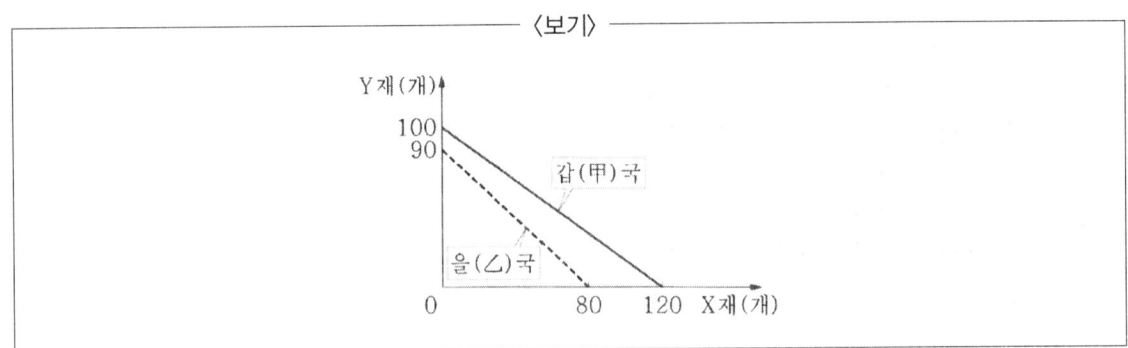

① 교역 전 갑국이 X재 1개 생산의 기회비용은 Y재 65개이다.
② 교역 전 Y재 1개 생산의 기회비용은 갑국이 을국보다 작다.
③ 을국은 X재 생산에 절대 열위를, Y재 생산에 절대 우위를 가진다.
④ 교역을 위해 갑국은 X재를 특화하고 을국은 Y재를 특화한다.

TIP

국가	X재	Y재
갑(甲)국	120	100
을(乙)국	90	80

① 갑(甲)국 X재 1개 생산의 기회비용은 $\frac{100}{120} = \frac{5}{6}$ 이다.

② 갑(甲)국이 을(乙)국보다 Y재 1개 생산의 기회비용이 크다. 갑(甲)국은 $\frac{6}{5}$, 을(乙)국은 $\frac{8}{9}$ 에 해당한다.

③ 갑(甲)국이 X재 생산에 비교우위가 있고, 을국은 Y재 생산에 비교우위가 있다.

Answer 5.④

6 우리나라의 국제거래가 다음과 같을 때, 국제수지에 대한 설명으로 옳은 것은?

> - 미국에 자동차 10억 달러를 수출하였다.
> - 일본에서 가전제품 5억 달러를 수입하였다.
> - 중국에 4억 달러를 투자하여 공장을 설립하였다.
> - 중국으로 여행을 가서 4억 달러 소비하였다.
> - 칠레로부터 와인 2억 달러를 수입하였다.
> - 영국으로부터 차관 6억 달러를 도입하였다.

① 경상수지는 1억 달러 흑자다.
② 금융 계정은 2억 달러 흑자다.
③ 상품수지는 5억 달러 적자다.
④ 이전소득수지는 1억 달러 적자다.

TIP 미국에 자동차 10억 달러를 수출하였으므로 상품수지 +10억 달러다. 일본에서 가전제품 5억 달러를 수입하였으므로 상품수지 -5억 달러다. 중국에 4억 달러를 투자하여 공장을 설립하였으므로 금융 계정 -4억 달러. 중국으로 여행을 가서 4억 달러 소비하였으므로 서비스 수지 -4억 달러. 칠레로부터 와인 2억 달러를 수입하였으므로 상품수지 -2억 달러. 영국으로부터 차관 6억 달러를 도입하였으므로 금융 계정 +6억 달러다.
① 경상수지는 상품수지 3억 달러 흑자, 서비스 수지 4억 달러 적자이므로 1억 달러 적자다.
③ 상품수지는 3억 달러 흑자다.
④ 이전소득수지는 해당이 없다.

7 A, B국의 라디오와 옷감의 생산비가 도표와 같다. 양국이 비교우위에 따라 교역을 할 때, A국이 옷감 1단위를 얻는 데 드는 노동은? (단, 교역 조건은 1:1)

구분	라디오	옷감
A국	8	9
B국	12	10

① 8단위
② 9단위
③ 10단위
④ 11단위

TIP 주어진 도표에 따라 A국은 라디오, B국은 옷감이 비교우위이다. A국과 B국은 라디오와 옷감의 1:1 교역이 가능하므로, A국은 노동 8을 들여 라디오 1단위를 생산하여 B국이 노동 10을 들여 생산한 옷감 1단위와 교역하는 것이므로 A국은 옷감 1단위를 얻는 데 노동 8이 들어간 셈이다.

Answer 6.② 7.①

8 다음에서 환율이 r에서 r'로 변동한 원인으로 옳은 것은?

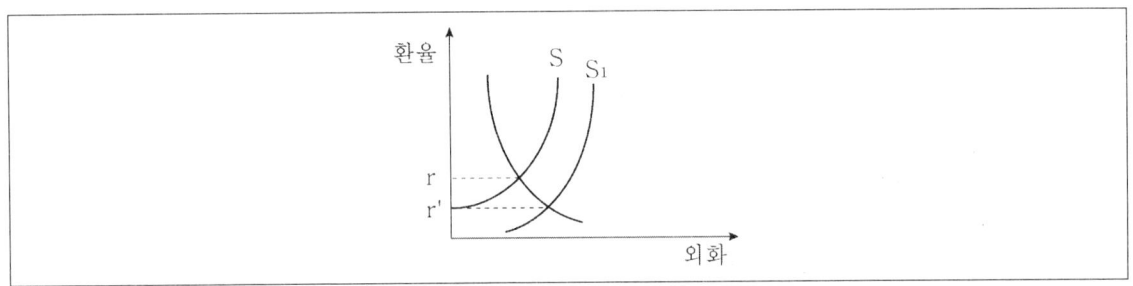

① 해외관광객의 감소 ② 수출의 증가
③ 해외투자의 증가 ④ 외자도입의 감소

> **TIP** ② 수출의 증가, 수입의 감소, 외자도입의 증가는 균형환율이 하락하는 요인이다.
> ※ 환율의 변동요인
>   ㉠ 해외자본의 국내유입 : 외화의 공급증대 → 외화의 공급곡선 우향이동 → 균형환율 하락
>   ㉡ 국내자본의 해외유출 : 외화의 수요증가 → 외화의 수요곡선 우향이동 → 균형환율 상승
>   ㉢ 국내물가의 하락 : 수출의 증대 → 외화의 공급증대 → 균형환율 하락

9 다음 표는 우리나라의 주요 경제지표를 나타낸 것이다. 이 표와 관련된 설명으로 옳지 않은 것은?

(단위 : 100만 달러)

연도 \ 구분	경상수지	무역수지	자본수지	외환보유액(말)
1985	−795	−20	1,633	7,749
1990	−2,003	−2,450	2,564	14,822
1995	−8,508	−4,444	16,786	32,712
1997	−8,618	−3,875	5,438	20,406

① 일종의 가공자료라고 할 수 있다.
② 전수조사(全數調査)를 하였을 것이다.
③ 1997년의 무역규모는 1995년보다 작아졌다.
④ 경상수지의 적자를 자본수지의 흑자로 메웠다.

> **TIP** ③ 1995년에 비해 1997의 무역수지의 적자폭이 감소되었으나, 1997년의 무역규모는 알 수 없다.

Answer 8.② 9.③

10 甲, 乙 양국의 다음 상품의 생산에 있어 노동비용만이 생산비를 구성한다고 할 때 비교우위설에 대해 옳은 것은?

상품 \ 나라	甲국	乙국
라디오(1단위)	100명	90명
옷감(1단위)	120명	80명

① 라디오, 옷감 둘 다 乙국에서 생산한다.
② 라디오, 옷감 둘 다 甲국에서 생산한다.
③ 甲국은 라디오만을 생산하고, 乙국은 옷감만을 생산한다.
④ 甲국은 옷감이 비교우위에 있고, 乙국은 라디오가 비교우위에 있다.

> **TIP** 비교우위설 … 무역이익은 양국이 서로 다른 재화에 절대우위가 있을 때에만 발생하는 것이 아니라, 어느 한 나라의 두 재화가 모두 절대우위에 있을 때에도 발생하게 된다는 리카도(D. Ricaedo)의 보완적인 무역이론이다.
> ③ 乙국이 두 재화에 대해 모두 절대우위에 있지만,
> 甲국 : 라디오는 $\frac{100}{90}$, 옷감은 $\frac{120}{80}$으로 라디오가 비교우위
> 乙국 : 라디오는 $\frac{90}{100}$, 옷감은 $\frac{80}{120}$으로 옷감이 비교우위
> 따라서 甲국은 상대적으로 생산비가 적게 드는 라디오를 특화하고, 乙국은 옷감을 특화하여 무역을 하면 양국 모두 무역상의 이익을 볼 수 있다.

11 국제수지의 불균형을 조절하기 위해서 다음과 같은 방법을 썼을 때 국내물가를 상승시킬 우려가 가장 큰 것은?

① 균형환율정책 ② 금융확장정책
③ 수입자유화정책 ④ 긴축재정정책

> **TIP** 금융확장정책
> ㉠ 정의 : 실업이 늘어나는 등 불황의 문제가 커질 경우에 중앙은행이 경기를 자극하기 위하여 시중의 자금사정을 풀어주는 금융정책이다.
> ㉡ 방법 : 국·공채나 통화안정증권의 매입, 지급준비율 인하, 재할인율 인하 등이 있다.

Answer 10.③ 11.②

06 경제생활과 금융

제2편 경제

❶ 화폐와 금융 제도

(1) 교환과 화폐

① 화폐의 기원
  ㉠ **화폐의 발생** : 물물교환의 어려움을 해소하기 위해서 화폐가 발생하였다.
  ㉡ **화폐의 발달** : 물품화폐 → 금속화폐 → 주조 화폐 → 지폐 → 신용화폐 → 전자화폐

② **화폐의 기능** … 교환매개수단의 기능, 가치척도의 기능, 가치저장수단의 기능, 결제수단의 기능 등이 있다.

③ 화폐의 종류
  ㉠ **통화** : 현금통화(민간 보유 현금) + 예금통화(요구불 예금)
  ㉡ **총통화** : 현금 + 요구불 예금 및 저축성 예금 + 외화 예금

(2) 화폐의 수요와 공급

① **화폐의 수요** … 거래적 동기, 예비적 동기, 투기적 동기가 화폐의 수요를 창출한다.

② 화폐의 공급
  ㉠ **중앙은행** : 현금통화 공급
  ㉡ **일반은행** : 예금통화(신용 창조)

❷ 금융시장과 금융정책

(1) 금융시장과 금융기관

① 금융시장
  ㉠ **금융시장** : 자금의 수요자와 공급자가 만나 자금의 거래가 이루어지는 시장을 의미한다.
  ㉡ **금융시장의 역할** : 자금의 수요와 공급을 원활하게 하며, 이자율을 결정, 이자율이 자금의 수요와 공급을 조절하는 신호등의 역할을 한다.

② 중앙은행의 역할
  ③ 발권은행의 역할 : 우리나라에서 통용되는 모든 지폐와 주화를 발행하고, 발행한 화폐가치의 안정적 유지의 책임이 있다.
  ⓒ 은행의 은행으로서의 역할 : 중앙은행은 시중은행의 거래를 감독하며, 예금자에 대한 시중은행의 지급능력을 보장한다.
  ⓒ 정부의 은행으로서의 역할 : 국고의 수납·지불업무, 국채의 발행·상환업무를 수행한다.
  ② 외환관리은행으로서의 역할 : 수출입 및 국제거래에 이용되는 외화 관리 업무를 수행한다.
③ 각종 은행과 금융기관
  ③ 통화금융기관 : 특수은행, 일반은행, 한국은행이 해당된다.
  ⓒ 비통화금융기관(제2금융권) : 증권회사, 보험회사, 투자신탁회사 등이 있다.

(2) 금융정책

① 금융정책 … 화폐가치의 안정과 국민경제 발전을 꾀하기 위하여 통화량을 적절히 조절하는 정책이다.
  ③ 금융정책의 담당기관 : 한국은행
  ⓒ 금융정책의 목표 : 화폐가치의 안정, 경제안정, 경제성장 등을 목표로 한다.
② 일반적 정책수단
  ③ 재할인율 정책 : 중앙은행이 시중은행에 자금을 대출할 때, 시중은행에 대한 대출이자율 또는 재할인율을 변동시킴으로써 통화량을 간접적으로 조절하는 정책이다.
  ⓒ 공개시장조작 정책 : 중앙은행이 금융시장에서 공개적으로 국·공채를 매매함으로써 자금의 공급을 조절하는 정책이다.
  ⓒ 지급준비율 정책 : 중앙은행이 지급준비율을 높이거나 낮춤으로써 은행의 대출금 조절을 통해 통화량을 조절하는 정책이다.
③ 선별적 정책수단 … 특정 산업을 지원하고, 특정 정책을 실현하기 위하여 자금의 흐름을 직접적이고 질적으로 규제하는 강력한 정책수단이다.

❸ 자산관리와 금융수단

(1) 자산관리

① 위험관리와 위험의 유형

　㉠ 위험관리 : 수익을 기대하고 자산을 구입하는 투자 행위는 불확실성으로 인해 이익과 손해에 대한 정확한 예측이 불가능하므로 위험관리가 필요하다.
　　• 포트폴리오 : 금융기관이나 개인이 보유한 금융자산의 목록으로, 투자 위험을 줄이고 수익을 극대화하기 위한 자료로 활용된다. 한 종목에 투자하기보다는 여러 종목에 분산하여 투자하는 것이 위험을 줄이는 데 효과적이다.
　　• 레버리지(부채)를 활용한 투자 : 자산을 구입할 때 부채를 적절하게 이용하면 자기 자본의 수익률을 높일 수 있다. 그러나 자산의 가격이 하락할 때에는 그 위험이 가중될 수 있다.
　㉡ 위험의 유형

유형	내용
채무불이행 위험	• 거래 상대방이나 채무자가 계약상 지급해야 할 책임의 전부 또는 일부를 이행하지 않을 위험 • 주식, 채권 등의 채무 불이행 위험이 높음
시장가격 변동 위험	• 금융상품의 가격이 하락할 위험 • 주식, 채권, 외환 등의 시장 가격 변동 위험이 높음
유동성 위험	• 자산을 현금화하기 어려운 위험 • 부동산 등은 유동성 위험이 높은 편임
인플레이션 위험	• 물가가 상승할 때 보유 자산의 가치가 하락할 위험 • 현금, 예금 상품 등은 인플레이션 발생 시 가치가 하락함

② 자산관리의 기본원칙

　㉠ 안전성 : 금융상품의 원금과 이자가 안정적으로 보전될 수 있는 정도에 관한 것으로 모든 금융상품에는 정도의 차이가 있을 뿐 위험이 따르기 마련이다.
　㉡ 수익성 : 금융상품의 가격 상승이나 이자 수익을 기대할 수 있는 정도에 관한 것으로, 수익성이 높은 상품일수록 위험성이 높으므로, 안정성과 수익성을 적절히 고려해야 한다.
　㉢ 유동성 : 환금성이라고도 하며 돈이 필요할 때 현금화할 수 있는 정도에 관한 것으로, 매매 소요 시간 및 해약의 조건, 절차 등의 영향을 받는다.

(2) 다양한 금융상품

① **예금**
- ㉠ **요구불 예금** : 입금과 출금이 자유로운 예금으로, 은행은 고객이 요구하면 언제라도 예금을 지불해야 한다. 이자가 적어 수익성 보다는 안전성과 유동성을 기대할 수 있다.
  - 보통예금 : 수시로 필요한 생활 자금을 금융기관에 안전하게 보관하는 예금
  - 당좌예금 : 기업의 운영 자금을 금융기관에 안전하게 보관하는 예금
- ㉡ **저축성 예금** : 이자 수입을 주된 목적으로 하는 예금이다.
  - 정기적금 : 매월 정기적으로 일정한 금액을 입금하고 만기일에 원금과 이자를 수령하는 예금
  - 정기예금 : 정해진 금리를 바탕으로 목돈을 일정 기간 금융 기관에 예치하는 예금
  - 주택청약종합저축 : 내 집 마련 상품 가입 후, 일정 기간이 지난 이후 새로 짓는 아파트를 분양받을 수 있는 자격을 줌

② **증권**
- ㉠ **직접투자 상품** : 일반인이 금융상품에 직접 투자하는 상품
  - 주식 : 기업이 자금 조달을 위해 회사 소유권의 일부를 투자자에게 주는 증표로, 주식 투자자들은 배당이나 시세차익으로 투자 수익을 얻는다.
  - 채권 : 돈을 빌리면서 상환 일시, 이자액, 이자 지급 일시 등을 지급한 증서로, 채권은 주식에 비해 안전성이 높지만 수익성은 낮다.
    - 정부나 공공기관, 금융기관, 신용도가 높은 주식회사 등에서 주로 발행하므로 원금과 이자에 대한 안전성이 높은 편임
    - 만기일 전이라도 언제든지 팔아 현금화할 수 있어 유동성이 높음
- ㉡ **간접투자 상품** : 금융기관에 돈을 맡기고 대신 투자하는 상품으로, 수익성은 예금에 비해 높지만, 원금 손실의 책임이 고객에게 있고 수익과 관계없이 수수료가 발생한다.
  - 수익 펀드 : 투자자가 자산 운용 회사에 맡긴 돈을 운영하여 발생한 이익을 돌려받을 수 있는 권리를 표시한 증서
  - 뮤추얼 펀드 : 자산 운용 회사가 펀드마다 하나의 서류상의 회사를 만들어 투자금을 운용한 후 투자 수익을 실적대로 돌려주는 펀드

③ **보험** … 보험은 수익성은 낮지만 손해를 막거나 줄이기 위한 자산 관리 방법이다.
- ㉠ **생명보험** : 가족의 사망 또는 상해 등의 인적 위험에 대비하는 보험
- ㉡ **손해보험** : 집의 화재, 자동차의 사고 등 재산의 위험과 배상 책임의 위험에 대비하는 보험

④ **연금**
- ㉠ **공적 연금** : 국가가 보장하는 연금제도로, 국민연금 및 공무원 연금 같은 특수 직역 연금 등이 있다.
- ㉡ **사적 연금** : 노후 생활 안정을 위해 개인이 가입하는 연금제도로, 개인연금, 퇴직연금 등이 있다.

| 기출예제 | 2025. 6. 21. 제1회 서울특별시 |

〈보기〉의 금융 상품 A~C의 일반적인 특징에 대한 설명으로 가장 옳은 것은? (단, A~C는 각각 예금, 주식, 채권 중 하나이다.)

〈보기〉
- A와 C는 만기가 있다.
- 금리가 오르면 C의 가격은 떨어진다.

① B에 투자한 자금은 발행 회사의 자본금이 된다.
② C 투자자들은 시세 차익을 통해 수익을 얻을 수 없다.
③ A는 B에 비해 수익성이 높은 편이다.
④ B와 달리 C는 투자 원금이 보장된다.

✱
A 예금, B 주식, C 채권
① 주식은 기업의 자본을 구성하며 투자자는 주주가 되어 자본금에 참여한다.
②④ 시세 차익을 통해 수익을 얻을 수 없지만 투자 원금이 보장되는 것은 예금에 대한 설명이다.
③ 예금은 안정성이 높고 원금이 보장되지만, 일반적으로 이자율이 낮아 수익성이 제한적이다. 반면 주식은 원금 손실 가능성이 있는 대신, 주가 상승이나 배당금 등을 통해 상대적으로 높은 수익을 기대할 수 있는 고위험·고수익 상품이다.

답 ①

❹ 재무 계획과 재무 설계

(1) 재무 계획

① **재무 계획의 필요** … 제한된 수입을 현재와 장래의 생활에 어떻게 사용할지 사전에 검토하는 일인 재무 계획은 원하는 생활양식의 유지, 노후에 대한 대비, 미래의 불확실성에 대한 대비 등을 위해 필요하다.

② 생애 주기와 재무 계획
　㉠ 생애 주기 : 시간의 흐름에 따라 개인 삶의 진행을 몇 단계로 구분한 것

ⓒ 생애 주기에 따른 소득과 지출: 경제적 은퇴 전의 여유분 A로 경제적 은퇴 후의 부족분 B를 채울 수 있어야 한다.

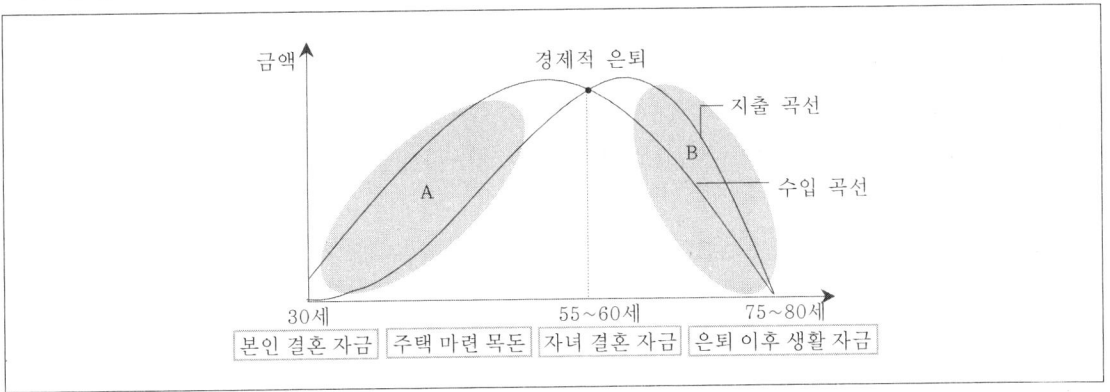

(2) 재무 설계

① 재무 설계의 과정 … 재무 목표 설정 → 재무 상태 파악 → 예산의 수립 및 실행 → 결산 및 평가

| 기출예제 | 2025. 6. 21. 제1회 서울특별시 |

〈보기〉의 재무 설계 과정을 순서대로 바르게 나열한 것은?

〈보기〉
ⓐ 수입 및 지출의 규모와 종류, 자산과 부채 현황 등 자신의 재무 상태를 정확히 파악함.
ⓑ 자신의 가치관 및 기대하는 생활 양식에 적합한 단기, 중기, 장기재무 목표를 설정함.
ⓒ 재무 목표 달성을 위해 필요한 자금을 언제까지, 어떻게 마련할 것인지에 관한 재무 행동 계획을 수립함.
ⓓ 재무 목표 달성을 위한 계획을 실행함.
ⓔ 정기적인 결산을 통해 결과를 평가하고, 조정이 필요한 부분을 반영하여 재무 계획을 수정하거나 재무 목표를 재설정함.

① ⓐ-ⓑ-ⓒ-ⓓ-ⓔ ② ⓑ-ⓐ-ⓒ-ⓓ-ⓔ
③ ⓒ-ⓐ-ⓑ-ⓓ-ⓔ ④ ⓓ-ⓐ-ⓑ-ⓒ-ⓔ

✱
재무 설계 과정
ⓑ 재무 목표의 설정 - ⓐ 재무 상태의 분석 - ⓒ 재무 설계안의 작성 - ⓓ 재무 설계안의 실행 - ⓔ 재무 생활의 평가와 수정

답 ②

② 기간에 따른 재무 목표의 설정
　㉠ 단기 목표(1년 이내) 예 옷 구입, 휴대전화 변경 등
　㉡ 중기(1년~5년) 예 대학 등록금 마련, 배낭여행 등
　㉢ 장기(5년 이상) 예 자동차 구매, 결혼 자금 마련, 내 집 마련 등

③ 재무 상태의 파악
　㉠ **자산 상태표** : 자산과 부채의 상태를 나타내는 표로 자산 상황을 왼쪽에, 오른쪽에는 부채와 순자산을 기록한다.
　㉡ **수지 상태표** : 수입과 지출을 나타내는 표로, 왼쪽에는 수입을 오른쪽에는 지출을 기록하여 흑자와 적자를 파악한다.

④ **예산 수립 및 실행** … 일상적인 소비 지출, 재무 목표에 따른 지출 등을 토대로 예산을 수립하고 소득이 들어오는 기간에 따라 실행한다.

⑤ **결산 및 평가** … 정기적인 결산을 통해 재무 설계를 적절하게 수정하거나 목표를 재설정해 실행한다.

기출 예상 문제

1 중앙은행의 금융완화정책에 해당하는 것은?

① 유가증권 매각과 재할인율 인상
② 재할인율 인하와 지급준비율 인하
③ 유가증권 매각과 지급준비율 인상
④ 재할인율 인상과 지급준비율 인하

TIP 금융정책
  ㉠ 금융긴축정책
   • 인플레이션이 우려될 때 과열된 경기를 진정시키기 위하여 중앙은행이 시중의 자금을 줄이는 금융정책
   • 국·공채나 통화안정증권의 매각, 지급준비율 인상(은행대출량 줄임), 재할인율 인상 등의 방법을 사용
  ㉡ 금융완화(금융확장)정책
   • 실업이 늘어나는 등 불황의 문제가 커질 경우에 중앙은행이 경기를 자극하기 위하여 시중의 자금사정을 풀어주는 금융정책
   • 국·공채나 통화안정증권의 매입, 지급준비율 인하, 재할인율 인하 등의 방법을 사용

2 다음 중 어느 경우에 통화량이 늘어나는가?

① 일반은행의 대출이자율 인하
② 유가증권을 매각하여 민간자금 흡수
③ 중앙은행이 지급준비율을 인상할 때
④ 당좌예금이 줄고 저축성 예금이 늘어날 때

TIP 금융정책의 양적 조절수단
  ㉠ 재할인율 정책: 중앙은행이 은행에 대한 대출이자율을 조절함으로써 간접적으로 은행이 대출을 조절하려는 정책이다(재할인율 인상 → 통화량 감소, 재할인율 인하 → 통화량 증가).
  ㉡ 공개시장조작 정책: 중앙은행이 국·공채를 매각하거나 매입하여 통화량을 조절하는 정책이다(매각 → 통화량 감소, 매입 → 통화량 증가).
  ㉢ 지급준비율 정책: 은행은 예금에 대하여 일정한 비율의 지급준비금을 중앙은행에 예치하는데, 중앙은행이 이 지급준비율을 올리거나 낮춤으로써 은행의 자금량을 조절하는 정책이다(지급준비율 인상 → 통화량 감소, 지급준비율 인하 → 통화량 증가).

Answer 1.② 2.①

3 〈보기〉는 금융상품 A~C를 질문을 통해 구분한 것이다. 이에 대한 설명으로 가장 옳지 않은 것은? (단, A~C는 각각 요구불 예금, 주식, 채권 중 하나이다.)

─〈보기〉─

질문	A	B	C
만기가 있는가?	아니요	예	아니요
배당 수익을 얻을 수 있는가?	아니요	아니요	예
(가)	예	예	아니요

① A는 예금자 보호 제도의 적용을 받는다.
② B의 발행 기관은 B를 발행할 경우 부채가 증가하게 된다.
③ B와 달리 C는 시세 차익을 얻을 수 있다.
④ (가)에는 '이자 수익을 얻을 수 있는가?'가 들어갈 수 있다.

> **TIP** 만기와 배당수익이 없는 A는 요구불 예금이다. 만기가 있고, 배당 수익을 얻을 수 없는 B는 채권이다. 만기가 없고, 배당 수익을 얻을 수 있는 C는 주식이다.
> 채권과 주식은 모두 시세 차익을 얻을 수 있다는 점에서 공통점이 있다.
> ① 요구불 예금은 재산 증식의 용도보다는 생활 자금이나 회사 운영 자금 등을 금융기관에 안전하게 보관하는 용도로 사용된다. 또한 예금자 보호 제도의 적용을 받는다.
> ② 채권은 정부나 기업이 투자자로부터 돈을 빌리면서 만기와 이자, 이자 지급일을 약속한 증서다. 자본의 성격은 타인 자본으로 이는 곧 부채다.
> ④ 요구불 예금과 채권은 이자수익을 받을 수 있고 주식은 해당 사항이 없다.

Answer 3.③

※ 채권과 주식

구분	채권	주식
개념	정부나 기업이 투자자로부터 돈을 빌리면서 만기와 이자, 그리고 이자 지급일에 대해 약속한 증서	기업이 사업 자금 조달을 위해 투자자로부터 자금을 받고 그 대가로 회사 소유권의 일부를 주는 증표
수익	• 약속한 이자 수익 • 시세 차익(이자율과 회사의 신용 등급이 주된 가격 차이 요소)	• 배당 • 시세 차익(회사의 경영 실적이나 전망의 변화가 주된 가격 차이 요소)
투자 시 중시하는 부분	투자 대상의 안전성(파산하지 않는 한 원리금 상환 가능)	투자 대상의 성장 가능성(시세 차익 및 배당에 대한 기대와 일부의 경우 경영에 대한 참여)
위험성	상대적으로 낮음	높음
발행 주체	정부, 주식회사, 지방자치단체	주식회사
자본 성격 (발행자 입장)	타인 자본(부채)	자기자본
증권의 존속기간	만기 있음	만기 없음
원금 상환	만기 시 상환	의무 아님

4 (가)와 (나)는 금융시장의 유형을 분류한 것이다. 이에 대한 설명으로 옳은 것은? (단, (가)와 (나)는 직접 금융시장, 또는 간접금융시장 중 하나이다)

(가)	• 금융기관은 자금 수요자에게 정보 제공을 받아 자금 공급자에게 정보를 제공한다. • 자금 공급자는 자금 수요자에게 자금을 공급하고, 이에 대한 대가로 이자나 배당을 받는다.
(나)	• 금융기관은 자금 공급자에게 예금을 받고 이에 대한 대가로 이자를 준다. 또한, 금융기관은 자금 수요자에게 대출을 해주고 이에 대한 대가로 이자를 받는다. • 자금 공급자와 자금 수요자 간에는 직접적인 자금 거래는 없다.

① (가)에서 거래되는 대표적인 금융상품으로 정기적금이 있다.
② (나)에서는 자금 공급자가 자금 거래로 인해 발생하는 위험을 전액 부담한다.
③ (가)에 비해 (나)에서 금융 상품이 일반적으로 안전성이 더 높다.
④ (가)에 비해 (나)에서 자금 공급자의 자금이 어느 기업으로 투자되었는지 알기 쉽다.

TIP (가) 직접금융시장, (나) 간접금융시장
① 정기적금은 간접금융시장에서 거래되는 대표적인 금융상품이다.
② 자금 공급자가 자금 거래로 인해 발생하는 위험을 전액 부담하는 것은 직접금융시장이다.
④ 자금 공급자의 자금이 어느 기업으로 투자되었는지 알기 쉬운 것은 직접금융시장이다.

Answer 4.③

5 저축성예금의 이자율을 올리고 요구불예금의 이자율을 내리면 국내통화량은 어떻게 변화하는가?

① 감소한다.
② 변함이 없다.
③ 1개월 후부터 증가한다.
④ 증가한다.

> **TIP** 통화량 = 현금통화 + 예금통화(요구불예금), 총통화량 = 현금통화 + 예금통화 + 저축성예금이므로 저축성예금의 이자율을 올리고 요구불예금의 이자율을 내리면 통화량은 감소한다.

6 외상대금 지불, 세금 납부, 채무의 변제 등과 관계가 깊은 화폐의 기능으로 옳은 것은?

① 일반적 교환수단
② 가치척도수단
③ 가치저장수단
④ 거래의 결제수단

> **TIP** 화폐의 기능
> ㉠ 교환매개수단 : 상품과 상품의 교환을 매개하는 기능을 말한다.
> ㉡ 가치척도의 수단 : 모든 재화와 용역의 가치 크기는 화폐금액으로 표시된다.
> ㉢ 가치저장의 수단 : 경제적 가치를 보장함으로써 화폐의 소유 또는 저축수단의 기능을 말한다.
> ㉣ 결제의 수단 : 신용사회에서 외상거래, 각종 납부금의 고지서가 발급되었을 때, 채무의 변제에 화폐가 그 수단으로 이용된다.

7 통화와 화폐에 대한 설명으로 옳지 않은 것은?

① 현금통화에는 중앙은행이 발행한 지폐와 주화가 있다.
② 화폐 중에서 현재 시중에 유통되고 있는 화폐를 통화라 한다.
③ 총통화는 통화에다가 저축성예금 및 거주자 외화예금을 합한 것이다.
④ 중앙은행이 보유하고 있는 것을 통화라고 한다.

> **TIP** ④ 중앙은행의 금고 안에 있는 주화 및 한국은행권, 은행 보유의 한국은행권은 화폐이긴 하지만 통화는 아니다.

Answer 5.① 6.④ 7.④

8 중앙은행이 시중은행의 재할인율을 인상할 경우 시장금리변화로 옳은 것은?

① 올라갈 것이다. ② 내려갈 것이다.
③ 변동이 없을 것이다. ④ 오르다가 내려간다.

> **TIP** 이자율에 반비례하는 자금수요곡선이 우측으로 이동하므로 이자율은 상승하게 된다.

9 〈보기〉는 우리나라의 경상 수지를 항목별로 나타낸 것이다. (가)~(라)에 해당하는 사례로 가장 옳은 것은?

〈보기〉

구분	외환 수취	외환 지급
상품 수지		(가)
서비스 수지	(나)	
본원 소득 수지	(다)	
이전 소득 수지		(라)

① (가) - 우리나라 기업이 외국에 휴대전화를 수출하고 받은 대금
② (나) - 우리나라 기업이 상표권을 외국 기업에 매각하여 받은 대금
③ (다) - 우리나라 사람이 외국의 주식에 투자하여 벌어들인 배당금
④ (라) - 우리나라 기업이 외국에 공장을 설립하기 위해 지급한 대금

> **TIP** ③ 해외로 부터 얻은 임금, 이자, 배당금 등의 소득과 해외에 지급한 임금, 이자, 배당금 등의 소득을 포함하는 수지로 외국의 주식을 투자하여 벌어들인 배당금은 외환 수취에 해당한다.
> ① (가) 상품 수지는 국가 간에 재화(상품)의 수출과 수입에 의해 발생하는 수지이다. 우리나라 기업이 외국에 휴대전화를 수출하고 받은 대금은 외환 수취에 해당한다.
> ② 상표권, 여행, 건설, 보험, 금융 등과 같은 서비스의 수출과 수입에 의해 발생하는 수지이다. 상표권을 수출하는 것이 아닌 소유권을 이전한 것으로 자본수지의 외환 수취에 해당한다.
> ④ 이전 소득 수지는 대가 없이 주고받는 소득의 수지로 해외 원조, 송금, 기부금 등에 해당한다. 우리나라 기업이 외국에 공장을 설립하기 위해 지급한 대금은 자본 자산의 매입 및 처분, 직접 투자와 같은 자본 이동에 따른 수지인 자본수지에 해당한다.

Answer 8.① 9.③

03

사회 · 문화

제3편 사회 · 문화

01 사회 · 문화현상의 탐구

1 사회 · 문화현상의 이해

(1) 자연현상과 사회 · 문화현상의 의미와 특징

구분	자연현상	사회 · 문화현상
의미	인간의 의지는 무관한 보편적인 자연법칙에 따르는 자연계의 모든 현상	인간에 의해 인위적으로 창조되는 모든 현상
지배법칙의 내용과 성격	• 사실법칙 : 자연적 사실을 지배하는 법칙 • 인과법칙 : 원인과 그로 인한 결과가 존재한다는 법칙 • 필연법칙 : 우연이나 예외가 없는 법칙 • 존재법칙 : 사실상 그러함을 나타내는 법칙	• 규범법칙 : 인간의 행위의 기준이 되는 법칙 • 당위법칙 : 마땅히 행해야 하는 법칙 • 목적법칙 : 반대현상이 발생할 가능성이 있는 법칙 • 자유법칙 : 자유의지에 따라 예외가 존재할 수 있는 법칙
특징	• 몰가치적(가치중립적)이고 보편적이다. • 인간이 창조해낸 가치 기준과는 무관하게 존재한다. • 고정성과 불변성이 있다. • 규칙성의 발견 및 예측이 용이하다. • 관찰과 실험, 특히 통제된 실험을 통한 조사가 가능하다. • 확실성의 원리에 의해 이론화된다.	• 가치함축적이고 가치판단적이다. • 인간이 창조해낸 가치기준으로 특수성을 지닌다. • 유동성과 가변성이 있다. • 규칙성의 발견 및 예측이 곤란하다. • 통제된 실험이 불가능(조사 · 관찰 · 답사 · 사례연구 등)하다. • 확률의 원리에 의해 이론화된다.

(2) 사회 · 문화현상 연구의 특징

① 사회과학의 세분화 · 전문화 … 사회과학은 사회 · 문화 현상을 과학적으로 탐구하려는 학문이다. 사회 · 문화 현상이 점점 복잡해지고 다양해지자 그에 따라 세분화 되고 전문화 되었다.
  ㉠ 정치학 : 권력, 공공정책, 정치적 의사결정과정을 연구 대상으로 하는 학문이다.
  ㉡ 경제학 : 인간의 경제활동에 기초를 둔 사회적 질서를 연구 대상으로 하는 학문이다.
  ㉢ 사회학 : 인간의 사회적 공동생활을 연구하는 학문이다.
  ㉣ 문화 인류학 : 인류의 생활 및 역사를 문화적인 면에서 비교하고 연구하는 학문이다.

② 간학문적 연구
  ㉠ 전통적인 학문 영역간의 소통을 통해 특정한 현상을 통합적으로 이해하려는 방식이다.
  ㉡ 사회현상은 매우 복잡하기 때문에 개별 학문만으로는 모든 것을 설명하기 어려우므로 사회 · 문화현상을 종합적으로 분석하기 위해 여러 학문들을 적용하여 통합적으로 연구할 필요성이 있다.

❷ 사회·문화현상을 보는 관점

(1) 거시적 관점과 미시적 관점

구분	거시적 관점	미시적 관점
내용	사회 체계 전체의 수준에서 탐구하려는 관점	개인 및 개인 간의 상호작용에 초점을 맞추어 탐구하려는 관점
관심대상	계층구조, 사회조직, 사회제도,	개인의 태도나 행동, 개인 간의 상호작용
관련이론	기능론, 갈등론	교환이론, 상징적 상호작용론,

(2) 사회·문화현상을 이해하는 여러 관점

① 기능론
 ㉠ 사회 구성요소들은 상호의존적인 관계에 있으며, 사회 전체의 유지와 통합에 기여한다.
 ㉡ 각 요소들의 역할과 기능은 사회구성원들의 합의에 의해 결정된 것이다.
 ㉢ 전체 사회는 유기체와 같이 부분들의 체계로 이루어져 있다.
 ㉣ 통합과 균형을 강조하며, 안정성과 지속성을 기본으로 한다.
 ㉤ 보수주의학자들의 지지를 받는다.
 ㉥ 갈등과 변동의 중요성을 간과하고 현상유지만을 강조하여, 혁명과 같은 급격한 사회변동을 설명하지 못하는 한계를 가지고 있다.

② 갈등론
 ㉠ 사회 구성요소들은 갈등적인 관계에 있으며, 사회 전체의 변동에 기여한다.
 ㉡ 각 요소들의 역할과 기능은 강제와 탄압에 의한 것이다.
 ㉢ 사회가 존속하는 한 희소가치를 둘러싼 갈등과 긴장은 끊임없이 존재한다.
 ㉣ 갈등과 강제를 중심으로 현상 파괴적 측면을 강조한다.
 ㉤ 진보주의 학자들의 지지를 받는다.
 ㉥ 갈등을 통한 변혁을 강조하며, 사회존속과 통합의 중요성을 경시하는 비관적, 부정적인 관점이라는 한계를 가지고 있다.

> **기출예제** 　　　　　　　　　　　　　　　　　　　　　　　　2025. 6. 21. 제1회 서울특별시 보훈청
>
> 〈보기〉의 사회 문화 현상을 바라보는 갑(甲), 을(乙)의 관점에 대한 설명으로 가장 옳은 것은?
>
> 〈보기〉
> 갑: 요즘 취업을 위한 자격 조건이 점점 강화되고 있어. 이는 부와 권력을 가진 집단이 우위를 유지하기 위해 취업 조건을 통제하기 때문에 나타난 현상이야.
> 을: 정보 사회가 진전됨에 따라 전문적인 지식과 기술을 가진 사람들의 필요성이 커지고 있어. 따라서 취업 조건이 강화되는 경향은 사회의 효율성을 위해 바람직한 거야.
>
> ① 갑의 관점은 사회가 스스로 균형을 유지하려는 속성을 지닌다고 본다.
> ② 을의 관점은 사회 변동보다 사회 안정을 강조한다.
> ③ 갑의 관점은 행위자의 주체적 능동성을 강조한다.
> ④ 을의 관점은 갈등을 사회의 본질적인 속성이라고 본다.
>
> ✱─────────────
> 갑 갈등론, 을 기능론
> ①③ 기능론에 대한 설명이다.
> ④ 갈등론에 대한 설명이다.
> ※ 기능론과 갈등론
> 　㉠ 기능론: 사회를 상호 의존적인 부분으로 구성된 유기체로 보며, 각 요소가 사회 안정과 질서를 유지하는 기능을 수행한다고 주장한다.
> 　㉡ 갈등론: 사회를 권력, 자원, 기회의 불평등 분배로 인한 지배-피지배 관계로 분석하며, 갈등이 사회 변화의 동력이라고 주장한다.
>
> 답 ②

③ 상징적 상호작용론

　㉠ 사람들이 주고받는 언어와 문자, 기호 등 상호작용 속에 교환되는 상징과 그 의미의 중요성을 강조하는 이론이다.

　㉡ 일상생활에서 사람들이 어떻게 행위하고 상호작용하는지에 관심을 둔다. 인간의 능동적 사고과정과 자율적 행위의 측면을 중시한다.

　㉢ 사회는 사람들이 서로 주관적인 의미 규정과 해석을 주고받는 과정이며, 이를 통해 사회가 유지 또는 변동 된다.

　㉣ 사회·문화현상을 개인들의 일상생활 속의 행동을 통해 상호 작용한 결과로 발생한 주관적인 의미가 담긴 것으로 본다.

　㉤ 사회적 행위에는 스스로가 상대방의 주관적 동기와 의미를 해석하는 과정, 즉 상황 정의가 필요하다.

　㉥ 개인은 상징적 상호작용을 통해 자아를 형성하게 되고 자신의 기대역할과 행동을 학습한다.

　㉦ 사회구조의 힘이 개인의 상호작용에 미치는 영향을 과소평가하여 거시적 구조를 보지 못하는 한계를 가지고 있다.

④ 교환이론

　㉠ 인간의 행위를 비용과 그에 따른 보상과 연관지어 생각한다.

　㉡ 인간은 교환을 통해 이익을 추구하는 합리적 존재이다.

ⓒ 사회조직 속에서 흥정과 타협을 통하여 서로 주고받게 되어야 관계의 균형이 유지된다.
ⓔ 교환되는 것은 물질적인 것뿐만 아니라 애정, 명예, 권력 등도 포함된다.
ⓜ 개인이나 집단이 왜 그런 행동을 하는 가를 설명하는데 유용하다.
ⓗ **교환관계** : 일대일로 이루어지기도 하고 세대 간 교환이 이루어지기도 하고, 순환적 교환이 일어나기도 한다.
ⓢ 인간을 지나치게 단순하게 취급한다는 비판도 받고 있다.

(3) 사회 · 문화현상을 보는 관점들의 조화와 균형
① 거시적 관점과 미시적 관점의 비교

구분	거시적 관점(기능론과 갈등론)	미시적 관점(상징적 상호작용론과 교환 이론)
특징	개인을 구속하는 사회의 구조에 초점을 둔다.	개인의 능동적 사고 과정과 선택 그리고 타인과의 상호작용과정에 초점을 둔다.
단점	개인의 주체적 능동성을 간과하였다.	개인을 구속하고 통제하는 거시적 구조를 설명하지 못하였다.

② **사회 · 문화현상을 보는 관점들의 조화와 균형** … 사회 · 문화현상에 대하여 종합적으로 인식하고, 균형 잡힌 시각을 가지고 개인과 사회의 관계를 보려면 거시적 관점과 미시적 관점을 종합하여 보아야 한다.

❸ 사회 · 문화현상의 연구 방법

(1) 사회과학의 연구방법
① **실증적 연구방법**(양적 접근법) … 자료를 계량화하여 분석하는 연구방법으로 사회현상에 관한 일반적인 법칙을 발견한다.
  ㉠ 특징
    • 객관적으로 관찰 가능한 인간행위를 분석대상으로 삼는다.
    • 객관적 법칙발견이나 엄밀한 인과관계의 확인이 목적이다.
    • 수량적으로 표현할 수 있는 양적인 자료를 중시한다.
    • 통계적인 분석기법을 활용한다.
    • 연구자가 관찰대상과 일정한 거리를 유지한 채 가치중립적으로 연구한다.
  ㉡ 장점 : 객관적이고 정확 · 정밀한 연구, 법칙발견에 유리하다.
  ㉢ 단점 : 계량화가 곤란한 인간의 정신적 영역 등에 관한 연구는 제약을 받는다.
  ㉣ 전제
    • 자연현상과 사회 · 문화현상은 본질적으로 다르지 않다.
    • 자연과학적 연구방법을 사회 문화현상에 적용할 수 있다는 방법론적 일원론을 주장한다.

⑩ 절차 : 문제인식 → 가설설정 → 연구 설계 → 자료수집 → 자료 분석 → 가설검증 → 결론도출

② **해석적 연구방법**(질적 접근법) … 연구자의 직관적인 통찰에 의해 사회현상의 의미를 해석하고 이해하려는 연구방법이다.
  ㉠ 특징
    • 인간의식의 심층적 영역에 관심을 가진다.
    • 인간행동의 동기, 의도 등과 같은 의미의 파악이 목적이다.
    • 비공식적 문서, 역사적 기록의 이면적 의미를 중시한다.
    • 연구자의 직관적 통찰에 의거하여 연구한다.
    • 연구자가 관찰대상의 입장이 되어 볼 것을 강조한다.
  ㉡ 장점 : 행위자의 주관적 의식의 심층에 대한 이해가 가능하다.
  ㉢ 단점 : 실증적 연구와 같은 객관성 확보가 쉽지 않다.
  ㉣ 전제
    • 자연현상과 사회·문화현상은 본질적으로 다르다고 생각한다. 그렇기 때문에 자연과학적 연구방법을 가치 함축적인 사회·문화현상에 적용할 수 없다는 방법론적 이원론을 주장한다.
    • 사회는 행위자에 의해 구성되면 개인들은 지속적으로 상호작용을 한다.
  ㉤ 절차 : 문제인식 → 연구 설계 → 자료수집 → 자료 처리 및 해석 → 결론 및 적용

(2) **자료수집방법**

① **질문지법** … 조사하고자 하는 내용을 설문지로 만들어, 이를 조사 대상자가 직접 기입하게 하는 방법이다.
  ㉠ 장점 : 시간과 비용 절약, 분석기준 명확, 자료 분석용이 등이 있다.
  ㉡ 단점 : 회수율이 낮고 문맹자에게는 실시가 곤란하며 질문내용이 잘못 이해될 수 있다.
  ㉢ 단점보완책 : 질문지를 이해하기 쉽게 작성하고, 사전검사를 통해 질문에 대한 반응을 관찰하고 그 결과를 분석하여 결함을 보완한다.

② **면접법** … 연구자와 조사대상자가 직접 만나 필요한 정보를 대화를 통해 수집하는 방법이다.
  ㉠ 장점 : 문맹자에게도 실시가능하며 자세한 조사가 가능하다.
  ㉡ 단점 : 시간과 비용이 많이 들고 표본을 많이 구하기 어려우며 조사자의 편견이 개입할 우려가 있다.

③ **참여관찰법** … 연구자가 사회현상을 직접 보고 듣고 느끼면서 자료를 수집하는 방법이다.
  ㉠ 장점 : 의사소통이 곤란한 경우에도 실시 할 수 있으며, 정보를 깊이 있게 관찰할 수 있다.
  ㉡ 단점 : 원하는 현상이 나타날 때까지 기다려야 하는 경우가 발생하며 관찰자의 주관이 작용할 가능성이 높고 예상치 못한 변수가 발생할 우려가 있다.

④ **문헌연구법** … 역사적인 문헌을 수집하거나 이미 발표된 통계자료를 수집하는 방법이다.
  ㉠ 장점 : 적은 비용으로 폭넓은 연구가 가능하며 주어진 연구문제에 대한 기존 연구동향을 효과적으로 파악할 수 있다.

ⓒ 단점 : 문헌자료의 신뢰성 문제가 따르며 연구자의 주관적 문헌해석 가능성이 존재한다.
⑤ 실험법 … 인간행위에 일정한 자극을 주고 이에 대한 반응을 구함으로써 자료를 수집하는 방법이다.
   ㉠ 장점 : 과학적인 연구가 가능하다.
   ㉡ 단점 : 인간에 대한 실험은 비윤리적이라는 비판이 있다.

기출예제

2025. 6. 21. 제1회 서울특별시

〈보기〉의 (가), (나)에 나타난 자료 수집 방법에 대한 설명으로 가장 옳은 것은?

〈보기〉
(가) 갑(甲)은 인공지능을 활용한 교수학습 방법이 고등학교 학생들의 학업 능력 향상에 미치는 영향력을 연구하기 위해 □□고등학교 학생 300명을 대상으로 구조화된 문항에 응답하도록 하였다.
(나) 을(乙)은 핸드폰 등 전자기기 사용이 고등학교 학생들에게 미치는 영향력을 연구하기 위해 ○○고등학교 2학년 학생들의 학습 활동을 1학기 동안 참관하며 관찰하였다.

① (가)에 나타난 자료 수집 방법은 주로 양적 연구에서 활용된다.
② (가)에 나타난 자료 수집 방법은 문맹자를 대상으로 한 자료 수집이 용이하다.
③ (나)에 나타난 자료 수집 방법은 대량의 구조화된 자료를 수집하는 데 용이하다.
④ (가)와 달리 (나)에 나타난 자료 수집 방법은 경험적 자료의 수집에 적합하다.

✱
(가) 설문지법 → 양적 연구
(나) 관찰법 → 질적 연구
② (가)는 설문지 문항을 읽고 답해야 하므로 문맹자를 대상으로 한 자료 수집이 어렵다.
③ (가)는 대량의 구조화된 자료를 수집하는 데 용이하다.
④ 경험적 자료의 수집에 적합한 자료 수집 방법은 면접법이다.

답 ①

❹ 사회 · 문화현상의 탐구 절차와 태도

(1) 사회 · 문화현상의 탐구 절차
① 연역적 방법과 귀납적 방법
   ㉠ **연역적 방법** : 보편적인 원리에서 가설을 설정하고 출발하여 연구하고 일반적인 법칙이나 이론을 찾아내는 방법이다.
   ㉡ **귀납적 방법** : 개별사례에 대한 관찰을 총괄하여 그 공통된 성질을 일반적인 법칙으로 확립하는 방법이다.
② 양적 연구방법의 탐구절차
   ㉠ 문제제기 및 연구 주제 선정 : 연구를 통하여 해결하고자 하는 문제가 무엇인지를 명확히 밝히는 단계이다.

ⓒ 가설 설정
　　　• 기존의 연구 결과와 이론 등을 참고하여 가설을 설정하는 단계이다.
　　　• 결론을 예측해 보는 것으로 원인에 해당하는 독립변수와 결과에 해당하는 종속 변수 간의 관계를 구체적으로 나타낸다.
　　ⓒ 연구 설계
　　　• 자료수집방법 : 조사대상과 범위, 조사 기간, 그리고 분석 도구에 대해 구체적으로 계획을 세우는 단계이다.
　　ⓔ 자료수집 및 분석 : 연구 설계에서 계획된 자료수집 방법에 따라 자료를 수집하고 수치화된 자료를 통계 기법을 이용하여 분석하는 단계이다.
　　ⓜ 가설 검증 및 일반화 : 자료를 분석한 결과를 바탕으로 가설을 수용할지 기각할 지 검증하고 가설이 입증된 경우에는 일반화를 시도하는 단계이다.

③ 질적 연구방법의 탐구 절차
　　㉠ 문제제기 및 연구주제 선정 : 가설을 설정하지 않거나 설정하는 경우에도 추상적인 형태로 만드는 것이 일반적이다.
　　ⓒ 연구 설계 : 자료수집 방법, 조사대상과 범위, 조사기간에 대해 구체적인 계획을 세우는 단계이다.
　　ⓒ 자료 수집 및 분석
　　　• 주로 녹음, 메모, 촬영 등의 방법을 통해 자료 수집을 한다.
　　　• 연구자의 직관적인 통찰에 의거하여 자료를 분석한다.
　　ⓔ 결론 : 분석한 자료의 의미를 중심으로 결론을 도출하는 단계이다.

(2) 사회·문화현상의 탐구 태도
① 사회·문화현상의 탐구에서 필요한 연구자의 태도
　　㉠ 성찰적 태도 : 현상을 있는 그대로 받아들이지 않고 의문을 가지고 살펴보려거나 자신의 연구과정에 대해서 제대로 탐구하고 있는지 되짚어 보려는 태도
　　ⓒ 객관적인 태도
　　　• 자신의 주관을 떠나 사실을 있는 그대로 관찰하고 인식하려는 태도
　　　• 자신의 선입관이나 감정적 요소를 배제한 제3자적 입장
　　ⓒ 개방적인 태도
　　　• 여러 가지 가능성이 동시에 공존할 수 있다고 인정하는 태도
　　　• 논리적으로 옳아 보이는 주장이나 이론도 경험적으로 실증될 때까지는 가설로 받아들이는 태도
　　　• 편견이나 편협한 가치관 배격, 무비판적 추종이나 무조건적 배격 탈피
　　ⓔ 상대주의적인 태도
　　　• 사회와 문화의 특수성을 이해하는 태도
　　　• 동일한 사회·문화현상이라 할지라도 해당 사회의 역사적·문화적 배경이나 현실적 여건에 따라 다르게 이해하려는 태도

- ⑩ 조화의 중요성을 인식하는 태도
  - 사회는 조화를 이루는 가운데 발전하는 것임을 인식하는 태도
  - 협동과 대립, 갈등이 교차하고 반복되면서 사회가 발전한다고 생각하는 태도
- ② 사회 · 문화현상의 탐구에서 가치중립문제
  - ㉠ 사실과 가치
    - 사실 : 실재하는 어떤 것의 객관적 상태를 있는 그대로 설명해 주는 명제로, 경험적 증거를 바탕으로 하여 참과 거짓을 객관적으로 규명할 수 있다.
    - 가치 : 사물이나 사건, 행위나 사람, 관행, 제도 등에 대한 주관적 평가의식을 담고 있는 명제로, 평가적 용어가 사용된다.
  - ㉡ 가치중립 : 가치로부터 자유로운 상태, 즉 가치의 영향이 배제된 상태를 뜻한다.
  - ㉢ 가치개입 : 특정한 가치를 전제로 그것과의 연관성 속에서 의사결정에 임하는 것이다.
  - ㉣ 과학과 가치의 문제
    - 가치중립의 필요성 : 사회과학의 탐구목적은 사회 · 문화현상을 기술하고 그 속에서 법칙을 찾는 것이므로 연구자의 주관적인 가치가 배제되어야 한다(연구자의 주관적 가치 때문에 사실을 왜곡하여 자료를 수집해서는 안 된다).
    - 가치중립성을 지키기 어려운 이유 : 사회현상 자체에 가치가 내포, 연구자 자신이 사회현상 내부에서 관찰, 연구 주제와 대상의 선택에서 연구자의 가치판단이 불가피할 수밖에 없기 때문이다.

(3) 사회 · 문화현상의 탐구에서 연구자가 지켜야 하는 윤리문제
- ① 연구 윤리의 필요성
  - ㉠ 사회 · 문화현상의 탐구는 인간의 행위를 탐구의 기본으로 하므로 윤리적 원칙에 충실해야 한다.
  - ㉡ 연구의 대상이 사람이므로 연구 과정이니 걸치기 인권을 침해하지 않도록 해야 한다.
- ② 연구 주제의 윤리성
  - ㉠ 연구 주제가 윤리적으로 허용되는 범위 내의 것이어야 한다.
  - ㉡ 인간 생활에 해를 끼치거나 불이익을 주는 것은 허용되지 않는다.
- ③ 연구 대상자와 관련된 윤리문제
  - ㉠ 연구 대상의 인권 보호 관련 문제 : 인간을 대상으로 하므로 탐구과정에서 조사 대상자에게 신체적, 정신적, 물질적, 법적으로 피해를 주지 않고 인권을 보호해야 한다.
  - ㉡ 연구 대상자의 자발적인 참여 문제 : 연구 대상자에게 연구의 성격과 목적, 내용 등에 대한 정보를 미리 제공하고 조사 참여에 대한 동의를 구해야 한다.
  - ㉢ 연구 대상자의 사생활 보호문제 : 연구대상자의 사생활보호를 위해 익명성을 보장해야 하며 연구 결과의 분석과 보고과정에서도 연구 대상자를 절대 공개해서는 안 된다.

④ 연구 과정 결과 보고와 활용에서의 윤리문제
  ㉠ 연구 과정에서의 윤리문제 : 원하는 결과를 얻기 위해 자료를 편파적으로 수집하거나 자료를 조작해서는 안 된다.
  ㉡ 결과 보고에서의 윤리문제 : 연구 결과의 확대 및 왜곡이나 타인의 연구 결과물을 도용하는 것은 범죄에 해당한다.
  ㉢ 연구 결과 활용에서의 윤리 문제 : 결과가 다수에게 악영향을 미치거나 정부정책에 왜곡되어 반영될 수 있는지도 고려해야 한다.

> **┃기출예제** 2025. 6. 21. 제1회 서울특별시
>
> 〈보기〉에 나타난 연구의 문제점으로 가장 옳은 것은?
>
> 〈보기〉
> 갑(甲)은 자신이 발견한 유산균의 장내 유익균 증진 효과를 확인하기 위해 연구 관련 정보를 모두 공개하고 성인들을 대상으로 실험 참여자를 공개 모집하였다. 갑은 실험 참여자들을 두 집단으로 분류한 뒤 한 집단에게만 새로 발견한 유산균을 섭취하도록 하였다. 자료 분석 결과, 두 집단 간의 장내 유익균에서 유의미한 차이는 보이지 않았다. 갑은 유산균을 섭취한 그룹원 중 유익균 증진 효과를 보이지 않은 참가자들의 데이터를 제외한 후 비교하였고, 유산균의 효과가 유의미하게 나타났다는 연구결과를 학술지에 게재할 수 있었다.
>
> ① 비윤리적인 연구 주제를 선정하였다.
> ② 연구 대상에게 연구 관련 정보를 사전에 제공하였다.
> ③ 수집한 자료를 연구 외의 목적을 위하여 유출하였다.
> ④ 연구 결과를 의도대로 얻기 위해 자료를 조작하였다.
>
> ✱
> 〈보기〉에서는 연구자인 '갑'이 자신이 발견한 유산균이 효과가 있다는 것을 증명하려는 목적으로, 연구 결과의 일부를 제외하고 유리한 자료만 선택적으로 활용하여 결과를 발표했다. 이는 연구 윤리 위반으로 자료 조작 및 왜곡에 해당한다.
>
> 답 ④

01. 사회·문화현상의 탐구

기출 예상 문제

1 〈보기〉의 밑줄 친 ㉠~㉢과 같은 현상의 일반적인 특징에 대한 설명으로 가장 옳은 것은?

―〈보기〉―

환경부에서 ㉠<u>멸종 위기 야생 생물로 지정한</u> 열목어는 연어과의 민물고기로 ㉡<u>산란기가 되면 온몸이 짙은 홍색으로 변한다</u>. 열목어 개체 수가 급감하자 여러 기관에서는 인공 증식한 열목어를 방류하는 등 ㉢<u>열목어 복원 사업을 추진하고 있다</u>.

① ㉠과 같은 현상은 몰가치적, ㉢과 같은 현상은 가치 함축적이다.
② ㉡과 같은 현상은 ㉠과 같은 현상과 달리 확실성의 원리가 적용된다.
③ ㉢과 같은 현상은 ㉡과 같은 현상과 달리 존재 법칙의 지배를 받는다.
④ ㉠과 같은 현상은 ㉡, ㉢과 같은 현상과 달리 보편성과 특수성이 공존한다.

TIP ㉠의 멸종 위기 양생 생물 지정과 ㉢의 열목어 복원 사업 추진은 사회·문화 현상이다. ㉡의 산란기가 되면 온몸이 짙은 홍색으로 변하는 것은 자연 현상이다. 자연 현상은 사회·문화 현상과 달리 확실성의 원리가 적용된다.
① ㉠, ㉢과 같은 사회·문화 현상은 가치 함축적이고 ㉡과 같은 자연 현상은 몰가치적이다.
③ ㉢과 같은 사회·문화 현상은 당위 법칙의 지배를 받고 ㉡과 자연 현상은 존재 법칙의 지배를 받는다.
④ ㉠, ㉢과 같은 사회·문화 현상은 보편성과 특수성이 공존하며 ㉡과 같은 자연 현상은 보편성이 적용된다.

※ 자연현상과 사회·문화 현상의 비교

구분	자연 현상	사회·문화 현상
의미	• 인간의 의지와 무관한 보편적 현상 • 자연의 법칙 그 자체를 인간의 힘으로 변경할 수 없음 例 봄이 가면 여름이 옴, 가뭄,태풍 등의 자연 현상	• 인간에 의하여 창조된 모든 현상 • 인간의 의지로 현상을 바꿀 수 있음 例 정치, 경제, 예술, 종교, 집단 등의 사회제도
성격	• 사실법칙이 지배 • 존재법칙(Sein의 법칙) • 인과법칙 • 필연법칙 例 물은 위에서 아래로 흐른다.	• 규범법칙이 지배 • 당위법칙(Sollen의 법칙) • 목적법칙 • 자유법칙 例 사람을 살해해서는 안 된다.
가치	몰가치적이고 보편성을 지님	가치 함축적이고 가치 판단적임
예측	• 고정성과 불변성 • 규칙발견과 예측 용이	• 유동성과 가변성 • 규칙발견과 예측이 곤란
인식방법	관찰과 실험	통제된 실험이 용이하지 않고 사례연구, 참여관찰, 설문조사 등 병행
관련학문	자연과학→ 확실성의 원리	사회과학→ 확률의 원리

Answer 1.②

2 〈보기〉는 사회·문화 현상의 연구 방법 A, B를 분류한 것이다. 이에 대한 설명으로 가장 옳은 것은?

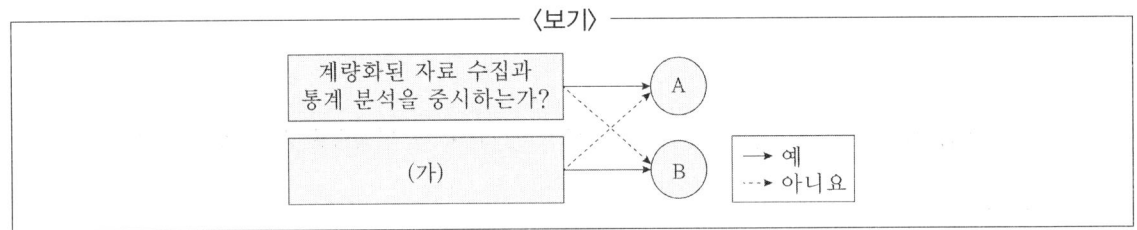

① A는 연구자의 직관적 통찰을 통한 이해를 강조한다.
② B는 변인 간 관계에 대한 법칙 발견을 목적으로 한다.
③ A는 방법론적 일원론, B는 방법론적 이원론에 기초한다.
④ (가)에는 '경험적 관찰을 통해 자료를 수집하는가?'가 들어갈 수 있다.

> **TIP** 사회·문화 현상의 연구 방법 중 계량화된 자료 수집과 통계 분석을 중시하는 A는 실증적 연구(양적 연구) 방법이다. 그렇지 않은 B는 해석적(질적) 연구 방법이다. 실증적 연구는 방법론적 일원론, 해석적 연구는 방법론적 이원론에 기초한다.
> ① 연구자의 직관적 통찰을 통한 이해를 강조하는 연구 방법은 해석적 연구(B)다.
> ② 변인 간 관계에 대한 법칙 발견을 목적으로 하는 연구 방법은 실증적 연구(A)다.
> ④ 두 연구 방법은 구체적 방법이 다를 뿐 모두 경험적 관찰을 통해 자료를 수집한다.
> ※ 방법론적 일원론과 이원론

구분	방법론적 일원론	방법론적 이원론
주장자	콩트(Comte. A)	베버(Weber. M)
의미	사회·문화 현상의 탐구와 자연현상의 탐구가 비슷하다고 보는 관점	사회·문화 현상의 탐구와 자연 현상의 탐구가 서로 다르다고 보는 관점
전제	사회·문화 현상에도 자연 현상과 마찬가지로 인과법칙이 존재하고 있어 본질적으로 측정이나 실험과 같은 실증적 방법을 통하여 법칙을 발견할 수 있다.	사회·문화 현상은 인간의 의식과 의지를 바탕으로 일어나고, 인간의 행위에는 주어진 환경과 조건, 자신의 행위에 대한 해석과 의미가 담겨 있기 때문에 자연과학적 방법과는 다른 방법으로 탐구해야 한다.
연구목적	인과관계 및 일반적 법칙 발견	인간 행동의 동기 및 의미 파악
특징	사회 현상은 연구자와 독립된 객체에 있기 때문에 분리가 가능하다.	사회 현상은 연구자 자신까지 포함하고 있어서 연구자의 가치와 관점이 개입될 수 있기 때문에 분리가 불가능하다.
연구방법	실증적 연구방법으로 발전	해석적 연구방법으로 발전

Answer 2.③

3 다음은 연구 단계를 순서 없이 나열한 것이다. 이에 대한 설명으로 옳은 것은?

> (가) 수집한 자료를 통계 처리하여 변수 간의 인과관계 분석
> (나) 자기주도학습이 학업 성취도에 미치는 영향을 연구 주제로 선정
> (다) 자기주도학습 태도를 지닌 고등학생일수록 학업 성취도가 높을 것이라는 잠정적 결론 도출
> (라) ○○시 △△고교 학생 1,500명을 대상으로 연구주제에 대한 설문조사 실시
> (마) 학업 성취도는 1학기와 2학기의 지필평가 평균 점수를 비교하여 측정하기로 결정

① (가) 단계와 (다) 단계에서는 연구자의 가치 중립적 태도가 요구된다.
② (가) 단계에서는 (다) 단계와 달리 연구자의 직관적 통찰이 필요하다.
③ (나) 단계와 (마) 단계에서는 연구자의 가치가 개입된다.
④ 연구는 (나)→(라)→(가)→(마)→(다)의 순서로 진행되어야 한다.

TIP (가)는 자료 분석 단계로 수집한 자료를 통계 처리하고 인과관계를 분석하는 단계다. (나)는 문제의 인식 및 연구 주제 선정 단계에 해당한다. (다)는 가설 설정 단계에 해당한다. (라)는 자료 수집 단계에 해당한다. (마)는 연구 설계 단계에 해당한다. 연구를 함에 있어서 가치 중립적 태도를 유지하는 게 중요하지만 막스 베버는 가치중립과 가치 개입이 반드시 배타적 개념이 아니라고 주장하였다. 이에 (나) 단계인 연구 주제를 선정하고, (마) 단계인 연구를 설계하는 과정에서 가치 개입이 허용된다.
① 자료 분석 단계에서는 철저히 가치 중립이 요구된다. 연구 주제를 선정하는 단계에서는 가치 개입이 허용된다.
② 제시문은 양적 연구에 해당된다. 연구자의 직관적 통찰은 질적(해석적) 연구에서 필요로 한다.
④ 연구의 과정은 (나)→(다)→(마)→(라)→(가) 순으로 진행되어야 한다.
※ 양적 연구와 질적 연구

구분	양적 연구	질적 연구
연구의 목적	인과 법칙 발견	현상의 의미 해석
자료	수치화된 양적 자료	언어와 행동, 동기나 의도
사례 수	다수	소수
경험적 증거	객관적으로 관찰 가능	주관적으로 이해 가능
탐구방법	통계적 방법	참여관찰, 심층면접
연구자와 연구대상자의 관계	연구 대상과의 거리 유지	연구 대상에 개입

Answer 3.③

4 자료 수집 방법 (가) ~ (다)에 대한 설명으로 옳은 것은?

자료 수집 방법	특징
(가)	- 비교적 짧은 시간에 다수의 대상으로부터 자료를 얻는 데 용이함 - 통계처리가 용이하며 비교 분석 연구에 적합함
(나)	- 문맹자에게도 사용할 수 있음 - 응답자만이 알고 있는 심층적인 정보를 얻을 수 있음
(다)	- 의사소통이 어려운 집단을 조사할 때 유용함 - 생동감 있고 깊이 있는 정보를 직접 파악할 수 있음

① (가)는 양적 연구에서 주로 활용되는 자료 수집 방법이다.
② (나)는 시간과 비용 측면에서 효율적이라는 장점이 있다.
③ (다)는 인위적인 상황을 만들어 변수 간의 인과관계를 파악하는 방법이다.
④ (가), (나)와 달리 (다)는 질적 연구에서 주로 활용되는 자료 수집 방법이다.

TIP (가)는 비교적 짧은 시간에 다수의 대상으로부터 자료를 얻는 데 용이한 질문지법이다. (나)는 문맹자에게도 사용할 수 있으며 심층적인 정보를 얻을 수 있는 면접법이다. (다)는 의사소통이 어려운 집단을 대상으로 생동감 있고 깊이 있는 정보를 직접 파악할 수 있는 참여관찰법이다.
질문지법은 질문 응답 결과를 분석하여 계량화, 수치화하는 양적 연구에서 주로 활용되는 자료 수집 방법이다.
② 시간과 비용 측면에서 효율적인 것은 질문지법(가)의 장점이다. 면접법은 시간과 비용이 많이 든다는 단점이 있다.
③ 인위적인 상황을 만들어 변수 간의 인과관계를 파악하는 방법은 실험법이다.
④ 질문지법(가)은 양적 연구에서 활용되며, 면접법(나), 참여관찰법(다)은 질적(해석적) 연구에서 활용된다.

Answer 4.①

5 〈보기〉의 (가)~(라)에 해당하는 자료수집방법에 대한 설명으로 가장 옳지 않은 것은?

―― 〈보기〉 ――

다음은 근로자들의 생활실태와 의식에 관한 자료를 수집하기 위한 활동이다.
(가) 근로자들의 수기 내용을 분석하여 근로자들의 의식을 파악한다.
(나) 근로자들과의 대화를 통해 그들이 생각하는 바를 깊이 있게 조사한다.
(다) 근로자들이 일하는 공장에서 함께 생활하면서 근로자들이 살아가는 모습을 관찰한다.
(라) 근로자들이 생각하는 바를 알아보기 위해 질문지를 만들어 그들에게 답을 하도록 한다.

① (가)는 양적 연구와 질적 연구 모두에 활용된다.
② (나)와 (다)는 문맹자에게 사용하기 어렵다.
③ (나)는 (라)에 비해 자료수집과정에서 연구자의 유연성이 높다.
④ (나)와 (라)는 언어를 매개로 한 상호작용이 필수적이다.

> **TIP** (가)에서 수기 내용을 분석하는 것은 자료수집방법 중 문헌연구법에 해당한다. (나)에서 근로자들과의 대화를 통해 깊이 있게 조사한 것은 면접법이다. (다)에서 근로자들과 함께 생활하면서 관찰한 것은 참여관찰법에 해당한다. (라)의 질문지를 통한 조사는 질문지법이다.
> 질문지법은 질문지의 내용을 이해할 수 있어야 하므로 문맹자를 상대로 자료를 수집하기 어렵다. 면접법은 대화를 통해 자료를 수집하므로 문맹자에게 사용할 수 있다.
> ① 문헌연구법은 양적 자료와 질적 자료 모두를 분석대상으로 한다.
> ③ (나)의 면접법은 상황에 따라 질문의 순서 및 내용을 달리할 수 있고, 추가 질문을 하는 등 유연성을 높일 수 있다.
> ④ (나)의 면접법은 대화가 매개가 되며, (라)의 질문지법은 질문지가 매개가 된다. 두 방법 모두 언어의 의미 이해가 바탕이 된다.

Answer 5.②

6 다음에서 밑줄 친 ㉠~㉦에 대한 설명으로 옳은 것은?

> - 연구 주제 : 사원들의 ㉠직무 만족도에 ㉡사기 진작 프로그램이 미치는 영향
> - 연구 가설 : ㉢사기 진작 프로그램의 시행은 직무 만족도를 높일 것이다.
> - 변수 측정
>   - 직무 만족도 : 표준화된 직무 만족 측정 도구(5점 척도, 5문항)
>   - 사기 진작 프로그램 : 매주 수요일 오후 자율적 야외 체육활동
> - 연구 과정 : ○○회사 전 직원 가운데 500명을 무작위 추출한 후, 다시 무작위로 250명씩 ㉣A집단과 ㉤B집단으로 나누었다. 두 집단을 대상으로 직무 만족도를 ㉥1차 측정한 결과 집단별 직무 만족도의 평균값은 통계적으로 의미 있는 차이를 보이지 않았다. 이후 A집단에는 매주 수요일 오후 자율적 야외 체육활동을 허락한 반면, B집단에는 아무런 변화도 주지 않았다. ㉦한 달 후 두 집단의 직무 만족도를 같은 문항을 통해 2차 측정한 결과, B집단의 2차 평균값은 1차 평균값과 동일하게 나타난 반면, A집단의 2차 평균값은 1차 평균값에 비해 통계적으로 의미 있는 수준에서 증가한 것으로 나타났다.
>
> ※ A집단 모두 자율적으로 야외 체육활동에 참여하였고, 사기 진작 프로그램 이외 다른 변수의 효과는 통제된 것으로 간주함

① ㉠은 독립 변수, ㉡은 종속 변수이다.
② ㉢의 경험적 검증을 위해서는 계량화된 자료의 획득이 중요하다.
③ ㉣은 통제 집단, ㉤은 실험 집단이다.
④ ㉥과 ㉦ 모두에서 두 집단 간 직무 만족도 평균값의 차이가 클수록 가설 채택의 가능성이 높아진다.

TIP ① 독립 변수는 어떠한 효과를 관찰하기 위하여 실험적으로 조작되거나 혹은 통제된 변수이고, 종속 변수는 독립 변수의 조작·통제로 인하여 영향을 받는 변수를 말한다. 따라서 ㉠은 종속 변수, ㉡은 독립 변수이다.
③ 통제 집단은 실험설계에서 처치를 받은 실험 집단의 효과를 비교하기 위한 대상으로 설정하는 처치를 받지 않은 집단을 말한다. 따라서 ㉣은 실험 집단, ㉤은 통제 집단이다.
④ 가설 채택의 가능성이 높아지기 위해서는 ㉥에서 비슷했던 두 집단 간에 직무 만족도 평균값이 한 달 후인 ㉦에서는 A집단의 직무 만족도 평균값이 B집단의 직무 만족도 평균값에 비해 의미 있는 수준으로 증가해야 한다.

Answer 6.②

7 그림은 사회·문화현상의 연구방법론 흐름도이다. 이에 대한 설명으로 가장 옳은 것은?

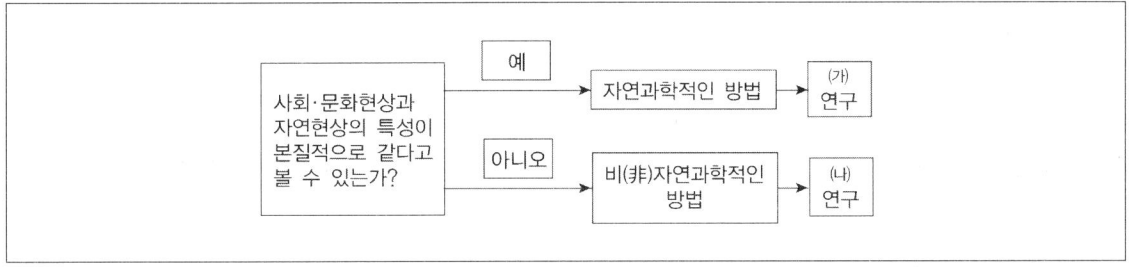

① 실증주의를 바탕으로 하는 연구 방법은 (가)이다.
② (가)는 질적 연구, (나)는 양적 연구에 해당한다.
③ 계량화를 바탕으로 한 통계적 분석이 가능한 것은 (가)보다 (나)이다.
④ (가)는 방법론적 이원론, (나)는 방법론적 일원론을 주장한다.

TIP (가) 실증적 연구, (나) 해석적 연구
② (가)는 양적 연구, (나)는 질적 연구에 해당한다.
③ 계량화를 바탕으로 한 통계적 분석이 가능한 것은 (나)보다 (가)이다.
④ (가)는 방법적 일원론, (나)는 방법적 이원론을 주장한다.

8 다음 (가)와 (나)의 입장에 대한 설명으로 옳지 않은 것은?

> (가) 기상청은 일기 예보의 정확도를 높이기 위해 고액의 연봉을 주고 기상학 전문가를 영입하였다. 그는 "첨단 컴퓨터와 보다 정교한 모델을 이용하면 날씨에 영향을 미치는 여러 가지 변수를 고려하여 일기 예보의 정확성을 높일 수 있다."라고 말했다.
> (나) 사회 과학자들은 객관적 데이터의 분석으로 인간의 의지와 가정이 개입되는 사회 현상을 법칙화하는 것은 불가능하다고 주장한다.

① (가)는 기상학의 연구 대상이 우연성보다는 필연성을 갖고 있다고 생각한다.
② (가)에서 일기 예보의 정확성을 높일 수 있다고 한 것은 연구 대상에 인과 법칙이 존재하기 때문이다.
③ (나)는 사회 현상에 특수성이 존재한다고 본다.
④ (나)는 연구 대상을 방법론적 일원론으로 설명할 수 있다고 본다.

Answer 7.① 8.④

TIP (개)에서 기상청의 일기 예보는 객관적인 자료로 증명할 수 있는 자연현상이다. 이에 필연성, 보편성, 인과법칙, 존재법칙, 몰가치성을 특징으로 한다. 이와 비교하여 (내)는 사회·문화현상으로 개연성, 특수성, 가치 함축성을 갖고 있다. 따라서 (내)는 자연현상과 사회·문화현상을 구별하는 방법론적 이원론에 해당하며 (개)는 방법론적 일원론에 해당한다.

9 다음의 사회·문화현상을 바라보는 관점에 부합하는 내용을 〈보기〉에서 고른 것은?

> 사회·문화현상은 인간과 인간이 일상생활에서 상징 행위를 통해 상호 작용을 한 결과 발생하는 것으로 주관적인 의미가 담겨 있는 것이다.

〈보기〉
㉠ 빈곤 문제는 경기 불황이나 사회 제도가 미비하여 나타난다.
㉡ 구성원들의 비공식적 인간관계가 기업 생산성에 중요한 영향을 미친다.
㉢ 보육비를 지원하는 법률이 제정되면 여성 근로자의 육아 부담이 줄어든다.
㉣ 부모의 가부장적 태도는 자녀가 성 역할에 대한 고정 관념을 갖게 만든다.

① ㉠㉡
② ㉠㉢
③ ㉡㉢
④ ㉡㉣

TIP 사례는 일상생활에서의 상징 행위를 통해 사회문화 현상을 분석하는 미시적 관점에 속한다.
㉠㉢ 거시적 관점, ㉡㉣ 미시적 관점

10 다음 사회현상의 탐구과정 중 가치중립이 필요한 곳은?

> 문제제기 → 가설의 설정 → 자료수집 및 해석 → 결론도출 → 대안모색
>   ㉠   ㉡   ㉢   ㉣

① ㉠
② ㉡
③ ㉢
④ ㉣

TIP 가치중립은 가치의 영향이 배제된 상태, 즉 가치로부터 자유로운 상태를 말한다. 사회현상의 탐구과정 중 자료의 수집 및 해석단계는 연구자의 가치가 개입될 경우 과학적 연구에 객관성이 결여되어 사실을 왜곡할 위험이 있다. 즉, 본인이 설정한 가치에 유리한 자료만을 증거로 채택하고 불리한 자료는 무시하여 잘못된 결론도출에 이를 수 있다. 따라서 연구자의 가치중립적 자세는 올바른 결론도출에 꼭 필요한 요소이다.

Answer 9.④ 10.③

11 다음 중 사회·문화현상을 탐구하는 태도로 옳지 않은 것은?

① 사회·문화현상의 특수성을 고려한다.
② 가능한 한 선입관이나 편견을 배제한다.
③ 부분적인 가치를 지닌 특정한 이론은 그대로 받아들인다.
④ 사회·문화현상 그 자체를 있는 그대로 정확하게 인식하는 단계에서는 냉정한 제3자의 입장에 서야 한다.

> **TIP** ③ 부분적인 가치를 지닌 어떤 특정한 이론을 무비판적으로 받아들이거나 다른 사람의 주장을 무조건 배격하는 일은 피해야 한다.
> ※ 사회·문화현상을 탐구하는 태도 … 객관적인 태도, 개방적인 태도, 상대주의적 태도, 조화의 중요성을 인식하는 태도가 요구된다.

12 사회현상의 탐구와 자연현상의 탐구가 서로 다르다고 보는 사람들이 중시하는 입장으로 가장 옳은 것은?

① 일반적인 법칙발견
② 행위의 의미파악
③ 탐구의 목적과 주제
④ 주어진 환경과 조건

> **TIP** 의미의 파악을 통한 연구 … 사회현상을 모두 자연과학과 똑같은 방법으로 탐구할 수 있는지와 그 방법이 과연 타당한지에 대해서는 의문을 제기하는 학자들이 있는데, 그들의 주장에 의하면 사회현상은 인간의 의식과 의지를 바탕으로 일어나며, 인간의 행위에는 주어진 환경과 조건, 그리고 자신의 행위에 대한 해석과 의미가 담겨 있기 때문에 자연 과학적 방법과는 다른 방법으로 탐구해야 한다는 것이다.

13 사회현상의 탐구과정에 대한 진술로 옳지 않은 것은?

① 시대와 사회를 초월하는 보편적 가치를 지닌 사회현상도 있음을 인정한다.
② 연구의 결과 얼마나 사실과 일치하느냐의 문제는 연구가 얼마나 체계적이냐에 달려 있다.
③ 연구가 얼마나 정밀성이 있느냐의 문제는 측정의 단위가 얼마나 정확한가에 달려 있다.
④ '신은 있는가', '인생의 궁극적인 목적은 무엇인가' 등은 경험적으로 증명할 수 없으므로 연구의 대상으로 삼지 않는다.

> **TIP** 사회현상 탐구의 객관성과 체계성
> ㉠ 객관성: 연구자 자신의 단순한 감정이나 느낌을 배제한다.
> ㉡ 정확성·정밀성: 연구결과와 사실과의 일치여부의 문제이다.
> ㉢ 체계성: 부분적 지식과 전체와의 적절한 연계성이 문제이다.

Answer 11.③ 12.② 13.②

14 〈보기〉의 ㉠, ㉡에 해당하는 기본권 유형에 대한 설명으로 가장 옳은 것은?

― 〈보기〉 ―

　㉠　과　㉡　은 우리 헌법에서 보장하는 기본권이다.　㉠　은 국민이 부당하게 국가의 침해를 받지 않고 자유롭게 생활할 수 있는 권리이고　㉡　은 실질적인 평등과 인간다운 생활의 보장을 국가에 요구할 수 있는 권리이다.

① ㉠은 기본권 보장을 위한 수단적·절차적 권리라는 성격을 지닌다.
② ㉡은 헌법의 기본 원리 중 국민 주권주의와 직접적으로 연관되어 있다.
③ ㉠은 역사적으로 볼 때 가장 오래된 기본권이다.
④ ㉡은 ㉠과 달리 국가의 최소한의 기능을 강조한다.

> **TIP** 〈보기〉의 ㉠은 자유권이고 ㉡은 사회권에 해당한다.
> ① 자유권은 청구권적 기본권으로 수단·절차적 권리라는 성격을 지니지 않는다.
> ② 사회권은 복지국가 원리와 관련이 있다.
> ④ 사회권은 국가의 적극적 개입을 요구하는 권리이다.

15 〈보기〉에 대한 설명으로 가장 옳은 것은? (단, A, B는 각각 양적 연구 방법과 질적 연구 방법 중 하나이다.)

― 〈보기〉 ―

사회·문화 현상의 연구 방법으로 A와 B가 있다. A는 사회·문화 현상에 내재한 법칙을 발견하는 데 목적이 있다. 반면, B는 인간 행위의 동기나 의도를 파악하여 사회·문화 현상이 지닌 의미에 대한 해석을 추구한다.

① A는 방법론적 이원론을 전제로 한다.
② B는 연구자의 감정 이입적 이해를 중시한다.
③ A는 B와 달리 비공식적 자료의 활용을 중시한다.
④ B는 A에 비해 연구 결과의 일반화가 용이하다.

> **TIP** 〈보기〉에서 A는 사회·문화 현상에 내재한 법칙을 발견하는 것을 목적으로 하는 양적 연구 방법이고, B는 인간 행위의 동기나 의도를 파악하여 의미를 해석하는 것을 목적으로 하는 질적 연구 방법에 해당한다.
> ① 양적 연구 방법(A)은 방법론적 일원론을 전제로 한다.
> ③ 양적 연구 방법(A)은 공식적이고 구조화된 자료를 활용한다. 비공식적 자료의 활용은 질적 연구 방법(B)이다.
> ④ 질적 연구 방법(B)은 구체적인 맥락과 사례를 중시하여 일반화가 어렵다.

Answer 14.③ 15.②

16 〈보기〉는 사회·문화 현상의 연구 방법 A, B의 일반적인 연구 절차를 나타낸 것이다. 이에 대한 설명으로 가장 옳은 것은?

〈보기〉

구분	연구 절차
A	연구 주제 선정 → 연구 설계 → 자료 수집 → 자료 해석 → 결론 도출
B	연구 주제 선정 → ㉠ → 연구 설계 → 자료 수집 → 자료 분석 → 가설 검증 → 결론 도출

① A는 방법론적 일원론을 전제로 한다.
② ㉠에서는 연구 주제에 대한 잠정적인 결론을 제시 한다.
③ A는 B에 비해 연구 결과의 일반화가 용이하다.
④ B는 연구자가 연구 대상으로부터 분리되기 어렵다고 본다.

TIP ① 방법론적 일원론은 자연과학과 사회과학의 연구 방법이 동일해야 한다. A는 질적 연구이므로 방법론적 일원론을 전제로 하지 않는다.
③ B는 양적 연구로 통계적 분석을 통해 연구 결과를 일반화가 용이하다.
④ B(양적 연구)는 연구자가 연구 대상으로부터 객관적으로 분리된다.

Answer 16.②

02 개인과 사회 구조

제3편 사회 · 문화

❶ 인간의 사회적 성장

(1) 사회화

① 사회화의 의미와 종류
  ㉠ 사회화의 의미 : 개인이 사회적 상호작용을 통해서 그 사회의 행동방식과 사고방식을 학습해가는 과정이다.
  ㉡ 사회화의 종류

구분	내용	예
탈사회화	새로운 문화나 환경에 적응하기 위해 이미 배웠던 것을 버리는 과정	군 생활
예기 사회화	지위 변화에 따른 역할을 미리 배우고 준비하는 과정	교육 실습, 신부 수업
재사회화	새로운 환경에 적응하고자 새로운 규범과 가치, 지식 등을 학습 하는 과정	교도소에서 복역할 경우

  ㉢ 사회화 과정
    • 1차적 사회화 : 유아기에 가족과 주변의 가까운 사람들에 의해 이루어지며 이시기에 습득되는 사회화 내용은 인성의 기본 틀을 형성한다.
    • 2차적 사회화 : 아동기 이후부터 의도적인 교육과 훈련, 일상의 경험을 통해 평생 이루어진다.

② 사회화를 바라보는 관점
  ㉠ 거시적 관점

구분	기능론	갈등론
사회화의 의미	• 합의와 균형을 강조 • 다양한 개인들의 행동을 원만하게 조정, 통합하는 과정	지배 계급의 문화를 전수하여 지배층의 지배를 정당화 시키는 과정
사회화의 기능	• 개인을 사회에 적응 통합시켜 사회를 유지함 • 사회 구조의 안정과 질서를 유지시킴	기득권을 가진 집단의 이익이 지켜지는 상태를 유지, 강화하기 위한 내용을 전달함
사회화의 내용	사회의 안정과 질서유지 및 통합에 필수적으로 개인과 사회의 필요에 따라 합의된 것	기득권층의 이익이나 의사를 대변하여 기득권층에 유리한 이데올로기 전파

  ㉡ 미시적 관점
    • 사회화란 타인들의 반응에 따라 어떻게 생각하고 행동하는 것이 바람직한지 내면화하는 과정이다.
    • 사회화에서 인간의 자아형성과 상징적 상호작용의 중요성을 강조한다.
    • 사회화는 개인을 사회적 성원으로 성장시키고 사회적 소속감을 형성한다.

(2) 사회화 기관

① 사회화 기관의 의미와 종류
  ㉠ 사회화 기관의 의미 : 개인의 사회화를 담당하는 기관이다.
  ㉡ 주요 사회화 기관

사회화 기관	주요 사회화 내용	사회화 기관	주요 사회화 내용
가족	기본적인 욕구충족, 정서적 반응방식 습득	학교	지식과 기술 습득, 진로 및 직업 선택, 역할 규범 학습
또래집단	언어, 규칙과 가치관습득	대중매체	새로운 정보와 지식 및 생활 양식 습득

② 사회화 기관의 분류
  ㉠ 1차적 사회화 기관과 2차적 사회화 기관

구분	1차적 사회화 기관	2차적 사회화 기관
특징	자연발생적으로 형성, 전인격적 관계	인위적으로 형성, 형식적 비인격적 관계
기능	• 기초적인 사회화 담당 • 기본적 인성과 정체성 형성	• 전문적, 고차원적인 사회화 담당 • 사회생활을 위한 지식과 기능 습득
종류	가족, 친족, 또래집단	학교, 정당, 직장, 대중매체 등

  ㉡ 공식적 사회화 기관과 비공식적 사회화 기관

구분	공식적 사회화 기관	비공식적 사회화 기관
특징	사회화를 주목적	부수적으로 수행하는 사회화
종류	학교, 유치원 등	가족, 직장, 대중매체, 군대

(3) 지위와 역할, 역할 갈등

① 지위
  ㉠ 지위 : 지위의 의미 한 개인이 집단이나 사회적 관계 속에서 차지하고 있는 위치이다.
  ㉡ 지위의 종류

구분	귀속 지위	성취 지위
의미	태어나면서부터 자연적으로 획득하는 지위	개인의 재능과 노력에 의해 후천적으로 획득하는 지위
특징	전통 사회에서 중요시	현대 사회에서 중요시

② 역할
  ㉠ **역할** : 지위에 따라 사회가 기대하는 일정한 행위 유형이다.
  ㉡ **역할행동**(역할 수행) : 개인이 자신에게 부여된 역할을 실제로 행동에 옮기는 방식으로 개인의 성격, 습관, 나이 등에 따라 각기 다르게 나타난다.

③ 역할 갈등
  ㉠ 역할 갈등 : 한 사람이 수행해야 할 여러 가지 역할들이 서로 모순을 일으켜 역할 수행자가 갈등을 느끼게 되는 현상을 의미한다.
  ㉡ 역할 갈등의 유형

구분	역할긴장	역할모순
지위의 수	하나의 지위	여러 개의 지위
의미	한 개인이 가지고 있는 하나의 지위에서 서로 상반되는 역할이 요구될 때 발생하는 역할 갈등	한 개인이 가지고 있는 여러 가지 지위에 따라 기대되는 역할들이 서로 상충 될 경우에 발생하는 역할 갈등

  ㉢ 역할 갈등의 해결
    • 사회적으로는 어느 것을 우선시 하는 것이 바람직한지에 대한 합의와 기타의 역할을 다른 방법으로 수행할 만한 제도적 뒷받침이 마련되어야 한다.
    • 개인적으로는 역할의 우선순위를 정하여 중요한 것부터 처리해 나가거나, 여러 가지 역할 가운데 하나를 선택하여 수행해야 한다.

❷ 개인과 사회의 관계

(1) 사회적 상호작용

① **사회적 상호작용** … 사회생활을 하면서 사람들 간에 서로 영향을 주고받으면서 행동을 교환하는 것이다.

② 사회적 상호작용의 유형
  ㉠ 협동 : 공동의 목표를 달성하기 위해 구성원들이 서로 힘을 합치는 것이다. 평등한 참여 기회가 보장되며 목표 달성 시, 그 혜택을 공평하게 나눠야 잘 이루어진다.
  ㉡ 경쟁 : 둘 이상의 행위자 혹은 집단이 공통의 규칙에 따라 동일한 목표를 서로 먼저 차지하기 위해 애쓰는 것이다. 심할 경우 갈등으로 발전할 수 있다.
  ㉢ 갈등 : 목표나 이해관계가 충돌하여 상대방을 강제로 굴복시키거나 제거해서 목표를 달성하려는 것이다. 사회 분열과 혼란을 초래하기도 하지만 사회문제를 파악하고 해결방안을 모색함으로써 사회발전에 기여한다는 긍정적인 작용도 한다.

(2) 개인과 사회의 관계

① 개인과 사회를 보는 입장

구분	사회 실재론	사회 명목론
내용	• 사회는 실재로 존재 • 사회는 개인들의 행위 양식이나 특성들만으로는 설명 불가 • 개인은 사회를 구성하는 하나의 단위에 불과하며 사회가 개인보다 우선시 됨	• 사회는 명목상으로만 존재 • 사회는 개인의 행위와 동기에 근거하여 설명됨 • 실재하는 것은 개인뿐이고 사회는 개인들의 단순한 집합체에 붙여진 이름에 불과하며 개인이 사회보다 더 근원적임
특징	• 개인보다 사회가 중요 • 사회현상을 파악 할 때 사회 조직이나 사회 집단을 탐구한다.	• 사회보다 개인이 중요 • 사회현상을 파악할 때 개인들의 특성을 탐구
관점	사회유기체설, 전체주의의 토대	개인주의, 자유주의의 토대, 사회계약설, 공리주의
장점	사회 통합에 기여	민주주의 발전에 기여
문제점	• 전체를 위한 개인의 희생을 정당화함 • 인간의 주체적이고 능동적인 사고와 행위의 측면을 간과함	• 극단적인 개인주의로 빠질 우려 • 개인의 행위에 대한 사회구조나 사회제도의 영향력을 간과함

② 개인과 사회를 보는 바람직한 관점
  ㉠ 사회는 개인 없이 존재할 수 없고, 개인은 사회 없이 인간다운 삶을 누릴 수 없다.
  ㉡ 사회명목론이나 사회 실재론 중 하나의 관점만을 적용할 경우, 현상을 바르게 이해할 수 없다.
  ㉢ 개인과 사회의 밀접한 상호 연관성에 중점을 두고 개인과 사회의 관계를 이해해야한다.

❸ 사회집단과 조직

(1) 사회집단

① **사회집단** … 두 사람 이상이 어느 정도의 소속감과 공동체 의식을 가지고 지속적인 상호작용을 하는 사람들의 집합체를 의미한다.

② 사회집단의 유형
  ㉠ 내집단, 외집단 : 구성원의 소속감을 기준으로 분류(섬너)

구분	내집단(공동체의식)	외집단(적대의식)
특성	• 강한 소속감과 공동체 의식, 유대감과 동료애, 애착심을 가진 집단 • 자아 정체감 형성, 판단과 행동의 기준을 배우게 함	• 이질감과 적대감을 가진 집단 • 적대의식이나 공격적 태도를 가지기도 하며, 집단결속의 필요성을 가져오기도 함
예	친족, 이웃, 학교	게임의 상대편, 적군

ⓒ 1차 집단, 2차 집단 : 접촉방식을 기준으로 분류(쿨리)

구분	1차 집단(원초집단)	2차 집단
형성방법	자연발생적 형성	특정 목적달성을 위한 인위적 형성
친밀도	친밀한 대면관계	친밀감이 낮은 형식적 관계
목적	관계 자체가 목적	목적 달성을 위한 수단
관계	자기 노출수준이 높고, 타인에 대한 지식과 관계가 포괄적	타인에 대한 지식과 관계가 부분적, 간접적
통제	관습 도덕 등 비공식적 관계	법 규칙 등 공식적 통제
실례	가족, 또래 집단, 이웃	학교, 회사, 군대, 국가 등

ⓒ 공동사회와 이익사회 결합의지에 따른 분류(퇴니스)

구분	공동사회(자연발생)	이익사회(인위적 형성)
형성방법	본질적, 자연적인 의지로 형성	의도적, 선택적으로 형성
결합목적	결합자체	특수목적달성
인간관계	• 서로 친밀함 • 정서적, 영구적인 인간관계 • 신뢰와 협동심이 강함	수단적, 형식적, 타산적, 목표지향적
특성	• 상호이해와 관습이 집단 구성의 바탕 • 가입과 탈퇴가 자유롭지 못함	• 효율성, 전문성 지향 • 구성원들의 이해관계에 따른 계약과 규칙이 집단구성의 바탕
실례	가족, 촌락	회사, 정당, 학교

ⓔ 준거집단 : 개인의 판단과 행동의 기준이 되는 집단으로, 준거집단은 그 개인이 소속하고 있는 집단일 수도 있고 그렇지 않을 수도 있다. 준거집단과 소속집단이 불일치할 경우 사회 이동의 증가, 문화 전파의 촉진 등이 나타난다.

기출예제　　　　　　　　　　　　　　　　　　　　　　　2025. 6. 21. 제1회 서울특별시

〈보기〉의 밑줄 친 '이 집단'은?

〈보기〉
이 집단은 자기가 속하거나 속하고 싶어 하는 집단으로서 남들과의 비교에 평가 기준이 되는 집단을 말한다. 이 집단을 선택할 때에는 자신이 처해있는 상황, 사회적 배경 등이 영향을 미친다. 만약 이 집단과 자신의 소속집단이 다를 경우에는 내면적으로 불안감과 욕구 불만이 생길 수 있다.

① 내집단　　　　　② 외집단
③ 준거 집단　　　④ 자발적 결사체

＊
〈보기〉는 준거 집단에 대한 설명이다. 준거집단에는 규범적 기능과 비교적 기능이 있는데, 규범적 기능은 개인이 특정 집단의 가치관이나 규범을 내면화하여 자신의 태도나 행동을 형성하는 기능을 말하며 비교적 기능은 개인이 자신의 위치나 능력을 다른 사람들과 비교하는 데 기준이 되는 기능을 뜻한다.
① 개인이 소속되어 있으며 강한 공동체 소속감과 공동체 의식을 느끼는 집단이다.
② 개인이 소속되어 있지 않은 집단으로 이질감을 느끼는 집단이다.
④ 공동의 목적을 위해 구성원들이 자발적으로 결성한 조직체로, 가입과 탈퇴가 자유롭고 구성원들의 열성적 참여가 특징이다.

답 ③

(2) 사회조직

① **사회조직** … 공식적인 목표와 과업의 효율적 달성이 1차적 관심이며 구성원의 지위와 역할이 명백하게 구별되고 절차와 규범에 따른 구성원들의 형식적·비인격적 관계가 형성되며 구성원의 개인적 행동을 상당히 제한하는 집단이다.

② **사회조직의 유형**

㉠ 공식 조직과 비공식 조직

구분	공식 조직	비공식 조직
특성	• 뚜렷한 목표달성을 위해 의도적으로 형성 • 구성원의 지위와 역할이 명확하게 구분되고 전문화됨 • 효율적인 과업수행을 위해 성원들의 활동제한	• 공식 조직 내에서 개인적인 관심이나 취미에 따라 형성 • 구성원의 만족감과 사기를 높여 조직의 효율성을 높임
예	학교, 회사, 정당, 정부	사내 동호회, 교내 동아리

㉡ **자발적 결사체**: 공동의 이해나 목표를 추구하는 사람들이 스스로 만든 집단을 의미한다.
- 특징: 자발적 가입·탈퇴, 신념과 목표 뚜렷, 토론과 합의중시 등이 있다.
- 형태: 친교목적(취미동호회, 동창회), 특정이익을 위한 목적(한의사협회), 공익목적(시민단체, NGO) 등이 있다.
- 기능: 정서적 만족, 사회의 다원화, 정보제공, 사회운동 등의 기능을 한다.
- 역기능: 배타적 특권집단화 가능성, 공익과의 상충 등이 나타날 수 있다.

기출예제 2025. 6. 21. 제1회 서울특별시

〈보기〉의 A에 대한 설명으로 가장 옳지 않은 것은?

〈보기〉
A는 구체적인 사회 문제를 해결하거나 사회 체제를 근본적으로 변혁하기 위하여 대중이 자발적으로 하는 집단적이고 지속적인 행위를 의미한다. 예를 들어 싱크홀에 빠진 사람을 구하기 위한 군중들의 집단적인 행위는 A에 해당하지 않지만, 흑인 인권 신장을 위한 흑인들의 조직적인 행동은 A로 볼 수 있다.

① 다원화되고 복잡해진 오늘날에는 다양한 형태로 전개되고 있다.
② 사회 변동으로 촉발되기도 하지만 사회 변동을 유발하는 동력이 되기도 한다.
③ 다수의 사람이 사회 변동을 달성 또는 저지하려는 의도를 가지고 행하는 행위이다.
④ 기존의 사회 질서를 유지하는 행위가 아닌 새로운 사회 질서를 형성하기 위한 행위를 의미한다.

*
〈보기〉의 A는 사회 운동이다. 사회 운동은 기존 사회 질서의 개량이나 변혁을 목표로 하지만 때로는 현상 유지를 꾀하거나 사회 변혁을 막으려는 경향의 운동(반동적 사회 운동)이 일어나기도 한다.

답 ④

(3) 관료제와 탈관료제

① **관료제의 특징과 장점** … 대규모 조직을 합리적으로 운영하는 방식으로 가장 발달된 조직형태이다.
　㉠ 특성 : 과업의 전문화, 권한과 책임에 따른 위계의 서열화, 문서화된 규약과 절차에 따른 업무수행, 지위 획득 기회의 균등, 경력에 따른 보상 등이 있다.
　㉡ 기능
　　• 효율성 : 거대한 집단적 과업을 안정된 속에서 효율적으로 처리할 수 있다.
　　• 표준화 : 업무가 표준화되어서 구성원이 바뀌어도 과업수행에 차질이 없다.

② **관료제의 역기능** … 수단을 지나치게 강조하여 본래 목표보다 더 중시하는 현상이 나타난다.
　㉠ 무사안일주의(비능률성) : 구성원들은 자기에게 유리한 것은 과장하고, 불리한 것은 축소시켜 조직의 목표와 과업을 달성하는 데 지장을 초래할 수 있다.
　㉡ 인간소외 : 인간을 주어진 규칙과 절차만을 지키는 객체로 전락시킬 수 있다.
　㉢ 창의성 저하 : 규격화된 행동을 요구하며 진취적이고 독창적인 사고를 방해한다.

③ **탈관료제** … 변화에 빠르게 적응하며 조직의 구성과 해체가 자유롭다. 수평적 관계로 효율적인 의사소통 및 빠른 업무처리가 가능하며 개인과 조직의 경쟁력 강화, 창의력 증진, 구성원의 능력과 업적에 따른 보상이 가능하다.
　㉠ 형태
　　• 팀제 조직 : 문제를 해결하기 위해 다양한 전문 인력들에 의해 임시적으로 조직되는 조직 형태이다.
　　• 네트워크형 조직 : 실제 업무 담당자와 최고 경영층이 유기적인 관계를 맺어 신속하고 효율적인 의사 결정을 내릴 수 있는 조직 형태이다.
　　• 아메바형 조직 : 자율성과 유연성을 기본 원칙으로 하여 조직 편성의 변경, 분할, 증식이 수시로 일어난다.
　　• 오케스트라형 조직 : 구성원들이 협동하고 동등한 지위와 책임을 가진다.
　㉡ 역기능 : 소속부서가 자주 바뀌어 심리적 불안감 가중, 공동 작업으로 인해 책임의 경계가 불분명하다.

❹ 사회 구조의 의미와 특징

(1) 사회 구조의 의미와 특징

① **사회적 관계** … 개인의 생존과 활동 과정에서 이루어지는 주변과의 상호작용이 지속적으로 일어나면서 형성된 관계를 말한다.

② **사회 구조** … 하나의 사회 내에서 개인들이나 집단들이 상호관계를 맺고 있는 방식이 정형화되어 안정된 틀을 이루고 있는 조직적인 총체를 말한다.

③ 사회 구조와 개인 및 집단 간의 상호작용
  ㉠ 사회 구조는 구성원의 행동을 규정 : 사회 구조가 일상생활에서 개인의 사회적 행위에 대하여 영향력을 행사한다.
  ㉡ 개인이 사회 구조를 변화 : 인간에게는 자율성과 독립적 의지가 있어서 사회 구조를 바꿀 수 있는 원동력이 되기도 한다.

④ 사회 구조에 대한 관점

기능론적 관점	갈등론적 관점
• 합의와 균형 강조 • 상호의존성 : 사회를 이루는 구성요소들은 상호 의존적 관계에 있으며, 사회의 유지와 통합에 기여하고 있다고 보는 입장 • 사회적 합의 : 각 사회적 요소들의 기능과 방식들은 이미 사회적으로 합의된 것이므로, 당연히 지켜져야 함 • 사회문제는 비정상적인 상태이므로 사회 구조는 이를 극복하고 안정적인 상태로 돌아가려는 속성을 가진다.	• 갈등과 강제 강조 • 사회구성요소의 대립 : 사회의 구성요소들이 서로 대립되거나 불일치한 상태로 존재, 이러한 갈등은 사회 전체의 변동에 기여함 • 강제와 억압을 통한 집단 이익의 추구 : 사회구성요소들 간의 이해관계의 상충은 기존 사회에 변동을 촉진시킴 • 서로 다른 이해관계를 지닌 집단들이 서로 투쟁하면서 사회변동이 일어난다.

(2) 일탈행동의 원인과 대책

① 일탈행동의 의미와 특징
  ㉠ 의미 : 한 사회의 구성원들이 인정하는 사회 규칙이나 사회적 규범에 어긋나는 행동
  ㉡ 특징
    • 일탈행동의 여부는 역사적 조건, 시대적 상황과 지역에 따라 달라진다.
    • 개인적 긴장 야기, 사회문제로 확산될 수 있다
    • 일탈행동을 통해 사회문제 표면화가 일어나고 이를 해결함으로써 사회발전을 가능하게 한다.

② 일탈행동의 원인
  ㉠ 거시적 측면 : 일탈의 원인을 사회구조의 틀에서 찾는다. (관련 이론 : 기능론, 갈등론)
  ㉡ 미시적 측면 : 일탈의 원인을 개인들 간의 상호관계에서 찾는다. (관련 이론 : 상징적 상호작용론)

③ 일탈행동의 원인에 대한 이론
　㉠ 기능론

이론	일탈의 의미 및 원인	일탈에 대한 대책
아노미론	• 목표와 수단이 어긋나서 규범부재나 혼란의 상태에 있을 때, 일탈행동 발생 • 사회의 규범이 약화되거나 부재할 때, 또는 두 가지 이상의 규범이 동시에 존재할 때 행동지침을 잃게 되는 현상을 아노미로 규정	• 사회적 합의에 바탕을 둔 지배적 규범의 정립 필요 • 다양한 사회적 욕구를 공평하게 해소 시켜줄 수 있는 사회제도의 정립
사회병리론	사회를 하나의 유기체와 같이 보고, 어느 집단이나 제도 등이 제 역할을 해주지 못하는 것을 일탈행위로 간주	도덕교육의 강화와 올바른 사회화
사회해체론	사회변동으로 인해 기존의 사회 구조가 해체되어 제 기능을 담당하지 못할 때 일탈행동 발생	사회체계의 불균형제거와 균형 상태를 회복하려는 제도적 노력 필요

　㉡ 갈등론

이론	일탈의 의미 및 원인	일탈에 대한 대책
집단갈등론	지배적인 사회집단 혹은 계층의 가치와 규범, 이해관계가 법과 같은 강제성 있는 사회 규범으로 만들어지기 때문에 지배 집단이 정해 놓은 규범에 상충되는 행위를 함으로써 일탈행동 발생	공정한 법 제정과 시행 및 사회 불평등 구조 해소
가치갈등론	지배집단이 갖고 있는 가치와 피지배집단이 갖고 있는 가치가 존재하며 지배집단의 가치에서 벗어난 행동을 일탈행동으로 봄	두 집단의 지배와 피지배의 역학관계 해소

　㉢ 상징적 상호작용론

이론	일탈의 의미 및 원인	일탈에 대한 대책
낙인이론	사회가 일탈행위자로 낙인찍을 경우, 스스로 체념하고 일탈행동을 반복하게 된다.	부정적 낙인에 대한 신중한 판단
차별적 교제이론	개인이 일탈유형과 지속적으로 접촉하면서 사회규범에 동조적인 행동유형과 멀어지고 일탈행동을 하게 됨	일탈행위자와의 접촉차단

④ 일탈행동의 기능
　㉠ 역기능 : 사회의 기본 질서와 규범파괴, 혼란 야기, 사회결속 약화
　㉡ 순기능 : 범죄자에 대한 낙인과 엄격한 제재로 다른 구성원에게 범죄 예방효과가 나타난다. 사회문제를 표면화하여 발전에 기여한다.

기출 예상 문제

1 〈보기〉에서 설명하는 일탈 이론은?

〈보기〉

일탈과 같은 사람들의 행동은 일상적이고 자연스러운 환경 속에서 의식적 또는 무의식적으로 다른 사람의 행동을 모방하거나 학습한 결과라고 본다. 이 관점에서 보면 일탈 행동이나 범죄는 보편적인 사회 규범을 충분히 내면화하지 못한 결과인 '사회화 실패의 산물'이 아니라 특정한 규범이나 태도를 자연스럽게 학습한 결과, 즉 정상적인 사회화의 산물이 된다.

① 낙인 이론
② 차별 교제 이론
③ 머튼(Merton)의 아노미 이론
④ 뒤르켐(Durkheim)의 아노미 이론

> **TIP** 〈보기〉는 차별 교제 이론에 대한 설명이다. 차별 교제 이론은 사회학자 에드윈 서덜랜드가 제안한 이론으로, 일탈 행동은 개인이 다른 사람들과의 상호작용을 통해 일탈적 가치와 태도를 학습함으로써 나타난다고 주장한다. 즉, 범죄나 일탈은 비정상적이거나 병리적인 것이 아니라, 정상적인 사회화 과정에서 학습될 수 있는 것이라는 입장이다.
> ① 일탈 행동이 개인의 내적 특성보다 사회적 낙인에 의해 규정된다고 본다.
> ③ 사회 목표와 제도적 수단의 괴리에서 비롯된 긴장이 일탈을 유발한다는 구조 기능주의적 이론으로, 개인이 목표 달성을 위해 비합법적 수단을 선택하게 만드는 규범 갈등을 핵심으로 본다.
> ④ 급격한 사회 변동으로 기존 가치관이 무너지고 새로운 규범이 성립되지 않은 상태를 아노미라고 정의한다. 아노미 상태에서 개인은 규범 혼란으로 인해 자살, 범죄 등 일탈 행동을 할 가능성이 높아진다.

Answer 1.②

2 〈보기 1〉은 사회화의 내용 및 설립 목적을 기준으로 사회화 기관을 유형화한 것이다. 이에 대한 설명으로 옳은 것을 〈보기 2〉에서 모두 고른 것은?

〈보기 1〉

분류 기준		사회화의 내용	
		(가)	(나)
설립 목적	(다)	A	B
	(라)	C	가족

〈보기 2〉

㉠ (가)는 1차적 사회화 기관이다.
㉡ (다)는 공식적이고 체계적인 사회화를 담당한다.
㉢ A에는 직업 훈련소, C에는 회사가 들어갈 수 있다.
㉣ C는 기본적인 가치 및 규범 등 개인의 자아 정체성 형성에 큰 영향을 미친다.

① ㉠, ㉡
② ㉠, ㉣
③ ㉡, ㉢
④ ㉢, ㉣

TIP

분류 기준		사회화의 내용	
		(가) 2차적 사회화 기관	(나) 1차적 사회화 기관
설립 목적	(다) 공식적 사회화 기관	학교, 훈련소	
	(라) 비공식적 사회화 기관	회사, 대중매체, 정당	가족, 또래 집단

Answer 2.③

3 〈보기〉의 (개), (내)는 개인과 사회의 관계를 바라보는 서로 다른 관점에 대한 주장이다. 이에 대한 설명으로 가장 옳은 것은?

―――――――――――〈보기〉―――――――――――

(개) 무엇보다 중요한 것은 직원 개개인의 능력입니다. 변화가 필요한 곳에 능력이 뛰어난 사람을 배치한다면, 반드시 좋은 성과를 낼 수 있을 것입니다.

(내) 뛰어난 직원도 지금의 조직 문화 속에서는 좋은 성과를 낼 수 없습니다. 모두가 좋은 성과를 낼 수 있도록 동기를 부여하는 조직 문화를 되살리는 것이 더 시급 합니다.

① (개)는 사회를 개인의 외부에 존재하는 실체라고 본다.
② (내)는 사회 명목론이다.
③ (개)는 (내)와 달리 개개인의 노력을 통해 사회 문제를 해결할 수 있다고 본다.
④ (내)는 (개)와 달리 사회의 독자적 특성이 존재하지 않는다고 본다.

> **TIP** (개)는 직원 개개인의 능력을 중시하는 사회명목론의 관점이다. 개인의 우월성을 강조하는 입장으로 개인만이 참다운 실재라고 본다. (내)는 조직 문화라는 전체를 강조하는 사회실재론의 관점이다. 전체 또는 사회의 우월성을 강조하며 실제로 존재하는 것은 전체로서의 사회뿐이고 개인은 단지 사회의 구성원에 불과하다고 본다.
> ① 사회를 개인의 외부에 존재하는 실체로 보는 것은 사회실재론(내)이다.
> ② (개)는 사회명목론이고 (내)는 사회실재론이다.
> ④ (내)의 사회실재론에서는 사회의 독자적 특성이 존재한다고 본다.

Answer 3.③

4 관료제와 탈관료제에 대한 설명으로 가장 옳은 것은?

① 관료제는 업무의 세분화와 전문화를 강조한다.
② 탈관료제는 관료제에 비해 연공서열에 따른 보상을 중시한다.
③ 탈관료제는 관료제와 달리 조직 운영의 효율성을 추구한다.
④ 탈관료제는 업무 수행 방식의 표준화를 중시한다.

> **TIP** 관료제는 조직을 효율적, 합리적으로 관리하기 위한 하나의 방식으로 업무의 세분화와 전문화를 강조한다. 탈관료제란 관료제의 역기능을 극복하기 위해 등장한 것으로 팀제 조직, 네트워크 조직, 아메바형 조직, 오케스트라형 조직 등으로 세분화된다.
> ② 관료제는 탈관료제에 비해 연공서열에 따른 보상을 중시한다.
> ③ 관료제와 탈관료제 모두 조직 운영의 효율성을 추구한다. 다만, 탈관료제는 보다 유연하고 빠른 적응력을 강조한다.
> ④ 업무 수행 방식의 표준화를 중시하는 것은 관료제다.
> ※ 관료제의 역기능
> ㉠ 수단과 목적의 전도(목적 전치): 본래 목표보다 과업 전문화, 위계 서열화, 규약과 절차 등의 수단을 지키는 데에 더 주력하는 현상이다.
> ㉡ 인간소외 현상의 증대: 공식적 과업수행을 위해 개인의 사적인 의사나 욕구가 허용되지 않으므로 소외감이 증대된다.
> ㉢ 창의성 발휘 곤란: 구성원들로 하여금 규격화, 표준화된 행동만을 요구함으로써 진취적이고 독창적인 사고를 하기 힘든 경우가 생긴다.

5 다음 글은 甲공무원이 일탈행동을 하게 되는 과정을 나타낸 것이다. 이 과정을 설명해 줄 수 있는 이론을 순서대로 나열한 것은?

> 甲공무원이 돈을 벌기 위하여 공무원신분을 망각한 채 이권에 개입하여 징계를 받았다. 이후 그는 주위 사람들과 동료들의 차가운 시선 때문에 헤어나지 못하고 계속 범죄의 수렁에 빠지게 되었다.

① 상호작용론, 낙인론
② 낙인론, 아노미론
③ 아노미론, 낙인론
④ 상호작용론, 아노미론

> **TIP** 일탈행동의 형성원인
> ㉠ 아노미현상: 사회적인 목표는 분명하지만 그것을 성취할 만한 적절한 수단들이 제공되지 못할 경우에 목표와 수단이 어긋나서 규범의 부재나 혼란상태를 보이게 되는 것을 의미한다.
> ㉡ 낙인론: 일탈행동을 한 사람은 다른 사람들이 일탈행위를 한다고 낙인찍는 경향이 있기 때문에 그와 같은 행동을 더 저지르게 된다는 것이다.

Answer 4.① 5.③

6 사회화를 바라보는 갑과 을의 관점에 대한 설명으로 옳은 것은?

> 갑: 개인은 사회적 환경 속의 다른 대상자들처럼 자신을 대상으로 보는 과정을 통하여 자아를 형성해 간다. 또한 개인이 자아 관념을 형성하는 과정에서는 감정적으로 강한 애착을 느낄 수 있는 가족, 또래 집단 등이 중요하다.
> 을: 어린아이들이 게임을 하는 과정에서 각기 다른 사람들의 역할을 배우고, 게임의 규칙에 따라 주어진 역할을 모방함으로써 사회 전반적으로 받아들여지는 태도와 역할을 배우게 된다.

① 한 사회의 보편적인 가치나 규범은 사회의 지배 집단에 의하여 규정된다.
② 사회화를 거시적 관점에서 바라보며, 사회화는 사회구조의 안정과 질서를 유지하는 데 반드시 필요한 과정이다.
③ 사회화는 언어나 몸짓, 기호와 같은 상징을 사용하여 다른 사회 구성원과 상호 작용하는 과정을 통하여 이루어진다.
④ 사회화는 기존의 불평등한 사회구조를 정당화하려는 것이며, 기득권층에 유리한 가치와 행동을 학습시키는 과정이다.

TIP 갑과 을은 모두 상징적 상호작용론의 관점에서 사회화를 바라보고 있다. 상징적 상호작용론은 개인과 개인 간의 일상적인 상호작용에서 나타나는 다양한 사회·문화 현상을 탐구하는 관점이다. 상호작용이 발생하는 상황과 맥락에 대한 주관적 동기와 의미를 해석하는 상황 정의를 중요시한다.
① 한 사회의 보편적인 가치나 규범은 사회의 지배 집단에 의하여 규정된다고 보는 것은 갈등론적 관점이다.
② 사회화를 거시적 관점에서 바라보며, 사회화는 사회구조의 안정과 질서를 유지하는 데 반드시 필요한 과정이라고 보는 관점은 기능론적 관점이다.
④ 사회화는 기존의 불평등한 사회구조를 정당화하려는 것이며, 기득권층에 유리한 가치와 행동을 학습시키는 과정이라고 보는 것은 갈등론적 관점이다.

Answer 6.③

7 〈보기 1〉에 나타난 조직 운영 원리 A, B에 대한 설명으로 옳은 것을 〈보기 2〉에서 모두 고른 것은?
(단, A, B는 각각 관료제와 탈관료제 중 하나이다.)

─〈보기 1〉─

A는 장기에 비유할 수 있다. 장기의 말들은 각자의 위치와 가는 길이 정해져 있다. 또한 차, 포, 마, 상, 졸 등이 궁(임금)을 위해 존재하며, 궁을 필두로 각 말들이 수직 계층화되어 있다. 반면, B는 바둑에 비유할 수 있다. 바둑에는 규칙이 있지만 각 돌은 필요한 경우에 아무곳에나 가서 자리를 잡을 수 있으며, 바둑에서는 돌 간에 위계 서열이 존재하지 않는다.

─〈보기 2〉─

㉠ 환경 변화에 대한 적응력 : A < B
㉡ 조직 운영의 예측 가능성 : A > B
㉢ 구성원 개인별 업무의 세분화 정도 : A < B
㉣ 능력과 실적에 따른 보상 중시 정도 : A > B

① ㉠, ㉡
② ㉠, ㉢
③ ㉡, ㉣
④ ㉢, ㉣

TIP ㉢ 관료제에서는 업무가 세분화되어 각자의 역할이 명확히 구분된다. 탈관료제는 유연하게 운영되기 때문에 업무가 덜 세분화될 수 있다.
㉣ 관료제에서는 규칙과 절차에 따라 이뤄진 보상은 종종 연공서열에 의해 결정된다. 탈관료제는 능력과 실적에 따라 보상이 이루어질 가능성이 높다.

Answer 7.①

8 〈보기〉의 밑줄 친 ⊙과 ⓒ의 특징에 대한 설명으로 가장 옳지 않은 것은? (단, ⊙과 ⓒ은 각각 관료제와 탈관료제 중 하나이다)

〈보기〉

○○ 기업 경영 혁신 보고서

○○ 기업의 경우 구성원 간의 위계를 바탕으로 모든 업무에 있어 표준화된 업무 처리 지침을 갖추고 있는 등 ⊙<u>안정적으로 관리되는 조직</u>이지만, 다가올 4차 산업 혁명 시대에 발맞추어 보다 ⓒ<u>유연한 조직</u>으로 개편하여 급변하는 기업 환경에 적극적으로 대처할 필요성이 있다.

---

① ⊙은 ⓒ보다 중간 관리층의 역할이 크다.
② ⊙은 ⓒ에 비해 구성원이 교체되어도 상대적으로 안정적인 과업 수행이 가능하다.
③ ⓒ은 ⊙과 달리 과업 수행 과정에서 예측 가능성이 상대적으로 높다.
④ ⓒ은 ⊙과 달리 승진에서 연공서열이 차지하는 비중이 상대적으로 낮다.

TIP ⊙은 위계를 바탕으로 표준화된 업무 처리 지침을 갖춘 관료제를 ⓒ은 급변하는 기업 환경에 유연하게 대처할 수 있는 탈관료제를 나타낸다.
　① 관료제는 위계적 구조를 갖추고 있으므로 중간 관리층의 역할이 크다. 반면, 탈관료제는 계층을 축소하거나 수평적 형태를 지향하므로 중간 관리층의 역할이 크지 않다.
　② 관료제는 표준화된 업무 처리 지침에 따라 구성원이 교체되어도 상대적으로 안장적인 과업 수행이 가능하다.
　③ 과업 수행 과정에서 예측 가능성이 상대적으로 높은 것은 관료제다.
　④ 관료제는 승진에서 연공서열이 차지하는 비중이 높다. 반면 탈관료제는 구성원 각자의 역할과 책임을 중시하므로 연공서열보다는 성과와 능력이 차지하는 비중이 크다.

Answer 8.③

9 다음 일탈이론 (가), (나)에 적합한 표현을 〈보기〉에서 찾아 옳게 짝지은 것은?

> (가) 누구나 경제적 성공과 물질적 풍요를 누리고 싶어 하지만 모든 사람에게 합법적인 기회가 충분히 제공되지 않는다면 일탈자가 생길 수 있다.
> (나) 인간의 행동은 학습에서 기인한다. 따라서 타인과의 상호작용을 통하여 태도와 가치를 학습한 일탈 행동이 나타나기도 한다.

〈보기〉

㉠ 먹을 가까이하면 검어진다.
㉡ 모로 가도 서울만 가면 된다.
㉢ 사흘 굶어 도둑질 아니 할 놈 없다.
㉣ 까마귀 노는 데 백로야 가지 마라.
㉤ 친구 따라 강남 간다.

	(가)	(나)
①	㉠㉡	㉢㉣㉤
②	㉠㉡㉢	㉣㉤
③	㉡㉢	㉠㉣㉤
④	㉡㉢㉣	㉠㉤

TIP (가) 아노미 이론 → ㉡㉢
(나) 차별적 접촉이론 → ㉠㉣㉤

10 다음 두 주장이 공통으로 근거하고 있는 관점에 대한 설명으로 가장 거리가 먼 것은?

> • '부(富)'라는 사회가치는 인정하지만 비합법적으로 부를 달성하려 할 때 일탈행위가 발생한다.
> • 사회계층화는 개인과 사회가 최선의 기능을 발휘하도록 하는 불가피한 사회적 장치이다.

① 사회는 갈등에 의해 발전한다.
② 사회적으로 합의된 가치가 존재한다.
③ 사회구성원은 사회통합에 기여한다.
④ 사회문제는 사회기능이 파괴될 때 발생한다.

TIP 제시된 자료는 기능론에 의거하여 일탈행위와 사회계층현상을 설명하고 있다.
① 갈등론에 의한 사회발전인식이다. 기능론에서는 사회문제를 사회의 일정한 부문이 제기능을 발휘하지 못한 병리적인 현상으로 본다.

Answer 9.③ 10.①

11 다음 글에 나타난 개인과 사회의 관계를 바라보는 관점에 대한 설명으로 옳은 것은?

> 에밀 뒤르켐(Emile Durkheim)은 그의 저서 『자살론』에서 자살에 영향을 미치는 사회적 유형이 존재한 다고 주장했다. 그의 분석에 따르면, 개신교 신자가 가톨릭 신자보다 자살률이 높다. 그는 가톨릭 신자 의 자살률이 낮은 것은 가톨릭에는 개신교에 비해 상대적으로 강력한 공동체와 의례행위가 있으며 개인 주의 성향을 피하려는 분위기가 있기 때문이라고 보았다.

① 사회는 개인들의 집합체를 의미한다.
② 인간 스스로가 희망하지 않으면 행동의 변화는 일어나지 않는다.
③ 사회제도의 구속성보다는 개인의 자율성이 행동에 미치는 영향이 더 크다.
④ 행위의 능동성보다 구조의 영향력을 강조한다.

TIP 제시된 설명에 나타나는 개인과 사회의 관계를 바라보는 관점은 사회 실재론이다. 사회 실재론은 행위의 능동성보다 구조의 영향력을 강조하여 개인이 사회로부터 자유로울 수 없다고 본다.
①②③ 사회 명목론에 대한 설명이다.

12 〈보기〉의 밑줄 친 ㉠~㉤에 대한 설명으로 가장 옳은 것은?

〈보기〉

○○전자회사의 ㉠사원인 갑(甲)은 새로운 프로젝트를 맡게 되었다. 프로젝트 진행 방식에 대해 ㉡고 민 하던 갑은 효율적인 방안을 찾아내어 추진하였다. 그 결과, 높은 성과를 거두었으며 회사에서 우수 직원으로 선정되어 ㉢표창을 받았다. 갑은 우수 직원에게 주어진 특별 휴가를 이용해 ㉣아내와 함께 연말에 여행을 가려고 ㉤△△여행사의 여행 상품을 신청했다.

① ㉡은 갑의 역할 갈등이다.
② ㉢은 갑의 역할에 대한 보상이다.
③ ㉤은 갑의 내집단이다.
④ ㉠, ㉣ 모두 성취 지위이다.

TIP ① 역할 갈등은 한 사람이 여러 역할을 동시에 수행하려 할 때 발생하는 갈등이다.
② 역할행동에 대한 보상이다.
③ 내집단은 자신이 소속감을 느끼고 중요한 관계를 형성하는 집단이다. 여행사는 외부 기관에 해당한다.

Answer 11.④ 12.④

제3편 사회·문화

03 문화와 사회

❶ 문화의 의미와 특징

(1) 문화의 의미
① 좁은 의미 … 교양을 갖춘 혹은 개화되거나 세련된 상태를 말한다.
② 넓은 의미 … 한 사회 구성원들이 생각하고 행동하는 방식인 생활양식의 총체이다.

(2) 일상생활에 담긴 문화
① 일상생활과 문화
  ㉠ 반복되는 일상은 우리가 의식하지 못한 채 행하는 문화 활동의 연속 과정이다.
  ㉡ 객관적으로 일상을 바라보면 그 속에 숨겨진 문화 현상의 의미를 파악할 수 있다.
② 정치 및 경제생활과 문화
  ㉠ 정치나 경제현상도 사람들의 가치관이나 전통, 종교적 지향 등에 의해 복합적으로 영향을 받는다.
  ㉡ 정치 및 경제생활을 통해서 그 사회의 문화현상과 문화의 여러 가지 속성을 파악할 수 있다.

(3) 문화요소와 기능
① 문화요소
  ㉠ **문화요소**: 한 사회의 문화에서 총체적으로 나타나는 독특한 문화 복합체를 설명하는 기본요소이다. **예**
    기술, 언어, 가치, 규범, 상징, 예술 등
  ㉡ **기술**: 인간의 욕구나 욕망에 적합하도록 주어진 대상을 변화시키는 모든 인간적 행위이다. 문화의 창조와 변동, 전승과 축적에 영향을 미친다.
  ㉢ **언어**: 생각이나 느낌을 나타내거나 전달하기 위하여 사용하는 음성, 문자 등의 수단이다. 사람간의 소통 수단이 될 뿐만 아니라 삶의 방식과 연관이 있다.
  ㉣ **가치**: 사회구성원의 신념이나 감정 체계, 사회의 다양한 문화 현상에 영향을 미치며, 한 사회집단의 성격을 규정한다.
  ㉤ **규범**: 사람의 사회생활에 있어서 판단, 행위, 평가 등의 기준이나 규칙이다. 따르지 않으면 사회적 제재를 받는다. 종종 사회의 존립을 위해 금지 하는 금기로 나타난다.

ⓑ 상징 : 사물이나 의미를 나타내는 작용을 하는 것을 말한다. 문화마다 다르게 부여되고 사람들의 관념이나 가치에 영향을 미친다.
ⓢ 예술 : 인간의 창의력과 아름다움을 표현하는 활동과 그 결과물로서의 작품, 한 사회의 상징이나 일상을 담아내는 중요한 문화요소이다.
ⓞ 개별문화요소간의 연계성 : 개별문화요소들은 그 자체로도 다양한 문화 형태를 만들어내지만 이것들은 서로 영향을 미치면서 한 사회의 문화를 만들고 사회 구성원의 일상에 영향을 미친다. 그래서 개별적 혹은 유기적으로 연계된 문화요소 없이는 인간의 문화적 특성을 발휘하기가 어렵고 사회생활을 영위하기도 어려우므로 사회구성원으로서 이에 대한 이해가 요구된다.

② 문화의 기능
㉠ 문화는 집단 간에 소속감을 주고 동질감을 높이는 긍정적인 기능을 한다.
㉡ 인간을 환경에 적응하게 하는 중요한 기제이다. 인간이 환경에 적응하는 과정에서 각각 다른 적응방식을 택함으로써 사회는 다른 문화를 발전시켜왔다.
㉢ 인간이 가진 지식을 축적하고 확장하게 해준다.
㉣ 인간의 기본 욕구를 충족시켜준다.

❷ 문화 이해의 관점과 태도

(1) 문화를 이해하는 태도
① 문화를 이해하는 잘못된 태도

구분	자문화 중심주의	문화 사대주의
의미	자신의 문화를 우월하게 생각하여 자기 기준으로 다른 문화를 평가하는 태도	자신의 문화를 무시하거나 낮게 평가하고 다른 문화만을 동경하거나 숭상하는 태도
장점	같은 문화를 공유하는 사람들끼리 소속감과 자부심 고무	외래문화에 개방적인 태도로 새로운 문화수용이 용이
단점	• 다른 문화에 대한 편견 및 갈등 초래 • 국제적 고립으로 자문화의 발전 장애, 문화제국주의로 전략가능	• 문화에 대한 편협한 이해 초래 • 문화의 주체성과 정체성 상실, 전통문화의 발전 장애
사례	인디언보호구역 인디언문화퇴보	일본식 다도예찬, 서구인 체형에 맞춘 성형수술

② 문화를 이해하는 바른 태도(문화상대주의)
㉠ 전제 : 각 사회의 문화는 독특한 의미가 있기 때문에 문화 간 열등하거나 우월한 것을 평가할 수 없다.
㉡ 의미 : 한 문화를 바르게 이해하기 위해서는 그 사회의 맥락과 환경을 고려하여 이해해야하고 각각의 특수성과 다양성을 인정하여 문화를 이해하는 태도이다.

ⓒ 극단적 문화상대주의 : 각 문화의 특수성을 지나치게 강조하여 인류의 보편적 가치마저 부정하는 태도를 말한다. 문화상대주의는 비인간적인 문화까지 용인하고 이해하자는 것은 아니다. 예를 들어 식솔을 함께 묻는 순장제도, 지참금이 적다는 이유로 결혼한 여자를 살해하는 관습 등과 같은 인류의 보편적인 가치인 인간존엄성, 자유, 평등 등을 침해하는 문화적 관습까지 상대론적 시각으로 이해해서는 안 된다.

(2) 문화를 바르게 이해하는 관점

① **총체론적 관점** … 특정 문화를 사회 구성요소와 관련지어 이해하려는 관점, 문화현상을 부분적으로 바라본다면 편협하고 왜곡될 수 있다.

② **상대론적 관점** … 문화의 특수성을 인정하고 그 문화를 그 사회의 입장에서 이해하려는 관점이다.

③ **비교론적 관점** … 두 지역 이상의 문화를 비교하여 문화 간의 보편성과 특수성을 이해하려는 관점이다.

❸ 현대사회의 다양한 문화 양상

(1) 하위문화

① 하위문화

ⓐ 하위문화 : 사회의 전통적인 문화에 대하여 어떤 특정한 집단만이 가지는 문화적 가치나 행동 양식

ⓑ 집단구성원에게 독특한 기능 수행 : 정신적인 지향점 제시, 하위 집단 나름의 욕구해소, 소속감을 느끼게 하고 다른 집단과의 차별성 부여

ⓒ 사회 전체에 대해서 일정한 역할 : 문화의 다양성과 역동성 제공, 전제문화의 유지와 존속에 영향

② 지역문화

ⓐ 한 나라를 구성하는 여러 지역에서 나타나는 고유한 생활양식이다.

ⓑ 지역 공동체의 유지와 발전에 기여 한다.

ⓒ 한 국가가 문화다양성을 지닐 수 있는 바탕을 제공한다.

ⓓ 우리나라의 지역문화
- 정부 주도의 근대화 과정으로 문화의 수용에서 수동적인 성향이 강하다
- 지방자치시대의 개막과 함께 지역문화에 대한 관심이 증가하였다.
- 지역적 특성을 반영한 문화축제나 문화 행사들을 많이 개발하고 있다.

③ 청소년문화

ⓐ 기성세대의 문화에 대하여 비판적이고 새로운 것을 추구하여 미래지향적이고 저항적이다.

ⓑ 대중매체나 대중문화의 영향을 받아 충동적이고 모방적인 성향이 강하다.

ⓒ 청소년들은 감각적이고 쉽게 싫증을 느끼므로 또 다른 특징을 가진 형태로 변모하는 일시적 성향을 가진다.

④ **반문화** … 지배 집단에 대하여 적극적으로 도전하거나 상반되는 문화
  ㉠ 시대나 사회에 따라 반문화의 규정은 달라진다.
  ㉡ 보수사회에 대한 저항의 문화로 작동하면서 사회변화를 견인하는 역할을 한다.
  ㉢ 반문화의 대표적인 예로는, 종교적인 급진적 종파운동, 동성애의 자유화 운동자 집단 등이 반문화의 예가 될 수 있다.

(2) 대중문화

① 대중문화의 의미
  ㉠ 사회 다수 사람들이 소비하거나 누리는 문화
  ㉡ 한 사회의 지배집단이 오랫동안 누려온 고급문화에 대응하는 의미로도 사용된다.

② 대중문화의 형성과정
  ㉠ 대중사회 : 대중이 정치·경제·사회·문화의 모든 분야에 진출하여, 큰 영향을 발휘하는 사회
  ㉡ 대중사회 이전사회 : 여가나 오락 등의 문화는 귀족 등 지배계층이 누리는 문화와 일반 사람들이 누리는 문화가 구분되었다.
  ㉢ 대중사회 형성 과정 : 대중매체의 발달, 여가문화의 발달, 대중들의 경제적인 여유가 생기면서 대중이 즐기는 문화가 형성되었다.
  ㉣ 대중문화 형성
    • 자본주의 발달과정에서 대량 생산과 대량 소비 가능하게 되었다.
    • 대중들에게 경제적인 여유가 생기면서 여가에 관심을 쏟게 되었다.
    • 대중 매체의 발달로 다양한 문화 상품이 생성되었다.
    • 근대 교육을 받은 대중이 확대되면서 대중의 지위상승, 문화적 역량이 증가하게 되었다.

③ **대중문화의 순기능** … 소식을 전하고 정보를 전달하는 교육적인 기능과 일상에서 오락 및 여가 문화로서의 기능을 제공하고, 삶의 활력소 역할을 하며 계층 간 문화 차이를 줄이고 문화 민주주의 실현, 사회비판적인 역할도 수행한다.

④ **대중문화의 역기능** … 이윤을 추구하는 성격이 강해 문화를 상업화 시키고 한순간에 유행되어 문화의 획일성과 몰개성을 가져오며, 사회의 퇴폐화와 저속화 및 문화의 질적 저하를 가중시킨다. 또한 대중 소외를 심화시키고 정치적 무관심과 배금주의적 가치를 양산하며 권위주의 정부가 대중조작을 일삼거나 대중들의 주체성을 잃게 만들 위험성이 크다.

④ 문화변동과 한국 문화의 다양성

(1) 문화의 의미 및 양상

① 문화변동의 의미와 요인
- ㉠ 문화의 변동 : 새로이 등장한 문화 요소로 인해 기존의 문화 요소들이 변화하는 현상
- ㉡ 문화의 변동의 원인
  - 내부적 요인 : 발명과 발견(새로운 문화 요소 창조, 알려지지 않은 것을 알아내거나 찾아내는 행위)
  - 외부적 요인 : 전파(한 사회의 문화 요소가 다른 사회로 전해져 그 사회의 문화과정에 정착되는 현상)

② 문화변동의 과정과 양상
- ㉠ 문화 접변 : 성격이 다른 문화 간의 접촉으로 한 문화가 다른 사회에 전파됨으로써 나타나는 문화를 말한다.

구분	내용
자발적 문화 접변	직접적인 접촉에 의해서나 간접적인 접촉에 의해서나 새로 접하게 된 문화체계가 기존의 것보다 효과적이라고 느끼고 자발적으로 일어나는 경우로 문화변동이 비교적 완만하며 문화통합정도가 강하다.
강제적 문화 접변	정복이나 식민통치와 같이 강제성을 지닌 외부의 압력에 의해 일어나는 경우로 복고운동이나 거부 운동이 일어날 수 있다.

- ㉡ 문화 접변의 결과

구분	내용
문화공존	한 사회에 다른 문화요소가 나란히 존재하여 같이 발전하는 경우
문화동화	한 사회의 문화 요소는 사라지고 다른 사회의 문화 요소로 대체되는 경우
문화융합	서로 다른 두 문화 요소가 결합하여 기존의 문화와 다른 새로운 제3의 문화가 나타나는 경우

③ 문화변동과 사회문제
- ㉠ 문화지체현상
  - 문화 변동 과정에서 물질문화와 비물질문화의 속도 차이로 나타나는 부조화현상을 말한다.
  - 해결방안으로는 법 제도의 개선, 의식개선을 위한 캠페인 등이 있다.

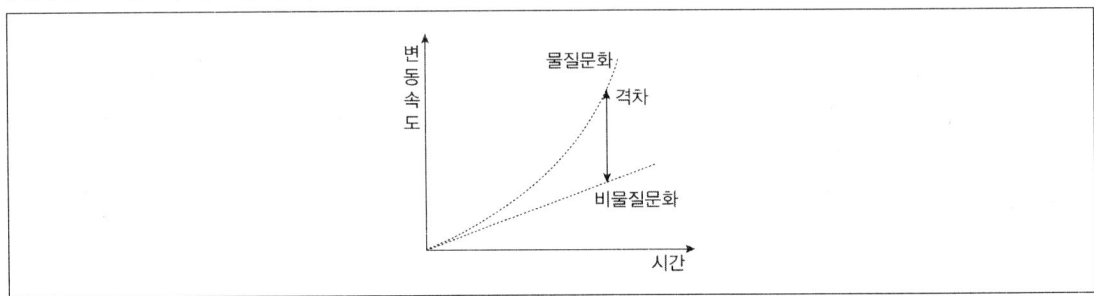

ⓒ 문화적 전통과 정체성 상실 : 외래문화의 급격한 수용으로 기존의 문화 정체성의 약화 및 사회구성원 간의 갈등이 유발되며 기존 사회 규범의 붕괴로 사회 혼란 현상이 발생할 수 있다.

(2) 세계화와 한국 문화의 다양성

① 세계화와 다문화 사회의 도래
  ㉠ 문화의 세계화 : 세계화로 서로 다른 문화들 간의 접촉이 활발해지고, 정보 통신 기술의 발달로 인적, 물적 교류 뿐 아니라 일상적인 문화까지 교류가 가능하게 되었다.
    • 문화와 세계화의 영향
      −긍정 : 새로운 문화의 유입으로 기존의 문화가 더욱 풍부해지게 되었다.
      −부정 : 서구 중심의 문화에 일방적인 동화로 고유한 문화 소멸, 획일화가 이루어지고 있다.
    • 문화의 다양성의 심화 : 세계화로 인한 노동력의 이동과 국제결혼의 증가로 다양한 인종, 종교, 문화를 가진 사람들이 공존하면서 다인종·다문화 사회로 변화중이다.
  ㉡ 다문화사회의 바람직한 자세 : 다른 문화에 대하여 개방적이고 서로 존중하는 태도, 문화적 다양성 인정 등이 있다.

② 우리 문화의 정체성과 세계화
  ㉠ 문화의 정체성
    • 문화적 정체성 : 한 사회의 구성원이 그 사회에서 오랫동안 공유한 역사적 경험과 공동체로서의 의식, 구성원들 사이에 공유된 가치관·세계관·신념 등의 문화에 대해 갖는 일체감
    • 문화적 정체성의 약화 : 기존과 다른 문화요소의 유입으로 인한 급격한 문화변동으로 정체성이 약화되었다.
    • 발전방향 : 타 문화의 좋은 점을 주체적으로 수용하여 전통문화를 발전시키면서도 창조적 계승이 필요하다.
  ㉡ 세계화 시대의 문화 발전 방안
    • 문화의 세세화 : 우리 문화를 세계에 알릴 수 있는 기회 제공
    • 영향 : 우리 문화의 정체성 확립, 국가 경쟁력 강화, 전 세계적인 문화 다양성에 기여
    • 방법 : 대중매체를 이용한 우리 전통문화의 소개, 우리의 것을 세계적인 것으로 발전

03. 문화와 사회

기출 예상 문제

1 〈보기〉에 나타난 문화 변동에 대한 설명으로 가장 옳은 것은?

〈보기〉

갑(甲)국의 사람들은 고유의 문자 체계를 사용하는 나라이다. 하지만 을(乙)국이 갑국을 식민 통치하면서 을국의 문자를 사용하도록 강요하고 갑국 고유의 문자를 사용하는 것을 금지했다. 갑국 사람들은 이를 받아들이지 않고 끝까지 저항하면서 오히려 식민 지배를 하던 을국 사람들이 갑국의 문자체계에 영향을 받게 되었다. 을국 사람들이 본국으로 귀국한 후, 갑국의 문자 체계를 자국의 문자 체계에 반영하여 변화시키고, 그것이 널리 퍼지게 되었다.

① 갑국에서는 자극 전파로 인한 문화 변동이 나타났다.
② 갑국에서는 직접 전파로 인한 문화 변동이 나타났다.
③ 을국에서는 갑국과 달리 문화 동화가 발생했다.
④ 을국에서는 갑국과 달리 자발적 문화 접변이 나타났다.

TIP ① 자극 전파란 다른 사회에서 전파된 문화 요소로부터 아이디어를 얻어 새로운 발명이 일어나는 현상을 말한다. 갑국은 을국의 고유 문자를 받아들이지 않고 끝까지 저항했다.
② 직접 전파란 다른 문화에 속해 있는 사람들과 접촉 및 교류하는 과정에서 문화 요소가 직접적으로 전파되는 현상이다. 갑국은 문화 변동이 나타나지 않았다.
③ 문화 동화란 다른 사회의 문화 요소가 전파되었을 때 기존의 문화 요소가 전파된 문화 요소에 흡수되어 소멸되는 현상을 말한다. 을국은 갑국의 문자 체계를 자국의 문자 체계에 반영하여 변화시켰으므로 문화융합이 나타났다고 할 수 있다.
※ 문화접변의 양상
　㉠ 문화융합 : 기존의 문화 요소와 새로 전파된 다른 사회의 문화 요소의 상호 작용으로 이전의 두 문화 요소와는 다른 새로운 제3의 문화가 나타나는 현상.
　㉡ 문화병존 : 한 사회 안에서 기존 문화 요소와 새로 전파된 다른 사회의 문화 요소가 서로 흡수되지 않고 고유한 성격을 유지하며 함께 존재하는 현상
　㉢ 문화동화 : 다른 사회의 문화 요소가 전파되었을 때 기존의 문화 요소가 전파된 문화 요소에 흡수되어 소멸되는 현상

Answer 1.④

2 다음 글에 대한 설명으로 가장 적절한 것은?

> A국에서는 시계를 볼 줄 모르는 사람들이 자랑이라도 하듯 정작 자신에게는 소용없는 손목시계를 차고 있는 모습을 자주 볼 수 있다. 내가 A국 사람들의 집에 초대받았을 때 그들은 즉석 라면이 다 떨어져 전통 음식인 보리빵을 내놓는 것에 대해 미안해하기도 했다. 자신이 서구화된 것으로 보이고 싶어하는 분위기가 A국에 확산되면서 이와 같은 현상이 두드러지게 나타나고 있다. 그러나 그들은 자신들이 원하는 많은 돈, 좋은 자동차 등을 얻기 위해 애쓰는 과정에서 가족, 이웃 등과 좋았던 관계가 깨지고 저마다 불안과 상실에 빠질 수도 있다는 것을 알지 못한다.

① A국에서 일어나고 있는 문화 융합 사례를 소개하고 있다.
② A국에서 문화 지체 현상이 나타나고 있음을 지적하고 있다.
③ A국 사람들의 시각에서 A국 문화 변동의 의의를 기술하고 있다.
④ A국 사람들의 문화 사대주의 경향과 아노미 가능성을 언급하고 있다.

TIP 사례에서는 외래문화를 맹목적으로 추종하는 것을 지적하고 있다. 이는 문화 사대주의 경향으로 설명된다. 또한 마지막에 불안과 상실에 빠진다는 측면에서 이는 옳고, 그른 것을 구별하지 못하는 규범 부재 현상으로 아노미를 의미한다.

3 다음과 관련된 문화현상은?

> ㉠ 쌀 + 햄버거 → 라이스 버거
> ㉡ 피자 + 김치 → 김치피자

① 문화종속
② 문화융합
③ 문화수용
④ 문화정체성

TIP 문화융합
㉠ 전통적 문화특질들과 새로 도입된 문화특질들이 혼합되는 것이다.
㉡ 한 사회의 문화가 다른 사회로 전파될 때 상호간에 영향을 미쳐 새로운 제3의 문화가 나타나는 현상이다.

Answer 2.④ 3.②

4 문화이해의 태도에 관한 다음 글에 대한 반론으로 적절한 것은?

> 어떠한 문화현상이든지 모두 나름대로의 의미와 가치를 가지고 있다. 따라서 자신의 가치와 다르다고 해서 나쁜 것으로 평가할 수는 없다. 예를 들면, 기형아를 물에 빠뜨려 죽이는 것이나 노인을 버리는 것도 그 사람 나름의 사정이 있기 때문에 어느 정도는 타당성을 인정해야 한다. 이렇게 보면, 인간이 하는 활동, 즉 문화는 어떠한 것이든지 나쁜 것이 없다고 인식해야 한다.

① 도덕성이 상실되었다.
② 그 사회의 맥락에서 해석해야 한다.
③ 어느 사회에서나 보편적으로 적용되는 가치는 있다.
④ 그런 문화를 가진 사회는 다 이유가 있으니까 비난하지 말아야 한다.

TIP 제시된 내용은 보편적 가치를 무시하는 극단적인 문화상대주의이다. 문화상대주의는 한 사회의 문화를 그 사회의 입장에서 평가하고 이해하려는 태도이지, 인류의 보편적 가치에 반하는 문화도 모두 다 옳다는 것은 아니다. 아무리 각 문화에서의 고유한 가치를 인정하더라도 인류가 보편적으로 합의할 수 있는 가치는 있게 마련이고, 그에 위배되는 행위는 어느 사회에서나 용납될 수 없는 것이다. 제시된 내용에서는 기형아와 노인의 생명의 존엄성을 무시하고, 인간의 기본적 가치를 고려하지 않는 태도가 드러나 있다. 그러므로 반론으로는 보편적 가치에 대한 문제를 제기하는 것이 적절하다.

5 인터넷의 발달로 UCC 등을 통하여 한류 열풍이 일어나는 등의 문화현상을 가장 잘 나타낸 용어는?

① 문화전파　　　　　　　　　② 문화개혁
③ 문화지체　　　　　　　　　④ 문화공존

TIP 문화의 전파 … 한 사회의 문화요소들이 다른 사회로 직·간접적으로 전해져서 그 사회의 문화과정에 통합, 정착되는 현상을 의미한다.

Answer 4.③ 5.①

6 다음의 예가 해당하는 문화의 속성은?

> 피임약이 개발됨으로써 임신과 출산율이 감소하고 여성의 사회진출이 늘어났으며 가족의 구조가 핵가족화 되고 있다.

① 문화의 전체성
② 문화의 공유성
③ 문화의 학습성
④ 문화의 축적성

TIP 문화의 전체성 … 문화의 각 부분들이 유기적 관련을 가지면서 전체로서 하나의 체계를 이루는 특성을 말한다. 즉, 문화를 구성하고 있는 어느 한 부분의 변화는 다른 부분에 연쇄적인 변동을 가져온다는 것이다.

7 다음 중 문화의 상대성에 대한 설명으로 옳은 것은?

① 한 문화는 다른 사회의 기준에 의해 평가될 수 있다.
② 한 문화는 그 나라의 상황을 고려해서 평가해야 한다.
③ 문화는 인류 공통의 특성과 가치를 가지고 있다.
④ 문화 간의 우열은 상대적으로 가릴 수 있다.

TIP 문화의 상대성 인정
  ㉠ 한 사회의 문화특성은 그 사회성원들에게는 매우 가치 있고 의미 있는 것이므로 그 사회의 맥락에서 그 문화를 평가하고 이해하는 태도를 가져야 한다.
  ㉡ 어떤 나라의 생활양식도 그 나라의 상황을 고려하여 평가하고 이해하는 태도가 필요하다.

Answer 6.① 7.②

8 기술혁신에 따른 문화변동의 결과에 대한 비판적 견해라 할 수 없는 것은?

① 사회가 기계화되고 물질만능주의와 개인주의가 확산될 것이다.
② 정보화사회의 진전으로 개인정보가 노출되어 사생활을 침해받을 수 있다.
③ 대량 생산과 소비를 가져와 지구의 한정된 자원을 급격히 소모시킬 것이다.
④ 대중매체에 따른 대중문화의 역기능으로 인해 문화의 전반적인 침체를 가져올 것이다.

> **TIP** 정보화시대에서 기술의 발전은 일반대중의 참여와 선택의 범위를 넓혀, 문화적 다양성을 증가시키고 풍요로운 문화로 발전시키는 데 기여한다.

9 다음에 제시된 내용과 관련된 가장 적절한 개념은?

> 중국의 우리 동포사회가 오랫동안 모국문화와 직접적인 접촉없이 전개되면서, 현지의 문화요소들이 많이 추가되어 점차 민족문화의 양식들이 변해가고 있다.

① 문화지체 ② 아노미
③ 문화접변 ④ 문화의 내재적 변동

> **TIP** 문화접변 … 성격이 다른 두 개의 문화체계가 장기간에 걸쳐 전면적인 접촉을 함으로써 문화요소가 전파되어 일어나는 변동을 문화의 접촉적 변동 또는 문화접변이라 한다.

10 인간이 문화적 전통을 이룩할 수 있는 것은 한번 고안해낸 것을 다음 세대에 전달할 수 있는 수단, 즉 (   )와(과) 그것을 학습할 수 있는 능력을 가지고 있기 때문이다. (   )의 대표적인 것으로는 언어와 문자가 있다. (   ) 안에 알맞은 것은?

① 충동 ② 본능
③ 상징체계 ④ 반사작용

> **TIP** 인간이 문화적 전통을 이룩할 수 있는 것은 상징체계(언어, 문자)와 학습능력을 바탕으로 한다.

Answer 8.④ 9.③ 10.③

11 문화지체현상이 나타나는 이유는?

① 문화는 정태적인 성격을 갖고 있기 때문이다.
② 문화요소를 조합하여 새로운 문화요소를 만들어내기 때문이다.
③ 문화요소들 사이에 전파와 변화의 속도가 다르기 때문이다.
④ 아노미현상과 사회적 혼란 때문이다.

> **TIP** 문화지체현상…문화요소 간의 변동속도가 달라서 일어나는 부조화현상으로, 미국의 사회학자 오그번(W.F. Ogburn)이 처음 사용하였다.

12 오늘날 대중매체를 통해 외국가요나 복장이 우리 청소년들에게 쉽게 접촉되면서 이로 인해 그들의 행동양식에도 변화가 나타나는데 이러한 현상을 가장 잘 나타내는 말은?

① 문화전파
② 문화개혁
③ 문화지체
④ 문화진화

> **TIP** 문화의 전파…한 사회의 문화요소들이 다른 사회로 전해져서 그 사회의 문화과정에 통합·정착되는 현상을 의미한다.

13 다음 내용으로부터 추론할 때 인간의 문화에 대한 설명으로 옳지 않은 것은?

> 영국의 인류학자 타일러(E.B. Tyler)는 「원시문화」라는 책에서 문화의 개념정의를 이렇게 하였다. "문화란 사회성원으로서의 인간이 습득한 지식, 믿음, 예술, 도덕, 법, 관습 기타 모든 능력과 습관을 다 포함하는 복합적인 총체이다."

① 문화란 특정한 인간집단의 성원들이 생각하고 행동하는 방식의 총체로서의 생활양식을 뜻한다.
② 인간이 출생 후 성장과정에서 사회생활을 하고 학습을 통하여 얻은 것은 문화적인 특성이다.
③ 문명은 발달된 사회에만 존재하지만 문화는 어느 사회에서나 존재한다.
④ 문화와 문명을 구분할 때 '발전된 것', '개화된 것'으로 파악하는 것은 문화의 개념이다.

> **TIP** 문화의 개념을 협의로 파악할 때는 '발전된 것', '개화된 것'으로 파악하기도 하지만, 이는 문명의 개념으로서 오늘날은 대부분 문화와 문명의 개념을 분리하여 사용한다. 즉, 문명은 발달된 사회에만 존재하지만 문화는 생활양식이므로 소규모의 단순사회 및 미개사회에도 존재한다.

Answer 11.③ 12.① 13.④

14 문화의 특성에 대한 설명으로 옳지 않은 것은?

> • 한 한국소녀의 가족이 온돌방에 상을 차려 놓고 둘러앉아 수저로 밥과 반찬을 먹고 있다.
> • 한 백인소녀의 가족이 식탁에 둘러앉아 포크와 나이프로 고기를 먹고 있다.

① 두 사람이 피부색, 얼굴형태, 머리색 등이 다른 것은 모두 문화적 특성이 다르기 때문이다.
② 그들의 이런 특성들은 출생 후 성장하면서 각기 그들의 문화를 학습한 결과이지 가지고 태어난 것이 아니다.
③ 어디서, 어떻게 앉아, 무슨 음식을, 어떤 식으로 먹는지는 그들의 생활양식의 한 부분으로서의 문화적 특성이다.
④ 문화는 특정한 사회집단의 성원들이 생각하고 행동하는 생활양식이다.

TIP ① 피부색, 얼굴형태, 머리색 등은 부모로부터 유전적으로 물려받은 체질적 특성이다.

15 문화에 관한 설명 중 옳지 않은 것은?

① 모든 사회의 문화는 언어, 예술, 신화, 종교 등 서로 공통된 요소를 가진다.
② 문화는 각 사회마다 특수성이 있어 전체적으로 다양성을 가진다.
③ 각 문화는 고유의 가치를 가지고 있으므로 우열을 가려서는 안 된다.
④ 개개인의 특징적이고 독특한 버릇도 장기화되면 문화라 한다.

TIP 문화의 특성
㉠ 한 사람만이 가지고 있는 개인특유의 행동이나 생각은 다른 사람에게 전파되고 공유되지 않는 한 문화를 구성하지 않는다. 따라서 문화는 집단적인 사회생활을 통해서만 유지·존속될 수 있다.
㉡ 문화는 사회구성원에게 공유되고 있는 공통의 사고 및 행동양식의 총체이기 때문에, 초개인적인 성격을 지니게 마련이다.

Answer 14.① 15.④

16 다음에서 문화의 공유성기능에 속하는 것만을 옳게 골라 묶은 것은?

> ㉠ 사회생활을 위한 공통의 장을 제공한다.
> ㉡ 사회구성원 간의 행동 및 사고를 예측하게 한다.
> ㉢ 그 나라의 사회생활을 전체적으로 파악하게 한다.

① ㉠ ② ㉠㉡
③ ㉠㉢ ④ ㉡㉢

TIP 문화의 공유성의 기능
㉠ 사회생활을 위한 공통의 장을 제공 : 문화를 공유하고 있는 구성원들에게 원활한 사회생활을 위한 공통의 장(場)을 제공한다.
㉡ 사회구성원 간의 행동 및 사고의 예측 가능 : 특정한 상황에서 상대방이 어떻게 행동할 것인지, 서로에게 무엇을 기대할 수 있는지를 예측할 수 있게 한다.

17 다음의 내용은 문화의 속성 중 무엇을 말하는가?

> • 인간의 출생과 더불어 가지고 태어난 것은 아니다.
> • 성장과정에서 그가 어떠한 문화 속에 살았느냐에 달려 있다.
> • 어릴 때에는 주로 가정교육, 또래집단에서의 놀이, 친구들과의 담소 등을 통해서 익혀 나간다.

① 문화의 전체성 ② 문화의 학습성
③ 문화의 변동성 ④ 문화의 축적성

TIP 인간이 어떤 문화를 학습하여 어떻게 행동하고 생각하는지는 부모로부터 물려받은 유전인자와는 상관없고, 성장과정에서 그가 어떠한 문화 속에서 살았느냐에 달려 있다.

Answer 16.② 17.②

제3편 사회·문화

04 사회계층과 불평등

❶ 사회 불평등의 의미와 유형

(1) 사회 불평등의 의미와 유형

① **사회 불평등** … 어떤 사회속의 개인들이 평등한 사회적 지위를 갖지 못한 상태를 말한다.
  ㉠ 사회구성원 다수가 가치 있게 여기는 희소가치가 차등적으로 분배되면 사회 불평등이 발생한다.
  ㉡ 어느 시대 어느 사회에서나 사람들의 신체적 특징, 재능, 관심사 등의 차이를 바탕으로 사회적 지위가 부여되면서 사회적 분화가 일어나고 사회계층의 서열화가 발생한다.

② **사회 불평등의 유형**
  ㉠ **개인 간의 불평등**: 개인의 특성이나 하는 일의 기능적 중요성 또는 희소성 등의 이유로 급여 수준이 달라진다.
  ㉡ **집단 간의 불평등**: 백인종과 유색인종, 부유층과 중산층 및 빈곤층 등 다양한 사회 집단사이에 나타날 수 있다.

(2) 사회 불평등의 여러 형태

① **전통사회와 현대사회의 불평등**
  ㉠ **전통사회**: 신분제도에 따른 사회적 불평등이 핵심이다.
  ㉡ **현대사회**: 다양한 사회적 요인에 의해 여러 측면에서 불평이 발생한다.

② **사회적 불평등의 형태**
  ㉠ **경제적 불평등**: 경제적 자산이나 소득분배의 격차를 말한다.
  ㉡ **정치적 불평등**: 권력이 불평등하게 분배되는 상태를 말한다.
  ㉢ **사회·문화적 불평등**: 사회적 위신, 명예, 신뢰도, 교육수준 등 사회 문화적 자원의 불평등한 분배에서 비롯된 격차를 말한다.
  ㉣ **정보 격차로 발생하는 불평등**: 정보화의 혜택이 모든 사람에게 균등하게 분배되지 않아서 발생하는 것을 말한다.

❷ 사회계층 현상에 대한 이론적 설명

(1) 사회계층 현상의 의미
① 사회계층 현상
　㉠ 한 사회 내에서 구성원들 간에 사회적 희소가치가 불평등하게 분배됨에 따라 개인과 집단이 서열화 되어 있는 현상을 말한다.
　㉡ 사회적 희소가치가 개인의 능력 또는 가정적 배경 등에 따라 불평등하게 분배된다.
② 사회계층 제도
　㉠ 사회적 업무와 지위 간의 불평등이 사회 전반에 받아들여져서 제도로 정착된 것을 말한다.
　㉡ 사회계층 제도의 종류
　　• 노예제도 : 주인의 재산이 되는 노예를 전제로 성립된 제도로 가장 오래된 불평등 형태
　　• 카스트제도 : 인도사회 특유의 제도로 개인의 출생 시부터 계층의 위치가 정해지는 제도
　　• 신분제도 : 개인의 사회적 지위가 혈연관계에 의해 세습되고 결정되는 계층 제도
　　• 계급제도 : 자본주의와 더불어 등장한 사회 계층 제도
③ 계급과 계층
　㉠ 계급 : 경제적 요인에 의해 서열화 된 위치의 집단(일원론적 관점)
　㉡ 계층 : 사회적 희소가치에 따라 다양하게 서열화 되어있는 집단(다원론적 관점)

(2) 현대사회의 계층과 불평등 현상을 바라보는 관점
① 기능론적 관점과 갈등론적 관점

구분	기능론적 관점	갈등론적 관점
계층 발생원인	개인의 능력, 역할의 기여도에 따른 사회적 희소가치의 차등분배에 의한 필연적 결과	지배집단의 기득권 유지를 위한 노력의 결과
사회 불평등에 관한 입장	차등적 보상 체계, 사회의 기능이 원활히 작동	집단 간의 적대감과 불신을 조장하여 사회 갈등을 유발
자원배분의 기준과 절차	구성원들 간의 합의된 기준, 개인의 자질과 능력에 의해 합법적으로 배분	지배집단에 유리한 기준, 가정배경, 권력, 경제력 등에 의해 강제적으로 배분
사회계층 현상의 사회적 기능	• 개인과 사회가 최선의 기능을 하도록 하는 장치 • 동기를 부여하고 인재를 충원함으로써 사회 발전에 기여	• 개인과 사회가 최선의 기능을 하는 데 장애요소가 됨 • 상대적 박탈감과 집단 간 갈등을 유발하여 사회발전 저해
직업관	"중요하고 어려운 직업에 종사하는 개인에게 그에 합당한 지위와 높은 보상을 부여하는 것은 당연하다."	"직업의 중요도에는 차이가 없으며, 현존하는 직업 간 불평등 현상은 지배 집단의 이해관계가 반영된 결과이다."

② 기능론, 갈등론의 균형적·비판적 이해 … 기능론적 관점과 갈등론적 관점에서 각각 의미 있는 통찰력과 시사점을 찾아 사회 불평등 현상의 개선 방안을 모색해야 한다.

❸ 사회계층 구조의 유형과 특징

(1) 사회계층 구조의 유형과 특징
① 사회계층 구조의 의미
　㉠ 계층
　　• 재산, 지위 신분 등 객관적인 조건이 동일한 사람들의 모임이다.
　　• 존재는 한 사회 내에서 희소한 자원이 불평등하게 분배되어 있음을 의미한다.
　　• 계층을 구분하는 기준은 사회에 따라 다르며 같은 사회 내에서도 시대에 따라 각기 다르다.
　㉡ 계층 구조
　　• 사회적 불평등이 지속적으로 상층, 중층, 하층의 형태로 고정된 구조이다.
　　• 계층 구조는 한 사회의 희소한 자원의 분배 형태를 보여준다.
　　• 어느 사회이든지 사회 계층의 모습이 일정한 정형화된 구조를 띠고 있다.
　　• 일반적으로 사회의 불평등 정도를 알아보는 척도로 쓰인다.

② 사회계층 구조의 유형
　㉠ 평등 유형별 계층 구조

구분		평등유형	내용
수직형 계층 구조		완전 불평등	• 모든 사회 구성원이 서로 다른 계층에 속해 있음 • 실제로 존재할 수 없는 극단적 형태의 구조
수평형 계층 구조		완전 평등	• 모든 사회 구성원이 같은 계층에 속해있음 • 실제로 존재할 수 없는 극단적 형태의 구조
피라미드형 계층 구조	상/중/하	부분 불평등	• 상층 < 중층 < 하층의 순으로 계층비율 구성 • 소수의 상층이 다수의 하층을 지배하고 통제함 • 전근대적인 폐쇄사회에서 나타남
다이아몬드형 계층 구조	상/중/하	부분 평등	• 중층의 구성원비율이 상하층의 합보다 높은 경우 • 중간계층의 비율이 높아짐에 따라 사회가 안정적임 • 현대 산업사회에서 관료·사무직 등의 증가로 인해 나타남

ⓒ 피라미드형에서 다이아몬드형 계층 구조로 바뀐 계기 : 신분제도의 철폐, 의무 교육의 확대, 사회 복지제도의 확대, 산업화로 인한 중산층 확대 등
ⓒ 새롭게 등장한 계층 구조

구분		내용
타원형 계층 구조	상/중/하	• 다이아몬드형 계층 구조에서 중상층과 중하층의 인구비율이 증가한 형태 • 중간계층의 비율이 가장 높음 • 가장 사회적 안전성이 높음
표주박형 계층 구조	상/중/하	• 다른 구조에 비해 중간 계층 비율이 상대적으로 낮은 형태 • 사회 양극화로 사회적 불안정이 매우 심각한 형태

(2) 사회 이동의 유형과 특징

① 사회 이동의 의미 … 개인 또는 집단의 계층 구조상 위치가 변하는 현상
  ㉠ 원인
    • 개인적 원인 : 개인의 능력, 교육의 정도, 지위 상승에 대한 열망 등
    • 사회 구조적 원인 : 산업 구조와 직업 구조의 변화, 과학 기술의 발달, 교육의 보급 등
  ㉡ 경향 : 전근대 사회보다 근대사회에서, 농촌보다 도시 사회에서 뚜렷이 나타남

② 사회 이동의 유형

분류 기준	유형	내용
이동 방향	수평 이동	• 같은 계층 내에서의 위치변화 • 계층적 위치의 높낮이는 바뀌지 않은 상태에서 비슷한 위치의 다른 직업과 소속으로 옮겨가는 것
	수직 이동	• 계층적 위치가 상승 또는 하강하는 변화, 계층 간 이동 • 상승 이동과 하강 이동으로 구분
이동 기간	세대 내 이동	• 한 개인의 생애에 걸쳐 일어나는 계층적 위치의 변화 • 주로 직업 변동을 통해 알 수 있음
	세대 간 이동	• 세대를 가로질러 일어나는 계층적 위치의 변화 • 부모와 자식의 계층적 지위의 변화 • 세대 간 이동이 잘 이루어 지지 않으면 계층적 지위의 세습이 이루어질 가능성이 높음
이동 원인	개인적 이동	주어진 계층 구조 내에서의 개인의 능력이나 노력에 의한 사회적 지위의 변화
	구조적 이동	전쟁·혁명, 산업화, 도시화 등과 같은 급격한 사회 변동에 따라 기존의 계층구조가 변화하여 발생한 계층적 위치의 변화

③ 사회 이동과 계층 구조
　㉠ 이동가능성에 따른 계층 구조

구분	내용
폐쇄형 계층 구조	• 수직 이동이 제한되어 있거나 불가능한 경우, 수평 이동은 가능 • 개인의 노력에 관계없이 수직 이동제한(귀속지위 강조) • 신분질서가 엄격했던 사회의 주요 계층 구조
개방형 계층구조	• 수직이동과 수평이동이 모두 가능한 경우 • 상승이동과 하강 이동, 세대 내이동과 세대 간 이동이 자유로움 • 개인의 노력과 능력 중시(성취지위 강조) • 현대산업사회의 주요 계층 구조

　㉡ 사회 이동의 결과
　　• 개인적 : 심리적 만족감 또는 좌절감을 경험하게 된다.
　　• 사회적 : 정치적 · 사회적 통합에 이바지, 개방형 계층 구조는 사회 통합수준이 높다.

❹ 사회 불평등의 여러 형태

(1) 빈곤문제

① 빈곤의 의미와 유형
　㉠ 빈곤 : 인간의 기본적 욕구가 충족 되지 않은 상태
　㉡ 절대적 빈곤 : 생존욕구 충족에 필요한 자원이 부족하여 최저 생계비를 확보하지 못하는 상태를 의미한다.
　㉢ 상대적 빈곤 : 다른 사람이나 계층과 비교해서 상대적 박탈감을 느끼는 상태
　㉣ 주관적 빈곤 : 개인의 주관적인 판단 수준에서 스스로가 가난하다고 느끼는 상태

> **기출예제**
>
> 2025. 6. 21. 제1회 서울특별시 보훈청
>
> 〈보기〉의 (가), (나)에 들어갈 용어로 가장 옳게 짝지은 것은?
>
> 〈보기〉
> 빈곤선은 빈곤한 상태와 빈곤하지 않은 상태를 구분하는 기준선이다. 빈곤의 유형은 빈곤선을 정하는 방식에 따라 절대적 빈곤과 상대적 빈곤으로 구분할 수 있다. 우리나라에서 절대적 빈곤은 ___(가)___ (으)로 판단하며, ___(나)___ 에 미달할 경우 상대적 빈곤에 속한다고 본다.
>
> | | (가) | (나) |
> |---|---|---|
> | ① | 중위 소득 | 최저 생계비 |
> | ② | 평균 소득 | 중위 소득의 50% |
> | ③ | 최저 생계비 | 중위 소득 |
> | ④ | 최저 생계비 | 중위 소득의 50% |
>
> ✱
> 우리나라에서 절대적 빈곤은 최저 생계비로 판단하며, 중위 소득의 50%에 미달할 경우 상대적 빈곤에 속한다고 본다.
>
> 답 ④

② 빈곤의 원인
  ㉠ 기능론(개인적 요인) : 개인의 능력, 의욕부족으로 성공하지 못한 것, 빈곤층은 빈곤 문화를 형성하며 빈곤 문화는 자녀 세대에 전수되어 빈곤을 재생산시킨다.
  ㉡ 갈등론(사회구조적 요인) : 개인의 능력과는 무관한 사회 구조에 빈곤이 원인이 있다고 봄, 빈곤층은 모순된 사회 구조의 희생자임을 강조한다.

③ 빈곤문제의 해결방안
  ㉠ 개인적 측면
    • 빈곤에서 벗어나기 위한 개인의 의지와 노력(교육, 직업훈련) 필요
    • 빈곤층에 대한 편견과 인식을 버리고, 공존의 가치관과 공동체 의식 함양 필요
  ㉡ 사회적 측면
    • 직접지원 : 기초 생활비 및 자녀 양육비 보조, 최저 생계비 이상 소득보장, 조세의 형평성 실현
    • 간접지원 : 최저 임금제, 고용규모 확대, 고용 정보 시스템 강화, 교육 기회 확대, 기회의 평등

(2) 성 불평등 문제

① 성 불평등의 의미
  ㉠ 성 불평등 : 한 사회에서 남자와 여자가 차지하는 지위, 권력, 위신 등에서 나타나는 차이로 남자이거나 여자라는 이유만으로 다른 사람과 불평등한 대우를 받는 것을 말한다.

ⓒ **성별 분업**: 성에 따른 사회적 역할의 구분, 전통적으로 남성의 역할이 여성의 역할보다 더 높은 평가와 보상을 받음으로써 성 불평등을 초래한다.
② 성 불평등의 양상
　　㉠ **경제적 측면**: 경제 활동 참가율, 임금 수준 및 승진 기회의 남녀 차, 취업의 기회의 남녀 차
　　ⓒ **정치적 측면**: 여성의 정치적 영향력 및 참여 여건 저조(국회의원, 지방 자치 단체장 등의 여성 비율)
　　ⓒ **사회·문화적 측면**: 교육 기회, 직업 선택에서의 차이, 남녀 차별적 자녀 양육 관행, 왜곡된 여성상을 표현하는 미디어
③ 성 불평등의 원인
　　㉠ **기능론**: 남자와 여자의 생물학적 특성이 반영된 자연스럽고 바람직한 역할 문화, 불평등문제는 남녀 간 역할 체계가 새롭게 정립되지 못해 나타나는 일시적 교란 상태
　　ⓒ **갈등론**: 남성 중심적 사회 구조(남성 위주의 경제 구조, 가부장제)→여성의 역할 경시, 사회 참여제한, 보조적 역할 강요
　　ⓒ **차별적 사회화**: 고정관념에 따른 성 정체성과 성 역할을 사회화 과정을 통해 학습한다.
④ 성 불평등의 해결방안
　　㉠ **제도적 차원**: 성 차별적 제도 철폐, 여성의 권익 신장을 위한 정책, 여성 관련 사회복지 개선
　　ⓒ **의식적 차원**: 성 차별적 고정 관념·편견 타파, 평등 의식 제고, 양성성 함양

(3) 사회적 소수자 차별 문제
① 사회적 소수자의 의미
　　㉠ **사회적 소수자**: 신체적·문화적 특징 때문에 사회의 다른 구성원들로부터 불평등한 처우를 받으며, 집단적 차별의 대상이 되는 사람
　　ⓒ **사회적 소수자 집단의 조건**
　　　• 구별 가능성: 소수자 집단은 신체 또는 문화적으로 다른 집단과 구별되는 뚜렷한 차이가 있거나 그럴 것으로 여겨진다.
　　　• 권력의 열세: 정치·경제·사회적 권력에서 열세에 있거나, 자원 동원 능력이 뒤처지는 사람들이 소수자 집단으로 간주된다.
　　　• 사회적 차별: 소수자 집단은 그 집단 구성원이라는 이유만으로 사회적 차별의 대상이 된다.
　　　• 집합적 정체성: 자기가 차별받는 집단의 구성원이라는 점을 느껴야 비로소 소수자가 된다.
　　ⓒ **발생 기준**: 국적, 민족, 언어, 지역, 나이, 종교, 장애, 성, 계급, 문화, 가치관 등
② 사회적 소수자 차별의 주요 형태
　　㉠ **외국인 노동자와 결혼 이민자, 탈북자, 다문화 가정 자녀**: 취업, 교육 기회의 불평등
　　ⓒ **장애인**: 이동의 자유 제한, 취업 기회의 불평등, 동정의 시선
　　ⓒ **성적 소수자**: 정신 질환 또는 일탈 행위자로 인식, 혐오와 기피의 대상

③ 사회적 소수자 차별의 원인
  ㉠ 기능론 : 급격한 사회 변동에 따라 사회 제도의 일시적 기능 장애 상태
  ㉡ 갈등론 : 소수자에 대한 기득권층의 일방적 착취
④ 사회적 소수자 차별문제의 개선방안
  ㉠ 제도적 차원 : 차별적 제도의 철폐, 소수 집단 우대 정책, 올바른 인식 개선 캠페인 주최
  ㉡ 의식적 차원 : 배타적 민족주의·순혈주의 극복, 관용정신, 소수자에 대한 국민 의식 전환

❺ 사회복지와 복지제도

(1) 사회복지의 의미와 발달과정

① 사회복지의 의미와 등장배경
  ㉠ 사회 구성원의 기본적 욕구를 충족시키기 위한 사회적 활동체계이다.
  ㉡ 자유방임적 초기 자본주의 사회의 폐해에서 최소한의 인간다운 삶을 국가가 보장해야한다는 인식이 발생하였다.
  ㉢ 현대복지국가는 국가에 의한 사회보장제도, 사회정책 시행(강제적, 포괄적 성격), 사회 구성원 전체를 대상으로 삶의 질 향상을 추구한다.
  ㉣ 인도주의, 평등주의, 보상주의가 기본이념이 된다.

② 사회복지의 발달 과정
  ㉠ 영국 : 엘리자베스 여왕의 구빈법(1601년) → 베버리지 보고서(1942년)
  ㉡ 독일 : 비스마르크의 사회보험제도(1883년)
  ㉢ 미국 : 대공황 시기 루스벨트의 뉴딜정책과 사회보장법(1935년)
  ㉣ 석유파동 이후 : 정부역할 축소(1980년대) → 신자유주의
  ㉤ 제3의 길(영국) : 신자유주의 폐해와 복지병의 동시 극복 → 생산적 복지 추구

(2) 복지제도의 유형

① 사회정책 … 복지 향상을 위해 국가가 시행하는 모든 정책
  ㉠ 여러 가지 사회복지정책
    • 소득보장정책 : 질병, 재해, 노령, 실업 등으로 소득을 얻지 못하는 경우에 국가와 사회가 개입하여 최저 생계를 보장하려는 정책이다(각종 연금제도, 생활보호, 최저임금제 등).
    • 의료보장정책 : 의료보험(국민의 질병, 부상, 분만 시 보험 급여), 산업재해보상보험(업무상 재해 시 치료 및 생계 보장), 의료보호(생활보호대상자, 저소득층 대상) 등이 있다.
    • 교육정책 : 복지사회 건설을 위한 가장 적극적인 수단으로 사람답게 살 수 있는 능력을 배양해 준다.

- 주택정책 : 주거안정과 안락한 주거환경을 제공하여 안정된 생활을 유지하도록 해 준다.
  ⓒ 사회복지정책의 과제 : 복지에 대한 국민의 인식이 제고되어야 하며, 성장과 분배가 조화된 복지정책이 추진되어야 한다.

② **사회보장제도** … 국민의 최저 생활을 보장하고, 높은 삶의 질을 영위할 수 있도록 국가가 정책적으로 지원하는 제도

구분	대상	종류	특징	비용
사회보험	일정 수준 소득이나 재산이 있는 자	건강보험, 국민연금, 산업재해보상보험, 고용보험	사회적 위험예방, 강제 가입, 능력별 부담, 상호 부조의 성격, 비영리 보험, 소득 재분배 효과	피보험자 + 국가 또는 고용주
공공부조	생계유지가 곤란한 생활 무능력자	국민 기초 생활보장 제도, 의료보호 제도, 긴급 구호(재해 지원)	최저 생활 보장, 일방적 지원, 조세 부담 증가	전액 국가 부담
사회 복지서비스	특별한 보호가 필요한 취약 계층	노인복지, 가족복지, 장애인복지, 아동복지, 여성복지	취약 계층의 자립과 생활 안정 지원(취업 지원, 시설 제공), 전문 사회서비스 제공	공공부문 부담 + 민간 지원

│기출예제│   2025. 6. 21. 제1회 서울특별시

〈보기〉의 사회 보장 제도 A~C에 대한 설명으로 가장 옳은 것은? (단, A~C는 각각 공공 부조, 사회 보험, 사회 서비스 중 하나이다.)

〈보기〉
- A의 예시로 고령이나 노인성 질병 등의 사유로 일상생활을 혼자서 수행하기 어려운 노인 등에게 장기 요양 급여를 제공하는 제도가 있다.
- B의 예시로 65세 이상인 노인 중 가구의 소득 인정액이 선정 기준 이하인 노인에게 매월 연금을 지급하는 제도가 있다.
- C의 예시로 안정적인 노후 생활 보장, 노인의 건강 유지 및 악화 예방을 위해 일상생활 영위가 어려운 취약 노인에게 적절한 돌봄 서비스를 제공하는 제도가 있다.

① A는 보편적 복지 이념을 바탕으로 하지 않는 제도이다.
② B는 상호 부조의 원리를 원칙으로 하는 제도이다.
③ C와 달리 A는 금전적 지원을 원칙으로 하는 제도이다.
④ B와 달리 A는 정부 재정으로 비용을 전액 충당하는 제도이다.

✱

A 사회 보험, B 공공 부조, C 사회 서비스
① 사회 보험은 전 국민을 대상으로 하는 보편적 복지 이념을 바탕으로 한다.
② 상호 부조의 원리는 사회 보험에 해당한다.
④ 공공 부조는 사회 보험과 달리 보험료 없이 정부 재정으로 비용을 전액 충당한다.

답 ③

(3) 복지제도의 역할과 한계

① **복지제도의 역할**…인간 존엄성의 실질적 보장, 사회 불평등 현상 극복, 사회 안정과 통합

② **복지제도의 한계와 발전 방향**

  ㉠ 한계 : 근로 의욕 저하 및 복지 의존, 생산성과 효율성 저하, 국가 재정 악화
  ㉡ 우리나라 : 사회보험 재정 악화, 보험 가입자간 비용부담 불균형, 미흡한 정보공유제도
  ㉢ 발전 방향 : 조건부 지원, 복지와 노동의 연계, 경제적 효율성과 복지 형평성의 조화

04. 사회계층과 불평등

기출 예상 문제

1 피라미드형 계층구조와 비교하여 다이아몬드형 계층구조의 내용으로 옳지 않은 것은?

① 사회이동이 극히 제한되어 있어 불안정하다.
② 적극적인 복지정책을 추진하는 나라에 많이 보인다.
③ 분화된 산업사회의 계층구조이다.
④ 중간계층이 상·하층보다 상대적으로 많다.

TIP 다이아몬드형 계층구조
㉠ 중류계층의 구성원 비율이 상류나 하류계층에 비하여 높아서 상대적으로 발전되어 있고 안정된 기반을 갖추고 있는 경우이다.
㉡ 산업사회가 진행됨에 따라 전문직, 관료직, 사무직과 같은 직종이 크게 늘어남으로써 나타나게 되었다.
㉢ 국가가 국민의 복지수준을 높이고 계층 간의 격차를 줄이고자 하는 정책을 적극 추진함에 따라 나타나는 일반적 경향이다.

2 사회구조를 이해함에 있어서 갈등론적 관점에 대하여 올바른 설명은?

① 사회구조를 하나의 유기적 관계로 파악한다.
② 강제와 변동을 사회구조의 기본성격으로 본다.
③ 사회구조에서 부분들 간의 상호의존적 관계를 강조한다.
④ 상호관계에서 사회성원들의 합의를 강조한다.

TIP ①③④ 기능론적 관점에 대한 설명이다.

Answer 1.① 2.②

3 사회구조에 대한 설명으로 옳지 않은 것은?

① 사회구조에 대한 기능론적 관점은 사회를 하나의 유기체로 보고 변화의 속성을 강조한다.
② 사회구조에 대한 갈등론적 관점은 갈등과 강제의 속성이 있다.
③ 사회구조는 구성원이 바뀌더라도 비교적 오랫동안 지속되는 특징을 지닌다.
④ 사회구조는 안정성과 변화의 가능성을 함께 지닌다.

> **TIP** ① 변화의 속성을 강조하는 것은 갈등론적 관점이다.
> ※ 사회구조
> ㉠ 개념:인간의 사회관계가 통일적이고 조직적인 총체를 이루고 있는 상태를 말한다.
> ㉡ 특징:지속성, 안정성, 변동의 가능성을 지닌다.
> ㉢ 기능론적 관점
> • 사회는 하나의 유기체
> • 각 부분은 상호의존관계
> • 전체적인 균형과 통합 유지(지속성과 안정성 추구)
> • 합의에 의한 협동적 관계
> ㉣ 갈등론적 관점
> • 대립적 불균형 상태
> • 갈등·강제·변동관계
> • 긴장·마찰에 의한 변화
> • 강제에 의한 종속관계

4 갈등론적 관점에서의 계층화현상에 대해 옳지 않은 것은?

① 계층화현상은 필연성을 부정한다.
② 지배집단은 기득권 유지를 위해서 계층이 발생되었다고 생각한다.
③ 사회계층화는 집단 간의 갈등을 유발하고, 사회적 박탈감을 초래한다.
④ 희소가치의 균등한 분배에 의해 계층이 나타난다.

> **TIP** 갈등론적 관점
> ㉠ 계층화가 보편적인 현상일지는 몰라도 필수불가결하지는 않다.
> ㉡ 계층제도가 사회체계를 형성한다.
> ㉢ 사회계층화는 집단 간의 대립·갈등에서 생긴다.
> ㉣ 사회계층화는 개인과 집단의 최선의 기능수행에 장애가 된다.
> ㉤ 사회계층화는 지배적 집단이 지향하는 가치의 반영이다.
> ㉥ 사회적 희소가치는 지배집단의 의사와 결정에 따라 분배된다.
> ㉦ 경제분야가 사회를 지배한다.
> ㉧ 사회계층구조는 혁명적 과정을 통하여 변화한다.

Answer 3.① 4.④

5 사회 불평등을 설명하기 위한 A와 B에 대한 설명으로 옳은 것은?

구분	개념	
	A	B
경제적 요인만을 고려하는가?	예	아니오
사회적 이동이 자유로운가?	아니오	예

① A는 계급 간의 지배와 피지배를 강조한다.
② A는 연속선상에 있는 지위의 서열화로 다원적 지표로 분류된다.
③ B는 마르크스(K. Marx)가 대표적인 인물이다.
④ B는 계급의식이 강하게 나타난다.

> **TIP** A는 경제적 요인만을 고려하며 사회적 이동이 자유롭지 않으므로 마르크스의 계급에 해당한다. B는 경제적 요인 외에도 정치적, 사회적 요인으로 고려한다. 또한 사회적 이동이 자유로우므로 막스 베버의 계층에 해당한다.
> ② 연속선상에 있는 지위의 서열화로 다원적 지표로 분류되는 것은 B다.
> ③ A는 마르크스(K. Marx), B는 막스 베버가 대표적인 인물이다.
> ④ 계급의식이 강하게 나타나는 것은 A다.

6 좁은 의미의 사회보장제도에 해당하는 것을 모두 고르면?

> ㉠ 최저임금제　　　　　㉡ 실업수당
> ㉢ 고용정책　　　　　　㉣ 의료혜택
> ㉤ 주택보장　　　　　　㉥ 의무교육

① ㉠㉡㉢
② ㉠㉡㉢㉣
③ ㉠㉡㉢㉣㉤
④ ㉠㉡㉢㉣㉤㉥

> **TIP** 좁은 의미의 사회보장제도란 흔히 소득보장을 의미한다.

Answer 5.① 6.①

7 〈보기〉에 대한 분석으로 가장 옳은 것은?

―― 〈보기〉 ――

갑(甲)국과 을(乙)국의 계층은 상층, 중층, 하층으로만 구성되어 있다. 표는 국가별 계층 구성 비율의 비를 나타낸다.

구분(비율)	갑국	을국
상층 : 중층 : 하층	1 : 2 : 1	2 : 1 : 7

① 갑국은 을국에 비해 상층의 비율이 높다.
② 중층의 비율은 갑국이 을국의 2배이다.
③ 을국의 계층 구조는 피라미드형이다.
④ 을국의 계층 구조가 갑국에 비해 사회 통합에 유리하다.

> **TIP** ①② 갑국은 상층 25%, 중층 50%, 하층 25%이다. 을국은 상층 20%, 중층 10%, 하층 70%이다.
> ③ 피라미드형 계층 구조는 하층의 비율이 매우 높고 중층이 중간이며 상층의 비율이 낮은 형태이다. 을국은 중층의 비율이 가장 낮기 때문에 피라미드형에 해당하지 않는다.
> ④ 중층의 비율이 높을수록 사회 통합에 유리하다. 을국은 중층이 낮기 때문에 사회 통합에 유리하지 않다.

Answer 7.①

8 다음 글에서 추론할 수 있는 내용으로 옳은 것은?

> 인터넷이란 세계 각국의 수많은 통신망들이 서로 연결되어 각 망들이 보유하고 있는 정보들을 전세계 어느 곳에서든지 망이 연결된 사용자들에게 제공해 주는 지구촌 통신망(global network)이다.

① 사회이동의 감소로 계층간 격차가 심화될 것이다.
② 재택근무와 함께 소호(SOHO)산업이 등장할 것이다.
③ 원하는 정보를 얻기 위해 도시로의 인구이동이 가속화될 것이다.
④ 중간관리층의 역할이 증가할 것이다.

TIP ① 무한경쟁, 완전개방화로 사회이동을 촉진시켜 계층간 격차를 축소시킨다. 정보격차에 따른 문제는 발생할 수 있다.
② 고도의 정보화사회에서는 초고속정보통신망이 구축되고 정보고속도로의 활용으로 공동 학습, 재택근무, 원격지 의료활동 등을 할 수 있다.
③ 도시와 농촌의 구분이 없어진다.
④ 중간관리층의 역할이 퇴색하는 대신 어느 분야의 실무전문가가 곧 최고결정권자가 되어가는 현상이 심화되어간다.

9 단기적으로 소득재분배의 효과를 보다 크게 얻을 수 있는 사회보장의 방법은?

① 생활보호
② 공무원연금
③ 국민건강보험
④ 산업재해보장보험

TIP 사회보장제도
㉠ 공공부조제도 : 생활무능력자의 생활보호를 목적으로 하고 있으며, 소득재분배의 효과를 가져온다. 소득이 낮은 나라에서는 시행하기 곤란하며, 국민의 나태심을 유발할 우려가 있다.
예 생활보호, 의료보호, 노인복지, 아동복지, 재해구호, 군사원호보상제도
㉡ 사회보험제도 : 불의의 사고·재해·질병 등에 대비함을 목적으로 상호부호·강제가입의 성격을 띠고 있으며, 근로의욕을 증진시킨다.
예 국민건강보험, 국민연금, 산업재해보상보험, 공무원연금, 사립학교교원연금, 군인연금

Answer 8.② 9.①

10 다음 중 사회보험제도에 대한 설명으로 적절한 것은?

① 생활무능력자에게 필요에 따라서 개별적으로 생활을 도와준다.
② 세금을 재원으로 하기 때문에 소득재분배효과가 있다.
③ 대상자에 대하여 개별적으로 자산상황, 건강상태 등을 조사한다.
④ 소요비용은 피보험자, 기업, 국가가 분담하게 된다.

> **TIP** 사회보험제도 … 사회적 변화와 함께 발생이 예상되는 불안요소에 대처하여 사회성원들의 생활을 보장하기 위한 제도로서 강제 가입의 원칙과 피보험자, 기업주, 국가가 보험료를 분담한다.

11 사회보험과 공공부조를 구별하는 기준이 되는 것은 무엇인가?

① 혜택의 범위
② 소득의 유무
③ 보험료의 과다
④ 비용부담의 주체

> **TIP** 사회보장제도는 누가 비용을 부담하느냐에 따라 사회보험과 공공부조의 두 가지로 분류된다.

12 다음 중, 대중사회를 출현시킨 배경으로 적절한 것을 고른 것은?

㉠ 의무교육의 시행
㉡ 보통선거의 실시
㉢ 소수자의 권리 보장
㉣ 탈(脫)관료제의 정착

① ㉠㉡
② ㉠㉣
③ ㉡㉢
④ ㉡㉣

> **TIP** 대중사회 … 산업사회의 생산양식에 토대를 두고, 대중이 정치·경제·사회·문화의 모든 분야에 진출하여 중심역할을 하는 사회로 불특정 다수의 사람들로 이루어진 집합체이다. 대중사회는 자본주의가 발달하고 자본의 집중으로 대량생산, 대량소비, 교통·통신의 발달, 대중매체의 발달, 보통선거제도의 도입, 의무교육제도 도입 등으로 출현했다. 대중사회는 평등의 이념과 참여 민주주의를 실현하고 대중의 지적 수준이 향상되나, 인간 소외와 주체성 상실, 대량 소비문화에 따른 정치적 무관심을 초래한다.

Answer 10.④ 11.④ 12.①

제3편 사회·문화

05 일상생활과 사회제도

❶ 사회제도의 의미

(1) 사회제도

① 사회제도의 의미와 특징
  ㉠ 사회제도의 의미
    • 사회구성원들의 기본적인 요구와 사회적 기능을 충족시키려는 수단으로 만들어낸 역할과 규범 체계
    • 일상생활의 문제를 해결하기 위한 방식으로 관습화되고 공식화된 방법과 절차
    • 사회구성원들 간의 조직화된 행동양식 : 결혼제도, 대학입시제도, 군 복무제도 등
  ㉡ 사회제도의 특징
    • 구속력·강제력 : 구성원의 행동을 규제하고 사회제도를 위반할 경우, 비난이나 처벌을 받는다.
    • 지속적·안정적 : 사회제도가 형성되면 하나의 관습이 되어 쉽게 변하지 않는다.
    • 보편성·특수성 : 사회제도는 어느 사회에나 존재하지만 문화권마다 제도의 형태는 다양하다.

② 기능과 중요성
  ㉠ 기능 : 인간의 기본적 욕구 충족과 사회적 욕구 충족, 사회의 질서 유지 등이 있다.
  ㉡ 사회제도의 중요성
    • 개인적 차원 : 사회 구성원의 욕구 충족의 기반, 욕구충족의 범위와 방법에 대한 안내
    • 사회적 차원 : 사회의 안정적 유지·발전에 기여, 사회의 기본 질서 유지 및 변화 추구

(2) 사회제도의 유형

① 다양한 사회제도

가족제도	의미	가족의 구성이나 기능 등에 관하여 국가·지역사회가 규정하고 있는 질서
	기능	사회구성원의 기본적 생존과 양육, 정서적 안정, 가족 구성원들의 행동 규제 및 사회화
정치제도	의미	권력의 획득 및 행사, 정부의 구성 및 역할 등과 관련된 사회 제도
	기능	사회 질서 유지, 사회 구성원의 안전 도모, 공공복리 증진

교육제도	의미	사회생활에 필요한 지식과 기술, 가치관 등을 사회구성원들이 체계적으로 습득하도록 하는 제도
	기능	한 사회의 지식과 가치를 다음세대에 전달하고 사회 구성원 개개인에게 삶의 방향을 제시
경제제도	의미	자원의 생산, 분배, 소비 등의 경제 활동과 관련된 제도
	기능	사회 구성원의 욕구 충족을 위해 희소한 자원을 생산·분배
종교제도	의미	초월한 존재와 세계, 삶의 의미와 본질, 믿음 등에 관련된 제도
	기능	삶의 의미와 방향 제시, 도덕과 윤리적 행위 강화, 정서적 안정

② 사회제도의 변화
  ㉠ 현대의 사회제도는 단순한 형태에서 복잡하고 다양한 형태로 분화 되고 전문화 되는 경향을 띤다.
  ㉡ 사회 변동을 반영하여 사회제도의 기능 또한 강화 되거나 약화하는 방향으로 변화

❷ 가족제도

(1) 가족의 의미 및 기능

① 가족의 의미
  ㉠ 사회를 구성하는 가장 기본 적인 사회 제도
  ㉡ 혼인, 출산 또는 입양을 통해 맺어진 사람들의 집단
  ㉢ 사회 변동에 따라 가족을 기준 짓는 범위가 확대되고 있다.

② 가족의 기능
  ㉠ 가족의 기본적 기능

기본	내용
사회 구성원의 재생산	자녀의 출산으로 새로운 사회 구성원을 충원, 사회 영속성 보장
양육과 보호	어린이와 노인 등 도움이 필요한 가족 구성원을 양육하거나 보호
1차적 사회화	사회생활에 필요한 기본적 행동 양식 및 사회적 규범 습득
정서적 안정의 제공	정서적 안정과 심리적 만족감 제공, 가치관 형성
오락의 기능	가족이 단위가 되어 여가를 즐김, 가족원이 함께 모여 대화
소비의 기능	한정된 수입으로 온 가족원의 욕구 충족시킬 수 있는 능력 요구

  ㉡ 가족 기능의 변화
  • 사회 변동 및 사회 제도의 분업과 전문화로 가족 기능이 축소·약화 되고 있다.
  • 재생산과 사회화 기능, 정서적 안정의 기능은 여전히 가족의 중요한 기능으로 남아있다.

(2) 가족의 다양한 형태

① 확대가족과 핵가족

구분	확대가족(전통가족)	핵가족(현대가족)
정의	부부와 기혼 자녀로 구성된 가족	부부 또는 부부와 미혼 자녀로 구성
특징	전통 농경 사회의 일반적 가족 형태	산업화 이후 확대된 가족 형태
장점	• 세대에서 세대로 이어지는 삶의 지혜와 인생의 경륜이 형성된다. • 가정교육을 통해 가풍과 가치관을 이어준다. • 안정된 가족생활을 통해 심리적으로 안정감을 준다.	• 민주적, 평등한 가족관계 • 구성원들의 개성과 창의성 중시 • 여성의 지위가 상대적으로 향상
단점	• 가부장의 권위주의 때문에 개인의 개성과 창의성 발휘가 어렵다. • 가족을 위한 여성들의 희생이 많다	• 이혼율 증가 • 노인들 소외 • 자녀양육의 문제

② **가족 형태의 다양화** … 사회 변동, 의식의 변화(개인주의, 양성평등), 세계화 등이 배경이 되었다.
   예 노인 단독 가구 (고령화 현상), 한 부모 가족(이혼증가). 다문화 가족(세계화) 등

(3) 가족문제의 원인 및 해결 방안

① 가족문제의 의미와 양상
   ㉠ 가족문제의 의미 : 가족의 기능을 정상적으로 수행하지 못하여 발생하는 문제
   ㉡ 가족문제의 발생요인
      • 가족 내적 요인 : 개인의 가치관·성격차이, 구성원 사이의 상호 작용 방식의 문제
      • 가족 외적 요인 : 산업화·경기 침체, 의식의 변화(양성평등), 기술 발전 등
   ㉢ 해결방안 : 개인의 의식 개선 + 사회제도 및 환경 개선

② 기능론적 관점
   ㉠ 가족문제는 가족 구성원 사이의 결속 약화, 가족 구성원의 일탈 행동이나 이혼 등의 가족의 기능이 원활하게 수행되지 못한 상태를 말한다.
   ㉡ 가족 구성원 사이의 역할 기대와 역할 수행 사이의 부조화, 가족 구성원의 가치관이나 태도의 결함 등이 원인이다.
   ㉢ 가족 갈등, 해체의 지속은 사회 전체적으로 바람직하지 않다.
   ㉣ 해결방안 : 올바른 가치관 및 태도에 대한 교육, 가족의 기능 상실 예방을 위한 복지 제도의 확충 등이 있다.

③ 갈등론적 관점
   ㉠ 가족문제는 가족 구성원사이의 갈등이 표출된 상태를 말한다.
   ㉡ 희소한 자원을 둘러싼 가족 구성원 사이의 불평등한 관계가 원인이다.
   ㉢ 갈등을 드러내고 해결함으로써 더 나은 가족생활이 가능해진다.

② 해결방안 : 가부장제와 같은 제도의 개선과 남녀 간의 평등 의식, 가족 내의 민주적 의사소통 도입과 같은 의식 개선 등 가족 구성원 사이의 불평등한 관계 개선 등이 있다.

④ 상징적 상호작용론
㉠ 가족문제는 가족 구성원의 상호 작용 가운데 특정 문제에 의미를 부여하는 방식에 따라 문제의 범위가 달라진다.
㉡ 상호 작용 및 의미부여 과정에서 문제가 발생할 경우 가족 간의 갈등이나 문제가 발생한다.
㉢ 해결방안 : 다양성의 관점에서 변화하는 가족의 형태와 가족 구성원의 특성을 이해하고 인정하는 방법으로 가족 구성원의 상호 작용 방식 수정, 특정 상황의 가족을 낙인찍지 않기 등이 있다.

⑤ 교환론
㉠ 가족문제는 개인들의 합리적 계산에 의한 선택결과이다.
㉡ 가족생활을 통한 기대 보상이 자신의 기대에 미치지 못할 경우 문제가 발생한다.
㉢ 해결방안 : 사회적으로 바람직한 선택에 대한 보상을 높이고, 부정적 선택에 대한 제재를 강화한다.

❸ 교육제도

(1) 교육의 특성과 기능

① 교육의 의미와 특성
㉠ 교육 : 내부적 능력을 개발시켜 사회생활에 필요한 사회 규범, 지식, 기술, 가치, 태도 등을 가르치는 활동
㉡ 교육의 특성
• 개인적 측면 : 개인의 성장과 사회 적응에 기여
• 사회적 측면 : 한 사회의 문화 전승, 사회 질서·규범 준수는 사회의 유지·발전에 이바지

② 교육제도의 발달
㉠ 전통사회 가족 내에서 교육기능 수행, 체계적 교육 기회는 특정 집단에만 한정되었다.
㉡ 산업화 이후 학교를 중심으로 한 공교육 체제 확립, 정규 교육의 기회가 확대되었다.
㉢ 교육기관의 전문화, 지식정보의 양 팽창 및 직업의 분화로 다양한 교육 기관이 등장하였다.
㉣ 급속한 사회 변동에 따른 성인들의 재사회화가 점차 부각되었다.

(2) 교육기능에 대한 다양한 관점

① 기능론

　㉠ 교육의 기능 : 교육은 인력양성·사회통합·질서유지·수직적 계층 이동을 가능케 하였다.

사회화	• 사회생활에 필요한 지식·기술을 습득하여 사회에 필요한 인력 양성 • 사회 질서 유지에 필요한 규범·가치를 습득하여 사회 통합, 사회 안정에 기여
문화전승	현 세대의 문화를 다음 세대로 전승하는 기능 수행
선발기능	사회 각 분야에서 역할을 수행할 수 있는 사람 선발, 개인의 능력 노력에 따라 수직적 계층이동이 가능, 개방적 계층 구조 유지

　㉡ 한계점
　　• 모든 사람들에게 교육의 기회가 균등하지 않다.
　　• 지연·혈연 등 능력 이외 요인의 영향을 간과하였다.

② 갈등론

　㉠ 교육의 기능 : 불평등한 사회 구조를 유지하고 재생산 하는 기능 수행, 교육에 의한 문화의 전승, 사회 통합·사회 통제 등은 결국 기존 질서를 정당화 하고 재생산하는 교육의 기능을 보여 주는 것에 불과하다.

학교 교육	교육 내용이 지배 집단의 가치 반영, 지배집단의 이익 옹호, 지배계급의 지배 정당화, 불평등 심화
학교 교육에서의 성공	개인의 능력보다 학생의 사회·경제적 배경 반영하여 불공평한 평가
선발 기능	불공평한 선발로 계층의 지위 세습을 정당화, 폐쇄적 계층구조 유지

　㉡ 한계점 : 사회 이동을 가능하게 한 학교 교육의 공헌을 무시하였다.

③ 바람직한 관점 … 기능론과 갈등론에 대한 균형 잡힌 이해가 필요하다.

(3) 교육의 기회균등 문제

① 교육의 기회균등 … 교육을 받을 수 있는 기회가 모든 사람에게 균등하게 보장되어야 한다.

　㉠ 기회균등의 두 가지 측면

접근 기회의 평등	• 성별, 종교, 인종, 신체적 조건으로 차별받지 않고 동등한 교육 기회 보장 • 자신의 노력과 능력에 따라 고등교육을 받을 수 있음
교육결과의 평등	접근 기회의 평등에도 불구하고 환경의 차이로 학생의 학업 성취도 차이 발생→상대적으로 열악한 지역의 교육 여건 개선 추진

　㉡ 공교육 강화와 의무교육 확대 : 교육이 사회 구성원의 권리로 인식됨에 따라 제도화 됨, 교육의 기회 균등 가능성 증대

ⓒ 기회균등의 중요성
- 교육을 통하여 사회적 불평등을 해결할 수 있는 기회 부여, 수직적 사회 이동이 가능하다.
- 교육 기회의 불균등이 지속될 경우 사회 불평등 구조가 심화된다.
- 교육의 기회균등은 개개인의 삶의 질을 향상 시킬 뿐 아니라 국가의 발전과 번영에도 도움이 된다.

ⓔ 교육 기회의 불평등
- 지역적·경제적 요인에 따라 교육 기회의 불평등 문제가 발생한다.
- 인구가 많고 경제 수준이 높은 지역일수록 다양한 교육 기회가 존재한다.
- 경제적 지위에 따라 사교육을 차별적으로 받게 된다.

② 교육의 기회균등에 대한 관점
㉠ 기능론과 갈등론의 비교

구분	기능론	갈등론
교육 수준	• 교육 수준은 개인의 능력반영 • 개인의 능력과 노력 강조	• 교육 수준은 능력 이외 요인이 반영됨 • 노력에도 불구하고 높은 성취도 달성 어려움
교육의 기능	교육 수준에 따라 직업, 소득 등 사회경제적 지위 차등(사회 이동 가능)	사회 불평등을 재생산함
교육 기회균등	• 교육기회 불평등은 이미 사회적으로 합의된 결과 • 교육기회균등이 오히려 사회의 효율을 떨어뜨릴 수 있음 • 구성원들의 최선의 노력을 기대하기 어려움 • 고교 평준화보다는 고교 다양화와 선택권의 확대 지지	• 교육기회 불평등은 이미 사회 구조에 내재되어 있는 모습이 반영된 결과 • 교육은 지배층의 기득권 유지 수단으로 전락 • 교육기회 불평등으로 사회 전반의 불평등 현상이 고착화 되는 결과 • 교육의 기회균등 달성 어려움, 사회의 불평등 구조의 해결 필요
기회균등 달성방안	• 취학률·진학률 확대, 의무교육, 선택권 보장 등으로 교육의 기회 균등 가능 • 개인의 노력과 능력에 따라 사회적 상승 이동 가능	• 적극적인 소외 계층 배려 정책 추구 • 소외 지역 학교 지원 정책

㉡ 교육의 기회균등 문제 해결 방안
- 사회 경제적 배경이 개인의 교육수준에 영향을 미치는 현실을 부인하기 어렵다.
- 제도적 개선 : 방과 후 교육 프로그램 강화 등 공교육 수준 향상, 지역 균형 선발제, 농어촌 특별 전형제 등의 입학 전형 도입, 공교육 시설 개선, 사회 취약 계층 학비 지원, 고교 다양화 등

❹ 대중매체

(1) 대중매체의 유형과 특징

① 대중매체의 의미

    ㉠ 의미 : 불특정 다수인 대중에게 대량의 정보를 전달하는 매체나 수단을 말한다.

    ㉡ 특성
- 시간과 공간의 한계를 극복하여 정보가 공개적으로 동시에 전달된다.
- 다양한 계층의 불특정 다수인 대중을 대상으로 한다.
- 대중의 행동과 사고방식에 커다란 영향력을 가진다.

    ㉢ 발전과정
- 기술 개발을 바탕으로 새로운 소통 수단이 등장하였다.
- 인쇄술 발전(인쇄매체), 라디오 발명(음성매체), TV발명(영상매체), 인터넷 등장(뉴미디어)

    ㉣ 대중 매체 발달의 영향
- 대중 사회 형성 및 대중문화의 생산과 쉽고 빠른 전달이 가능하게 되었다.
- 민주주의적 가치관의 확산되면서 대중들이 사회의 중심적인 역할을 담당하게 되었다.
- 시간·공간의 제약이 줄어들면서 국경을 넘어 세계적으로 영향을 미치게 되었다.

    ㉤ 대중매체의 단점 : 지나치게 상업화되거나 선정적이고 편파적인 정보를 제공하여 대중들의 비판적 사고 능력을 약화시키거나 건전한 가치 판단을 어렵게 하는 경우도 발생한다. 획일화된 문화나 몰개성 등의 문제를 일으키기도 한다.

② 대중매체의 유형과 특징

유형		내용	특징
인쇄매체		• 시각적 이미지를 활용하여 • 메시지 전달 • 책, 잡지, 신문	• 제작과정으로 인해 전달속도가 가장 느림 • 반복활용이 가능, 상세한 정보전달 가능 • 시간과 공간의 제약이 비교적 적음
전자매체	음성매체	• 청각에 의존하는 전달 매체 • 라디오, 음반, 녹음기	• 신속하고 휴대성 높음, 전달속도 빠름 • 비교적 낮은 비용으로 정보제공 가능 • 시각정보 처리 어려움
	영상매체	• 시청각 이미지 전달가능, • 공중파 텔레비전, 케이블 텔레비전	• 전달속도 빠름, 현장감 있는 정보제공 • 영향력이 가장 높은 매체, 오락기능이 뛰어남
	뉴미디어	• 인터넷 • 스마트폰 • 소셜 네트워크 서비스(SNS)	• 정보의 상호 작용성, 대중의 정보 생산자로서의 참여 • 정보의 복제 전송 용이로 대량의 정보유통이 가능

③ 인터넷의 발달과 사회변화
  ㉠ 사회 전영역의 영향력 증가
    • 경제 : 지식 정보 산업중심으로 산업 구조 개편, 일하는 방식의 변화
    • 정치 : 온라인 공간을 통한 빠른 시간 내 여론 형성가능, 전자민주주의 가능성 증대
    • 사회 : 사회구성원 사이의 상호작용 방식 변화, 사이버 공동체 형성
  ㉡ 대중매체의 융합현상 증가
    • 인터넷으로 신문, 잡지, 라디오, TV 등 다양한 대중 매체가 통합되었다.
    • 정보기기의 발달로 대중 매체를 수용하는 시간이나 공간의 제약이 감소되었다.
    • 쌍방향성 증대 : 정보의 생산자와 소비자의 경계가 모호해졌다.

(2) 대중매체의 기능
① 대중매체의 기능

기능	순기능	역기능
정보전달	다양한 정보를 수집·정리·분배	• 허위 정보 제공 시 부작용 발생 • 사생활침해 문제발생
해석평가 제공	• 사건과 정보에 대한 해석·평가 제공 • 여론형성, 정부 기업 감시와 견제	• 권력에 유리한 방향으로 편견 개입 가능 • 여론 조작 가능
사회화	• 사회구성원의 가치관 형성 • 사회 통합에 이바지 • 일탈행위 공개	• 지배적 규범이나 가치주입으로 인한 구성원의 가치와 사고방식 획일화 • 모방범죄 발생
오락	• 기분전환, 휴식기능 • 고급 예술접촉, 대중문화 형성에 기여	• 저질문화 양산, 정치적 무관심 증가 • 개성이 사라짐 • 게임중독문제 발생 • 가족 간 대화 단절
동원	• 특정 가치나 행동을 선택하도록 홍보 선동 • 국가 위기상황을 극복할 수 있는 원동력	• 무분별한 소비문화 조장 • 부당한 전쟁이나 권력투쟁에 악용 가능 • 폭력을 정당화 혹은 우상화함

② 대중매체의 역할과 기능에 대한 이론
  ㉠ 기능론
    • 대중 매체는 사회의 한 부분으로 사회의 유지와 통합을 위한 긍정적 기능을 수행한다.
    • 질서 유지와 통합 기능 : 대중매체를 통해 공유 할 수 있는 가치와 규범을 창출하여 참여민주주의를 가능하게 한다.
    • 사회 통제기능 : 일탈행위의 부정적 결과를 보도한다.

ⓒ 갈등론
　　　• 대중 매체는 지배 집단의 기득권을 유지시키고 정당화하는 역할을 수행한다.
　　　• 기존 질서 순응 기능 : 지배 집단의 입장을 반영하는 대중 매체를 대중은 진실로 받아들인다. 그로 인하여 사회의 민주화를 저해하고, 정치적 무관심을 유도한다.
　　　• 개인주의적 성향 강화 : 대중 매체를 통해 문화 상품을 개별적으로 소비하게 되면서 유대가 단절되고 고립되는 상황에 놓이게 될 것이다.
③ 대중매체의 비판적 수용자세
　　ⓐ 대중매체의 영향
　　　• 일상적인 삶의 방식, 내면의 감정까지 통제하여 대중은 수동적 존재로 전락하였다.
　　　• 대중 매체에 대한 의존도와 신뢰도가 높아져 대중들의 인식·행동을 이끌어간다.
　　　• 상업적 대중문화의 무분별한 모방과 추종을 만들어 문화의 획일화를 만든다.
　　ⓑ 비판적 수용자세의 중요성
　　　• 대중매체가 언제나 객관적 진실만을 제공하지는 않는다.
　　　• 올바른 인식과 판단을 위해서는 대중매체의 정보를 비판적으로 수용해야 한다.
　　　• 수동적인 소비자에서 벗어나 대중문화를 생산하는 능동적인 주체가 되기 위한 노력이 대중문화의 획일성 극복방안이다.

❺ 종교제도

(1) 종교의 본질과 기능
① 종교의 본질
　　ⓐ 종교의 의미 : 성스러운 존재나 세계에 대한 믿음으로 인간의 불안·죽음의 문제, 심각한 고민 해결을 하려고 하는 것이다.
　　ⓑ 종교의 구성요소 : 믿음의 대상, 종교의례, 공동체, 경험
② 종교의 기능
　　ⓐ 개인적 차원 : 삶의 의미와 목적 제공, 심리적 안정과 만족감 제공
　　ⓑ 사회적 차원
　　　• 사회통합 기능 : 구성원에게 공통의 가치와 규범을 제공하여 소속감을 고취하고, 결속력을 증진한다.
　　　• 사회통제 기능 : 종교적 가르침과 의례를 통해 사회 통제 및 질서를 유지한다.
　　　• 사회변동 기능 : 기존 질서의 모순을 지적하고 새로운 가치를 제시한다.

ⓒ 종교를 바라보는 관점

기능론	• 종교의 긍정적 기능과 역할에 대해 관심 • 정서적 안정 제공, 공동체의 결합과 소속감 고취, 사회적 결속력 증진, 사회통제와 질서 유지 등의 기능
갈등론	• 종교의 부정적인 측면을 부각 • 사회 문제의 원천, 전쟁이나 테러의 원인 • 기존 질서 순응 : 지배적 가치와 규범을 사회화, 사회 불평등 정당화
상징적 상호작용	• 미시적 관점에서 종교의 상징 부여적 기능을 역설 • 서로 다른 상징과 의미를 부여하고 서로 다른 역할 기대를 만듦

(2) 종교 갈등의 원인과 해결방안

① 종교 갈등의 양상과 원인

ⓐ 종교 갈등
- 종교에 대한 절대적 믿음이 다른 종교에 대한 배타적 태도를 보이게 한다.
- 종교의 차이가 계급, 인종, 민족, 국가 등 다른 요소와 연관되면 갈등이 확대된다.

ⓑ 부정적 측면 : 사회문제의 원천으로 작용, 폭력적 분쟁으로까지 발전

ⓒ 긍정적 측면 : 집단 내부의 결속력 증진, 사회 변동 촉진

② 갈등의 해결방안

ⓐ 개방적 자세 : 서로의 가치를 인정하고 존중, 타 종교도 존중하고 이해

ⓑ 다른 종교와의 공존 : 대화와 화합의 노력, 다양한 문화와 인종으로 중요성이 커짐

05. 일상생활과 사회제도

기출 예상 문제

1 〈보기〉에서 공통적으로 부각된 대중 매체의 문제점으로 가장 적절한 것은?

―〈보기〉―
- 1920년대 신문 광고에서는 유명한 연예인을 내세워 담배가 날씬한 몸매 유지, 구강 살균, 신경 안정에 효과가 있다고 선전하여 흡연율을 몇 배로 높이고 담배 시장을 크게 확대했다.
- 1인 미디어의 영향력이 커지면서 부작용도 커지고 있다. 마음에 드는 1인 미디어 제작자에게 호감을 표시하는 행위로 시청자가 현금 가치를 갖는 온라인 아이템을 선물하는데, 이것을 받기 위한 1인 미디어 제작자들의 도를 넘은 자극적 · 선정적 콘텐츠가 양산되고 있다.

① 이윤 추구를 우선하는 상업주의의 폐해를 초래한다.
② 주류문화에 저항하는 문화를 양산하여 사회통합을 저해한다.
③ 정치적 무관심을 초래하여 정치권력에 대한 비판 기능을 약화시킨다.
④ 이질적인 문화를 확산시켜 전통문화의 주체성과 정체성을 약화시킨다.

TIP 〈보기〉에 제시된 예시는 대중 매체가 상업적 이익을 위해 사회적 문제를 야기하는 상황을 설명한다.

2 사회제도의 발전과정을 옳게 설명한 것은?

① 사회제도는 미분화된 상태에서 다양한 형태로 분화되었다.
② 다양한 사회제도의 발달로 사회적 기능은 점차 통합되고 있다.
③ 사회제도는 교통 · 통신의 발달로 지역적 다양성을 더해가고 있다.
④ 다른 사회의 제도를 이해하기 위해서는 보편성이 강조되어야 한다.

TIP 사회제도의 변화 … 미분화상태 → 다양한 형태, 기능의 전문화 · 분화, 사회제도의 다양성(교통 · 통신발달 → 다양성 감소 경향)

Answer 1.① 2.①

3 표는 갑국의 A~C 지역 가구 구성비를 나타낸 것이다. 이에 대한 분석으로 옳은 것은?

(단위 : %)

지역 \ 가구 구성	부부 가구	2세대 가구		3세대 이상 가구	기타 가구	소계
		부모+ 미혼자녀	부모+ 기혼자녀			
A	5	65	16	2	12	100
B	16	55	10	6	13	100
C	12	40	25	20	3	100

* 기타 가구 : 1인 가구, 형제 가구, 비친족 가구

** 핵가족 : 부부 또는 (한)부모와 그들의 미혼 자녀로 이루어진 가족

*** 확대 가족 : (한)부모와 그들의 기혼 자녀로 이루어진 2세대 이상의 가족

① 핵가족 가구의 비중이 가장 높은 지역은 A이다.

② 1인 가구의 비중이 가장 높은 지역은 B이다.

③ 확대 가족 가구 수가 가장 많은 지역은 C이다.

④ A, B, C 모두 핵가족 가구 수가 확대 가족 가구 수보다 많다.

> **TIP** 핵가족은 부부가구와 2세대 가구 중 부모+미혼 자녀가 해당된다. 확대 가족은 2세대 가구 중 부모+기혼자녀 가구와 3세대 이상 가구가 해당된다.
> ① 핵가족 비중이 가장 높은 곳은 71%인 B지역이다.
> ② 1인 가구는 기타 가구의 일부이므로, 1인 가구만의 비중은 알 수 없다.
> ③ 확대 가족 비중이 가장 높은 곳은 C지역이지만 이 수치는 어디까지나 비중이므로 가구 수는 알 수가 없다.
> ④ 각 지역의 핵가족 수와 확대 가족 수 자체는 알 수 없지만 어느 가구 수가 많은지는 알 수 있다. 즉 A, B, C 모두 핵가족의 비중이 확대가족보다 높으므로 그 수도 많다고 할 수 있다.

Answer 3.④

4 표는 노인 가구 형태의 변화 추이를 나타낸 것이다. 이에 대한 설명으로 옳지 않은 것은?

(단위 : %)

연도	가구 형태			
	노인 독신	노인 부부	자녀 동거	기타
1998	20.1	21.6	53.2	5.1
2004	24.6	26.6	43.5	5.3
2008	26.7	39.7	28.6	5.0

① 노인 복지에 대한 관심이 커질 수 있음을 보여 준다.
② 가족의 노인 부양 기능이 약화될 수 있음을 보여 준다.
③ 가구당 평균 가구원 수를 감소시키는 요인으로 작용한다.
④ 가구 내 구성원 간의 역할 갈등이 심화되고 있음을 알 수 있다.

TIP 표는 노인 독신 및 노인 부부 가구의 비중이 증가하고 있음을 보여준다. 그러나 이러한 추세를 갖고서 가구 내 구성원 간의 역할 갈등이 심화되고 있는 것은 추론하기 어렵다.

5 다음 중 현대사회의 가족제도가 가장 중요시하는 것은?

① 체계적인 사회화 기능
② 정서적인 안정 도모와 보호
③ 개인에게 삶의 의미와 방향 제시
④ 의미있는 삶을 위한 수단적 기반 제공

TIP 현대사회에서 특히 중요시되는 가족제도의 기능은 사회적 보호와 정서안정이다.

Answer 4.④ 5.②

6 이혼과 독신의 증가, 핵가족화 등으로 가족의 기능이 약화되고 있는 추세에도 불구하고 여전히 필수적인 가족의 기능으로 인정되는 것은?

① 유아와 노인의 양육과 보호
② 개인에 대한 삶의 방향 제시
③ 새로운 성원의 재생산과 사회화
④ 조상숭배를 비롯한 종교적 기능

TIP ③ 사회의 유지와 존속을 위하여 가족이 최소한으로 담당하여야 한다.
  ※ 가족의 사회적 기능 … 사회성원의 재생산, 양육과 보호의 기능, 사회화 기능, 경제적 생산과 소비 기능, 성의 충족과 통제, 사회적 보호와 정서안정의 기능 등이 있다.

7 다음의 내용에서 공통적으로 추출할 수 있는 일반화는?

> • 티베트의 하층민들은 결혼지참금으로 인한 재산의 분산을 막기 위하여 여러 형제들이 한 아내와 공동생활을 한다.
> • 북극의 에스키모인들은 사냥감을 찾아 넓은 지역으로 흩어져 독립적 생활을 영위할 수 있도록 핵가족형태를 보편적 가족형태로 갖는다.
> • 농사는 협업을 통하여 생산성이 늘어나는 특징이 있기 때문에 농경민들은 확대가족의 형태를 유지한다.

① 경제적 요인은 가족의 형태를 결정하는 요인이 된다.
② 가족의 형태는 사회의 풍속에 따라 다르다.
③ 인류는 대개 확대 또는 대가족제도로 생활해 왔다.
④ 가족의 형태는 인종에 따라 달라진다.

TIP 가족을 단위로 하는 가계는 경제적 생산과 소비의 기능을 수행하는데, 가족형태의 결정요인으로 경제적 요인이 중요한 변수로 작용하는 경우가 많다.

Answer 6.③ 7.①

06 현대사회와 사회변동

제3편 사회·문화

❶ 사회변동과 근대화

(1) 사회변동

① 사회변동의 의미와 요인
  ㉠ 일정한 시간동안 나타나는 사회의 구조적 변화
  ㉡ 사회변동의 요인으로는 제도적 요인, 기술적 요인, 의식적 요인 등이 있다.

② 사회변동의 방향에 대한 관점
  ㉠ 진화론
    • 사회는 일정한 방향으로 진보·발전한다고 보는 것이다.
    • 단순하고 미분화된 상태에서 복잡하고 분화된 상태로 진보한다고 본다.
    • 사회가 일정한 방향으로 진보한다는 전제의 오류와 제국주의 국가의 식민지 지배를 정당화 한다는 비판을 받고 있다.
  ㉡ 순환론
    • 사회변동은 시간의 흐름에 따라 사회가 탄생, 성장, 쇠퇴, 해체를 반복하는 것이라고 본다.
    • 문명의 노쇠나 소멸까지 생각, 사회변동을 다소 비판적으로 바라보는 측면이다.
    • 앞으로의 사회변동에 대해 예측하고 대응하기 적합하지 않다는 비판을 받고 있다.

③ 사회변동요인에 대한 관점
  ㉠ 기술결정론
    • 기술 발달로 생산 능력이 향상되고 생산양식이 변화되면서 사회는 총체적으로 변화한다.
    • 기술의 발달로 인한 경제 영역의 변화가 정치 사회의 변화는 물론 인간의 의식 구조도 변화시킨다는 이론이다.
  ㉡ 문화결정론
    • 사고, 가치관과 같은 비물질 문화의 변화가 정치, 경제, 사회의 총체적 변화를 불러온다.
    • 인간의 의식과 정신생활이 사회구조의 전반적인 변동을 가져온다는 이론이다.

④ 사회변동에 대한 관점
  ㉠ 기능론
    • 사회가 전체적으로 균형을 유지하기 위해 각 부분이 조정되는 과정에서 나타나는 변화를 사회변동이라고 본다.
    • 사회는 수많은 부분이 각각의 기능을 원활히 수행할 때 균형을 이루고 안정을 유지할 수 있으며, 이 균형이 무너지는 것이 곧 사회변동이다.
  ㉡ 갈등론
    • 사회변동을 보편적이고 자연스러운 현상으로 받아들인다.
    • 사회의 여러 부분이 대립하는 과정에서 지배적인 위치에 있는 사람과 지배를 받는 사람들과의 불안과 갈등이 표출되면서 사회변동이 일어난다.
    • 사회 구조나 사회제도를 혁명과 같은 급진적인 수단을 통하여 근본적으로 고쳐야한다고 주장한다.

(2) 근대사회의 형성
① 근대화의 의미
  ㉠ 좁은 의미 : 기존의 농촌 중심의 사회에서 선진 공업 사회로 변화하는 과정
  ㉡ 넓은 의미 : 정치, 경제, 사회, 문화, 가치관 등 모든 영역에서 구조적인 변화가 나타나 총체적으로 더욱 개선된 생활양식으로 바뀌어 가는 과정

정치적 측면	국가의 권위와 합법성이 국민으로부터 나오며, 국민의 의사에 따라 정책이 이루어지는 것
경제적 측면	절대적 빈곤상태에서 벗어나 의식주 해결에 어려움이 없는 상태, 또는 공업 사회가 이룩되는 것으로 자본주의의 시작
사회문화적 측면	문맹퇴치, 교육 지위 획득과 같은 사회적 기회의 평등, 동·서양 문화교류가 활발해짐

② 근대사회의 형성배경

정치적 측면	• 시민혁명을 통해 절대왕정의 전제정치와 봉건적 잔재를 타파하고, 시민계급이 주도하는 새로운 사회건설 • 정치 체제와 권력의 민주화과정
경제적 측면	• 지리상의 발견과 산업혁명으로 전 세계를 하나의 거대한 자본주의로 편입 • 산업혁명을 통한 생산 능력과 생활수준 향상으로 자본주의적 생활양식의 확산 • 자족적 농촌공동체에서 도시중심의 상공업으로 발전
사회문화적 측면	• 과학혁명과 계몽주의의 확산에 따른 합리적 신념 확산 • 개별 주체들의 특성과 권리가 강조되며 개인주의와 다원주의 확산

(3) 근대화를 설명하는 이론

① 서구 사회를 발전 모델로 제시한 이론

    ㉠ 근대화이론
- 근대화를 진보적 사회 변동으로 이해
- 선진국 모델의 근대화 과정을 통해 민주적 정치 제도, 합리주의적 생활양식 등의 확산으로 삶의 질 향상이 이루어진다고 본다.
- 서구 사회의 개인주의, 물질주의, 인간소외 등의 문제점이 나타난다.

    ㉡ 수렴이론
- 뒤따르는 사회들이 앞선 사회의 발전 경로를 모방하면서 결국 각 사회의 발전 양상이 대체로 유사해진다는 이론
- 궁극적으로 정치적 다원주의를 수용하게 된다고 본다.

② 서구 사회를 발전 모델로 보는 이론에 대한 반론과 수정

    ㉠ 종속이론
- 서구식 근대화 모델을 저개발 국가에 적용하는 것을 비판한다.
- 저개발 국가가 선진국에 종속되어 착취당하기 때문에 저발전 상태에 머무른다고 보고 자국 산업을 중심으로 독자적인 발전을 도모할 것을 주장한다.
- 신흥 공업국에는 적합하지 않아 동아시아의 상황을 설명할 수 없다.

    ㉡ 신근대화이론
- 전통과 근대의 공존 및 보완 관계 강조하며, 전통이 근대성과 조화를 이룰 수 있다고 본다.
- 근대화모델이 다양하게 존재할 수 있음을 인정한다.

❷ 사회변동과 사회문제

(1) 산업화와 노동 문제

① 산업화의 의미와 특성

    ㉠ 산업화
- 생산 활동의 분업화와 기계화로 2·3차 산업 중심으로 산업구조의 변화하였다.
- 공업이 차지하는 비율이 높아지고 그에 따라 생활양식이 변화하는 현상

    ㉡ 산업사회에서 나타나는 현상 : 과학 기술과 기계의 발달, 대량 생산과 대량 소비, 직업의 세분화와 전문성 증가, 관료제의 원리 확산, 자본주의적 원리 확산, 생산성 향상, 이촌 향도 등

    ㉢ 산업사회의 문제점 : 사회 불평등, 환경오염, 물질 만능주의, 노동자 소외, 지역 간 불균형, 도시 문제 등

② 산업화에 따른 노동 구조의 변화
　　㉠ 경공업에서 중화학공업으로 중화학공업에서 첨단 과학 산업, 정보 통신 산업, 서비스업 등으로 변화하였다.
　　㉡ 산업 구조의 변화에 따라 노동의 구조도 변화하였다.
　　㉢ 단순작업 노동 중심에서 창의적 노동중심으로 증가하였다.
③ 실업문제
　　㉠ **실업의 영향** : 개인의 자아실현 기회와 생계유지 수단 박탈로 인한 삶의 질 저하와 의욕저하, 사회적으로는 인력자원의 낭비
　　• 사회가 요구하는 능력이나 직업이 변화하면서 전체적으로 일자리가 부족해진다.
　　• 마찰적 실업, 구조적 실업, 경기적 실업, 계절적 실업 등이 있다.
　　㉡ **해결방안** : 정부의 공공사업 확대를 통한 일자리 마련, 구인, 구직정보 제공 시설 확충, 취업교육 및 생계지원, 근무제도 변경, 새로운 산업분야 개척, 동절기 공공근로사업 등
④ 임금문제
　　㉠ 임금문제의 발생원인과 유형
　　• 저임금 문제와 임금 격차 문제 발생.
　　• 기업의 고용 관행 변화 : 비용절감을 목적으로 비정규직 노동자 고용 증가
　　• 노동자가 받아야할 임금을 받지 못한 임금체불 문제
　　• 남녀 차별 및 인종 갈등으로 인한 여성 노동자와 외국인 노동자 문제
　　㉡ **해결방안** : 사회적 형평성 고려, 최저임금제 도입, 비정규직 노동자의 정규직 전환, 임금체불 관련 법적 규제 만들기 등
⑤ 노사문제
　　㉠ 더 많은 임금과 복지를 원하는 노동자와 적은 비용으로 많은 이윤을 얻고자 하는 사용자 간의 대립이다.
　　㉡ 노동자와 사용자는 근로 조건, 복지 등에 대해 대립한다.
　　• 파업 : 노동자가 집단적으로 노동제공을 정지하는 행위
　　• 태업 : 집단적으로 작업 능률을 저하시키고 소극적 작업으로 사용자에게 손해를 주는 행위
　　• 직장 폐쇄 : 사용자가 자기의 요구를 관철하려고 공장이나 작업장을 폐쇄하는 행위
　　㉢ 해결방안
　　• 서로의 의견을 존중하며 더 큰 이익을 공유하는 협상이 필요하다.
　　• 법적 보장범위 내의 권리 행사와 그에 따라 책임을 지는 자세가 요구된다.

(2) 도시화로 인한 사회문제

① 도시화의 의미와 특성
  ㉠ 도시로 인구가 집중이 되면서 도시적 생활양식이 증가하고 확산되는 과정을 말한다.
  ㉡ 인구 집중으로 인한 높은 인구 밀도, 2·3차 산업 종사자 증가, 분업화·전문화, 주로 수단적·형식적 인간관계가 나타난다.
  ㉢ 우리나라의 도시화 : 1960년대 이후 산업화가 진행되면서 도시의 인구 집중과 도시 비율이 상당히 높아졌다.

② 도시화로 나타난 문제
  ㉠ 도시문제 주택문제(주택부족, 지가 상승), 교통문제(교통체증, 주차난, 교통 혼잡), 환경오염, 각종 범죄 증가, 인간소외문제
  ㉡ 농촌문제 노동력 부족, 기반시설 부족, 상대적 박탈감 등

③ 도시문제에 대한 대책
  ㉠ 도시 인구분산이 가장 기본적인 문제 해결방법
  ㉡ 분야별 대책

주택문제	낡은 주거지 재개발, 위성 도시 건설, 서민용 주택 공급 및 지원 등
교통문제	대중교통 수단의 확보, 도로 재정비, 주행세부과, 자동차 5부제 시행 등
환경문제	쓰레기 종량제 실시, 환경오염관련 규정 만들기, 청정에너지 사용, 환경오염 기준 제시, 환경운동 등
범죄와 인간소외	CCTV설치, 작은 공동체 중심으로 인격적 인간관계 강조, 시민의식과 규범 활용 등

  ㉢ 농촌문제의 해결 : 귀농 정착금지원, 농촌의 생활환경 개선, 농촌의 소득 증대 방안 모색

(3) 인구변천으로 인한 사회문제

① 인구의 변천과정
  ㉠ 인구의 증가와 감소를 의미한다.
  ㉡ 인구변천에 영향을 주는 요소는 출생, 사망, 인구 이동 등이 있다.
  ㉢ 인구변천
    • 1단계 : 출생률과 사망률이 모두 높아 총인구의 변화가 거의 없는 단계로, 산업혁명 이전의 모든 국가와 오늘날의 중부 아프리카들이 여기에 속한다.
    • 2단계 : 출생률은 높으나 사망률이 감소하기 시작하여 인구증가율이 높아지는 단계로, 대부분의 아시아 국가들이 여기에 속한다.
    • 3단계 : 의학의 발달로 사망률은 급감하는데 비해 출생률은 약간 감소하여 인구증가율이 가장 높은 단계로, 대부분의 중남미 국가들이 여기에 속한다.

- 4단계 : 가족계획과 생활수준의 향상으로 출생률이 급감하여 인구증가율이 낮아지는 단계로, 일부 남미 국가와 홍콩, 싱가포르 등이 여기에 속한다.
- 5단계 : 출생률과 사망률이 모두 낮은 단계에 이르고 인구증가율이 다시 낮아지는 단계로, 선진 공업국들이 여기에 속한다.

② 인구변화로 나타나는 문제 및 대책

문제점	내용	대책
자원부족	부존자원의 개발이나 자원의 재생속도보다 인구증가 속도가 빨라 자원 고갈	에너지 절약, 대체자원개발, 농업생산성 개선 등
저출산	• 여성들의 지위가 향상되고 사회활동 참여의 기회가 증대 • 이혼율 증가, 독신 증가, 자녀 양육비 및 교육비 증가 등이 원인 • 사회의 유지와 부양에 심각한 위협	출산장려금 지급, 사회의 복지 수준 향상, 육아비용 시설, 휴직 등의 지원 확대, 교육비 부담 줄이기 위한 노력 필요
고령화	평균 수명 증대, 의학기술 및 보건 수준 향상, 경제수준 향상에 따른 식생활 개선으로 등장하였다. 산업인구 감소, 세대 간 갈등, 독거노인 증가, 노인부양비 증가	경로효친 사상 고양, 노령층의 취업 기회 강화, 노인 복지 지원 필요

❸ 현대사회의 변동과 대응

(1) 세계화

① 세계화의 의미와 요인
  ㉠ 세계화 : 삶의 범위가 민족과 국경의 범위를 넘어서 전 세계로 바뀌어 인적, 물적 교류가 활발하게 이루어지는 과정.
  ㉡ 세계화의 요인 : 과학 및 정보 기술과 교통·통신기술의 발달, 국가 간 교류의 폭 확대, 자본의 자유로운 이동

② 세계화 양상과 현황
  ㉠ 정치적 측면 : 민주주의의 확산
  ㉡ 경제적 측면 : 자본주의의 확산, 시장개방을 지향하는 세계 무역 기구(WTO) 체제, 자유무역 협정(FTA)
  ㉢ 사회 문화적 측면 : 세계 각 지역의 생활양식이 확산되면서 문화 간 접촉과 전파 증가로 인해 문화동화, 문화융합 등의 문화 변동이 일어나게 되었다.

③ 세계화의 특징 … 전 지구적 상호 의존성 증가, 물리적 공간과 시간의 제약이 줄어듦, 일부 특정한 문화권의 생활양식이 확산되며 상대적으로 약한 지역이나 문화가 소외된다.

④ 세계화에 대한 대응
  ㉠ 세계화의 문제점 : 한 국가의 상황이 전 세계적으로 경제상황에 영향을 미치고, 문화의 획일화 가능성이 크고, 경쟁력 약한 문화의 존립 기반과 정체성이 약화되며 지역·인종·민족·문화 등에 따른 불평등 심화 등의 문제점이 있다.
  ㉡ 세계화에 대한 대응 : 다른 문화에 대한 열린 사고와 협력의 필요성을 인식하고 국제적 경쟁력을 확보하며, 세계 공통의 보편적 가치와 인류애 추구의 정신을 가진 세계 시민으로서의 자질이 필요하다.

(2) 정보화

① 정보사회의 형성과 특징
  ㉠ 정보사회 정보의 지배가 사회적인 권력관계의 결정적 요소가 되는 사회
  ㉡ 형성배경
    • 기술적 기반 : 새로운 기술이 등장하였다. 예 스마트폰, 트위터, 페이스 북
    • 경제적 기반 : 정보 기술이 자본과 결합하여 이윤을 창출할 수 있는 산업으로 발전하였다.
    • 사회적 기반 : 대중의 사회 참여 욕구 증대와 다원화 경향 등이 있다.
  ㉢ 특징 : 가치 창출의 원천으로서 지식과 정보 중시, 다품종 소량 생산 방식 확대, 쌍방향적 정보 흐름에 의한 의사 결정의 분권화, 지적 창조적 활동을 통한 자아실현의 부각, 공간적 범위 확대와 새로운 관계 양상 증가 등

② 정보사회의 긍정적인 면
  ㉠ 정치적 측면 : 대중의 정치 참여를 확대하여 직접 민주주의의 실현기반이 되었다.
  ㉡ 경제적 측면 : 생산의 효율성을 증대시키고 소비자 중심의 시장을 만들었다.
  ㉢ 사회적 측면 : 새로운 인간관계 형성에 도움을 주어 사회통합에 긍정적 영향을 미친다.
  ㉣ 문화적 측면 : 다양성과 창의성을 중시하며 폭넓은 문화교류를 가능하게 했다.

③ 정보사회의 문제점 … 정보격차, 사생활 침해, 사회적 통제와 감시, 정보기기와 서비스에 대한 지나친 의존도, 정보의 오남용, 정보 윤리 미흡, 정보 유출, 인간 소외 등이 있다.

④ 정보사회의 문제에 대한 해결책
  ㉠ 개인적 차원 : 보안에 주의하고, 역기능을 인식하고, 정보·윤리를 실현하고, 올바른 정보 활용 능력을 갖추고 절제하는 습관을 기른다.
  ㉡ 사회적 차원 : 인터넷 실명제 실시, 사이버 범죄 담당부서 설치, 통신비 지원정책, 정보·윤리 공익 광고 방송, 공유 정보 공개, 개인 정보 보호에 관한 법과 제도 구축, 정보 소외 계층 교육 등이 있다.

(3) 전 지구적 차원의 문제

① **환경문제** … 산업화 이후로 인구가 증가하였고, 무분별한 개발과 자원의 낭비로 인해서 지구의 재생 능력의 한계에 도달하였다. 이로 인해 지구 온난화, 생물 멸종 위기, 열대 우림 감소, 사막화, 빙하 손실, 황사, 환경 재앙 사고 등의 환경문제들이 발생하고 있다.

② **자원문제** … 인구 증가 및 급속한 개발로 인하여 자원이 부족하다. 삶에 필요한 물과 식량의 부족, 기아로 인한 어린이 생명의 위협 그리고 에너지 자원 고갈 등으로 인해 자원은 무기화 또는 분쟁의 씨앗이 되기도 한다.

③ **전쟁과 테러문제** … 국가나 지역, 자원, 종교, 민족 등을 둘러싼 분쟁, 전략적 전쟁 및 테러가 발생한다. 무고한 인명 피해, 막대한 전쟁비용 소요, 테러발생으로 불특정 다수 피해, 인권문제와 환경문제를 야기한다.

④ 전 지구적 문제에 대한 대응
  ㉠ 세계인들의 관심과 노력
    • 그린피스(Green peace), 유엔 환경 계획(UNEP) 등의 국제 환경 NGO활동이 적극적으로 이루어져야 한다.
    • 기후변화 협약, 생물 다양성 협약 등 지구 환경 보호 협약을 지키도록 노력한다.
    • 지속 가능 한 개발에 대한 합의를 잘 지켜야한다.
    • 국가 간 또는 지역 간 갈등과 분쟁에서의 국제 연합(UN)과 같은 국제기구의 중재와 지속적인 관심이 필요하다.
  ㉡ 각 주체의 노력
    • 시민 : 일상생활의 작은 것부터 노력하고, 국제적 감시 및 지지 활동을 해야 한다.
    • 정부 : 국제적 연대를 견고히 하고, 선진국의 큰 책임감과 양보하는 자세가 필요하다.
    • 기업 : 환경과 인간을 고려하고 국제적 약속과 정의의 범위에서 경제적 이윤을 추구해야 한다.

06. 현대사회와 사회변동

기출 예상 문제

1 다음은 사회 변동을 설명하는 네 가지 관점을 설명한 것이다. 이를 평가한 것으로 옳은 것은?

내용	관점
다윈의 생물학적 진화론을 인간사회에 적용	A
사회는 유기체의 일생과 같이 성장과 쇠퇴를 되풀이	B
사회 내부에 문제가 발생해도 자생적으로 균형 유지	C
사회는 본질적으로 불안정하며 갈등이 존재	D

① A는 산업형 사회에서 군사형 사회로 변화해 가는 것이 대표적 사례다.
② B는 사회가 질서 정연하게 움직인다고 전제한다.
③ C는 마찰이 발생할 경우 균형상태가 파괴되어 불균형을 초래한다.
④ D는 사회 변동을 자연스러운 현상으로 받아들이며 급진적인 변화를 선호한다.

> **TIP** A는 사회진화론, B는 순환론, C는 균형론, D는 갈등론을 나타낸다.
> ① 사회진화론의 대표적 학자인 스펜서는 군사형 사회에서 산업형 사회로 변화해 갈 것이라 제시하였다.
> ② 순환론은 성장과 쇠퇴를 되풀이하는 데 초점을 맞추며 사회가 질서 정연하게 움직인다는 관점을 거부한다.
> ③ 균형론에 따르면 마찰이 발생하더라도 새로운 균형상태가 될 것이라 전망한다.

2 다음 중 후기 도시화의 과정에 해당하는 내용은?

① 공업도시의 형성
② 이촌향도 현상
③ 도시로의 인구 집중
④ 도시적 생활양식의 농촌 파급

> **TIP** ④ 도시화의 후기단계에서는 도시적 생활양식이 농촌으로 파급되어 농민의 생활양식도 도시적으로 바뀌게 되는 현상이 나타난다.

Answer 1.④ 2.④

3 〈보기〉에서 설명하는 국제 관계의 주체로 옳은 것은?

― 〈보기〉 ―
국가 권력이 미치지 못하는 영역에서 발생하는 문제를 시민 사회 스스로 해결하기 위하여 만든 자발적인 조직이다. 공익의 증진과 보호를 목적으로 회원 자격이 모두에게 개방되어 있으며, 지속적으로 존속하는 단체를 말한다. 개별 시민들이나 민간단체를 중심으로 이루어진 국제기구로, 국제 사면 위원회(AI), 국경 없는 의사회(MSF), 그린피스(Greenpeace) 등이 있다.

① 국제적 영향력이 있는 개인
② 다국적 기업
③ 국제 비정부 기구
④ 정부 간 국제기구

TIP 〈보기〉에서는 국가 권력이 미치지 못하는 영역에서 문제를 해결하기 위해 시민 사회에서 자발적으로 조직된 단체인 국제 비정부 기구(NGO)를 설명하고 있다.

4 노인문제와 청소년문제의 발생배경이 근본적으로 같다고 보는 시각의 근거로 볼 수 있는 것을 고르면?

㉠ 개인주의의 강화
㉡ 노동력 상실로 인한 빈곤
㉢ 가족의 사회적 중요성 약화
㉣ 수명의 연장으로 인한 건강문제
㉤ 과학문명의 발달로 인한 인간소외 현상

① ㉠㉡㉢
② ㉠㉢㉤
③ ㉡㉣㉤
④ ㉡㉢㉣

TIP 노인과 청소년문제는 노인과 청소년의 사회부적응문제로 가족의 기능과 공동체의식의 강화 없이 근본적으로 해결될 수 없다.

Answer 3.③ 4.②

5 농촌사회의 변동과 그 파생효과에 관한 다음 설명 중 옳지 않은 것은?

① 젊은 노동력의 부족현상으로 농업활동이 기계화되고, 기업농이 대두되었다.
② 인구의 노령화로 영농의 어려움이 가중되고, 생산성은 감소하여 생산연령층의 인구부양부담이 가중되었다.
③ 근교농업은 주로 채소재배에 치중하고, 오지에서는 목축업이나 고산작물을 재배하는 상업적 농업의 발달로 촌락 간의 이질성이 증대되었다.
④ 농촌의 전출인구는 대부분 경제적인 상층과 중간층이며, 주로 하층은 잔류한다.

> **TIP** ④ 농업에 잔류하는 사람들은 주로 경제적으로 중간층이다.

6 다음 중 종속적 발전이론에 대한 내용으로 옳지 않은 것은?

① 동아시아의 신흥공업국의 발전과정을 설명하기 곤란하다.
② 제3세계 국가들은 저발전상태가 아니라 미발전상태에 있다.
③ 한 나라의 발전에 있어서 이념적인 문제를 부각시켰다.
④ 근대화론에 대한 반발로 등장하였다.

> **TIP** ② 종속적 발전론에 따르면 제3세계 국가들은 발전을 시작하지 않은 '미(未)발전'의 상태에 있는 것이 아니라, 발전을 하려고 해도 되지 않는 '저(低)발전'의 상태에 있다는 것으로, 제3세계의 국가들의 저발전은 그들의 전통이나 제도 때문이 아니라 선진 자본주의 국가들에게 종속되어 있기 때문이라고 한다.

7 사회의 빠른 변동이 우리 사회에 안겨준 심각한 문제에 해당하지 않는 것은?

① 아노미현상   ② 가치관의 혼란
③ 대중사회화현상   ④ 세대 간의 갈등

> **TIP** 사회문제
> ⊙ 가치관의 혼란 : 비물질적인 변화에 대한 부적응(문화지체), 세대 간의 갈등
> ⓒ 환경의 파괴와 오염 : 우리 삶의 근거를 위협, 대책 미흡
> ⓒ 계층간 · 지역간 불균형 : 빈부의 격차, 노 · 사 간의 갈등, 농촌과 도시의 격차
> ⓔ 아노미현상의 확산 : 인간성의 상실, 각종 범죄와 부정 · 부패의 만연, 청소년들의 일탈행위

Answer 5.④ 6.② 7.③

8 다음과 같은 원인으로 인하여 사회문제가 발생하게 된 것은?

> 사회문제는 반드시 사회변동의 결과로 나타난 새로운 현상들로만 이루어지는 것은 아니다. 어떤 것은 예전부터 있었던 것이, 또는 예전에는 바람직하다고 생각되던 것이, 사람들의 생각이 바뀌면서 심각한 사회적인 문제로 인식되기도 한다. 오히려 사회적으로 중요한 문제들 중에서 많은 것이 새로운 관념과 가치의 형성이나 도입으로 인해 나타난 것 등이다.

① 인권문제
② 환경오염문제
③ 자원고갈문제
④ 인구문제

TIP ②③④ 산업화와 경제발전에 따라 나타난 사회문제이다.

9 다음 내용을 바탕으로 하여 사회운동에 관한 결론을 내릴 때 가장 적절한 것은?

> - 서구에서는 환경운동, 반핵운동, 녹색운동, 소비자운동, 인권운동, 여성해방운동 등이 다양하게 일어나고 있다.
> - 미국에서는 특징적으로 흑인민권운동이 발생한다.
> - 우리나라에서는 1970 ~ 1980년대에 빈민운동, 농민운동, 노동운동 등이 격렬하게 전개되었다.

① 사회운동은 사회발전에 긍정적인 영향을 끼친다.
② 사회운동을 보면 그 사회의 변동모습을 예측할 수 있다.
③ 사회운동은 사회변동의 주요 요인 중의 하나이다.
④ 사회운동의 내용을 보면 그 사회의 구조적 모순을 알 수 있다.

TIP 사회운동은 그 사회의 가장 격렬한 이슈를 포함하며, 사회변동을 일으키거나 막기 위해 행하는 지속적이며 집단적인 노력이다.

Answer 8.① 9.③

10 다음 현상들을 일반화하여 진술할 수 있는 가설로 옳은 것은?

> - 1인당 국민소득이 증가함에 따라 자원소비량이 증가하고 이에 따라 자원고갈의 문제가 나타났다.
> - 산업화정책으로 인해 계층 간의 이해관계가 다양해지고 첨예하게 대립되는 현상이 나타났다.
> - 산업화정책으로 인해 농촌에는 일손부족현상과 이농현상이 나타나고 대도시에서는 주택난과 구직난이 발생한다.

① 사회문제의 해결을 위해 공업화는 필요하다.
② 가치변동은 사회의 변동을 가져온다.
③ 산업화정책으로 경제성장을 이루었지만 여러 문제가 동시에 발생했다.
④ 경제성장은 지속적인 공업화로 가능하다.

TIP 제시된 내용은 산업화정책으로 생겨난 문제들이다.

11 다음 내용과 관련된 사회변동에 관한 입장으로 옳은 것은?

> - 사회는 발전·퇴보·멸망하기도 한다는 비판을 받고 있다.
> - 서구의 선진사회가 후진사회를 식민지화하고 착취하는 것을 정당화하기 위한 것이라 비판받기도 한다.

① 종속이론
② 진화론
③ 갈등론
④ 균형론

TIP 사회가 진보한다고 보는 전제조건이 잘못되었다는 비판을 받는 진화론은 후진사회를 식민화하는 것을 정당화시키며, 사회는 발전만 하는 것이 아니라 퇴보도 하며 멸망하기도 한다는 비판을 받고 있다.

Answer 10.③ 11.②

12 사회변동에 대한 균형론적 시각으로 옳은 것은?

① 사회 여러 부분의 사이에는 항상 갈등이 존재한다.
② 현재의 사회는 과거의 사회보다 더 나은 사회이다.
③ 혁명적 사회변동의 설명에 적합하다.
④ 사회 어떤 부분에 마찰·갈등이 발생해도 정상을 회복하여 통합된다.

TIP 균형론적 마찰
　　㉠ 사회의 여러 부분들은 서로 균형을 이루면서 통합되어 있다고 보는 입장이다.
　　㉡ 사회변동을 긴장·갈등의 발생과 해소의 과정으로 이해하는 입장이다.
　　㉢ 항상성을 바탕으로 사회변동을 설명하려는 입장이다.
　　㉣ 사회변동의 근원을 균형지향성에서 찾고자 하는 입장이다.

13 다음 내용이 설명하는 사회변동의 이론으로 옳은 것은?

> 사회는 항상 현재의 상태를 파괴하려는 힘을 가지고 있으며, 바로 이러한 힘에 의해 혁명을 포함한 여러 가지 중요한 사회변동이 일어난다.

① 진화론　　　　　　　　　　　② 기능론
③ 균형론　　　　　　　　　　　④ 갈등론

TIP ④ 마르크스와 베버의 이론에서 연유하였고 다렌도르프가 주장하였다.

Answer 12.④ 13.④

자격증
한번에 따기 위한 서원각 교재
한 권에 준비하기 시리즈 / 기출문제 정복하기 시리즈를 통해 자격증 준비하자!